BON. N제

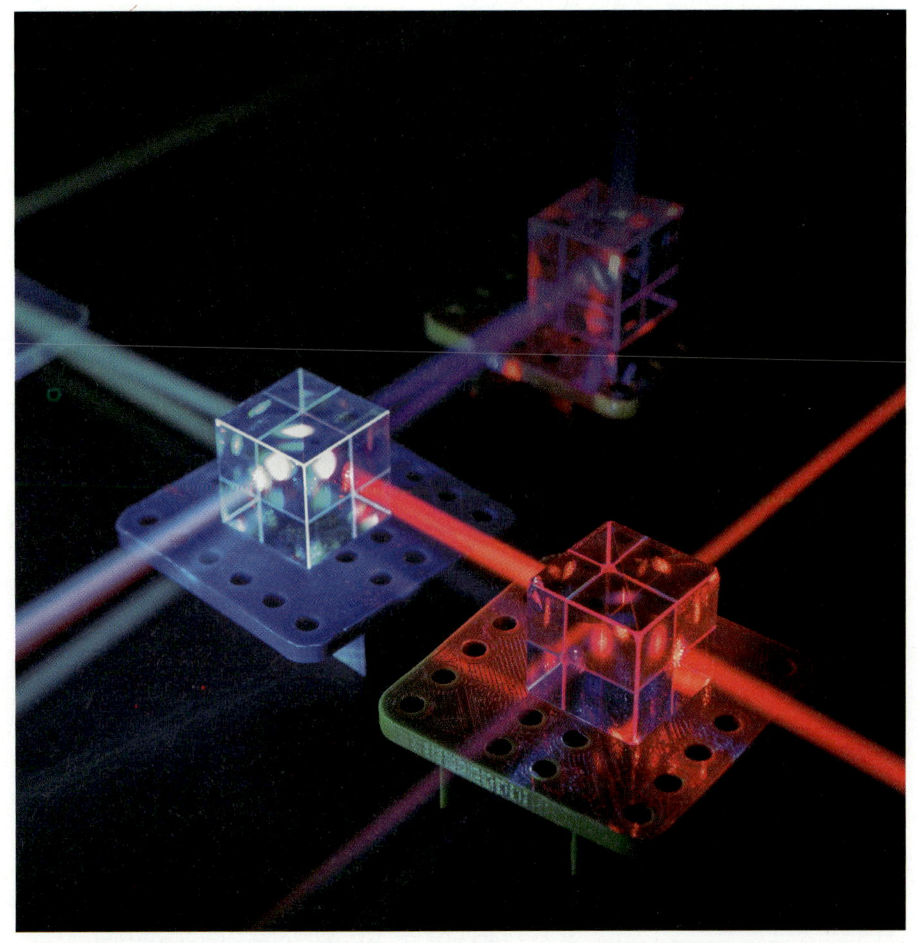

물리학Ⅰ 607Q

핵심 개념 정리

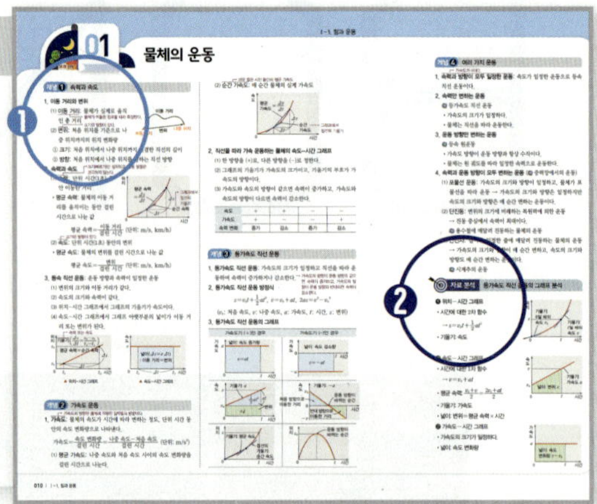

❶ **내용 정리** : 모든 교과서에서 시험에 출제될 가능성이 높은 개념을 체계적으로 정리하였습니다.

❷ **탐구 활동, 자료 분석** : 다수의 교과서에 다룬 탐구 및 자료를 자세히 분석하고, 정리하였습니다.

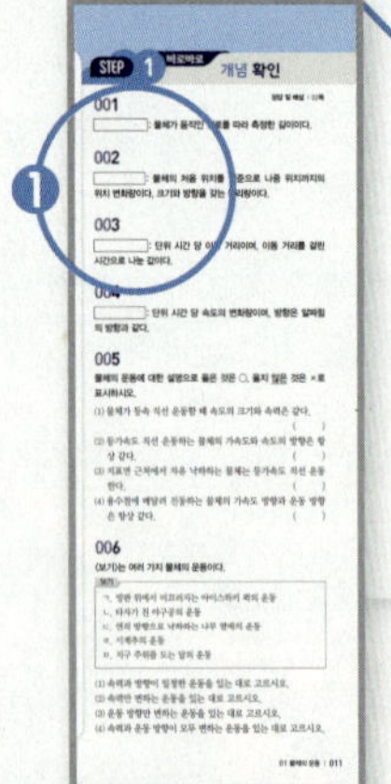

STEP ❶ 바로바로 개념 확인

❶ **내용 정리를 위한 다양한 확인 문항 제시**
빈칸 넣기, 선택하기, 간단한 단답형 문제 등으로 관련 내용을 완벽하게 이해했는지 점검할 수 있습니다.

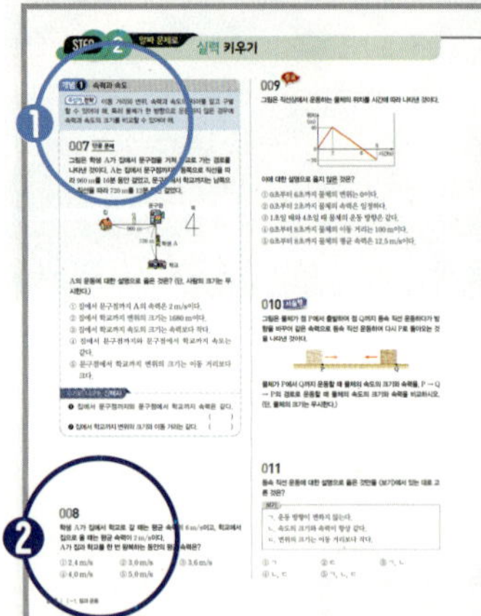

STEP ❷ 알짜 문제로 실력 키우기

❶ 주요 개념의 단골 문제와 족집게 전략을 제시하고 추가로 나올 수 있는 선택지를 정리하였습니다.

❷ 주요 개념과 관련된 출제 예상 문항을 다양하게 제공하였습니다.

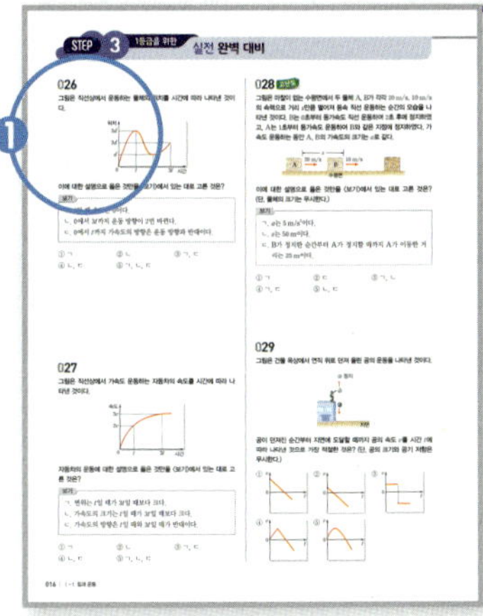

STEP 3 1등급을 위한 실전 완벽 대비

❶ 시험에 고난도로 출제될 가능성이 높은 문항으로 구성하였습니다.

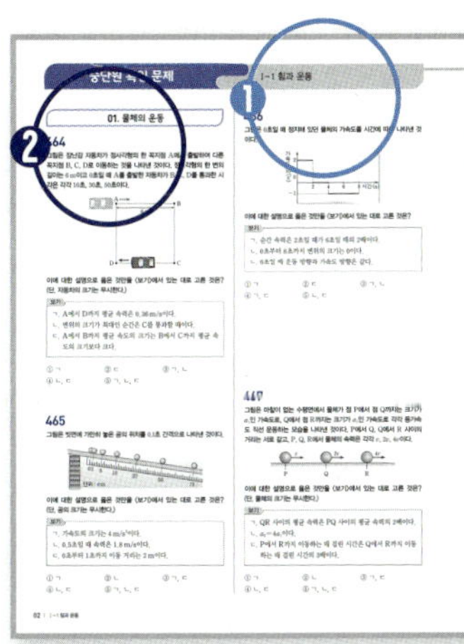

중단원 확인 문제

❶ 대단원별로 주요 문항만을 수록하여 대단원을 포괄적으로 점검할 수 있도록 구성하였습니다.

❷ 중단원 표시로 해당 시험 범위를 쉽게 찾을 수 있두록 도와줍니다.

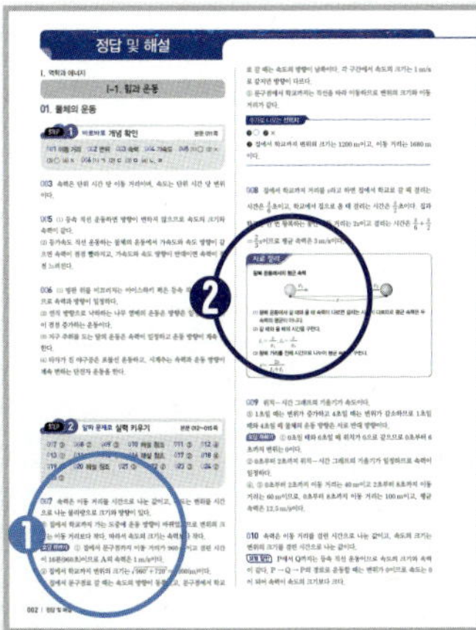

정답 및 해설

❶ 문제 분석 및 오답 피하기 : 모든 문제에 대한 분석은 물론, 오답을 피하기 위한 자세한 설명도 덧붙여 왜 틀렸는지 파악할 수 있게 해줍니다.

❷ 자료 정리 : 문제와 관련된 주요 개념이나 더 알아야할 내용을 제공하여 한 번 더 개념을 다질 수 있습니다.

		BON 내신 N제	금성출판	동아출판	미래엔	비상교육	천재교육	YBM
I-1 힘과 운동	**01.** 물체의 운동	10~17	12~19	11~15	14~19	12~17	11~17	12~18
	02. 뉴턴 운동 법칙	18~25	20~27	16~27	20~30	18~28	18~30	19~30
	03. 운동량과 충격량	26~33	30~37	28~38	32~45	29~39	32~41	31~42
I-2 에너지와 열	**01.** 역학적 에너지 보존	34~41	42~45	39~45	50~55	46~51	45~50	48~55
	02. 열역학 제1법칙	42~49	46~52	51~55	56~62	52~57	51~58	56~61
	03. 열역학 제2법칙	50~55	54~55	56~60	64~67	58~63	60~63	62~68
I-3 시간과 공간	**01.** 특수 상대성 이론	56~63	58~66	65~72	72~80	66~73	67~75	74~86
	02. 질량과 에너지	64~67	68~70	73~76	82~85	74~77	76~79	87~90

COMPARISON TABLE

		BON 내신 N제	금성출판	동아출판	미래엔	비상교육	천재교육	YBM
II-1 전기	**01.** 전자의 에너지 준위	**70~75**	82~95	87~96	98~107	88~97	91~99	104~114
	02. 에너지띠와 반도체	**76~83**	96~104	98~109	108~120	98~107	101~112	115~125
II-2 자기	**01.** 자기장과 물질의 자성	**84~91**	108~123	115~124	126~139	114~125	117~128	132~143
	02. 전자기 유도	**92~99**	124~129	125~130	140~145	126~131	129~134	144~148
III-1 파동	**01.** 파동의 성질	**102~109**	142~150	143~151	160~165	142~147	147~153	162~168
	02. 전반사와 광통신 및 전자기파	**110~117**	152~155 166~171	152~163	166~177	148~156	154~163	169~178
	03. 파동의 간섭	**118~125**	158~163	164~171	178~186	158~165	164 169	179~186
III-2 빛과 물질의 이중성	**01.** 빛과 물질의 이중성	**126~133**	173~186	177~190	192~205	170~179	173~182	192~203

차례

CONTENTS

I

역학과 에너지

I 역학과 에너지

I-1 힘과 운동

1. 물체의 운동
- 속력과 속도
- 가속도 운동
- 등가속도 직선 운동
- 여러 가지 운동

2. 뉴턴 운동 법칙
- 힘의 표현과 합성
- 운동 제1법칙(관성 법칙)
- 운동 제2법칙(가속도 법칙)
- 운동 제3법칙(작용 반작용 법칙)

3. 운동량과 충격량
- 운동량
- 운동량 보존
- 충격량
- 일상생활에서 충격량

I-2 에너지와 열

1. 역학적 에너지 보존
- 일
- 운동 에너지
- 퍼텐셜 에너지
- 역학적 에너지 보존

2. 열역학 제1법칙
- 기체가 하는 일과 내부 에너지
- 열역학 제1법칙과 보일·샤를 법칙
- 열역학 과정

3. 열역학 제2법칙
- 가역 과정과 비가역 과정
- 엔트로피(entropy)와 열역학 제2법칙
- 열평형과 열기관

I-3 시간과 공간

1. 특수 상대성 이론
- 특수 상대성 이론의 두 가정
- 특수 상대성 이론에 의한 현상

2. 질량과 에너지
- 질량·에너지 동등성
- 핵반응과 에너지

01 물체의 운동

1. 이동 거리와 변위

(1) **이동 거리**: 물체가 실제로 움직인 총 거리 — 물체가 이동한 경로를 따라 측정한다.

(2) **변위**: 처음 위치를 기준으로 나중 위치까지의 위치 변화량 — 크기와 방향이 있다.

① **크기**: 처음 위치에서 나중 위치까지 연결한 직선의 길이

② **방향**: 처음 위치에서 나중 위치를 향하는 직선 방향

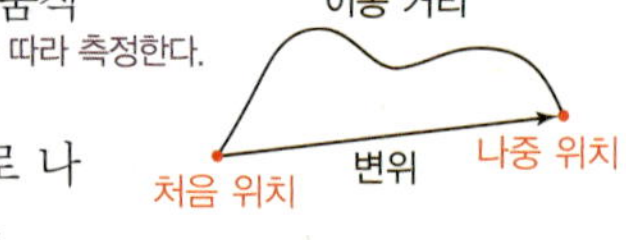

2. 속력과 속도
┌ 크기(빠르기)만 생각하고, 운동 방향은 생각하지 않는다.

(1) **속력**: 단위 시간(1초) 동안 이동한 거리

• **평균 속력**: 물체의 이동 거리를 움직이는 동안 걸린 시간으로 나눈 값

$$\text{평균 속력} = \frac{\text{이동 거리}}{\text{걸린 시간}} \quad (\text{단위: m/s, km/h})$$
┌ 크기와 방향이 있다.

(2) **속도**: 단위 시간(1초) 동안의 변위

• **평균 속도**: 물체의 변위를 걸린 시간으로 나눈 값

$$\text{평균 속도} = \frac{\text{변위}}{\text{걸린 시간}} \quad (\text{단위: m/s, km/h})$$

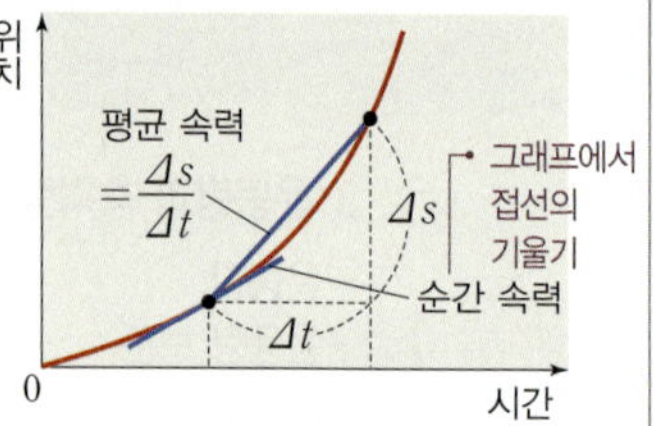

3. 등속 직선 운동: 운동 방향과 속력이 일정한 운동

(1) 변위의 크기와 이동 거리가 같다.

(2) 속도의 크기와 속력이 같다.

(3) 위치–시간 그래프에서 그래프의 기울기가 속도이다.

(4) 속도–시간 그래프에서 그래프 아랫부분의 넓이가 이동 거리 또는 변위가 된다.

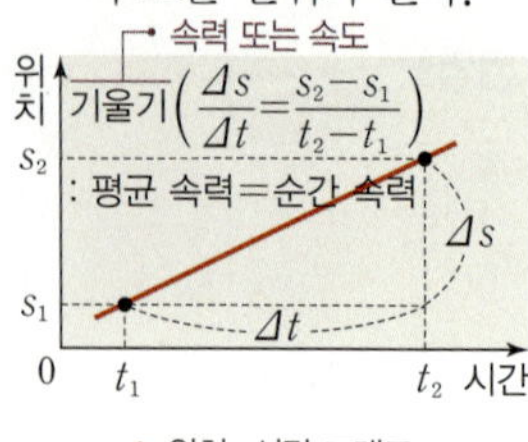

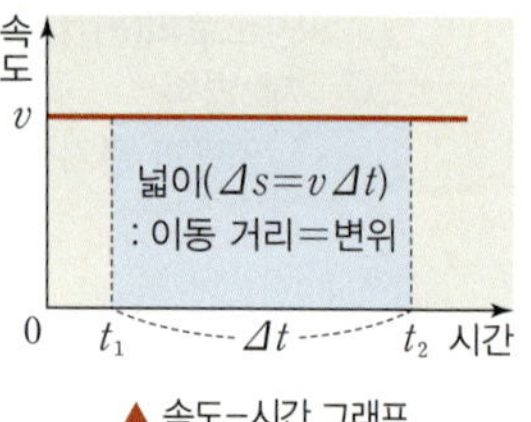

┌ 가속도의 방향은 물체에 작용한 알짜힘의 방향이다.

1. 가속도: 물체의 속도가 시간에 따라 변하는 정도, 단위 시간 동안의 속도 변화량으로 나타낸다.

$$\text{가속도} = \frac{\text{속도 변화량}}{\text{걸린 시간}} = \frac{\text{나중 속도} - \text{처음 속도}}{\text{걸린 시간}} \quad (\text{단위: m/s}^2)$$

(1) **평균 가속도**: 나중 속도와 처음 속도 사이의 속도 변화량을 걸린 시간으로 나눈다.

┌ 매우 짧은 시간 동안의 평균 가속도

(2) **순간 가속도**: 매 순간 물체의 실제 가속도

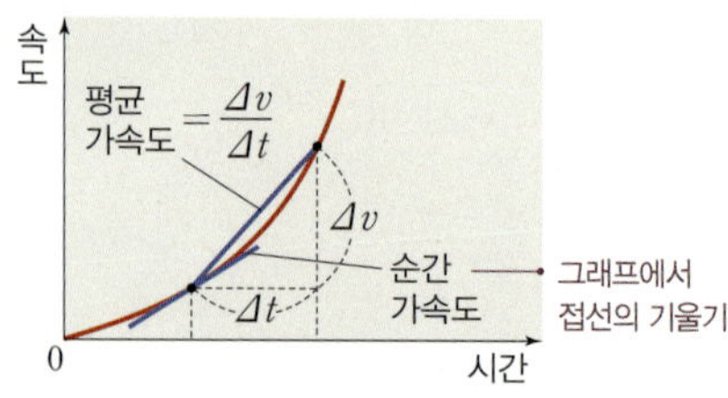

2. 직선을 따라 가속 운동하는 물체의 속도–시간 그래프

(1) 한 방향을 (+)로, 다른 방향을 (−)로 정한다.

(2) 그래프의 기울기가 가속도의 크기이고, 기울기의 부호가 가속도의 방향이다.

(3) 가속도와 속도의 방향이 같으면 속력이 증가하고, 가속도와 속도의 방향이 다르면 속력이 감소한다.

속도	+	+	−	−
가속도	+	−	−	+
속력 변화	증가	감소	증가	감소

1. 등가속도 직선 운동: 가속도의 크기가 일정하고 직선을 따라 운동하며 속력이 증가하거나 감소한다.
┌ 가속도의 방향이 운동 방향과 같으면 속력이 증가하고, 가속도의 방향이 운동 방향과 반대이면 속력이 감소한다.

2. 등가속도 직선 운동 방정식

$$s = v_0 t + \frac{1}{2}at^2, \quad v = v_0 + at, \quad 2as = v^2 - v_0^2$$

(v_0: 처음 속도, v: 나중 속도, a: 가속도, t: 시간, s: 변위)

3. 등가속도 직선 운동의 그래프

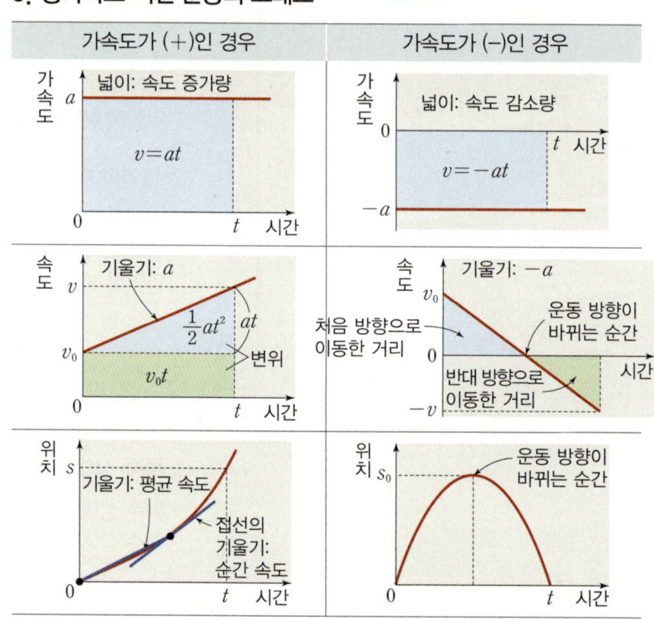

개념 ④ 여러 가지 운동

1. **속력과 방향이 모두 일정한 운동**: 속도가 일정한 운동으로 등속
   직선 운동이다.
   └ 가속도가 0이다.

2. **속력만 변하는 운동**
   - 예) 등가속도 직선 운동
   - 가속도의 크기가 일정하다.
   - 물체는 직선을 따라 운동한다.

3. **운동 방향만 변하는 운동**
   - 예) 등속 원운동
   - 가속도 방향이 운동 방향과 항상 수직이다.
   - 물체는 원 궤도를 따라 일정한 속력으로 운동한다.

4. **속력과 운동 방향이 모두 변하는 운동** (예) 중력장에서의 운동)
   (1) 포물선 운동: 가속도의 크기와 방향이 일정하고, 물체가 포
      물선을 따라 운동 → 가속도의 크기와 방향은 일정하지만
      속도의 크기와 방향은 매 순간 변하는 운동이다.
   (2) 단진동: 변위의 크기에 비례하는 복원력에 의한 운동
      → 진동 중심에서 속력이 최대이다.
      예) 용수철에 매달려 진동하는 물체의 운동
   (3) 단진자: 길이가 일정한 줄에 매달려 진동하는 물체의 운동
      → 가속도의 크기와 방향이 매 순간 변하고, 속도의 크기와
      방향도 매 순간 변하는 운동이다.
      예) 시계추의 운동

🎯 자료 분석 — 등가속도 직선 운동의 그래프 분석

❶ 위치−시간 그래프
- 시간에 대한 2차 함수
  $$\rightarrow s = v_0 t + \frac{1}{2}at^2$$
- 기울기: 속도

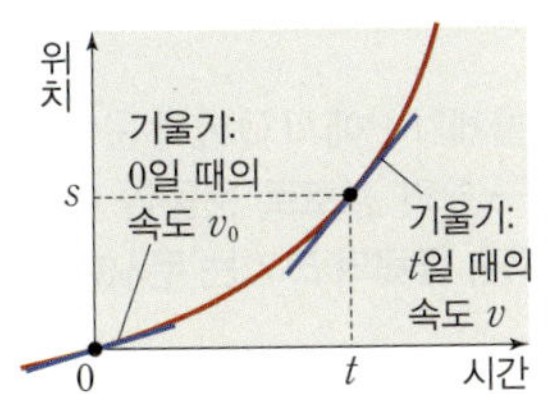

❷ 속도−시간 그래프
- 시간에 대한 1차 함수
  $$\rightarrow v = v_0 + at$$
- 평균 속력: $\dfrac{v_0 + v}{2} = \dfrac{2v_0 + at}{2}$
- 기울기: 가속도
- 넓이: 변위=평균 속력×시간

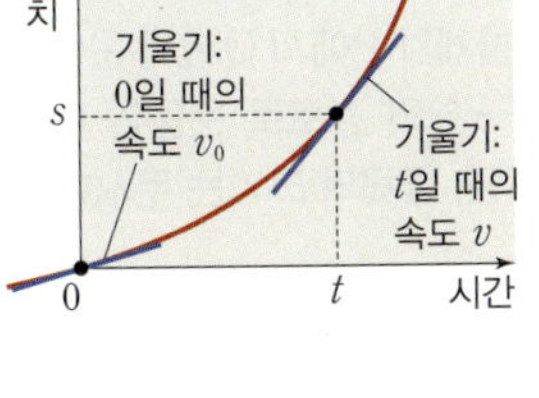

❷ 가속도−시간 그래프
- 가속도의 크기가 일정하다.
- 넓이: 속도 변화량

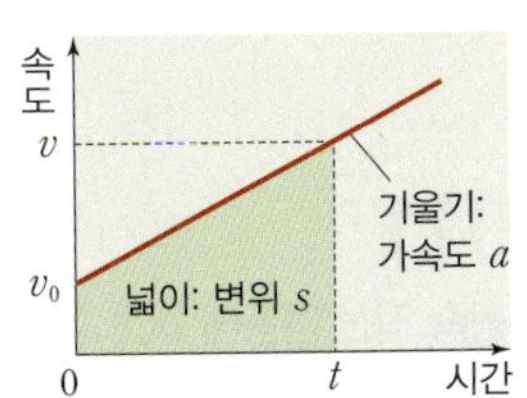

정답 및 해설 | 02쪽

001

□ : 물체가 움직인 경로를 따라 측정한 길이이다.

002

□ : 물체의 처음 위치를 기준으로 나중 위치까지의
위치 변화량이다. 크기와 방향을 갖는 물리량이다.

003

□ : 단위 시간 당 이동 거리이며, 이동 거리를 걸린
시간으로 나눈 값이다.

004

□ : 단위 시간 당 속도의 변화량이며, 방향은 알짜힘
의 방향과 같다.

005

물체의 운동에 대한 설명으로 옳은 것은 ◯, 옳지 <u>않은</u> 것은 ×로
표시하시오.

(1) 물체가 등속 직선 운동할 때 속도의 크기와 속력은 같다.
$\hspace{8cm}$ ( )
(2) 등가속도 직선 운동하는 물체의 가속도와 속도의 방향은 항
   상 같다. ( )
(3) 지표면 근처에서 자유 낙하하는 물체는 등가속도 직선 운동
   한다. ( )
(4) 용수철에 매달려 진동하는 물체의 가속도 방향과 운동 방향
   은 항상 같다. ( )

006

〈보기〉는 여러 가지 물체의 운동이다.

> **보기**
> ㄱ. 빙판 위에서 미끄러지는 아이스하키 퍽의 운동
> ㄴ. 타자가 친 야구공의 운동
> ㄷ. 연직 방향으로 낙하하는 나무 열매의 운동
> ㄹ. 시계추의 운동
> ㅁ. 지구 주위를 도는 달의 운동

(1) 속력과 방향이 일정한 운동을 있는 대로 고르시오.
(2) 속력만 변하는 운동을 있는 대로 고르시오.
(3) 운동 방향만 변하는 운동을 있는 대로 고르시오.
(4) 속력과 운동 방향이 모두 변하는 운동을 있는 대로 고르시오.

개념 ① 속력과 속도

족집게 전략 이동 거리와 변위, 속력과 속도의 차이를 알고 구별할 수 있어야 해. 특히 물체가 한 방향으로 운동하지 않은 경우에 속력과 속도의 크기를 비교할 수 있어야 해.

007 단골 문제

그림은 학생 A가 집에서 문구점을 거쳐 학교로 가는 경로를 나타낸 것이다. A는 집에서 문구점까지는 동쪽으로 직선을 따라 960 m를 16분 동안 걸었고, 문구점에서 학교까지는 남쪽으로 직선을 따라 720 m를 12분 동안 걸었다.

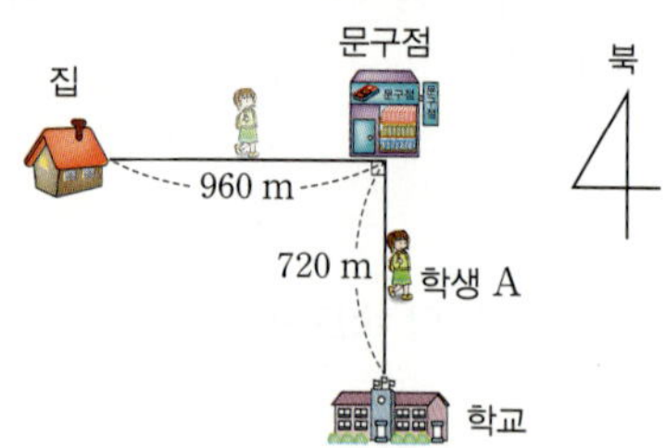

A의 운동에 대한 설명으로 옳은 것은? (단, 사람의 크기는 무시한다.)

① 집에서 문구점까지 A의 속력은 2 m/s이다.
② 집에서 학교까지 변위의 크기는 1680 m이다.
③ 집에서 학교까지 속도의 크기는 속력보다 작다.
④ 집에서 문구점까지와 문구점에서 학교까지 속도는 같다.
⑤ 문구점에서 학교까지 변위의 크기는 이동 거리보다 크다.

추가로 나오는 선택지

❶ 집에서 문구점까지와 문구점에서 학교까지 속력은 같다. ( )

❷ 집에서 학교까지 변위의 크기와 이동 거리는 같다. ( )

008

학생 A가 집에서 학교로 갈 때는 평균 속력이 6 m/s이고, 학교에서 집으로 올 때는 평균 속력이 2 m/s이다.
A가 집과 학교를 한 번 왕복하는 동안의 평균 속력은?

① 2.4 m/s   ② 3.0 m/s   ③ 3.6 m/s
④ 4.0 m/s   ⑤ 5.0 m/s

009 중요

그림은 직선상에서 운동하는 물체의 위치를 시간에 따라 나타낸 것이다.

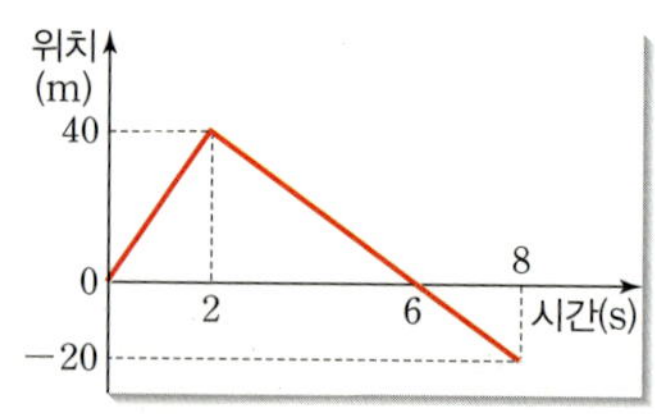

이에 대한 설명으로 옳지 않은 것은?

① 0초부터 6초까지 물체의 변위는 0이다.
② 0초부터 2초까지 물체의 속력은 일정하다.
③ 1초일 때와 4초일 때 물체의 운동 방향은 같다.
④ 0초부터 8초까지 물체의 이동 거리는 100 m이다.
⑤ 0초부터 8초까지 물체의 평균 속력은 12.5 m/s이다.

010 서술형

그림은 물체가 점 P에서 출발하여 점 Q까지 등속 직선 운동하다가 방향을 바꾸어 같은 속력으로 등속 직선 운동하여 다시 P로 돌아오는 것을 나타낸 것이다.

물체가 P에서 Q까지 운동할 때 물체의 속도의 크기와 속력을, P → Q → P의 경로로 운동할 때 물체의 속도의 크기와 속력을 비교하시오. (단, 물체의 크기는 무시한다.)

011

등속 직선 운동에 대한 설명으로 옳은 것만을 〈보기〉에서 있는 대로 고른 것은?

보기

ㄱ. 운동 방향이 변하지 않는다.
ㄴ. 속도의 크기와 속력이 항상 같다.
ㄷ. 변위의 크기는 이동 거리보다 작다.

① ㄱ   ② ㄷ   ③ ㄱ, ㄴ
④ ㄴ, ㄷ   ⑤ ㄱ, ㄴ, ㄷ

개념 ❷ 가속도 운동

족집게 전략 직선 운동에서 가속도에 따라 속도의 크기와 방향이 어떻게 변하는지를 예상할 수 있어야 해.

012 단골 문제

그림은 직선상에서 운동하는 물체의 속도를 시간에 따라 나타낸 것이다.

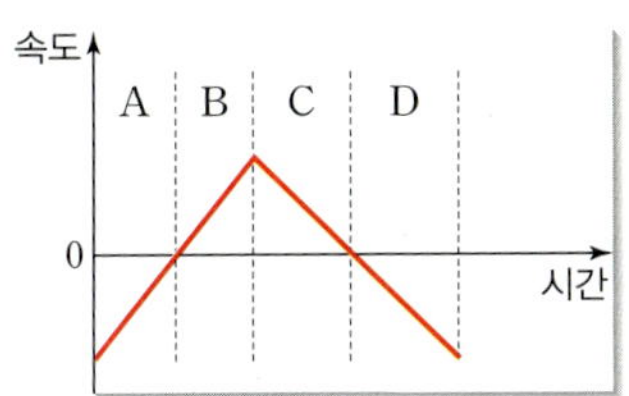

구간 A~D 중 가속도의 방향과 속도의 방향이 같은 구간은?

① A, B ② A, C ③ B, C
④ B, D ⑤ C, D

추가로 나오는 선택지

❶ A, B 구간에서는 가속도의 방향이 같다. (   )
❷ C 구간에서 변위의 크기는 점점 증가한다. (   )
❸ D 구간에서 물체의 운동 방향과 가속도 방향은 같다. (   )

013 중요

그림은 정지해 있다가 직선상에서 운동하는 두 물체 A, B의 가속도를 시간에 따라 나타낸 것이다.

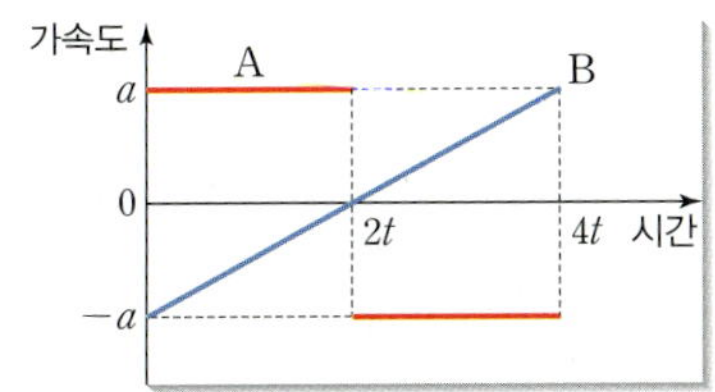

A, B의 운동에 대한 설명으로 옳은 것은?

① t일 때 A와 B의 운동 방향은 반대 방향이다.
② 0에서 $2t$까지 A의 속력은 일정하다.
③ 0에서 $4t$까지 A의 변위는 0이다.
④ $3t$일 때 B의 속력은 증가한다.
⑤ $4t$일 때 A와 B는 만난다.

014

가속도 운동에 대한 설명으로 옳은 것은?

① 등속 원운동하는 물체의 가속도는 0이다.
② 속도의 방향과 가속도 방향이 같으면 물체의 속력은 감소한다.
③ 가속도의 크기가 2배가 되면 1초 동안 속도의 변화량의 크기가 4배가 된다.
④ 자유 낙하하는 물체의 속력이 빨라질수록 가속도의 크기도 증가한다.
⑤ 직선을 따라 운동하던 물체가 정지하는 동안 물체의 가속도 방향은 운동 방향과 반대 방향이다.

015

그림은 xy 평면에서 $+x$ 방향으로 운동하던 물체가 2초 후 $+y$ 방향으로 운동하는 모습을 나타낸 것이다. 물체의 속력은 10 m/s로 일정하다.

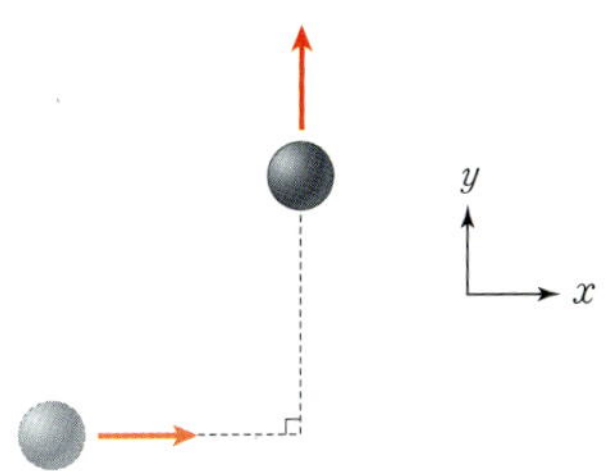

2초 동안 물체의 평균 가속도의 크기는?

① 5 m/s^2 ② $5\sqrt{2}$ m/s^2 ③ 10 m/s^2
④ $10\sqrt{2}$ m/s^2 ⑤ 20 m/s^2

016 서술형

그림은 수평면에 있는 물체가 점 P를 통과하는 순간 속도가 왼쪽으로 12 m/s이고, 가속도가 오른쪽으로 3 m/s^{2}인 것을 나타낸 것이다.

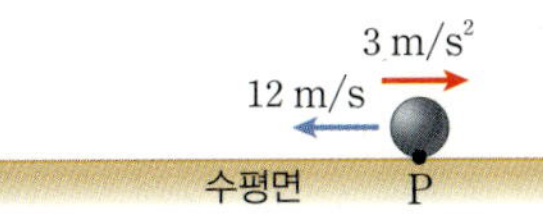

이 물체가 다시 P를 통과할 때까지 최대 변위의 크기를 구하고, 시간에 따라 물체의 운동이 어떻게 변하는지 설명하시오. (단, 물체의 크기는 무시한다.)

족집게 전략　물체의 운동을 속도-시간 그래프로 나타낼 때, 속도-시간 그래프에서 기울기와 넓이가 의미하는 것이 무엇인지 파악하는 것이 중요해.

017 단골 문제

그림은 일직선을 따라 운동하는 두 물체 A, B의 속도를 시간에 따라 나타낸 것이다.

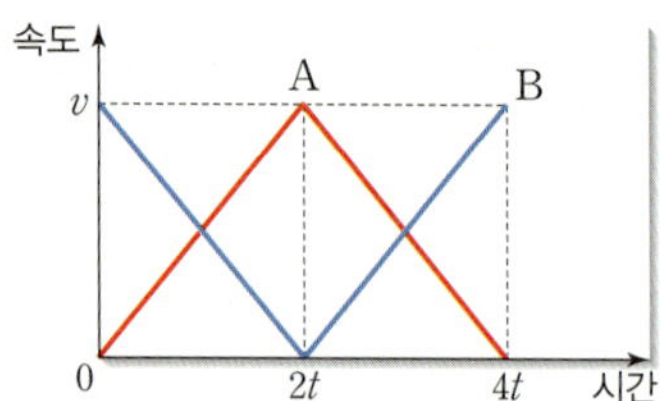

이에 대한 설명으로 옳은 것만을 〈보기〉에서 있는 대로 고른 것은?

보기

ㄱ. $0 \sim t$까지 이동 거리는 B가 A의 2배이다.
ㄴ. $2t$일 때 A와 B의 변위는 같다.
ㄷ. $3t$일 때 A와 B의 가속도의 방향은 같다.

① ㄱ　　　　② ㄴ　　　　③ ㄱ, ㄴ
④ ㄱ, ㄷ　　　⑤ ㄴ, ㄷ

추가로 나오는 선택지

❶ t일 때 가속도의 크기는 A와 B가 같다.　　　　(　　　)
❷ 0부터 $4t$까지 A의 이동 거리는 $4vt$이다.　　　(　　　)

018

등가속도 직선 운동에 대한 설명으로 옳은 것은?

① 단위 시간 당 변위의 변화량이 일정하다.
② 마찰이 없는 빗면을 내려오는 물체의 속도와 가속도 방향은 반대이다.
③ 위로 던져 올린 물체는 올라갈 때와 내려올 때 가속도 방향이 반대이다.
④ 운동하던 물체가 정지할 때까지 이동한 거리는 속도의 제곱에 비례한다.
⑤ 정지한 물체가 등가속도 직선 운동할 때 시간이 2배가 되면 이동 거리도 2배가 된다.

019 중요

그림은 직선 도로에서 등속도 운동하는 자동차 A가 출발선을 통과하는 순간 정지해 있던 자동차 B가 등가속도 직선 운동하여 10초 후 A, B가 결승선을 동시에 통과하는 모습을 나타낸 것이다.

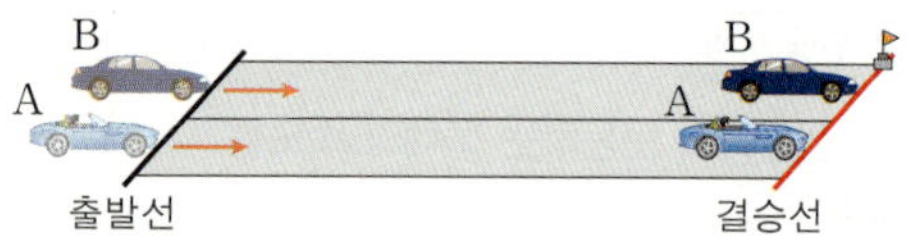

이에 대한 설명으로 옳은 것만을 〈보기〉에서 있는 대로 고른 것은? (단, 자동차의 크기는 무시한다.)

보기

ㄱ. A와 B의 평균 속력은 같다.
ㄴ. 5초부터 10초까지 이동한 거리는 B가 A의 2배이다.
ㄷ. A, B의 속력이 같아지는 순간까지 이동한 거리는 A가 B의 2배이다.

① ㄱ　　　　② ㄷ　　　　③ ㄱ, ㄴ
④ ㄱ, ㄷ　　　⑤ ㄴ, ㄷ

020 서술형

그림은 직선 도로에서 자동차 A, B가 기준선 P를 동시에 통과한 후 각각 가속도 a_A, a_B로 등가속도 직선 운동하여 기준선 Q에 동시에 도달하는 모습을 나타낸 것이다. A, B의 속력은 P를 통과할 때 각각 2 m/s, 6 m/s이고, B는 Q에서 정지하였다.

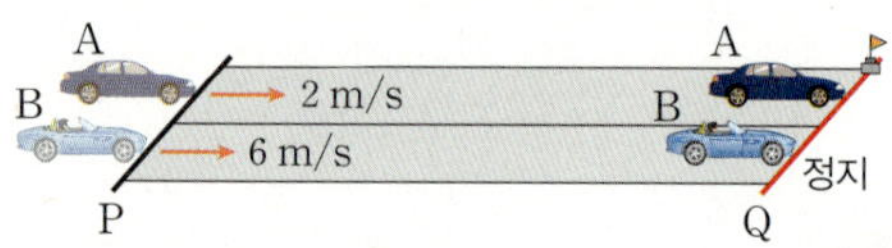

$\left| \dfrac{a_A}{a_B} \right|$ 를 풀이 과정과 함께 답을 쓰시오.

021

표는 등가속도 직선 운동하는 물체의 위치를 시간에 따라 나타낸 것이다.

시간(s)	0	2	4	6
위치(m)	0	6	20	42

이 물체의 가속도의 크기 a(m/s²)와 0초일 때 속도의 크기 v_0(m/s)으로 옳은 것은?

	a	v_0			a	v_0
①	1	1		②	1	2
③	2	1		④	2	2
⑤	3	1				

022 

그림은 직선 운동하는 물체 A, B의 가속도를 시간에 따라 나타낸 것이다. 0초일 때 A, B의 속도는 0이다.

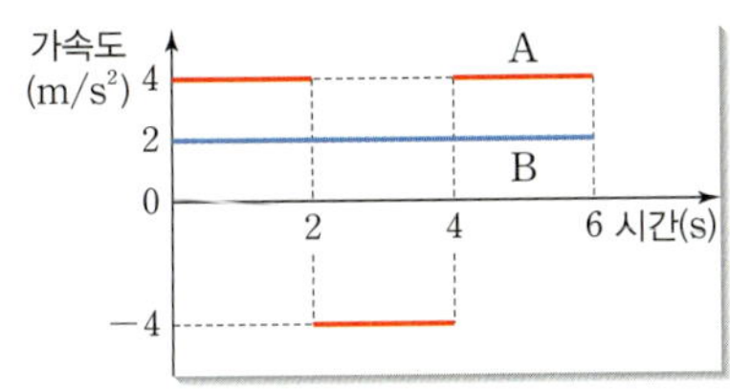

이에 대한 설명으로 옳은 것은?

① 3초일 때 A와 B의 속력은 같다.
② 4초일 때 A와 B의 변위는 같다.
③ 1초일 때와 3초일 때 A의 가속도는 같다.
④ 0초부터 6초까지 B의 이동 거리는 12 m이다.
⑤ 0초부터 6초까지 A의 평균 속력은 3 m/s이다.

개념 ④ 여러 가지 운동

족집게 전략) 여러 가지 운동을 속력만 변하는 운동, 방향만 변하는 운동, 속력과 방향이 모두 변하는 운동으로 분류할 수 있어야 해. 운동 방향과 가속도 방향의 관계를 파악하는 것이 중요해.

023 단골 문제

그림 (가)는 등속 원운동을 하는 물체의 모습을, (나)는 지표면 부근에서 포물선 운동을 하는 물체의 모습을 나타낸 것이다.

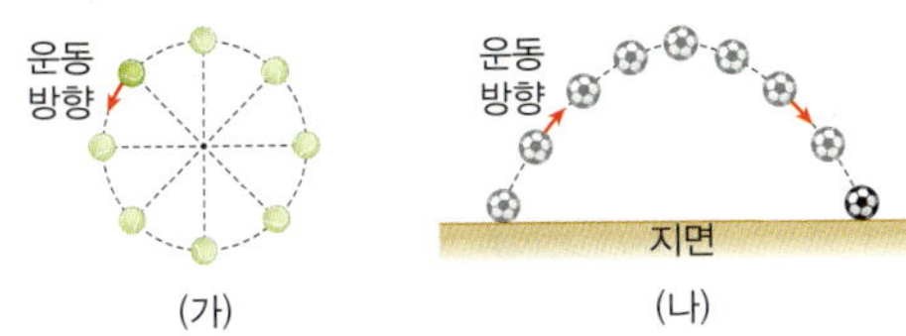

이에 대한 설명으로 옳은 것은?

① (가)에서 물체의 속도는 일정하다.
② (가)에서 물체의 가속도 방향은 일정하다.
③ (가)에서 물체의 가속도 크기는 일정하다.
④ (나)에서 물체가 내려올 때 물체의 속도 방향과 가속도 방향은 같다.
⑤ (나)에서 물체가 올라갈 때와 내려올 때 물체의 가속도의 방향은 서로 반대이다.

추가로 나오는 선택지

❶ (가)와 (나)는 모두 등가속도 운동이다. (   )
❷ (가)에서 물체의 속력은 일정하다. (   )

024

물체의 운동과 가속도에 대한 설명으로 옳지 <u>않은</u> 것은?

① 정지한 물체가 등가속도 운동할 때 속도의 방향과 가속도의 방향은 항상 같다.
② 단진동 운동을 하는 물체의 속도와 가속도 방향은 항상 서로 반대 방향이다.
③ 단진자 운동은 물체의 속도의 크기와 방향이 변하는 운동이다.
④ 물체의 운동 방향과 가속도 방향이 반대이면 물체의 속력이 감소한다.
⑤ 포물선 운동하는 물체는 가속도의 크기가 일정한 운동을 한다.

025

그림은 마찰이 없는 수평면에서 용수철에 매달린 물체를 잡아당겼다가 놓았을 때 물체의 변위를 시간에 따라 나타낸 것이다.

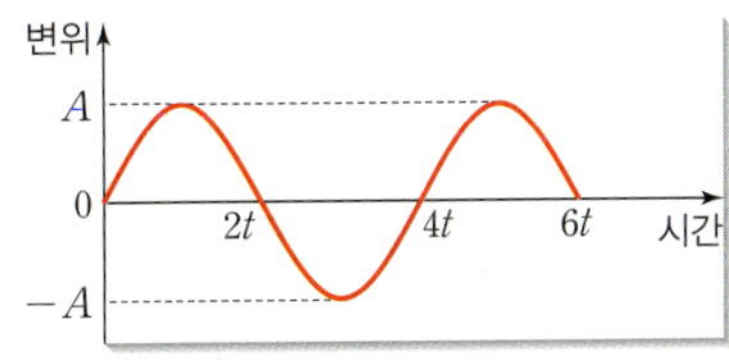

이에 대한 설명으로 옳은 것은?

① t일 때 속력은 최대이다.
② $2t$일 때와 $4t$일 때 속도는 같다.
③ t에서 $3t$까지 속도의 방향은 일정하다.
④ 0에서 $2t$까지 가속도의 크기는 일정하다.
⑤ 0에서 t까지 물체의 속도와 가속도 방향은 같다.

026

그림은 직선상에서 운동하는 물체의 위치를 시간에 따라 나타낸 것이다.

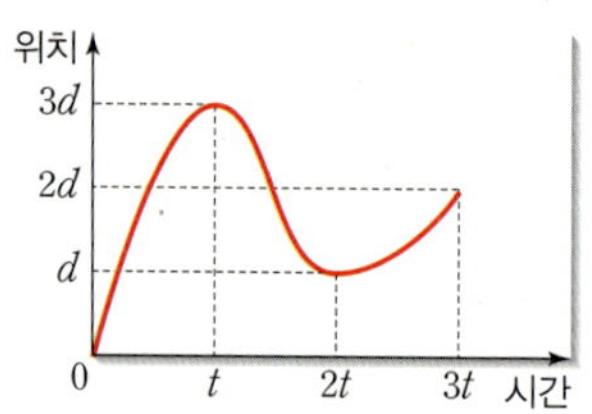

이에 대한 설명으로 옳은 것만을 〈보기〉에서 있는 대로 고른 것은?

보기

ㄱ. t일 때 속력은 0이다.

ㄴ. 0에서 $3t$까지 운동 방향이 2번 바뀐다.

ㄷ. 0에서 t까지 가속도의 방향은 운동 방향과 반대이다.

① ㄱ ② ㄴ ③ ㄱ, ㄷ

④ ㄴ, ㄷ ⑤ ㄱ, ㄴ, ㄷ

027

그림은 직선상에서 가속도 운동하는 자동차의 속도를 시간에 따라 나타낸 것이다.

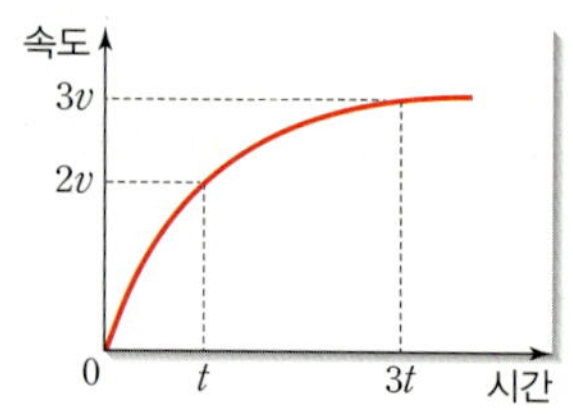

자동차의 운동에 대한 설명으로 옳은 것만을 〈보기〉에서 있는 대로 고른 것은?

보기

ㄱ. 변위는 t일 때가 $3t$일 때보다 크다.

ㄴ. 가속도의 크기는 t일 때가 $3t$일 때보다 크다.

ㄷ. 가속도의 방향은 t일 때와 $3t$일 때가 반대이다.

① ㄱ ② ㄴ ③ ㄱ, ㄷ

④ ㄴ, ㄷ ⑤ ㄱ, ㄴ, ㄷ

028 고난도

그림은 마찰이 없는 수평면에서 두 물체 A, B가 각각 20 m/s, 10 m/s의 속력으로 거리 s만큼 떨어져 등속 직선 운동하는 순간의 모습을 나타낸 것이다. B는 0초부터 등가속도 직선 운동하여 2초 후에 정지하였고, A는 1초부터 등가속도 운동하여 B와 같은 지점에 정지하였다. 가속도 운동하는 동안 A, B의 가속도의 크기는 a로 같다.

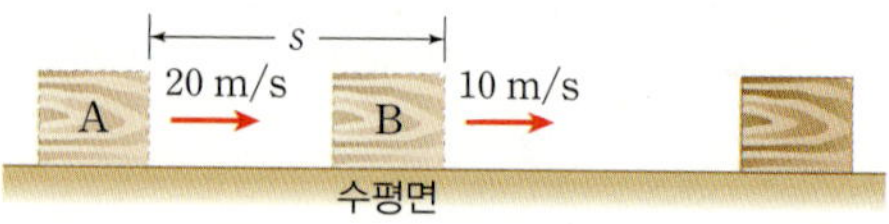

이에 대한 설명으로 옳은 것만을 〈보기〉에서 있는 대로 고른 것은? (단, 물체의 크기는 무시한다.)

보기

ㄱ. a는 5 m/s^{2}이다.

ㄴ. s는 50 m이다.

ㄷ. B가 정지한 순간부터 A가 정지할 때까지 A가 이동한 거리는 25 m이다.

① ㄱ ② ㄷ ③ ㄱ, ㄴ

④ ㄱ, ㄷ ⑤ ㄴ, ㄷ

029

그림은 건물 옥상에서 연직 위로 던져 올린 공의 운동을 나타낸 것이다.

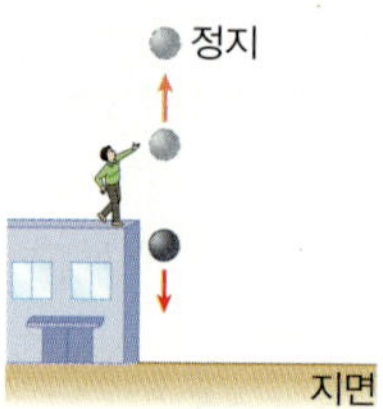

공이 던져진 순간부터 지면에 도달할 때까지 공의 속도 v를 시간 t에 따라 나타낸 것으로 가장 적절한 것은? (단, 공의 크기와 공기 저항은 무시한다.)

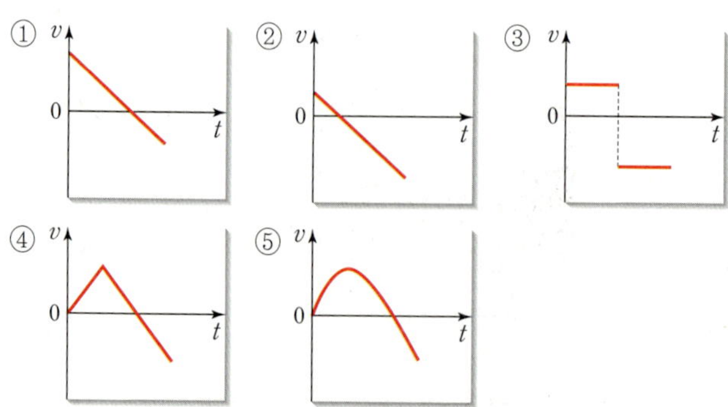

030

그림은 빗면에서 운동하는 물체의 위치를 0.2초 간격으로 나타낸 것이다.

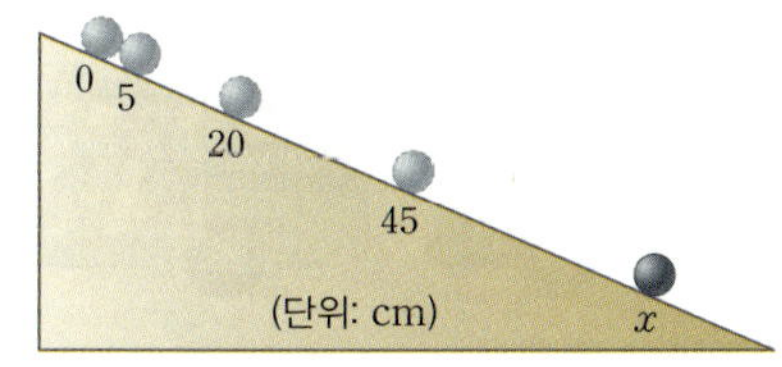

이에 대한 설명으로 옳은 것만을 〈보기〉에서 있는 대로 고른 것은?

보기
- ㄱ. 가속도의 크기는 $5\,m/s^2$이다.
- ㄴ. 0.6초일 때 속력은 $0.45\,m/s$이다.
- ㄷ. $x=80$이다.

① ㄴ ② ㄷ ③ ㄱ, ㄴ
④ ㄱ, ㄷ ⑤ ㄱ, ㄴ, ㄷ

031 고난도

그림은 직선 운동하는 물체 A, B의 가속도를 시간에 따라 나타낸 것이다. 0초일 때 속도의 크기는 A가 B의 2배이고 방향은 서로 반대이며, 0초일 때 A, B의 위치는 같고, 8초일 때 20 m 지점에서 다시 만난다.

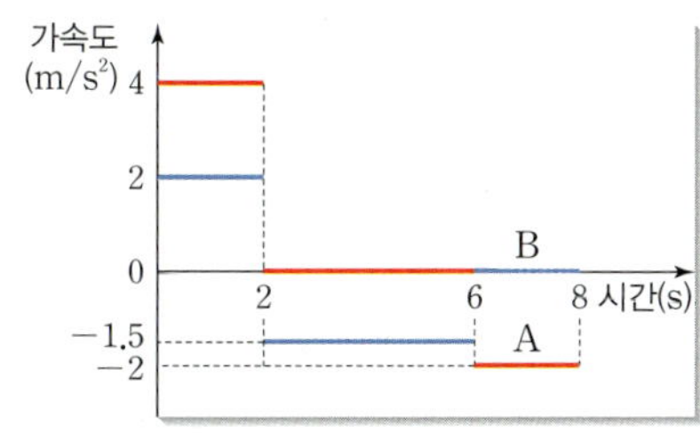

이에 대한 설명으로 옳은 것만을 〈보기〉에서 있는 대로 고른 것은?

보기
- ㄱ. 0초일 때 A의 속도와 가속도는 방향이 서로 반대이다.
- ㄴ. 6초일 때 B의 변위는 20 m이다.
- ㄷ. 0초부터 6초 사이에 A와 B는 한 번 만난다.

① ㄴ ② ㄷ ③ ㄱ, ㄴ
④ ㄱ, ㄷ ⑤ ㄱ, ㄴ, ㄷ

032

그림은 여러 가지 운동을 기준 A, B에 따라 분류하여 벤 다이어그램으로 나타낸 것이다.

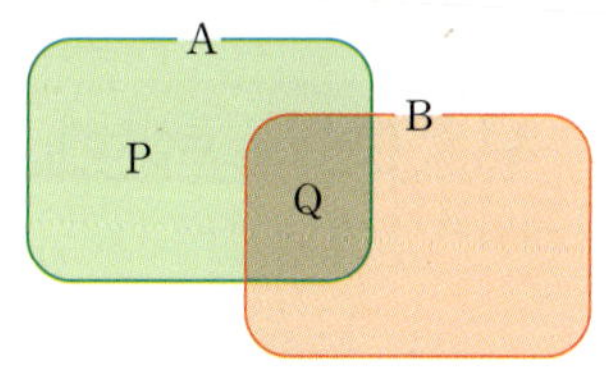

기준 A: 가속도의 크기만 일정한 운동
기준 B: 가속도의 방향만 일정한 운동

P, Q에 해당하는 운동으로 가장 적절한 것은?

	P	Q
①	등속 원운동	포물선 운동
②	등속 원운동	단진자 운동
③	단진자 운동	포물선 운동
④	포물선 운동	단진자 운동
⑤	포물선 운동	등속 원운동

033

그림 (가)는 연직면에서 원 궤도를 따라 운동하는 물체의 모습을, (나)는 단진자 운동을 하는 물체의 모습을 나타낸 것이다.

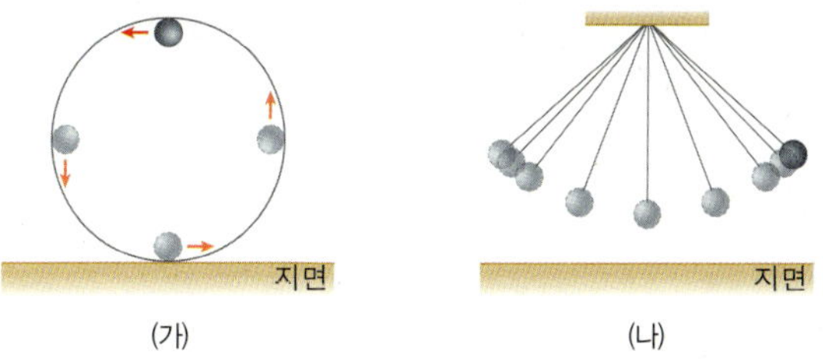

이에 대한 설명으로 옳은 것만을 〈보기〉에서 있는 대로 고른 것은?

보기
- ㄱ. (가)에서 물체의 속력은 일정하다.
- ㄴ. (나)에서 물체의 속도는 매 순간 변한다.
- ㄷ. (가)와 (나)의 최고점에서 물체의 속력은 0이다.

① ㄱ ② ㄴ ③ ㄷ
④ ㄱ, ㄷ ⑤ ㄴ, ㄷ

02 뉴턴 운동 법칙

개념 ① 힘의 표현과 합성

1. **힘의 표현**: 힘의 3요소를 화살표로 표시한다.
   (1) **힘의 작용점**: 화살표의 시작점
   (2) **힘의 크기**: 화살표의 길이
   (3) **힘의 방향**: 화살표의 방향

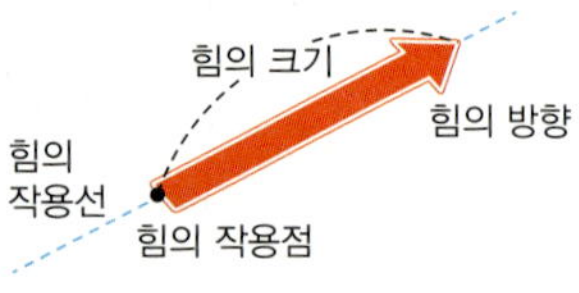

2. **합력**: 한 물체에 둘 이상의 힘이 작용할 때 그와 같은 효과를 나타내는 하나의 힘
   - **알짜힘**: 한 물체에 작용하는 모든 힘의 합력

3. **힘의 합성**: 힘의 합력을 구하는 과정
   (1) **일직선상의 두 힘**: 같은 방향이면 더하고, 반대 방향이면 뺀다.

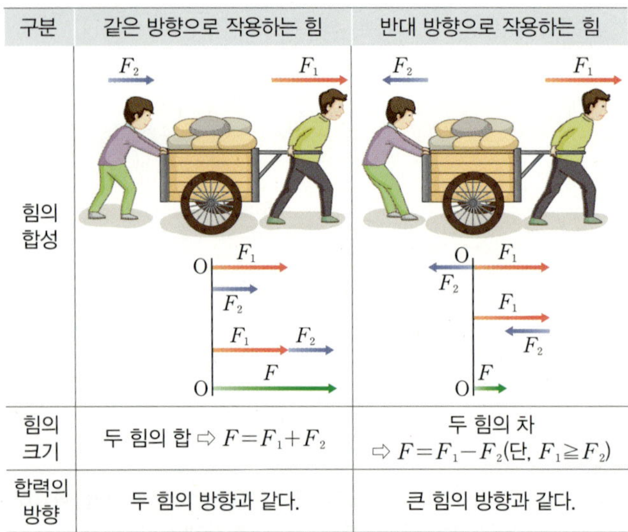

구분	같은 방향으로 작용하는 힘	반대 방향으로 작용하는 힘
힘의 합성		
힘의 크기	두 힘의 합 ⇨ $F=F_1+F_2$	두 힘의 차 ⇨ $F=F_1-F_2$(단, $F_1 \geqq F_2$)
합력의 방향	두 힘의 방향과 같다.	큰 힘의 방향과 같다.

(2) **일정한 각을 이루고 있는 두 힘의 합성**: 평행사변형의 대각선을 이용해 구한다. → 여러 힘의 합성: 두 힘의 합성을 반복한다.

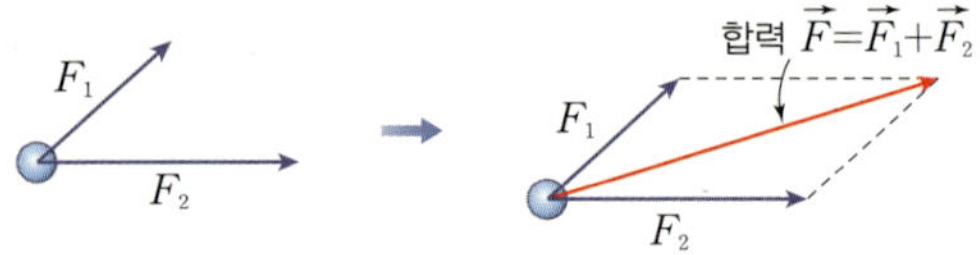

4. **힘의 평형**: 한 물체에 작용하는 알짜힘이 0인 경우

개념 ② 운동 제1법칙(관성 법칙)

1. **관성**: 물체가 처음의 운동 상태를 유지하려는 성질
   (1) **관성의 크기**: 질량이 클수록 관성이 크다. → 질량이 클수록 운동 상태를 변화시키기가 어렵다.
   (2) **관성의 예**: 정지한 버스가 갑자기 출발하면 사람들이 뒤로 넘어진다. 운동하는 버스가 갑자기 멈추면 사람들이 앞으로 넘어진다.
   정지 관성↲
   운동 관성↲

2. **운동 제1법칙**: 물체에 작용하는 알짜힘이 0일 때 정지한 물체는 계속 정지하고, 운동하던 물체는 등속 직선 운동한다.
   $\Sigma F=0$이면 $\Delta v=0$

개념 ③ 운동 제2법칙(가속도 법칙)

1. **가속도(a)와 알짜힘**: 물체의 질량이 일정할 때 가속도의 크기는 물체에 작용하는 알짜힘의 크기에 비례한다. ($a \propto F$)
   - 힘의 크기가 F, $2F$, $3F$으로 증가하면 속도-시간 그래프의 기울기는 1배, 2배, 3배로 증가하며, 가속도의 크기도 a, $2a$, $3a$로 증가한다.

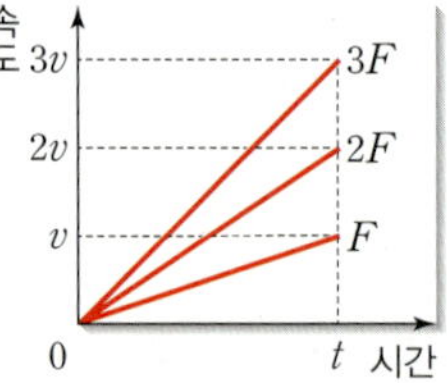
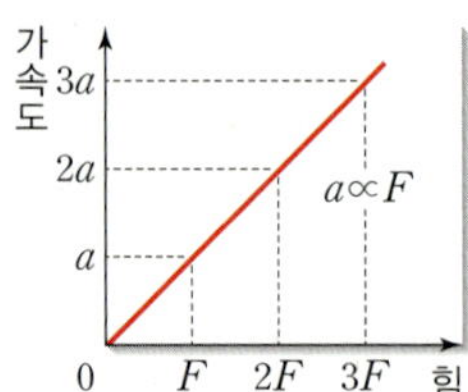

2. **가속도와 질량**: 물체에 작용하는 알짜힘의 크기가 일정할 때 가속도의 크기는 물체의 질량에 반비례한다. ($a \propto \dfrac{1}{m}$)
   - 질량이 m, $2m$, $3m$으로 증가하면 속도-시간 그래프의 기울기는 1배, $\dfrac{1}{2}$배, $\dfrac{1}{3}$배로 감소하며, 가속도의 크기도 a, $\dfrac{1}{2}a$, $\dfrac{1}{3}a$로 감소한다.

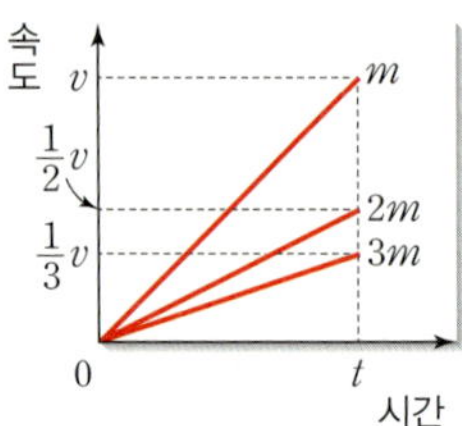
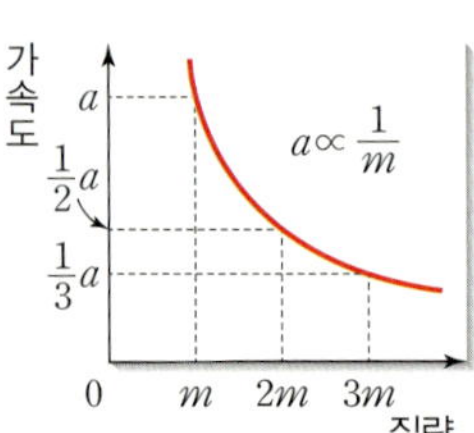

3. **운동 제2법칙**
   (1) **운동 제2법칙**: 가속도의 크기는 물체에 작용하는 알짜힘의 크기에 비례하고 물체의 질량에 반비례한다.

$$a=\frac{F}{m} \rightarrow F=ma \text{ (단위: N)}$$

(2) 가속도의 방향은 알짜힘의 방향과 같다.

(3) 1N: 질량이 1 kg인 물체의 가속도가 $1 \, m/s^2$이 되도록 하는 힘의 크기이다.

개념 ❹ 운동 제3법칙(작용 반작용 법칙)

1. **상호 작용하는 힘**: 힘은 두 물체 사이의 상호 작용이므로 항상 쌍으로 작용한다.
   - 용수철저울 A, B를 연결하고 A를 당기면 A, B의 용수철이 모두 늘어난다. 이는 A가 B를 당기는 힘만큼 B도 A를 당기기 때문이다.

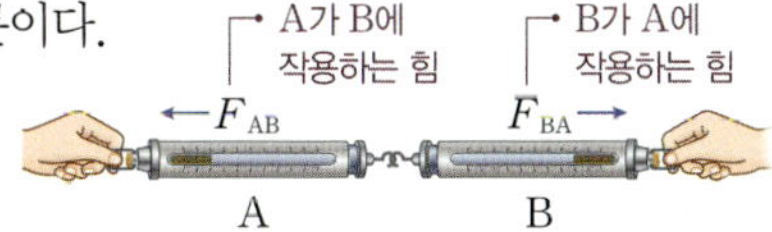

2. **운동 제3법칙**: 물체 A가 물체 B에 힘 $\vec{F}_{AB}$(작용)를 작용하면 동시에 B는 A에 힘 $\vec{F}_{BA}$(반작용)를 작용한다. 이때 $\vec{F}_{AB}$와 $\vec{F}_{BA}$의 크기는 같고 방향은 서로 반대 방향이다.

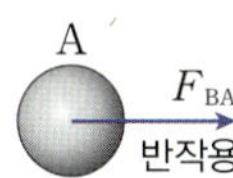
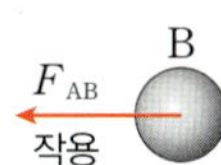

$$\vec{F}_{BA} = -\vec{F}_{AB}$$

   - A, B에 작용하는 힘의 크기는 같아도(작용 반작용 법칙) A, B의 질량이 다르면 가속도의 크기는 다르다(가속도 법칙).

🔍 탐구 활동 　갈릴레이의 사고 실험

갈릴레이는 그림과 같은 사고 실험으로 운동하는 물체의 관성을 유추하였다.

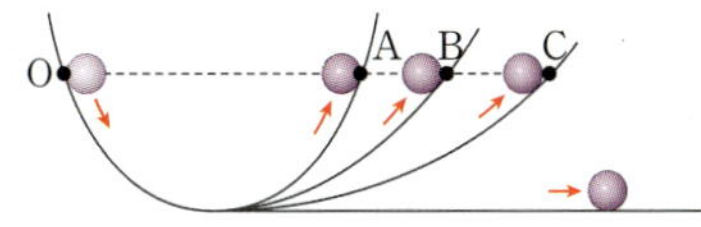

가정　마찰과 공기 저항이 없다고 가정한다.

과정　❶ O점에서 가만히 놓은 공은 마찰과 공기 저항이 없다면 곡면을 따라 운동하여 같은 높이인 A, B, C점까지 올라갈 것이다.

　❷ 오른쪽 곡면의 경사를 점점 줄여 수평면이 되면 공은 같은 높이에 도달할 때까지 등속 직선 운동을 계속할 것이다.

결과　• 운동하는 공에 힘이 작용하지 않으면 공은 멈추지 않고 계속 운동하는 등속 직선 운동을 할 것이다.

정답 및 해설 | 06쪽

034

물체에 작용하는 알짜힘이 0이면 운동하던 물체는 계속 [　　　　] 운동을 한다.

035

물체의 가속도의 크기는 물체에 작용하는 알짜힘의 크기에 [　　　] 하고 물체의 질량에 [　　　] 한다.

036

가속도의 방향은 물체에 작용하는 [　　　]의 방향과 같다.

037

지구가 달을 당기는 힘의 반작용은 [　　　]이 [　　　]를 당기는 힘이다.

038

작용 반작용 관계에 있는 힘은 힘의 [　　　]이 다르며, 힘의 크기가 [　　　]고 방향이 반대이다.

039

다음의 경우에서 물체의 가속도의 크기와 방향을 구하시오. (단, 중력 가속도는 $10 \, m/s^2$이고, 운동 방향과 가속도 방향이 같을 때를 (+)로 한다.)

(1) 질량이 1 kg인 물체에 물체의 운동 방향으로 4 N의 힘이 작용할 때 가속도의 크기와 방향을 쓰시오.

(2) 질량이 2 kg의 물체가 지표면 근처에서 자유 낙하할 때 가속도의 크기와 방향을 쓰시오.

(3) 질량이 3 kg인 물체에 물체의 운동 방향과 반대 방향으로 6 N의 힘이 작용할 때 가속도의 크기와 방향을 쓰시오.

(4) 질량이 5 kg인 물체에 물체의 운동 방향으로 10 N의 힘이 작용하고, 반대 방향으로 5 N의 힘이 작용할 때 가속도의 크기와 방향을 쓰시오.

040

그림은 철판 위에 자석이 정지해 있는 모습을 나타낸 것이다.
각 힘의 반작용을 쓰시오.

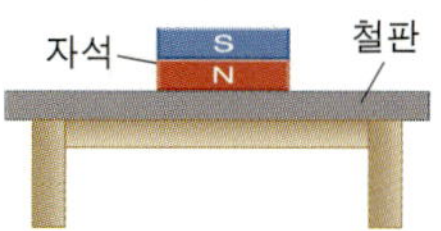

(1) 지구가 자석을 당기는 힘의 반작용을 쓰시오.

(2) 철판이 자석을 당기는 힘의 반작용을 쓰시오.

개념 **1** 힘의 표현과 합성

(족집게 전략) 힘은 크기와 방향이 있는 물리량이라는 것을 기억하고, 한 물체에 여러 힘이 작용할 때 더할 수 있어야 해.

041 단골 문제

표는 xy 평면에서 질량이 $2\,kg$인 물체에 작용하는 힘의 크기와 방향을 나타낸 것이다.

힘	크기(N)	방향
F_1	1	$-x$ 방향
F_2	3	$-y$ 방향
F_3	4	$+x$ 방향
F_4	3	$+y$ 방향

이에 대한 설명으로 옳은 것만을 〈보기〉에서 있는 대로 고른 것은?

보기
- ㄱ. F_2와 F_4의 합력은 0이다.
- ㄴ. 알짜힘의 방향은 $+x$ 방향이다.
- ㄷ. 물체의 가속도 크기는 $2\,m/s^2$이다.

① ㄱ   ② ㄷ   ③ ㄱ, ㄴ
④ ㄴ, ㄷ   ⑤ ㄱ, ㄴ, ㄷ

추가로 나오는 선택지

❶ 알짜힘의 크기는 $3\,N$이다.   (   )
❷ F_2와 F_3의 합력의 크기는 $7\,N$이다.   (   )
❸ F_2와 F_4는 힘의 평형을 이룬다.   (   )

042

힘에 대한 설명으로 옳지 <u>않은</u> 것은?

① 정지한 물체에 힘을 작용하여 물체가 운동한다면 물체는 힘의 방향으로 운동한다.
② 운동하는 물체에 작용하는 알짜힘이 0이면 물체는 등속 직선 운동을 한다.
③ 같은 방향으로 작용하는 두 힘의 합력의 크기는 두 힘의 크기를 더한다.
④ 반대 방향으로 작용하는 두 힘의 합력의 크기는 두 힘의 크기를 뺀다.
⑤ 수직으로 작용하는 두 힘은 더할 수 없다.

043 중요

그림과 같이 질량이 각각 m_A, m_B인 물체 A, B가 실 p, q와 도르래를 통해 연결되어 정지해 있다.

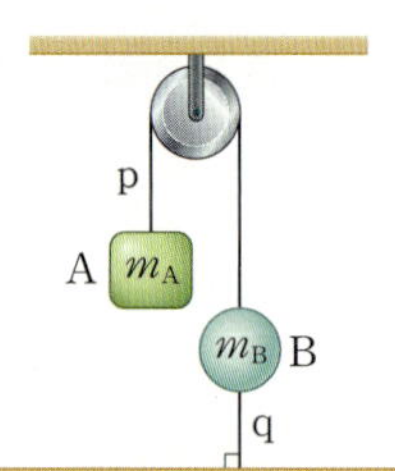

이에 대한 설명으로 옳은 것만을 〈보기〉에서 있는 대로 고른 것은? (단, 중력 가속도는 g이고, 모든 마찰과 공기 저항 및 실의 질량은 무시한다.)

보기
- ㄱ. A에 작용하는 알짜힘은 0이다.
- ㄴ. p가 A에 작용하는 힘의 크기와 p가 B에 작용하는 힘의 크기는 같다.
- ㄷ. q가 B에 작용하는 힘의 크기는 $(m_A - m_B)g$이다.

① ㄴ   ② ㄷ   ③ ㄱ, ㄴ
④ ㄱ, ㄷ   ⑤ ㄱ, ㄴ, ㄷ

044 서술형

그림은 대전된 금속구 A, B를 절연된 실로 천장에 연결했을 때 A, B가 정지해 있는 모습을 나타낸 것이다.

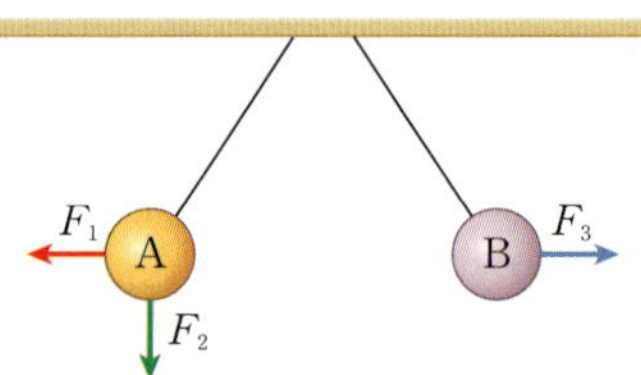

힘 $F_1 \sim F_3$ 중에서 F_1, F_2는 더할 수 있지만 F_3는 더할 수 <u>없는</u> 이유를 쓰시오.

개념 ❷ 운동 제1법칙(관성 법칙)

족집게 전략 관성과 관련된 현상을 이해하고, 질량이 큰 물체일수록 관성이 크다는 것을 알아야 해.

045 단골 문제

그림은 유리컵 위에 종이를 올려놓고 물체 A 또는 물체 B를 올려놓은 모습을 나타낸 것이다. 종이를 갑자기 당겼더니 A는 컵 속으로 떨어졌고 B는 종이와 함께 운동하였다.

이에 대한 설명으로 옳은 것만을 〈보기〉에서 있는 대로 고른 것은?

보기
ㄱ. A가 컵 속으로 떨어지는 것은 정지해 있으려는 관성 때문이다.
ㄴ. B가 정지해 있을 때는 관성 법칙이 적용되지 않는다.
ㄷ. A가 B보다 질량이 더 크다.

① ㄱ ② ㄷ ③ ㄱ, ㄴ
④ ㄱ, ㄷ ⑤ ㄴ, ㄷ

추가로 나오는 선택지

❶ 정지하려는 관성은 A가 B보다 크다. ( )
❷ 종이와 함께 운동하는 B는 관성이 없다. ( )
❸ 질량이 ( )수록 운동 상태를 변화시키기가 어렵다.

046

관성에 대한 설명으로 옳은 것은?

① 질량이 작은 물체일수록 관성이 크다.
② 관성이 크면 운동 상태가 쉽게 변한다.
③ 힘이 작용하면 물체는 현재의 운동 상태를 계속 유지한다.
④ 힘이 작용하지 않으면 운동하던 물체가 정지하려고 하는 성질이다.
⑤ 힘이 작용하지 않으면 정지한 물체가 계속 정지해 있으려고 하는 성질이다.

047

다음은 관성에 의해 나타나는 현상들이다.

A: 달리는 사람의 발이 돌에 걸리면 앞으로 넘어진다.	B: 달리던 버스가 갑자기 멈추면 사람과 손잡이가 앞으로 쏠린다.	C: 아래에 있는 나무 블록을 강하게 치면 하나만 빠져 나간다.

정지 상태를 계속 유지하려는 정지 관성에 해당하는 것만을 있는 대로 고른 것은?

① A ② B ③ C ④ A, C ⑤ B, C

개념 ❸ 운동 제2법칙(가속도 법칙)

족집게 전략 여러 힘이 작용하는 다양한 상황에서 운동 제2법칙을 적용하여 운동 방정식을 세우고 물체의 운동을 예측할 수 있어야 해.

048 단골 문제

그림 (가)는 수평면에 정지한 물체 A에 실로 B를 연결한 후 놓았을 때 A가 s만큼 이동한 순간의 모습을, (나)는 (가)에서 A와 B의 위치를 바꾸었을 때 정지해 있던 B가 s만큼 이동한 순간의 모습을 나타낸 것이다. A, B의 질량은 각각 m, $2m$이다.

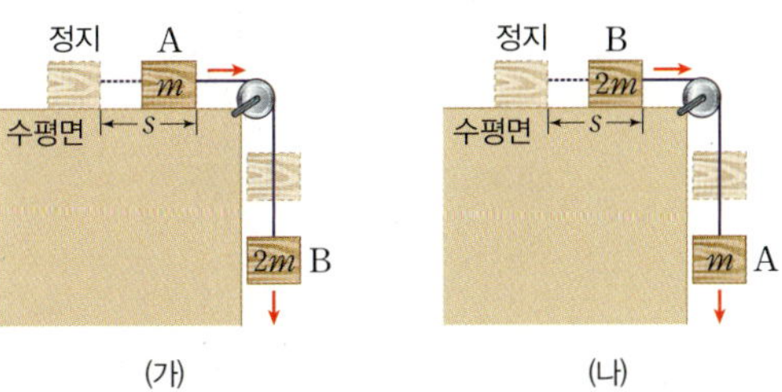

이에 대한 설명으로 옳은 것만을 〈보기〉에서 있는 대로 고른 것은? (단, 모든 마찰과 실의 질량 및 물체의 크기는 무시한다.)

보기
ㄱ. 가속도의 크기는 (가)가 (나)의 2배이다.
ㄴ. 실이 B를 당기는 힘의 크기는 (가)에서가 (나)에서의 2배이다.
ㄷ. s만큼 이동한 순간 A의 속력은 (가)에서가 (나)에서의 2배이다.

① ㄱ ② ㄷ ③ ㄱ, ㄴ ④ ㄱ, ㄷ ⑤ ㄴ, ㄷ

추가로 나오는 선택지

❶ (가), (나)에서 실이 A를 당기는 힘의 크기는 같다. ( )
❷ (나)에서 A의 가속도의 크기는 $\frac{2}{3}g$이다. ( )

다음은 수레의 가속도를 구하는 실험이다.

[실험 과정]

(가) 그림과 같이 수평인 실험대 위에 도르래를 통해 수레와 질량이 m인 추를 실로 연결한다.

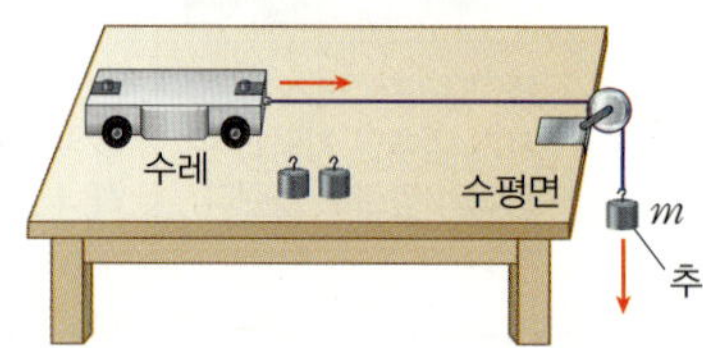

(나) 수레를 가만히 놓고 수레의 속력을 측정한다.
(다) 질량이 m인 추를 2개 연결하고 과정 (나)를 반복한다.

[실험 결과]

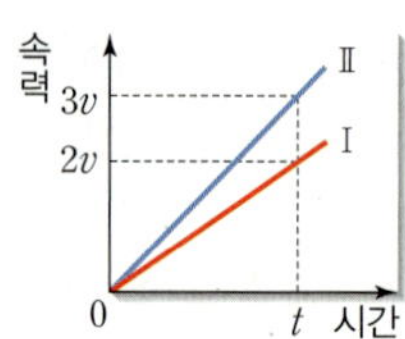

이에 대한 설명으로 옳은 것만을 〈보기〉에서 있는 대로 고른 것은?

보기

ㄱ. Ⅰ은 (다)의 결과이다.
ㄴ. 수레의 질량은 $2m$이다.
ㄷ. 추를 3개 매달면 t일 때 속력은 $4v$가 된다.

① ㄴ ② ㄷ ③ ㄱ, ㄴ
④ ㄱ, ㄷ ⑤ ㄴ, ㄷ

050

그림 (가), (나)와 같이 마찰이 없는 수평면에서 질량이 각각 m, $2m$인 물체 A, B에 크기가 F인 힘을 작용한다.

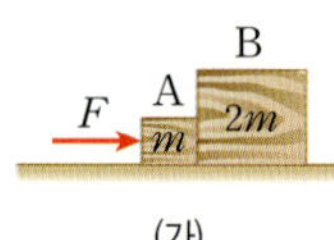 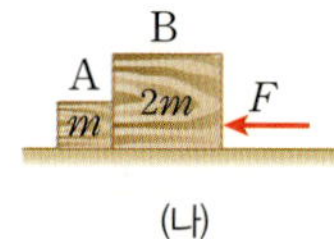

(가)와 (나)에서 A가 B에 작용하는 힘의 크기를 각각 T_1, T_2라고 할 때, $\dfrac{T_1}{T_2}$는?

① $\dfrac{1}{3}$ ② $\dfrac{1}{2}$ ③ 1 ④ 2 ⑤ 3

그림 (가), (나)는 수평면에 정지해 있는 수레에 실로 질량이 m인 추를 연결하였을 때 수레가 거리 s만큼 이동한 순간을 나타낸 것이다. (가)와 (나)에서 수레의 질량은 각각 m, $2m$이다.

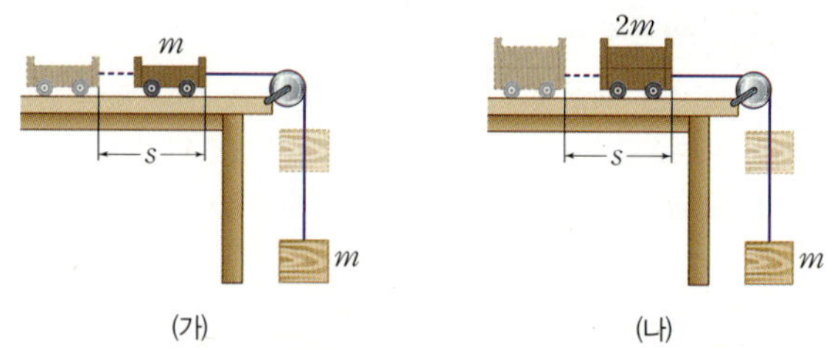

(가), (나)에서 수레가 거리 s만큼 이동했을 때 속력을 각각 v_1, v_2라고 할 때, $v_1 : v_2$는? (단, 모든 마찰과 실의 질량 및 물체의 크기는 무시한다.)

① $\sqrt{2} : 1$ ② $\sqrt{3} : 1$ ③ $\sqrt{3} : \sqrt{2}$
④ $2 : \sqrt{3}$ ⑤ $2\sqrt{3} : \sqrt{2}$

052 서술형

다음은 수레에 추를 매달아 수레의 가속도의 크기를 측정하는 2가지 방법이다.

[실험 과정]

(가) 수레에는 추를 올려놓지 않고 도르래 아래에 매단 추의 개수를 1개, 2개, 3개로 변화시키며 가속도를 측정한다.
(나) 수레에 추 2개를 올려놓고 추 1개를 실로 매달아 가속도를 측정한 다음, 수레 위의 추를 하나씩 도르래 아래로 옮겨 매단 다음 가속도를 측정한다.

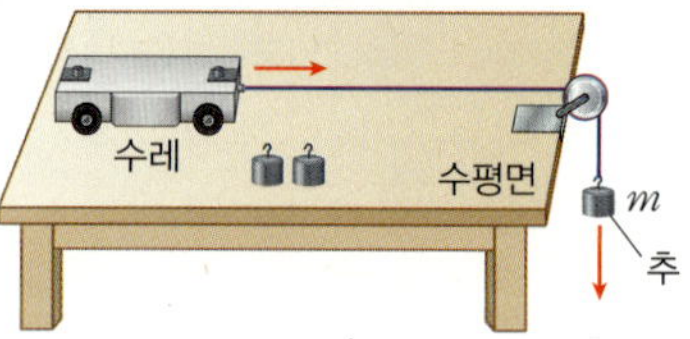

[실험 결과]
도르래 아래에 매단 추가 2개, 3개가 될 때 (가)에서는 가속도 크기가 2배, 3배가 되지 않았고, (나)에서는 가속도 크기가 2배, 3배가 되었다.

(가)와 (나)에서 실험 결과의 차이가 나는 이유를 서술하시오.

개념 4 운동 제3법칙(작용 반작용 법칙)

족집게 전략 힘이 상호 작용임을 알고, 작용 반작용 관계에 있는 힘을 찾을 수 있어야 하며, 작용 반작용과 힘의 평형을 구별할 수 있어야 해.

053 단골 문제

그림은 수평면에 고정된 뒤집어진 유리컵 위에 자석 A가 놓여 있고, 아래에 자석 B가 놓여 있는 모습을 나타낸 것이다. A, B는 같은 연직선상에 있고, 질량이 같으며, 윗면이 N극이다.
이에 대한 설명으로 옳은 것만을 〈보기〉에서 있는 대로 고른 것은?

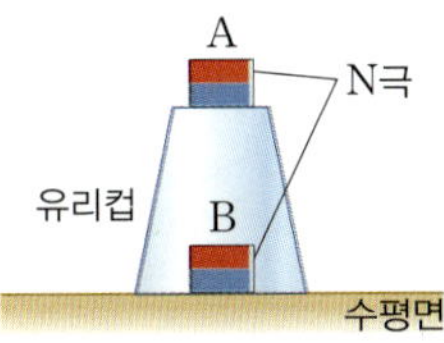

보기

ㄱ. A가 B를 당기는 힘과 B가 A를 당기는 힘의 크기는 같다.
ㄴ. A가 B를 당기는 힘의 크기는 B에 작용하는 중력의 크기보다 크다.
ㄷ. 유리컵이 A를 받치는 힘의 반작용은 B가 A를 당기는 힘이다.

① ㄱ 　② ㄴ 　③ ㄱ, ㄴ 　④ ㄱ, ㄷ 　⑤ ㄴ, ㄷ

추가로 나오는 선택지

❶ 유리컵이 A를 받치는 힘의 크기는 A의 중력과 B가 A를 당기는 힘의 합력의 크기와 같다. 　　　(　　)
❷ 수평면이 B에 작용하는 힘의 크기는 B의 중력의 크기와 같다. 　　　(　　)

054

그림은 마찰이 없는 수평면에서 자석 A, B가 각각 실 p, q로 벽에 연결되어 정지해 있는 모습을 나타낸 것이다.

작용 반작용 관계에 있는 힘만을 〈보기〉에서 있는 대로 고른 것은?

보기

ㄱ. A가 B를 당기는 힘과 B가 A를 당기는 힘
ㄴ. p가 A를 당기는 힘과 B가 A를 당기는 힘
ㄷ. p가 A를 당기는 힘과 A가 p를 당기는 힘

① ㄱ 　② ㄷ 　③ ㄱ, ㄴ
④ ㄱ, ㄷ 　⑤ ㄴ, ㄷ

055 중요

그림은 수평면에서 수레 A의 전동기가 수레 B에 연결된 줄을 일정한 힘으로 당겼을 때 서로를 향해 운동하는 모습을 나타낸 것이다. 질량은 A가 B보다 크다.

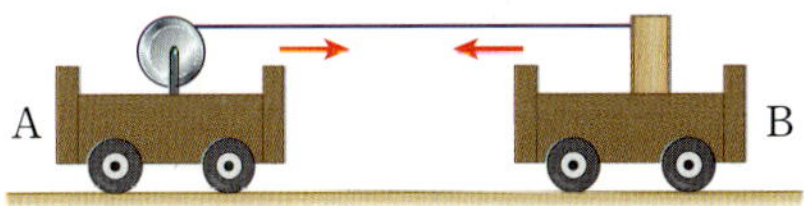

이에 대한 설명으로 옳은 것만을 〈보기〉에서 있는 대로 고른 것은? (단, 모든 마찰은 무시한다.)

보기

ㄱ. A에 작용하는 알짜힘은 0이다.
ㄴ. 가속도의 크기는 A가 B보다 작다.
ㄷ. 줄이 A, B에 작용하는 힘의 크기는 서로 같다.

① ㄱ 　② ㄷ 　③ ㄱ, ㄴ
④ ㄴ, ㄷ 　⑤ ㄱ, ㄴ, ㄷ

056 서술형

그림과 같이 어른과 어린이가 줄의 양 끝을 잡고 수평으로 잡아당겼더니 어른은 움직이지 않고 어린이는 일정한 속력으로 끌려갔다. 어른이 어린이에게 작용하는 힘의 크기는 F이다.

어른과 어린이에게 작용하는 마찰력을 각각 f_1, f_2라고 할 때, 힘의 평형과 작용 반작용 법칙을 이용해 f_1, f_2의 크기를 비교하시오.

057

그림과 같이 물체 B가 실 p로 물체 A에, 실 q로 벽에 연결되어 정지해 있다. A의 질량은 m이고, 도르래에서 B로 연결된 실이 연직선과 이루는 각은 45°이다.

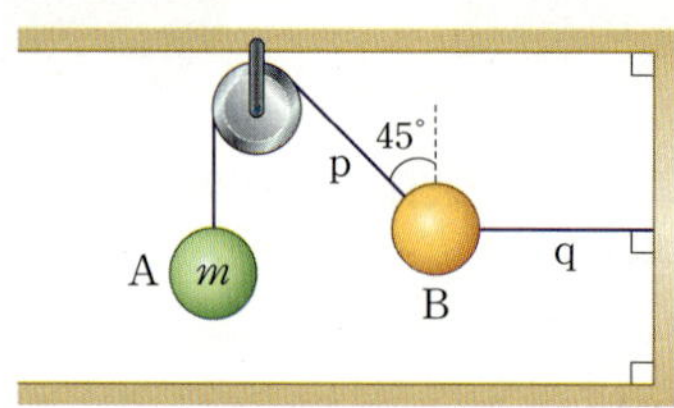

B의 질량은?

① $\dfrac{m}{2}$　② $\dfrac{m}{\sqrt{2}}$　③ m　④ $\sqrt{2}\,m$　⑤ $2m$

058

그림은 물이 가득 차 있는 물통이 정지해 있는 모습을 나타낸 것이다. 물통에는 쇠구슬이 실로 천장에 매달려 있고, 공기가 든 풍선이 실로 바닥에 묶여 있다.

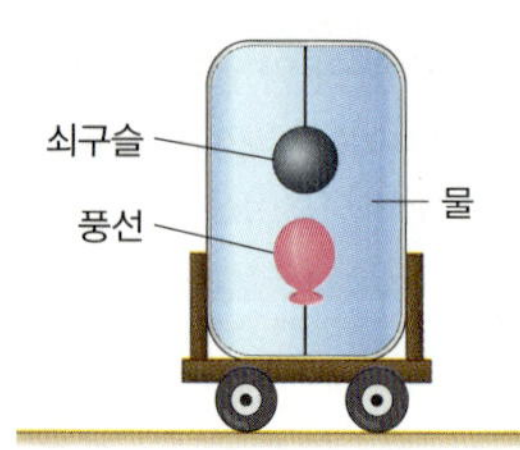

물통이 갑자기 오른쪽으로 출발할 때, 쇠구슬과 풍선이 기울어지는 방향으로 옳은 것은?

	쇠구슬	풍선		쇠구슬	풍선
①	왼쪽	왼쪽	②	오른쪽	왼쪽
③	왼쪽	오른쪽	④	오른쪽	오른쪽
⑤	왼쪽	아래쪽			

059　고난도

그림 (가)는 실로 연결된 물체 A, B를 서로 다른 경사면에 가만히 놓아 B가 화살표 방향으로 s만큼 운동했을 때 속력이 v인 것을 나타낸 것이다. 그림 (나)는 (가)에서 A와 B만 바꾸어 가만히 놓아 A가 화살표 방향으로 s만큼 운동했을 때 속력이 $\sqrt{5}\,v$인 것을 나타낸 것이다. A, B의 질량은 각각 m, $3m$이다.

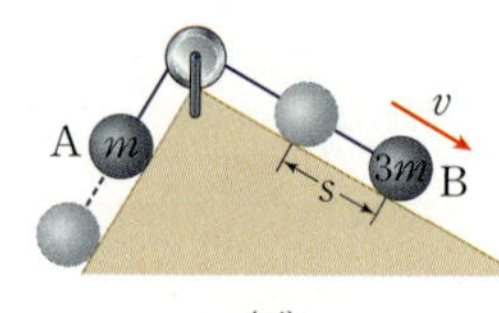

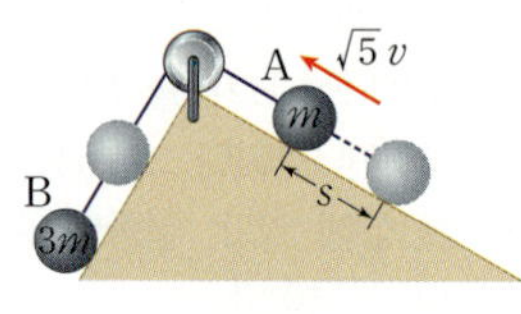

(가)　(나)

(가), (나)에서 실이 B에 작용하는 힘의 크기를 각각 T_1, T_2라고 할 때, $T_1 : T_2$는? (단, 모든 마찰과 실의 질량 및 물체의 크기는 무시한다.)

① $1 : 1$　　② $1 : 3$　　③ $2 : 1$

④ $2 : 3$　　⑤ $3 : 1$

060

그림 (가)는 전동기가 수평면 위에 놓인 A를 당기는 모습을 나타낸 것으로, A에는 실과 도르래로 B가 연결되어 있다. A, B의 질량은 각각 3 kg, 1 kg이다. 그림 (나)는 전동기가 A를 당기는 힘의 크기를 시간에 따라 나타낸 것이다.

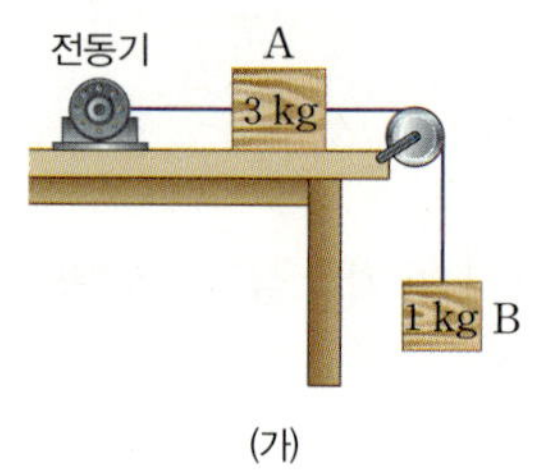

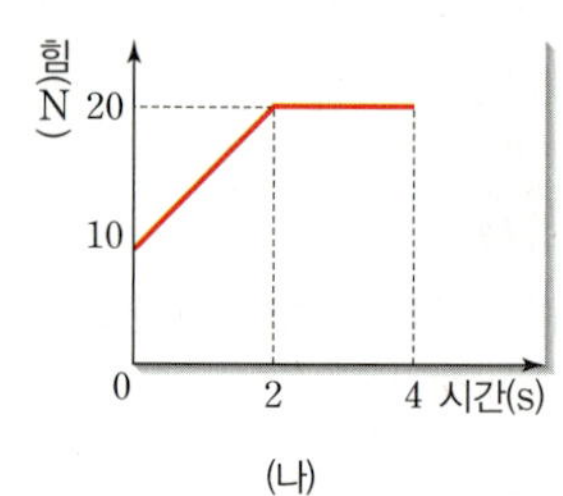

이에 대해 설명으로 옳은 것만을 〈보기〉에서 있는 대로 고른 것은? (단, 중력 가속도는 $10\,\mathrm{m/s^2}$이고, 모든 마찰은 무시한다.)

> 보기
>
> ㄱ. A의 가속도의 크기는 3초일 때가 1초일 때의 2배이다.
>
> ㄴ. 3초일 때 실이 B를 당기는 힘의 크기는 12 N이다.
>
> ㄷ. 전동기와 A를 연결할 실을 끊으면 A의 가속도의 크기는 $2.5\,\mathrm{m/s^2}$이다.

① ㄱ　　　② ㄴ　　　③ ㄱ, ㄷ

④ ㄴ, ㄷ　　⑤ ㄱ, ㄴ, ㄷ

061

그림 (가)는 실로 물체 B와 연결된 물체 A를 잡고 있는 모습을 나타낸 것이다. A의 질량은 m이고 지면으로부터 B까지 높이는 h이다. 그림 (나)는 (가)에서 A와 B만 바꾸어 B를 잡고 있는 모습을 나타낸 것이다.

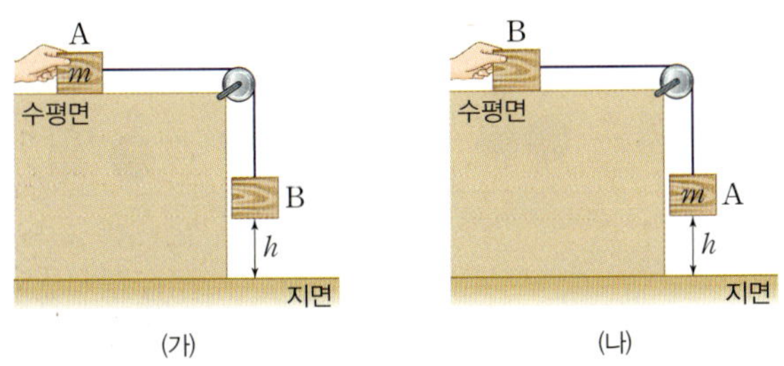

손을 가만히 놓는 순간부터 (나)의 A가 지면에 도달하기까지 걸린 시간이 (가)의 B가 지면에 도달하기까지 걸린 시간의 2배일 때, B의 질량은? (단, 물체의 크기, 실의 질량, 모든 마찰과 공기 저항은 무시한다.)

① $0.5m$ ② m ③ $\sqrt{2}\,m$

④ $2m$ ⑤ $4m$

062 고난도

그림 (가)와 같이 실로 연결되어 정지해 있던 물체 A, B, C가 등가속도 운동하다가 $4t$인 순간 B와 C를 연결한 실이 끊어진다. B, C의 질량은 각각 m, $18m$이고, 실이 A에 작용하는 힘의 크기는 $2t$일 때가 $5t$일 때의 4배이다. 그림 (나)는 (가)에서 B의 속도를 시간에 따라 나타낸 것이다.

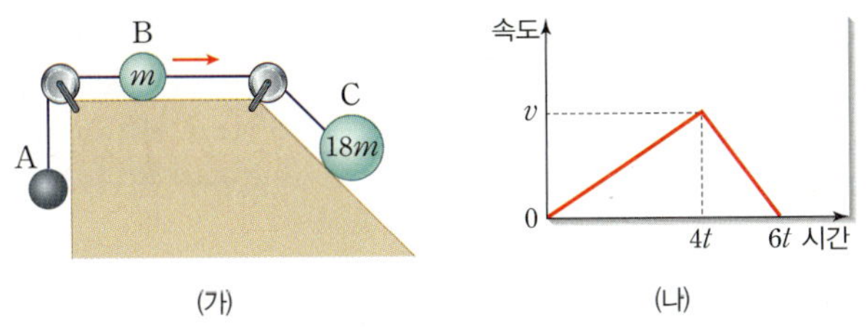

A의 질량을 M, $5t$일 때 C의 가속도의 크기를 a이라고 할 때, M, a로 옳은 것은? (단, 모든 마찰과 실의 질량은 무시한다.)

	M	a		M	a
①	m	$\dfrac{g}{3}$	②	m	$\dfrac{g}{2}$
③	$2m$	$\dfrac{g}{3}$	④	$2m$	$\dfrac{g}{2}$
⑤	$2m$	$\dfrac{2g}{3}$			

063

그림 (가)는 물체 A, B를 실로 연결한 후 A에 연직 아래 방향으로 크기가 F인 힘을 작용하여 B가 위로 운동하는 모습을 나타낸 것이다. A, B의 질량은 각각 m, $3\,\mathrm{kg}$이고 F는 1초까지만 작용하였다. 그림 (나)는 B의 속도를 시간에 따라 나타낸 것이다.

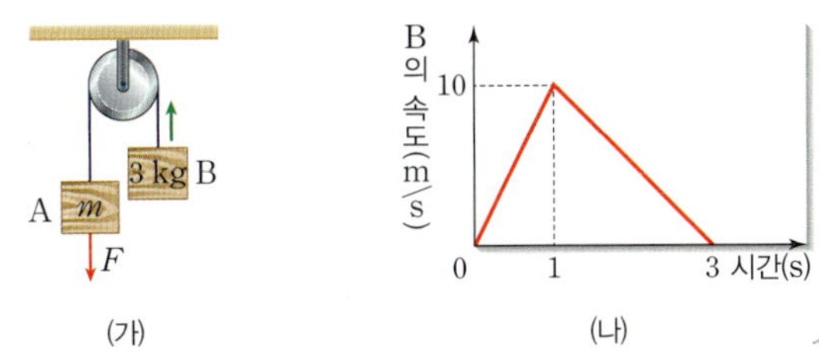

A의 질량 m과 힘의 크기 F로 옳은 것은? (단, 중력 가속도는 $10\,\mathrm{m/s^2}$이고, 모든 마찰과 실의 질량은 무시한다.)

	m(kg)	F(N)		m(kg)	F(N)
①	1	30	②	1	60
③	2	30	④	2	40
⑤	2	60			

064

그림과 같이 수평면에 놓인 물체 B의 왼쪽과 오른쪽에 각각 물체 A, C를 실로 연결하였더니 B가 오른쪽으로 등속 운동하였다.

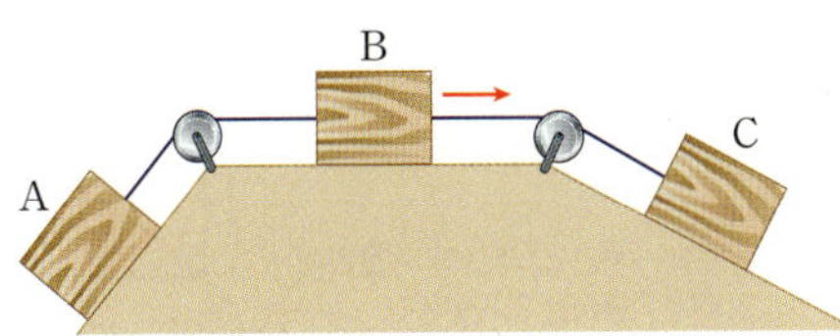

이에 대해 설명으로 옳은 것만을 〈보기〉에서 있는 대로 고른 것은? (단, 모든 마찰은 무시한다.)

> **보기**
>
> ㄱ. A가 B를 당기는 힘과 B가 A를 당기는 힘은 작용 반작용 관계이다.
> ㄴ. A가 B를 당기는 힘과 C가 B를 당기는 힘은 힘의 평형을 이룬다.
> ㄷ. A와 C만 바꾸어 연결해도 B는 등속 운동한다.

① ㄱ   ② ㄷ   ③ ㄱ, ㄴ

④ ㄴ, ㄷ   ⑤ ㄱ, ㄴ, ㄷ

03 운동량과 충격량

개념 ❶ 운동량

1. 운동량(p): 운동하는 물체의 운동 효과를 나타내는 양으로, 크기와 방향을 가진다. → 질량이 클수록, 속도가 클수록 크다.

(1) **운동량의 크기**: 물체의 질량(m)과 속도(v)에 비례한다.

$$p=mv \ (단위: kg \cdot m/s)$$

(2) 운동량의 방향은 속도의 방향이다.

(3) 물체가 일직선상에서 운동할 때 한 방향을 (+)로 정하면 반대 방향은 (−)이다.

2. 운동량의 변화량

(1) 물체의 운동량이 변할 때는 방향을 고려해야 한다.

(2) 물체가 일직선상에서 운동할 때 운동량의 변화량의 크기는 나중 운동량과 처음 운동량의 차이이다.

$$\Delta p=mv-mv_0 \ (v: 나중 속도, \ v_0: 처음 속도)$$

(3) (가)와 같이 운동량이 증가할 때 운동량의 변화량의 방향은 처음 운동량의 방향과 같고, (나)와 같이 운동량이 감소할 때 운동량의 변화량의 방향은 처음 운동량의 방향과 반대이다.

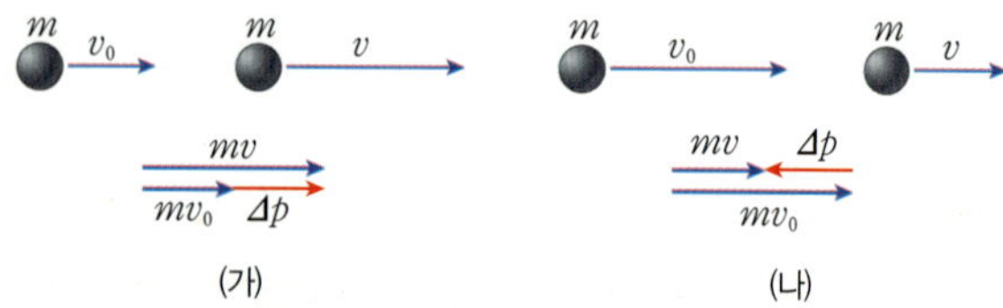

3. 운동량과 알짜힘: 알짜힘은 단위 시간당 운동량의 변화량이다.

$$F=\frac{\Delta p}{\Delta t}=m\frac{\Delta v}{\Delta t}=ma$$

운동량−시간 그래프의 기울기가 물체에 작용하는 알짜힘이다.

개념 ❷ 운동량 보존

1. 운동량 보존 법칙: 외력이 작용하지 않을 때 충돌하기 전 물체의 운동량의 총합은 충돌한 후 물체의 운동량의 총합과 같다.

2. 일직선상에서 두 물체의 충돌: 질량이 각각 m_1, m_2인 물체 A, B가 속력 v_1, v_2의 속도로 운동하다가 충돌한 후 속력 v_1', v_2'로 변하는 경우

$$m_1v_1+m_2v_2=m_1v_1'+m_2v_2'$$

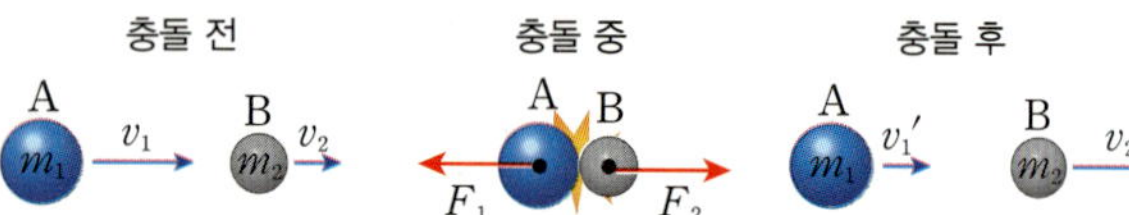

3. 운동량 보존의 적용

한 덩어리가 되는 충돌	두 물체로 분리
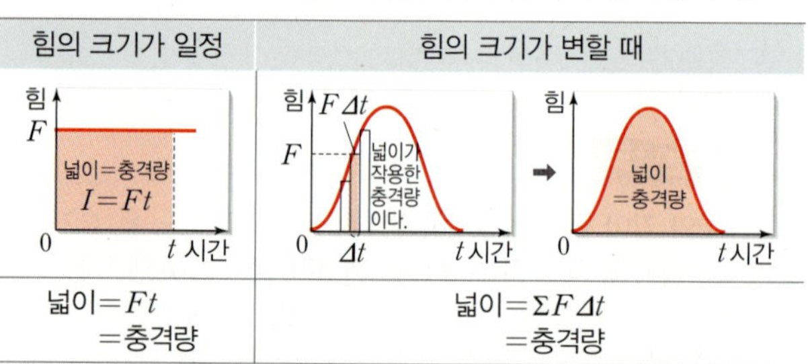	
$m_1v_1+m_2v_2=(m_1+m_2)v$ $v=\dfrac{m_1v_1+m_2v_2}{m_1+m_2}$	$Mv=m_1v_1+m_2v_2$ $v=\dfrac{m_1v_1+m_2v_2}{M}$

개념 ❸ 충격량

1. 충격량: 물체가 받은 충격의 정도를 나타내는 양으로, 크기와 방향을 가진다. → 물체가 운동 방향으로 충격량을 받으면 속력이 증가하고, 운동 반대 방향으로 충격량을 받으면 속력이 감소한다.

(1) **충격량의 크기**: 충돌하는 동안 물체에 작용하는 힘(F)과 힘이 작용한 시간(Δt)에 비례한다.

$$I=F\Delta t \ (단위: N \cdot s, \ kg \cdot m/s)$$

(2) 충격량의 방향은 힘의 방향이다.

(3) **힘−시간 그래프**: 그래프 아랫부분의 넓이가 충격량이다.

힘의 크기가 일정	힘의 크기가 변할 때	
넓이=충격량 $I=Ft$	넓이=작용한 충격량이다.	넓이=충격량
넓이=Ft =충격량	넓이=$\Sigma F\Delta t$ =충격량	

(4) **평균 충격력(힘)**: 일반적으로 충돌이 일어날 때 물체에 작용하는 힘은 일정하지 않다. 이때 물체에 작용하는 평균 힘의 크기는 충격량을 충돌 시간으로 나누어 구한다.

2. 충격량과 운동량의 관계

• 질량이 m인 물체가 일정한 속도 v_0으로 운동하다가 Δt 동안 힘 F를 받아 속도 v로 변하는 경우

$$물체가 받은 충격량=운동량의 변화량$$
$$I=F\Delta t=\Delta p=m(v-v_0)$$

3. 충격력과 시간

(1) **물체에 작용한 힘**: 충격량 또는 운동량 변화량을 충돌 시간으로 나누어 구한다.

$$F = \frac{\Delta p}{\Delta t} = \frac{I}{\Delta t}$$

(2) 힘이나 충돌 시간이 달라도 충격량이 같으면 힘–시간 그래프에서 그래프의 아랫부분 넓이는 같다.

(3) 충격량이 같을 때 충돌 시간이 짧을수록 힘의 최댓값이 크고, 평균 힘의 크기도 증가한다.

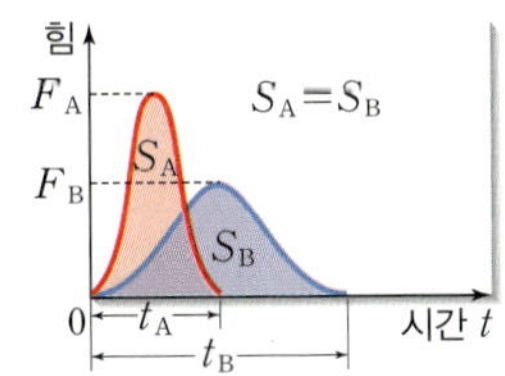

동일한 유리컵 A, B를 같은 높이에서 떨어뜨리면, A, B가 바닥과 방석에 충돌하기 직전의 속력이 같으므로 운동량의 변화량이 같아 충격량이 같으나, 딱딱한 바닥에 떨어진 A가 방석에 떨어진 B보다 충돌 시간이 짧아 유리컵이 받는 충격력(힘)의 크기는 A가 B보다 크다.

개념 ④ 일상생활에서 충격량

1. 충격력이 일정할 때: 힘이 작용하는 시간을 길게 하면 충격량이 증가한다.

(1) 충격량이 클수록 운동량 변화량이 증가하여 속력 변화가 크다.

(2) 테니스나 야구에서 공을 밀어 주는 힘이 작용하는 시간을 길게 하면 공의 속력이 더 커진다.

▲ 테니스공을 칠 때　　▲ 야구공을 칠 때

2. 충격량이 일정할 때: 힘이 작용하는 시간을 길게 하면 충격력(힘)의 크기가 감소한다.

(1) 충돌 사고에서 탑승자의 안전을 위해서는 충돌 시간을 길게 해야 한다.

(2) 자동차 에어백이나 안전띠, 범퍼 등은 충돌 사고가 일어났을 때 충돌 시간을 길게 하여 사람이 받는 충격력을 줄인다. 또한 번지 점프할 때 탄성이 있는 줄을 사용하여 사람이 받는 충격력을 줄인다.

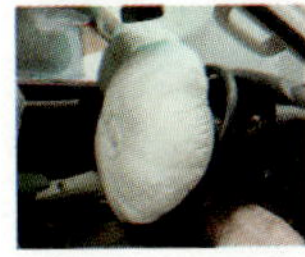

▲ 자동차의 에어백　　▲ 자동차의 범퍼　　▲ 번지 점프

정답 및 해설 | 09쪽

065

질량이 m이고 속도의 크기가 v인 물체의 운동량의 크기는 [　　　　]이다.

066

직선 운동하는 물체의 운동량 변화량이 (+)이면 [　　　　] 운동량의 크기가 [　　　　] 운동량의 크기보다 크다.

067

질량이 m_1인 물체 A가 속력 v_1로 일직선을 따라 운동하다가 정지해 있는 질량이 m_2인 물체 B에 충돌한 후 정지하였다. 충돌한 후 B의 속력은 [　　　　]이고, 운동 방향은 처음 A의 운동 방향과 [　　　　] 방향이다.

068

[　　　　]은 물체에 작용한 힘과 힘이 작용한 시간을 곱한 물리량이다.

069

외력이 작용하지 않을 때, 두 물체의 충돌에 대한 설명으로 옳은 것은 ○, 옳지 <u>않은</u> 것은 ×로 표시하시오.

(1) 충돌한 후 두 물체의 운동 방향이 비스듬한 경우에는 운동량이 보존되지 않는다. (　　　)

(2) 각 물체의 운동량 변화량의 크기는 각 물체가 받은 충격량의 크기와 같다. (　　　)

(3) 같은 방향으로 운동하던 두 물체가 충돌한 후 한 덩어리가 되면 정지한다. (　　　)

(4) 한 물체가 폭발하여 분리되는 경우에는 나중 운동량의 크기의 총합이 처음 운동량의 크기보다 크다. (　　　)

070

충돌 시간을 길게 하여 충격력의 크기를 줄이는 장치에는 A, 충돌 시간을 길게 하여 충격량의 크기를 크게 하는 장치에는 B라고 표시하시오.

(1) 자동차의 에어백 (　　　)

(2) 대포의 긴 포신 (　　　)

(3) 야구 선수의 정강이 보호대 (　　　)

개념 ❶ 운동량

족집게 전략 운동량이 질량과 속도의 곱이라는 것을 알고, 방향과 크기를 가지는 물리량임을 이용해 운동량의 변화량을 구할 수 있어야 해.

071 단골 문제

그림은 원형 도로를 따라 $10\,\text{m/s}$의 일정한 속력으로 운동하는 질량이 $1\,\text{kg}$인 장난감 자동차 A가 P점을 통과한 후 10초일 때 Q점을 통과하는 것을 나타낸 것이다.

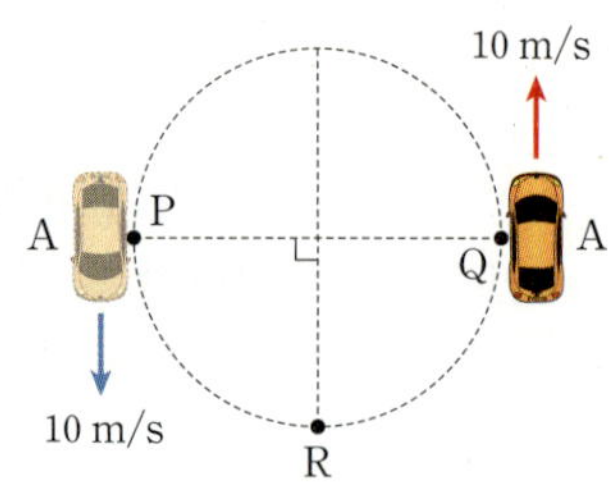

이에 대한 설명으로 옳은 것만을 〈보기〉에서 있는 대로 고른 것은? (단, 자동차의 크기는 무시한다.)

보기

ㄱ. P에서 A의 운동량의 크기는 $10\,\text{kg}\cdot\text{m/s}$이다.
ㄴ. P와 Q에서 A의 운동량은 같다.
ㄷ. A의 운동량 변화량의 크기는 P에서 Q까지가 P에서 R까지의 2배이다.

① ㄱ ② ㄴ ③ ㄱ, ㄷ
④ ㄴ, ㄷ ⑤ ㄱ, ㄴ, ㄷ

추가로 나오는 **선택지**

❶ P에서 Q까지 A는 등가속도 운동한다. (   )
❷ A에 작용하는 힘의 크기는 일정하다. (   )

072

질량이 $1000\,\text{kg}$인 자동차 A는 동쪽으로 $20\,\text{m/s}$의 속력으로 직선 운동한다.
질량이 $2000\,\text{kg}$인 자동차 B의 운동량이 A의 운동량과 같을 때 B의 속도는?

① 동쪽으로 $10\,\text{m/s}$ ② 동쪽으로 $20\,\text{m/s}$
③ 동쪽으로 $40\,\text{m/s}$ ④ 서쪽으로 $10\,\text{m/s}$
⑤ 서쪽으로 $20\,\text{m/s}$

073 중요

그림은 일직선상에서 운동하는 질량이 $2\,\text{kg}$인 물체의 운동량을 시간에 따라 나타낸 것이다.
이에 대한 설명으로 옳은 것만을 〈보기〉에서 있는 대로 고른 것은?

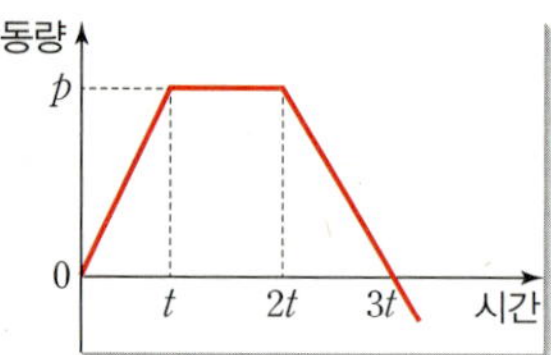

보기

ㄱ. 0부터 t까지 물체에 작용한 힘의 크기는 $\dfrac{pt}{2}$이다.
ㄴ. t부터 $2t$까지 물체는 등속 직선 운동한다.
ㄷ. 0부터 $3t$까지 물체의 운동량 변화량은 0이다.

① ㄱ ② ㄴ ③ ㄱ, ㄷ
④ ㄴ, ㄷ ⑤ ㄱ, ㄴ, ㄷ

074 서술형

표는 x축상에서 운동하는 두 물체 A, B의 질량과 처음 속도와 나중 속도를 나타낸 것이다.

물체		A	B
질량		$2m$	m
처음 속도	방향	$+x$	$+x$
	크기	v	v
나중 속도	방향	$+x$	$-x$
	크기	$2v$	v

A, B의 운동량 변화량의 크기와 방향을 비교하되 풀이 과정과 답을 함께 쓰시오.

075

그림과 같이 도르래에 질량이 $1\,\text{kg}$인 물체를 실로 연결한 후 아래쪽으로 $5\,\text{N}$의 힘으로 실을 당겼다.
2초 후 물체의 운동량의 크기는? (단, 중력 가속도는 $10\,\text{m/s}^2$이고 모든 마찰과 공기 저항은 무시한다.)

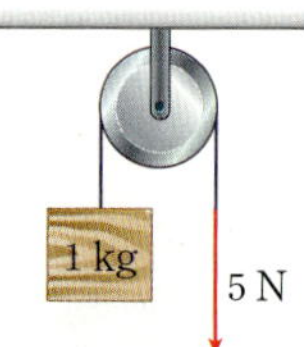

① $5\,\text{kg}\cdot\text{m/s}$ ② $10\,\text{kg}\cdot\text{m/s}$ ③ $12\,\text{kg}\cdot\text{m/s}$
④ $16\,\text{kg}\cdot\text{m/s}$ ⑤ $20\,\text{kg}\cdot\text{m/s}$

개념 ❷ 운동량 보존

족집게 전략 외력이 작용하지 않을 때, 충돌 전후 운동량이 보존됨을 이해하고, 충돌할 때 한 물체의 운동량 변화량을 이용하여 다른 물체의 운동량 변화량을 구할 수 있어야 해.

076 단골 문제

그림 (가)는 수평면에서 물체 A가 정지해 있는 물체 B를 향해 운동하는 것을 나타낸 것이고, (나)는 A, B가 충돌하기 전부터 충돌한 후까지 A의 운동량을 시간에 따라 나타낸 것이다. A, B의 질량은 각각 $2\,\text{kg}$, $1\,\text{kg}$이고, 충돌한 후 A와 B는 동일 직선상에서 운동한다.

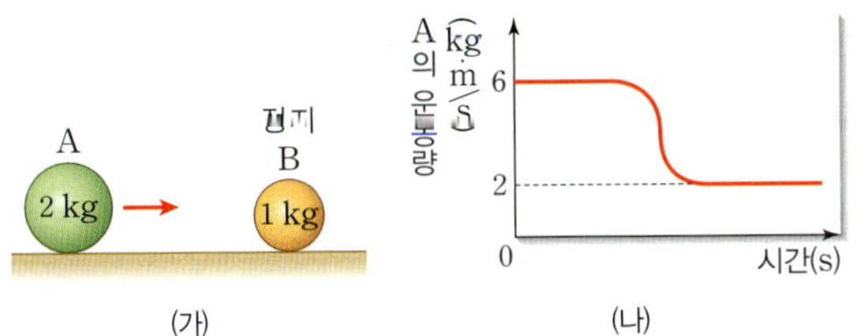

이에 대한 설명으로 옳은 것만을 〈보기〉에서 있는 대로 고른 것은? (단, 모든 마찰과 물체의 크기는 무시한다.)

보기

ㄱ. 충돌 과정에서 A의 운동량 변화량의 크기는 $4\,\text{kg·m/s}$이다.
ㄴ. 충돌 전후 A와 B의 운동량 변화량은 같다.
ㄷ. 충돌한 후 B의 속력은 $2\,\text{m/s}$이다.

① ㄱ   ② ㄴ   ③ ㄱ, ㄴ
④ ㄱ, ㄷ   ⑤ ㄴ, ㄷ

추가로 나오는 선택지

❶ 충돌하는 동안 A와 B가 받은 힘의 크기는 같다. ( )
❷ 충돌하기 전과 후 A의 운동 방향은 반대이다. ( ).

077

운동량이 보존되는 경우만을 〈보기〉에서 있는 대로 고른 것은? (단, 공기 저항과 모든 마찰은 무시한다.)

보기

ㄱ. 운동하던 당구공이 정지한 당구공과 충돌할 때
ㄴ. 빗면을 내려오던 쇠구슬이 자석과 충돌할 때
ㄷ. 빙판 위에서 스케이트를 신은 두 사람이 서로를 밀어낼 때

① ㄱ   ② ㄴ   ③ ㄱ, ㄷ
④ ㄴ, ㄷ   ⑤ ㄱ, ㄴ, ㄷ

078 중요

그림 (가)는 수평면에서 직선 운동하던 물체가 시간 t일 때 두 물체 A, B로 분리되어 동일 직선상에서 운동하는 모습을 나타낸 것이고, (나)는 A, B의 속력을 시간에 따라 나타낸 것이다. B의 질량은 m이다.

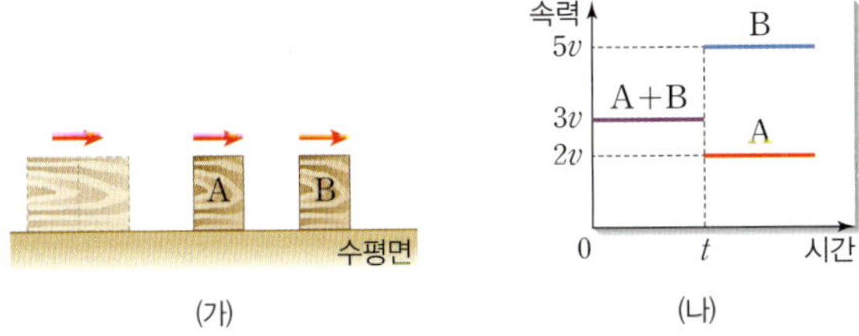

A의 질량은?

① m ② $1.5m$ ③ $2m$
④ $2.5m$ ⑤ $4m$

079 서술형

마찰이 없는 수평면에서 속력 v로 운동하던 물체 A가 질량이 같고 정지해 있는 물체 B와 충돌한 후 한 덩어리가 되어 운동할 때와 A는 정지하고 B만 운동할 때, B의 속력을 풀이 과정과 함께 구하고 비교하시오.

080

그림은 수평면에서 압축된 용수철을 넣고 연결한 수레 A, B를 수레 끝에서 수레 멈추개까지의 거리가 각각 L이 되는 위치에 놓은 모습을 나타낸 것이다. 표는 수레의 질량을 달리 하며 A, B가 수레 멈추개에 도달하는 데 걸리는 시간을 나타낸 것이다.

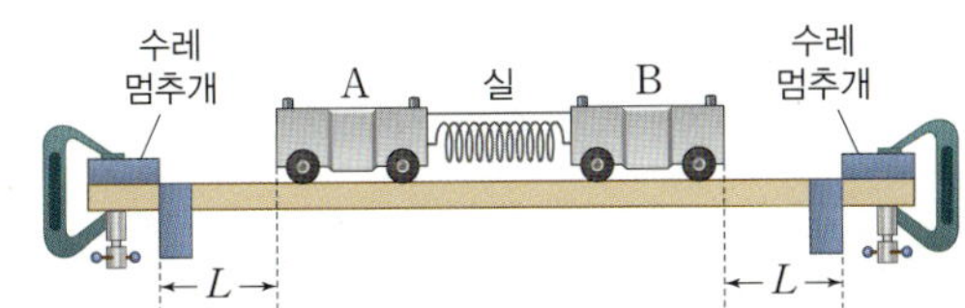

실험	질량		걸린 시간	
	A	B	A	B
Ⅰ	m	$2m$	t	(가)
Ⅱ	(나)	m	$4t$	t

(가)와 (나)에 들어갈 내용으로 옳은 것은?

	(가)	(나)		(가)	(나)
①	$\dfrac{t}{2}$	$\dfrac{m}{4}$	②	$\dfrac{t}{2}$	$4m$
③	$2t$	$\dfrac{m}{4}$	④	$2t$	$4m$
⑤	$4t$	$2m$			

족집게 전략 충격량이 힘과 시간의 곱임을 알고, 힘-시간 그래프에서 충격량을 구하여 물체의 운동량 변화량을 계산할 수 있어야 해.

081 단골 문제

그림은 직선상에 정지해 있는 물체에 수평 방향으로 작용하는 힘을 시간에 따라 나타낸 것이다.

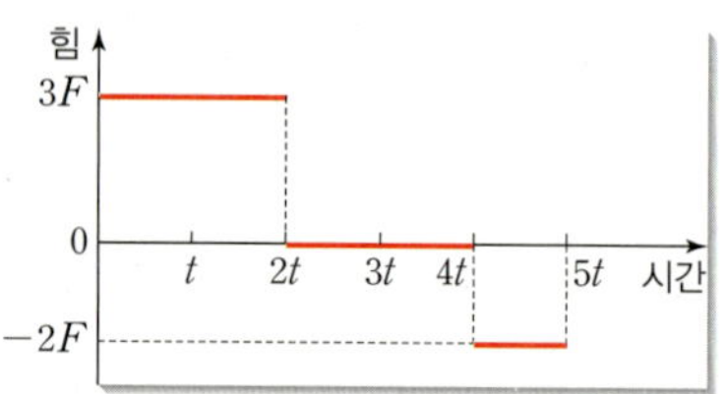

이에 대한 설명으로 옳은 것만을 〈보기〉에서 있는 대로 고른 것은? (단, 모든 마찰은 무시한다.)

보기

ㄱ. 0부터 $2t$까지 물체가 받은 충격량의 크기는 $6Ft$이다.

ㄴ. 0부터 $5t$까지 물체의 운동량 변화량의 크기는 $8Ft$이다.

ㄷ. 물체의 속력은 $3t$일 때가 $5t$일 때의 1.5배이다.

① ㄱ　　　　　② ㄴ　　　　　③ ㄱ, ㄷ
④ ㄴ, ㄷ　　　　⑤ ㄱ, ㄴ, ㄷ

추가로 나오는 선택지

❶ $2t$부터 $4t$까지 물체의 운동량은 일정하다. 　　(　　)

❷ 0초부터 $5t$에서 물체의 변위의 크기는 $4t$일 때가 최대이다. 　　(　　)

❸ $2t$일 때와 $5t$일 때 물체의 운동량의 방향은 같다. 　　(　　)

082

충격량과 운동량에 대한 설명으로 옳은 것은?

① 운동량이 클수록 충격량이 크다.

② 힘－시간 그래프에서 그래프의 아랫부분의 넓이가 운동량의 크기이다.

③ 두 물체가 충돌할 때 서로에게 작용하는 충격량은 같다.

④ 운동량－시간 그래프의 기울기는 물체가 받은 충격량이다.

⑤ 운동량 변화량이 같을 때 충돌 시간을 크게 하면 평균 힘의 크기가 작아진다.

083 중요

그림 (가)는 물체 A와 B가 각각 $4v$, v의 속력으로 오른쪽 방향으로 운동하는 모습을, (나)는 A와 B가 충돌할 때 A가 받은 힘의 크기를 시간에 따라 나타낸 것이다. A, B의 질량은 각각 m, $2m$이고, (나)에서 그래프 아랫부분의 넓이는 $2mv$이다.

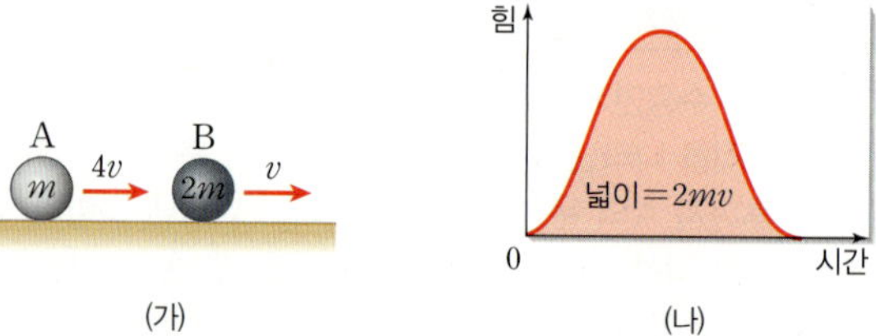

충돌한 후 A, B의 운동에 대한 설명으로 옳은 것만을 〈보기〉에서 있는 대로 고른 것은? (단, 모든 마찰과 물체의 크기는 무시한다.)

보기

ㄱ. A와 B의 속력은 같다.

ㄴ. A와 B의 운동 방향은 같다.

ㄷ. B의 운동량의 크기는 충돌한 후가 충돌하기 전의 2배이다.

① ㄴ　　　　　② ㄷ　　　　　③ ㄱ, ㄴ
④ ㄱ, ㄷ　　　　⑤ ㄱ, ㄴ, ㄷ

084 서술형

그림은 마찰을 무시할 수 있는 얼음판 위에서 질량이 각각 $60\,kg$, $40\,kg$인 사람 A, B가 t초 동안 서로를 미는 모습을 나타낸 것이다.

충격량과 운동량 관계를 이용하여 t초 후 A, B의 속력의 비를 구하는 과정과 함께 답을 쓰시오.

개념 ❹ 일상생활에서 충격량

족집게 전략 충격량과 운동량 변화량의 관계로부터 운동량 변화량이 일정할 때 충격력을 줄이기 위해서는 충돌 시간을 늘려야 함을 알고, 일상생활의 사례를 찾아 적용할 수 있어야 해.

085 단골 문제

그림은 마찰이 없는 수평면에서 $+x$ 방향으로 각각 v의 속력으로 운동하던 물체 A, B가 벽에 충돌한 후 정지할 때까지 A, B가 받은 힘의 크기를 시간에 따라 나타낸 것이다. 질량은 A가 B의 2배이다.

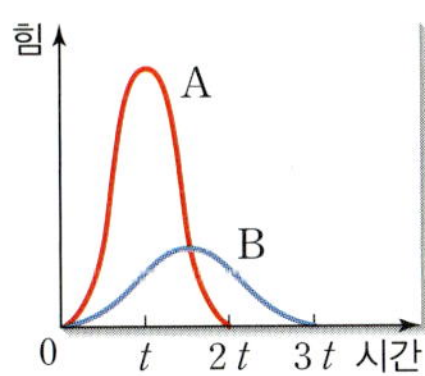

이에 대한 설명으로 옳은 것만을 〈보기〉에서 있는 대로 고른 것은?

보기

ㄱ. 운동량 변화량의 크기는 A가 B의 2배이다.
ㄴ. A, B가 받은 충격량의 방향은 서로 같다.
ㄷ. 물체가 받는 평균 힘의 크기는 A가 B의 3배이다.

① ㄱ   ② ㄷ   ③ ㄱ, ㄴ
④ ㄴ, ㄷ   ⑤ ㄱ, ㄴ, ㄷ

추가로 나오는 선택지

❶ 벽이 받은 충격량의 크기는 A가 충돌할 때가 B가 충돌할 때의 2배이다.   (   )
❷ A, B가 받은 충격량은 같다.   (   )
❸ 그래프 아랫부분의 넓이는 A가 B의 2배이다.   (   )

086

충돌 과정에서 충돌 시간을 길게 하여 평균 힘의 크기를 줄이는 장치만을 〈보기〉에서 있는 대로 고른 것은?

보기

ㄱ. 자동차에 에어백을 장착한다.
ㄴ. 야구 배트를 밀어 쳐 공과 닿는 시간을 늘인다.
ㄷ. 화재 현장에서 뛰어 내리는 사람을 위해 공기 안전 매트를 설치한다.

① ㄱ   ② ㄷ   ③ ㄱ, ㄴ
④ ㄱ, ㄷ   ⑤ ㄴ, ㄷ

087

그림은 육상 경기장의 모래와 깨지기 쉬운 물건을 포장할 때 사용하는 포장용 에어캡을 나타낸 것이다.

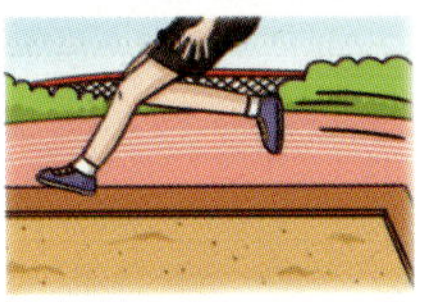 

(가) 경기장의 모래   (나) 포장용 에어캡

충돌할 때 모래와 에어캡의 역할에 대한 설명으로 옳은 것만을 〈보기〉에서 있는 대로 고른 것은?

보기

ㄱ. 충격량의 크기를 줄여준다.
ㄴ. 충돌 시간을 길게 해 준다.
ㄷ. 평균 힘의 크기를 증가시킨다.

① ㄱ   ② ㄴ   ③ ㄱ, ㄴ
④ ㄱ, ㄷ   ⑤ ㄴ, ㄷ

088

그림은 수평면에 놓여 있는 질량이 m인 물체가 두 번의 충격을 받아 운동할 때 물체의 속도를 시간에 따라 나타낸 것이다. 첫 번째와 두 번째 충격에서 물체가 힘을 받은 시간은 각각 $t_0, 3t_0$이다.

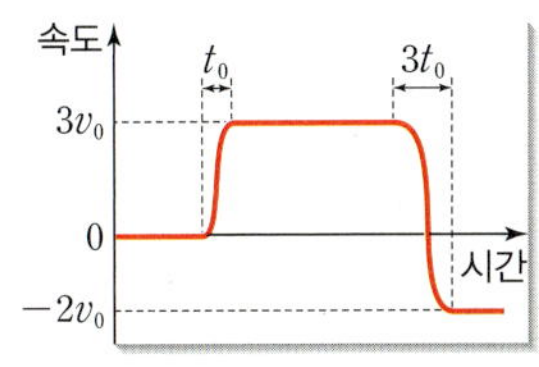

이에 대한 설명으로 옳은 것만을 〈보기〉에서 있는 대로 고른 것은? (단, 모든 마찰은 무시한다.)

보기

ㄱ. 첫 번째 충격에서 물체가 받은 충격량의 크기는 $3mv_0$이다.
ㄴ. 첫 번째와 두 번째 충격에서 물체가 받은 충격량의 방향은 같다.
ㄷ. 물체가 받은 평균 힘의 크기는 두 번째가 첫 번째보다 크다.

① ㄱ   ② ㄷ   ③ ㄱ, ㄴ
④ ㄱ, ㄷ   ⑤ ㄴ, ㄷ

089 서술형

그림은 자동차에 설치된 안전 장치인 안전띠와 범퍼를 나타낸 것이다.

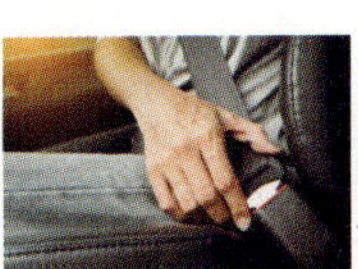 

충격량과 운동량의 관계를 이용하여 자동차 충돌 사고에서 이런 안전 장치가 자동차에 탄 사람에게 미치는 영향을 설명하시오.

090

그림은 마찰이 없는 수평면에서 $4\ \mathrm{m/s}$의 속력으로 운동하던 물체에 작용한 힘의 크기를 시간에 따라 나타낸 것이다. 물체의 질량은 $2\ \mathrm{kg}$이다.

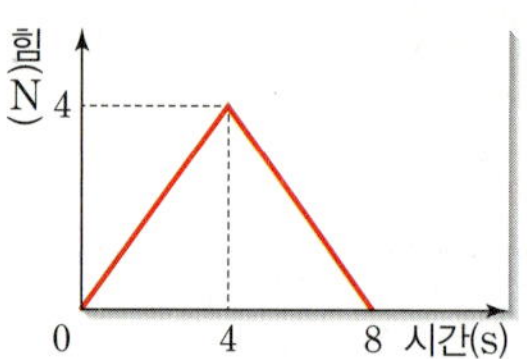

0초부터 8초까지 힘의 방향이 물체의 운동 방향과 같은 경우와 반대인 경우 8초일 때 물체의 속력을 각각 v_1, v_2라고 할 때, $\dfrac{v_1}{v_2}$는?

① $\dfrac{1}{3}$ ② $\dfrac{1}{2}$ ③ 1

④ 2 ⑤ 3

092

그림 (가)는 스케이트 보드를 타고 일정한 속력으로 운동하던 사람이 운동 방향으로 공을 던지는 모습을, (나)는 공의 속력을 시간에 따라 나타낸 것이다. 사람과 공의 질량은 각각 M, m이다.

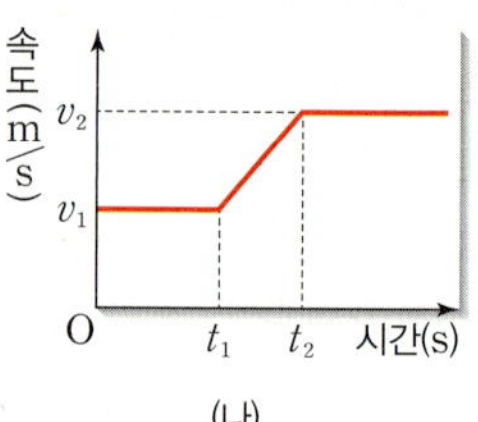

(가) (나)

t_2일 때, 사람의 속력은? (단, 모든 마찰과 스케이트 보드의 질량은 무시한다.)

① $\dfrac{m(v_2-v_1)}{M}$ ② $\dfrac{M(v_2-v_1)}{m}$

③ $\dfrac{(M-m)v_2+mv_1}{M}$ ④ $\dfrac{(M+m)v_1-mv_2}{M}$

⑤ $\dfrac{(M+m)v_1-mv_2}{m}$

091

그림 (가)는 수평면에서 물체 A가 정지해 있는 물체 B, C를 향해 v_0의 속력으로 운동하다가 충돌한 후 A는 정지하고 B와 C는 한 덩어리가 되어 $\dfrac{v_0}{5}$의 속력으로 운동하는 것을 나타낸 것이다. 그림 (나)는 수평면에서 C가 정지해 있는 A, B를 향해 v_0의 속력으로 운동하다가 충돌한 후 C는 정지하고 A와 B는 한 덩어리가 되어 $\dfrac{v_0}{2}$의 속력으로 운동하는 것을 나타낸 것이다.

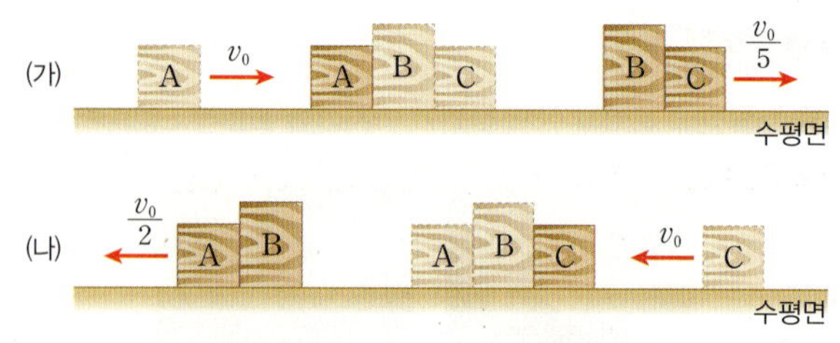

A, B, C의 질량을 각각 m_A, m_B, m_C라고 할 때, $m_A : m_B : m_C$는? (단, 모든 마찰과 물체의 크기는 무시한다.)

① $1:2:3$ ② $1:3:2$ ③ $2:1:4$

④ $2:3:5$ ⑤ $3:4:5$

093

그림 (가)는 마찰이 없는 수평면에서 속력 v로 운동하던 물체 A가 정지해 있는 물체 B를 향해 운동하는 것을, (나)는 마찰이 없는 수평면에서 속력 v로 운동하던 B가 정지해 있는 A를 향해 운동하는 것을 나타낸 것이다. (가), (나)에서 A, B의 질량은 각각 m, $2m$이고, 충돌한 후 A와 B가 한 덩어리가 되어 운동하였다.

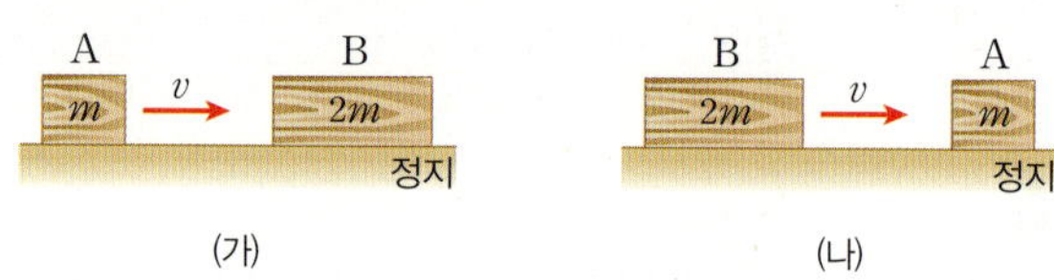

이에 대한 설명으로 옳은 것만을 〈보기〉에서 있는 대로 고른 것은?

보기

ㄱ. 충돌한 후 B의 속력은 (가)와 (나)에서 같다.
ㄴ. 충돌 과정에서 A가 받은 충격량은 (가)와 (나)에서 같다.
ㄷ. (나)에서 충돌 전후 운동량 변화량의 크기는 A와 B가 같다.

① ㄱ ② ㄷ ③ ㄱ, ㄴ

④ ㄱ, ㄷ ⑤ ㄴ, ㄷ

094

그림은 O점에 가만히 놓은 물체가 자유 낙하하여 P, Q점을 지나 운동하는 모습을 나타낸 것이다. P는 O와 Q의 중간 지점이다.

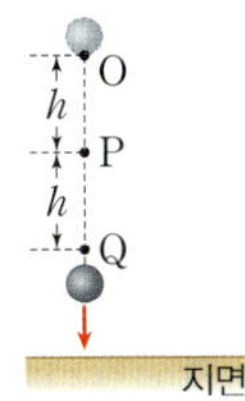

O에서 P까지와 P에서 Q까지 물체가 받은 충격량의 크기를 각각 I_1, I_2라고 할 때, $\dfrac{I_1}{I_2}$는? (단, 물체의 크기와 공기 저항은 무시한다.)

① $\sqrt{2}-1$ ② 1 ③ $\sqrt{2}$
④ $\sqrt{2}+1$ ⑤ $2\sqrt{2}$

095 고난도

그림은 빗면 아래에 정지해 있던 물체 A, B에 각각 크기가 F인 힘을 빗면 위쪽 방향으로 작용하여 거리 s만큼 이동시킨 모습을 나타낸 것이다. A, B의 질량은 각각 $2m$, m이고, s만큼 이동하는 동안 A, B가 받은 충격량이 같다.

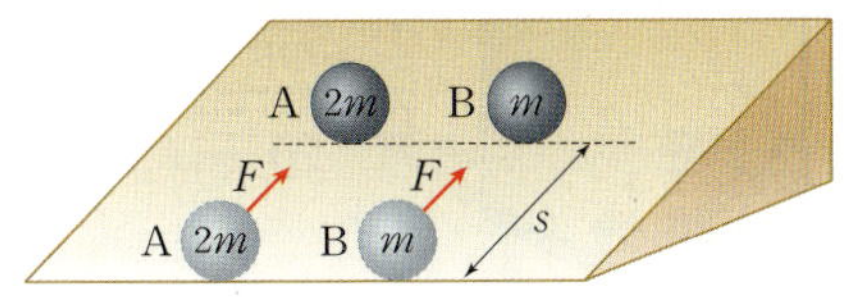

이에 대한 설명으로 옳은 것만을 〈보기〉에서 있는 대로 고른 것은?

보기

ㄱ. s만큼 이동했을 때 A의 속력은 $\sqrt{\dfrac{Fs}{3m}}$이다.

ㄴ. s만큼 이동하는 동안 가속도의 크기는 B가 A의 2배이다.

ㄷ. s만큼 이동하는 데 걸린 시간은 A가 B의 2배이다.

① ㄱ ② ㄷ ③ ㄱ, ㄴ
④ ㄱ, ㄷ ⑤ ㄴ, ㄷ

096

그림은 마찰이 없는 수평면에서 속력 v로 운동하던 물체에 운동 방향과 반대 방향으로 작용한 힘의 크기를 시간에 따라 나타낸 것이다. 물체는 1초일 때 속력이 $25\,\text{m/s}$이고 3초일 때 정지하였다.

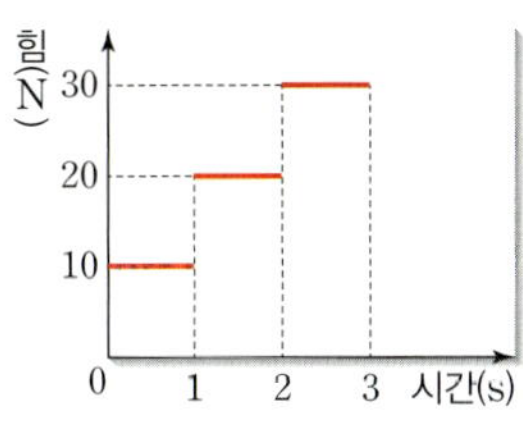

이에 대한 설명으로 옳은 것만을 〈보기〉에서 있는 대로 고른 것은?

보기

ㄱ. 물체의 질량은 $2\,\text{kg}$이다.

ㄴ. v는 $35\,\text{m/s}$이다.

ㄷ. 2초일 때, 물체의 운동량의 크기는 $15\,\text{kg·m/s}$이다.

① ㄱ ② ㄷ ③ ㄱ, ㄴ
④ ㄱ, ㄷ ⑤ ㄴ, ㄷ

097

그림은 자동차 충돌 실험에서 자동차가 벽에 충돌할 때 동일한 인형 A, B의 모습을 나타낸 것이다. A는 자동차에 직접 부딪히고 B는 에어백에 부딪힌 후 정지한다.

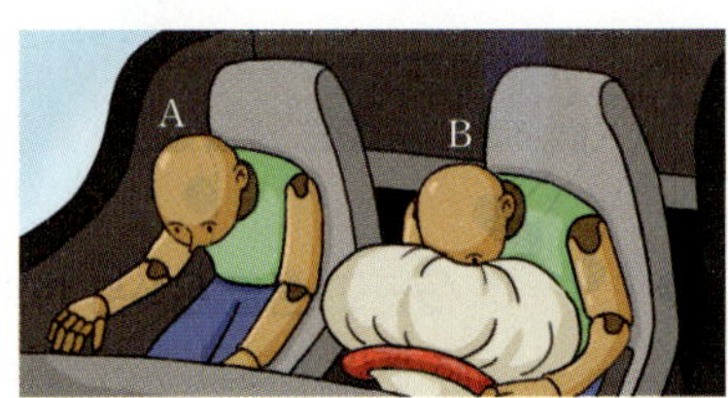

자동차가 충돌할 때, A, B에 대한 설명으로 옳은 것만을 〈보기〉에서 있는 대로 고른 것은?

보기

ㄱ. 운동량 변화량의 크기는 A가 B보다 크다.

ㄴ. 충돌 시간은 B가 A보다 크다.

ㄷ. 평균 힘의 크기는 A가 B보다 크다.

① ㄱ ② ㄴ ③ ㄱ, ㄴ
④ ㄴ, ㄷ ⑤ ㄱ, ㄴ, ㄷ

01 역학적 에너지 보존

개념 ❶ 일

1. 일

(1) 일: 물체에 작용한 힘(F)과 힘의 방향으로 이동한 거리(s)의 곱을 일(W)이라고 한다.

(2) 일의 단위: J(줄), N·m →$1\,J=1\,N\cdot m$

(3) 힘의 방향과 이동 방향에 따른 일

① 힘의 방향과 이동 방향이 같을 때

$$W=Fs$$

② 힘의 방향과 이동 방향이 같지 않을 때

$$W=Fs\cos\theta$$

2. 힘-이동 거리 그래프

힘-이동 거리 그래프에서 그래프 아랫부분의 넓이는 힘이 한 일을 나타낸다.

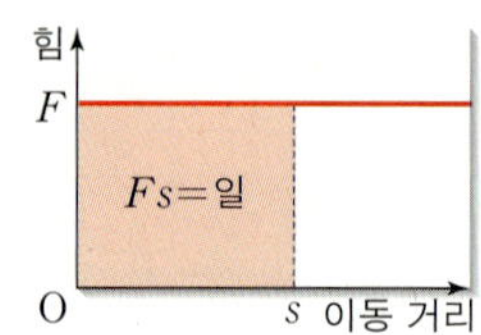

개념 ❷ 운동 에너지

1. 운동 에너지

(1) 운동 에너지: 운동하는 물체가 갖는 에너지

(2) 질량이 m인 물체의 속력이 v일 때, 물체가 갖는 운동 에너지 E_k는 다음과 같다.

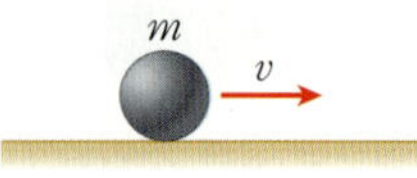

$$E_k=\frac{1}{2}mv^2 \text{ (단위: J)}$$
$$=\frac{p^2}{2m}\ (p: \text{운동량})$$

2. 일·운동 에너지 정리: 물체에 작용한 알짜힘이 한 일은 물체의 운동 에너지 변화량과 같다.

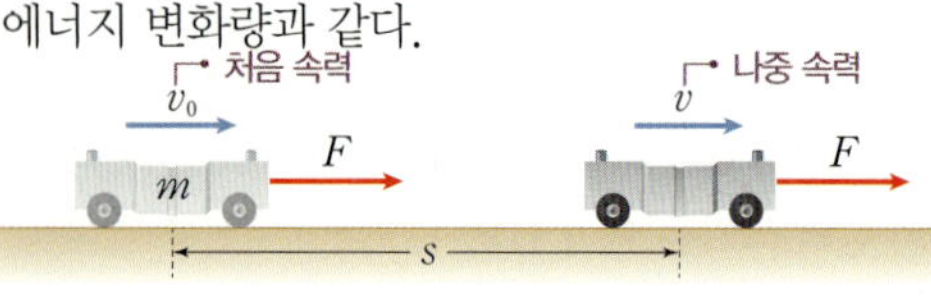

$$W=Fs=\frac{1}{2}mv^2-\frac{1}{2}mv_0^2$$

개념 ❸ 퍼텐셜 에너지

1. 퍼텐셜 에너지: 물체가 기준면으로부터 위치에 따라 가진 잠재적인 에너지

2. 중력 퍼텐셜 에너지와 탄성 퍼텐셜 에너지

(1) 중력이 작용하는 공간에서 물체가 기준면으로부터의 높이(h)에 따라 갖게 되는 퍼텐셜 에너지(E_p)

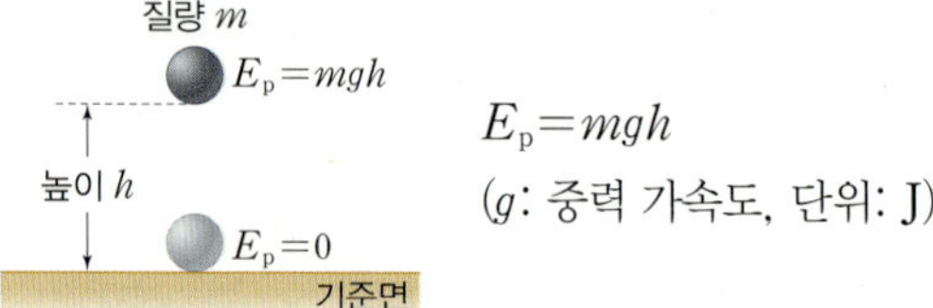

$$E_p=mgh$$
(g: 중력 가속도, 단위: J)

(2) 탄성 퍼텐셜 에너지: 용수철 등 탄성체가 변형되었을 때 갖는 에너지로, 용수철 상수가 k인 용수철이 길이가 x만큼 변형되었을 때 갖는 퍼텐셜 에너지 E_p는 다음과 같다.

단위: N/m

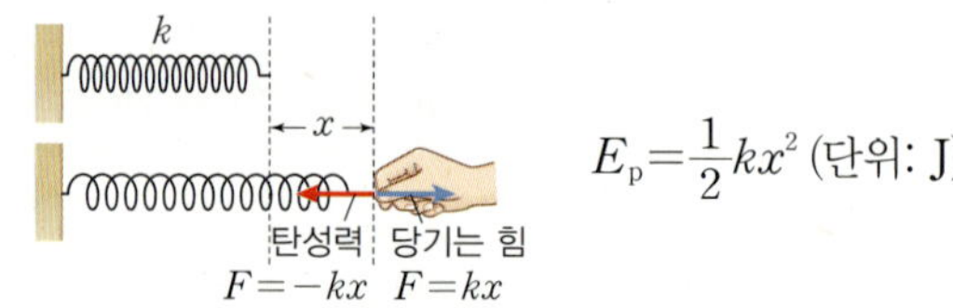

$$E_p=\frac{1}{2}kx^2 \text{ (단위: J)}$$

개념 ❹ 역학적 에너지 보존

1. 역학적 에너지: 운동 에너지와 퍼텐셜 에너지의 합

2. 역학적 에너지 보존 법칙: 마찰이나 공기 저항이 없으면 물체의 역학적 에너지는 변하지 않고 일정하게 보존된다. 즉 운동 에너지(E_k)와 퍼텐셜 에너지(E_p)의 합은 항상 일정하다.

($E=E_k+E_p=$일정)

(1) 중력에 의한 역학적 에너지 보존

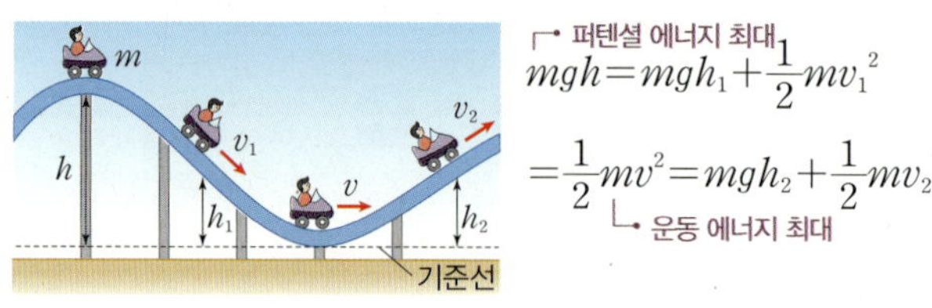

$$mgh=mgh_1+\frac{1}{2}mv_1^2$$
$$=\frac{1}{2}mv^2=mgh_2+\frac{1}{2}mv_2^2$$

(2) 탄성력에 의한 역학적 에너지 보존

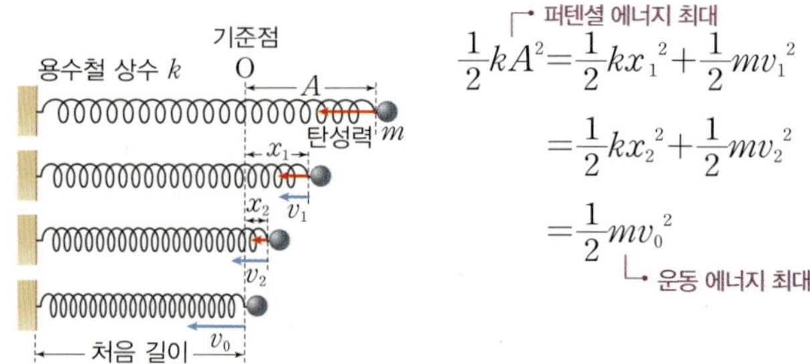

$$\frac{1}{2}kA^2=\frac{1}{2}kx_1^2+\frac{1}{2}mv_1^2$$
$$=\frac{1}{2}kx_2^2+\frac{1}{2}mv_2^2$$
$$=\frac{1}{2}mv_0^2$$

퍼텐셜 에너지 최대 / 운동 에너지 최대

3. **역학적 에너지가 보존되지 않는 운동**: 물체가 운동하는 동안 마찰이나 공기 저항을 받으면 역학적 에너지가 보존되지 않는다.

역학적 에너지가 마찰이나 공기 저항에 의해 열에너지 등으로 전환된다.

- 에너지 보존 법칙: 역학적 에너지와 열에너지를 합한 전체 에너지는 보존된다.

탐구 활동 마찰력이 작용할 때 용수철에 매단 추의 운동

과정 ❶ 동일한 2개의 용수철을 추의 양쪽에 하나씩 연결한다.

❷ 용수철을 늘여서 양 끝을 고정한 후 추가 놓인 위치의 바닥에 사포를 붙인다.

❸ 추가 진동할 수 있도록 용수철이 놓인 방향으로 일정한 길이만큼 추를 당겼다가 가만히 놓고, 추의 진동 횟수를 관찰한다.

❹ 사포를 종이와 아크릴판으로 바꾸어 가며 과정 ❸을 반복한다.

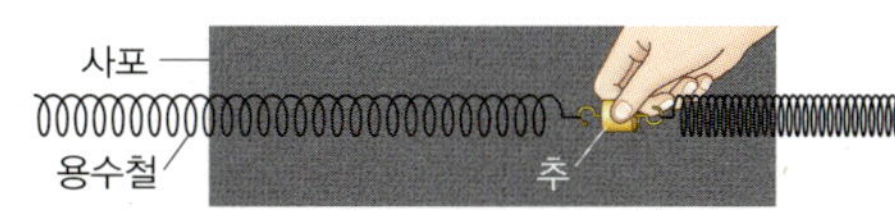

결과 1. 추가 정지할 때까지의 진동 횟수는 아크릴판 → 종이 → 사포 순으로 작아진다.

2. 마찰면이 거칠어질수록 추의 역학적 에너지는 마찰열로 빠르게 전환된다.

정리 • 추의 역학적 에너지는 마찰에 의한 열에너지로 전환된다.

자료 분석 퍼텐셜 에너지와 기준면

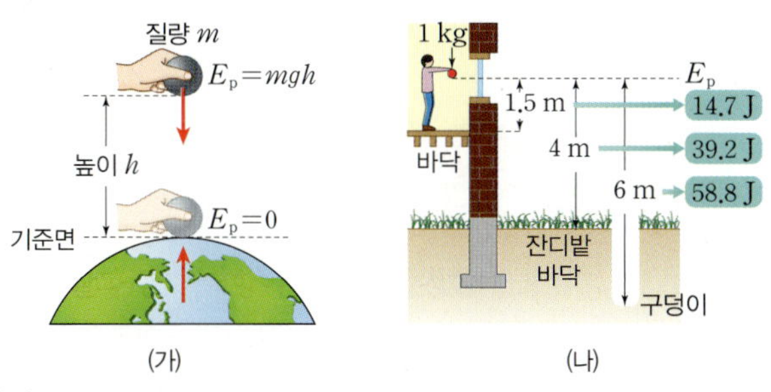

❶ (가)에서 지면을 기준면으로 하였을 때 높이 h인 곳에서 질량이 m인 물체가 갖는 중력 퍼텐셜 에너지는 다음과 같다. $E_p = mgh$

❷ (나)에서 질량이 1 kg인 물체가 갖는 중력 퍼텐셜 에너지는 다음과 같다. (단, 중력 가속도는 9.8 m/s²이다.)

- 사람이 서 있는 바닥을 기준면으로 하였을 때: $E_p = 14.7$ J
- 잔디밭 바닥을 기준면으로 하였을 때: $E_p = 39.2$ J
- 구덩이 바닥을 기준면으로 하였을 때: $E_p = 58.8$ J

098

정답 및 해설 | 13쪽

일은 물체에 작용한 힘과 힘의 방향으로 이동한 ▭의 곱이다.

099

힘 – 이동 거리 그래프에서 그래프 아랫부분의 넓이는 힘이 한 ▭을 나타난다.

100

질량이 m인 물체의 속력이 v, 운동량이 p일 때, 물체가 갖는 운동 에너지 $E_k = \dfrac{mv^2}{2} = $ ▭ 이다.

101

물체에 작용한 알짜힘이 한 일은 물체의 ▭ 변화량과 같다.

102

물체가 기준면으로부터 위치에 따라 갖게 되는 에너지로 크기만 있고 방향이 없는 물리량을 ▭ 에너지라고 한다.

103

그림 (가)와 (나)는 각각 중력에 의한 역학적 에너지, 탄성력에 의한 역학적 에너지를 나타낸 것이다. (단, 모든 마찰과 공기 저항은 무시한다.)

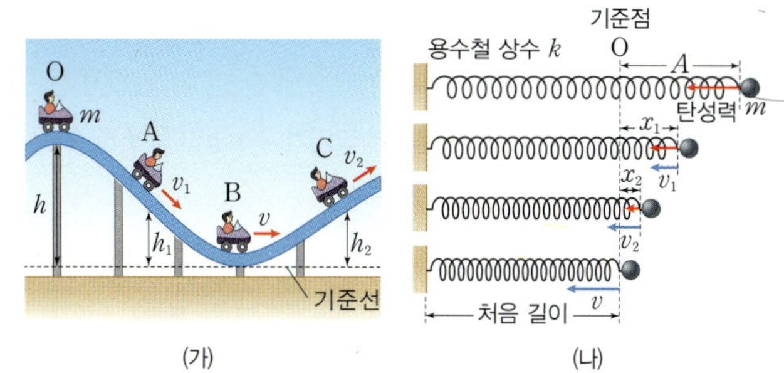

(1) (가)에서 O, A, B, C에서의 역학적 에너지를 각각 구하시오. (단, 중력 가속도는 g이다.)

(2) (나)에서 질량이 m인 물체의 위치가 A, x_1, x_2, O일 때의 역학적 에너지를 각각 구하시오. (단, A는 용수철이 최대로 늘어난 길이이다.)

개념 ❶ 일

족집게 전략 일의 주체는 힘이고, 힘의 방향으로 물체가 이동하면 힘은 일을 한 것이고 물체의 역학적 에너지는 변하게 돼. 특히 힘-이동 거리 그래프에서 그래프 아랫부분의 넓이가 힘이 한 일이라는 것을 알아야 해.

104 단골 문제

그림은 질량이 $1\,kg$인 물체에 실을 매달아 전동기에 연결하여 일정한 속력으로 $1\,m$를 끌어 올린 것을 나타낸 것이다.

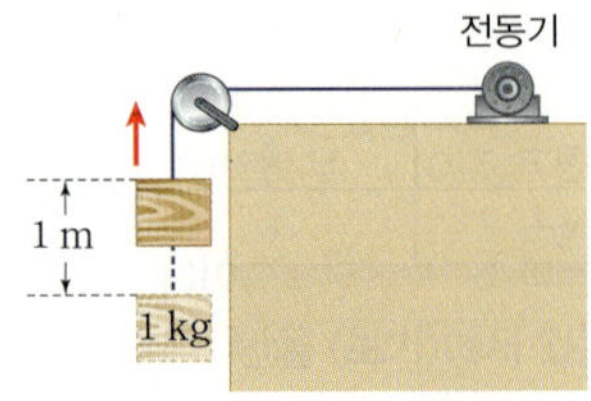

전동기가 물체에 한 일은? (단, 중력 가속도는 $10\,m/s^2$이고, 모든 마찰과 물체의 크기는 무시한다.)

① $5\,J$ ② $8\,J$ ③ $10\,J$ ④ $12\,J$ ⑤ $15\,J$

추가로 나오는 **선택지**

❶ 물체에 작용하는 알짜힘의 크기는 0이다. ( )
❷ 중력이 물체에 한 일은 $-10\,J$이다. ( )
❸ 물체의 역학적 에너지는 보존된다. ( )

105

그림 (가)~(다)는 질량이 m인 물체에 크기가 $\dfrac{1}{2}mg$인 힘 F를 화살표 방향으로 작용하는 것을 나타낸 것이다.

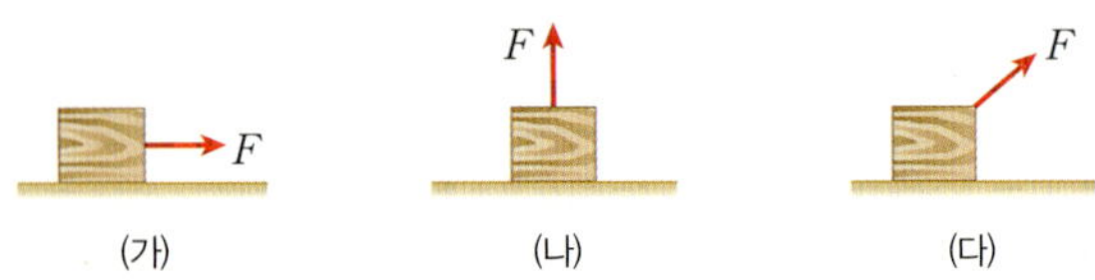

정지 상태로부터 같은 시간 동안 힘이 한 일이 큰 순서대로 나열하면? (단, 모든 마찰과 공기 저항은 무시하고, 중력 가속도는 g이다.)

① (가)>(나)>(다)
② (가)>(다)>(나)
③ (나)>(가)>(다)
④ (나)>(다)>(가)
⑤ (다)>(나)>(가)

106

그림과 같이 수평면 위의 점 A에 정지해 있는 질량이 $5\,kg$인 물체에 수평 방향으로 $20\,N$인 일정한 힘을 계속 작용시켜 수평면 위의 점 B를 지나는 순간 힘을 제거하였더니 물체가 최대 높이 $2\,m$까지 올라갔다. 수평면에서 A와 B 사이의 거리는 L이다.

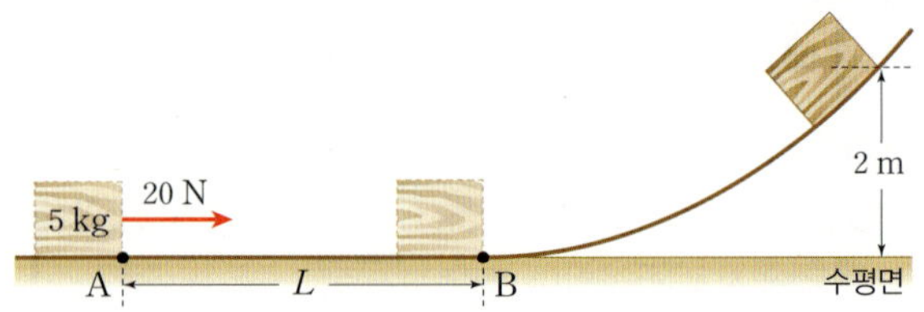

L은? (단, 중력 가속도는 $10\,m/s^2$이며, 물체의 크기와 모든 마찰 및 공기 저항은 무시한다.)

① $3\,m$ ② $3.5\,m$ ③ $4\,m$
④ $4.5\,m$ ⑤ $5\,m$

107 중요

그림 (가)는 수평면 위의 점 p에 정지해 있는 질량이 $2\,kg$인 물체에 수평 방향으로 힘 F를 작용하여 점 q까지 이동하는 모습을, (나)는 p에서 q까지 F의 크기를 p를 기준으로 거리 x에 따라 나타낸 것이다.

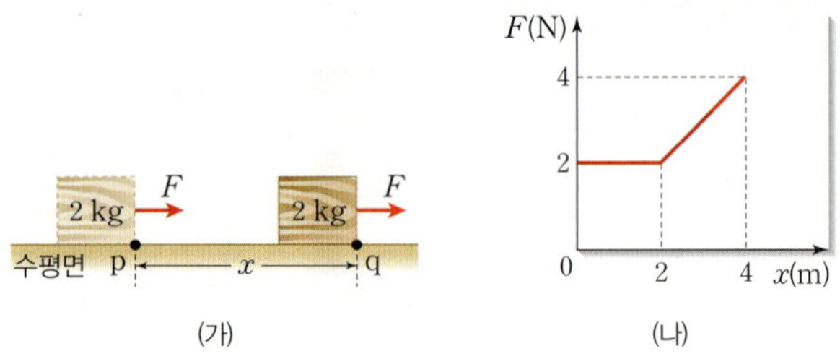

이에 대한 설명으로 옳은 것만을 〈보기〉에서 있는 대로 고른 것은? (단, 모든 마찰과 공기 저항 및 물체의 크기는 무시한다.)

보기

ㄱ. $x=1\,m$에서 물체의 가속도의 크기는 $1\,m/s^2$이다.
ㄴ. 물체가 $x=2\,m$까지 이동하는 데 걸린 시간은 $\sqrt{2}$초이다.
ㄷ. $x=0$에서 $x=4\,m$까지 F가 한 일은 $10\,J$이다.

① ㄱ ② ㄴ ③ ㄱ, ㄷ
④ ㄴ, ㄷ ⑤ ㄱ, ㄴ, ㄷ

 운동 에너지

 운동하는 물체는 운동 에너지를 가진다는 것을 알아야 하고, 특히 일·운동 에너지 정리를 이용한 난이도가 높은 문항에 대비해야 해.

108 단골 문제

그림과 같이 마찰이 없는 수평면에서 일정한 속력 v로 운동하던 질량이 m인 물체가 운동 방향으로 일정한 크기의 힘 F를 받아 거리 L만큼 이동하는 순간 속력이 $3v$가 되었다.

F는? (단, 물체의 크기는 무시한다.)

① $\dfrac{mv^2}{L}$ ② $\dfrac{2mv^2}{L}$ ③ $\dfrac{3mv^2}{L}$

④ $\dfrac{4mv^2}{L}$ ⑤ $\dfrac{5mv^2}{L}$

추가로 나오는 **선택지**

❶ 물체는 등가속도 직선 운동한다. (   )

❷ L만큼 이동하는 데 걸린 시간은 $\dfrac{L}{3v}$이다. (   )

109

그림과 같이 수평면에서 $4\ \mathrm{m/s}$의 일정한 속력으로 운동하던 질량이 $2\ \mathrm{kg}$인 물체가 빗면에서 빗면과 나란한 방향으로 힘 F를 받아 $1\ \mathrm{m}$를 등가속도 운동하여 정지하였다.

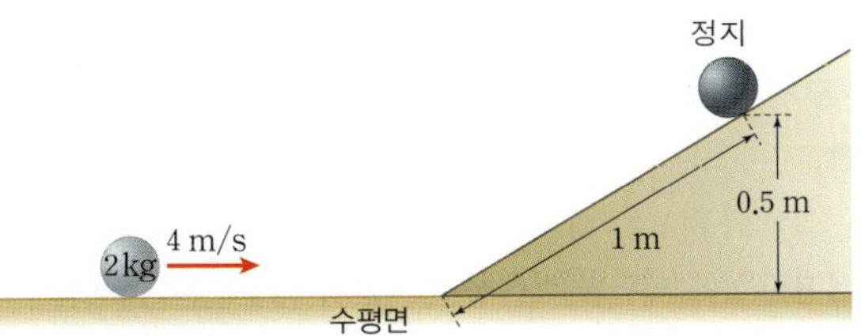

F의 크기는? (단, 중력 가속도는 $10\ \mathrm{m/s^2}$이고, 모든 마찰과 공기 저항 및 물체의 크기는 무시한다.)

① 5N ② 6N ③ 7N ④ 8N ⑤ 9N

110

그림 (가)와 같이 마찰이 없는 수평면 위에 정지해 있는 질량이 $1\ \mathrm{kg}$인 물체에 수평 방향으로 힘 F를 작용시켰다. 그림 (나)는 F를 물체의 이동 거리 L에 따라 나타낸 것이다.

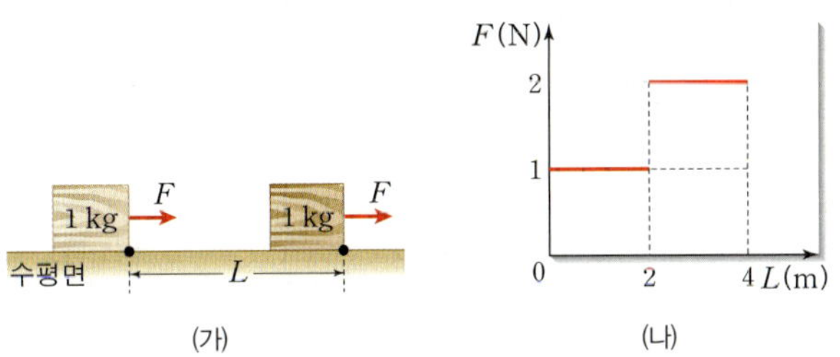

(가) (나)

이에 대한 설명으로 옳은 것만을 〈보기〉에서 있는 대로 고른 것은?

ㄱ. F가 한 일은 $L=0$에서 $L=2\ \mathrm{m}$까지가 $L=2\ \mathrm{m}$에서 $L=4\ \mathrm{m}$까지의 $\dfrac{1}{2}$배이다.

ㄴ. 물체의 운동 에너지는 $L=3\ \mathrm{m}$에서가 $L=1\ \mathrm{m}$에서의 4배이다.

ㄷ. 물체의 속력은 $L=4\ \mathrm{m}$에서가 $L=2\ \mathrm{m}$에서의 3배이다.

① ㄱ ② ㄷ ③ ㄱ, ㄴ

④ ㄴ, ㄷ ⑤ ㄱ, ㄴ, ㄷ

111 서술형

그림은 학생이 공을 연직 위로 던지는 것을 나타낸 것이다. 점 a, c는 지면으로부터 높이가 같은 지점이고, 점 b는 공이 올라간 최고점이며, 점 d는 공을 손에서 놓은 지점보다 더 낮은 지점이다. (단, 모든 마찰과 공기 저항 및 공의 크기는 무시한다.)

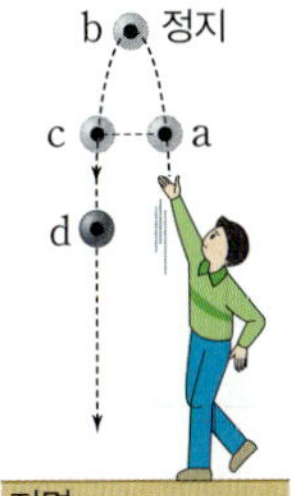

(1) a와 c에서 공의 운동 에너지를 비교하고 그 이유를 서술하시오.

(2) a → b → d로 이동하는 동안 공의 운동 에너지 변화에 대해 서술하시오.

족집게 전략 퍼텐셜 에너지는 물체가 기준면으로부터 위치에 따라 발생하는 에너지로, 중력 퍼텐셜 에너지와 탄성력 퍼텐셜 에너지가 있어. 기준면에 따라 퍼텐셜 에너지가 달라짐을 주의하며 문제를 풀어야 해.

112 단골 문제

그림은 벽에 고정된 용수철 끝에 질량이 $2\,kg$인 물체를 연결하여 수평면 위의 평형점 O에서 $0.2\,m$만큼 압축시켰다가 놓았더니 $2\,m/s$의 속력으로 O를 지나는 순간을 나타낸 것이다.

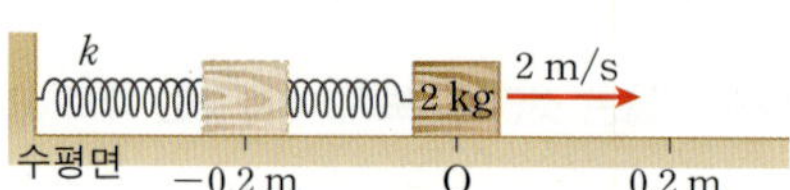

용수철 상수를 k이라 할 때, k는? (단, 모든 마찰과 공기 저항 및 물체의 크기는 무시한다.)

① $50\,N/m$ ② $100\,N/m$ ③ $150\,N/m$
④ $200\,N/m$ ⑤ $250\,N/m$

추가로 나오는 선택지

❶ 물체의 속력은 O에서 가장 크다. (   )

❷ 물체의 가속도의 크기는 O에서 가장 크다. (   )

❸ $-0.2\,m$에서 O까지 물체에 작용하는 알짜힘의 크기는 일정하다. (   )

113 중요

그림과 같이 질량이 각각 $2\,kg$, $3\,kg$인 물체 A, B가 실로 연결되어 정지해 있다.
A를 놓은 후 2초까지, 이에 대한 설명으로 옳은 것만을 〈보기〉에서 있는 대로 고른 것은? (단, 중력 가속도는 $10\,m/s^2$, 실의 질량, 모든 마찰과 공기 저항 및 물체의 크기는 무시하고, 실의 길이는 충분히 길다.)

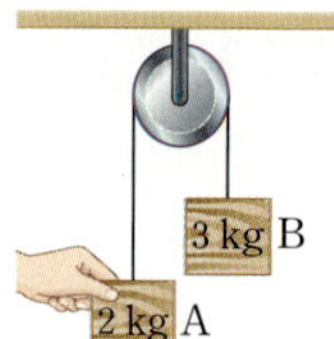

보기

ㄱ. A의 가속도의 크기는 $2\,m/s^2$이다.
ㄴ. A의 중력 퍼텐셜 에너지 증가량은 $40\,J$이다.
ㄷ. B의 역학적 에너지 감소량은 $96\,J$이다.

① ㄱ   ② ㄴ   ③ ㄱ, ㄷ
④ ㄴ, ㄷ   ⑤ ㄱ, ㄴ, ㄷ

114

그림 (가), (나)와 같이 용수철 상수가 각각 k, $2\,k$인 용수철을 벽에 고정하고, 물체 A, B를 연결하여 각각 x_1, x_2만큼 압축한 후 놓았더니 각각 평형점 O, O′를 속력 $2v$, v로 지난다. A, B의 질량은 m으로 같다.

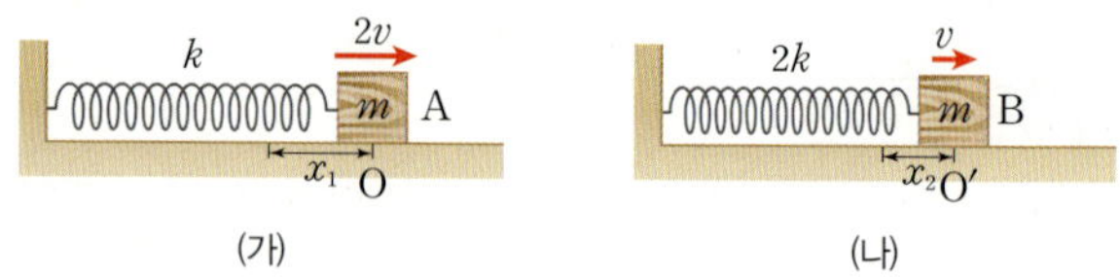

$\dfrac{x_1}{x_2}$는? (단, 모든 마찰과 공기 저항 및 물체의 크기는 무시한다.)

① $\dfrac{1}{\sqrt{2}}$ ② $\dfrac{1}{2}$ ③ 1
④ $\sqrt{2}$ ⑤ $2\sqrt{2}$

115

그림과 같이 벽에 고정된 용수철에 질량이 $2\,kg$인 물체를 접촉하여 평형 위치로부터 $0.4\,m$를 압축시킨 후 정지 상태에서 놓았더니 수평면에서 높이 h인 빗면에 정지하였다.

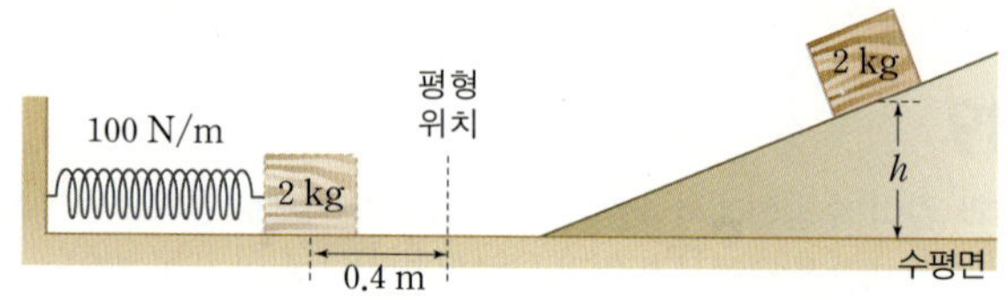

이에 대한 설명으로 옳은 것만을 〈보기〉에서 있는 대로 고른 것은? (단, 중력 가속도는 $10\,m/s^2$이고, 모든 마찰과 공기 저항 및 물체의 크기는 무시한다.)

보기

ㄱ. 물체에 작용한 탄성력의 크기의 최댓값은 $40\,N$이다.
ㄴ. 용수철에 저장된 퍼텐셜 에너지의 최댓값은 $8\,J$이다.
ㄷ. $h = 0.4\,m$이다.

① ㄱ   ② ㄷ   ③ ㄱ, ㄴ
④ ㄴ, ㄷ   ⑤ ㄱ, ㄴ, ㄷ

개념 ④ 역학적 에너지 보존

족집게 전략 중력, 탄성력이 작용할 때, 운동 에너지와 퍼텐셜 에너지의 합은 일정하고, 운동 에너지의 증가량(감소량)은 퍼텐셜 에너지의 감소량(증가량)과 같음을 알고 문제를 풀어야 해.

116 단골 문제

그림은 실로 연결된 물체 A, B, C의 A를 수평면에 눌러 정지한 상태에서 A를 놓았더니 등가속도 운동하는 어느 순간을 나타낸 것이다.

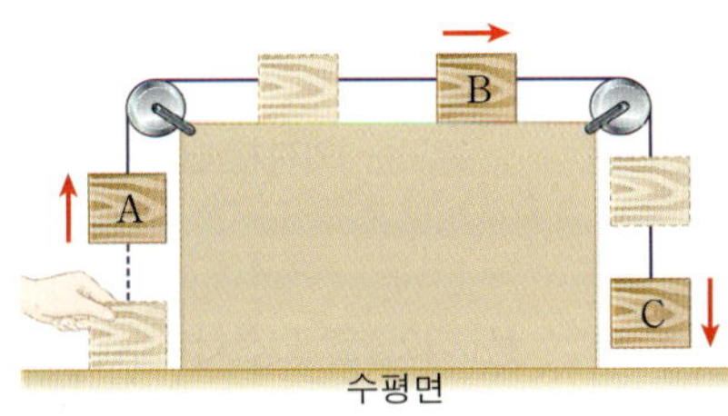

이에 대한 설명으로 옳은 것만을 〈보기〉에서 있는 대로 고른 것은? (단, 실의 질량, 모든 마찰과 공기 저항 및 물체의 크기는 무시한다.)

보기
ㄱ. 질량은 C가 A보다 크다.
ㄴ. A의 역학적 에너지는 증가한다.
ㄷ. C의 중력 퍼텐셜 에너지 감소량은 A와 B의 역학적 에너지 증가량의 합과 같다.

① ㄱ　　　② ㄷ　　　③ ㄱ, ㄴ
④ ㄴ, ㄷ　　　⑤ ㄱ, ㄴ, ㄷ

추가로 나오는 신택지
❶ A, B, C의 전체 역학적 에너지의 합은 보존된다. (　　　)
❷ 실과 도르래의 접촉면에서 마찰에 의해 소음이 생겨도 역학적 에너지는 보존된다. (　　　)

117 서술형

지면으로부터 높이 H에서 자유 낙하하는 물체의 역학적 에너지 E_0, 운동 에너지 E_k, 중력 퍼텐셜 에너지 E_p를 낙하 시간 t에 따라 개략적으로 나타내고, 그래프 개형이 도출되는 과정을 서술하시오. (단, 모든 마찰과 공기 저항 및 물체의 크기는 무시한다.)

118 중요

그림 (가)는 질량이 각각 m, $2m$인 물체를 실로 연결하여 A는 수평면 위에, B는 수평면으로부터 높이 h에 정지해 있는 것을, (나)는 (가)에서 A를 놓아 B가 수평면에 속력 v로 도달하는 것을 나타낸 것이다.

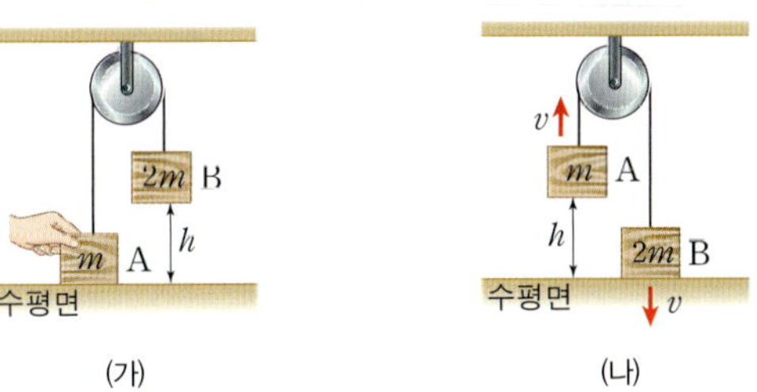

이에 대한 설명으로 옳은 것만을 〈보기〉에서 있는 대로 고른 것은? (단, 중력 가속도는 g이고, 실의 질량, 모든 마찰과 공기 저항 및 물체의 크기는 무시한다.)

보기
ㄱ. $h = \dfrac{3v^2}{2g}$이다.
ㄴ. h에 도달하는 순간 A의 역학적 에너지는 $\dfrac{4}{3}mgh$이다.
ㄷ. 수평면에 도달하는 순간까지 B의 역학적 에너지 감소량은 $2mv^2$이다.

① ㄱ　　②ㄷ　　③ ㄱ, ㄴ　　④ ㄴ, ㄷ　　⑤ ㄱ, ㄴ, ㄷ

119

그림 (가)는 수평면으로부터 높이 h인 경사면에 질량이 $1\,\mathrm{kg}$인 물체가 정지해 있는 것을, (나)는 (가)에서 물체를 가만히 놓았을 때, 물체가 용수철 상수가 $400\,\mathrm{N/m}$인 용수철에 충돌하기 직전까지 물체의 속력 v를 시간 t에 따라 나타낸 것이다.

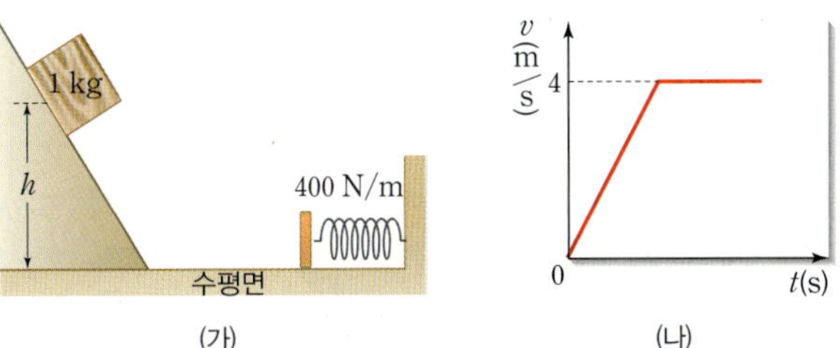

이에 대한 설명으로 옳은 것만을 〈보기〉에서 있는 대로 고른 것은? (단, 중력 가속도는 $10\,\mathrm{m/s^2}$이고, 모든 마찰과 공기 저항 및 물체의 크기는 무시한다.)

보기
ㄱ. 수평면에서 용수철에 충돌하기 전 물체의 운동 에너지는 $8\,\mathrm{J}$이다.
ㄴ. $h = 0.4\,\mathrm{m}$이다.
ㄷ. 용수철이 최대로 압축되는 길이는 $0.4\,\mathrm{m}$이다.

① ㄱ　　②ㄴ　　③ ㄱ, ㄷ　　④ ㄴ, ㄷ　　⑤ ㄱ, ㄴ, ㄷ

120

그림 (가), (나)와 같이 전동기 A, B가 질량이 m인 물체를 각각 경사각이 θ, 2θ인 빗면에서 일정한 속력 v로 잡아당기고 있다.

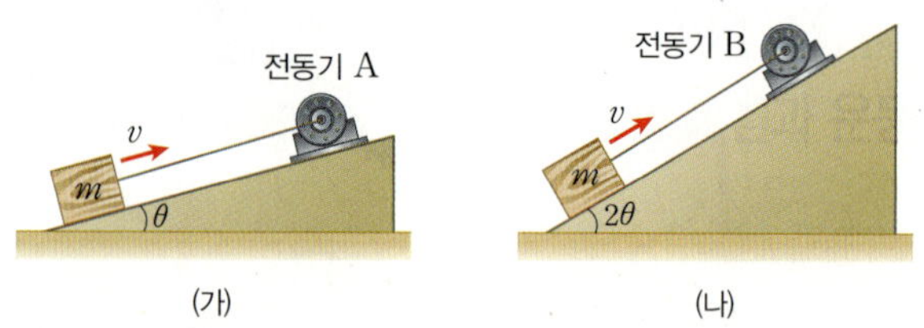

빗면에서 물체가 이동한 거리가 같을 때, 이에 대한 설명으로 옳은 것만을 〈보기〉에서 있는 대로 고른 것은? (단, 모든 마찰과 공기 저항 및 물체의 크기는 무시한다.)

보기

ㄱ. 전동기가 물체를 당기는 힘의 크기는 (가)에서와 (나)에서가 같다.
ㄴ. 전동기가 물체에 한 일은 (가)에서가 (나)에서보다 작다.
ㄷ. 물체의 중력 퍼텐셜 에너지 증가량은 (가)와 (나)에서가 같다.

① ㄱ　　　　② ㄴ　　　　③ ㄱ, ㄷ
④ ㄴ, ㄷ　　　⑤ ㄱ, ㄴ, ㄷ

121 고난도

그림과 같이 마찰이 없고 기울기가 다른 빗면에서 수평면으로부터 높이가 $2h$, h인 두 지점에 질량이 같은 물체 A, B를 가만히 놓았다.

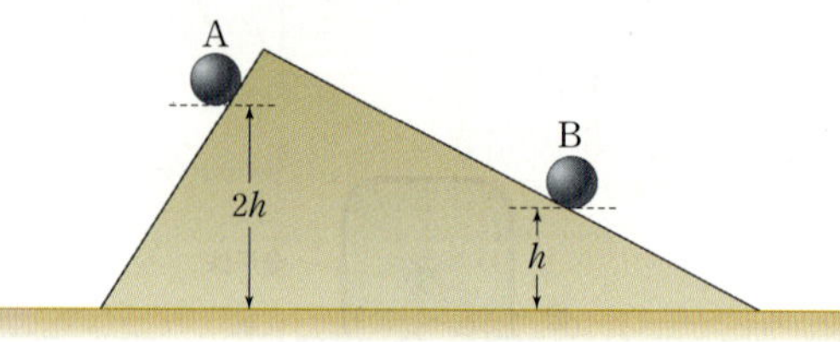

이에 대한 설명으로 옳은 것만을 〈보기〉에서 있는 대로 고른 것은? (단, 물체의 크기와 모든 마찰 및 공기 저항은 무시한다.)

보기

ㄱ. 빗면을 내려오는 동안 가속도의 크기는 A와 B가 같다.
ㄴ. 수평면에서 운동 에너지는 A가 B의 2배이다.
ㄷ. 수평면에서 속력은 A가 B의 2배이다.

① ㄱ　　　　② ㄴ　　　　③ ㄷ
④ ㄱ, ㄴ　　　⑤ ㄴ, ㄷ

122

그림과 같이 학생이 물체를 연직 위 방향으로 던진다. 지면을 기준으로 물체의 중력 퍼텐셜 에너지를 E_p라고 할 때, 시간 t에 따른 E_p를 나타낸 그래프로 가장 적절한 것은? (단, 공기 저항과 물체의 크기는 무시하며, 지면에서 중력 퍼텐셜 에너지는 0이다.)

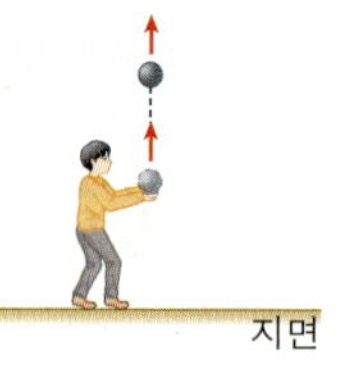

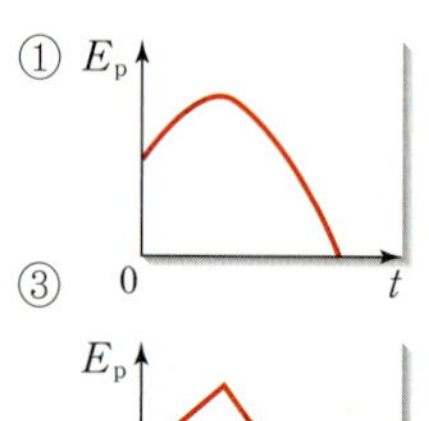
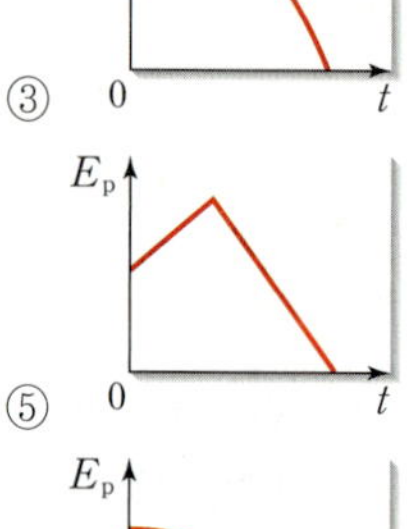
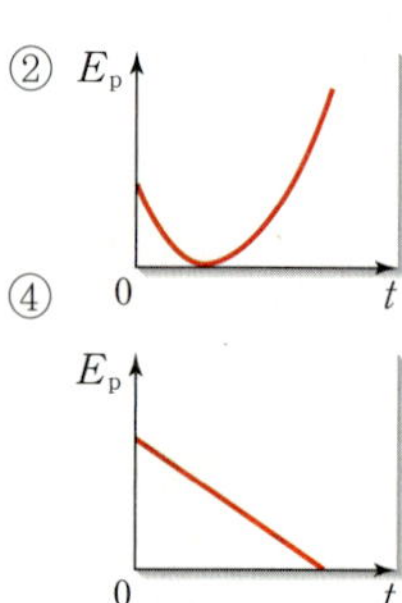

123

그림 (가)와 같이 마찰이 없는 수평면 위에 정지해 있는 질량이 $1\,kg$인 물체에 수평 방향으로 힘 F를 작용시켰다. 그림 (나)는 F를 거리 x에 따라 나타낸 것이다.

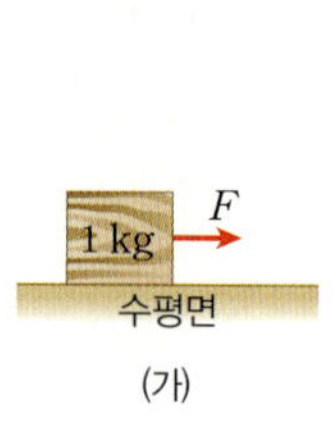
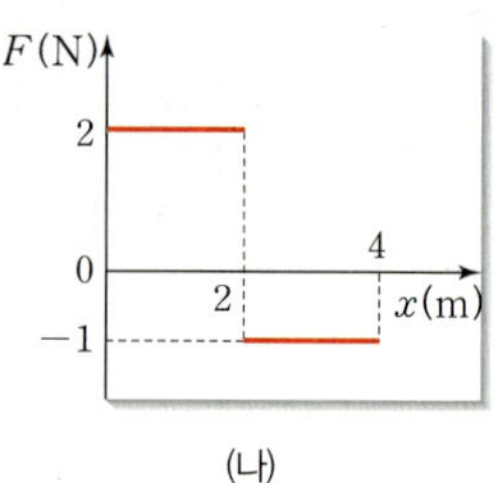

이에 대한 설명으로 옳은 것만을 〈보기〉에서 있는 대로 고른 것은? (단, 모든 마찰과 공기 저항은 무시한다.)

보기

ㄱ. $x=0$에서 $x=4\,m$까지 물체의 운동 방향은 한 번 바뀐다.
ㄴ. $x=2\,m$에서 물체의 속력은 $2\sqrt{2}\,m/s$이다.
ㄷ. 물체의 운동 에너지는 $x=3\,m$에서가 $x=1\,m$에서의 1.5배이다.

① ㄱ　　　　② ㄴ　　　　③ ㄱ, ㄷ
④ ㄴ, ㄷ　　　⑤ ㄱ, ㄴ, ㄷ

124

그림과 같이 빗면 위의 점 p에 정지해 있는 질량이 m인 물체를 가만히 놓았더니 점 q를 거쳐 수평면에서 정지하였다. 수평면의 길이가 L인 구간에서 물체에는 운동 반대 방향으로 일정한 크기의 힘 F가 작용하였다. 수평면으로부터 p, q까지의 높이는 각각 $2h$, h이다.

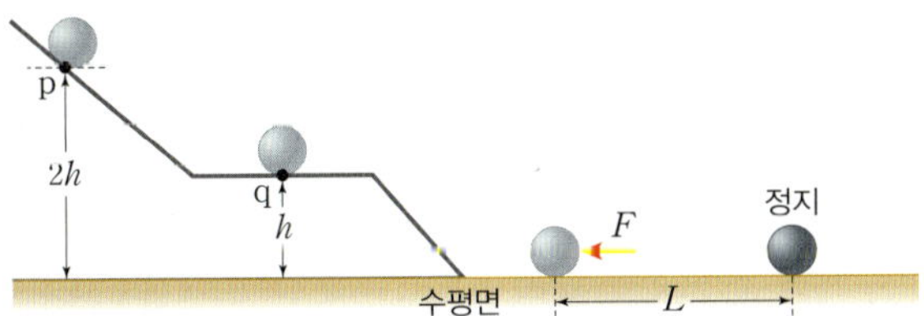

이에 대한 설명으로 옳은 것만을 〈보기〉에서 있는 대로 고른 것은? (단, 중력 가속도는 g, 수평면에서 중력 퍼텐셜 에너지는 0이고, 모든 마찰과 공기 저항 및 물체의 크기는 무시한다.)

보기

ㄱ. 물체에 작용하는 알짜힘의 크기는 p와 q에서 같다.

ㄴ. 물체의 중력 퍼텐셜 에너지는 p에서가 q에서의 2배이다.

ㄷ. F의 크기는 $\dfrac{3mgh}{L}$이다.

① ㄱ 　　② ㄴ 　　③ ㄱ, ㄷ

④ ㄴ, ㄷ 　　⑤ ㄱ, ㄴ, ㄷ

125

그림과 같이 A에 정지해 있는 질량이 m인 물체가 곡면을 따라 이동하나가 지면 D에서 속력 v로 등속도 운동을 하였디. 지면으로부터 A, B, C의 높이는 각각 $2h$, h, $1.8h$이다.

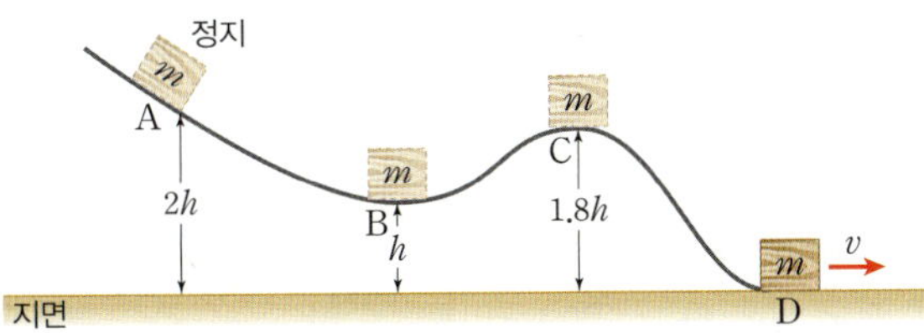

이에 대한 설명으로 옳은 것만을 〈보기〉에서 있는 대로 고른 것은? (단, 물체는 동일 연직면에서 운동하고 모든 마찰과 공기 저항 및 물체의 크기는 무시한다.)

보기

ㄱ. 물체의 운동 에너지는 D에서가 B에서의 4배이다.

ㄴ. C에서 물체의 속력은 $\dfrac{v}{\sqrt{10}}$이다.

ㄷ. A~D에서 물체의 가속도의 크기는 C에서 가장 크다.

① ㄱ 　　② ㄴ 　　③ ㄱ, ㄷ

④ ㄴ, ㄷ 　　⑤ ㄱ, ㄴ, ㄷ

126

그림과 같이 수평면 위에서 용수철 상수가 $k=400$ N/m인 용수철의 양쪽에 물체 A, B를 접촉하여 원래 길이에서 $\varDelta x=0.3$ m를 압축시켰다가 놓았다. A는 정지한 물체 C와 한 덩어리가 되어 높이 h_1인 곳에, B는 운동 반대 방향으로 $f=2$ N이 일정하게 작용하는 수평면의 1 m인 구간을 지나 높이 h_2인 곳에 도달하였을 때 정지하였다. A, B, C의 질량은 각각 2 kg, 2 kg, 1 kg이다.

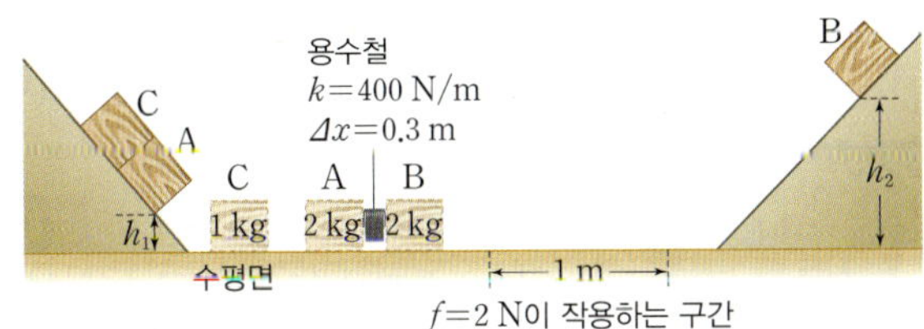

$\dfrac{h_2}{h_1}$는? (단, 물체의 크기, 모든 마찰과 공기 저항은 무시한다.)

① $\dfrac{5}{4}$ 　　② $\dfrac{7}{4}$ 　　③ $\dfrac{9}{4}$

④ 3 　　⑤ $\dfrac{7}{2}$

127 　고난도

그림과 같이 지면으로부터 높이 $3h$에 정지해 있는 질량이 m인 놀이 기구에 중력만 작용하여 낙하하다가 높이 h인 p점에서 지면에 도달할 때까지 운동 반대 방향으로 일정한 힘 F가 작용하여 지면에 도달하는 순간 정지하였다. p를 지나는 순간 놀이 기구의 속력은 v_0이다.

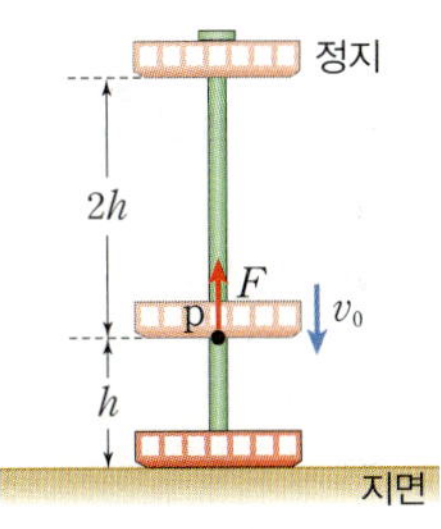

이에 대한 설명으로 옳은 것만을 〈보기〉에서 있는 대로 고른 것은? (단, 모든 마찰과 공기 저항 및 놀이 기구의 크기는 무시한다.)

보기

ㄱ. $F=3mg$이다.

ㄴ. F가 한 일은 $\dfrac{3}{4}mv_0{}^2$이다.

ㄷ. 놀이 기구가 낙하를 시작하여 p까지 도달하는 시간과 p에서 지면에 도달하는 시간은 같다.

① ㄱ 　　② ㄷ 　　③ ㄱ, ㄴ

④ ㄴ, ㄷ 　　⑤ ㄱ, ㄴ, ㄷ

02 열역학 제1법칙

개념 ❶ 기체가 하는 일과 내부 에너지

1. 기체가 하는 일

(1) **기체가 하는 일**: 기체가 일정한 압력 P를 유지하면서 팽창하여 단면적이 A인 피스톤을 밀 때, 기체가 외부에 한 일 W는 기체의 압력 P와 부피의 변화 ΔV를 곱한 것과 같다.

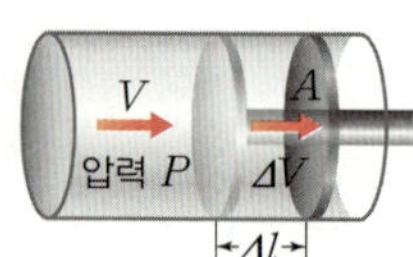

$$W = Fs = PA\Delta l = P\Delta V$$
이므로
$$W = P\Delta V \text{ (단위: J(줄))}$$

(2) 압력과 부피의 그래프에서 기체가 한 일은 압력-부피 그래프에서 그래프 아랫부분의 넓이와 같다.

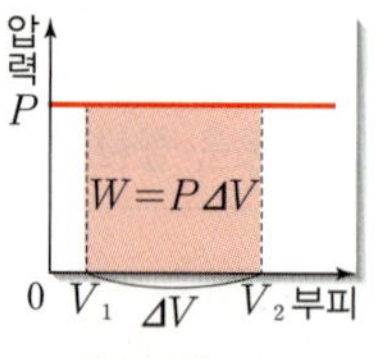

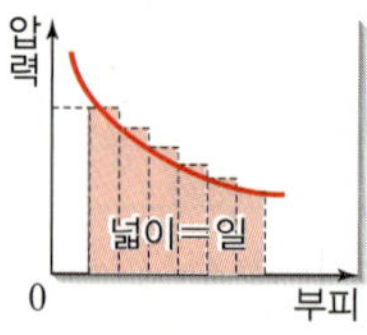

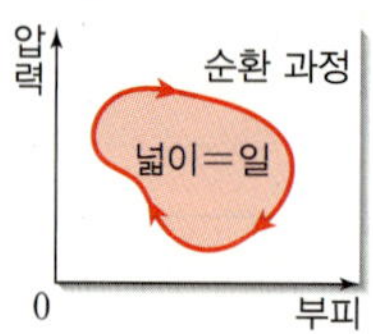

▲ 압력이 일정한 경우 　　▲ 온도가 일정한 경우 　　▲ 순환 과정

(3) 기체의 부피 변화와 하는 일

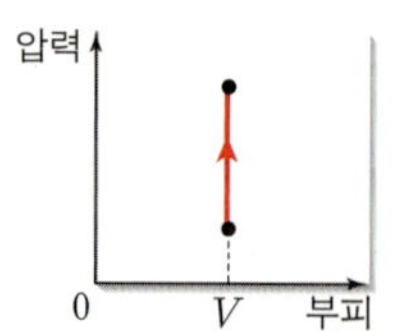

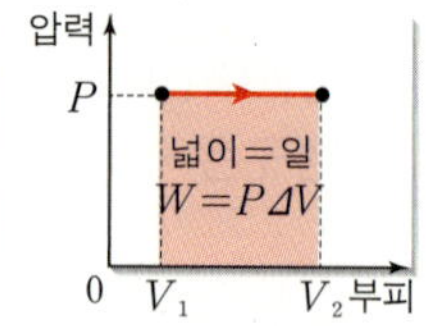

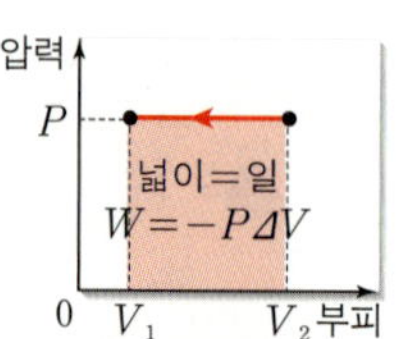

▲ 부피가 일정($\Delta V = 0$)할 때
$W = 0$
하는 일이 0이다.

▲ 부피가 증가($\Delta V > 0$)할 때
$W = P(V_2 - V_1) > 0$
외부에 일을 한다.

▲ 부피가 감소($\Delta V < 0$)할 때
$W = P(V_1 - V_2) < 0$
외부로부터 일을 받는다.

2. 내부 에너지: 기체 분자(입자)의 퍼텐셜 에너지와 운동 에너지의 합

(1) 이상 기체의 내부 에너지는 기체 분자(입자)들의 총 운동 에너지와 같다. → 이상 기체의 내부 에너지는 퍼텐셜 에너지가 0이다.

(2) 일정량의 이상 기체의 내부 에너지는 기체의 절대 온도에 비례한다.

개념 ❷ 열역학 제1법칙과 보일 · 샤를 법칙
→ 에너지 보존 법칙의 또 다른 표현이다.

1. 열역학 제1법칙: 외부에서 기체에 공급한 열을 Q, 기체의 내부 에너지 변화량을 ΔU, 기체가 외부에 한 일을 W이라고 할 때 다음과 같다.

$$Q = \Delta U + W = \Delta U + P\Delta V$$

2. Q, ΔU, W의 부호와 의미

	$(+)$	$(-)$	0
Q	열 흡수	열 방출	단열 과정 → $Q=0$
ΔU	내부 에너지 증가	내부 에너지 감소	등온 과정 → $\Delta U=0$
W	외부에 일을 함	외부로부터 일을 받음	등적 과정 → $W=0$

→ 기체의 압력이 일정할 때 기체의 부피는 절대 온도에 비례한다.

3. 보일 · 샤를 법칙: 일정량의 이상 기체의 경우 기체의 절대 온도에 대한 압력과 부피의 곱의 비는 일정하다.
→ 기체의 온도가 일정할 때, 기체의 부피는 압력에 반비례한다.

$$\frac{PV}{T} = \text{일정}$$

개념 ❸ 열역학 과정

1. 등압 과정: 기체의 압력을 일정하게 유지하고 기체의 부피와 온도를 변화시키는 과정

(1) A → B 과정
기체가 열을 흡수하면 기체는 외부에 일을 하고 내부 에너지가 증가한다.
$$Q = \Delta U + W$$
$$= \Delta U + P\Delta V > 0$$

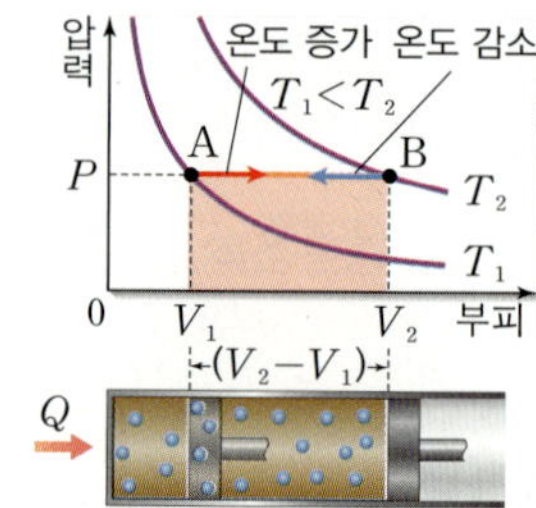

(2) B → A 과정
기체가 외부로부터 일을 받으면 내부 에너지가 감소하고, 열을 방출한다.
$$Q = \Delta U + W = \Delta U + P\Delta V < 0$$

2. 등적 과정: 기체의 부피를 일정하게 유지하고 기체의 압력과 온도를 변화시키는 과정

(1) A → B 과정
기체가 열을 흡수하지만 기체는 일을 하지 않으므로 흡수한 열만큼 내부 에너지가 증가한다.
$$Q = \Delta U + W$$
$$= \Delta U > 0$$

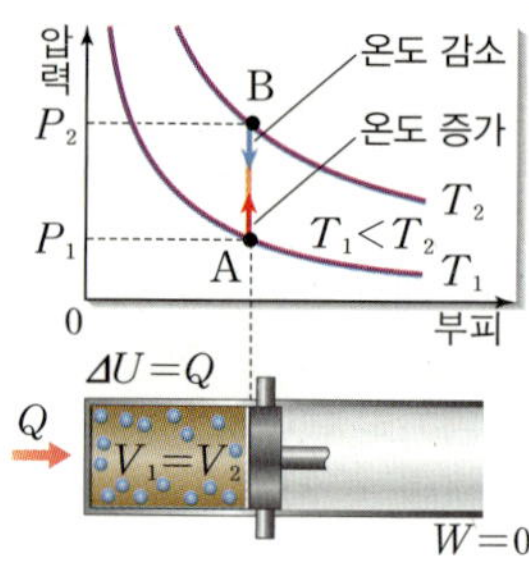

(2) B → A 과정
기체의 내부 에너지는 감소하고 일을 받지 않으므로 내부 에너지 감소량만큼 열을 방출한다.
$$Q = \Delta U + W = \Delta U < 0$$

3. 등온 과정: 기체의 온도를 일정하게 유지하고 기체의 압력과 부피를 변화시키는 과정

(1) A → B 과정

기체가 열을 흡수하고 내부 에너지 변화가 없으므로 흡수한 열만큼 일을 한다.

$$Q = \Delta U + W$$
$$= W > 0$$

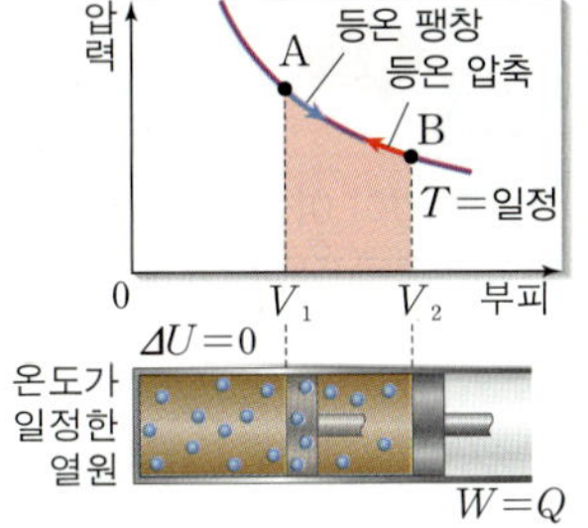

(2) B → A 과정

기체가 일을 받고 내부 에너지 변화가 없으므로 기체는 받은 일만큼 열을 방출한다.

$$Q = \Delta U + W = W < 0$$

4. **단열 과정**: 외부와의 열출입을 차단하고 기체의 부피를 변화시키는 과정

(1) A → B 과정

기체가 일을 한 만큼 내부 에너지가 감소한다.

$$Q = \Delta U + W = 0 \text{에서}$$
$$W = -\Delta U > 0 \text{이다.}$$

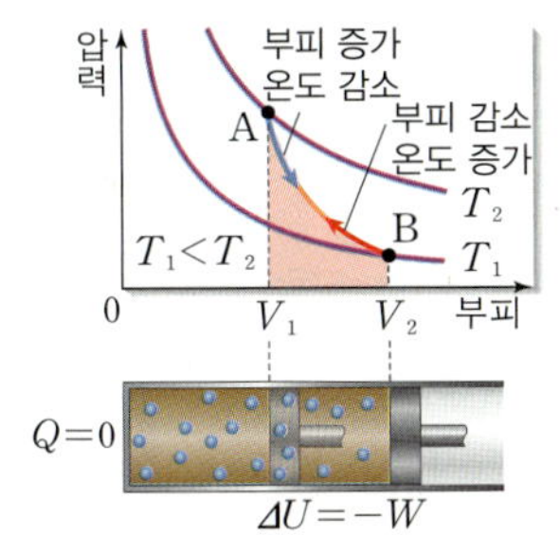

(2) B → A 과정

기체가 일을 받은 만큼 내부 에너지가 증가한다.

$$Q = \Delta U + W = 0 \text{에서 } W = -\Delta U < 0 \text{이다.}$$

탐구 활동 　기체의 내부 에너지 변화 설명하기

과정 ❶ 단열 압축 실험용 실린더 내부에 솜 조각을 넓게 펴서 넣는다.

❷ 그림과 같이 피스톤을 실린더에 연결한다.

❸ 피스톤을 빠르게 누르면서 솜 조각을 관찰한다.

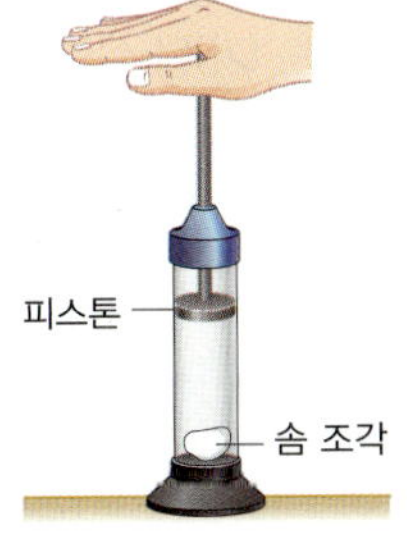

결과 1. 실린더를 만지면 따뜻하다.

2. 솜 조각에서 연기가 피어 오른다.

정리 • 단열 압축 과정 ➡ 피스톤을 압축하면 실린더 안의 공기는 단열 압축 과정을 받으므로 공기의 온도가 올라가 실린더가 따뜻해지고, 실린더 안의 솜 조각의 온도도 올라가 연기가 피어 오르기 시작한다.

128

기체가 일정한 압력 P를 유지하면서 팽창하여 부피의 변화가 ΔV가 될 때, 기체가 한 일은 [ ]이다.

129

압력과 부피의 그래프에서 그래프 아랫부분의 넓이는 기체가 한 [ ]을 나타낸다.

130

기체의 내부 에너지에 대한 설명으로 옳은 것은 ○, 옳지 <u>않은</u> 것은 ×로 표시하시오.

(1) 기체 분자의 내부 에너지는 퍼텐셜 에너지와 운동 에너지의 합이다. 　　　　　(　　)

(2) 이상 기체의 내부 에너지는 기체 분자들의 총 운동 에너지와 같다. 　　　　　(　　)

(3) 일정량의 이상 기체의 내부 에너지는 기체의 압력에 반비례한다. 　　　　　(　　)

131

외부에서 기체에 공급한 열을 Q, 기체의 내부 에너지 변화량을 ΔU, 기체가 외부에 한 일을 W라 할 때, $\Delta U = $ [ ] 이다.

132

열역학 제1법칙에서 열 Q, 기체의 내부 에너지 변화량 ΔU, 일 W의 부호에 따른 의미를 쓰시오.

	$(+)$	$(-)$
Q	(1)	(2)
ΔU	(3)	(4)
W	(5)	(6)

133

기체의 네 가지 열역학 과정(등압 과정, 등적 과정, 등온 과정, 단열 과정)에서 기체가 외부에 일을 하지 않는 과정은 [(1)] 과정, 기체가 흡수한 열만큼 외부에 일을 하는 과정은 [(2)] 과정, 기체가 외부에 일을 한만큼 내부 에너지가 감소하는 과정은 [(3)] 과정, 기체가 한 일보다 흡수한 열이 더 많은 과정은 [(4)] 과정이다.

개념 ① 기체가 하는 일과 내부 에너지

족집게 전략 기체의 부피가 팽창하면 기체는 외부에 일을 한 것이고, 기체의 부피가 감소하면 기체는 외부로부터 일을 받았다는 것을 알아야 해. 또한 기체의 내부 에너지는 절대 온도에 비례한다는 것을 알고 문제를 풀어야 해.

134 단골 문제

그림과 같이 단열된 실린더 안에 있는 이상 기체에 열(Q)을 가하였더니 정지해 있던 피스톤이 천천히 이동하여 정지한다.

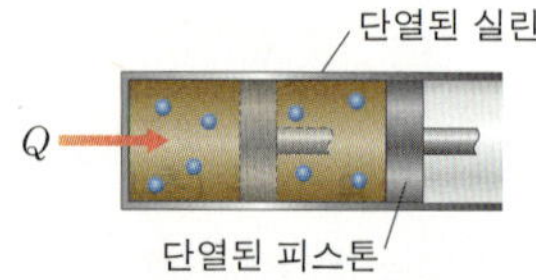

이에 대한 설명으로 옳은 것만을 〈보기〉에서 있는 대로 고른 것은? (단, 대기압은 일정하고 피스톤의 마찰은 무시한다.)

보기
ㄱ. 기체 분자의 속력이 증가한다.
ㄴ. 기체는 외부에 일을 한다.
ㄷ. 기체의 내부 에너지가 감소한다.

① ㄱ   ② ㄷ   ③ ㄱ, ㄴ
④ ㄴ, ㄷ   ⑤ ㄱ, ㄴ, ㄷ

추가로 나오는 선택지
❶ 기체의 압력은 일정하다.   (   )
❷ 기체가 흡수한 열과 기체가 외부에 한 일은 같다.   (   )

135

그림은 일정량의 이상 기체의 상태가 A → B → C → A를 따라 변할 때 압력과 부피를 나타낸 것이다. A → B 과정은 등적 과정, B → C 과정은 등압 과정이다.
A → B → C → A 과정에서 기체가 한 일은?

① $P_0 V_0$ ② $2P_0 V_0$ ③ $3P_0 V_0$
④ $4P_0 V_0$ ⑤ $5P_0 V_0$

136 중요

그림과 같이 이상 기체가 들어 있는 단열된 실린더와 단열된 피스톤에서 피스톤을 잡아당겨 기체의 부피를 증가시켰다.

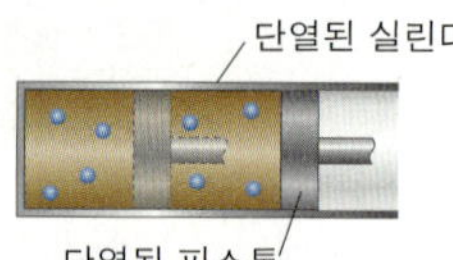

이에 대한 설명으로 옳은 것만을 〈보기〉에서 있는 대로 고른 것은? (단, 피스톤의 마찰은 무시한다.)

보기
ㄱ. 기체는 외부에 일을 한다.
ㄴ. 기체 분자 1개의 평균 운동 에너지가 증가한다.
ㄷ. 기체의 압력은 감소한다.

① ㄱ   ② ㄷ   ③ ㄱ, ㄴ
④ ㄱ, ㄷ   ⑤ ㄴ, ㄷ

137 서술형

그림 (가)는 절대 온도 T인 이상 기체가 들어 있는 실린더에 피스톤이 정지해 있는 모습을, (나)는 (가)의 실린더를 기체보다 온도가 낮은 물체에 올려놓았을 때 피스톤이 서서히 내려가 정지해 있는 것을 나타낸 것이다.

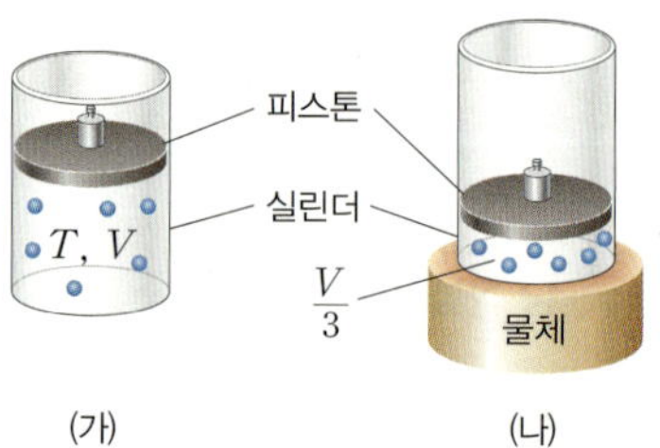

(가)와 (나)에서 기체의 온도와 내부 에너지를 비교하시오. (단, 피스톤의 마찰은 무시한다.)

개념 2 열역학 제1법칙과 보일 · 샤를 법칙

족집게 전략 열역학 제1법칙에서 열량 Q, 일 W, 내부 에너지 변화량 ΔU의 물리적 현상에 대한 부호를 주의하면서 문제를 풀어야 해.

138 단골 문제

그림 (가)와 같이 단열된 실린더 안에 단열된 피스톤에 의해 같은 부피로 나누어진 같은 양의 동일한 단원자 분자 이상 기체 a, b가 들어 있다. 그림 (나)는 (가)에서 a에 열량 Q를 가했더니 피스톤이 오른쪽으로 이동한 것을 나타낸 것이다. (가), (나)에서 피스톤은 힘의 평형을 이루며 정지해 있다.

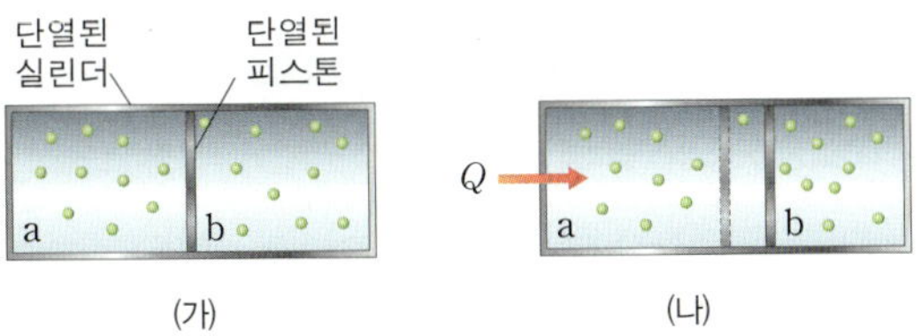

이에 대한 설명으로 옳은 것만을 〈보기〉에서 있는 대로 고른 것은? (단, 피스톤의 마찰은 무시한다.)

보기
ㄱ. (나)에서 a는 외부에 일을 한다.
ㄴ. b의 압력은 (나)에서가 (가)에서보다 크다.
ㄷ. Q는 a의 내부 에너지 증가량과 b의 내부 에너지 증가량의 합과 같다.

① ㄱ ② ㄷ ③ ㄱ, ㄴ
④ ㄴ, ㄷ ⑤ ㄱ, ㄴ, ㄷ

추가로 나오는 선택지

❶ b의 온도는 (나)에서가 (가)에서보다 높다. ( )
❷ a가 한 일은 b의 내부 에너지 증가량과 같다. ( )

139

그림과 같이 어떤 계에 열량 200 kcal를 공급하였더니 기체의 부피가 증가하고 내부 에너지(U)는 120 kcal 증가하였다.
기체가 외부에 한 일은?

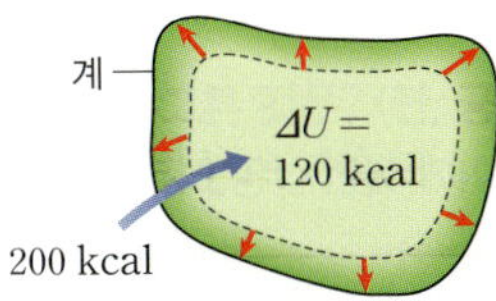

① 80 kcal의 일을 했다.
② 80 kcal의 일을 받았다.
③ 120 kcal의 일을 했다.
④ 120 kcal의 일을 받았다.
⑤ 200 kcal의 일을 했다.

140

그림은 일정량의 이상 기체 A의 부피를 온도에 따라 나타낸 것이다. A의 압력은 일정하다.

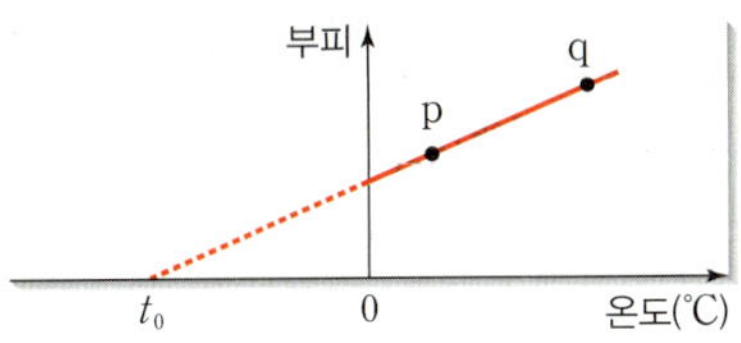

이에 대한 설명으로 옳은 것만을 〈보기〉에서 있는 대로 고른 것은?

보기
ㄱ. t_0은 절대 온도로 0 K이다.
ㄴ. 기체의 내부 에너지는 p에서와 q에서가 같다.
ㄷ. p → q 과정에서 기체는 외부에 일을 한다.

① ㄱ ② ㄴ ③ ㄱ, ㄷ ④ ㄴ, ㄷ ⑤ ㄱ, ㄴ, ㄷ

141 중요

그림과 같이 이상 기체 A가 들어 있는 단열된 실린더에서 A에 일 W를 하여 정지해 있던 단열된 피스톤을 이동시켜 고정시켰다.
이 과정에서 A의 증가한 물리량만을 〈보기〉에서 있는 대로 고른 것은? (단, 피스톤의 마찰은 무시한다.)

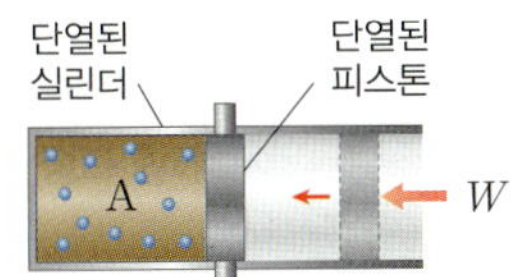

보기
ㄱ. 온도 ㄴ. 압력 ㄷ. 분자의 평균 속력

① ㄱ ② ㄷ ③ ㄱ, ㄴ ④ ㄴ, ㄷ ⑤ ㄱ, ㄴ, ㄷ

142

그림 (가), (나)는 같은 양의 동일한 이상 기체 A, B가 각각 두 상자 안에서 운동하는 것을 나타낸 것이다. 부피는 (가)에서가 (나)에서보다 크다.

두 기체의 온도가 같을 때, 이에 대한 설명으로 옳은 것만을 〈보기〉에서 있는 대로 고른 것은?

보기
ㄱ. 내부 에너지는 A와 B가 같다.
ㄴ. 압력은 A가 B보다 작다.
ㄷ. 기체 분자의 평균 속력은 B가 A보다 크다.

① ㄱ ② ㄷ ③ ㄱ, ㄴ ④ ㄴ, ㄷ ⑤ ㄱ, ㄴ, ㄷ

족집게 전략 등압 과정, 등적 과정, 등온 과정, 단열 과정에 대해 이해할 수 있어야 하고, 각 과정에서 보일·샤를 법칙, 열역학 제1법칙을 적용하여 문제를 풀 수 있어야 해.

143 단골 문제

그림은 일정량의 이상 기체의 상태가 A → B → C → D → A를 따라 변할 때 압력과 부피를 나타낸 것이다. A→B, C→D 과정은 등온 과정이고, B→C, D→A 과정은 등적 과정이다.

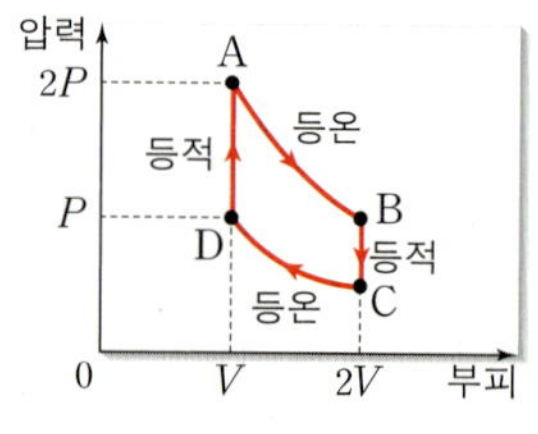

이에 대한 설명으로 옳은 것만을 〈보기〉에서 있는 대로 고른 것은?

보기

ㄱ. A → B 과정에서 기체가 외부에 한 일은 기체가 흡수한 열량과 같다.
ㄴ. B → C 과정에서 기체는 외부에 일을 한다.
ㄷ. D → A 과정에서 기체는 열을 흡수한다.

① ㄱ   ② ㄴ   ③ ㄷ
④ ㄱ, ㄴ   ⑤ ㄱ, ㄷ

추가로 나오는 선택지

❶ A → B 과정에서 기체의 내부 에너지는 감소한다.   (   )
❷ C → D 과정에서 기체는 열을 방출한다.   (   )

144

그림은 일정량의 이상 기체가 A → B 과정, B → A 과정으로 변할 때, 압력과 부피를 나타낸 것이다.
이에 대한 설명으로 옳은 것만을 〈보기〉에서 있는 대로 고른 것은?

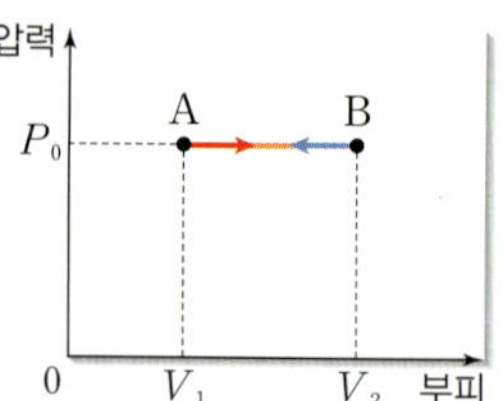

보기

ㄱ. A → B 과정에서 기체는 열을 흡수한다.
ㄴ. A → B 과정에서 기체는 외부에 일을 한다.
ㄷ. B → A 과정에서 기체의 온도는 일정하다.

① ㄱ   ② ㄷ   ③ ㄱ, ㄴ
④ ㄴ, ㄷ   ⑤ ㄱ, ㄴ, ㄷ

145

그림 (가), (나)와 같이 온도와 부피가 같고, 같은 양의 이상 기체가 들어 있는 동일한 단열 실린더에 동일한 열량 Q를 서서히 가하였다. (가)의 단열된 피스톤은 고정되어 있지 않고, (나)의 단열된 피스톤은 고정되어 있으며 대기압은 일정하다.

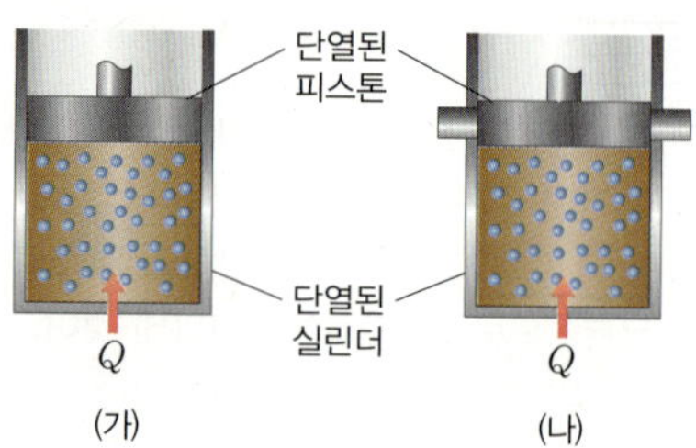

Q를 가한 후, 이에 대한 설명으로 옳은 것만을 〈보기〉에서 있는 대로 고른 것은? (단, 피스톤의 마찰은 무시한다.)

보기

ㄱ. 기체의 압력은 (나)에서가 (가)에서보다 크다.
ㄴ. 기체가 외부에 한 일은 (가)와 (나)에서가 같다.
ㄷ. 기체 분자 1개의 평균 운동 에너지는 (나)에서가 (가)에서보다 크다.

① ㄱ   ② ㄴ   ③ ㄱ, ㄷ
④ ㄴ, ㄷ   ⑤ ㄱ, ㄴ, ㄷ

146 중요

그림은 등온 곡선상에서 일정량의 이상 기체의 상태 A, B를 압력과 부피에 따라 나타낸 것이다.

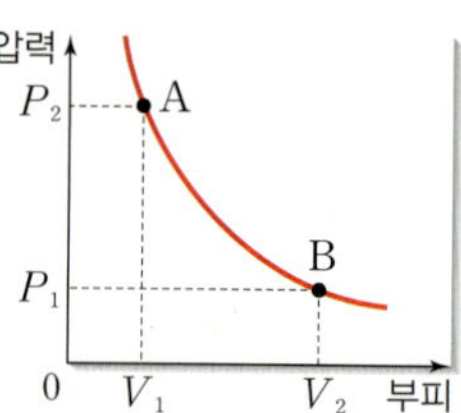

이에 대한 설명으로 옳은 것만을 〈보기〉에서 있는 대로 고른 것은?

보기

ㄱ. A, B에서 기체의 내부 에너지는 같다.
ㄴ. $P_1 V_2 = P_2 V_1$이다.
ㄷ. A → B 과정에서 기체와 외부의 열출입은 없다.

① ㄱ   ② ㄴ   ③ ㄷ
④ ㄱ, ㄴ   ⑤ ㄱ, ㄴ, ㄷ

147

그림은 일정량의 이상 기체의 상태가 A → B → C를 따라 변할 때 압력과 부피를 나타낸 것이다. A → B 과정에서 기체에 공급한 열량은 Q이다. A → B, B → C 과정은 부피가 V_0인 등적 과정이다.

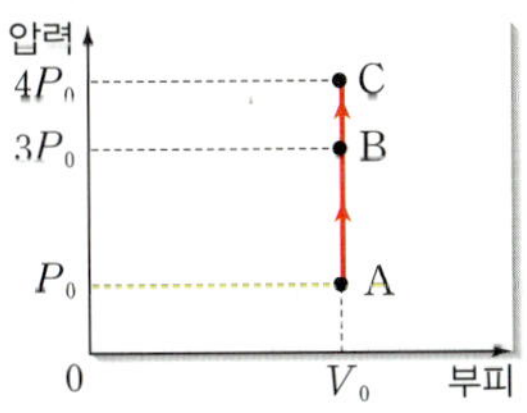

이에 대한 설명으로 옳은 것만을 〈보기〉에서 있는 대로 고른 것은?

보기

ㄱ. 온도는 C에서가 B에서의 $\frac{4}{3}$배이다.

ㄴ. A → B 과정에서 기체의 내부 에너지 증가량은 Q이다.

ㄷ. 기체가 한 일은 A → B 과정에서가 B → C 과정에서보다 크다.

① ㄱ　　　　② ㄷ　　　　③ ㄱ, ㄴ

④ ㄴ, ㄷ　　　⑤ ㄱ, ㄴ, ㄷ

148

그림 (가)는 자전거에 바람을 넣기 위해 펌프를 누르는 모습을 나타낸 것이고, (나)는 여러 가지 열역학 과정을 압력과 부피에 따라 나타낸 것으로 두 곡선은 각각 등온 곡선이다.

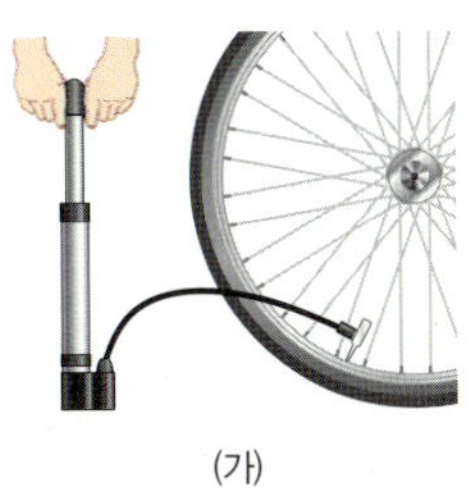
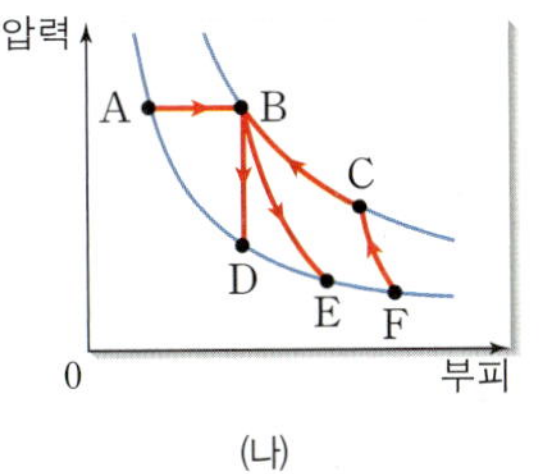

(가)

(나)

(가)에 해당하는 열역학 과정을 (나)에서 고른 것으로 가장 적절한 것은?

① A → B 과정　　　② B → D 과정

③ B → E 과정　　　④ C → B 과정

⑤ F → C 과정

149 중요

그림은 일정량의 이상 기체의 상태가 A → B → C → A를 따라 변할 때 압력과 부피를 나타낸 것이다. A → B 과정은 등압 과정, B → C 과정은 등적 과정이고, A에서 기체의 온도는 $2T_0$이다.

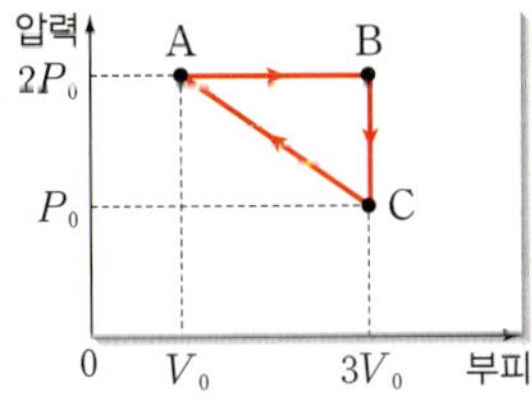

이에 대한 설명으로 옳은 것만을 〈보기〉에서 있는 대로 고른 것은?

보기

ㄱ. A → B 과정에서 기체가 외부에 한 일은 $4P_0V_0$이다.

ㄴ. A와 C에서 기체의 내부 에너지는 같다.

ㄷ. B → C 과정에서 온도 감소량은 $4T_0$이다.

① ㄱ　　　　② ㄷ　　　　③ ㄱ, ㄴ

④ ㄴ, ㄷ　　　⑤ ㄱ, ㄴ, ㄷ

150 서술형

그림은 스프레이를 분사하는 모습을 나타낸 것이다. 스프레이를 오랫동안 분사하면 스프레이 용기가 차가워지면서 표면에 수분이 맺힌다.

(1) 스프레이를 분사하는 것을 등압 과정, 등적 과정, 등온 과정, 단열 과정 중에서 어떤 과정인지 쓰시오.

(2) 스프레이 용기가 차가워지면서 표면에 수분이 맺히는 이유를 (1)에서 선택한 과정에 의거하여 서술하시오.

151

그림 (가)와 같이 단열된 실린더에 일정량의 이상 기체가 들어 있고, 단열된 피스톤은 힘의 평형을 이루며 정지해 있다. 그림 (나)는 (가)의 피스톤 위에 질량이 m인 추를 올려놓았더니 피스톤이 h만큼 이동하여 힘의 평형을 이루며 정지해 있는 것을 나타낸 것이다.

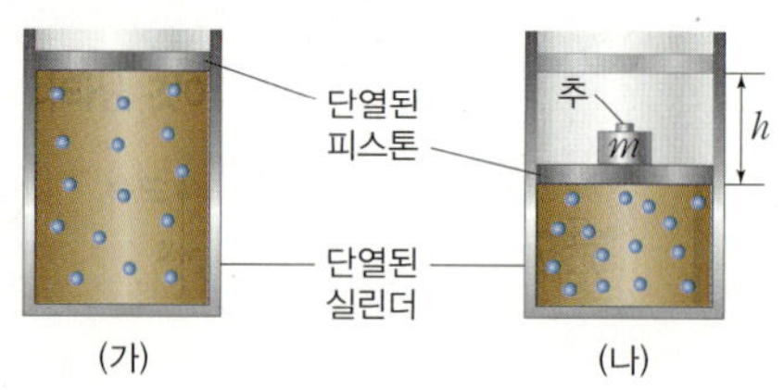

이에 대한 설명으로 옳은 것만을 〈보기〉에서 있는 대로 고른 것은? (단, 중력 가속도는 g이고, 모든 마찰은 무시한다.)

보기

ㄱ. 기체의 온도는 (나)에서가 (가)에서보다 크다.
ㄴ. 피스톤이 기체로부터 받는 힘의 크기는 (가)에서가 (나)에서보다 크다.
ㄷ. (가) → (나) 과정에서 기체의 내부 에너지 증가량은 mgh이다.

① ㄱ ② ㄴ ③ ㄱ, ㄷ
④ ㄴ, ㄷ ⑤ ㄱ, ㄴ, ㄷ

152

그림은 일정량의 이상 기체의 상태가 A→B→D, A→C→D를 따라 변할 때 압력과 부피를 나타낸 것이다. B와 C에서 기체의 온도는 같다. A→B, C→D 과정은 등적 과정, A→C, B→D 과정은 등압 과정이다.

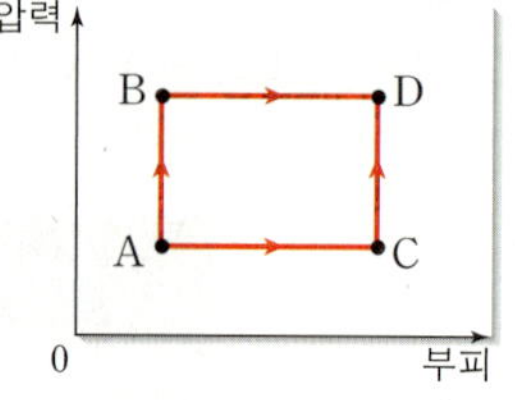

이에 대한 설명으로 옳은 것만을 〈보기〉에서 있는 대로 고른 것은?

보기

ㄱ. 기체의 온도는 D에서가 A에서보다 크다.
ㄴ. B와 C에서 압력과 부피의 곱은 같다.
ㄷ. 기체가 외부에 한 일은 A→B→D 과정에서와 A→C→D 과정에서가 같다.

① ㄱ ② ㄷ ③ ㄱ, ㄴ
④ ㄴ, ㄷ ⑤ ㄱ, ㄴ, ㄷ

153 고난도

그림 (가)와 같이 피스톤 X, Y로 나누어진 실린더에 각각 같은 양의 동일한 이상 기체 A, B, C가 들어 있고 부피는 B가 C보다 작다. X는 고정되어 있으며 Y는 정지해 있다. 그림 (나)는 (가)에서 A에 열량 Q를 공급하였더니 Y가 오른쪽으로 서서히 이동하여 정지한 것을 나타낸 것이다. (가), (나)에서 A, B는 각각 열평형 상태이다.

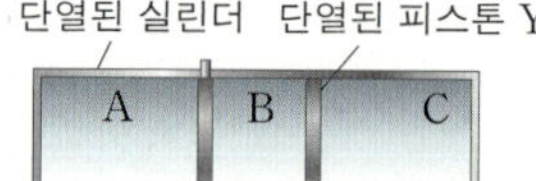

이에 대한 설명으로 옳은 것만을 〈보기〉에서 있는 대로 고른 것은? (단, X가 흡수하는 열은 무시한다.)

보기

ㄱ. (가)에서 절대 온도는 A와 C가 같다.
ㄴ. C에서의 압력은 (나)에서가 (가)에서보다 크다.
ㄷ. Q는 A, B, C의 내부 에너지 증가량의 합과 같다.

① ㄱ ② ㄴ ③ ㄱ, ㄷ
④ ㄴ, ㄷ ⑤ ㄱ, ㄴ, ㄷ

154

그림 (가), (나)와 같이 부피가 같고 단열된 정육면체의 내부에 동일한 양의 이상 기체가 각각 들어 있다. 기체 분자 1개의 질량은 (가)와 (나)에서 각각 m, $2m$이고, (가)와 (나)에서 기체의 온도는 같다.

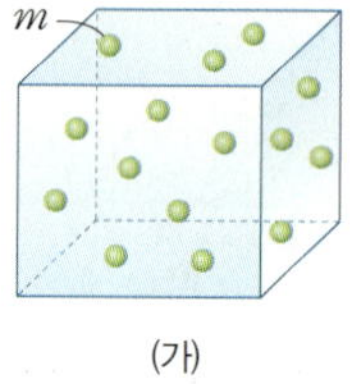
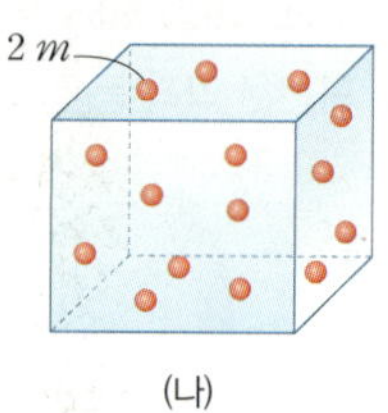

이에 대한 설명으로 옳은 것만을 〈보기〉에서 있는 대로 고른 것은?

보기

ㄱ. 기체의 내부 에너지는 (가)에서와 (나)에서가 같다.
ㄴ. 기체의 압력은 (가)에서와 (나)에서가 같다.
ㄷ. 기체 분자 1개의 평균 속력은 (가)에서와 (나)에서가 같다.

① ㄱ ② ㄷ ③ ㄱ, ㄴ
④ ㄴ, ㄷ ⑤ ㄱ, ㄴ, ㄷ

155

그림 (가)는 같은 양의 동일한 이상 기체 A, B가 각각 부피가 같은 단열된 실린더 안에 들어 있는 것을, (나)는 (가)에서 A에 열량 Q를 가했더니 A가 팽창한 것을 나타낸 것이다. (가), (나)에서 피스톤은 힘의 평형을 이루며 정지해 있고, 두 피스톤의 단면적은 같다.

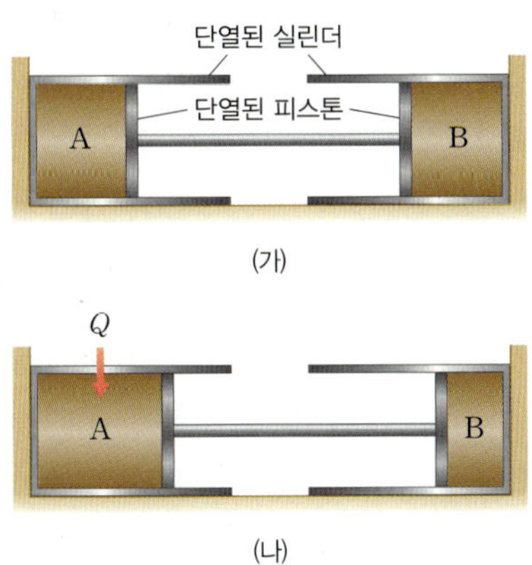

이에 대한 설명으로 옳은 것만을 〈보기〉에서 있는 대로 고른 것은? (단, 피스톤의 마찰은 무시한다.)

보기

ㄱ. (가)에서 A와 B의 내부 에너지는 같다.
ㄴ. (가) → (나) 과정에서 A의 압력은 증가한다.
ㄷ. (가) → (나) 과정에서 B의 내부 에너지 증가량은 Q에서 A의 내부 에너지 증가량을 뺀 것과 같다.

① ㄱ ② ㄷ ③ ㄱ, ㄴ
④ ㄴ, ㄷ ⑤ ㄱ, ㄴ, ㄷ

156

그림은 일정량의 이상 기체의 상태가 A→B→C→A를 따라 변할 때 기체의 압력과 부피를 나타낸 것이다. A→B 과정은 등압 과정, B→C 과정은 단열 과정, C→A 과정은 등온 과정이다.

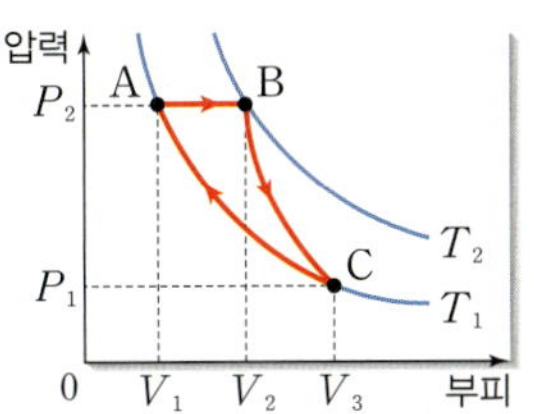

이에 대한 설명으로 옳은 것만을 〈보기〉에서 있는 대로 고른 것은?

보기

ㄱ. A→B 과정에서 기체가 흡수한 열은 $P_2(V_2 - V_1)$보다 크다.
ㄴ. B→C 과정에서 기체가 외부에 한 일은 기체의 내부 에너지 감소량보다 크다.
ㄷ. C→A 과정에서 기체는 열을 방출한다.

① ㄱ ② ㄴ ③ ㄷ
④ ㄱ, ㄷ ⑤ ㄴ, ㄷ

157 고난도

그림은 일정량의 이상 기체의 상태가 A→B→C→D를 따라 변할 때 기체의 부피와 절대 온도를 나타낸 것이다. A→B 과정은 등온 과정, B→C 과정은 등적 과정, C→D 과정은 등압 과정이다. A에서 기체의 압력은 P_0이다.

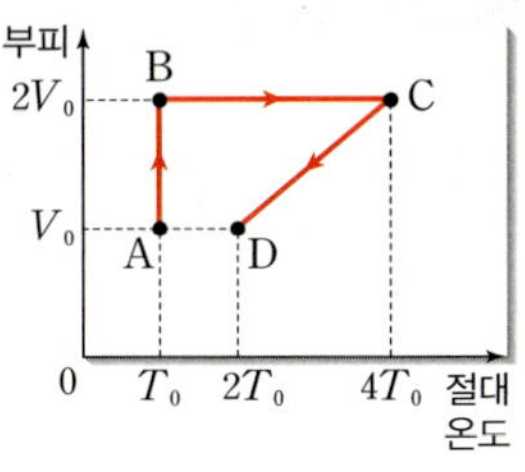

이에 대한 설명으로 옳은 것만을 〈보기〉에서 있는 대로 고른 것은?

보기

ㄱ. A→B 과정에서 기체가 흡수한 열량은 $\frac{3}{4}P_0V_0$보다 작다.
ㄴ. B→C 과정에서 기체가 외부에 한 일은 C→D 과정에서 기체가 외부로부터 받은 일보다 크다.
ㄷ. 기체의 압력은 C에서가 A에서의 8배이다.

① ㄱ ② ㄴ ③ ㄱ, ㄷ
④ ㄴ, ㄷ ⑤ ㄱ, ㄴ, ㄷ

158 고난도

그림은 일정량의 이상 기체의 상태가 A→B→C→D를 따라 변할 때 기체의 압력과 절대 온도를 나타낸 것이다. A→B, C→D 과정은 등압 과정, B→C 과정은 등온 과정이다. D에서 기체의 부피는 $2V_0$이다.

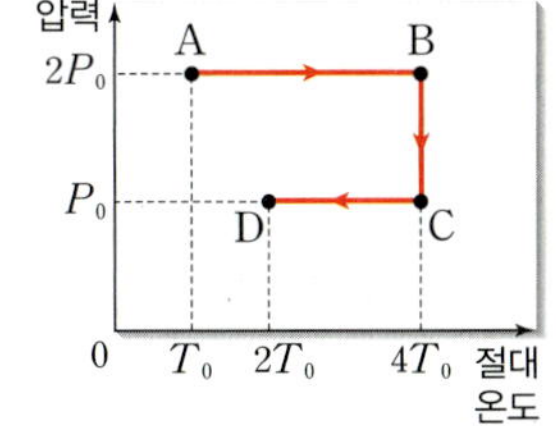

이에 대한 설명으로 옳은 것만을 〈보기〉에서 있는 대로 고른 것은?

보기

ㄱ. 기체의 부피는 C에서가 A에서의 4배이다.
ㄴ. B→C 과정에서 기체가 흡수한 열은 $3P_0V_0$보다 작다.
ㄷ. C→D 과정에서 기체가 방출한 열은 $2P_0V_0$이다.

① ㄱ ② ㄴ ③ ㄱ, ㄷ
④ ㄴ, ㄷ ⑤ ㄱ, ㄴ, ㄷ

03 열역학 제2법칙

1. 가역 과정: 외부에 어떠한 변화도 남기지 않고 처음의 상태로 완전히 되돌아가는 과정
- 공기 저항이 없을 때의 단진자 운동: 처음의 상태로 완전히 되돌아 갈 수 있는 가역 과정이다.

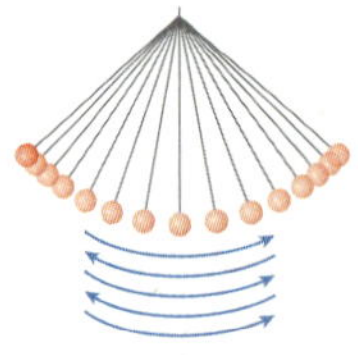

└→ 기체의 확산, 열의 이동(고온→저온) 등

2. 비가역 과정: 어떤 현상이 한쪽 방향으로는 저절로 일어나지만, 그 반대 방향으로는 저절로 일어나지 않는 과정 → 자연 현상의 대부분은 비가역 과정이다.
- (1) 공기 저항이 있을 때의 단진자 운동: 처음의 상태로 완전히 되돌아 갈 수 없고 진폭이 점점 감소하다가 정지하는 비가역 과정이다.

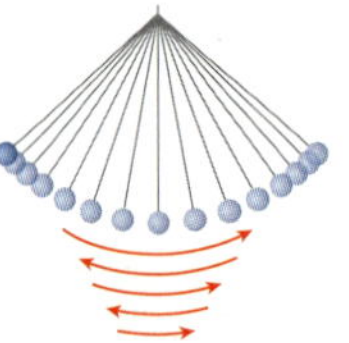

- (2) 비가역 과정의 예

확산	열의 이동
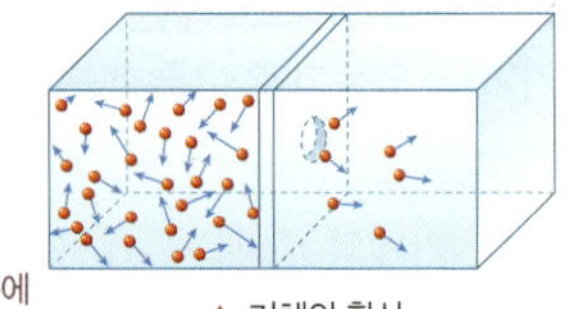 잉크 방울을 물에 떨어뜨렸을 때 잉크 방울이 물 전체로 퍼져 나간다.└→ 퍼진 잉크가 다시 모이지 않는다.	열이 고온의 물체에서 저온의 물체로 이동한다.└→ 열이 저절로 이동하여 고온과 저온으로 분리되지 않는다.

1. 엔트로피: 공급되는 열량을 온도로 나눈 물리량으로 표현할 수 있으며 입자들의 무질서한 정도를 나타낸다. └→ 엔트로피의 변화량(ΔS) $=\dfrac{\Delta Q}{T}$ (단위: J/k)

2. 열역학 제2법칙의 여러 가지 표현
- (1) 자연에서 일어나는 모든 비가역 현상은 엔트로피가 증가하는 방향으로 일어난다.
- (2) 고립계에서 자발적으로 일어나는 자연 현상은 항상 확률이 가장 높은 방향으로 진행한다.

기체는 확산으로 인해 양쪽에 동일한 양으로 나누어진다.

▲ 기체의 확산

- (3) 열은 고온의 물체에서 저온의 물체로 저절로 이동하지만 저온의 물체에서 고온의 물체로는 저절로 이동하지 않는다.
- (4) 역학적 에너지는 전부 열에너지로 전환될 수 있으나, 열에너지는 전부 역학적 에너지로 전환될 수 없다.

- (5) 열효율이 100%인 열기관은 절대로 만들 수 없다.

1. 열평형: 온도가 다른 두 물체를 접촉시키고 충분한 시간이 지난 후에 두 물체의 온도가 같아지는 상태

2. 열기관: 기체에 공급된 열에너지를 역학적 일로 바꾸는 장치
- (1) 작동 원리: 고온부에서 열 Q_H를 공급 받아 외부에 일(W)을 하고 남은 열 Q_C를 저온부로 방출한다.
- (2) 열효율(e): 열기관에 공급된 열(Q_H)에 대해 열기관이 한 일(W)의 비율

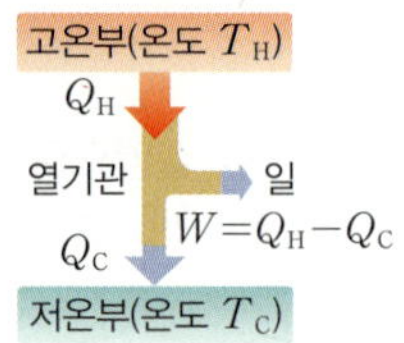

$$e=\frac{W}{Q_H}=\frac{Q_H-Q_C}{Q_H}=1-\frac{Q_C}{Q_H}$$

3. 카르노 기관: 열효율이 가장 높은 이상적인 열기관으로, 한 번의 순환 과정 동안 두 번의 등온 과정과 두 번의 단열 과정을 거친다.
- (1) 열효율(e_c): 절대 온도 T_H인 고열원과 절대 온도 T_L인 저열원 사이에 작동하는 카르노 기관의 열효율 e_c은 다음과 같다.

$$e_c=1-\frac{T_L}{T_H}$$

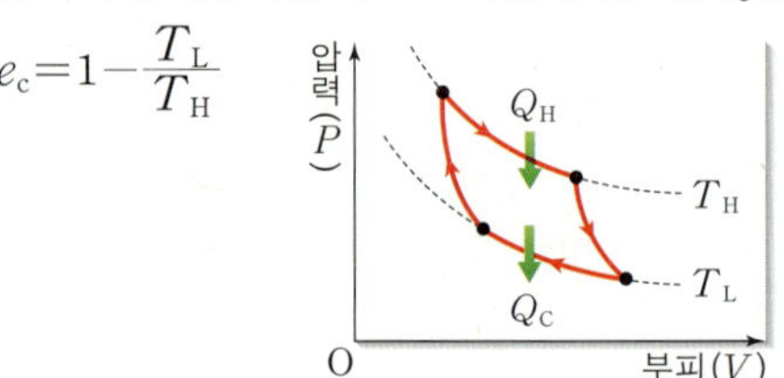

- (2) 저온부의 온도가 0 K이 될 수 없으므로 카르노 기관의 열효율도 100 %가 될 수 없다.

4. 영구 기관: 영구히 일을 계속할 수 있는 기관
- (1) 제1종 영구 기관: 열역학 제1법칙을 위배하므로 만들 수 없다.
  - ➡ 마찰로 인해 바퀴가 영원히 회전할 수 없다.
- (2) 제2종 영구 기관: 열역학 제1법칙은 만족하지만, 열역학 제2법칙을 위배하므로 만들 수 없다. ➡ 일을 하는 과정에서 열이 온도가 낮은 주변으로 흘러가는 것을 막을 수 없다.

▲ 이상적인 열기관의 에너지 흐름

탐구 활동 — 동전을 던질 때 앞면이 나오는 동전의 수 알아보기

과정
❶ 동전 10개(N)를 앞면이 위를 향하도록 상자 안에 넣고 충분히 흔든다.

❷ 상자를 열어 앞면이 나온 동전의 개수(N_1)를 세어 $\dfrac{N_1}{N}$을 구하고, 5회, 10회 반복하여 평균값을 구한다.

❸ $N=50$, $N=100$에 대하여 ❶, ❷를 반복한다.

결과

측정		평균값	
		5회	10회
$N=10$	N_1	6	5.6
	$\dfrac{N_1}{N}$	0.6	0.56
$N=50$	N_1	25.4	25.2
	$\dfrac{N_1}{N}$	0.508	0.504
$N=100$	N_1	50.3	50.2
	$\dfrac{N_1}{N}$	0.503	0.502

정리 • 동전을 던진 횟수가 많을수록, 동전의 개수(N)가 많을수록 확률이 가장 높은 값으로 접근한다.

자료 분석 — 열기관과 카르노 과정

그림 (가)는 열기관의 에너지 흐름을, (나)는 카르노 기관의 순환 과정을 압력과 부피 관계 그래프로 나타낸 것이다.

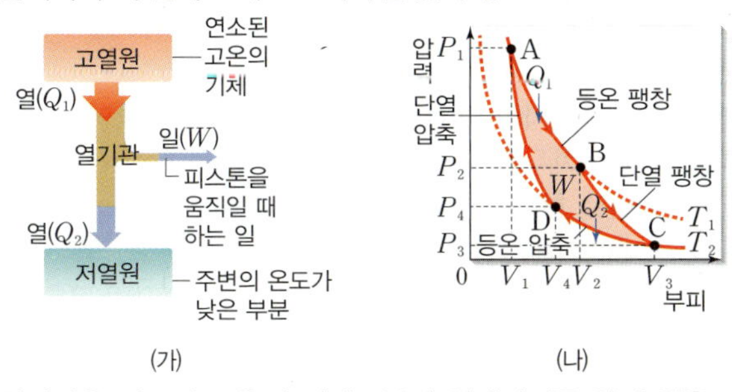

❶ 열기관은 연소된 고온의 기체로부터 열에너지를 얻어 일을 하고 남은 열에너지를 주변의 온도가 낮은 부분으로 방출한다.

❷ 열기관의 에너지 흐름도와 카르노 순환 과정의 관계

• 고열원에서 열량 Q_1 흡수 ⇔ 등온 팽창하는 A→B 과정에서 열량 Q_1 흡수

• 서열원으로 열량 Q_2 방출 ⇔ 등온 압축하는 C→D 과정에서 열량 Q_2 방출

• 피스톤이 움직일 때 하는 일 ⇔ A→B 과정과 B→C 과정에서 외부에 일을 하고, C→D 과정과 D→A 과정에서 외부로부터 일을 얻는다. 한 순환 과정에서 하는 (알짜)일은 A→B→C→D→A 순환 과정으로 둘러싸인 넓이이다.

159

정답 및 해설 | 20쪽

　　　　　 과정은 외부에 어떠한 변화도 남기지 않고 처음의 상태로 완전히 되돌아가는 과정이다.

160

공급되는 열량을 온도로 나눈 물리량으로 표현할 수 있으며 입자들의 무질서한 정도를 나타내는 물리량을 　　　　　라고 한다.

161

엔트로피에 대한 설명으로 옳은 것은 ○, 옳지 <u>않은</u> 것은 ×로 표시하시오.

(1) 자연계에서 일어나는 모든 비가역 현상은 엔트로피가 증가하는 방향으로 일어난다. (　　　)
(2) 열은 고온의 물체에서 저온의 물체로 이동한다. (　　　)
(3) 열에너지는 전부 역학적 에너지로 전환될 수 있다. (　　　)

162

온도가 다른 두 물체를 접촉시키고 충분한 시간이 지났을 때 온도가 같아진 상태를 　　　　　 상태라고 한다.

163

기체에 공급된 열에너지를 역학적인 일로 바꾸는 장치를 　　　　　이라고 한다.

164

그림 (가)는 외부로부터 전혀 에너지 공급이 없이 작동하는 장치이고, (나)는 열에너지를 모두 일로 바꾸는 영구 기관을 나타낸 것이다.

(1) 열역학 제1법칙을 위배하는 영구 기관을 고르시오.

(2) 열역학 제2법칙을 위배하는 영구 기관을 고르시오.

개념 ❶ 가역 과정과 비가역 과정

족집게 전략 가역 과정과 비가역 과정의 차이점을 알고, 자연계에서 일어나는 비가역 과정이 어떤 것이 있는가를 이해하고 문제를 풀어야 해.

165 단골 문제

그림 (가)는 왼쪽에 2기압의 기체가, 오른쪽에 진공인 상태를 나타낸 것이고, (나)는 (가)에서 밸브를 열고 충분한 시간이 지났을 때 양쪽이 모두 1기압인 상태를 나타낸 것이다.

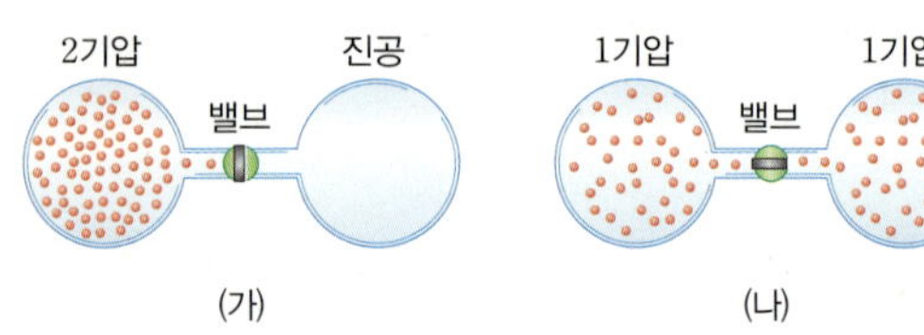

이에 대한 설명으로 옳은 것만을 〈보기〉에서 있는 대로 고른 것은?

> 보기
>
> ㄱ. 비가역 과정이다.
> ㄴ. (가) → (나) 과정은 저절로 일어난다.
> ㄷ. (나) → (가) 과정은 저절로 일어난다.

① ㄱ   ② ㄷ   ③ ㄱ, ㄴ
④ ㄴ, ㄷ   ⑤ ㄱ, ㄴ, ㄷ

추가로 나오는 선택지

❶ 가역 과정이다. ( )
❷ 밸브를 열었을 때, (가)의 상태보다 (나)의 상태가 일어날 확률이 더 높다. ( )

166 중요

그림은 왕복 운동하던 진자가 공기 저항에 의해 서서히 진폭이 줄어드는 모습을 나타낸 것이다. 이에 대한 설명으로 옳은 것만을 〈보기〉에서 있는 대로 고른 것은?

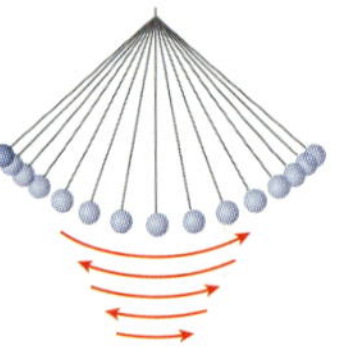

> 보기
>
> ㄱ. 가역 과정이다.
> ㄴ. 진자가 서서히 정지하는 것은 저절로 일어난다.
> ㄷ. 계의 무질서도가 감소하는 현상이다.

① ㄱ   ② ㄴ   ③ ㄱ, ㄷ
④ ㄴ, ㄷ   ⑤ ㄱ, ㄴ, ㄷ

167

그림 (가)는 맑은 물에 잉크를 떨어뜨리는 것을, (나)는 (가)에서 시간이 지난 후 잉크가 물에 퍼져 있는 것을 나타낸 것이다.

이에 대한 설명으로 옳은 것만을 〈보기〉에서 있는 대로 고른 것은?

> 보기
>
> ㄱ. 잉크가 퍼지는 것은 확률이 가장 높은 방향으로 진행되는 것이다.
> ㄴ. 물과 잉크로 저절로 나누어지는 현상은 일어나지 않는다.
> ㄷ. 연기가 공기 중으로 퍼지는 현상도 이와 같은 원리로 설명할 수 있다.

① ㄱ   ② ㄷ   ③ ㄱ, ㄴ
④ ㄴ, ㄷ   ⑤ ㄱ, ㄴ, ㄷ

개념 ❷ 엔트로피와 열역학 제2법칙

족집게 전략 엔트로피의 의미와 열역학 제2법칙의 여러 가지 표현이 있다는 것을 알고 문제를 풀어야 해.

168 단골 문제

그림과 같이 가운데 칸막이가 있는 단열된 상자의 왼쪽에만 이상 기체를 채우고 오른쪽은 진공 상태로 한 후 칸막이에 구멍을 내면 기체는 오른쪽으로 확산된다.

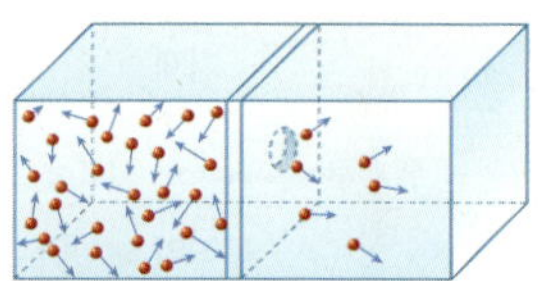

이에 대한 설명으로 옳은 것만을 〈보기〉에서 있는 대로 고른 것은?

> 보기
>
> ㄱ. 왼쪽 상자에서 기체의 압력은 감소한다.
> ㄴ. 엔트로피는 감소한다.
> ㄷ. 충분한 시간이 지난 후 상자 양쪽에 있는 기체의 분자 수는 거의 같다.

① ㄱ   ② ㄴ   ③ ㄱ, ㄷ
④ ㄴ, ㄷ   ⑤ ㄱ, ㄴ, ㄷ

추가로 나오는 선택지

❶ 엔트로피는 증가한다. ( )
❷ 충분한 시간이 지나면 기체는 모두 오른쪽에 분포한다. ( )

169 중요

그림 (가)는 온도, 질량, 크기가 같은 두 이상 기체 A, B가 밸브가 닫혔을 때 동일한 부피로 양쪽에 각각 들어 있는 모습을, (나)는 밸브가 열렸을 때 충분한 시간이 지난 후 A와 B가 골고루 섞여 있는 모습을 나타낸 것이다.

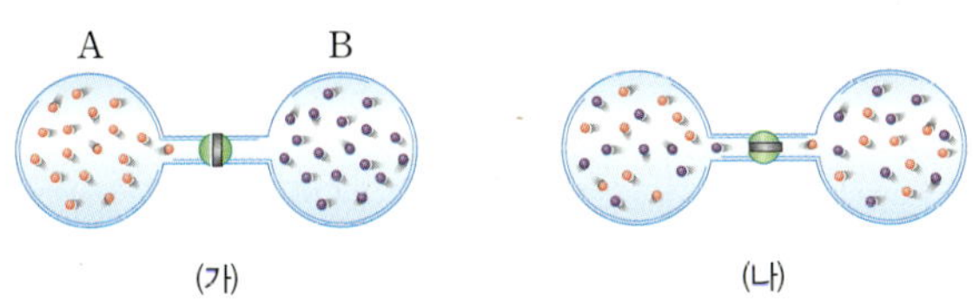

이에 대한 설명으로 옳은 것만을 〈보기〉에서 있는 대로 고른 것은?

보기

ㄱ. 가역 과정이다.
ㄴ. 엔트로피는 (나)에서가 (가)에서보다 크다.
ㄷ. (나) → (가) 과정으로 진행하는 것은 무질서도가 감소하는 현상이다.

① ㄱ 　　② ㄴ 　　③ ㄱ, ㄷ
④ ㄴ, ㄷ 　　⑤ ㄱ, ㄴ, ㄷ

170

열역학 제2법칙을 나타내는 표현으로 옳지 <u>않은</u> 것은?

① 자연 현상은 무질서도가 증가하는 방향으로 진행한다.
② 자연 현상은 일어날 확률이 가장 낮은 방향으로 진행한다.
③ 열은 고온의 물체에서 저온의 물체로 저절로 이동하며, 저온의 물체에서 고온의 물체로 저절로 이동하지 않는다.
④ 흡수한 열은 전부 일로 전환할 수 없다.
⑤ 열효율이 100%인 열기관을 제작하는 것은 불가능하다.

171

그림 (가)는 손 위에 얼음이 놓여 있는 모습을, (나)는 (가)의 얼음이 시간이 지나면서 녹는 모습을 나타낸 것이다.

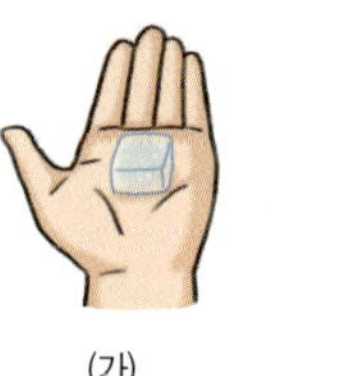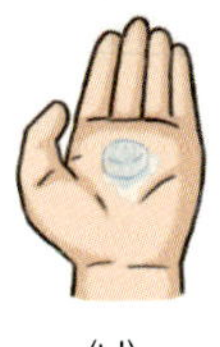

이 현상에 대한 설명으로 옳은 것만을 〈보기〉에서 있는 대로 고른 것은? (단, 열은 얼음과 손 사이에서만 이동한다.)

보기

ㄱ. 열은 손에서 얼음으로 이동한다.
ㄴ. 비가역 과정이다.
ㄷ. (가) → (나) 과정에서 엔트로피는 증가한다.

① ㄱ 　　② ㄷ 　　③ ㄱ, ㄴ
④ ㄴ, ㄷ 　　⑤ ㄱ, ㄴ, ㄷ

개념 ③　열평형과 열기관

족집게 전략　열평형의 의미와 열평형 그래프, 열기관의 열효율, 카르노 기관의 열효율, 제1종 영구 기관, 제2종 영구 기관 등을 이해하고 문제를 풀어야 해.

172 단골 문제

그림은 열기관이 고열원에서 $10Q$의 열을 흡수하여 W의 일을 하고 저열원으로 $7Q$의 열을 방출하는 것을 모식적으로 나타낸 것이다.

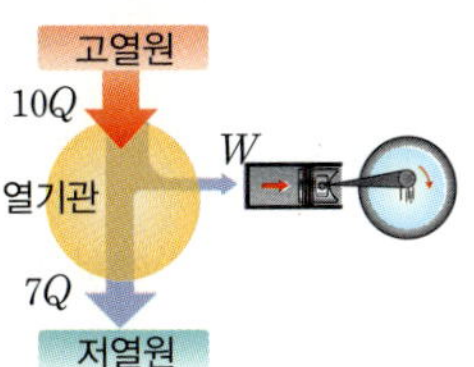

열기관의 열효율은?

① 0.3 　② 0.4 　③ 0.5 　④ 0.6 　⑤ 0.7

추가로 나오는 선택지

❶ $W = 3Q$이다. 　　(　　　)
❷ 저열원으로 방출되는 열은 $\dfrac{7}{3}W$이다. 　　(　　　)

173

그림은 온도가 T_2인 물체 A와 온도가 T_1인 물체 B를 접촉시켰을 때의 온도 변화를 시간에 따라 나타낸 것이다. t_0초 이후로 A, B의 온도는 T_0으로 일정하다.

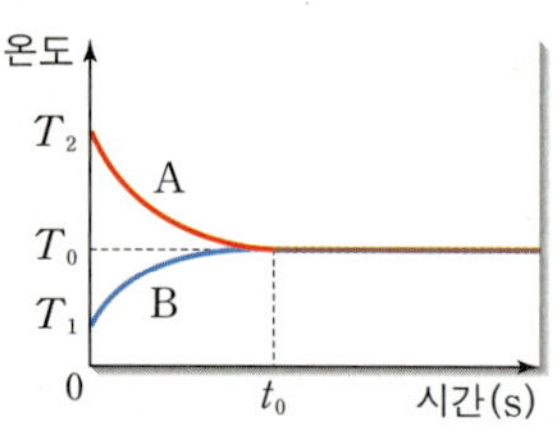

이에 대한 설명으로 옳은 것만을 〈보기〉에서 있는 대로 고른 것은? (단, 열은 A와 B 사이에서만 이동한다.)

보기

ㄱ. 0초에서 t_0초까지 열은 A에서 B로 이동한다.
ㄴ. 열평형 온도는 T_0이다.
ㄷ. t_0초 이후 열은 B에서 A로 이동한다.

① ㄱ
② ㄷ
③ ㄱ, ㄴ
④ ㄴ, ㄷ
⑤ ㄱ, ㄴ, ㄷ

174 중요

그림은 열기관이 고열원에서 Q_1의 열을 흡수하여 $W = 0.4\,Q_2$의 일을 하고 저열원으로 Q_2의 열을 방출하는 것을 모식적으로 나타낸 것이다.

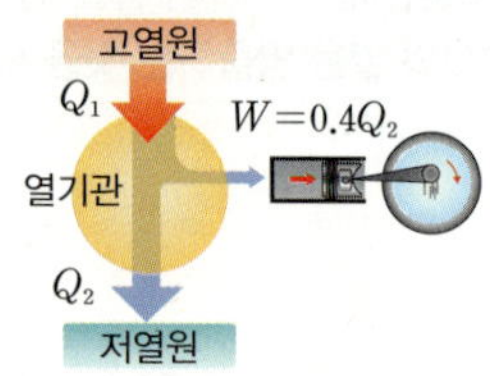

이에 대한 설명으로 옳은 것만을 〈보기〉에서 있는 대로 고른 것은?

보기

ㄱ. 한 번의 순환 과정을 거치면 열기관 내부의 기체는 처음 상태로 된다.
ㄴ. $Q_1 = \dfrac{7}{2} W$이다.
ㄷ. 열기관의 열효율은 0.4이다.

① ㄱ
② ㄴ
③ ㄷ
④ ㄱ, ㄴ
⑤ ㄱ, ㄴ, ㄷ

175 중요

그림은 이상적인 열기관에 들어 있는 이상 기체의 상태가 A → B → C → D → A를 따라 변할 때 압력과 부피의 관계를 나타낸 것이다. A → B 과정과 C → D 과정은 등온 과정이고, B → C 과정과 D → A 과정은 단열 과정이다.

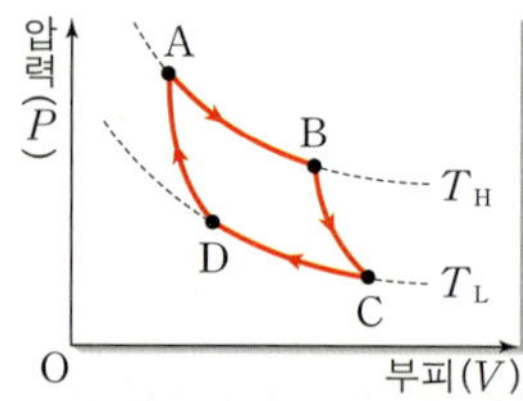

이에 대한 설명으로 옳은 것만을 〈보기〉에서 있는 대로 고른 것은?

보기

ㄱ. A → B 과정에서 기체는 열을 방출한다.
ㄴ. B → C 과정에서 기체의 내부 에너지는 감소한다.
ㄷ. C → D 과정에서 기체는 외부에 일을 한다.

① ㄱ
② ㄴ
③ ㄱ, ㄷ
④ ㄴ, ㄷ
⑤ ㄱ, ㄴ, ㄷ

176 서술형

다음은 어떤 학생이 아이디어 공모에서 연료가 필요 없는 자동차를 구상하여 제시한 것이다.

여름철 뜨거운 날씨를 경험하면서 공기는 많은 열을 가지고 있다는 것을 알았다. 공기의 열에너지를 뽑아 자동차의 엔진에 공급할 수 있으면 연료 공급 없이도 자동차를 운행할 수 있거나 화석 연료의 사용을 줄이고 자동차 엔진의 열효율을 높일 수 있을 것이다.

이러한 엔진을 제작할 수 없는 이유를 서술하시오. (단, 엔진의 온도는 공기의 온도보다 높다.)

177

그림은 마찰이 없는 빗면의 점 p에 물체 A를 가만히 놓았더니 빗면에서 등가속도 운동을 하다가 수평면 위의 점 q에서 점 r까지 마찰력이 작용하여 r에서 정지하는 것을 나타낸 것이다. 마찰력이 작용할 때 열이 발생한다.

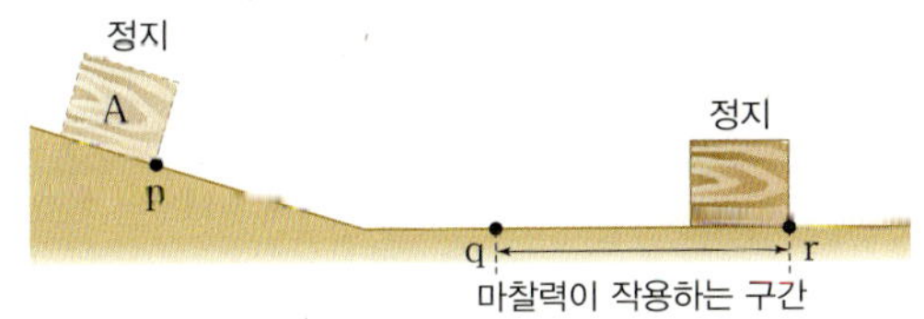

이에 대한 설명으로 옳은 것만을 〈보기〉에서 있는 대로 고른 것은?

ㄱ. A가 q에서 r로 이동하는 동안 역학적 에너지는 열에너지로 전환된다.

ㄴ. A가 p에서 r까지 운동하는 동안 열역학 제1법칙에 위배되는 과정이 있다.

ㄷ. 마찰에 의한 열에너지가 다시 역학적 에너지로 전환되는 것은 열역학 제2법칙에 위배된다.

① ㄱ ② ㄴ ③ ㄷ
④ ㄱ, ㄴ ⑤ ㄱ, ㄷ

178

그림은 고열원에서 Q_H의 열을 흡수하여 W의 일을 하고 저열원으로 Q_L의 열을 방출하는 열기관 A, B의 구조를 모식적으로 나타낸 것이다. 표는 A, B에 대해 W, Q_L, 열효율을 나타낸 것으로, A와 B의 열효율은 각각 e, $1.5e$이다.

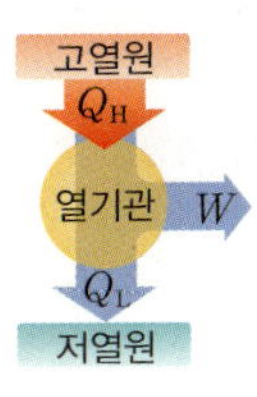

	열기관 A	열기관 B
W	$2Q_1$	W_B
Q_L	$8Q_1$	$14Q_2$
열효율	e	$1.5e$

(가)　　　(나)

이에 대한 설명으로 옳은 것만을 〈보기〉에서 있는 대로 고른 것은?

ㄱ. $e = 0.25$이다.

ㄴ. B에서 $W_B = \dfrac{3}{7} Q_L$이다.

ㄷ. 열기관은 Q_H를 모두 W로 전환할 수 있다.

① ㄱ ② ㄴ ③ ㄱ, ㄷ
④ ㄴ, ㄷ ⑤ ㄱ, ㄴ, ㄷ

179

그림은 고열원에서 열량 Q를 공급 받아 W의 일을 하고 저열원으로 방출하는 열이 없는 영구 기관을 나타낸 것이다.

이에 대한 설명으로 옳은 것만을 〈보기〉에서 있는 대로 고른 것은?

ㄱ. 열기관의 열효율은 1이다.

ㄴ. $W < Q$이다.

ㄷ. 열역학 제1법칙을 위배한다.

① ㄱ ② ㄴ ③ ㄷ
④ ㄱ, ㄴ ⑤ ㄱ, ㄷ

180 고난도

그림 (가)는 카르노의 열기관이 600 K의 열원으로부터 Q_1의 열을 흡수하여 W의 일을 하고 450 K의 열원으로 Q_2의 열을 방출하는 것을 모식적으로 나타낸 것이다. 그림 (나)는 (가)에서 기체의 압력과 부피의 관계를 나타낸 것으로 순환 과정에 의해 만들어진 그래프 내부의 면적은 S이다. A → B 과정과 C → D 과정은 등온 과정이고, B → C 과정과 D → A 과정은 단열 과정이다.

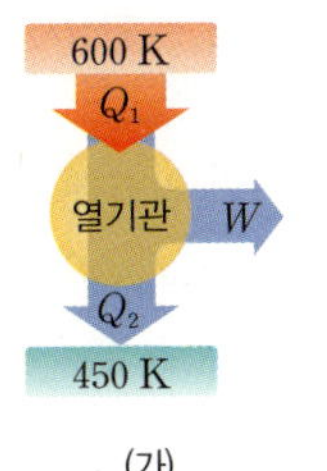

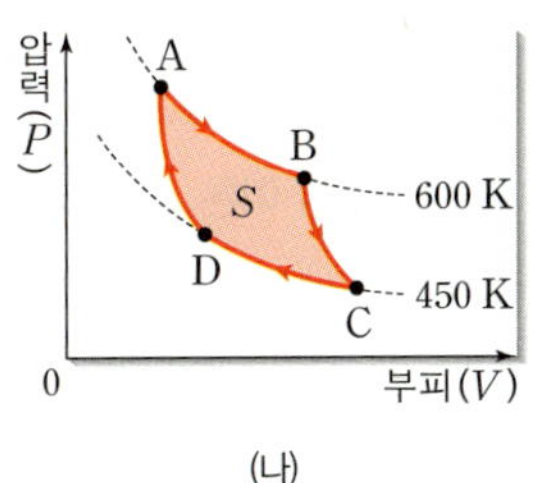

(가)　　　(나)

이에 대한 설명으로 옳은 것만을 〈보기〉에서 있는 대로 고른 것은?

ㄱ. (가)의 열효율은 0.25이다.

ㄴ. Q_1을 흡수할 때, 기체의 내부 에너지는 증가한다.

ㄷ. $Q_1 = 400$ J이면 $S = 100$ J이다.

① ㄱ ② ㄴ ③ ㄱ, ㄷ
④ ㄴ, ㄷ ⑤ ㄱ, ㄴ, ㄷ

01 특수 상대성 이론

개념 ❶ 특수 상대성 이론의 두 가정

1. 상대성 원리

(1) **관성 좌표계(관성계):** 정지한 좌표계 또는 등속 직선 운동하는 좌표계

(2) **상대성 원리:** 모든 관성계에서 물리 법칙은 동일하게 성립한다.

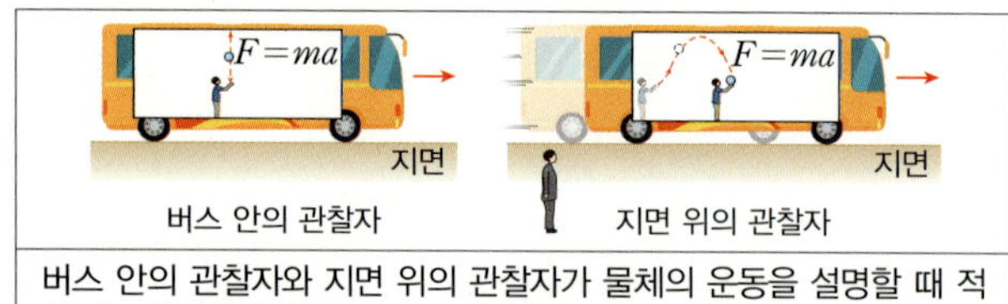

버스 안의 관찰자와 지면 위의 관찰자가 물체의 운동을 설명할 때 적용되는 물리 법칙은 $F=ma$로 동일하다.

2. 광속 불변 원리: 모든 관성계에서 진공 속을 진행하는 빛의 속력(c)은 관찰자나 광원의 속력에 관계없이 광속은 일정하다.

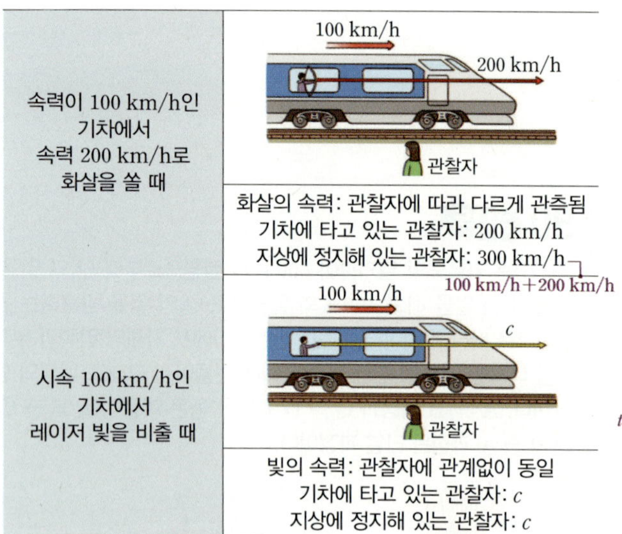

속력이 100 km/h인 기차에서 속력 200 km/h로 화살을 쏠 때

시속 100 km/h인 기차에서 레이저 빛을 비출 때

3. 특수 상대성 이론: 상대성 이론과 광속 불변 원리를 바탕으로 동시성의 상대성, 시간 팽창, 길이 수축에 대한 개념을 설명한다.

개념 ❷ 특수 상대성 이론에 의한 현상

1. 동시성의 상대성

(1) **사건:** 특정한 시각에 어떤 위치에서 발생한 물리적인 변화를 사건이라고 한다.

(2) **동시성의 상대성:** 한 관찰자가 측정할 때 동시에 일어난 두 사건이 다른 관성계의 관찰자에게는 동시에 일어난 사건이 아닐 수 있다.

사건: 검출기 A, B에서 같은 거리에 있는 광원에서 빛이 방출되어 A, B에 도달한다.

우주선 안의 관찰자는 방출된 빛이 같은 거리의 두 검출기 A, B에 동시에 도달하는 것으로 관찰한다.

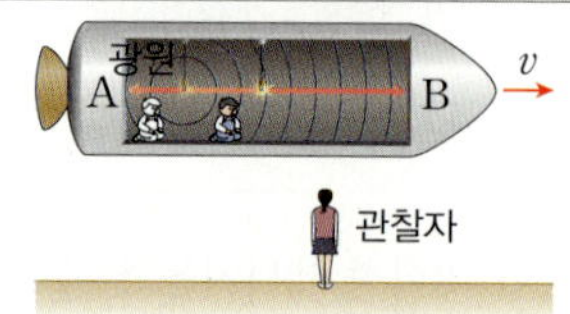

우주선 밖의 관찰자는 방출된 빛이 A, B로 진행하는 동안 우주선도 이동하므로 빛이 B보다 A에 먼저 도달하는 것으로 관찰한다.

2. 시간 지연: 정지한 관찰자가 빠르게 움직이는 관측자의 시간을 측정하면 시간이 느리게 가는 것으로 측정된다.

(1) **우주선 안의 관찰자:** 빛이 우주선 바닥과 천장 사이를 왕복한 거리는 $2L_0$이므로 빛이 왕복하는 데 걸린 시간은 $t_0=\dfrac{2L_0}{c}$이다. 사건과 관찰자가 같은 관성계에 있으므로 t_0을 고유 시간이라고 한다.

▲ 우주선 안의 관찰자

(2) **우주선 밖의 관찰자:** 빛이 우주선 바닥과 천장 사이를 왕복한 거리는 $2L(L>L_0)$이므로 빛이 왕복하는 데 걸린 시간은 $t=\dfrac{2L}{c}$이다. 사건과 관찰자가 다른 관성계에 있으므로 t를 지연된 시간이라고 한다.

$$t=\dfrac{t_0}{\sqrt{1-\left(\dfrac{v}{c}\right)^2}}$$

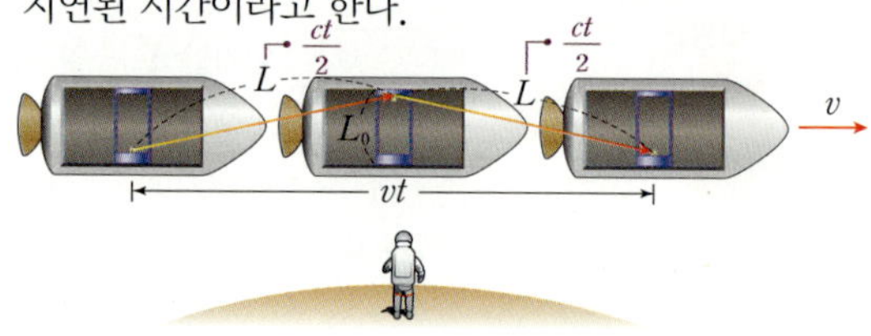

▲ 행성의 지면에 정지해 있는 관찰자

3. 길이 수축: 관찰자가 자신에 대해 매우 빠르게 운동하는 물체의 길이를 측정하면 운동 방향으로 길이가 짧아진 것으로 측정된다.

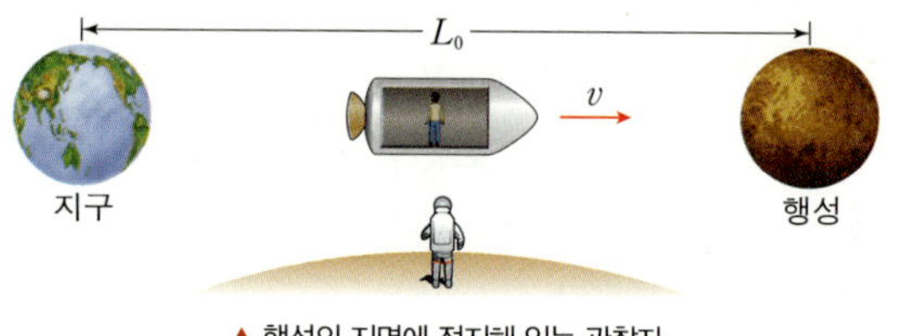

▲ 행성의 지면에 정지해 있는 관찰자

(1) **우주선 안의 관찰자**: 지구와 행성 사이의 거리를 L이라 할 때, 우주선이 지구에서 행성까지 이동한 거리는 $L=vt_0$이다. (t_0: 고유 시간)

(2) **우주선 밖의 관찰자**: 지구와 행성 사이의 거리를 L_0이라 할 때, 우주선이 지구에서 행성까지 이동한 거리는 $L_0=vt$이다. (t: 지연된 시간) ➡ $t_0<t$이므로 $L_0>L$이다. (길이 수축)
└→ 고유 길이

자료 분석 ── 마이컬슨·몰리 실험

(1) **마이컬슨·몰리 실험**
└→ 19세기 과학자들이 생각한 파동인 빛을 전달시키는 가상의 매질

지구가 에테르의 흐름 속에 있다고 생각하여 흐르는 강물에서 배의 속력이 방향에 따라 달라지는 것처럼 빛의 속력이 에테르 흐름의 방향에 따라 달라질 것이라고 가정하고 그것을 확인한 실험이다.

(2) **마이컬슨·몰리 실험 결과**

빛이 에테르의 이동 방향과 나란하게 진행할 때와 수직으로 진행할 때에 관계없이 빛의 속력은 항상 일정하였다. ➡ 에테르는 존재하지 않고 빛은 매질이 없이도 전파되는 파동이며 빛의 속력은 관측자의 속력에 관계없이 항상 일정하다.

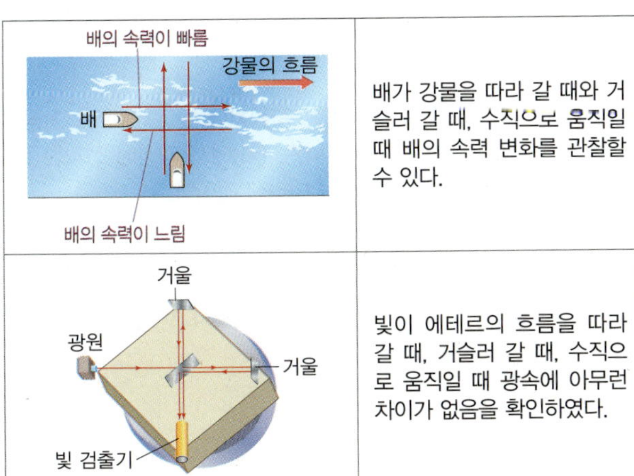

	배가 강물을 따라 갈 때와 거슬러 갈 때, 수직으로 움직일 때 배의 속력 변화를 관찰할 수 있다.
	빛이 에테르의 흐름을 따라 갈 때, 거슬러 갈 때, 수직으로 움직일 때 광속에 아무런 차이가 없음을 확인하였다.

(3) **마이컬슨·몰리 실험 결과에 대한 아인슈타인 해석**

마이컬슨과 몰리는 실험 결과로부터 빛의 속력이 모든 방향에서 같으며 에테르는 존재하지 않는다는 결론을 얻을 수 있었다. 이 결과를 이용하여 아인슈타인은 다음과 같은 해석을 내리고 특수 상대성 이론을 발전시킬 수 있었다.

① 에테르가 존재하지 않음 ➡ 빛은 파동이지만 매질이 필요 없이 진공에서 전파 가능

② 빛의 속력은 관찰자의 속력에 관계없이 항상 동일하다.

정답 및 해설 | 23쪽

181

특수 상대성 이론에서 사용하는 좌표계로 정지한 좌표계 또는 등속 직선 운동하는 좌표계를 [   ] 좌표계라고 한다.

182

모든 관성계에서 물리 법칙은 동일하게 성립한다는 원리를 [   ] 원리라고 한다.

183

특수 상대성 이론에 대한 설명으로 옳은 것은 ○, 옳지 <u>않은</u> 것은 ×로 표시하시오.

(1) 마이컬슨·몰리 실험을 통해 빛은 에테르라는 매질의 영향을 받는 것을 확인하였다. (   )

(2) 지구에 대해 $0.8c$로 운동하는 우주선에서 운동 방향으로 빛을 방출하면, 지구에서 관찰한 빛의 속력은 $1.8c$이다. (단, c는 빛의 속력이다.) (   )

(3) $300\,km/h$의 속력으로 달리는 기차에 탄 사람이 운동 방향으로 $100\,km/h$의 속력으로 화살을 쏘면, 지상에서 관찰한 화살의 속력은 $400\,km/h$이다. (   )

184

[   ]은 한 관찰자가 측정할 때 동시에 일어난 두 사건이 다른 관성계의 관찰자에게는 동시에 일어난 사건이 아닐 수 있다는 내용이다.

[185~186] 그림과 같이 관찰자 A가 탄 우주선이 관찰자 B에 대해 v의 일정한 속력으로 지구에서 행성으로 이동한다. 지구, 행성, B는 서로 정지해 있다.

[   ] 안에 A, B를 쓰시오.

185

[   ]가 측정할 때, 우주선이 지구에서 행성까지 이동하는 데 걸리는 시간은 [   ]가 측정한 시간보다 길다.

186

지구에서 행성까지의 거리는 [   ]가 측정할 때가 [   ]가 측정할 때보다 짧다.

개념 ❶ 특수 상대성 이론의 두 가정

족집게 전략 관성 좌표계가 무엇인지를 알고 상대성 원리와 광속 불변 원리를 명확하게 이해한 상태에서 문제를 풀어야 해.

187 단골 문제

그림 (가)는 관찰자 C에 대해 300 km/h의 속력으로 달리는 기차에서 관찰자 A가 기차의 운동 방향을 향해 200 km/h의 속력으로 화살을 쏘는 모습을, (나)는 (가)의 열차에서 관찰자 B가 기차의 운동 방향을 향해 빛을 비추는 모습을 나타낸 것이다.

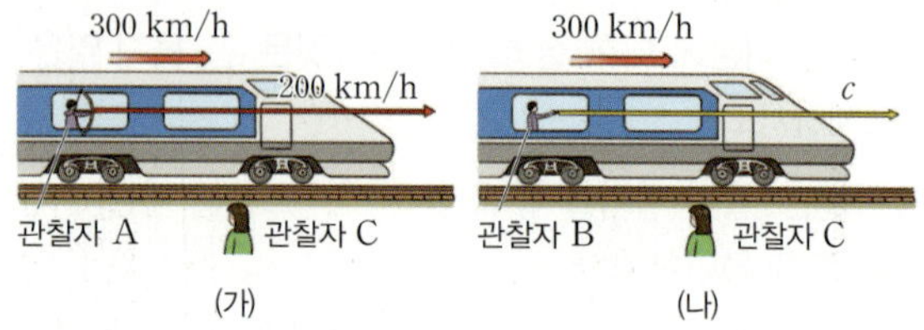

이에 대한 설명으로 옳은 것만을 ⟨보기⟩에서 있는 대로 고른 것은? (단, c는 빛의 속력이다.)

보기
ㄱ. (가)에서 A와 C가 측정할 때 화살의 속력은 같다.
ㄴ. (나)에서 B가 측정할 때 빛의 속력은 c이다.
ㄷ. (나)에서 C가 측정할 때 빛의 속력은 c보다 크다.

① ㄱ 　② ㄴ 　③ ㄱ, ㄷ
④ ㄴ, ㄷ 　⑤ ㄱ, ㄴ, ㄷ

추가로 나오는 선택지

❶ (가)에서 C가 측정할 때, 화살의 속력은 500 km/h이다. (　)
❷ (나)에서 B와 C가 측정할 때 빛의 속력은 같다. (　)

188

다음은 특수 상대성 이론에 관한 내용이다.

특수 상대성 이론이 적용되기 위해서는 관찰자는 정지 상태 또는 　A 　운동 상태이어야 하며, 이 두 상태에 있는 관찰자를 기준으로 정한 좌표계를 　B 　좌표계라고 한다.

A, B에 들어갈 내용으로 옳은 것은?

	①	②	③	④	⑤
A	가속도	가속도	등속도	등속도	등가속도
B	가속	관성	가속	관성	가속

189 중요

그림은 마이컬슨·몰리의 실험 장치를 모식적으로 나타낸 것으로, 마이컬슨과 몰리는 이 실험을 통해 만일 우주 전체에 에테르가 있다면 에테르를 통해 전달되는 빛의 속력이 진행 방향에 따라 다를 것임을 검증하고자 하였다.

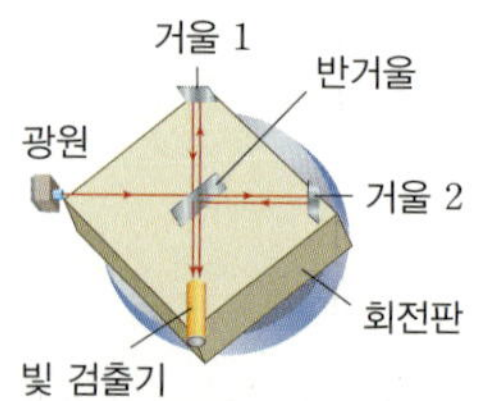

이에 대한 설명으로 옳은 것만을 ⟨보기⟩에서 있는 대로 고른 것은?

보기
ㄱ. 광원에서 방출된 빛이 검출기에 동시에 도달한다.
ㄴ. 회전판의 방향을 바꿀 때마다 빛이 검출기에 도달하는 시간의 차이가 발생한다.
ㄷ. 에테르는 존재하지 않는다는 결론을 얻었다.

① ㄱ 　② ㄴ 　③ ㄱ, ㄷ
④ ㄴ, ㄷ 　⑤ ㄱ, ㄴ, ㄷ

190

그림 (가)는 v의 속력으로 운동하는 자동차에 탄 관찰자 A가 공을 연직 위 방향으로 던지는 모습을, (나)는 (가)에서 지면에 정지한 관찰자 B가 공의 운동을 관찰하는 모습을 나타낸 것이다.

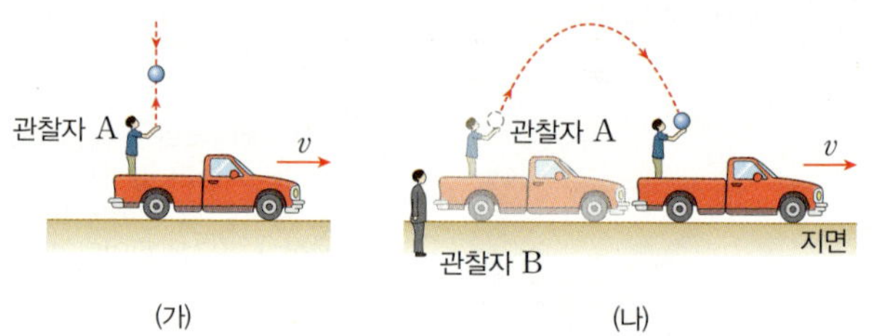

이에 대한 설명으로 옳은 것만을 ⟨보기⟩에서 있는 대로 고른 것은?

보기
ㄱ. A가 측정할 때, 공에는 중력만 작용한다.
ㄴ. B가 측정할 때, 공에는 중력과 수평 방향의 힘이 작용한다.
ㄷ. (나)에서 A, B가 측정할 때, 공에 적용되는 물리 법칙은 동일하다.

① ㄱ 　② ㄴ 　③ ㄷ
④ ㄱ, ㄴ 　⑤ ㄱ, ㄷ

(족집게 전략) 특수 상대성 이론에 의한 현상은 4가지 정도로 볼 수 있는데, 동시성의 상대성, 시간 지연(팽창), 길이 수축, 질량·에너지 동등성이 있다는 것을 알고 문제를 풀어야 해.

191 단골 문제

그림과 같이 관찰자 A가 탄 우주선이 관찰자 B에 대해 $0.7c$의 일정한 속력으로 운동하고 있다. 검출기 P, Q의 가운데에 있는 광원에서 P, Q로 빛을 동시에 방출하였다.

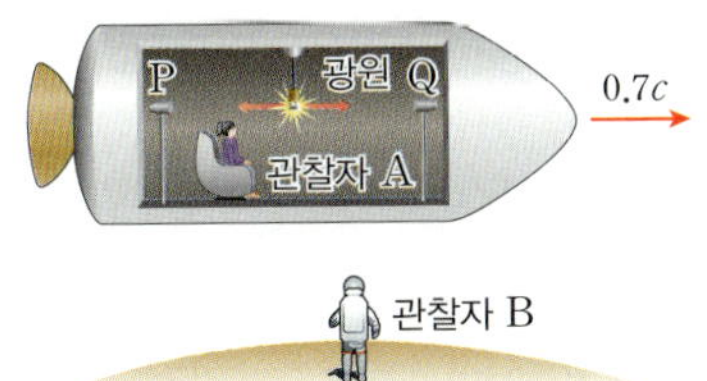

이에 대한 설명으로 옳은 것만을 〈보기〉에서 있는 대로 고른 것은? (단, c는 빛의 속력이다.)

보기
ㄱ. A가 측정할 때, 빛은 P와 Q에 동시에 도달한다.
ㄴ. B가 측정할 때, 빛은 Q에 먼저 도달한다.
ㄷ. B가 측정할 때, P와 Q로 방출된 빛의 속력은 다르다.

① ㄱ　　　② ㄴ　　　③ ㄱ, ㄷ
④ ㄴ, ㄷ　　　⑤ ㄱ, ㄴ, ㄷ

추가로 나오는 선택지

❶ B가 측정할 때, 빛이 P와 Q에 각각 도달할 때까지 빛의 이동 거리는 같다. 　　　　　(　　　)
❷ B가 측정할 때, 광원에서 P까지의 거리와 Q까지의 거리가 서로 같다. 　　　　　(　　　)

192

특수 상대성 이론에 의해 일어날 수 있는 현상으로 옳은 것만을 〈보기〉에서 있는 대로 고른 것은?

보기
ㄱ. 동시성의 상대성　　ㄴ. 시간 팽창　　ㄷ. 길이 팽창

① ㄱ　　　② ㄷ　　　③ ㄱ, ㄴ
④ ㄴ, ㄷ　　　⑤ ㄱ, ㄴ, ㄷ

193 중요

그림은 광원 P, Q에 대해 정지한 관찰자 A와 광원에 대해 일정한 속력 v로 이동하는 우주선에 탄 관찰자 B가 일치하는 순간을 나타낸 것이다. 이 순간 A가 측정할 때, P와 Q에서 동시에 켜진 빛은 A에 동시에 도달한다.

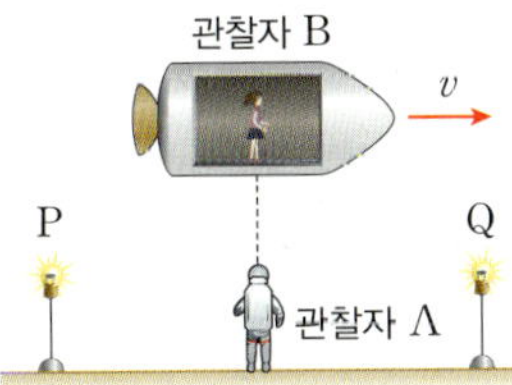

이에 대한 설명으로 옳은 것만을 〈보기〉에서 있는 대로 고른 것은?

보기
ㄱ. A가 측정할 때, P에서 A까지의 거리와 Q에서 A까지의 거리는 같다.
ㄴ. B가 측정할 때, 빛은 Q에서가 P에서보다 먼저 켜졌다.
ㄷ. B가 측정한 A의 시간은 자신의 시간보다 느리게 간다.

① ㄱ　　　② ㄷ　　　③ ㄱ, ㄴ
④ ㄴ, ㄷ　　　⑤ ㄱ, ㄴ, ㄷ

194

그림과 같이 고유 길이가 L_0이고 관찰자 A, B가 탄 동일한 우주선이 수평면에 대해 각각 $0.5c$, $0.3c$의 속력으로 서로 반대 방향으로 운동하고 있다.

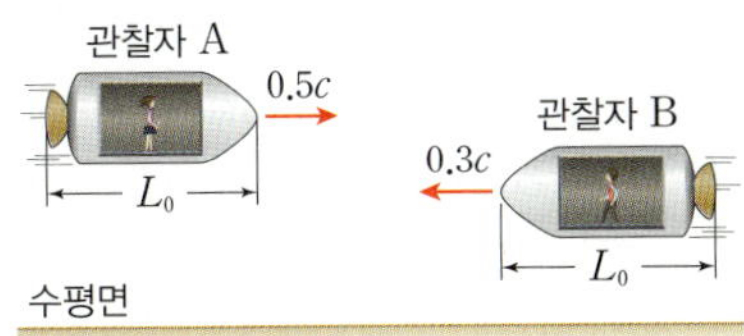

이에 대한 설명으로 옳은 것만을 〈보기〉에서 있는 대로 고른 것은? (단, c는 빛의 속력이다.)

보기
ㄱ. A가 측정할 때, B가 탄 우주선의 길이는 L_0이다.
ㄴ. A가 측정한 B의 속력과 B가 측정한 A의 속력은 같다.
ㄷ. A가 측정한 B의 우주선의 길이와 B가 측정한 A의 우주선의 길이는 같다.

① ㄱ　　　② ㄴ　　　③ ㄱ, ㄷ
④ ㄴ, ㄷ　　　⑤ ㄱ, ㄴ, ㄷ

195

그림과 같이 빛시계에 대해 각각 $0.8c$, $0.3c$의 속력으로 운동하는 우주선에 각각 관찰자 A, B가 타고 있고, 관찰자 C는 빛시계에 대해 정지해 있다.

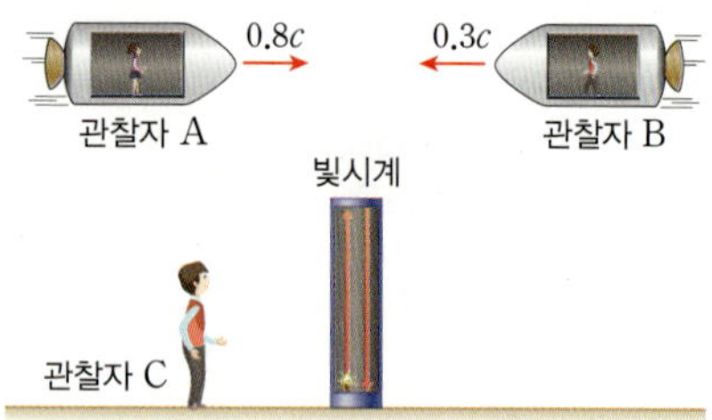

빛시계의 빛이 왕복하는 것을 A, B, C가 측정한 시간이 각각 t_A, t_B, t_C일 때, t_A, t_B, t_C를 비교한 것으로 옳은 것은? (단, c는 빛의 속력이다.)

① $t_A > t_B > t_C$ ② $t_A > t_C > t_B$
③ $t_B > t_A > t_C$ ④ $t_B > t_C > t_A$
⑤ $t_C > t_B > t_A$

196

그림은 지구 주위에서 위성들이 궤도 운동을 하는 것을 나타낸 것이다.

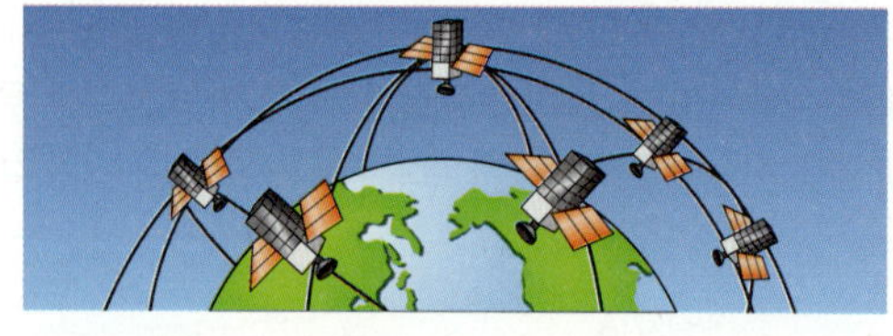

다음은 지표면과 위성의 시간의 흐름이 다르기 때문에 시간을 보정할 때 특수 상대성 이론의 적용을 나타낸 것이다.

> 위성은 지표면에서 볼 때 약 $4\ \text{km/s}$로 운동하므로 ㉠(시간 지연 / 시간 수축)에 의해 위성은 지표면보다 하루에 $7.1\ \mu\text{s}$ 정도 ㉡(느리게 / 빠르게) 간다. 따라서 지표면에서는 위성의 시간을 하루에 $7.1\ \mu\text{s}$ 정도 ㉢(느리게 / 빠르게) 보정해 주어야 한다.

㉠~㉢에 들어갈 내용으로 옳게 짝 지어진 것은?

	①	②	③	④	⑤
㉠	시간 지연	시간 지연	시간 지연	시간 수축	시간 수축
㉡	느리게	빠르게	느리게	느리게	빠르게
㉢	빠르게	느리게	느리게	빠르게	느리게

197

그림은 지구에 대해 v의 속력으로 행성을 향해 운동하는 우주선을 나타낸 것이다. 우주선에는 관찰자 B가 타고 있고, 관찰자 A, 지구, 행성은 서로 정지해 있다. A가 측정한 지구와 행성 사이의 거리는 L이다.

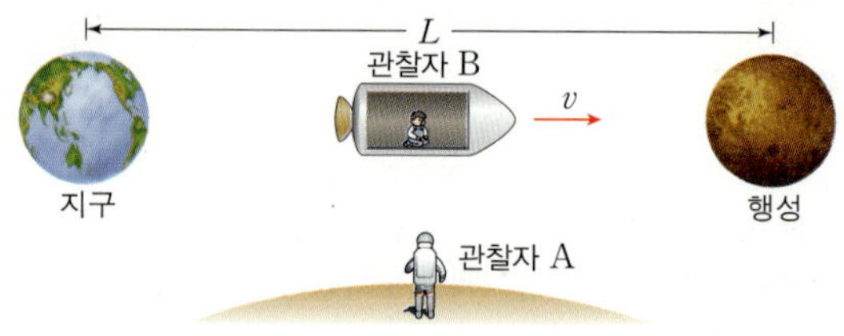

이에 대한 설명으로 옳은 것만을 〈보기〉에서 있는 대로 고른 것은?

> **보기**
>
> ㄱ. A가 측정할 때, 우주선이 지구에서 행성까지 이동하는 데 걸린 시간은 $\dfrac{L}{v}$이다.
>
> ㄴ. B가 측정할 때, 지구와 행성 사이의 거리는 L이다.
>
> ㄷ. B가 측정할 때, 우주선이 지구에서 행성까지 이동하는 데 걸린 시간은 $\dfrac{L}{v}$보다 짧다.

① ㄱ   ② ㄴ   ③ ㄷ
④ ㄱ, ㄷ   ⑤ ㄱ, ㄴ, ㄷ

198 중요

그림과 같이 수평면에 나란한 방향으로 관찰자 A에 대해 $0.5c$의 속력으로 운동하는 우주선에 관찰자 B가 타고 있다. A는 수평면에 정지해 있고, 우주선에서 운동 방향으로 빛을 방출하였다.

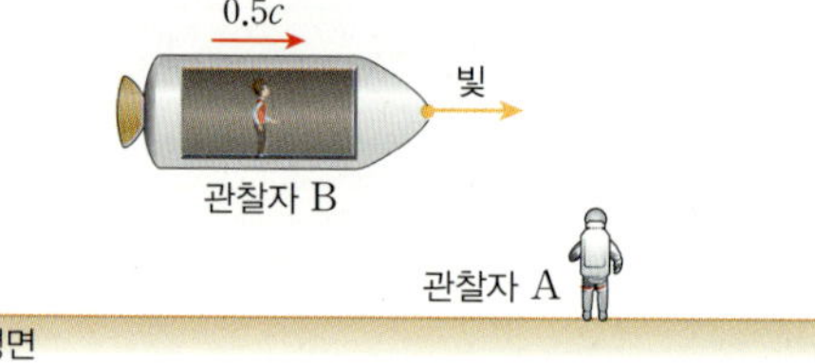

이에 대한 설명으로 옳은 것만을 〈보기〉에서 있는 대로 고른 것은? (단, c는 빛의 속력이다.)

> **보기**
>
> ㄱ. A가 측정한 B의 시간은 자신의 시간보다 느리게 간다.
>
> ㄴ. 빛의 속력은 A가 측정할 때가 B가 측정할 때보다 크다.
>
> ㄷ. 운동 방향의 우주선의 길이는 B가 측정할 때가 A가 측정할 때보다 길다.

① ㄱ   ② ㄴ   ③ ㄱ, ㄷ
④ ㄴ, ㄷ   ⑤ ㄱ, ㄴ, ㄷ

199 

그림은 관찰자 A가 탄 우주선이 관찰자 B에 대해 v의 속력으로 수평면과 나란하게 이동하는 모습을 나타낸 것이다. B가 측정할 때 광원에서 방출된 빛은 검출기 P, Q에 동시에 도달한다.

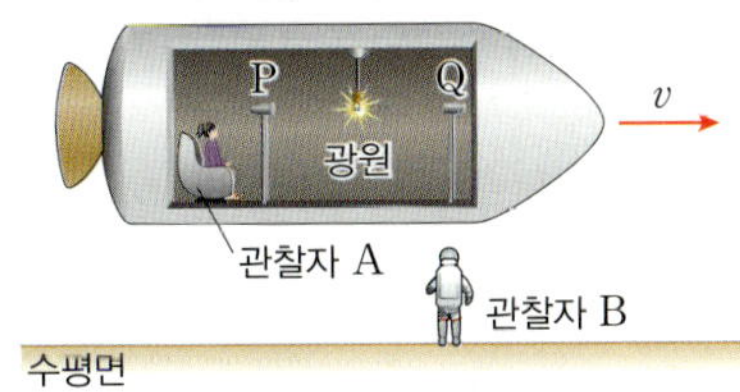

이에 대한 설명으로 옳은 것만을 〈보기〉에서 있는 대로 고른 것은?

보기

ㄱ. A가 측정할 때, 광원에서 P까지의 거리는 광원에서 Q까지의 거리보다 크다.

ㄴ. P와 Q 사이의 거리는 A가 측정할 때가 B가 측정할 때보다 작다.

ㄷ. 광원에서 방출된 빛이 Q에 도달할 때까지 이동한 거리는 A가 측정할 때가 B가 측정할 때보다 크다.

① ㄱ   ② ㄴ   ③ ㄱ, ㄷ
④ ㄴ, ㄷ   ⑤ ㄱ, ㄴ, ㄷ

200

그림은 관찰자 B가 탄 우주선 Ⅰ과 관찰자 C가 탄 우주선 Ⅱ가 각각 관찰자 A에 대해 $0.7c$, $0.4c$의 속력으로 나란하게 이동하고 있는 것을 나타낸 것이다.

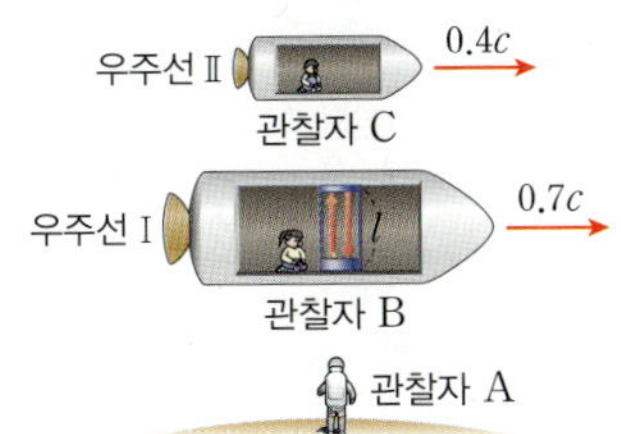

우주선 Ⅰ의 빛시계에서 빛이 아래에서 위로 한 번 왕복할 때 A와 C에서 관찰한 빛의 경로로 가장 적절한 것은? (단, c는 빛의 속력이다.)

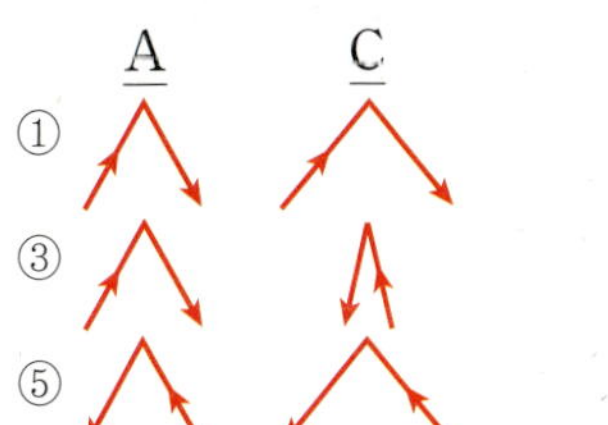
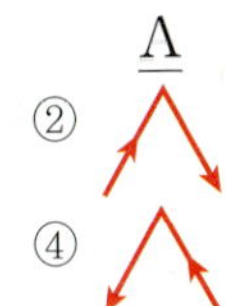

201 서술형

그림 (가)는 행성에 대해 일정한 속력으로 운동하는 우주선 안의 관찰자가 빛시계에서 빛이 한 번 왕복하는 것을 관찰하는 모습을, (나)는 행성에 정지한 우주선 밖의 관찰자가 우주선 안의 빛시계에서 빛이 한 번 왕복하는 것을 관찰하는 모습을 나타낸 것이다.

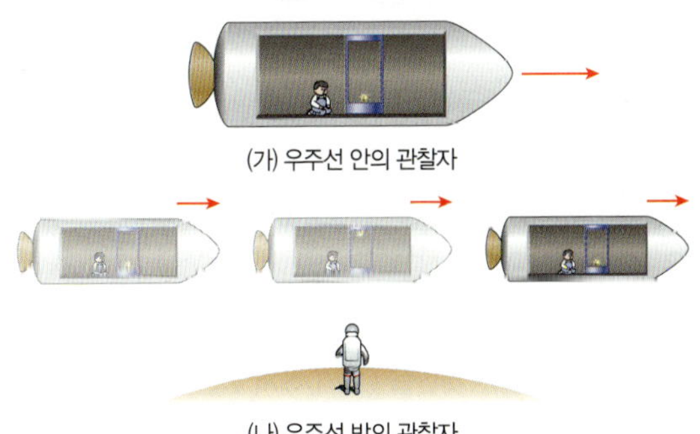

(가) 우주선 안의 관찰자

(나) 우주선 밖의 관찰자

빛이 한 번 왕복할 때, (나)의 관찰자가 측정한 시간이 (가)의 관찰자가 측정한 시간보다 길어지는 이유를 빛의 경로를 비교하여 서술하시오.

202 서술형

그림은 관찰자 A에 대해 v의 속력으로 운동하는 우주선을 나타낸 것이다. 관찰자 A가 측정한 자기 시간을 T_0, A가 측정한 우주선의 시간을 T라고 할 때, T와 T_0의 관계를 구하고, $\frac{v}{c}$에 따른 $\frac{T}{T_0}$ 그래프 (나)를 작성하시오.

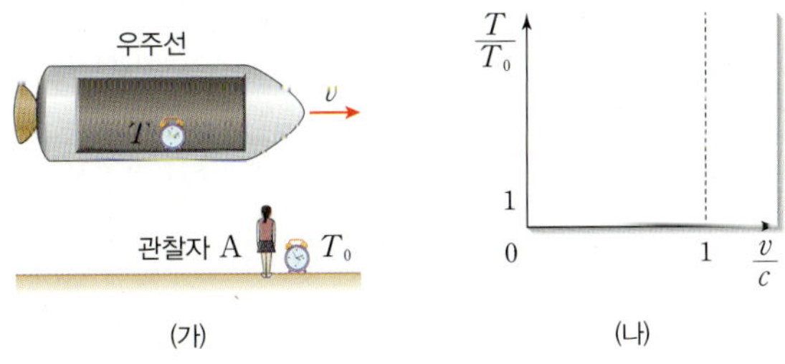

(가)   (나)

203

그림 (가)는 나무에 대해 정지한 관찰자가 측정한 나무의 폭 L_1과 높이 L_2를, (나)와 (다)는 각각 나무에 대해 각각 폭 또는 높이 방향의 일정한 속력으로 운동하는 관찰자가 측정한 나무의 폭과 높이를 나타낸 것이다.

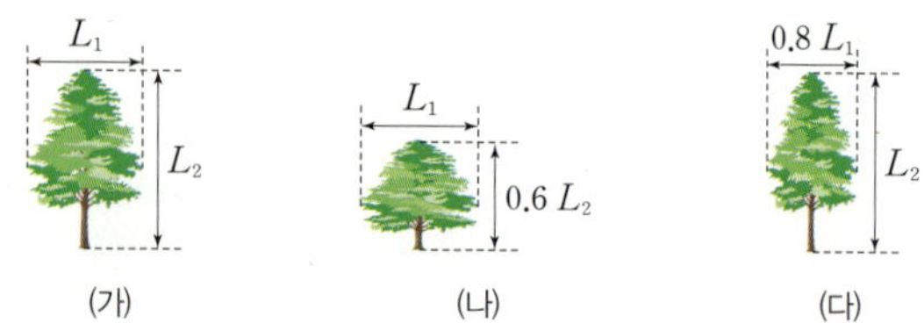

이에 대한 설명으로 옳은 것만을 〈보기〉에서 있는 대로 고른 것은?

보기

ㄱ. (가)의 관찰자가 측정할 때, 속력은 (나)의 관찰자가 (다)의 관찰자보다 크다.

ㄴ. (나)의 관찰자와 (다)의 관찰자의 운동 방향은 서로 같다.

ㄷ. (가)의 관찰자가 측정할 때, (나)의 관찰자의 시간은 (다)의 관찰자의 시간보다 느리게 간다.

① ㄱ ② ㄴ ③ ㄱ, ㄷ
④ ㄴ, ㄷ ⑤ ㄱ, ㄴ, ㄷ

204

그림과 같이 관찰자 A가 수평면의 관찰자 B에 대해 $0.7c$의 일정한 속도로 운동하고 있다. 우주선이 광원 위를 지나는 순간 A, 광원, B는 일직선상에 있고, B가 측정할 때 광원에서 방출한 빛은 검출기 P, Q에 동시에 도달한다. P, B, 광원, Q는 서로 정지해 있다.

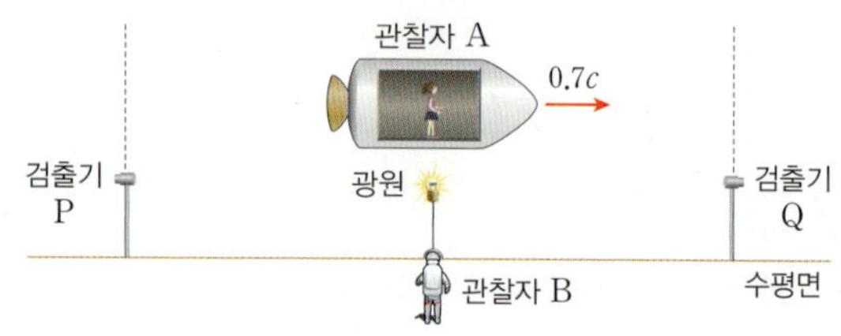

이에 대한 설명으로 옳은 것만을 〈보기〉에서 있는 대로 고른 것은? (단, c는 진공에서의 빛의 속력이다.)

보기

ㄱ. 운동 방향의 우주선의 길이는 A가 측정할 때가 B가 측정할 때보다 크다.

ㄴ. 우주선이 P에서 Q까지 이동하는 시간은 A가 측정할 때가 B가 측정할 때보다 크다.

ㄷ. A가 측정할 때, 광원에서 방출된 빛은 P보다 Q에 먼저 도달한다.

① ㄱ ② ㄴ ③ ㄷ ④ ㄱ, ㄴ ⑤ ㄱ, ㄷ

205

그림과 같이 지표면에서 $10\,km$의 높이에서 만들어진 뮤온은 지표면을 향해 지표면에 대해 $0.99c$의 속력으로 이동하여 지표면에 도달한다. 뮤온의 평균 수명은 정지 상태에서 약 2.2×10^{-6}초이다.

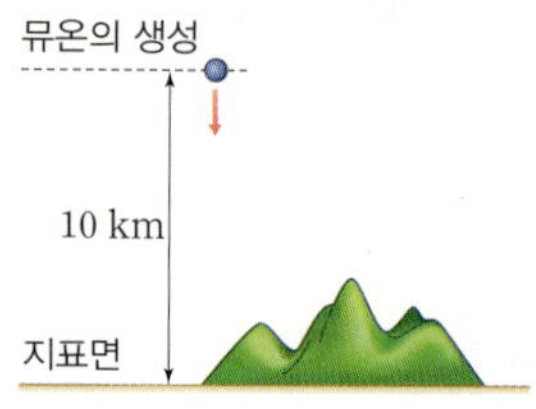

이에 대한 설명으로 옳은 것만을 〈보기〉에서 있는 대로 고른 것은? (단, c는 진공에서의 빛의 속력이다.)

보기

ㄱ. 뮤온의 좌표계에서 뮤온이 만들어진 지점과 지표면 사이의 거리는 $10\,km$보다 짧게 측정된다.

ㄴ. 지표면에 정지한 관찰자가 측정한 뮤온의 수명은 2.2×10^{-6}초이다.

ㄷ. 특수 상대성 원리로 설명할 수 있는 현상이다.

① ㄱ ② ㄴ ③ ㄱ, ㄷ
④ ㄴ, ㄷ ⑤ ㄱ, ㄴ, ㄷ

206 고난도

그림과 같이 관찰자 A가 탄 우주선이 관찰자 B에 대해 수평면과 나란한 방향으로 $0.9c$의 속력으로 운동한다. B가 측정할 때, 광원에서 방출된 빛은 검출기 P, Q에 동시에 도달한다. A가 측정한 우주선의 위에서 아래까지의 길이는 L_0이고, 광원에서 P, Q까지의 거리는 각각 L_1, L_2이다.

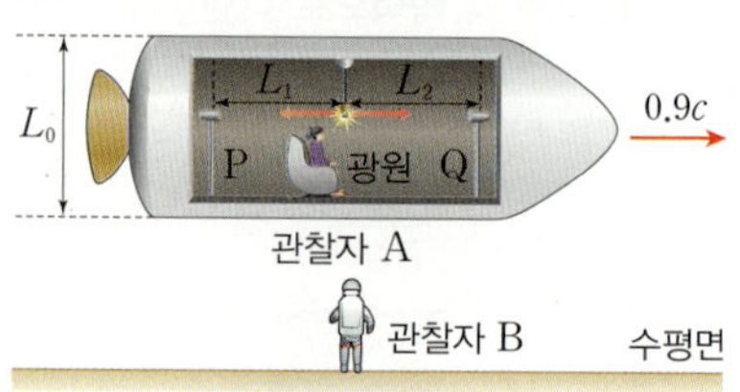

이에 대한 설명으로 옳은 것만을 〈보기〉에서 있는 대로 고른 것은? (단, c는 진공에서의 빛의 속력이다.)

보기

ㄱ. $L_1 > L_2$이다.

ㄴ. B가 측정한 우주선의 위에서 아래까지의 길이는 L_0보다 짧다.

ㄷ. B가 측정한 A의 시간은 자신의 시간보다 느리게 간다.

① ㄱ ② ㄴ ③ ㄷ
④ ㄱ, ㄷ ⑤ ㄴ, ㄷ

207

그림과 같이 관찰자 A에 대해 관찰자 B가 탄 우주선이 x 방향으로 v의 속력으로 운동하고 있다. 지면에는 A가 측정할 때, 길이가 x_0인 막대 X가 x 방향으로 놓여 있고, 길이가 y_0인 막대 Y가 y 방향으로 놓여 있다. X, Y는 A에 대해 정지해 있다.

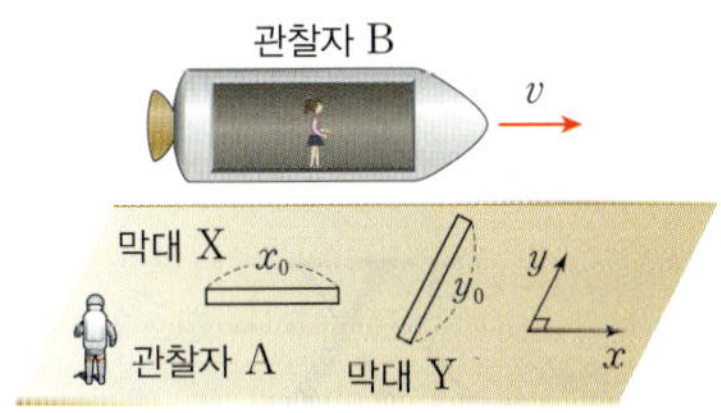

이에 대한 설명으로 옳은 것만을 〈보기〉에서 있는 대로 고른 것은?

보기

ㄱ. B가 측정할 때, X의 길이는 x_0보다 짧다.
ㄴ. A와 B가 측정할 때, Y의 길이는 y_0으로 같다.
ㄷ. 우주선의 x 방향의 길이는 A가 측정할 때가 B가 측정할 때보다 크다.

① ㄱ ② ㄷ ③ ㄱ, ㄴ
④ ㄴ, ㄷ ⑤ ㄱ, ㄴ, ㄷ

208 고난도

그림과 같이 관찰자 A에 대해 v의 속력으로 운동하는 기차의 가운데에 관찰자 B가 타고 있다. A가 볼 때, B가 자신을 스치는 순간 열차의 양 끝에 동시에 번개가 쳤다.

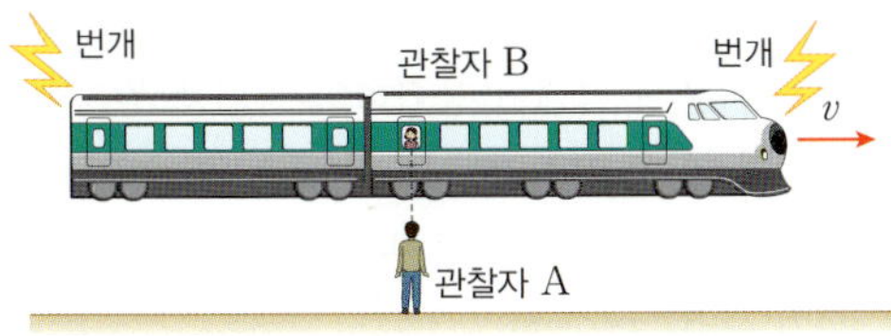

이에 대한 설명으로 옳은 것만을 〈보기〉에서 있는 대로 고른 것은?

보기

ㄱ. B가 볼 때, 번개는 열차 뒤쪽보다 앞쪽에 먼저 친다.
ㄴ. 열차의 길이는 A가 측정할 때가 B가 측정할 때보다 크다.
ㄷ. v가 증가할수록 A가 측정한 B의 시간은 더 느려진다.

① ㄱ ② ㄴ ③ ㄷ
④ ㄱ, ㄷ ⑤ ㄴ, ㄷ

209

그림은 관찰자 A가 탄 우주선이 지구에 대해 $0.8c$의 일정한 속력으로 관찰자 B가 있는 행성을 향해 운동하는 것을 나타낸 것이다. A가 탄 우주선이 지구를 스치는 순간 지구에서 행성을 향해 빛을 방출한다. B, 지구, 행성은 서로 정지해 있으며 B가 측정한 지구에서 행성까지의 거리는 8광년이다.

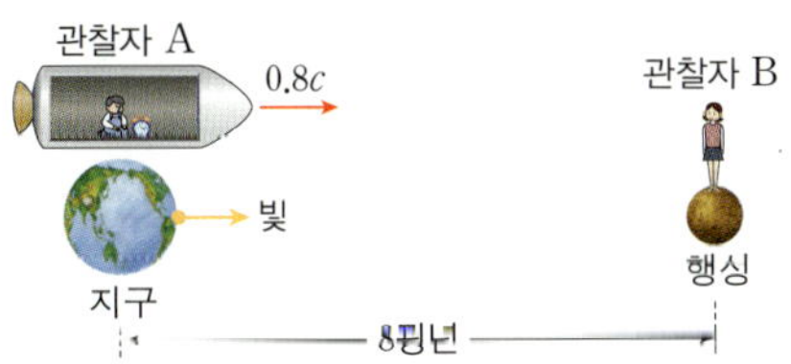

이에 대한 설명으로 옳은 것만을 〈보기〉에서 있는 대로 고른 것은? (단, c는 빛의 속력이고, 1광년은 빛이 1년 동안 진행한 거리이다.)

보기

ㄱ. A가 측정할 때, 빛의 속력은 $0.2c$이다.
ㄴ. B가 측정할 때, 빛이 도착하고 2년 후에 우주선이 도착한다.
ㄷ. A가 측정할 때, 우주선이 지구에서 행성까지 이동하는 데 걸리는 시간은 10년이다.

① ㄱ ② ㄴ ③ ㄱ, ㄷ
④ ㄴ, ㄷ ⑤ ㄱ, ㄴ, ㄷ

210

그림과 같이 고유 길이가 같은 두 우주선 A, B가 서로 반대 방향으로 v의 속력으로 운동하고 있다. A에서 측정할 때, A의 앞쪽 끝과 B의 뒤쪽 끝이 기준선에 일치하는 순간 A의 뒤쪽 끝에서 빛을 방출한다.

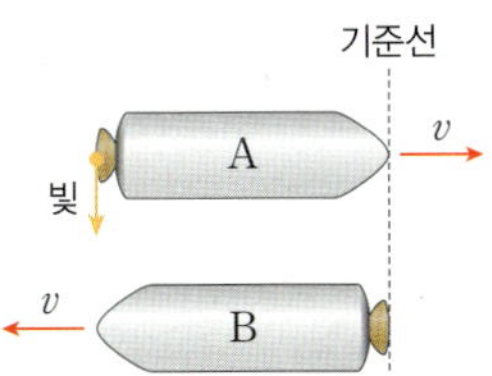

이에 대한 설명으로 옳은 것만을 〈보기〉에서 있는 대로 고른 것은?

보기

ㄱ. A에서 측정할 때, B의 시간은 자신의 시간보다 느리게 간다.
ㄴ. A에서 측정할 때, 빛이 방출되는 순간 B의 앞쪽 끝은 A의 뒤쪽 끝을 지나가지 못했다.
ㄷ. 빛의 속력은 A에서 측정할 때가 B에서 측정할 때보다 크다.

① ㄱ ② ㄷ ③ ㄱ, ㄴ
④ ㄴ, ㄷ ⑤ ㄱ, ㄴ, ㄷ

02 질량과 에너지

개념 ❶ 질량·에너지 동등성

1. 질량의 증가: 정지 질량이 m_0인 물체가 빠르게 움직일 때의 질량(m)은 속도가 빠를수록 커진다.

2. 질량·에너지 동등성: 질량(m)은 에너지(E)로, 에너지(E)는 질량(m)으로 변할 수 있다.

(1) **정지 에너지**: 정지했을 때의 질량(m_0)과 에너지(E)의 관계는 다음과 같다.

$$E = m_0 c^2 \ (c: \text{진공에서의 빛의 속력})$$

(2) **정지 질량과 상대론적 질량의 관계**

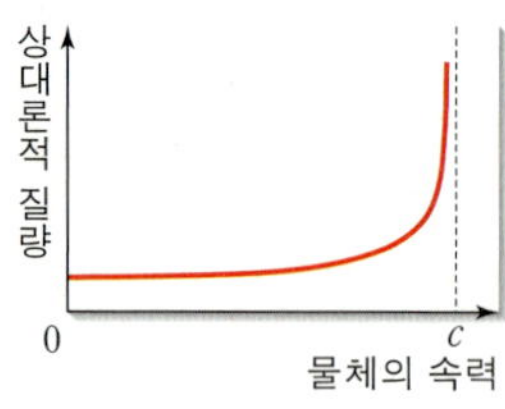

• 상대론적 질량의 표현식

$$m = \frac{m_0}{\sqrt{1 - \dfrac{v^2}{c^2}}}$$

m: 상대론적 질량
m_0: 정지 질량
v: 물체의 속력
c: 광속

(3) **상대론적 에너지**: 물체가 빛의 속도에 가깝게 움직일 때의 질량(m)과 에너지(E)의 관계는 다음과 같다.

$$E = mc^2 \ (c: \text{진공에서의 빛의 속력})$$

정지한 물체의 에너지	움직이는 물체의 에너지
$E_0 = m_0 c^2$	$E = mc^2$
$E_0 < E$	

개념 ❷ 핵반응과 에너지

1. 질량 결손과 에너지: 핵반응 과정에서 핵반응 후에 줄어든 질량의 합을 질량 결손이라고 하며, 핵반응 과정에서 결손된 질량에 해당하는 에너지가 방출된다.

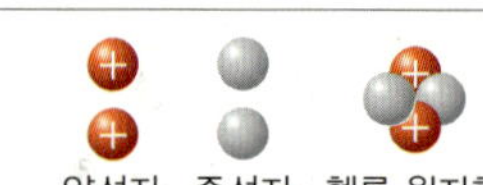

• 양성자 질량: 1.0073(u)
• 중성자 질량: 1.0087(u)
• 헬륨 원자핵 질량: 4.0015(u)
∴ 결손된 질량: 0.0305(u)

$$E = \Delta m c^2 \ (c: \text{진공에서의 빛의 속력})$$

2. 핵반응

(1) **핵분열**: 무거운 원자핵이 가벼운 원자핵으로 쪼개지는 과정에서 질량 결손에 의해 에너지가 방출된다.

(2) **핵융합**: 가벼운 원자핵들이 합쳐져 무거운 원자핵이 되는 과정에서 질량 결손에 의해 에너지가 방출된다.

3. 원자핵 표시

(1) **원자 번호(Z)**: 원자핵 속의 양성자 수

(2) **질량수(A)**: 양성자 수와 중성자 수의 합

$$\text{질량수}(A) = \text{양성자수}(Z) + \text{중성자수}(N)$$

(3) **원자핵의 표시**

$$\text{질량수} \rightarrow {}^{A}_{Z}X \leftarrow \text{원소 기호}, \quad \text{원자 번호} \rightarrow$$

(4) **핵반응식**: 원자핵 A와 B가 반응하여 C와 D가 되었을 때 핵반응식은 다음과 같다.

$$^{b}_{w}A + ^{b}_{x}B \longrightarrow ^{c}_{y}C + ^{d}_{z}D + (\text{에너지})$$

• 전하량 보존: $w + x = y + z$
• 질량수 보존: $a + b = c + d$

4. 핵분열

(1) **핵분열**: 무거운 하나의 원자핵이 쪼개지면서 두 개의 새로운 원자핵이 될 때 질량 결손이 일어나면서 에너지가 방출되는 반응이다.

(2) **우라늄 원자핵의 핵분열**: 우라늄 원자핵($^{235}_{92}U$)에 저속 중성자($^{1}_{0}n$)가 흡수되면 우라늄 원자핵은 분열하여 크립톤($^{92}_{36}Kr$)과 바륨($^{141}_{56}Ba$)으로 쪼개지면서 평균 2, 3개의 중성자가 만들어지고, 이 중성자가 계속해서 다른 우라늄을 분열하도록 하여 연쇄 반응을 일으킨다.

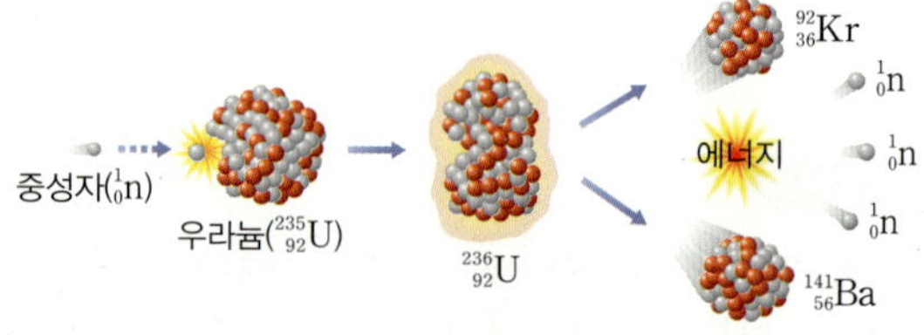

• 핵분열 반응식: $^{235}_{92}U + ^{1}_{0}n \rightarrow ^{92}_{36}Kr + ^{141}_{56}Ba + 3^{1}_{0}n + 200 \text{ MeV}$

5. 핵융합

(1) **핵융합**: 가벼운 원자핵이 융합하여 무거운 원자핵이 될 때 질량 결손이 일어나면서 에너지가 방출되는 반응이다.

(2) 핵융합이 실험실에서 일어나게 하기 위해서는 온도를 수십 억 도까지 올려주어야 한다.

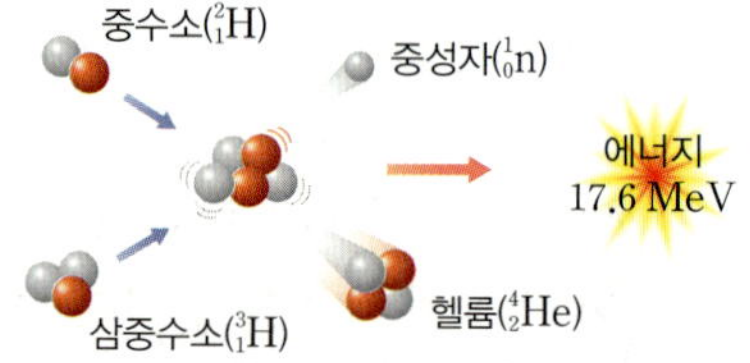

• 핵융합 반응식: $^{2}_{1}H + ^{3}_{1}H \rightarrow ^{4}_{2}He + ^{1}_{0}n + 17.6 \text{ MeV}$

(3) **태양에서의 수소 핵융합**: 태양 중심부에서는 4개의 수소 원자핵이 융합하여 1개의 헬륨 원자핵이 생성되는 수소 핵융합

반응에 의해 질량 결손이 발생한 만큼 에너지가 방출된다.

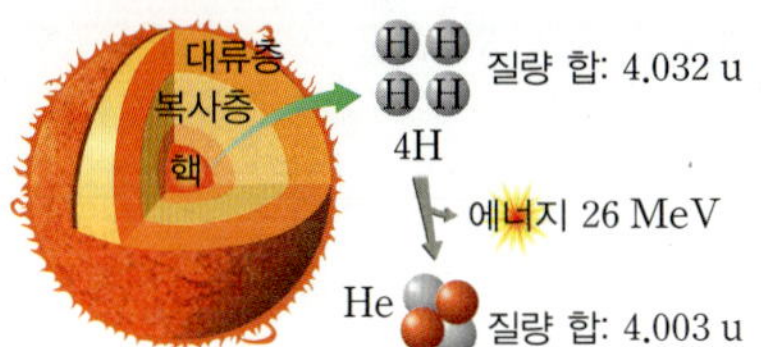

▲ 태양의 구조와 수소 핵융합 반응
$$4_1^1H \rightarrow {}_2^4He + 2e^+ + 26\,MeV$$

자료 분석 우라늄($_{92}^{235}U$)의 핵분열 반응식

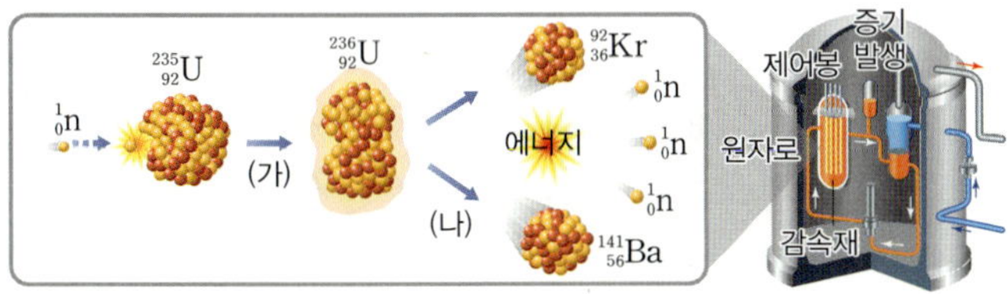

(가): 느리게 움직이는 열중성자 하나를 흡수한 $_{92}^{235}U$의 핵이 $_{92}^{236}U$을 형성

(나): 과잉 에너지로 $_{92}^{236}U$의 핵은 찌그러져 2개의 조각으로 갈라지고 2~3개의 중성자를 방출

❶ 핵반응의 예 $_{92}^{235}U + _0^1n \rightarrow {}_{92}^{236}U \rightarrow {}_{36}^{92}Kr + _{56}^{141}Ba + 3_0^1n + 에너지$
$_{92}^{235}U + _0^1n \rightarrow {}_{92}^{236}U \rightarrow {}_{54}^{140}Xe + _{38}^{94}Sr + 2_0^1n + 에너지$

❷ 핵반응 전후 원자 번호, 질량수 및 전하량의 총합은 동일하지만 질량은 감소한다.

❸ $_{92}^{235}U$가 핵분열할 때 질량 결손은 약 $3.5 \times 10^{-28}\,kg$이며 약 200 MeV의 에너지를 방출한다.

탐구 활동 핵융합과 질량·에너지 동등성

과정 태양의 내부에서는 몇 단계를 걸쳐 수소 원자핵(H) 4개가 헬륨 원자핵(He) 하나로 변하는 핵융합 반응이 일어난다. 이를 전체적으로 보면 핵반응식과 핵반응 전후의 질량은 다음과 같다.

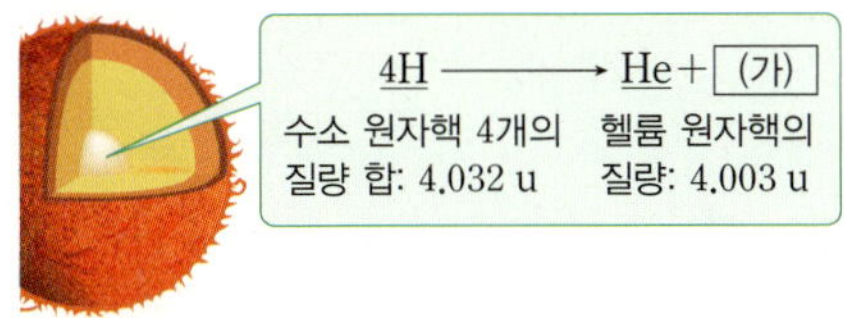

결과 1. 핵반응 전후에 총 반응 물질과 총 생성 물질의 질량 차이는 0.029 u이다.

2. 핵반응 전체에서 수소와 헬륨 이외에 질량을 가진 어떤 입자도 발견되지 않았다면 (가)는 에너지이다.

정리 • 핵반응 과정에서 0.029 u의 질량이 손실된다.

• 질량·에너지 동등성에 의해 손실된 질량만큼의 에너지가 태양 에너지가 된다.

개념 확인

정답 및 해설 | 25쪽

211

질량은 에너지로, 에너지는 질량으로 변할 수 있다는 물리적 원리는 □□□□□□이다.

212

상대론적 질량이 m, 정지 질량이 m_0, 물체의 속력이 v, 빛의 속력이 c일 때, $m = $ □□□□□□ 이다.

213

물체가 빛의 속도에 가깝게 움직일 때, 물체의 질량 m과 에너지 E 사이에는 $E = $ □□□□□□ 의 관계를 가진다.

214

무거운 원자핵이 가벼운 원자핵으로 쪼개지는 과정을 □□□□□□이라 하고, 가벼운 원자핵들이 합쳐져 무거운 원자핵이 되는 과정을 □□□□□□이라 한다.

215

핵반응과 에너지에 대한 설명으로 옳은 것은 ○, 옳지 <u>않은</u> 것은 ×로 표시하시오.

(1) 핵분열 과정에서 질량 결손에 의하여 에너지가 방출된다.
(   )

(2) 핵융합 과정에서는 질량 결손이 발생하지 않는다. (   )

216

그림 (가), (나)는 핵분열과 핵융합 중 하나를 나타낸 것이다.

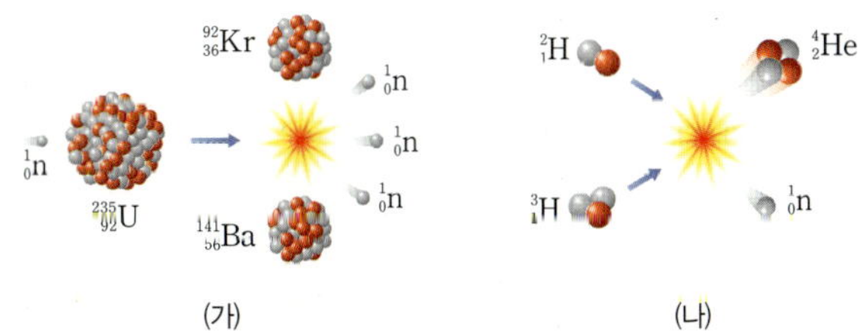

(1) 핵분열을 나타내는 것을 쓰시오.

(2) 핵융합을 나타내는 것을 쓰시오.

개념 ① 질량·에너지 동등성

(족집게 전략) 물체의 속력이 증가할수록 상대적인 질량이 증가하고, 질량·에너지 동등성에 의해 질량은 에너지로, 에너지는 질량으로 전환될 수 있다는 것을 알고 문제를 풀어야 해.

217 단골 문제

그림은 관찰자 C에 대해 관찰자 A, B가 탄 우주선이 각각 $0.7c$, $0.2c$의 속력으로 서로 반대 방향으로 운동하고, 양성자가 A와 나란하게 C에 대해 $0.7c$의 속력으로 운동하는 것을 나타낸 것이다.

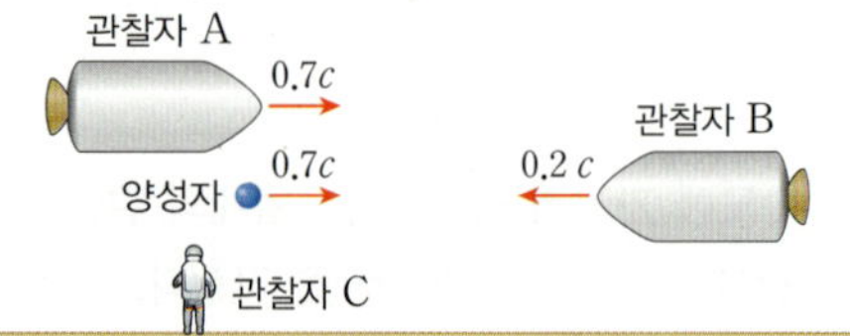

이에 대한 설명으로 옳은 것만을 〈보기〉에서 있는 대로 고른 것은? (단, c는 빛의 속력이다.)

> 보기
>
> ㄱ. 양성자의 질량은 A가 측정할 때가 가장 크다.
> ㄴ. 양성자의 에너지는 B가 측정할 때가 가장 크다.
> ㄷ. C가 측정할 때 A의 시간은 B의 시간보다 느리게 간다.

① ㄱ   ② ㄴ   ③ ㄱ, ㄷ
④ ㄴ, ㄷ   ⑤ ㄱ, ㄴ, ㄷ

추가로 나오는 선택지

❶ A가 측정한 양성자의 질량은 정지 질량이다.   (   )

❷ C의 시간은 A가 측정할 때가 B가 측정할 때보다 느리게 간다.   (   )

218

질량과 에너지에 대한 설명으로 옳지 <u>않은</u> 것은?

① 물체의 속력이 클수록 질량이 증가한다.
② 질량은 에너지로 전환될 수 있다.
③ 에너지는 질량으로 전환될 수 없다.
④ 물체의 속력이 클수록 전환되는 에너지도 증가한다.
⑤ 물체의 질량은 물체와 관찰자의 상대 속도에 따라 달라질 수 있다.

개념 ② 핵반응과 에너지

(족집게 전략) 핵반응에는 핵분열과 핵융합이 있고, 핵분열과 핵융합 과정에서 질량이 결손되면서 결손된 질량에 해당하는 에너지가 발생한다는 것을 알고 문제를 풀어야 해.

219 단골 문제

그림은 태양의 중심에서 일어나는 수소 핵융합을 모식적으로 나타낸 것으로, 4개의 수소 원자핵(H)이 융합하여 하나의 헬륨 원자핵(He)이 되는 과정에서 에너지가 발생한다.

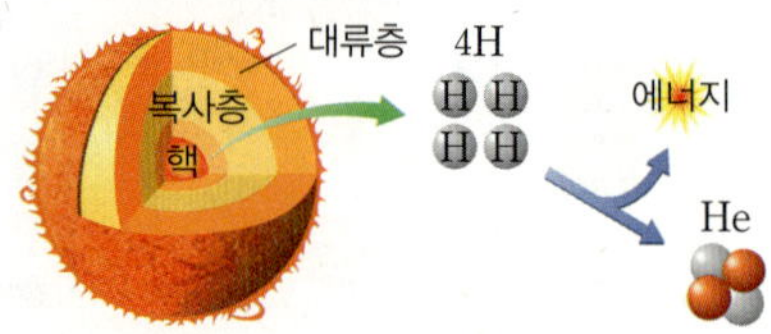

이에 대한 설명으로 옳은 것만을 〈보기〉에서 있는 대로 고른 것은?

> 보기
>
> ㄱ. 핵융합 과정에서 질량 결손이 발생한다.
> ㄴ. 수소 핵융합 과정에서 발생하는 에너지는 질량·에너지 동등성에 의한 것이다.
> ㄷ. 태양의 질량은 일정하게 보존된다.

① ㄱ   ② ㄷ   ③ ㄱ, ㄴ
④ ㄴ, ㄷ   ⑤ ㄱ, ㄴ, ㄷ

추가로 나오는 선택지

❶ 수소 원자핵 4개의 질량은 헬륨 원자핵 1개의 질량과 같다.   (   )

❷ 태양의 질량은 감소하고 있다.   (   )

220 서술형

그림은 양성자 2개와 중성자 2개가 핵반응하여 헬륨 원자핵 1개가 되는 것을 모식적으로 나타낸 것이다. 양성자 1개의 질량은 1.0073 u, 중성자 1개의 질량은 1.0087 u, 헬륨 원자핵 1개의 질량은 4.0015 u이다.

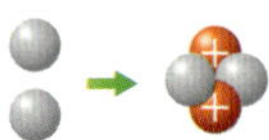

이 핵반응 과정에서 질량 결손에 의해 발생하는 에너지를 과정과 함께 서술하시오. (단, 1 u는 원자 질량 단위, 빛의 속력은 c이다.)

221

그림은 지표면의 관찰자 A에 대해 각각 속도 $0.99c$로 운동하는 관찰자 B가 탄 우주선과 뮤온을 나타낸 것이다. A가 측정한 뮤온과 지표면 사이의 거리는 L_0이고, 뮤온의 정지 질량은 m_0이다.

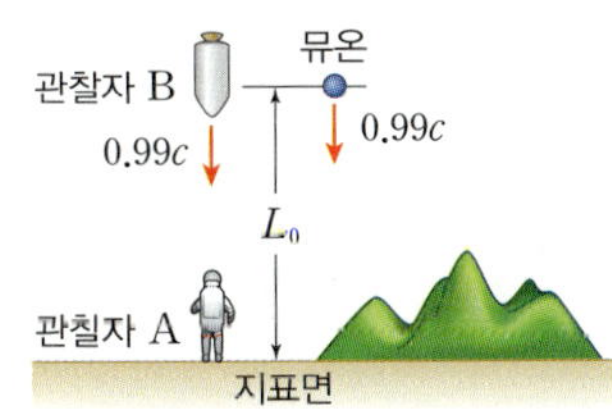

이에 대한 설명으로 옳은 것만을 〈보기〉에서 있는 대로 고른 것은? (단, c는 빛의 속력이다.)

보기

ㄱ. A가 측정한 뮤온의 질량은 m_0이다.
ㄴ. B가 측정한 뮤온의 에너지는 $m_0 c^2$이다.
ㄷ. 뮤온의 좌표계에서 측정한 지표면까지의 거리는 L_0이다.

① ㄱ   ② ㄴ   ③ ㄱ, ㄷ
④ ㄴ, ㄷ   ⑤ ㄱ, ㄴ, ㄷ

222

그림은 핵반응 과정을 모식적으로 나타낸 것으로 우라늄($^{235}_{92}$U)은 중성자($^{1}_{0}$n)를 흡수하여 크립톤($^{92}_{36}$Kr)과 바륨($^{141}_{56}$Ba)으로 나누어지면서 에너지와 3개의 ㉠을 방출한다.

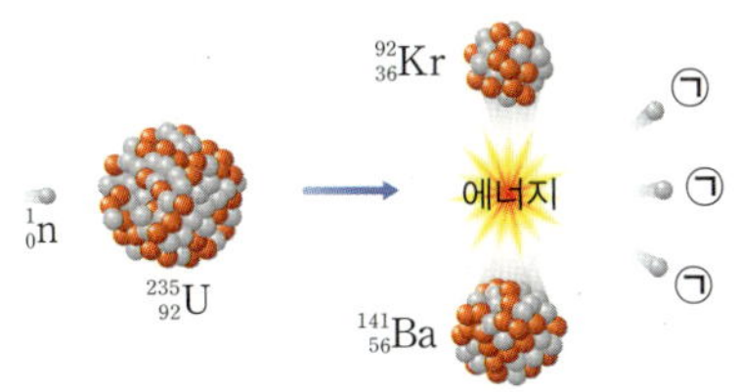

이에 대한 설명으로 옳은 것만을 〈보기〉에서 있는 대로 고른 것은?

보기

ㄱ. 핵분열 과정이나.
ㄴ. 에너지는 질량 결손에 의해 방출된 것이다.
ㄷ. ㉠은 전자이다.

① ㄱ   ② ㄷ   ③ ㄱ, ㄴ
④ ㄴ, ㄷ   ⑤ ㄱ, ㄴ, ㄷ

223

그림은 중수소($^{2}_{1}$H)와 삼중수소($^{3}_{1}$H)가 결합하여 $17.6\ \mathrm{MeV}$의 에너지와 중성자($^{1}_{0}$n)를 방출하면서 헬륨($^{4}_{2}$He)이 되는 핵융합 과정을 모식적으로 나타낸 것이다.

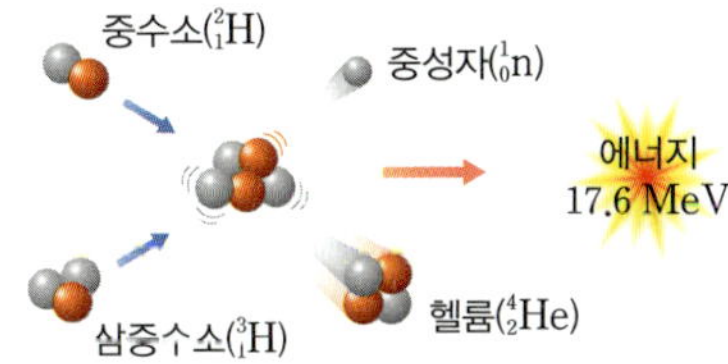

이에 대한 설명으로 옳은 것만을 〈보기〉에서 있는 대로 고른 것은?

보기

ㄱ. 중수소와 삼중수소의 질량의 합은 헬륨과 중성자의 질량의 합보다 크다.
ㄴ. $17.6\ \mathrm{MeV}$는 핵융합 과정에서 결손된 질량에 해당하는 에너지이다.
ㄷ. 중수소와 삼중수소의 양성자수는 같다.

① ㄱ   ② ㄷ   ③ ㄱ, ㄴ
④ ㄴ, ㄷ   ⑤ ㄱ, ㄴ, ㄷ

224 고난도

다음은 핵반응 과정을 나타낸 것으로, (가)와 (나)는 핵분열과 핵융합 과정 중 하나이다.

> (가) $2\ ^{2}_{1}\mathrm{H} \rightarrow\ ^{3}_{2}\mathrm{He} + \boxed{㉠} + 에너지$
> (나) $^{235}_{92}\mathrm{U} + \boxed{㉠} \rightarrow\ ^{92}_{36}\mathrm{Kr} +\ ^{ⓒ}_{56}\mathrm{Ba} + 3\boxed{㉠} + 에너지$

이에 대한 설명으로 옳은 것만을 〈보기〉에서 있는 대로 고른 것은?

보기

ㄱ. (가)는 핵분열 과정이다.
ㄴ. ㉠은 중성자($^{1}_{0}$n)이다.
ㄷ. ⓒ은 143이다.

① ㄱ   ② ㄴ   ③ ㄷ
④ ㄱ, ㄴ   ⑤ ㄴ, ㄷ

II

물질과 전자기장

II-1 전기

1. 전자의 에너지 준위
- 원자의 구성 입자
- 전기력
- 스펙트럼
- 보어의 원자 모형과 전자의 전이

2. 에너지띠와 반도체
- 고체 원자의 에너지 준위와 에너지띠
- 반도체와 다이오드

II-2 자기

1. 자기장과 물질의 자성
- 전류에 의한 자기장
- 물질의 자성

2. 전자기 유도
- 전자기 유도
- 전자기 유도의 이용

II 물질과 전자기장

01 전자의 에너지 준위

개념 ❶ 원자의 구성 입자

→ 원자핵과 전자로 이루어져 있다.

1. 원자 모형의 발전

톰슨 원자 모형 (→1897년)	러더퍼드 원자 모형 (→1911년)	보어 원자 모형 (→1913년)
(+)전하의 바다 / 전자	원자핵 / 전자	전자 / 원자핵
양(+)전하를 띤 원자의 바다에 전자가 균일하게 분포	전자가 원자핵을 중심으로 임의의 궤도에서 원운동	전자가 원자핵을 중심으로 특정한 궤도에서 원운동

2. 전자의 발견

→ 진공 상태의 방전관에 높은 전압을 걸어 주면 (−)극에서 (+)극 쪽으로 밝은 선이 나온다. 이 선을 음극선이라 하였다.

(1) **톰슨의 음극선 실험 결과**: 음극선이 음(−)전하를 띤 입자의 흐름이며, 이 입자를 전자라고 한다.

전기장을 걸어 준 경우		자기장을 걸어 준 경우	
음극선 (−)극 / (+)극	전기장에 의해 (+)극 쪽으로 휘어진다. ➡ 전기력을 받기 때문이다.	N극 / S극	자기장에 의해 위쪽으로 휘어진다. ➡ 자기력을 받기 때문이다.

(2) **전자의 전하량**: $e=1.6\times10^{-19}$ C(쿨롬)이다.

3. 원자핵의 발견: 러더퍼드는 알파(α) 입자 산란 실험을 통해 원자의 중심에는 밀도가 매우 크고 (+)전하를 띠는 입자가 존재한다는 것을 알아내었다.

→ 원자핵

러더퍼드가 알파(α) 입자 산란 실험 결과	
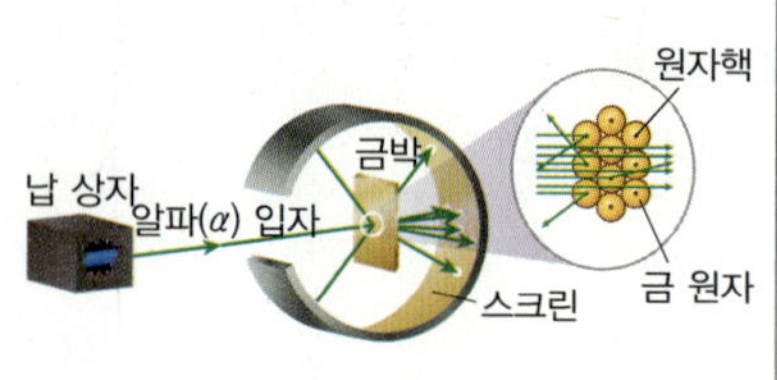	• 대부분의 알파(α) 입자는 금박을 통과하여 직진한다. • 소수의 알파(α) 입자는 큰 각도로 휘어지거나 입사 방향의 거의 정반대 방향으로 되돌아 나온다. → 원자의 중심에 (+)전하를 띤 입자가 좁은 공간에 존재한다.

개념 ❷ 전기력

→ 두 전하 사이에 작용하는 힘

1. 전기력의 종류: 같은 종류의 전하 사이에는 척력이 작용하고, 반대 종류의 전하 사이에는 인력이 작용한다.

→ 서는 미는 힘
→ 서로 끌어당기는 힘

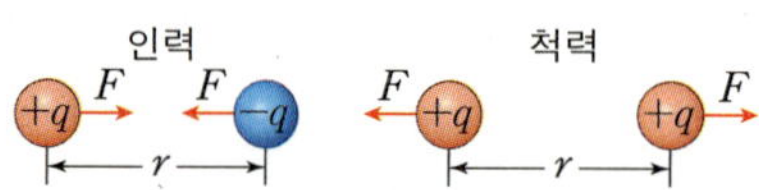

2. 전기력의 크기(쿨롱 법칙): 두 전하 사이에 작용하는 전기력의 크기(F)는 두 전하량(q_1, q_2)의 곱에 비례하고, 두 전하 사이의 거리(r)의 제곱에 반비례한다.

$$F=k\frac{q_1 q_2}{r^2}\ (\text{진공에서 쿨롱 상수 } k=9.0\times10^{9}\ \text{N·m}^2/\text{C}^2)$$

3. 원자에 속박된 전자: 전자와 원자핵 사이에 작용하는 전기력이 전자를 원자 내에 묶어 두는 역할을 한다.

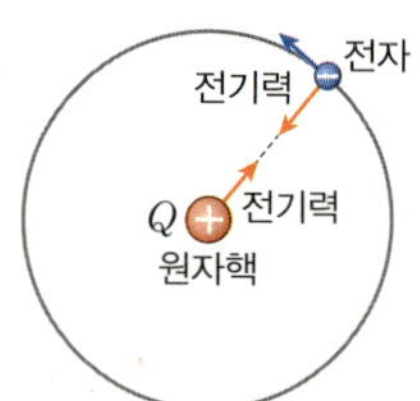

개념 ❸ 스펙트럼

→ 빛이 프리즘이나 분광기를 통과할 때 파장에 따라 나누어진 빛의 띠

1. 연속 스펙트럼: 햇빛이나 백열등이 프리즘을 통과했을 때 빛의 띠가 모든 파장에서 연속적으로 나타나는 스펙트럼

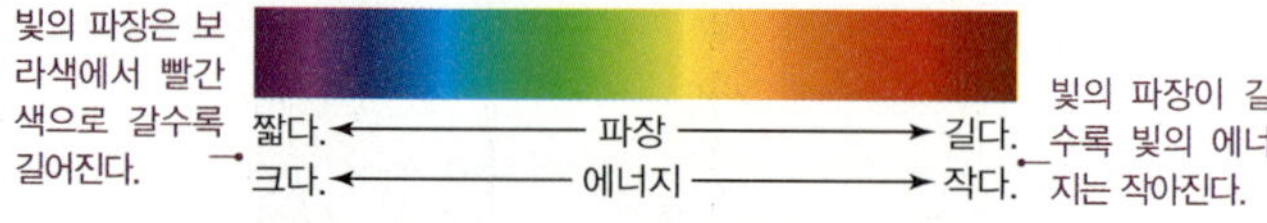

빛의 파장은 보라색에서 빨간색으로 갈수록 길어진다.

| 짧다. ◄ 파장 ► 길다. |
| 크다. ◄ 에너지 ► 작다. |

빛의 파장이 길수록 빛의 에너지는 작아진다.

2. 선 스펙트럼: 고온의 기체에서 방출되는 고유한 파장의 빛에 의해 검은 바탕에 특정한 파장에 해당하는 선만 밝게 나타난다.

→ 방출 스펙트럼
→ 기체의 종류에 따라 밝은 선의 위치와 개수가 다르다.

3. 흡수 스펙트럼: 백색광을 저온의 기체에 통과시켰을 때 특정한 파장의 빛들만 흡수되어 연속 스펙트럼에 검은 선으로 나타난다.

같은 기체의 방출 스펙트럼과 흡수 스펙트럼

개념 ❹ 보어의 원자 모형과 전자의 전이

1. 보어의 원자 모형: 원자의 중심에 있는 원자핵을 중심으로 특정한 궤도에서 원운동한다.

→ 궤도와 궤도 사이에는 전자가 존재할 수 없다.
→ 전자가 전자기파를 방출하지 않고 안정하게 존재한다.

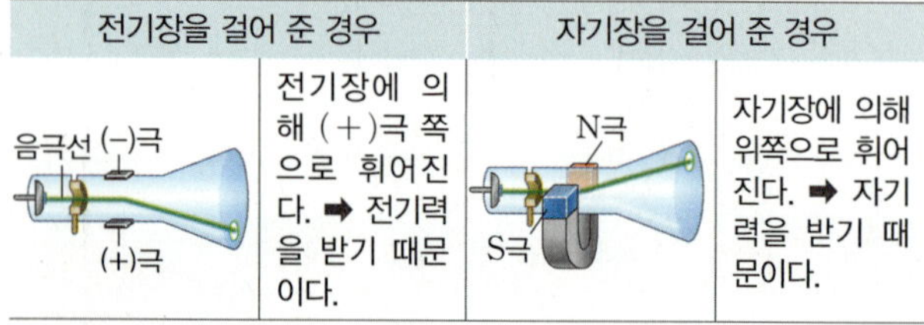

(1) **궤도와 양자수**: 원자 내의 전자는 특정한 에너지 값을 갖는 궤도에서만 회전할 수 있고, 이때 허용되는 궤도의 순서인 정수 n을 궤도의 양자수라고 한다.

(2) **에너지의 양자화**: 전자가 돌고 있는 궤도와 가질 수 있는 에너지는 양자수에 따라 결정되며 불연속적이다.

(3) **에너지 준위**: 원자핵 주위에 존재하는 전자가 갖는 불연속적인 에너지 상태로, 원자핵에서 멀어질수록 에너지 준위가 커진다.

① **바닥상태**: 전자들이 낮은 에너지 준위에 놓여 있어 가장 안정적인 상태

② **들뜬상태**: 바닥상태의 전자가 에너지를 흡수해 높은 에너지 준위로 이동한 상태

2. **전자의 전이**: 전자가 에너지를 흡수 또는 방출하면서 다른 에너지 준위로 이동하는 것

(1) **에너지의 흡수와 방출**: 전자가 전이할 때 두 에너지 준위의 차이에 해당하는 빛을 흡수하거나 방출한다.

구분	에너지 흡수	에너지 방출
전자의 전이	전자가 에너지를 흡수하면 높은 에너지 준위로 이동한다.	전자가 에너지를 방출하면 낮은 에너지 준위로 이동한다.

(2) **전자가 전이할 때 광자의 에너지**: 전자가 전이할 때 방출하거나 흡수하는 빛, 즉 광자 1개의 에너지 $E_{광자}$는 두 궤도의 에너지 준위 차이와 같으며, 빛의 진동수 f에 비례한다.

$$E_{광자}=|E_n-E_m|=hf=\frac{hc}{\lambda} \text{ (플랑크 상수 } h: 6.63\times10^{-34} \text{ J·s)}$$

자료 분석 — 수소 원자의 에너지 준위와 선 스펙트럼

❶ **수소 원자의 에너지 준위**: 수소 원자의 에너지 준위는 불연속적이며 다음과 같다.

$$E_n=-\frac{13.6}{n^2}\text{ eV}(n=1,\ 2,\ 3\cdots)$$

❷ **수소 원자의 선 스펙트럼 계열**

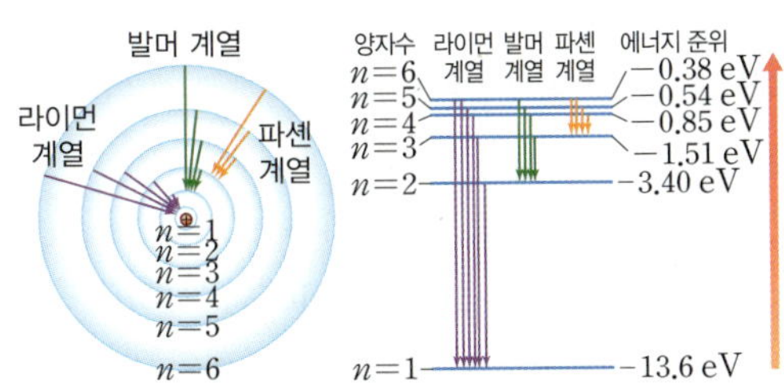

구분	라이먼 계열	발머 계열	파셴 계열
전자의 전이	전자기 $n\geq2$인 궤도에서 $n=1$인 궤도로 전이	전자가 $n\geq3$인 궤도에서 $n=2$인 궤도로 전이	전자가 $n>4$인 궤도에서 $n=3$인 궤도로 전이
방출하는 빛	자외선 영역 → 눈에 보이지 않음	가시광선 영역 → 눈에 보임	적외선 영역 → 눈에 보이지 않음
물리량 비교	• 에너지, 진동수: 라이먼 계열>발머 계열>파셴 계열 • 파장: 라이먼 계열<발머 계열<파셴 계열		

정답 및 해설 | 27쪽

225

다음은 음극선에 대한 설명이다.

> 톰슨은 진공 상태의 방전관에 높은 전압을 걸어 주면 밝은 선이 나온다는 것을 발견하였다. 이 선은 (−)극에서 발생하므로 음극선이라고 한다. 톰슨의 실험을 통해 음극선은 ⑦ 전하를 띤 입자의 흐름이라는 것이 밝혀졌다. 이 입자를 ⑥ 라고 한다.

⑦, ⑥에 들어갈 알맞은 내용을 쓰시오.

226

다음은 1911년 러더퍼드가 발견한 입자에 대한 설명이다.

> 러더퍼드는 알파(α) 입자 산란 실험을 통해 원자의 중심에는 밀도가 매우 크고 양(+)전하를 띠는 ⑦입자가 존재한다는 것을 알아내었다.

⑦이 무엇인지 쓰시오.

227

전기력에 대한 설명으로 옳은 것은 ○, 옳지 <u>않은</u> 것은 ×로 표시하시오.

(1) 같은 종류의 전하 사이에는 척력이 작용한다. (　　　)

(2) 두 전하 사이에 작용하는 전기력의 크기는 전하 사이의 거리가 멀수록 크다. (　　　)

228

□ 안에 들어갈 알맞은 내용을 쓰시오.

(1) □ 스펙트럼은 햇빛이나 백열등에서 나오는 빛의 스펙트럼이다.

(2) 수소 기체가 들어 있는 유리관에 높은 전압을 걸어 줄 때 방출하는 빛을 분산시키면, 불연속적인 □ 스펙트럼이 나타난다.

229

보어의 원자 모형에 대한 설명으로 옳은 것은 ○, 옳지 <u>않은</u> 것은 ×로 표시하시오.

(1) 전자는 특정한 에너지 값을 가진 궤도에서만 원운동을 한다. (　　　)

(2) 전자가 전이할 때 두 궤도의 에너지 준위의 차이가 클수록 파장이 긴 빛을 방출한다. (　　　)

개념 ❶ 원자의 구성 입자

족집게 전략 원자를 구성하고 있는 입자는 전자와 원자핵이라는 것을 알아야 해. 전자는 톰슨이 음극선 실험 결과를 통해, 원자핵은 러더퍼드가 알파(α) 입자 산란 실험을 통해 알아내었어.

230 단골 문제

다음은 입자 A를 발견한 실험 과정과 결과이다.

> **[실험 과정]**
> 그림과 같이 얇은 금박에 알파(α) 입자를 쪼인 후 산란되는 경로를 관찰한다.
>
> 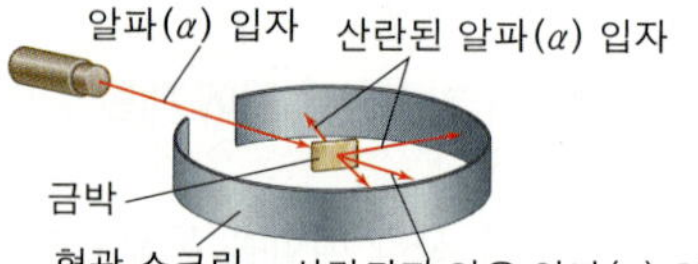
>
>
> **[실험 결과]**
> 대부분의 ㉠알파(α) 입자는 금박을 통과하여 직진하고, 소수의 ㉡알파(α) 입자가 큰 각도로 휘거나 튕겨나온다.

이에 대한 설명으로 옳은 것만을 〈보기〉에서 있는 대로 고른 것은?

> 보기
> ㄱ. A는 원자핵이다.
> ㄴ. ㉠은 원자의 대부분이 빈 공간이기 때문이다.
> ㄷ. ㉡은 원자의 중심에는 양($+$)전하를 띤 원자핵이 존재하기 때문이다.

① ㄱ   ② ㄴ   ③ ㄱ, ㄷ
④ ㄴ, ㄷ   ⑤ ㄱ, ㄴ, ㄷ

추가로 나오는 **선택지**

❶ 원자 질량의 대부분은 전자의 질량이다.   (   )
❷ 입자 A와 알파(α) 입자 사이에는 서로 밀어내는 전기력이 작용한다.   (   )

231

그림 (가)는 진공관의 양쪽에 높은 전압을 걸어 주었을 때 ($-$)극에서 방출된 음극선의 진행 경로가 전기장에 의해서 휘어지는 모습을 나타낸 것이다. 그림 (나)는 (가)의 전기장 대신에 자기장을 걸어 준 모습을 나타낸 것이다.

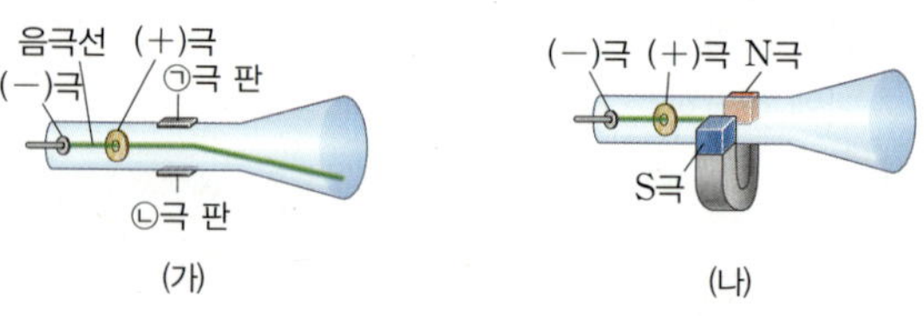

이에 대한 설명으로 옳은 것만을 〈보기〉에서 있는 대로 고른 것은?

> 보기
> ㄱ. ㉠은 ($+$)극 판, ㉡은 ($-$)극 판이다.
> ㄴ. 음극선은 음($-$)전하를 띠고 있다.
> ㄷ. (나)에서 음극선은 자기장에서 직진한다.

① ㄱ   ② ㄴ   ③ ㄱ, ㄴ
④ ㄱ, ㄷ   ⑤ ㄴ, ㄷ

개념 ❷ 전기력

족집게 전략 두 전하 사이에 작용하는 전기력의 크기(F)는 두 전하량(q_1, q_2)의 곱에 비례하고, 두 전하 사이의 거리(r)의 제곱에 반비례 해.

232 단골 문제

그림은 점전하 A, B가 각각 $x=0$, $x=3d$인 지점에 고정되어 있는 모습을 나타낸 것이다. 양($+$)전하를 띠고 있는 입자 P를 $x=d$에 놓았을 때 받는 전기력은 0이고, $x=2d$에 놓았을 때 받는 전기력의 방향은 $-x$ 방향이다.

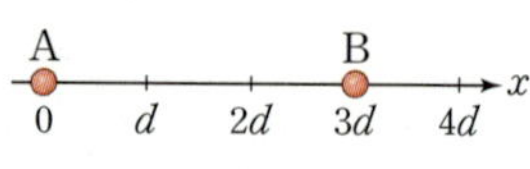

이에 대한 설명으로 옳지 **않은** 것은?

① A는 양($+$)전하이다.
② A가 B에 작용하는 전기력의 방향은 $+x$ 방향이다.
③ 전하량의 크기는 B가 A의 2배이다.
④ P가 $x=4d$에 놓았을 때 받는 전기력의 방향은 $+x$ 방향이다.
⑤ P가 받는 전기력의 크기는 $x=4d$에 놓았을 때가 $x=2d$에 놓았을 때보다 크다.

추가로 나오는 **선택지**

❶ B는 음($-$)전하이다.   (   )
❷ A와 B 사이에는 서로 잡아당기는 전기력이 작용한다. (   )

233 중요

그림과 같이 x축 상에 두 점전하 A, B가 점 P, Q와 같은 간격만큼 떨어져 고정되어 있다. 화살표는 양(+)전하로 대전된 물체를 P와 Q로 이동시켜 놓았을 때 물체가 받는 힘의 상대적인 크기와 방향을 나타낸 것이다.

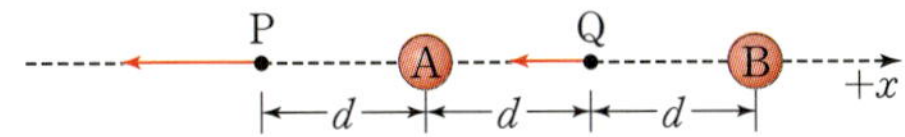

이에 대한 설명으로 옳은 것만을 〈보기〉에서 있는 대로 고른 것은?

보기

ㄱ. A는 양(+)전하이다.
ㄴ. A가 B에게 작용하는 전기력의 방향은 $+x$ 방향이다.
ㄷ. 전하량의 크기는 A가 B보다 크다.

① ㄱ   ② ㄷ   ③ ㄱ, ㄴ
④ ㄴ, ㄷ   ⑤ ㄱ, ㄴ, ㄷ

234 서술형

다음은 전기력에 대한 설명이다.

> 그림과 같이 전하량이 각각 $+3Q$, $-Q$인 같은 크기의 동일한 금속구 A, B를 거리 r만큼 떨어뜨려 놓았더니, A에는 ㉠ 방향으로 크기가 ㉡F인 전기력의 크기가 작용하였다.
>
> 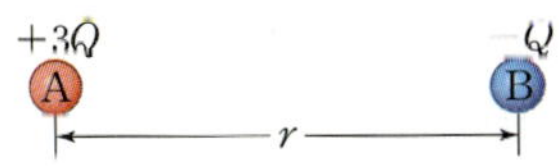

㉠의 방향을 쓰고, ㉡을 계산하는 과정과 함께 답을 쓰시오. (단, 쿨롱 상수는 k이다.)

족집게 전략 햇빛이나 백열등이 프리즘을 통과하였을 때 빛의 띠가 모든 파장에서 연속적으로 나타나는 연속 스펙트럼이 나타나고, 고온의 기체에서 방출되는 고유한 파장의 빛에 의해 검은 바탕에 특정한 파장에 해당하는 선(방출선)만 밝게 나타나는 스펙트럼은 선 스펙트럼이야.

235 단골 문제

그림 (가)는 백열등에서 나오는 빛, 수소 기체 방전관에서 나오는 빛, 저온의 기체 P가 들어 있는 관을 통과한 백열등의 빛을 분광기로 관찰하는 모습을, (나)는 (가)의 결과를 순서 없이 나타낸 것이다.

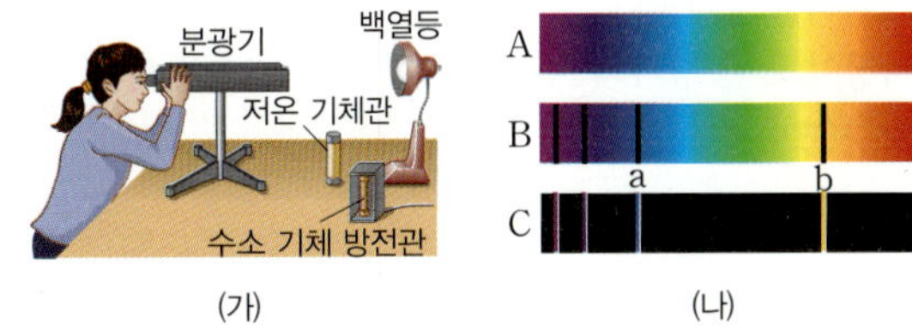

이에 대한 설명으로 옳지 않은 것은?

① A는 백열등에서 나오는 빛의 스펙트럼이다.
② A에서 오른쪽으로 갈수록 빛의 파장은 짧다.
③ P는 수소 기체이다.
④ 수소 원자의 에너지 준위는 불연속적이다.
⑤ 빛의 진동수는 a가 b보다 크다.

추가로 나오는 선택지

❶ A에서 오른쪽으로 갈수록 빛의 진동수는 커진다. (   )
❷ B는 저온의 기체 P가 들어 있는 관을 통과한 백열등 빛의 스펙트럼이다. (   )

236 서술형

그림은 햇빛을 프리즘에 통과시켰을 때 나타나는 스펙트럼을 나타낸 것이다.

(1) 스펙트럼의 종류를 쓰시오.
(2) ㉠에 들어갈 수 있는 물리량을 쓰고, 그 이유를 서술하시오.

237

그림은 유리관 속에 수소 기체를 넣고 전압을 걸어 주었을 때 수소 기체에서 방출되는 빛의 스펙트럼의 일부를 나타낸 것이다.

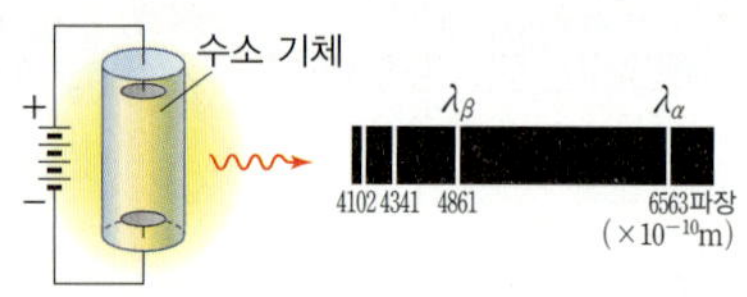

이에 대한 설명으로 옳은 것만을 〈보기〉에서 있는 대로 고른 것은?

보기

ㄱ. 수소 원자에 있는 전자의 에너지는 양자화되어 있다.

ㄴ. 수소 원자에 있는 전자가 전이하며 빛을 방출할 때 전자의 에너지는 증가한다.

ㄷ. 파장이 λ_α인 광자의 에너지는 파장이 λ_β인 광자의 에너지보다 크다.

① ㄱ   ② ㄴ   ③ ㄱ, ㄷ

④ ㄴ, ㄷ   ⑤ ㄱ, ㄴ, ㄷ

개념 ❹ 보어의 원자 모형과 전자의 전이

족집게 전략   원자에 속박된 전자가 가지는 에너지 준위는 불연속적이고 전자가 안정한 궤도 사이를 전이할 때 두 궤도의 에너지 차이에 해당하는 빛을 방출하거나 흡수해. 이때 방출하는 광자 1개의 에너지는 $hf = h\dfrac{c}{\lambda}$ 로 나타낼 수 있어.

238   단골 문제

그림은 보어의 수소 원자 모형에서 양자수 n에 따른 전자의 궤도를 나타낸 것이다. A는 $n=4$에서 $n=2$로, B는 $n=3$에서 $n=2$인 궤도로 전자가 전이하는 과정을 나타낸 것이다.

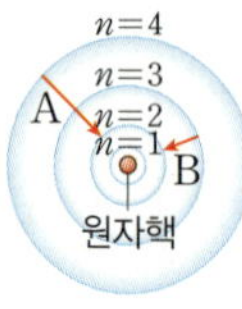

이에 대한 설명으로 옳은 것은?

① 전자가 갖는 에너지 준위는 연속적이다.

② 전자는 $n=1$인 궤도에 있을 때 가장 안정한 상태이다.

③ 전자의 에너지 준위는 $n=2$에서가 $n=3$에서보다 높다.

④ A와 B에서 방출되는 광자 1개의 에너지는 같다.

⑤ A에서 방출되는 빛은 적외선이다.

추가로 나오는 선택지

❶ A에서 방출하는 빛의 파장은 B에서 방출하는 빛의 파장보다 길다.   ( )

❷ B에서 방출되는 빛은 가시광선이다.   ( )

239

다음은 수소에 대한 보어의 원자 모형을 설명한 것이다.

- 에너지 준위: 수소에 대한 보어의 원자 모형에서 양자수 n에 따른 전자의 에너지 준위는 다음과 같다.

양자수(n)	1	2	3	4	…	∞
에너지 준위(eV)	−13.60	−3.40	−1.51	−0.85		0

- 전자의 전이: 바닥상태의 전자가 12.75 eV의 에너지를 가진 전자기파를 흡수하여 양자수 $n=$ ㉠ 인 궤도로 전이하였다가 2.55 eV의 에너지를 가진 <u>㉡전자기파</u>를 방출하고 양자수 ㉢ 인 궤도로 전이하였다.

이에 대한 설명으로 옳은 것만을 〈보기〉에서 있는 대로 고른 것은?

보기

ㄱ. ㉠ + ㉢ = 6이다.

ㄴ. ㉡은 적외선이다.

ㄷ. 수소 원자는 에너지가 3.6 eV인 빛을 흡수할 수 있다.

① ㄱ   ② ㄴ   ③ ㄱ, ㄷ

④ ㄴ, ㄷ   ⑤ ㄱ, ㄴ, ㄷ

240   중요

그림 (가)는 보어의 수소 원자 모형에서 양자수 n에 따른 에너지 준위와 전자의 전이 ㉠, ㉡, ㉢을 나타낸 것이고, (나)는 (가)에서 전자의 전이가 일어날 때 방출되는 빛의 선 스펙트럼을 파장에 따라 나타낸 것이다. λ_1, λ_2는 각각 ㉠, ㉡, ㉢ 중 하나에 의해 나타난 스펙트럼이다.

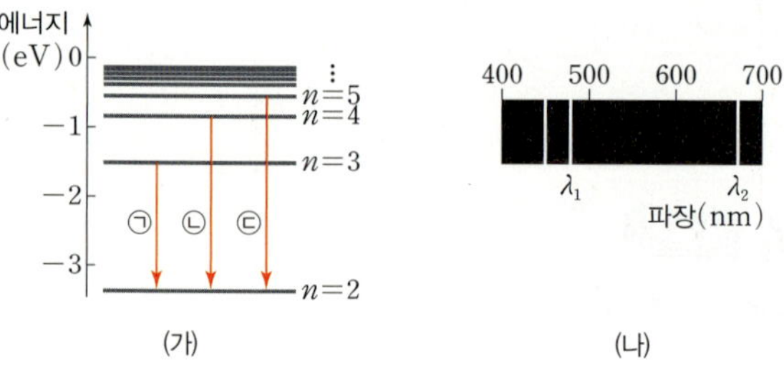

이에 대한 설명으로 옳은 것만을 〈보기〉에서 있는 대로 고른 것은?

보기

ㄱ. 방출되는 광자의 한 개의 에너지는 ㉠에서가 ㉡에서보다 작다.

ㄴ. ㉢에서 방출되는 빛의 파장은 λ_2이다.

ㄷ. $n=2$인 궤도에 있는 전자가 파장이 λ_1인 빛을 흡수하면 $n=4$인 궤도로 전이한다.

① ㄱ   ② ㄴ   ③ ㄱ, ㄷ

④ ㄴ, ㄷ   ⑤ ㄱ, ㄴ, ㄷ

241

다음은 음극선의 실험 결과를 정리한 것을 나타낸 것이다.

이에 대한 설명으로 옳은 것만을 〈보기〉에서 있는 대로 고른 것은?

보기

ㄱ. (가)에서 음극선이 전기장을 통과할 때 음극선에 작용하는 전기력의 방향은 전기장의 방향과 같다.

ㄴ. (나)에서 음극선의 진행 경로를 통해 음극선이 음(−)전하를 띠고 있다는 것을 알 수 있다.

ㄷ. (다)에서 음극선은 질량이 있는 입자의 흐름이라는 것을 알 수 있다.

① ㄱ   ② ㄴ   ③ ㄱ, ㄷ
④ ㄴ, ㄷ   ⑤ ㄱ, ㄴ, ㄷ

242

그림 (가)는 x축 상에 서로 다른 전하로 대전된 동일한 도체구 A, B가 고정된 모습을 나타낸 것을, (나)는 (가)의 A, B를 접촉시킨 후 다시 원래 위치에 고정시킨 모습을 나타낸 것이다. A와 B 사이의 중심인 P점에 양(+)전하를 놓았을 때 (가)에서는 전기력 방향이 $+x$ 방향이고, (나)에서는 움직이지 않았다.

이에 대한 설명으로 옳은 것만을 〈보기〉에서 있는 대로 고른 것은?

보기

ㄱ. (가)에서 B는 음(−)전하이다.

ㄴ. A에 작용하는 전기력의 방향은 (가)와 (나)에서 같다.

ㄷ. (가)에서 양(+)전하는 등가속도 운동을 한다.

① ㄱ   ② ㄴ   ③ ㄱ, ㄷ
④ ㄴ, ㄷ   ⑤ ㄱ, ㄴ, ㄷ

243

그림 (가)는 빛의 연속 스펙트럼을, (나)는 백열등에서 나오는 빛이 온도가 낮은 수소 기체를 통과한 후의 스펙트럼을, (다)는 태양의 스펙트럼을 나타낸 것이다.

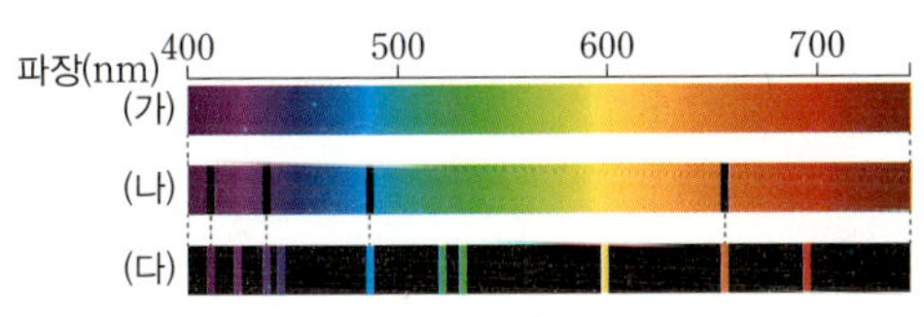

이에 대한 설명으로 옳은 것만을 〈보기〉에서 있는 대로 고른 것은?

보기

ㄱ. (가)는 가열된 헬륨 원자에서 방출되는 빛의 스펙트럼이다.

ㄴ. (나)에서 수소 원자가 가지는 에너지가 양자화되어 있음을 알 수 있다.

ㄷ. 태양의 성분에 수소가 있음을 알 수 있다.

① ㄱ   ② ㄴ   ③ ㄱ, ㄷ
④ ㄴ, ㄷ   ⑤ ㄱ, ㄴ, ㄷ

244 고난도

다음은 수소 원자 스펙트럼에 대한 설명이다.

- 발머 계열: 수소 원자에 있는 전자가 양자수 $n=\boxed{㉠}$인 상태로 전이할 때 방출하는 빛의 스펙트럼이다. 그림에서 f_1, f_2는 발머 계열에서 가장 작은 진동수부터 2개를 나타낸 것이다.
- 라이먼 계열: 수소 원자에 있는 전자가 양자수 $n=1$인 상태로 전이할 때 방출하는 빛의 스펙트럼이다. 그림에서 f_3, f_4는 라이먼 계열에서 가장 작은 진동수부터 2개를 나타낸 것이다.

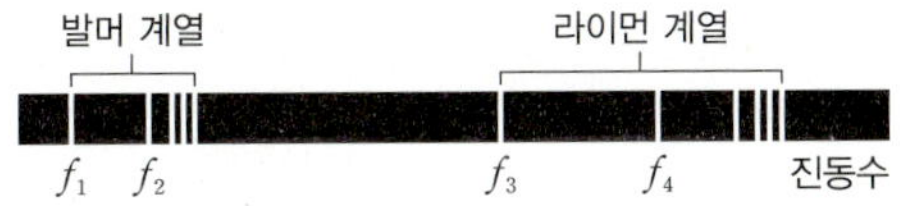

이에 대한 설명으로 옳은 것만을 〈보기〉에서 있는 대로 고른 것은?

보기

ㄱ. ㉠은 2이다.

ㄴ. $f_1+f_2=f_4$이다.

ㄷ. 발머 계열의 가장 짧은 파장은 라이먼 계열의 가장 긴 파장보다 길다.

① ㄱ   ② ㄴ   ③ ㄱ, ㄷ
④ ㄴ, ㄷ   ⑤ ㄱ, ㄴ, ㄷ

02 에너지띠와 반도체

개념 ① 고체 원자의 에너지 준위와 에너지띠

1. 고체의 에너지띠

(1) 고체의 원자가 1개이면 기체처럼 에너지 준위가 명확한 선으로 구분되지만 고체 원자가 2개, 3개로 늘어나면 각각의 에너지 준위들이 미세한 차이를 가지면서 2개, 3개로 갈라진다.

(2) 실제 고체의 에너지 준위는 수많은 원자들이 가깝게 뭉쳐 있기 때문에 에너지 준위들이 밀집하여 하나의 넓은 띠와 같은 연속적인 에너지띠로 존재한다.

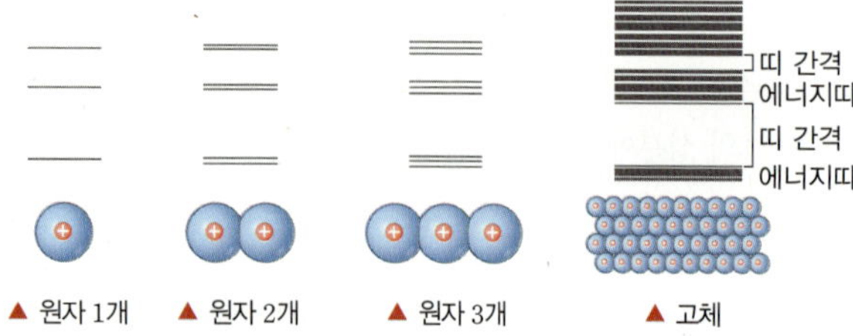

2. 고체의 에너지띠 구조

(1) **허용된 띠**: 고체에서 전자는 에너지띠 영역에만 존재할 수 있기 때문에 에너지띠를 허용된 띠라고 한다.
└→ 전자가 자유롭게 움직이지 못한다.

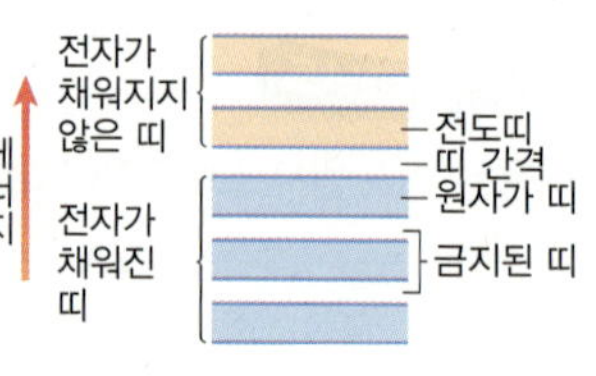

① **원자가 띠**: 원자가 에너지를 최소로 가지고 있는 절대 온도 0 K일 때 원자 내부의 전자는 허용된 띠의 에너지가 가장 낮은 부분부터 채워 나간다. 이때 전자가 존재하는 영역 중에서 에너지 준위가 가장 높은 상태의 에너지띠이다.

② **전도띠**: 원자가 띠 바로 위의 에너지띠로, 전자가 채워져 있지 않다.

(2) **금지된 띠**: 인접한 허용된 띠 사이에는 에너지 간격이 있으며, 전자들은 이곳에 존재할 수 없다.

• **띠 간격**: 전자가 존재할 수 없는 영역으로, 에너지띠 사이의 간격을 말한다.

(3) **에너지띠와 전자의 이동**: 원자가 띠에 전자가 모두 채워져 있는 경우 전자는 자유롭게 이동하지 못하지만 원

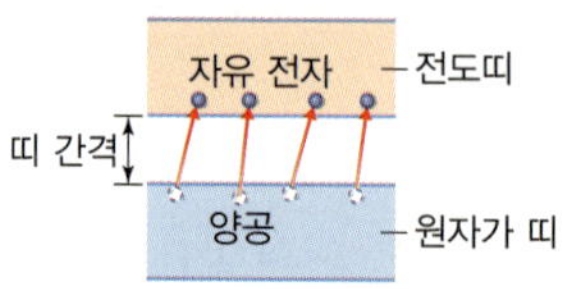

자가 띠의 전자가 띠 간격 이상의 에너지를 흡수하여 전도띠로 옮겨 가면 자유 전자가 되어 전류를 흐르게 할 수 있다.

① **자유 전자**: 원자가 띠에 있는 전자가 띠 간격보다 더 큰 에너지를 얻어 전도띠로 전이된 전자로, 원자 사이를 자유롭게

옮겨 다닌다.

② **양공**: 전자가 원자가 띠에서 전도띠로 전이될 때 원자가 띠에 생기는 빈 자리로, 양(+)전하의 성질을 띤다.

3. 고체의 전기 전도성

(1) 고체의 종류와 전기 전도성

구분	도체	절연체 → 부도체라고도 한다.	반도체
정의	전류가 잘 흐르는 물질	전류가 흐르기 어려운 물질	도체와 절연체의 중간 정도의 물질
에너지띠 구조	원자가 띠에 전자가 일부만 채워져 있고 원자가 띠와 전도띠가 일반적으로 겹쳐져 있어서 띠 간격이 없다.	원자가 띠에 전자가 가득 채워져 있고, 띠 간격이 비교적 넓다.	원자가 띠에 전자가 가득 채워져 있고, 띠 간격이 비교적 좁다.
전자의 이동과 전류 흐름	띠 간격이 없어 약간의 에너지만 흡수해도 전자가 쉽게 전도띠로 이동하여 전류가 잘 흐른다.	띠 간격이 매우 넓어서 전자가 전도띠로 올라 갈 수 없기 때문에 전류가 거의 흐르지 않는다.	띠 간격이 좁아서 전자가 적당한 에너지를 흡수하면 전도띠로 이동하여 전류가 흐를 수 있다.
물질	구리, 은 등 └ 금속 물질	다이아몬드, 석영, 유리 등 └ 비금속 물질	규소(Si), 저마늄(Ge)

(2) **전기 전도도(σ)**: 물질의 전기 전도성을 정량적으로 나타낸 물리량으로, 외부 전압에 의해 고체에서 전자가 자유롭게 이동할 수 있는 정도를 의미한다.

$$\text{전기 전도도}(\sigma) = \frac{1}{\rho} = \frac{l}{RA} \text{ (단위: } \Omega^{-1} \cdot m^{-1})$$
비저항 → 저항 └ 단면적, 물체의 길이

개념 ② 반도체와 다이오드

1. 순수 반도체

(1) 도체와 절연체의 중간 정도의 전기 전도성을 가지고 있는 물질로 원자가 전자가 4개인 규소(Si), 저마늄(Ge)과 같은 반도체이다.

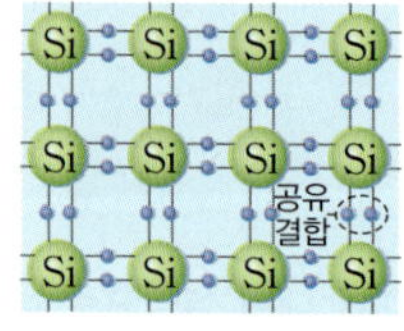

(2) 순수 반도체는 모든 원자가 전자가 공유 결합에 참여 하고 있어 전류가 잘 흐르지 않는다.

2. 불순물 반도체

(1) **도핑**: 순수 반도체에 불순물을 첨가하는 과정으로 전기 전도성이 좋아진다.

(2) **n형 반도체**: 원자가 전자가 4개인 규소(Si)에 원자가 전자가 5개인 비소(As), 인(P), 안티몬(Sb) 등을 첨가하면 5개의

규소에 인(P)를 첨가하면 전도띠 바로 아래에 남는 전자에 의한 새로운 에너지띠가 만들어져 전자가 작은 에너지로도 전도띠로 쉽게 올라가 전류가 흐를 수 있다.

원자가 전자 중 4개는 규소와 결합하고, 남는 전자 1개가 존재한다. 이 전자가 전하 운반자가 되어 전류가 흐르는 반도체이다.

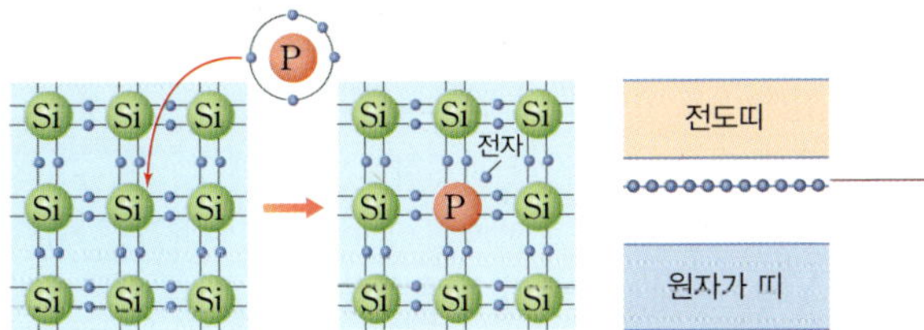

(3) p형 반도체: 원자가 전자가 4개인 규소(Si)에 원자가 전자가 3개인 붕소(B), 알루미늄(Al), 갈륨(Ga) 등을 첨가하면 규소 원자에 비해 전자 1개가 부족하여 전자가 비어 있는 자리인 양공이 생긴다. 이 양공이 전하 운반자가 되어 전류가 흐르는 반도체이다.

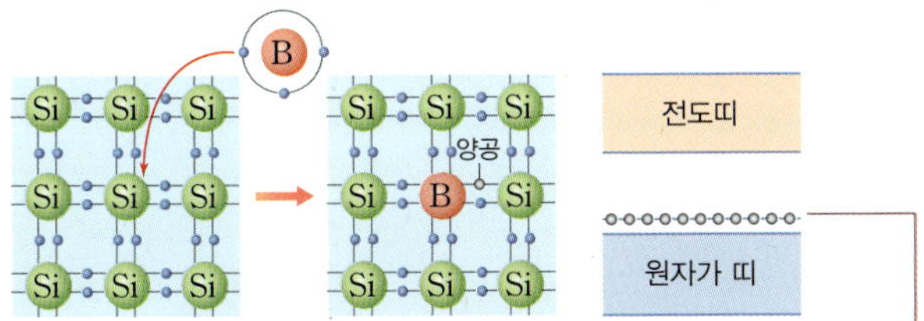

규소에 붕소(B)를 첨가하면 원자가 띠 바로 위에 양공에 의한 새로운 에너지띠가 만들어져 원자가 띠의 전자가 작은 에너지로도 양공의 에너지 준위로 쉽게 올라가 전류가 흐를 수 있다.

3. 다이오드

(1) p−n 접합 다이오드: p형 반도체와 n형 반도체를 접합시켜 양 끝에 전극을 붙인 것으로 전류를 한쪽 방향으로만 흐르게 하는 특성이 있다. 이를 정류 작용이라고 한다.

(2) 바이어스: 다이오드에 흐르는 전류를 조절하기 위해 전압의 크기와 방향을 바꾸는 것이다.

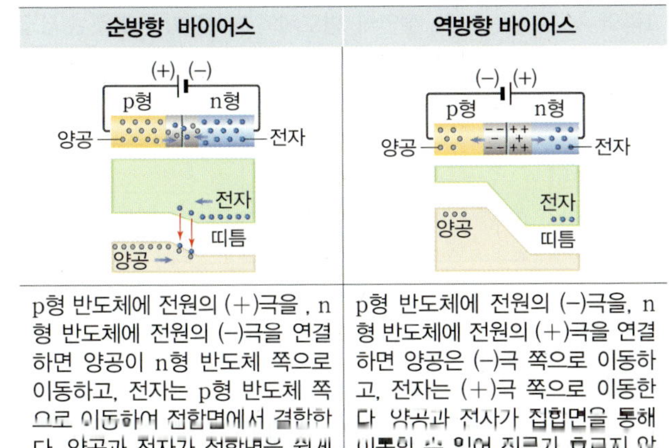

순방향 바이어스	역방향 바이어스
p형 반도체에 전원의 (+)극을 , n형 반도체에 전원의 (−)극을 연결하면 양공이 n형 반도체 쪽으로 이동하고, 전자는 p형 반도체 쪽으로 이동하여 접합면에서 결합한다. 양공과 전자가 접합면을 쉽게 통과하므로 전류가 흐른다.	p형 반도체에 전원의 (−)극을, n형 반도체에 전원의 (+)극을 연결하면 양공은 (−)극 쪽으로 이동하고, 전자는 (+)극 쪽으로 이동한다. 양공과 전자가 접합면을 통해 이동할 수 없어 전류가 흐르지 않는다.

(3) 발광 다이오드(LED): 전자와 양공이 결합하면 띠 간격에 해당하는 에너지만큼의 빛을 방출한다.

① 반도체의 띠 간격에 따라 방출되는 빛의 색이 다르다.

② 전류가 흐를 때 빛이 나는 다이오드로, 신호등, 조명 장치, 전조등, 영상 표시 장치 등에 이용된다.

정답 및 해설 | 29쪽

245

다음은 고체의 에너지띠에 대한 설명이다.

> 고체 내 전자들이 가질 수 있는 에너지띠를 허용된 띠라고 하고, 어떠한 전자도 존재할 수 없는 영역을 금지된 띠라고 한다. 허용된 띠 중에서 전자로 채워진 가장 높은 상태의 에너지띠를 ⑦ 라고 하고, 그 위에 전자가 채워져 있지 않은 에너지띠를 ⓛ 라고 한다.

⑦, ⓛ에 들어갈 알맞은 내용을 쓰시오.

246

그림의 A, B, C는 도체, 반도체, 절연체를 순서 없이 나타낸 것으로, 색칠한 부분은 에너지띠에 전자가 차 있는 것을 나타낸다. A, B, C에 대한 설명으로 옳은 것은 ○, 옳지 않은 것은 ×로 표시하시오.

전도띠		
	전도띠	
		전도띠
원자가 띠	원자가 띠	원자가 띠
A	B	C

(1) A의 원자가 띠에 자유 전자가 존재한다. ( )
(2) 전기 전도성은 C가 B보다 좋다. ( )

247

다음은 불순물 반도체에 대한 설명이다.

> 순수 반도체에 불순물을 첨가하면 p형 반도체와 n형 반도체를 만들 수 있다. p형 반도체는 ⑦ 이/가 전하를 운반하고, n형 반도체는 ⓛ 이/가 전하를 운반한다.

⑦, ⓛ에 들어갈 알맞은 내용을 쓰시오.

248

반도체와 다이오드에 대한 설명으로 옳은 것은 ○, 옳지 않은 것은 ×로 표시하시오.

(1) 순수 반도체에 불순물을 첨가하면 전기 저항이 증가한다. ( )
(2) p형 반도체에 첨가하는 원소의 원자가 전자의 수는 5개이다. ( )
(3) p−n 접합 다이오드는 p형 반도체에 전원의 (+)극을, n형 반도체에 전원의 (−)극을 연결할 때만 전류가 흐른다. ( )

개념 ❶ 고체 원자의 에너지 준위와 에너지띠

(족집게 전략) 고체는 수많은 원자들이 가깝게 뭉쳐 있기 때문에 에너지 준위들이 밀집하여 하나의 넓은 띠와 같은 연속적인 에너지띠로 존재하고, 전자가 채워져 있는 원자가 띠와 전자가 채워져 있지 않은 전도띠의 사이의 띠 간격을 통해서 도체, 절연체, 반도체를 구분할 수 있어야 해.

249 단골 문제

그림은 고체 A, B의 에너지띠 구조를 나타낸 것이다. A, B는 각각 도체와 반도체 중 하나이고, 색칠한 부분은 전자가 차 있는 에너지 준위를 나타낸 것이다.

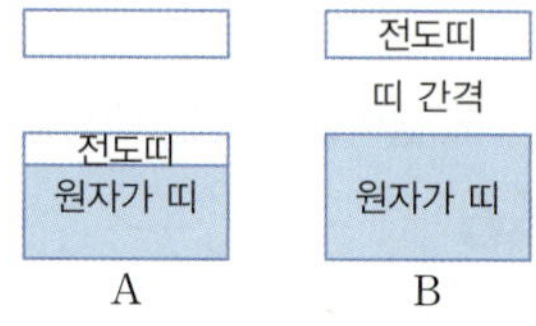

이에 대한 설명으로 옳은 것만을 〈보기〉에서 있는 대로 고른 것은?

보기
ㄱ. A는 도체이다.
ㄴ. 온도가 높을수록 B에서 양공의 수가 줄어든다.
ㄷ. B의 띠 간격은 절연체보다 크다.

① ㄱ 　② ㄴ 　③ ㄱ, ㄷ
④ ㄴ, ㄷ 　⑤ ㄱ, ㄴ, ㄷ

추가로 나오는 선택지
❶ B에서 전자가 원자가 띠에서 전도띠로 전이하면 양공이 생긴다.
（　　　）

250 서술형

다음은 고체의 전기적 성질에 대한 설명이다.

절연체는 띠 간격이 넓어 원자가 띠의 ⟨ ㉠ ⟩이/가 전도띠로 쉽게 갈 수 없기 때문에 전류가 흐르지 못한다. 반면 ⟨ ㉡ ⟩는 띠 간격이 절연체보다 비교적 좁아 원자가 띠에 있는 전자들이 열이나 에너지를 받으면 전도띠로 올라갈 수 있다.

㉠에 들어갈 입자와 ㉡에 해당하는 물질 2가지를 쓰시오.

251

다음은 고체의 에너지띠 구조에 대한 설명이다.

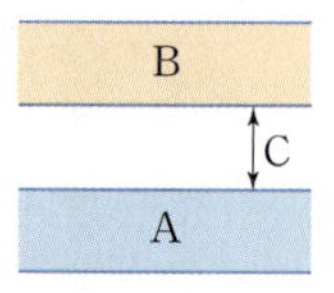

A: 절대 온도 0K일 때 원자의 가장 바깥쪽에 있는 ㉠전자가 차지하고 있는 에너지띠
B: A보다 에너지 준위가 높은 허용된 띠
C: 허용된 띠 사이에 전자가 존재할 수 없는 에너지 간격

이에 대한 설명으로 옳은 것만을 〈보기〉에서 있는 대로 고른 것은?

보기
ㄱ. ㉠은 여러 원자 사이를 자유롭게 이동한다.
ㄴ. B에는 전자가 완전히 채워져 있다.
ㄷ. 절연체는 반도체보다 C가 크다.

① ㄴ 　② ㄷ 　③ ㄱ, ㄴ
④ ㄱ, ㄷ 　⑤ ㄴ, ㄷ

252 (중요)

그림의 A, B, C는 도체, 절연체, 반도체의 에너지띠 구조를 순서 없이 나타낸 것으로, 색칠한 부분은 전자가 채워져 있는 에너지띠를 나타낸 것이다.

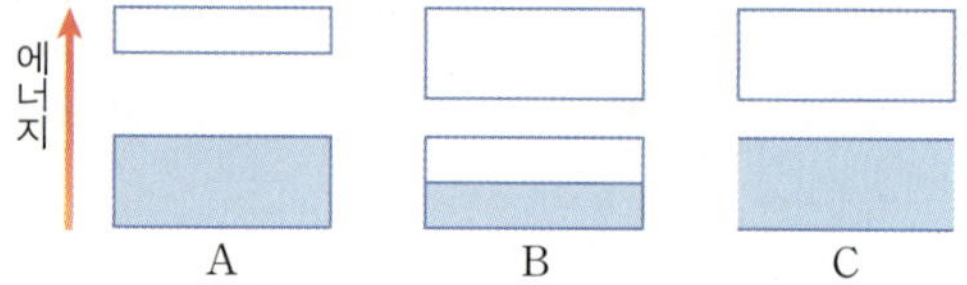

이에 대한 설명으로 옳은 것만을 〈보기〉에서 있는 대로 고른 것은?

보기
ㄱ. A의 원자가 띠에 있는 전자의 개수는 전도띠에 있는 전자의 개수보다 많다.
ㄴ. 상온에서 전기 전도성은 B가 C보다 좋다.
ㄷ. C에서 원자가 띠에 있던 전자는 에너지를 방출하여 전도띠로 전이한다.

① ㄱ 　② ㄴ 　③ ㄱ, ㄴ
④ ㄱ, ㄷ 　⑤ ㄴ, ㄷ

253

그림은 물질 A, B의 에너지띠 구조를 나타낸 것이다.

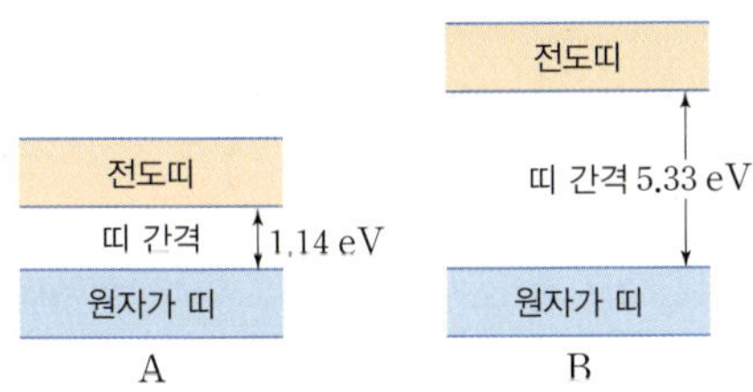

이에 대한 설명으로 옳은 것만을 〈보기〉에서 있는 대로 고른 것은?

보기

ㄱ. A는 고체 상태이다.
ㄴ. B의 원자가 띠의 전자가 전도띠로 이동할 때 흡수하는 에너지의 최솟값은 5.33 eV이다.
ㄷ. 전기 전도성은 A가 B보다 좋다.

① ㄱ ② ㄷ ③ ㄱ, ㄴ
④ ㄴ, ㄷ ⑤ ㄱ, ㄴ, ㄷ

254

그림 (가)는 온도가 T_1일 때 고체의 에너지띠 구조를, (나)는 온도가 T_2일 때 (가)의 원자가 띠에 있던 입자 A가 전도띠로 이동하여 빈자리 B가 생긴 것을 나타낸 것이다.

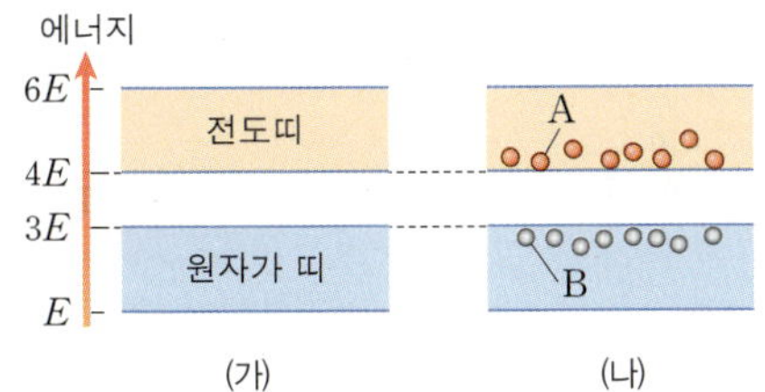

이에 대한 설명으로 옳은 것만을 〈보기〉에서 있는 대로 고른 것은?

보기

ㄱ. $T_1 < T_2$이다.
ㄴ. p형 반도체는 B가 많아지도록 도핑한다.
ㄷ. A가 원자가 띠에서 전도띠로 전이하는 데 필요한 에너지의 최솟값은 E이다.

① ㄱ ② ㄷ ③ ㄱ, ㄴ
④ ㄴ, ㄷ ⑤ ㄱ, ㄴ, ㄷ

개념 ❷ 반도체와 다이오드

족집게 전략 원자 주변의 전자 배열을 보고 순수 반도체, p형 반도체, n형 반도체를 구분할 수 있어야 하고, p−n 접합 다이오드에서 p형 반도체에 전원의 (+)극이, n형 반도체에 전원의 (−)극이 연결되면 다이오드에 순방향 전압이 걸린다는 것을 알아야 해.

255 단골 문제

그림 (가)의 X, Y는 규소(Si)에 각각 비소(As)와 갈륨(Ga)을 도핑한 불순물 반도체를, (나)는 (가)의 X, Y를 접합하여 만든 p−n 접합 다이오드에 순방향 전압이 걸려 있는 모습을 나타낸 것이다.

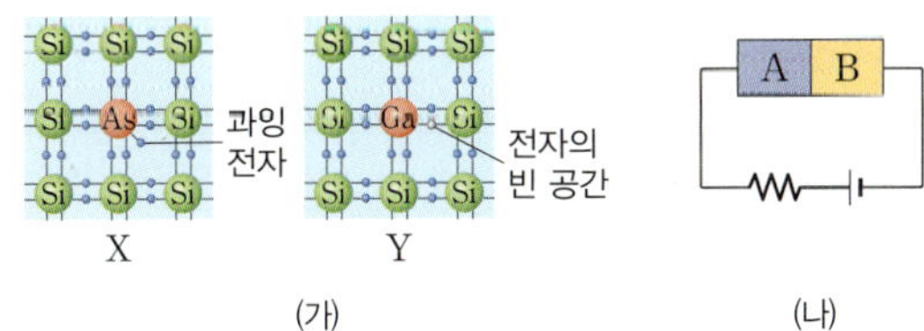

이에 대한 설명으로 옳은 것만을 〈보기〉에서 있는 대로 고른 것은?

보기

ㄱ. A에 해당하는 반도체는 X이다.
ㄴ. 원자가 전자는 비소(As)가 갈륨(Ga)보다 2개 많다.
ㄷ. X의 과잉 전자는 (나)의 다이오드에서 B에서 A 방향으로 이동한다.

① ㄱ ② ㄴ ③ ㄱ, ㄷ
④ ㄴ, ㄷ ⑤ ㄱ, ㄴ, ㄷ

추가로 나오는 선택지

❶ X는 p형 반도체이다.   (   )
❷ 전기 전도성은 Y가 순수 반도체보다 좋다.   (   )

256 서술형

다음은 불순물 반도체에 대한 설명이다.

순수한 반도체에 원자가 전자가 ⓐ 개인 불순물을 첨가하면 공유 결합에 참여하지 못하는 전자를 갖게 되어 불순물 반도체가 된다. 이 전자는 상온에서 약간의 에너지를 흡수하면 에너지띠의 ⓑ 부분으로 올라가 여러 원자 사이를 자유롭게 이동할 수 있다.

(1) 이 글에서 설명하는 불순물 반도체의 종류를 쓰시오.

(2) ⓐ의 숫자와 ⓑ에 들어갈 내용을 쓰시오.

257

그림은 순수한 저마늄(Ge)에 인듐(In)을 도핑한 반도체의 원자 주변의 전자의 배열을 나타낸 것이다.

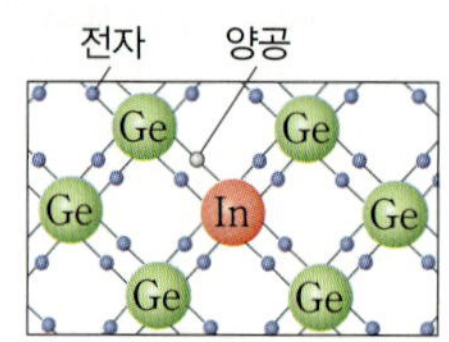

이에 대한 설명으로 옳은 것만을 〈보기〉에서 있는 대로 고른 것은?

보기

ㄱ. p형 반도체이다.
ㄴ. 인듐(In)은 원자가 전자 3개를 가진다.
ㄷ. 이 반도체에 전류를 흐르게 하였을 때, 양공은 전류의 방향과 반대 방향으로 이동한다.

① ㄱ   ② ㄷ   ③ ㄱ, ㄴ
④ ㄴ, ㄷ   ⑤ ㄱ, ㄴ, ㄷ

258

그림 (가)는 순수 반도체에 불순물 a를 첨가하였을 때 전도띠 아래에 새로 생긴 에너지 준위 A를 , (나)는 순수 반도체에 불순물 b를 첨가하였을 때 원자가 띠 위에 새로 생긴 에너지 준위 B를 나타낸 것이다.

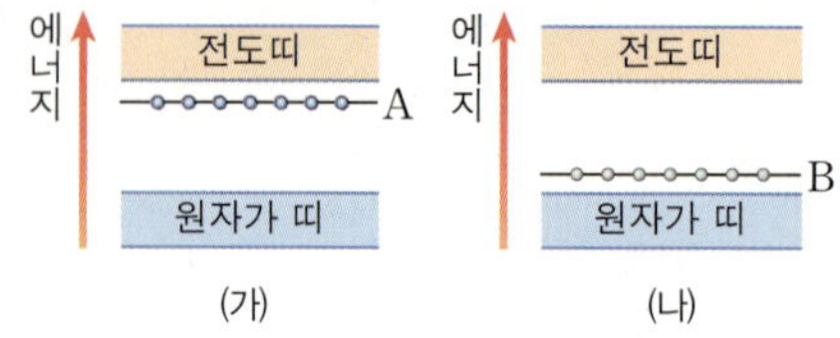

이에 대한 설명으로 옳은 것만을 〈보기〉에서 있는 대로 고른 것은?

보기

ㄱ. 원자가 전자는 a가 b보다 많다.
ㄴ. A는 전자에 의해 만들어진 에너지 준위이다.
ㄷ. (나)에서 전하를 운반하는 역할은 양공이 한다.

① ㄱ   ② ㄷ   ③ ㄱ, ㄴ
④ ㄴ, ㄷ   ⑤ ㄱ, ㄴ, ㄷ

259 서술형

다음은 p−n 접합 다이오드에 대한 설명이다.

> 그림의 X, Y는 순수한 규소(Si)에 각각 양공과 전자가 많아지도록 도핑한 불순물 반도체이다. X, Y를 접합하면 한쪽 방향으로는 전류를 흐르게 하지만 반대 방향으로는 전류를 흐르지 못하게 하는 반도체 소자를 만들 수 있다. 이처럼 한쪽 방향으로만 전류를 흐르게 하는 작용을 ☐ ㉠ 이라고 한다.
>
> 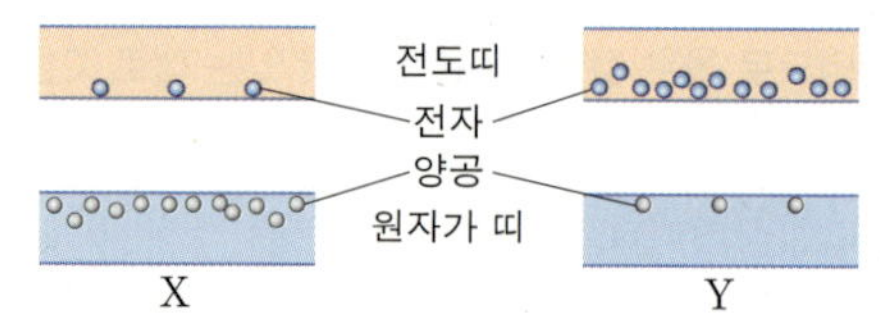
>

X, Y의 반도체 종류와 ㉠에 들어갈 알맞은 말을 쓰시오.

260 중요

그림 (가)는 p−n 접합 다이오드를 전원에 연결한 것을, (나)는 A의 에너지 띠 구조를 나타낸 것으로 P는 순수 반도체에 불순물 a를 첨가하여 남는 전자가 만든 새로운 에너지띠이다.

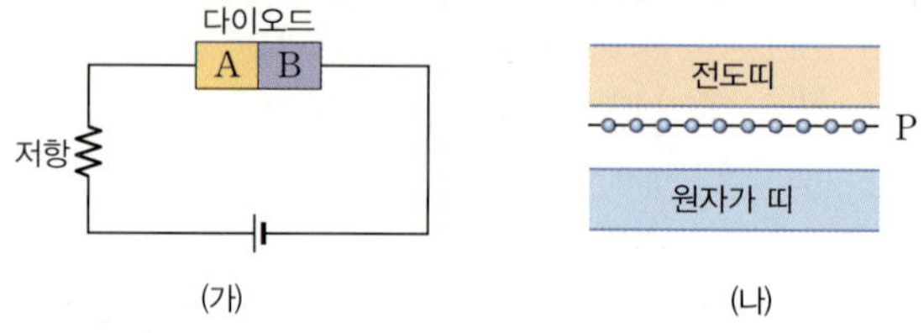

이에 대한 설명으로 옳은 것만을 〈보기〉에서 있는 대로 고른 것은?

보기

ㄱ. A는 n형 반도체이다.
ㄴ. a는 원자가 전자가 5개이다.
ㄷ. (가)에서 다이오드 내의 양공은 p−n 접합면으로 이동한다.

① ㄱ   ② ㄴ   ③ ㄱ, ㄴ
④ ㄴ, ㄷ   ⑤ ㄱ, ㄴ, ㄷ

261 중요

그림 (가)와 같이 p−n 접합 다이오드, 직류 전원, 교류 전원, 스위치, 저항을 이용하여 회로를 구성하였다. 그림 (나)는 X의 에너지 띠 구조를 나타낸 것이다.

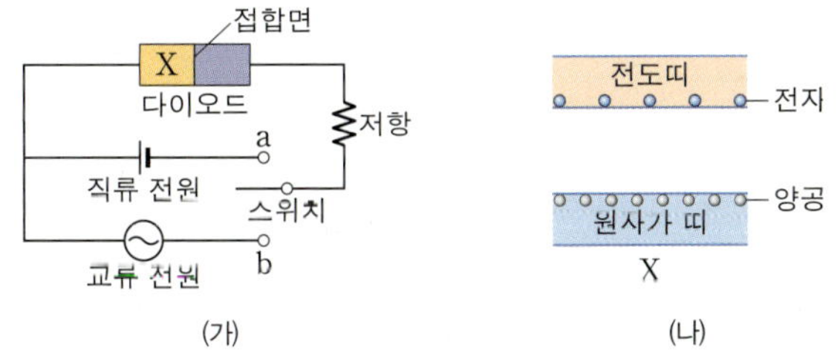

이에 대한 설명으로 옳은 것만을 〈보기〉에서 있는 대로 고른 것은?

보기
ㄱ. X는 p형 반도체이다.
ㄴ. 스위치를 a에 연결하면 다이오드 내의 전자는 p−n 접합면에서 멀어진다.
ㄷ. 스위치를 b에 연결하면 다이오드는 정류 작용을 한다.

① ㄱ   ② ㄴ   ③ ㄱ, ㄷ
④ ㄴ, ㄷ   ⑤ ㄱ, ㄴ, ㄷ

262

그림과 같이 p형 반도체, n형 반도체를 접합하여 만든 발광 다이오드(LED) A, B를 직류 전원 장치에 연결하였더니, A, B에는 각각 빨간색과 파란색의 단색광이 방출되고 있는 모습을 나타낸 것이다. X, Y는 p형 반도체와 n형 반도체 중 하나이다.

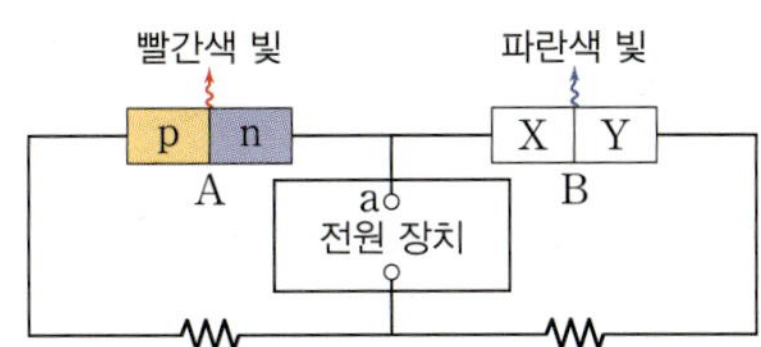

이에 대한 설명으로 옳은 것만을 〈보기〉에서 있는 대로 고른 것은?

보기
ㄱ. 전원 장치의 단자 a는 (−)극이다.
ㄴ. B의 접합면에서 전류의 방향은 X → Y 방향이다.
ㄷ. 접합면에서 진이하는 전자의 에너지의 감소량은 A가 B보다 크다.

① ㄱ   ② ㄴ   ③ ㄱ, ㄴ
④ ㄱ, ㄷ   ⑤ ㄴ, ㄷ

263

그림 (가)는 p−n 접합 다이오드와 발광 다이오드(LED)를 직류 전원 장치에 연결하였더니 LED에서 파장이 λ인 빛이 방출되는 것을 나타낸 것이다. (나)는 LED에서의 에너지띠를 모식적으로 나타낸 것이다.

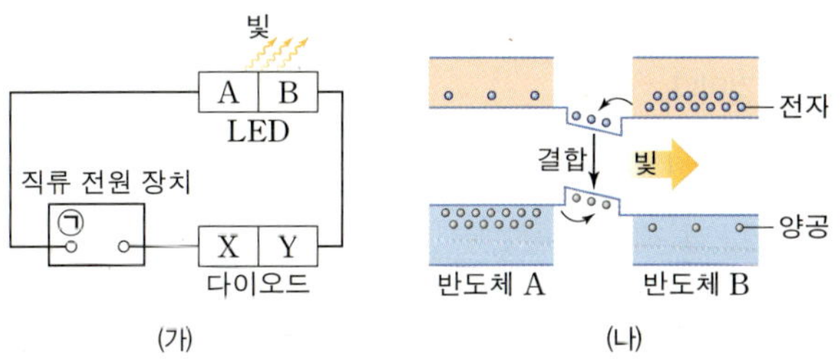

이에 대한 설명으로 옳은 것만을 〈보기〉에서 있는 대로 고른 것은? (단, h는 플랑크 상수, c는 진공에서 광속이다.)

보기
ㄱ. 전원 장치의 ㉠은 (+)극이다.
ㄴ. Y는 p형 반도체이다.
ㄷ. LED의 원자가 띠와 전도띠 사이의 띠 간격은 $\dfrac{2hc}{\lambda}$이다.

① ㄱ   ② ㄴ   ③ ㄷ
④ ㄱ, ㄴ   ⑤ ㄱ, ㄷ

264

그림 (가)와 같이 동일한 다이오드 A~D, 저항 R를 교류 전원에 연결하였다. 그림 (나)는 A에 흐르는 전류의 세기를 시간에 따라 나타낸 것이다.

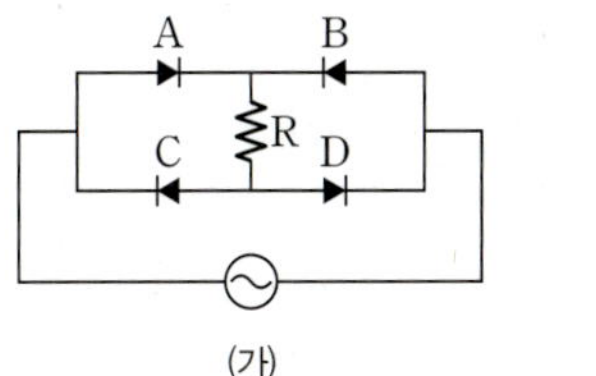
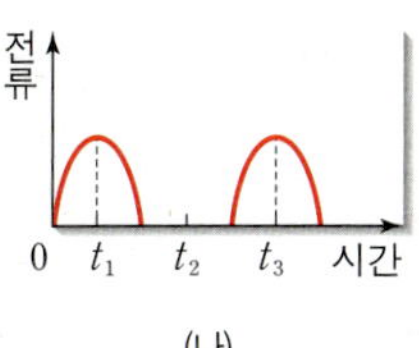

이에 대한 설명으로 옳은 것만을 〈보기〉에서 있는 대로 고른 것은?

보기
ㄱ. t_1일 때 D에는 순방향 전압이 걸린다.
ㄴ. t_2일 때 C의 내부의 전자는 p−n 접합면으로 이동한다.
ㄷ. 저항에 흐르는 전류의 방향은 t_2일 때와 t_3일 때 서로 반대 방향이다.

① ㄱ   ② ㄷ   ③ ㄱ, ㄴ
④ ㄴ, ㄷ   ⑤ ㄱ, ㄴ, ㄷ

265

그림 (가)는 고체 A, B의 에너지띠 구조를 나타낸 것으로, 색칠한 부분은 에너지띠에 전자가 채워져 있는 부분을 나타낸 것이다. 그림 (나)의 X, Y는 A, B의 전기 전도성을 순서 없이 규소(Si)에 대해 상대적으로 나타낸 것이다.

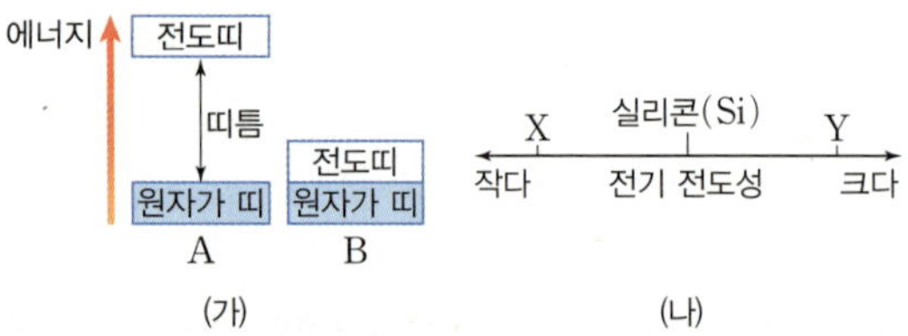

이에 대한 설명으로 옳은 것만을 〈보기〉에서 있는 대로 고른 것은?

보기

ㄱ. A의 전기 전도성은 X이다.

ㄴ. A에서 원자가 띠에 있는 전자가 에너지를 방출하여 전도띠로 전이한다.

ㄷ. B는 상온에서 원자 사이를 자유롭게 이동할 수 있는 전자들이 많다.

① ㄱ ② ㄴ ③ ㄱ, ㄷ
④ ㄴ, ㄷ ⑤ ㄱ, ㄴ, ㄷ

266

그림 (가)의 X, Y는 도체와 절연체의 에너지띠 구조를 순서 없이 나타낸 것으로, 색칠한 부분은 전자가 채워져 있다. 그림 (나)는 (가)의 에너지띠 구조를 갖는 고체 P, Q를 전원 장치에 연결한 것으로 스위치를 닫기 전과 후에 전류계에 흐르는 전류의 세기는 같다.

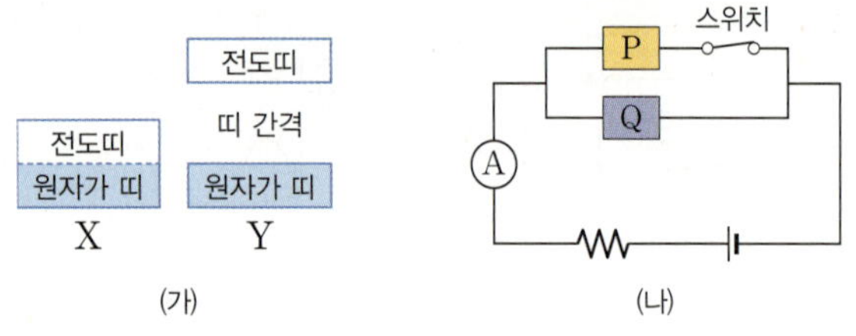

이에 대한 설명으로 옳은 것만을 〈보기〉에서 있는 대로 고른 것은?

보기

ㄱ. P의 에너지띠 구조는 Y이다.

ㄴ. 스위치를 열면 Q의 전도띠에는 전자가 없다.

ㄷ. 스위치가 닫혀 있을 때, 전도띠에 있는 전자의 수는 P가 Q보다 많다.

① ㄱ ② ㄴ ③ ㄱ, ㄴ
④ ㄱ, ㄷ ⑤ ㄴ, ㄷ

267

그림은 절대 온도가 0 K인 도체, 절연체, 반도체를 에너지띠의 특성에 따라 분류한 것이다.

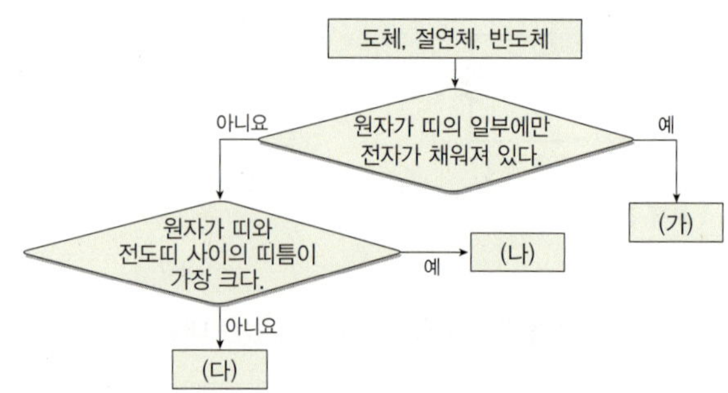

이에 대한 설명으로 옳은 것만을 〈보기〉에서 있는 대로 고른 것은?

보기

ㄱ. 상온에서 (가)의 전도띠에는 전자가 존재하지 않는다.

ㄴ. (나)에서 원자가 띠의 전자가 에너지를 흡수하면 띠 간격으로 이동한다.

ㄷ. 상온에서 전기 전도성은 (가)가 (다)보다 좋다.

① ㄱ ② ㄷ ③ ㄱ, ㄴ
④ ㄴ, ㄷ ⑤ ㄱ, ㄴ, ㄷ

268 고난도

그림 (가), (나)는 동일한 자석을 경사면 위의 같은 지점에 가만히 놓았더니 A, B로 만든 원형 도선으로부터 같은 거리만큼 떨어져 있는 수평면 위의 점 p, q를 통과하는 것을 나타낸 것이다. q를 통과하는 순간의 속력은 (나)에서가 (가)에서보다 크고, A, B는 도체와 절연체 중 하나이다.

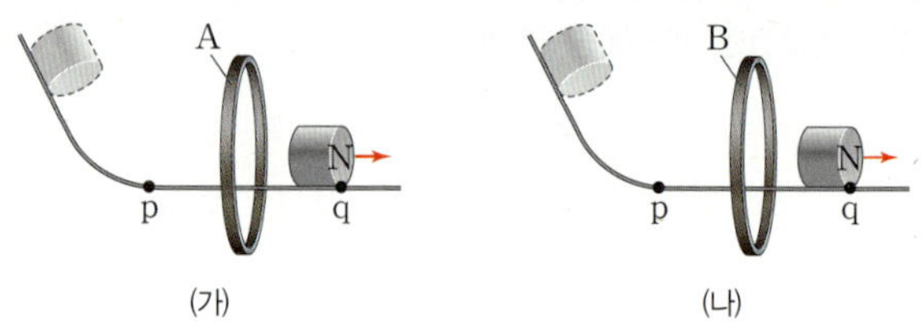

이에 대한 설명으로 옳은 것만을 〈보기〉에서 있는 대로 고른 것은? (단, 자석의 크기, 모든 마찰과 공기 저항은 무시한다.)

보기

ㄱ. (가)에서 자석의 가속도의 크기는 p에서가 q에서보다 크다.

ㄴ. B의 원자가 띠와 전도띠가 겹쳐 있다.

ㄷ. 원자가 띠의 전자가 전도띠로 전이할 때 흡수하는 에너지의 최솟값은 A가 B보다 크다.

① ㄱ ② ㄴ ③ ㄱ, ㄴ
④ ㄱ, ㄷ ⑤ ㄴ, ㄷ

269

다음은 불순물 반도체 ㉠, ㉡에 대한 설명이다.

순수한 반도체에 불순물을 첨가하여 원자 주변에 전자가 비어 있는 자리가 생기도록 한 것을 ㉠, 불순물을 첨가하여 원자에 약하게 구속된 전자가 생기도록 한 것을 ㉡ 라고 한다. ㉠과 ㉡으로 접합되어 있는 ㉢ 는 걸어 준 전압의 방향에 따라 전기 전도성이 크게 달라진다.

이에 대한 설명으로 옳은 것만을 〈보기〉에서 있는 대로 고른 것은?

보기

ㄱ. ㉠은 순수 반도체에 원자가 전자가 3개인 원소를 불순물로 첨가하여 만들 수 있다.
ㄴ. ㉢은 정류 작용을 할 수 있다.
ㄷ. ㉠에 전원의 (−)극을, ㉡에 전원의 (+)극을 연결하면 ㉢ 내의 전자는 p−n 접합면의 방향으로 이동한다.

① ㄱ   ② ㄴ   ③ ㄷ
④ ㄱ, ㄴ   ⑤ ㄴ, ㄷ

270

그림 (가)는 순수한 규소(Si) 반도체에서 열에너지에 의해 전자가 공유 결합을 끊고 이동하는 모습을, (나)는 (가)를 에너지띠 구조를 통해 나타낸 것이다.

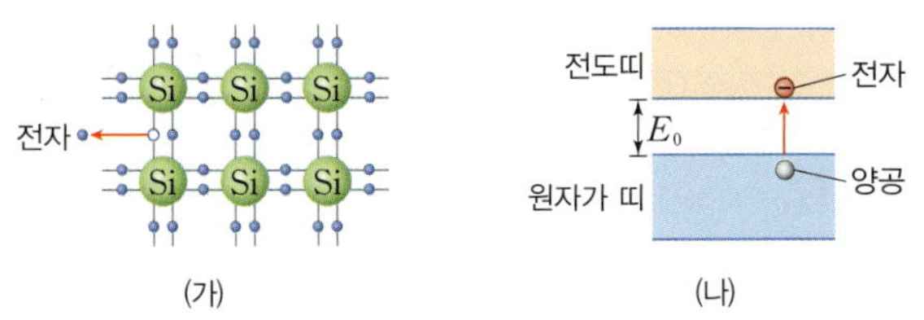

이에 대한 설명으로 옳은 것만을 〈보기〉에서 있는 대로 고른 것은?

보기

ㄱ. (가)의 과정에서 전자가 흡수한 에너지는 E_0보다 작다.
ㄴ. (나)의 원자가 띠에 있는 전자들의 에너지는 모두 같다.
ㄷ. (나)의 양공은 p형 반도체에서 전류를 흐르게 하는 역할을 한다.

① ㄱ   ② ㄷ   ③ ㄱ, ㄴ
④ ㄴ, ㄷ   ⑤ ㄱ, ㄴ, ㄷ

271

그림은 p−n 접합 다이오드를 직류 전원 장치에 연결하고, 스위치를 a에 연결했을 때 저항에 화살표 방향으로 전류 I가 흐르는 것을 나타낸 것이다. X, Y는 p형 반도체와 n형 반도체 중 하나이며, X와 Y는 서로 다른 반도체이다.

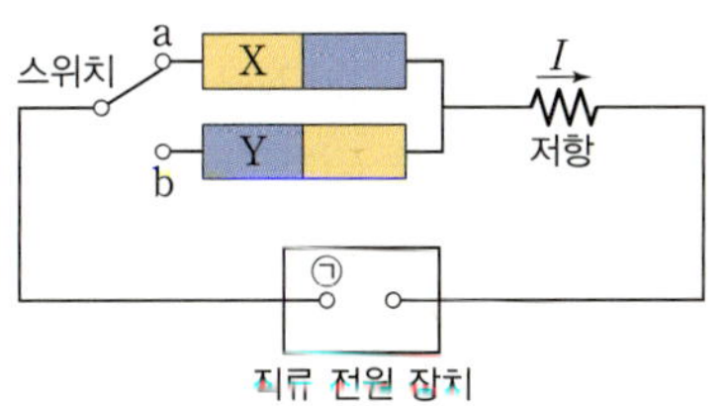

이에 대한 설명으로 옳은 것만을 〈보기〉에서 있는 대로 고른 것은?

보기

ㄱ. 전원 장치의 단자 ㉠은 (+)극이다.
ㄴ. X는 p형 반도체이다.
ㄷ. 스위치를 b에 연결했을 때, Y에 있는 전자는 p−n 접합면에서 멀어진다.

① ㄱ   ② ㄷ   ③ ㄱ, ㄴ
④ ㄴ, ㄷ   ⑤ ㄱ, ㄴ, ㄷ

272

다음은 발광 다이오드(LED)에 대한 설명이다.

LED는 p형 반도체와 n형 반도체를 접합시켜 만든 것으로 LED에 ㉠순방향 전압이 걸리면 LED에서 빛이 나온다. LED는 전도띠의 전자와 원자가 띠의 양공이 결합하면서 ㉡띠 간격에 해당하는 만큼의 에너지를 빛으로 방출한다. 또 LED는 p형 반도체와 n형 반도체를 만드는 반도체의 재료에 따라 LED에서 각각 빨간색, 파란색 빛을 방출한다.

이에 대한 설명으로 옳은 것만을 〈보기〉에서 있는 대로 고른 것은?

보기

ㄱ. p형 반도체는 주로 양공이 전류를 흐르게 한다.
ㄴ. ㉠의 회로에서는 n형 반도체와 전원의 (−)극이 연결된다.
ㄷ. 빨간색 빛을 방출하는 LED가 파란색 빛을 방출하는 LED보다 ㉡이 크다.

① ㄱ   ② ㄴ   ③ ㄱ, ㄴ
④ ㄱ, ㄷ   ⑤ ㄴ, ㄷ

01 자기장과 물질의 자성

개념 ❶ 전류에 의한 자기장

1. **자기장**: 자석이나 전류에 의해 자기력이 작용하는 공간
   (1) **자기장의 방향**: 나침반 자침의 N극이 가리키는 방향
   (2) **자기장의 세기**: 자석의 양 끝(자극)에서 가장 세고, 자석에서 멀어질수록 약해진다.
   (3) **자기력선**: 자기장에서 나침반의 N극이 가리키는 방향을 연속적으로 이는 선이다.

2. **직선 전류에 의한 자기장**: 직선 도선을 중심으로 동심원 모양의 자기장이 생긴다.
   (1) **자기장의 방향**: 오른손의 엄지손가락을 전류의 방향으로 향하게 할 때 나머지 네 손가락이 감아쥐는 방향 → 앙페르 법칙, 오른나사 법칙
   (2) **자기장의 세기**: 자기장의 세기(B)는 전류의 세기에 비례하고, 도선으로부터 수직 거리(r)에 반비례한다. ➡ $B \propto \dfrac{I}{r}$

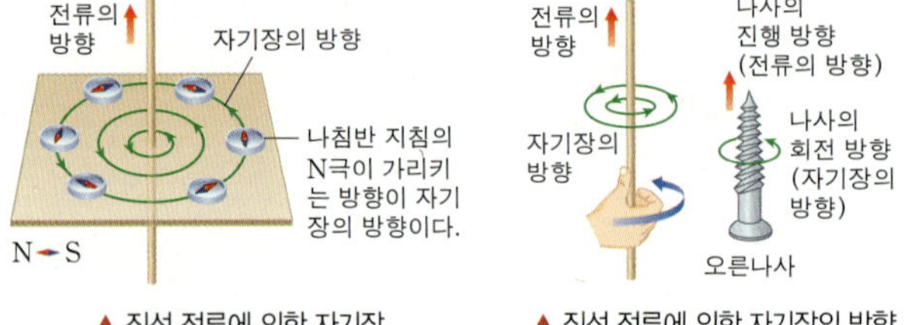

▲ 직선 전류에 의한 자기장   ▲ 직선 전류에 의한 자기장의 방향

3. **원형 전류에 의한 자기장**: 원형 도선의 중심에서 직선 모양이고, 도선에 가까울수록 원 모양이다.
   (1) **자기장의 방향**: 오른손의 엄지손가락을 전류의 방향으로 향하게 할 때 나머지 네 손가락이 감아쥐는 방향이 자기장의 방향이다.
   (2) **자기장의 세기**: 원형 도선 중심에서 자기장의 세기(B)는 전류의 세기에 비례하고, 도선이 만드는 원의 반지름(r)에 반비례한다. ➡ $B \propto \dfrac{I}{r}$

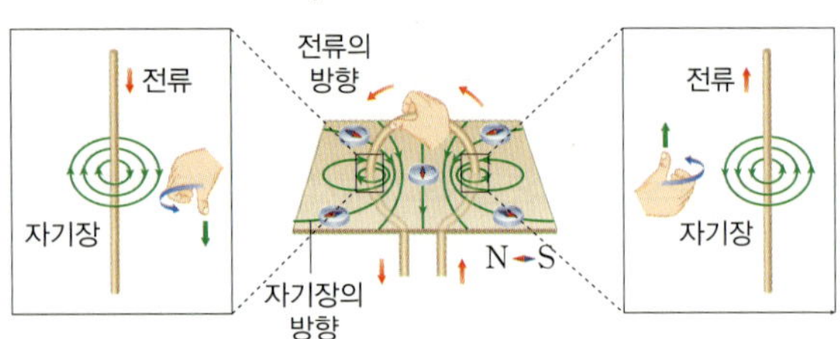

4. **솔레노이드에 의한 자기장**: 솔레노이드 내부에는 중심축과 나란한 방향으로 균일한 자기장이 형성되고, 외부에는 막대자석이 만드는 자기장과 비슷한 모양의 자기장이 형성된다.
   (1) **자기장의 방향(내부)**: 오른손 네 손가락을 전류의 방향으로 도선을 감아쥘 때 엄지손가락이 가리키는 방향이다.

   (2) **자기장의 세기(내부)**: 솔레노이드 내부에서 자기장의 세기(B)는 도선에 흐르는 전류의 세기(I)에 비례하고, 단위 길이당 도선의 감은 수(n)에 비례한다. ➡ $B \propto nI$

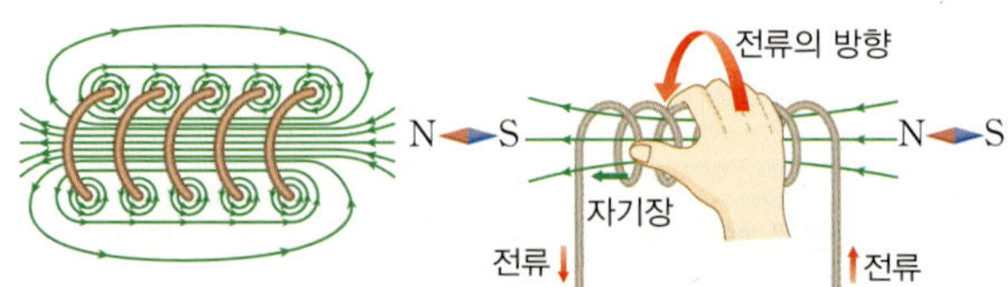

5. **전류에 의한 자기장의 이용**
   → 전류가 흐를 때만 자석이 된다. · 전류의 세기를 변화시켜 자기장의 세기를 조절할 수 있다.
   (1) **전자석**: 솔레노이드 내부에 철심을 넣어 만든 자석으로, 전류가 흐르면 철심이 자화되어 솔레노이드보다 더 강한 자기장이 형성된다.
   · 전자석의 이용: 자기 공명 영상 장치(MRI), 자기 부상 열차 등
   (2) **자기력**: 자기장 속에서 전류가 흐르는 도선이 받는 힘으로, 자석의 자기장이 다른 자석에 힘을 미치는 것과 같이 전류에 의한 자기장이 주변의 다른 자석과 힘을 주고받는다.
   → 자석과 코일 사이에 자기력이 작용하여 진동판이 진동한다.
   · 자기력의 이용: 전동기, 스피커, 전류계 등
   → 코일에 전류가 흐르면 코일은 계속 한 방향으로 회전한다.

개념 ❷ 물질의 자성

1. **자성**: 물질이 자석에 반응하는 성질로, 자기화 정도에 따라 강자성, 상자성, 반자성으로 구분한다.
   (1) **자성의 원인**: 물질을 구성하는 원자 내 전자의 운동(전자의 궤도 운동, 전자의 스핀)에 의한 전류의 효과로 자기장이 발생하기 때문이다.
   → 전자가 원자핵 주위를 도는 궤도 운동을 하면, 전자가 회전하는 방향과 반대 방향으로 전류가 흐르는 것과 같은 효과가 발생하여 자기장이 생긴다.

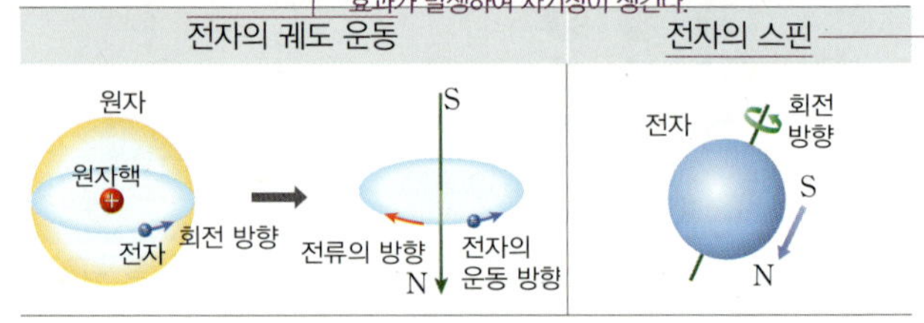

   (2) **물질의 자성**: 서로 반대 방향으로 궤도 운동을 하는 전자가 짝을 이루거나 서로 반대 방향의 스핀을 갖는 전자들이 짝을 이루어 전자가 만드는 자기장이 서로 상쇄되므로 물질의 자기장은 0이거나 매우 작다.
   → 전자가 자신의 축을 기준으로 회전 운동을 하면, 회전 반대 방향으로 전류가 흐르는 것과 같은 효과가 발생하여 자기장이 생긴다.

2. **자성체의 종류**
   (1) **강자성체**: 원자 내에서 짝을 이루지 않은 전자들이 많다. 철, 니켈, 코발트 등이 강자성체이다.

	외부 자기장을 가하기 전	외부 자기장을 가할 때	외부 자기장을 제거할 때
강자성체	자기 구역이 있으며, 자기 구역의 자기장이 불규칙하게 배열되어 있다.	자기 구역이 넓어지고 외부 자기장의 방향으로 강하게 자기화된다.	자기화된 상태를 오래 유지한다.

(2) **상자성체**: 원자 내에서 짝을 이루지 않은 전자들이 적은 물체이다. 종이, 알루미늄, 나트륨, 산소 등이 상자성체이다.

	외부 자기장을 가하기 전	외부 자기장을 가할 때	외부 자기장을 제거할 때
상자성체	원자 자석들이 불규칙하게 배열되어 있다.	원자 자석들이 외부 자기장의 방향으로 약하게 자기화된다.	자기화 상태가 즉시 사라진다.

(3) **반자성체**: 원자 내 전자들이 모두 짝을 이루어 전자의 운동에 의한 자기장이 완전 상쇄된 물체이다. 구리, 유리, 금, 은 등이 반자성체이다.

	외부 자기장을 가하기 전	외부 자기장을 가할 때	외부 자기장을 제거할 때
반자성체	평소에는 원자 내부의 총 자기장이 0이다.	원자 자석들이 외부 자기장의 방향과 반대 방향으로 약하게 자기화된다.	반자성이 즉시 사라진다.

3. 자성체의 이용

(1) **강자성체의 이용**: 하드디스크는 산화철과 같은 강자성체로 덮은 얇은 디스크(플래터) 위에 헤드를 놓은 구조로, 헤드에 정보를 담은 전류가 흐르면 자기장에 의해 자기화되면서 정보가 기록된다.

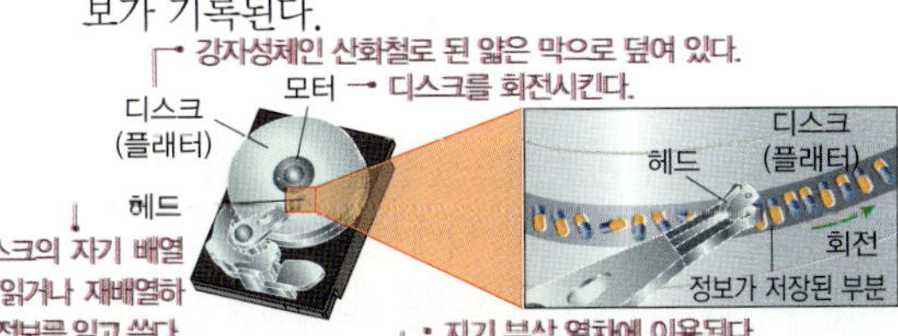

(2) **반자성체의 이용**: 초전도체는 특정 온도 이하에서 외부 자기장을 가했을 때 자기장을 밀어내는 반자성을 띤다.

273

정답 및 해설 | 33쪽

다음은 직선 전류에 의한 자기장의 방향에 대한 설명이다.

> 직선 도선을 중심으로 ⓐ 모양의 자기장이 생기므로, 오른손 엄지손가락을 ⓑ 의 방향으로 향하게 할 때 나머지 네 손가락이 감아쥐는 방향이 ⓒ 의 방향이 된다.

ⓐ∼ⓒ에 들어갈 알맞은 내용을 쓰시오.

274

세기가 I인 전류가 흐르는 직선 도선으로부터 수직 거리 r만큼 떨어진 지점의 자기장의 세기는 B이다. 세기가 $2I$인 전류가 흐르는 직선 도선으로부터 수직 거리 $\frac{r}{2}$만큼 떨어진 지점의 자기장의 세기를 구하시오.

275

그림과 같이 종이면에 세기가 I인 일정한 전류가 서로 반대 방향으로 흐르는 반지름이 각각 $2r$, r인 두 원형 도선 A, B가 고정되어 있다. 중심 O에서 A에 의한 자기장의 세기는 B_0이다. O에서 A와 B에 의한 자기장의 방향과 세기를 쓰시오.

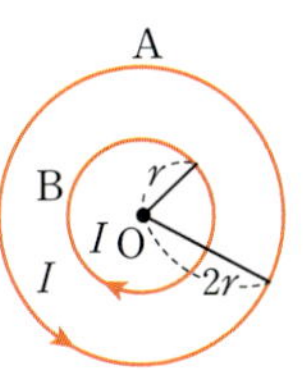

276

그림과 같이 솔레노이드를 전지에 연결하고 스위치를 닫아 전류를 흐르게 하였다.
이에 대한 설명으로 옳은 것은 ○, 옳지 않은 것은 ×로 표시하시오.

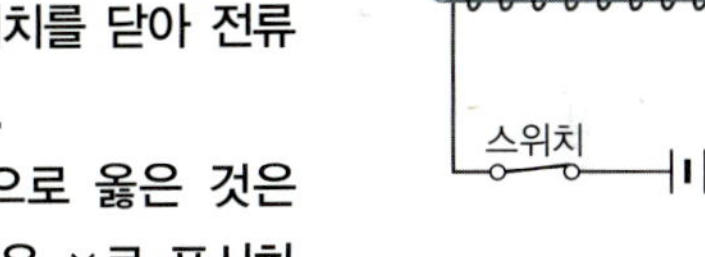

(1) 솔레노이드 내부의 자기장의 방향은 A에서 B 방향이다. (　　　)

(2) B에 나침반을 놓으면 나침반의 자침 N극이 동쪽 방향으로 회전한다. (　　　)

277

□ 안에 알맞은 내용을 쓰시오.

(1) 외부 자기장의 영향으로 원자 자석들이 일정한 방향으로 정렬되는 현상을 □ 라고 한다.

(2) 자성은 물질을 구성하는 원자 내 전자의 궤도 운동과 □ 때문에 나타난다.

(3) 강자성체와 □ 는 외부 자기장의 방향으로 자기화되고, □ 는 외부 자기장의 방향과 반대 방향으로 자기화된다.

개념 ❶ 전류에 의한 자기장

족집게 전략 전류가 흐르는 도선의 형태에 따른 자기장의 특징을 이해하고, 전류가 흐르는 도선에 의해서 형성되는 자기장을 합성하여 자기장의 방향을 찾을 수 있어야 하며, 자기장의 세기를 정량적으로 계산할 수 있어야 해.

278 단골 문제

그림과 같이 전류가 흐르는 무한히 긴 평행한 직선 도선 P, Q와 점 a, b, c가 같은 간격만큼 떨어져 종이면에 고정되어 있다. 표는 a, b, c에서 전류에 의한 자기장의 방향과 세기를 나타낸 것이다.

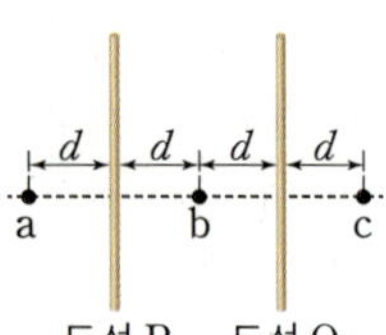

위치	자기장의 방향	자기장의 세기
a	없음	0
b	㉠	B_0
c	⊙	㉡

(⊙: 종이면에서 수직으로 나오는 방향)

이에 대한 설명으로 옳은 것만을 〈보기〉에서 있는 대로 고른 것은?

보기

ㄱ. P와 Q에 흐르는 전류의 방향은 서로 반대이다.
ㄴ. ㉠은 종이면에 수직으로 들어가는 방향이다.
ㄷ. ㉡은 $\frac{2}{3}B_0$이다.

① ㄱ ② ㄴ ③ ㄱ, ㄴ ④ ㄴ, ㄷ ⑤ ㄱ, ㄴ, ㄷ

추가로 나오는 선택지

❶ P에는 연직 위 방향으로 전류가 흐른다. (　　)
❷ 전류의 세기는 P가 Q보다 크다. (　　)

279 서술형

다음은 전류에 의한 자기장에 대한 내용이다.

그림과 같이 남북 방향으로 놓인 무한히 긴 직선 도선에 전류를 흐르게 하였더니 나침반의 자침의 N극이 θ만큼 회전하였다. 앙페르 법칙을 적용하면 도선에 흐르는 전류의 방향은 ㉠ 쪽에서 ㉡ 쪽 방향이라는 것을 알 수 있다.

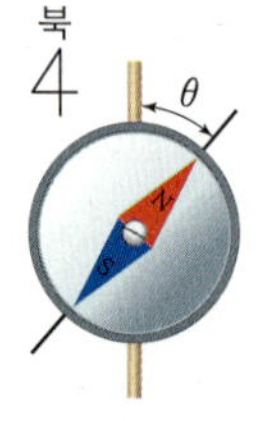

㉠, ㉡에 들어갈 내용을 쓰시오.

280

그림과 같이 xy 평면에 수직으로 놓은 무한히 긴 직선 도선에 xy 평면에서 수직으로 나오는 방향으로 전류가 흐르고 있다.

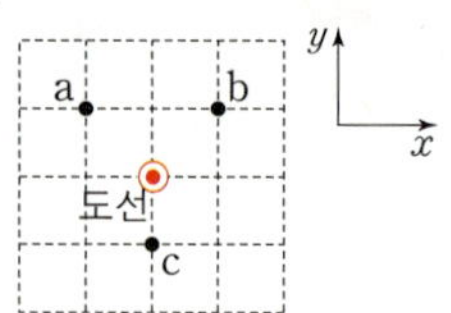

이에 대한 설명으로 옳은 것만을 〈보기〉에서 있는 대로 고른 것은? (단, 모눈 간격은 일정하다.)

보기

ㄱ. a와 b에서 자기장의 방향은 서로 수직이다.
ㄴ. 자기장의 세기는 c에서가 a에서의 2배이다.
ㄷ. c에서 자기장의 방향은 $+x$ 방향이다.

① ㄱ ② ㄴ ③ ㄱ, ㄴ
④ ㄱ, ㄷ ⑤ ㄴ, ㄷ

281 중요

그림은 $+y$ 방향으로 일정한 세기의 전류가 흐르고 있는 무한히 긴 도선이 균일한 자기장 A가 형성된 평면에 고정되어 있는 것을 나타낸 것이다. A의 방향은 xy 평면에 수직이고, P와 Q에서 자기장의 세기는 각각 B_0, $2B_0$이며, 자기장의 방향은 서로 같다.

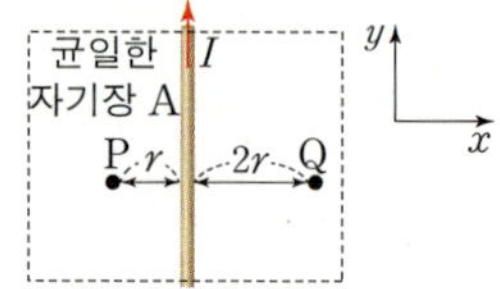

이에 대한 설명으로 옳은 것만을 〈보기〉에서 있는 대로 고른 것은?

보기

ㄱ. A의 방향은 xy 평면에 수직으로 들어가는 방향이다.
ㄴ. 전류에 의한 자기장의 세기는 Q에서가 P에서보다 크다.
ㄷ. 도선을 y축과 나란하게 Q에 고정하면, P에서 자기장의 세기는 $\frac{13}{9}B_0$이다.

① ㄱ ② ㄴ ③ ㄱ, ㄴ
④ ㄱ, ㄷ ⑤ ㄴ, ㄷ

282 중요

그림 (가)는 xy 평면에 수직으로 무한히 긴 직선 도선 A, B가 간격 $2d$ 만큼 떨어져 고정되어 있는 모습을, (나)는 x축상($x>0$)에서 세기가 각각 $3I$, I인 전류가 흐르는 A와 B에 의한 자기장 B를 x에 따라 나타낸 것이다.

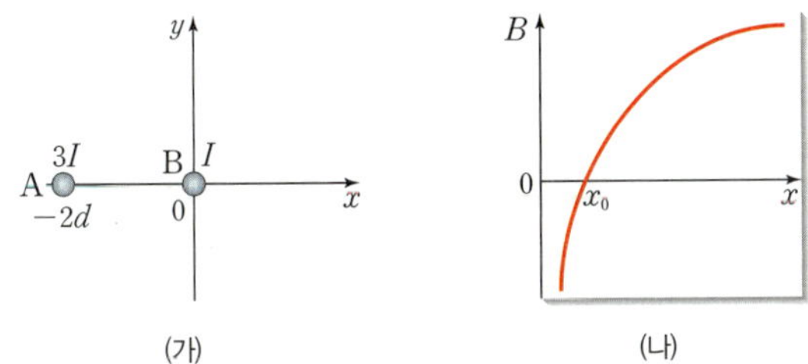

이에 대한 설명으로 옳은 것만을 〈보기〉에서 있는 대로 고른 것은? (단, B의 $+y$ 방향을 양($+$)으로 한다.)

보기

ㄱ. A에 흐르는 전류의 방향은 xy 평면에서 수직으로 나오는 방향이다.

ㄴ. $x=\dfrac{3}{2}d$에서 자기장의 방향은 $+y$ 방향이다.

ㄷ. 자기장의 세기는 $x=-\dfrac{d}{2}$에서와 $x=\dfrac{d}{2}$에서가 서로 같다.

① ㄱ
② ㄴ
③ ㄱ, ㄴ
④ ㄱ, ㄷ
⑤ ㄴ, ㄷ

283

그림은 무한히 긴 평행한 직선 도선 A, B가 각각 x축과 y축에 고정되어 있는 것을 나타낸 것이다. A에는 $+x$ 방향으로 세기가 I인 전류가 흐르고 있다. 표는 B에 흐르는 전류의 세기만 변화시킬 때 a에서 A와 B에 의한 자기장의 세기를 나타낸 것이다.

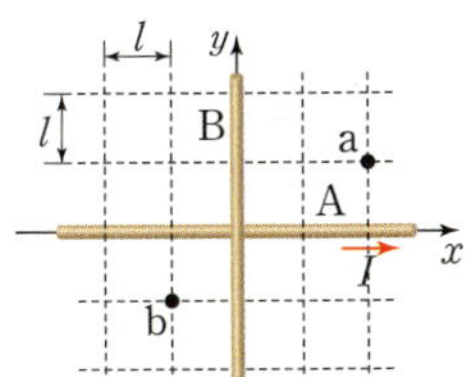

B에 흐르는 전류의 세기	0	I_1	I_2
a에서 자기장의 세기	B_0	0	B_0

B에 I_2가 흐를 때, b에서 자기장의 방향과 세기로 옳은 것은? (단, 모눈 간격은 l로 일정하다.)

    자기장의 방향   자기장의 세기

① xy 평면에 수직으로 들어가는 방향 $2B_0$

② xy 평면에 수직으로 들어가는 방향 $3B_0$

③ xy 평면에서 수직으로 나오는 방향 $2B_0$

④ xy 평면에서 수직으로 나오는 방향 $3B_0$

⑤ xy 평면에서 수직으로 나오는 방향 $4B_0$

284

그림 (가)와 같이 동서남북을 잇는 직교 좌표의 원점을 원형 도선의 중심과 일치시킨 후 원형 도선의 중심에 나침반을 놓고, 원형 도선을 스위치, 가변 저항기, 전압이 일정한 직류 전원 장치에 연결하여 회로를 구성한다. 그림 (나)는 (가)에서 스위치를 닫아 전류를 흐르게 하였을 때 나침반 자침의 방향을 나타낸 것이다.

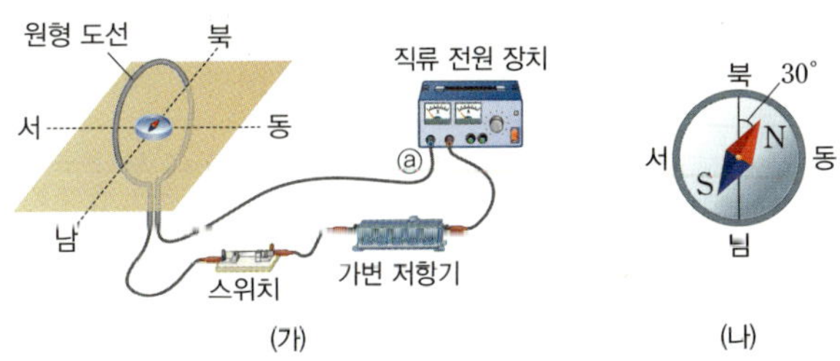

이에 대한 설명으로 옳은 것만을 〈보기〉에서 있는 대로 고른 것은?

보기

ㄱ. 전원 장치의 ⓐ는 ($+$)극이다.

ㄴ. 가변 저항기의 저항값만 작게 하면 나침반의 회전각은 $30°$보다 작아진다.

ㄷ. 전류의 세기가 일정할 때, 원형 도선의 반지름만 크게 하면 나침반의 회전각은 $30°$보다 커진다.

① ㄱ
② ㄷ
③ ㄱ, ㄴ
④ ㄴ, ㄷ
⑤ ㄱ, ㄴ, ㄷ

285 서술형

다음은 원형 도선의 중심에서의 자기장의 세기를 계산하는 과정에 대한 설명이다.

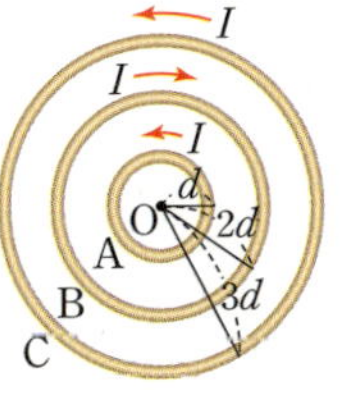

그림과 같이 종이면에 고정된 반지름이 각각 d, $2d$, $3d$인 원형 도선 A, B, C에 세기가 I인 전류가 화살표 방향으로 흐르고 있을 때, A, B, C의 중심인 O에서 자기장의 세기는 도선 A에 의한 자기장을 $+B_0$이라 하면, 도선 B에 의한 자기장은 ⓐ 이고, 도선 C에 의한 자기장은 ⓑ 이다. 따라서 세 도선에 의한 자기장은 ⓒ 이다.

⑤, ⑥, ⑥에 알맞은 자기장을 쓰시오.

286

그림 (가), (나)와 같이 전류 I_0이 흐르는 무한히 긴 직선 도선과 반지름이 각각 $2r$, r인 원형 도선 A, B가 xy 평면에 고정되어 있다. 직선 도선으로부터 A, B의 중심까지의 거리는 각각 d, $2d$이다. A, B에 흐르는 전류의 세기는 각각 I_A, I_B이며, A와 B의 중심에서 자기장은 0이다.

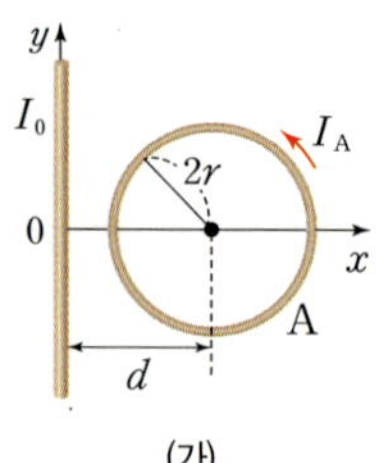
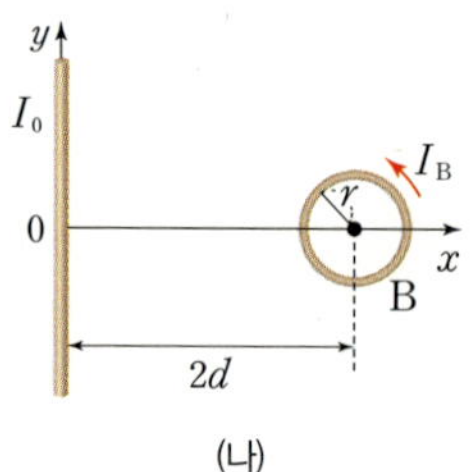

(가)   (나)

$I_A : I_B$는?

① 4 : 1   ② 3 : 2   ③ 2 : 3

④ 2 : 1   ⑤ 1 : 2

287 서술형

다음은 솔레노이드에 의한 자기장 실험의 관찰 결과이다.

(가) 그림과 같이 전압이 일정한 전원 장치를 연결한 스위치를 닫아 솔레노이드에 전류가 흐르게 하였더니, 북쪽을 향하던 솔레노이드 내부에 놓인 나침반 자침의 N극이 북서쪽으로 각도 θ만큼 회전한다. 전원 장치의 a는 [㉠] 극, b는 [㉡] 극이다.

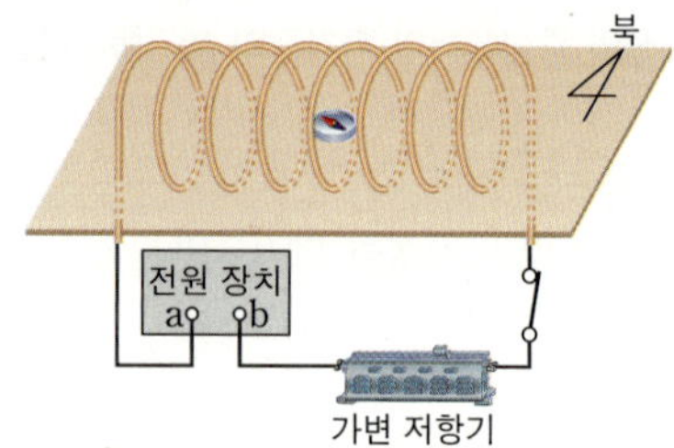

(나) 가변 저항의 크기만 증가시키면 자침의 회전각이 θ보다 [㉢] 한다.

(다) 전원에 연결된 단자 a, b를 바꾸어 연결하면 자침의 N극은 [㉣]으로 회전한다.

㉠~㉣에 들어갈 말을 쓰시오.

288

그림과 같이 막대자석과 솔레노이드를 놓고, 막대자석과 솔레노이드를 잇는 직선 위의 가운데 지점에 나침반을 놓았더니 나침반의 N극이 북쪽을 가리켰다.

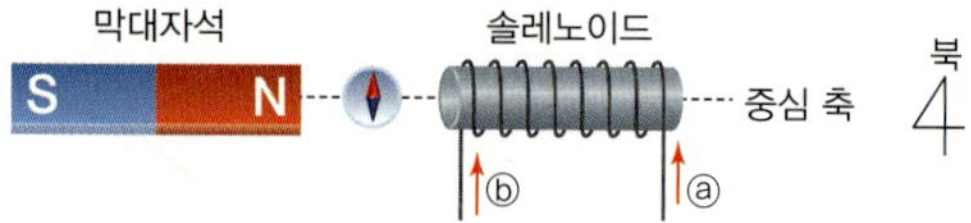

이에 대한 설명으로 옳은 것만을 〈보기〉에서 있는 대로 고른 것은?

보기

ㄱ. 솔레노이드에는 ⓐ 방향으로 전류가 흐른다.

ㄴ. 막대자석과 솔레노이드 사이에는 척력이 작용한다.

ㄷ. 솔레노이드에 흐르는 전류의 세기만 증가시키면 나침반의 N극은 시계 방향으로 회전한다.

① ㄱ   ② ㄴ   ③ ㄱ, ㄴ   ④ ㄱ, ㄷ   ⑤ ㄴ, ㄷ

개념 ❷ 물질의 자성

족집게 전략   강자성체와 상자성체는 외부 자기장의 방향으로 자기화되고, 반자성체는 외부 자기장의 방향과 반대 방향으로 자기화된다. 외부 자기장을 제거해도 자기화된 상태를 유지하는 자성체는 강자성체라는 것을 알아야 해.

289 단골 문제

그림은 자성체 A, B, C를 일정한 기준으로 분류한 것을 나타낸 것이다.

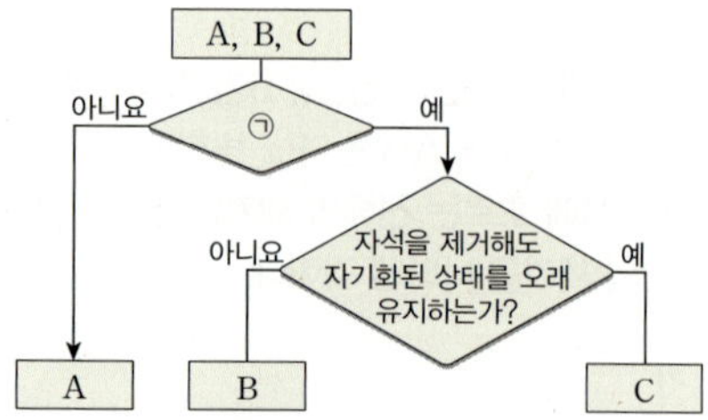

이에 대한 설명으로 옳은 것만을 〈보기〉에서 있는 대로 고른 것은?

보기

ㄱ. ㉠에 "강한 자석을 가까이 하였을 때 끌리는가"가 들어갈 수 있다.

ㄴ. B는 상자성체이다.

ㄷ. C를 이용하여 정보를 저장하는 장치를 만들 수 있다.

① ㄱ   ② ㄷ   ③ ㄱ, ㄴ   ④ ㄴ, ㄷ   ⑤ ㄱ, ㄴ, ㄷ

추가로 나오는 선택지

❶ A는 반자성체이다.   (   )

❷ A는 자석에 의한 자기장과 같은 방향으로 자기화된다. (   )

290

그림은 철심에 코일을 감은 전자석 위에 자기화되지 않은 물체 A를 올려놓았을 때, A가 전자석으로부터 받는 자기력에 의해 공중에 떠 정지해 있는 모습을 나타낸 것이다.
이에 대한 설명으로 옳은 것만을 〈보기〉에서 있는 대로 고른 것은?

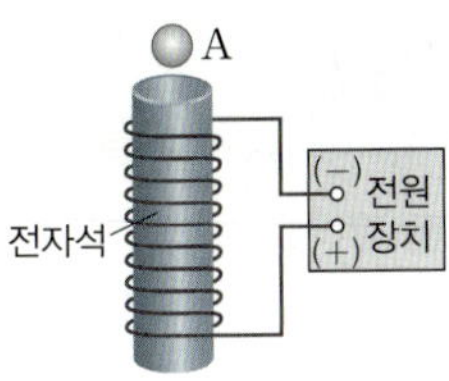

보기

ㄱ. 하드디스크의 정보 저장 물질은 A와 동일한 자기적 성질을 갖는다.
ㄴ. A와 가까이 있는 전자석의 위 부분은 S극으로 자기화되어 있다.
ㄷ. 전원 장치의 극을 반대로 연결하면 A와 전자석 사이에는 서로 당기는 자기력이 작용한다.

① ㄱ   ② ㄴ   ③ ㄱ, ㄴ   ④ ㄱ, ㄷ   ⑤ ㄴ, ㄷ

291 중요

다음은 물질의 자성에 대한 설명이다.

- 전자의 궤도 운동: 그림 (가)와 같이 원자핵 주위의 원 궤도를 따라 시계 반대 방향으로 회전하는 전자에 의해 원 궤도를 따라 전류가 흐르는 효과가 나타난다.
- 스핀: 그림 (나)와 같이 스핀은 전자의 고유한 물리량으로, 이에 의해서도 원자이 자성이 나타난다.
- 원자 내에서 전자의 회전 방향과 스핀 방향이 반대인 전자들이 모두 짝을 이루고 있는 물체를 ⓐ 라고 한다.

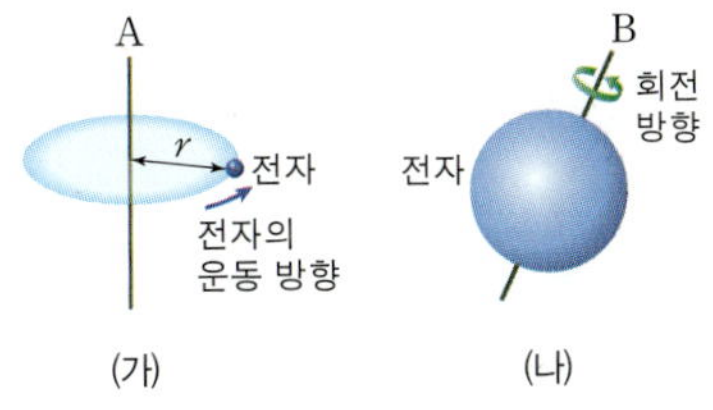

이에 대한 설명으로 옳은 것만을 〈보기〉에서 있는 대로 고른 것은?

보기

ㄱ. 전자의 궤도 운동에서는 전자의 운동 방향으로 전류가 흐르는 효과가 나타난다.
ㄴ. A와 B는 S극으로 자기화된다.
ㄷ. ⓐ은 외부 자기장의 방향과 같은 방향으로 사기화되는 성질이 있다.

① ㄱ   ② ㄴ   ③ ㄱ, ㄴ   ④ ㄱ, ㄷ   ⑤ ㄴ, ㄷ

292 서술형

다음은 자성체를 구분하는 과정에 대한 설명이다.

그림과 같이 철심에 코일을 감고 전원 장치에 연결한 전자석의 양쪽에 자기화되지 않은 물체 P와 Q를 놓았을 때 P와 Q가 모두 전자석으로부터 오른쪽으로 힘을 받아 움직인다. 따라서 P는 강자성체이고, Q는 ⓐ 이며, Q의 왼쪽은 ⓑ 으로 자기화된다.

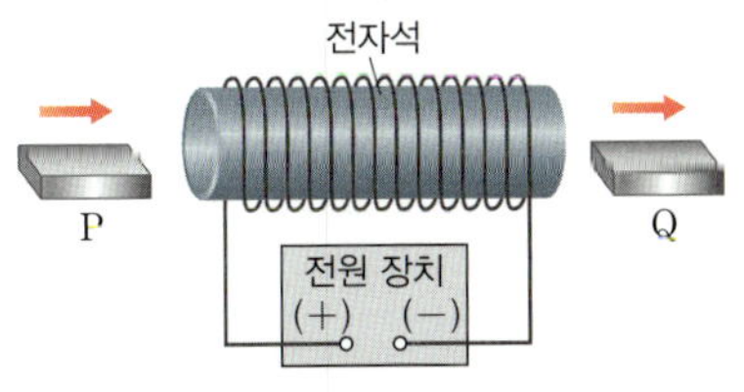

ⓐ의 자성체의 종류를 쓰고, ⓑ의 극을 쓰시오.

293

다음은 하드디스크에 대한 내용이다.

하드디스크는 정보를 쓰고 읽는 헤드와 정보를 저장하는 플래터로 이루어져 있다. 플래터에는 ⓐ자성체가 코팅되어 있다.

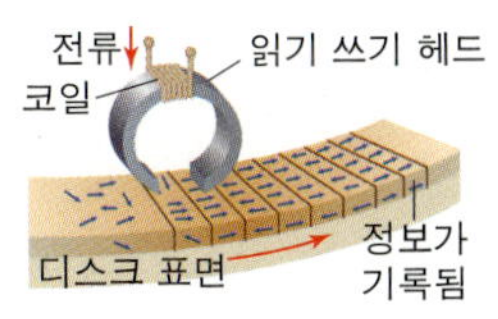

이에 대한 설명으로 옳은 것만을 〈보기〉에서 있는 대로 고른 것은?

보기

ㄱ. ⓐ은 상자성체이다.
ㄴ. 정보가 기록될 때 플래터 표면이 자기화되는 방향은 전류에 의한 자기장의 방향과 같다.
ㄷ. 하드디스크에 자석을 가까이 하면 정보가 손실된다.

① ㄱ   ② ㄴ   ③ ㄱ, ㄴ
④ ㄱ, ㄷ   ⑤ ㄴ, ㄷ

294

그림과 같이 무한히 긴 직선 도선 A, B가 동일한 자침이 놓여 있는 점 p, q와 같은 간격 d만큼 떨어져 종이면에 수직으로 고정되어 있다. A에는 세기가 I_A인 전류가 종이면에서 나오는 방향으로, B에는 세기가 I_B인 전류를 흘렸더니 p, q 위의 자침의 N극이 각각 θ_A, θ_B만큼 회전하여 정지해 있다.

이에 대한 설명으로 옳은 것만을 〈보기〉에서 있는 대로 고른 것은?

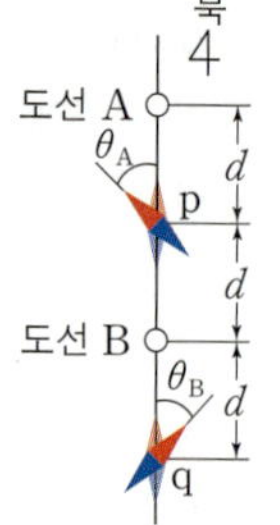

보기

ㄱ. $\theta_A > \theta_B$이다.
ㄴ. $I_A > I_B$이다.
ㄷ. B에 흐르는 전류의 방향은 A와 같다.

① ㄱ   ② ㄷ   ③ ㄱ, ㄴ
④ ㄴ, ㄷ   ⑤ ㄱ, ㄴ, ㄷ

295

그림은 xy 평면에서 전류가 흐르는 무한히 긴 직선 도선 P, Q가 y축과 나란하게 고정되어 있는 것을 나타낸 것으로, Q에는 $+y$ 방향으로 전류가 흐른다. a, b, c는 x축상의 점으로 b, c에서 전류에 의한 자기장의 방향은 서로 반대이다.

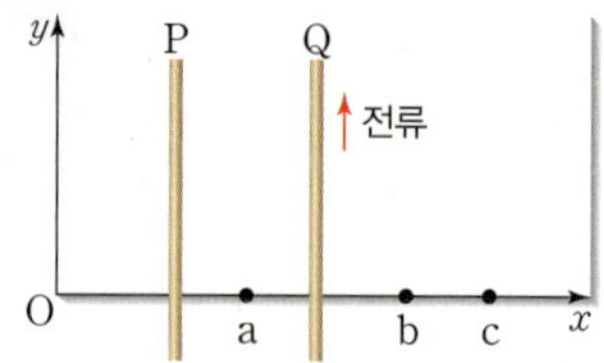

이에 대한 설명으로 옳은 것만을 〈보기〉에서 있는 대로 고른 것은?

보기

ㄱ. P에 흐르는 전류의 방향은 $-y$ 방향이다.
ㄴ. 자기장의 세기는 a에서가 b에서보다 크다.
ㄷ. 자기장의 방향은 a와 c가 반대이다.

① ㄱ   ② ㄴ   ③ ㄱ, ㄴ
④ ㄱ, ㄷ   ⑤ ㄴ, ㄷ

296

그림과 같이 무한히 긴 직선 도선 A, B, C가 점 p, q와 같은 간격 만큼 떨어져 xy 평면에 수직으로 고정되어 있다. A에는 세기가 I인 전류가 xy 평면에서 수직으로 나오는 방향(⊙)으로 흐르고 있고, p에서 A와 B에 흐르는 전류에 의한 자기장은 0이고, q에서 A와 C에 흐르는 전류에 의한 자기장은 0이다.

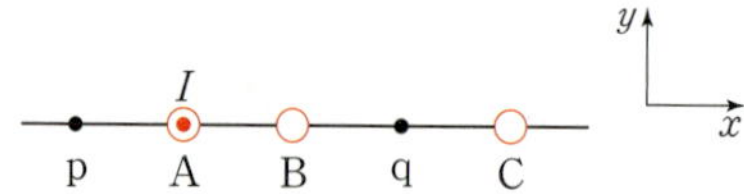

이에 대한 설명으로 옳은 것만을 〈보기〉에서 있는 대로 고른 것은?

보기

ㄱ. B에 흐르는 전류의 세기는 I보다 크다.
ㄴ. p에서 A, B, C에 흐르는 전류에 의한 자기장의 방향은 $+y$ 방향이다.
ㄷ. A, B, C에 흐르는 전류에 의한 자기장의 세기는 q에서가 p에서의 8배이다.

① ㄱ   ② ㄴ   ③ ㄱ, ㄷ
④ ㄴ, ㄷ   ⑤ ㄱ, ㄴ, ㄷ

297

그림은 무한히 긴 직선 도선 P가 y축에 고정되어 있고, 시계 방향으로 일정한 세기의 전류 I가 흐르는 원형 도선 Q가 xy 평면에 고정되어 있는 것을 나타낸 것이다. 점 A는 Q의 중심이다. 표는 P에 흐르는 전류에 따른 A에서 P와 Q의 자기장을 나타낸 것이다.

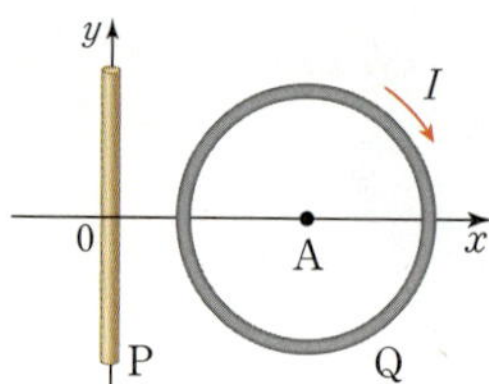

P에 흐르는 전류	A에서 P와 Q에 의한 자기장
I	B_0
$2I$	$0.7B_0$
$3I$	㉠
$4I$	$0.1B_0$

이에 대한 설명으로 옳은 것만을 〈보기〉에서 있는 대로 고른 것은?

보기

ㄱ. ㉠은 $0.4B_0$이다.
ㄴ. P에 흐르는 전류의 방향은 $+y$ 방향이다.
ㄷ. P에 흐르는 전류의 세기가 $2I$일 때, A에서 자기장의 방향은 xy 평면에 수직으로 들어가는 방향이다.

① ㄱ   ② ㄴ   ③ ㄱ, ㄴ
④ ㄱ, ㄷ   ⑤ ㄴ, ㄷ

298

그림과 같이 물체 P, Q를 각각 수레에 고정시킨 후 전지와 스위치에 연결된 솔레노이드 양쪽의 수평면에 가만히 놓고, 스위치를 a에 연결하였더니, P와 Q는 오른쪽으로 운동하였다. P, Q는 강자성체와 반자성체 중 하나이다.

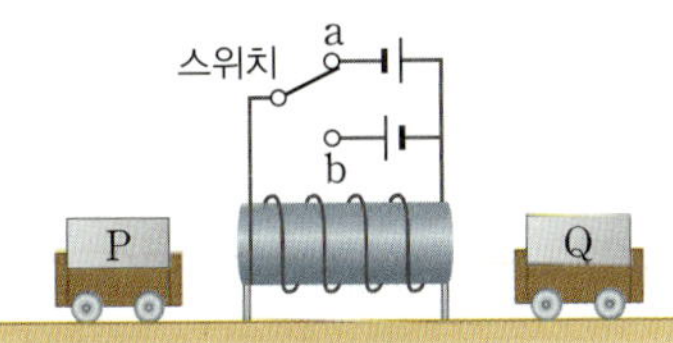

이에 대한 설명으로 옳은 것만을 〈보기〉에서 있는 대로 고른 것은?

보기
ㄱ. P의 오른쪽은 S극으로 자기화된다.
ㄴ. Q를 구성하는 원자 내에서 전자의 회전 방향과 스핀 방향이 반대인 전자들이 모두 짝을 이루고 있다.
ㄷ. 스위치를 b에 연결하면 Q는 왼쪽으로 움직인다.

① ㄱ ② ㄴ ③ ㄷ
④ ㄱ, ㄴ ⑤ ㄴ, ㄷ

299

다음은 자기띠에 정보가 저장되는 과정을 나타낸 것이다.

(가) 철심에 감긴 코일에 전류가 흐르면 전류에 의한 자기장의 만들어진다. 이 자기장에 의해 철심이 자기화된다.
(나) 자기화된 철심에 의해 자기띠에 입혀신 ⓛ물질이 자기회되어 ⓐ에서 ⓑ까지 정보가 저장된다.

이에 대한 설명으로 옳은 것만을 〈보기〉에서 있는 대로 고른 것은?

보기
ㄱ. (가)에서 화살표 방향으로 전류가 흐르면 A는 N극으로 자기화된다.
ㄴ. ⓛ은 자기화된 철심과 같은 방향으로 자기화된다.
ㄷ. ⓐ와 ⓑ 사이에 정보가 기록되는 동안 코일에 흐르는 전류의 방향은 일정하다.

① ㄱ ② ㄷ ③ ㄱ, ㄴ
④ ㄴ, ㄷ ⑤ ㄱ, ㄴ, ㄷ

300

그림은 자기화되어 있지 않은 강자성체 A를 천장에 매단 후 A 아래에 직류 전원 장치가 연결된 솔레노이드를 놓은 모습을 나타낸 것이다.

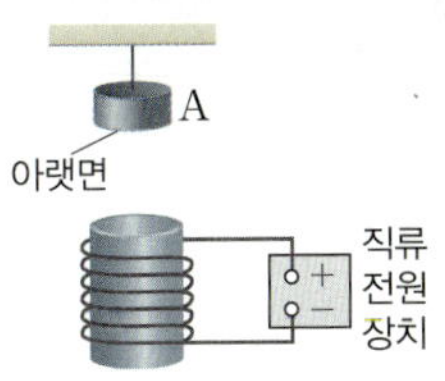

이에 대한 설명으로 옳은 것만을 〈보기〉에서 있는 대로 고른 것은?

보기
ㄱ. A의 아랫면은 S극으로 자기화된다.
ㄴ. 실이 A에 작용하는 힘의 크기는 A의 무게보다 크다.
ㄷ. 직류 전원 장치의 전압만 증가시키면 실이 A에 작용하는 힘의 크기는 감소한다.

① ㄱ ② ㄷ ③ ㄱ, ㄴ
④ ㄴ, ㄷ ⑤ ㄱ, ㄴ, ㄷ

301 고난도

그림 (가)와 같이 $+y$ 방향의 균일한 자기장 영역에 자기화되지 않은 동일한 물체 A, B를 고정시켜 놓았더니 A, B가 서로 당기는 자기력이 작용하였다. ⓛ, ⓛ은 N극과 S극 중 하나이다. 그림 (나)와 같이 솔레노이드로부터 d만큼 떨어져 있는 A를 수평면에서 움직였더니 코일에 p → 저항 → q 방향으로 전류가 흘렀다.

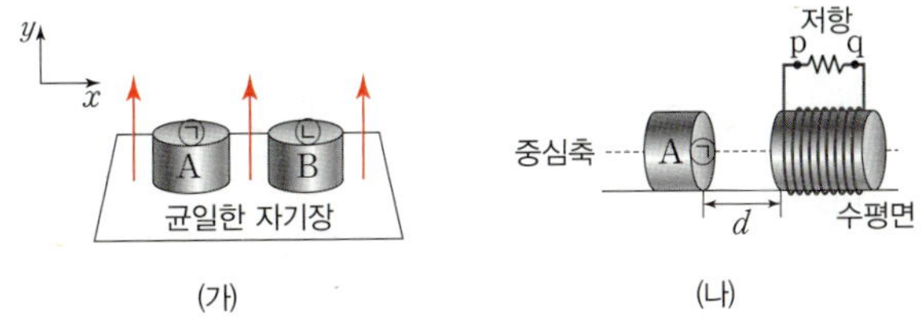

이에 대한 설명으로 옳은 것만을 〈보기〉에서 있는 대로 고른 것은?

보기
ㄱ. (가)에서 ⓛ, ⓛ은 서로 다른 종류의 극으로 자기화된다.
ㄴ. B는 외부 자기장을 제거하여도 자기화된 상태를 오래 유지하는 성질이 있다.
ㄷ. (나)에서 A와 솔레노이드 사이에는 서로 당기는 자기력이 작용한다.

① ㄱ ② ㄴ ③ ㄱ, ㄴ
④ ㄱ, ㄷ ⑤ ㄴ, ㄷ

02 전자기 유도

개념 ❶ 전자기 유도

1. 전자기 유도: 코일과 자석의 상대적인 운동으로 코일 내부를 통과하는 자기 선속이 시간에 따라 변할 때 코일에 전류가 흐르는 현상

- **유도 전류**: 전자기 유도에 의해 코일에 발생하는 전류로, 코일을 통과하는 자기 선속이 변할 때만 발생한다.

2. 렌츠 법칙: 유도 전류는 코일을 통과하는 자기 선속의 변화를 방해하는 방향으로 흐른다.

(1) 코일에 생기는 유도 전류의 방향

구분	N극이 접근할 때	N극이 멀어질 때	S극이 접근할 때	S극이 멀어질 때
자기 선속의 변화	코일 속을 ↓ 방향으로 지나가는 자기 선속 증가	코일 속을 ↓ 방향으로 지나가는 자기 선속 감소	코일 속을 ↑ 방향으로 지나가는 자기 선속 증가	코일 속을 ↑ 방향으로 지나가는 자기 선속 감소
	↑방향의 자기 선속이 만들어지도록 유도 전류가 흐른다.	↓방향의 자기 선속이 만들어지도록 유도 전류가 흐른다.	↓방향의 자기 선속이 만들어지도록 유도 전류가 흐른다.	↑방향의 자기 선속이 만들어지도록 유도 전류가 흐른다.
자석과 코일 사이의 힘	코일 위쪽에 N극이 형성되어 자석을 밀어낸다. ➡ 척력 작용	코일 위쪽에 S극이 형성되어 자석을 잡아당긴다. ➡ 인력 작용	코일 위쪽에 S극이 형성되어 자석을 밀어낸다. ➡ 척력 작용	코일 위쪽에 N극이 형성되어 자석을 잡아당긴다. ➡ 인력 작용
코일의 극	위: N극, 아래: S극	위: S극, 아래: N극	위: S극, 아래: N극	위: N극, 아래: S극
유도 전류	B → Ⓖ → A	A → Ⓖ → B	A → Ⓖ → B	B → Ⓖ → A

(2) 균일한 자기장 영역을 등속 운동하는 도선의 유도 전류의 방향

도선 내부를 통과하는 수직으로 들어가는 방향의 자기 선속이 증가한다. ➡ 반시계 방향으로 유도 전류가 흐른다. 자기 선속의 증가를 방해하기 위해 도선은 수직으로 나오는 방향으로 자기장이 형성되기 때문이다.	도선이 자기장 속에서 운동하는 동안에는 도선 내부를 통과하는 자기 선속의 변화가 없다. ➡ 유도 전류가 흐르지 않는다.	도선 내부를 통과하는 수직으로 들어가는 방향의 자기 선속이 감소한다. ➡ 시계 방향으로 유도 전류가 흐른다. 자기 선속의 감소를 방해하기 위해 도선은 수직으로 들어가는 방향으로 자기장이 형성되기 때문이다.

(3) 유도 전류의 방향 찾기: 코일에 흐르는 유도 전류는 코일을 통과하는 자기 선속의 변화를 방해하는 방향으로 흐른다. 따라서 엄지손가락을 유도 자기장의 방향으로 향하게 하면 네 손가락이 감아쥐는 방향이 유도 전류의 방향이다.

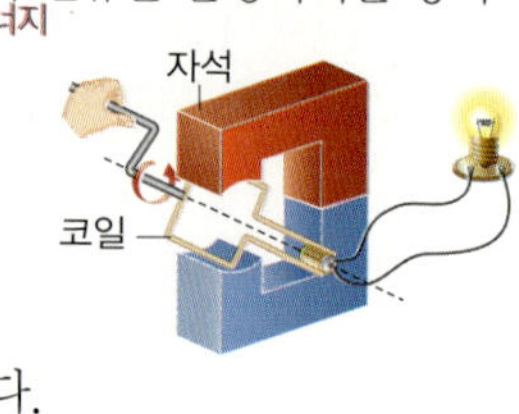

3. 패러데이 법칙

(1) 패러데이 법칙(전자기 유도 법칙): 코일의 감은 수를 N, 시간 Δt 동안 코일을 통과하는 자기 선속의 변화량을 $\Delta\phi$라고 하면 코일에 발생하는 유도 기전력 V는 다음과 같다.

$$V = -N\frac{\Delta\phi}{\Delta t} \text{ (단위: V)}$$

$\phi = BS$: 자기장에 수직인 단면적을 지나는 자기력선의 수

유도 기전력의 방향이 자기 선속의 변화를 방해하는 방향이라는 것을 의미한다.

(2) 유도 기전력: 전자기 유도에 의해 코일의 양단에 발생하는 전압으로, 유도 전류를 흐르게 하는 원인이다.

(3) 유도 전류의 세기: 코일에 자석을 가까이 할 때 강한 자석을 사용할수록, 자석을 빠르게 움직일수록, 코일의 감은 수가 많을수록 자기 선속의 변화율이 커지므로 유도 기전력의 크기가 커지고, 유도 전류의 세기도 세진다.

개념 ❷ 전자기 유도의 이용

1. 발전기: 전자기 유도 현상을 이용하여 전류를 발생시키는 장치

에너지 전환: 운동 에너지 → 전기 에너지

(1) 발전기의 원리: 코일이 자석 속에서 회전할 때 코일을 통과하는 자기 선속이 시간에 따라 변하면서 패러데이 전자기 유도 법칙에 의해 유도 전류가 발생한다.

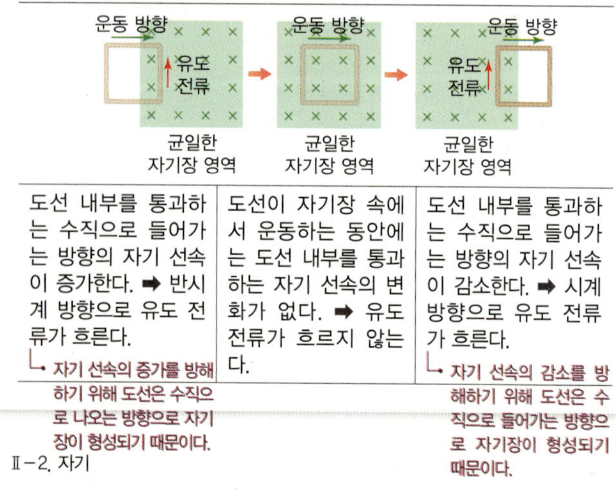

(2) 발전기에서 유도 전류의 세기

① 코일의 회전 속력이 커지면 코일을 통과하는 자기 선속의 최대 변화율이 증가하여 코일에 흐르는 최대 유도 전류의 세기가 커진다.

② 자석의 세기가 강할수록 코일에 흐르는 최대 유도 전류의 세기가 커진다.

③ 자기장 방향에 수직인 코일의 단면적이 넓을수록 코일에 흐르는 최대 유도 전류의 세기가 커진다.

→ 코일이 회전하여 자기장의 방향에 수직인 면적이 변하므로 코일에는 세기와 방향이 변하는 교류가 흐른다.

2. 전자기 유도의 다양한 이용

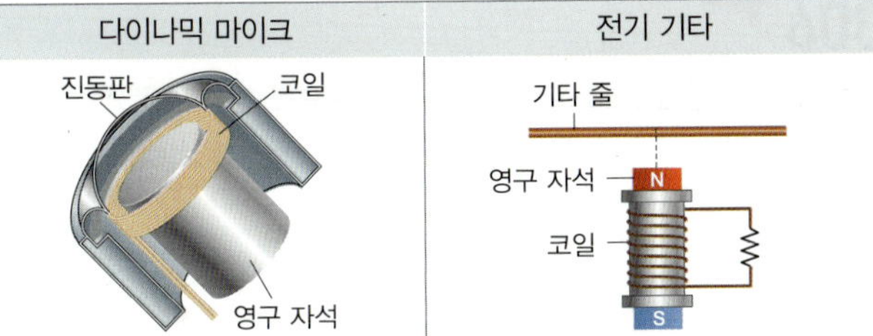

다이나믹 마이크	전기 기타
소리의 진동에 의해서 진동판이 진동하면 진동판에 부착된 코일이 진동하게 되어 코일을 지나는 자기 선속이 변하면서 유도 전류가 발생한다. 이러한 원리로 마이크는 소리 신호를 전기 신호로 바꾸게 된다.	기타 줄 아래의 영구 자석에 의해 자기화된 기타 줄이 진동하면서 코일을 통과하는 자기 선속이 변하기 때문에 코일에 유도 전류가 흘러 전기 신호가 발생한다. 이 전기 신호를 증폭하면 스피커에서 소리가 발생한다.
금속 탐지기	무선 충전기
탐지기의 내부 코일에 흐르는 교류에 의한 자기장 속으로 금속 물체가 들어 오면 금속에 유도 전류가 발생하고, 이로 인한 자기장에 의해 내부 수신 코일에 유도 전류가 흘러서 경보음이 발생한다.	충전 패드 내부 코일에 흐르는 교류에 의한 자기장이 휴대 전화 내부 코일을 통과하면서 코일에 유도 전류가 발생한다. 이 유도 전류에 의해 배터리가 충전된다.

탐구 활동 — 긴 관을 통과하는 자석의 운동

과정 그림과 같이 똑같은 네오디뮴 자석을 굵기와 길이가 같은 플라스틱관, 알루미늄관, 구리관에서 각각 낙하시키고 자석이 낙하하는 시간을 측정한다.

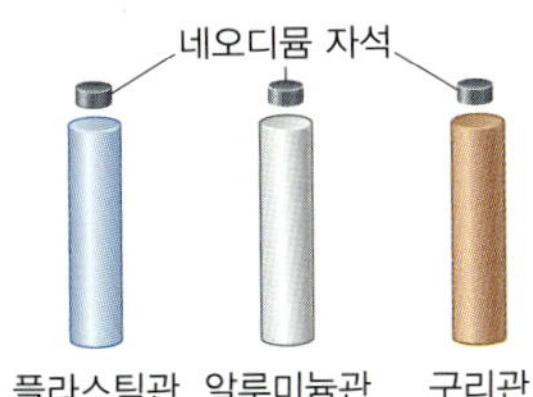

결과 자석의 낙하 시간은 플라스틱관<알루미늄관<구리관 순으로 길다.

정리 • 절연체인 플라스틱관에는 전류가 유도되지 않지만, 도체인 알루미늄관이나 구리관에는 자석의 운동을 방해하는 방향으로 유도 전류가 흘러 자석이 늦게 떨어진다.

• 알루미늄관보다 저항이 작은 구리관에서 세기가 큰 유도 전류가 발생하므로 자석의 운동을 방해하는 정도가 커 자석이 더 늦게 떨어진다.

정답 및 해설 | 37쪽

302

그림은 막대자석의 N극과 S극을 코일 근처에서 움직이는 모습을 나타낸 것이다. 표는 검류계의 바늘이 움직이는 방향을 나타낸 것이다.

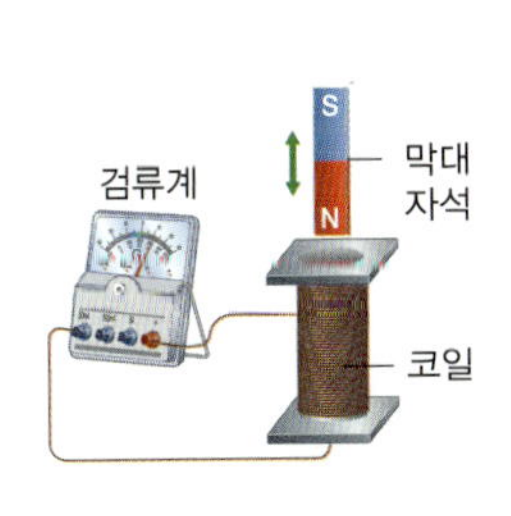

자석의 운동 방향	검류계 바늘의 움직임 방향
코일에 N극을 가까이 할 때	⊙ 으로 움직인다.
코일에 N극을 멀리 할 때	ⓒ 으로 움직인다.
코일에 S극을 가까이 할 때	오른쪽으로 움직인다.
코일에 S극을 멀리 할 때	ⓒ 으로 움직인다.

⊙~ⓒ에 들어갈 방향을 쓰시오.

303

그림과 같이 자석의 N극을 코일에 가까이 하여 코일에 유도 전류가 흐르게 하였다.

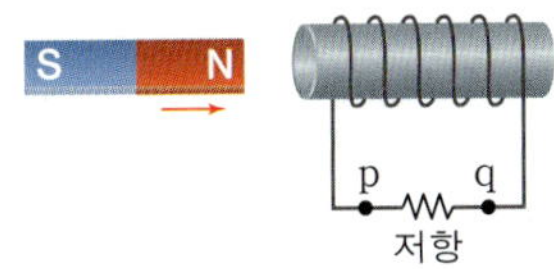

이에 대한 설명으로 옳은 것은 ○, 옳지 않은 것은 ×로 표시하시오.

(1) 코일의 왼쪽에 N극이 유도된다. ( )

(2) 코일에는 p → 저항 → q 방향으로 유도 전류가 흐른다. ( )

(3) 코일과 자석 사이에는 인력이 작용한다. ( )

304

다음은 발전기에 대한 설명이다.

그림과 같이 자석 사이에 놓인 코일을 회전시키면 코일의 단면적을 통과하는 ⊙ 이 주기적으로 증가하였다가 감소하는 것을 반복하므로 코일에는 교류 전류가 흐른다. 이와 같이 발전기에서는 ⓒ 현상을 이용하여 코일의 운동 에너지가 전기 에너지로 전환된다.

⊙, ⓒ에 들어갈 알맞은 내용을 쓰시오.

개념 **1** 전자기 유도

[족집게 전략] 도선을 통과하는 자기장이 변할 때 렌츠 법칙을 이용하여 도선에 흐르는 유도 전류의 방향과 자기 선속의 변화율에 따른 유도 전류의 세기를 비교할 수 있어야 해.

305 단골 문제

그림 (가)는 코일 위에서 막대자석을 연직 방향으로 운동시키는 것을, (나)는 코일과 자석 사이의 거리를 시간에 따라 나타낸 것이다.

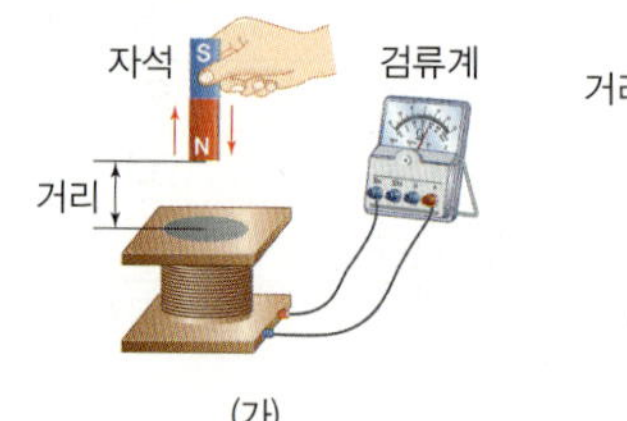

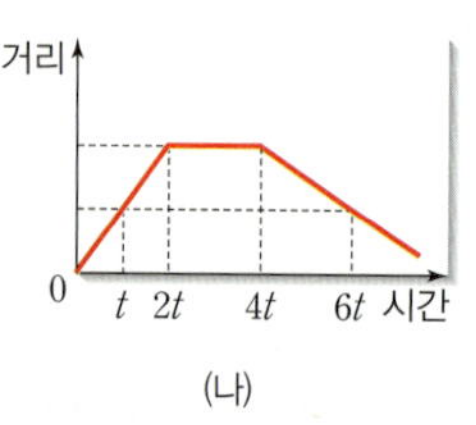

(가)　　　　　(나)

이에 대한 설명으로 옳은 것만을 〈보기〉에서 있는 대로 고른 것은?

보기

ㄱ. $2t$에서 $4t$까지 코일에 일정한 세기의 전류가 흐른다.
ㄴ. 코일에 흐르는 유도 전류의 세기는 t일 때가 $5t$일 때보다 크다.
ㄷ. $5t$일 때 자석과 코일 사이에는 서로 당기는 자기력이 작용한다.

① ㄱ　　　　② ㄴ　　　　③ ㄱ, ㄷ
④ ㄴ, ㄷ　　　⑤ ㄱ, ㄴ, ㄷ

추가로 나오는 선택지

❶ t일 때 자석과 코일 사이에는 서로 당기는 자기력이 작용한다. (　　)

❷ t일 때와 $6t$일 때 코일에 유도되는 전류의 방향은 서로 반대 방향이다. (　　)

❸ $6t$일 때 코일의 위쪽 부분은 S극으로 자기화된다. (　　)

306 중요

그림 (가)는 막대자석이 $2v$의 일정한 속력으로 검류계가 연결된 코일에 가까워지는 모습을, (나)는 (가)에서 극의 방향을 반대로 한 막대자석이 v의 일정한 속력으로 검류계가 연결된 코일에서 멀어지는 모습을 나타낸 것이다.

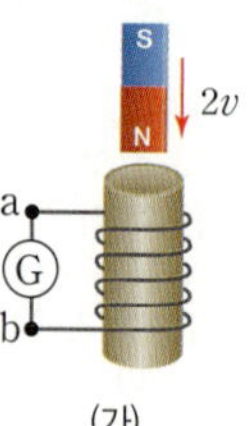

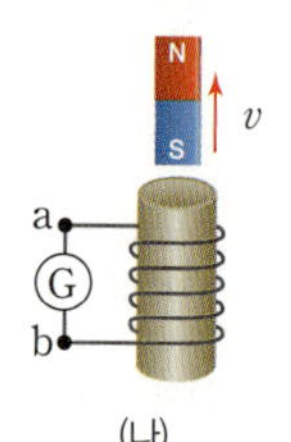

(가)　　　　　(나)

이에 대한 설명으로 옳은 것만을 〈보기〉에서 있는 대로 고른 것은?

보기

ㄱ. (가)의 코일에는 a → ⑥ → b 방향으로 유도 전류가 흐른다.
ㄴ. (가)와 (나)에서 코일이 자석에 작용하는 자기력의 방향은 같다.
ㄷ. (가)와 (나)에서 막대자석이 코일로부터 같은 거리에 있는 점을 지날 때 코일에 흐르는 유도 전류의 세기는 같다.

① ㄱ　　　　② ㄴ　　　　③ ㄱ, ㄷ
④ ㄴ, ㄷ　　　⑤ ㄱ, ㄴ, ㄷ

307

그림 (가)는 수평한 지면 위에 놓인 솔레노이드 P, Q 위에 각각 실에 연결되어 천장에 동일한 자석이 매달려 있는 모습을, (나)는 P 위에 자석을 매달고 있는 실을 끊었을 때, 자석이 P에 가까워지는 동안 P와 Q에 전류가 흐르는 모습을 나타낸 것이다. Q 위에 있는 자석은 정지해 있다.

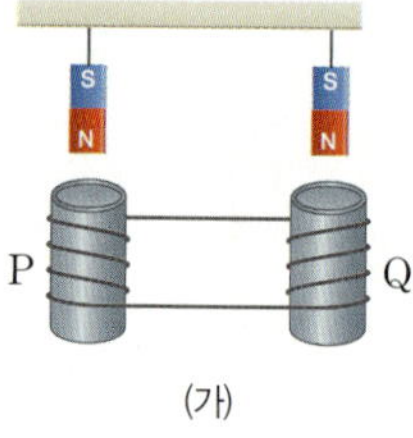

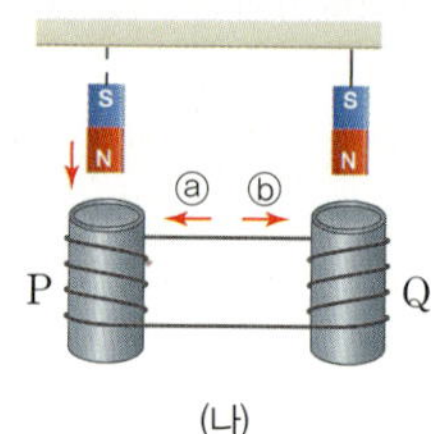

(가)　　　　　(나)

이에 대한 설명으로 옳은 것만을 〈보기〉에서 있는 대로 고른 것은? (단, P 위에 매달려 있는 자석에 의한 Q의 영향은 무시한다.)

보기

ㄱ. (나)에서 P에 유도되는 전류의 방향은 ⓐ 방향이다.
ㄴ. (나)에서 Q 위에 있는 자석과 연결된 실이 자석을 당기는 힘의 크기는 자석의 무게보다 크다.
ㄷ. P와 Q가 자석에 작용하는 자기력의 방향은 같다.

① ㄱ　　② ㄴ　　③ ㄱ, ㄴ　　④ ㄱ, ㄷ　　⑤ ㄴ, ㄷ

308

그림은 모양과 길이가 같은 구리관과 플라스틱관을 연직으로 세우고, 자석 A 또는 B를 기준선 P에서 가만히 놓는 모습을 나타낸 것이다. 표는 자석이 관 입구에서 끝을 통과할 때까지 걸리는 시간을 자석과 관의 종류에 따라 나타낸 것이다. A, B의 질량은 같다.

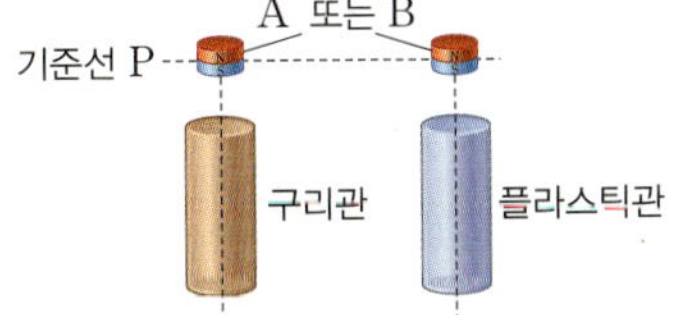

자석	구리관	플라스틱관
A	4초	2초
B	5초	㉠

이에 대한 설명으로 옳은 것만을 〈보기〉에서 있는 대로 고른 것은? (단, 자석 A, B의 질량은 같고, 공기 저항과 모든 마찰은 무시한다.)

보기

ㄱ. A는 B보다 세기가 약한 자석이다.
ㄴ. ㉠은 2초보다 크다.
ㄷ. 역학적 에너지는 구리관을 통과한 자석이 플라스틱관을 통과한 자석보다 크다.

① ㄱ　　② ㄴ　　③ ㄱ, ㄴ　　④ ㄱ, ㄷ　　⑤ ㄴ, ㄷ

309

다음은 전자기 유도 현상에 대한 실험이다.

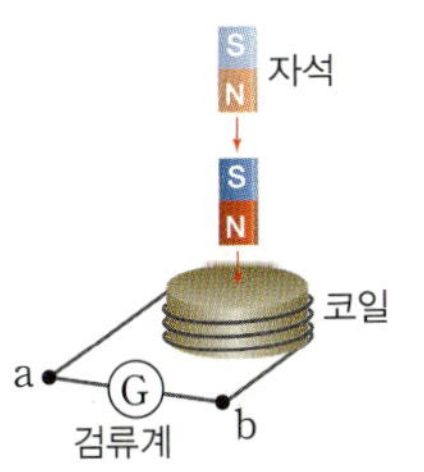

(가) 그림과 같이 검류계를 이용하여 회로를 구성하고, 자석의 N극을 아래로 향하도록 하고 가만히 놓아 검류계에 흐르는 유도 전류의 최댓값을 관찰한다.
(나) (가)에서 코일의 감은 수만을 변화시키고 실험한다.
(다) (가)에서 자석과 코일 사이의 거리만을 증가시키고 실험한다.

과정	(가)	(나)	(다)
전류의 최댓값	I_0	I_0보다 큼	㉠

이에 대한 설명으로 옳은 것만을 〈보기〉에서 있는 대로 고른 것은? (단, 중력 가속도는 g이고, 공기 저항과 모든 마찰은 무시한다.)

보기

ㄱ. (가)에서 자석이 코일에 접근하는 동안에는 검류계에 a → ⑥ → b 방향으로 유도 전류가 흐른다.
ㄴ. (나)에서 코일의 감은 수를 증가시켰다.
ㄷ. ㉠은 'I_0보다 작음'이다.

① ㄱ　　② ㄴ　　③ ㄱ, ㄴ　　④ ㄱ, ㄷ　　⑤ ㄴ, ㄷ

310 서술형

그림과 같이 xy 평면에 수직으로 들어가는 방향이고, 세기가 각각 B, $2B$인 자기장 영역 Ⅰ, Ⅱ에서 동일한 금속 고리 a, b, c가 운동하고 있는 순간의 모습을 나타낸 것이다. a, b는 $+x$ 방향으로, c는 $-x$ 방향으로 운동하고 a, b, c에 흐르는 전류의 세기는 같다.

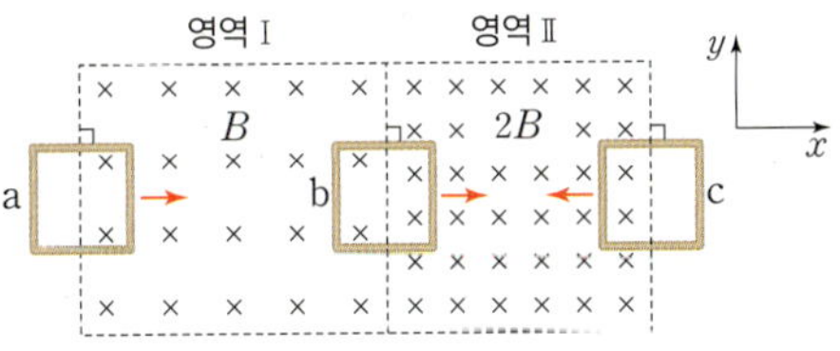

a의 속력을 v라고 할 때, b와 c의 속력을 구하시오.

311 중요

그림과 같이 종이면에 수직으로 들어가는 방향의 자기장 영역 안에서 저항 R가 연결된 도선 위에 놓은 금속 막대를 종이면에서 수평하게 일정한 속력 v로 이동시킨다.

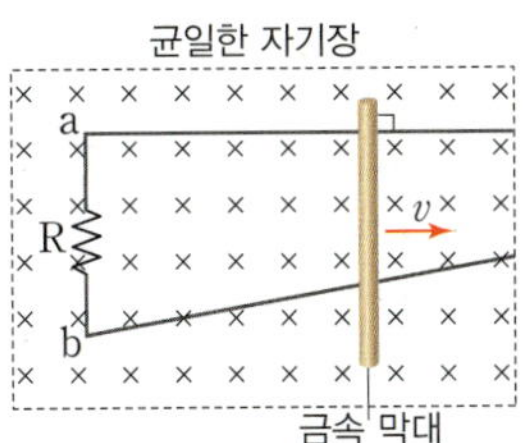

금속 막대가 자기장 영역에서 운동하는 동안 R에 흐르는 전류의 방향과 세기는?

	전류의 방향	전류의 세기
①	a → R → b	일정
②	a → R → b	증가
③	a → R → b	감소
④	b → R → a	증가
⑤	b → R → a	감소

312

그림과 같이 정사각형 금속 고리 P가 $1\,cm/s$의 속력으로 x축에 나란하게 등속도 운동하여 자기장 영역 Ⅰ, Ⅱ, Ⅲ을 통과한다. $t=0$일 때, P의 중심의 위치는 $x=0$이며, Ⅰ, Ⅲ에서 자기장의 세기는 각각 B_0, $2B_0$으로 균일하다. 표는 시간에 따라서 P에 흐르는 전류의 방향과 세기를 나타낸 것이다.

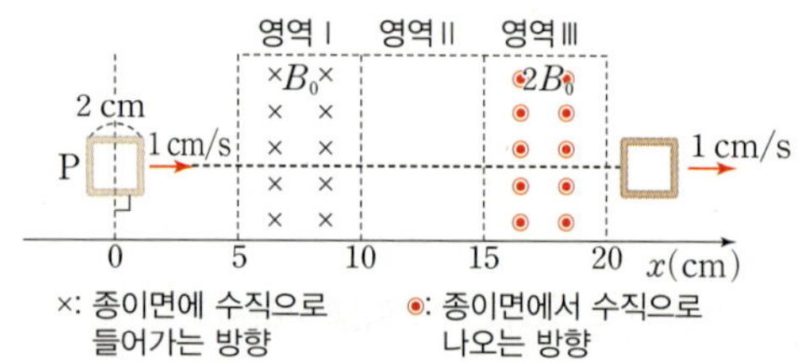

시간	유도 전류의 방향	유도 전류의 세기
$t=10$초	반시계 방향	I_0
$t=15$초	시계 방향	$4I_0$

Ⅱ에서 자기장의 방향과 세기를 옳게 나타낸 것은?

	자기장의 방향	자기장의 세기
①	종이면에 수직으로 들어가는 방향	B_0
②	종이면에 수직으로 들어가는 방향	$2B_0$
③	종이면에 수직으로 들어가는 방향	$3B_0$
④	종이면에서 수직으로 나오는 방향	$2B_0$
⑤	종이면에서 수직으로 나오는 방향	$3B_0$

313 중요

그림은 종이면에서 수직으로 나오는 방향(⊙)으로 균일하게 형성된 자기장 영역 Ⅰ과 종이면에 수직으로 들어가는 방향(×)으로 균일하게 형성된 자기장 영역 Ⅱ에서 동일한 사각형 도선 A, B와 원형 도선 C가 같은 속력 v로 운동하고 있는 모습을 나타낸 것이다. Ⅰ, Ⅱ에서 자기장의 세기는 같다.

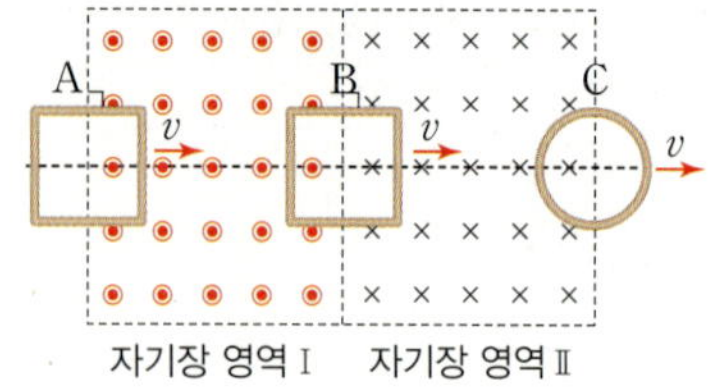

이에 대한 설명으로 옳은 것만을 〈보기〉에서 있는 대로 고른 것은?

〈보기〉

ㄱ. A에는 반시계 방향으로 유도 전류가 흐른다.
ㄴ. B에 흐르는 전류의 세기는 A에 흐르는 전류의 세기의 2배이다.
ㄷ. C에 흐르는 유도 전류의 세기는 일정하다.

① ㄱ ② ㄴ ③ ㄱ, ㄴ
④ ㄱ, ㄷ ⑤ ㄴ, ㄷ

314

그림 (가)는 길이가 무한히 긴 직선 도선과 정사각형 모양의 금속 도선이 xy 평면 위에 고정되어 있는 것을 나타낸 것이다. 그림 (나)는 시간에 따라 직선 도선에 흐르는 전류의 세기를 나타낸 것으로, $+y$ 방향의 전류를 $(+)$로 한다.

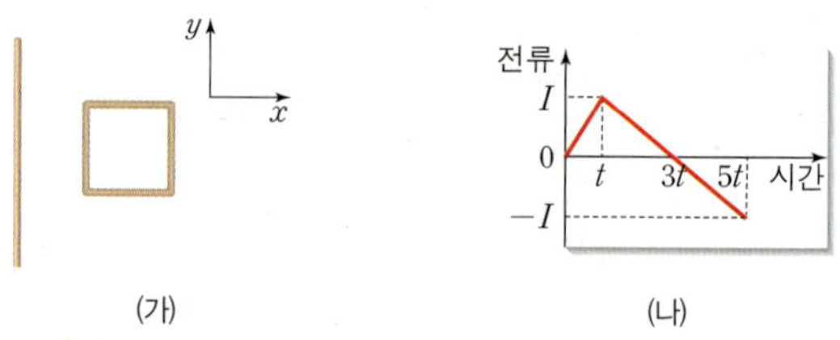

정사각형 도선에 흐르는 유도 전류에 대한 설명으로 옳은 것만을 〈보기〉에서 있는 대로 고른 것은?

〈보기〉

ㄱ. $0.5t$일 때 반시계 방향으로 유도 전류가 흐른다.
ㄴ. $2t$일 때와 $4t$일 때 유도되는 전류의 방향은 서로 반대이다.
ㄷ. 유도 전류의 세기는 $0.5t$일때가 $4t$일 때보다 크다.

① ㄱ ② ㄴ ③ ㄱ, ㄴ
④ ㄱ, ㄷ ⑤ ㄴ, ㄷ

315 중요

그림과 같이 p−n 접합 발광 다이오드(LED)를 연결한 코일이 종이면에 수직한 방향의 균일한 자기장 영역을 일정한 속력으로 통과한다. 코일이 점 a를 통과하는 동안 발광 다이오드에는 불이 켜진다. a는 자기장 영역의 왼쪽 경계에, 점 b는 자기장 영역의 오른쪽 경계에 있는 점이다.

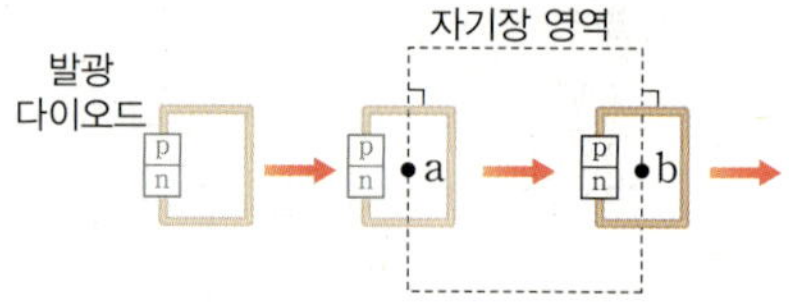

이에 대한 설명으로 옳은 것만을 〈보기〉에서 있는 대로 고른 것은?

〈보기〉

ㄱ. 자기장의 방향은 종이면에 수직으로 들어가는 방향이다.
ㄴ. 코일 전체가 자기장 영역 안에서 이동할 때 코일에 유도 전류가 흐른다.
ㄷ. 코일이 b를 통과하는 동안 발광 다이오드에 불이 켜진다.

① ㄱ ② ㄴ ③ ㄱ, ㄴ
④ ㄱ, ㄷ ⑤ ㄴ, ㄷ

개념 ❷ 전자기 유도의 이용

족집게 전략 전자기 유도 현상을 이용한 장치의 원리와 전자기 유도 현상을 이용한 에너지 전환 과정을 이해해야 해.

316 단골 문제

그림은 코일이 자석 사이를 회전할 때 코일에 유도 전류가 흐르는 발전기의 구조를 나타낸 것이다. 이에 대한 설명으로 옳은 것만을 〈보기〉에서 있는 대로 고른 것은?

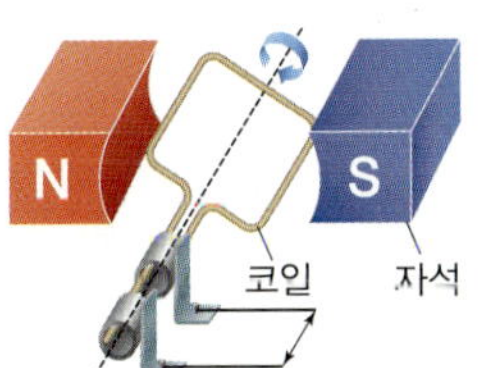

보기

ㄱ. 발전기는 역학적 에너지를 전기 에너지로 전환하는 장치이다.
ㄴ. 코일에는 시간에 따라 전류의 방향이 주기적으로 변하는 교류가 발생한다.
ㄷ. 코일에 전류가 흐르는 현상은 전자기 유도 현상으로 설명할 수 있다.

① ㄱ　　② ㄴ　　③ ㄱ, ㄷ　　④ ㄴ, ㄷ　　⑤ ㄱ, ㄴ, ㄷ

추가로 나오는 선택지

❶ 코일 내부를 통과하는 자기 선속은 일정하다.　　(　)

317 서술형

다음은 다이나믹 마이크에 대한 설명이다.

다이나믹 마이크는 코일과 　⊙　, 진동판으로 구성되어 있다. 소리에 의해 진동판이 진동하면 코일이 함께 진동하면서 　ⓒ　 에 의해 코일에 유도 전류가 흐르게 된다.

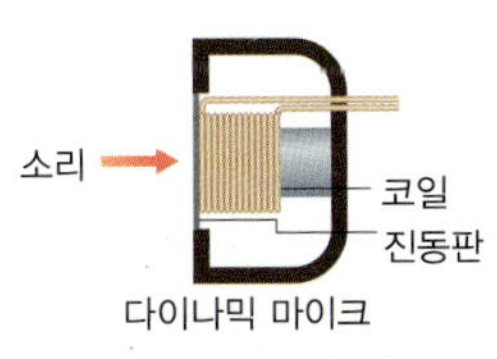

318

다음은 무선 충전기의 원리에 대한 설명이다.

충전 패드 내부 코일에 흐르는 교류에 의한 자기장이 휴대 전화 내부 코일을 통과하면서 코일에 유도 전류가 발생한다. 이 유도 전류에 의해 배터리가 충전된다.

무선 충전기와 같은 원리로 작동되는 것으로 옳지 않은 것은?

① 스피커　　② 변압기　　③ 금속 탐지기
④ 교류 발전기　　⑤ 다이나믹 마이크

319

그림은 자석을 시계 반대 방향으로 회전시켜 고정된 코일에 연결된 발광 다이오드에 불이 켜지는 바퀴의 구조를 나타낸 것이다.

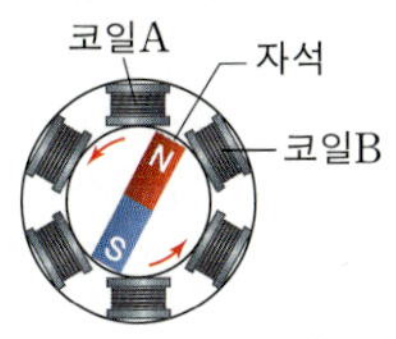

이에 대한 설명으로 옳은 것만을 〈보기〉에서 있는 대로 고른 것은?

보기

ㄱ. 자석이 운동으로 코일 내부를 통과하는 자기 선속의 변화가 생긴다.
ㄴ. 자석의 회전 속력이 빠를수록 코일 A에 흐르는 선류의 최댓값은 커진다.
ㄷ. 자석이 회전하여 코일 B에서 코일 A로 지날 때 A와 B에 흐르는 유도 전류의 방향은 같다.

① ㄱ　　　　② ㄴ　　　　③ ㄱ, ㄴ
④ ㄱ, ㄷ　　　⑤ ㄴ, ㄷ

320 서술형

다음은 긴 관을 통과하여 낙하하는 자석의 운동에 대한 실험이다.

[실험 과정]
그림과 같이 똑같은 네오디뮴 자석을 굵기와 길이가 같은 플라스틱관, 알루미늄관, 구리관을 통과하도록 각각 낙하시키고 자석의 낙하 시간을 측정한다.

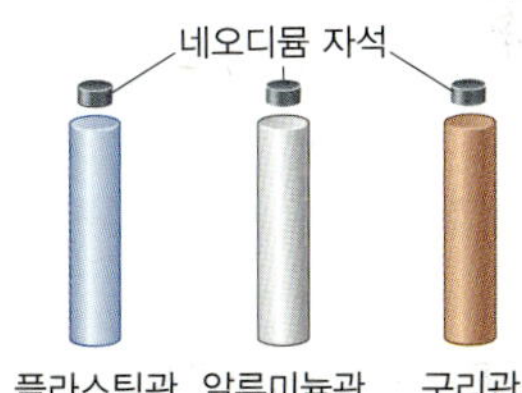

[실험 결과]
자석의 낙하 시간: 　⊙　 < 　ⓒ　 < 　ⓒ　

[정리 및 해석]
• 절연체인 플라스틱관에서는 유도 전류가 유도되지 않지만, 도체인 구리관이나 알루미늄관에서는 유도 전류가 흐른다.
• 알루미늄관보다 구리관의 전기 저항이 작으므로 구리관에서 알루미늄관보다 큰 유도 전류가 흐른다.

⊙～ⓒ에 들어갈 알맞은 관의 종류를 쓰시오.

321

그림 (가)와 같이 $+y$ 방향의 균일한 자기장 영역에 강자성체 X와 반자성체 Y를 놓고 자기화시킨다. 그림 (나)는 (가)의 X를 경사면 위의 점 p에 가만히 놓았더니 X가 점 q와 고정된 원형 도선을 지나 점 r를 속력 v로 통과한다. X가 운동하는 동안에는 원형 도선에는 유도 전류가 발생하였으며, A가 표시된 부분은 N극과 S극 중 하나이다.

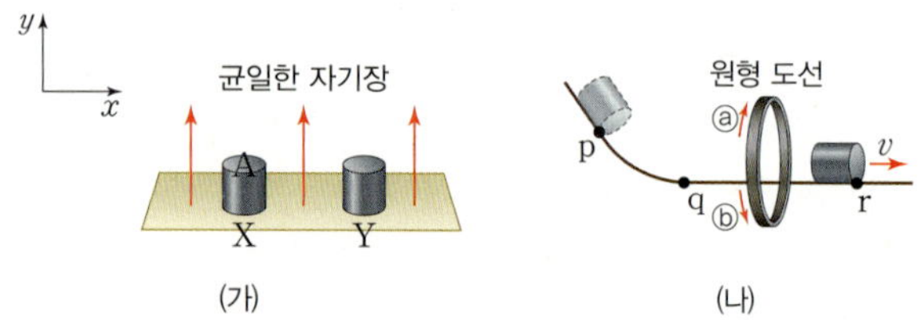

이에 대한 설명으로 옳은 것만을 〈보기〉에서 있는 대로 고른 것은? (단, 모든 마찰과 X, Y의 크기는 무시한다.)

보기
ㄱ. X가 q를 지날 때 원형 도선에는 ⓐ 방향으로 유도 전류가 흐른다.
ㄴ. q와 r을 지날 때 X가 받는 자기력의 방향은 서로 반대이다.
ㄷ. (가)의 Y를 p에 가만히 놓으면 r을 통과할 때의 속력은 v보다 작다.

① ㄱ ② ㄷ ③ ㄱ, ㄴ ④ ㄱ, ㄷ ⑤ ㄴ, ㄷ

322 고난도

그림 (가)는 균일한 자기장 속에 놓인 직사각형 도선이 자기장의 방향에 수직인 회전축을 중심으로 회전하는 모습을 나타낸 것이다. 자기장의 방향과 도선이 이루는 면 사이의 각은 θ이고, 점 a, b, c는 도선에 고정된 점이다. 그림 (나)는 $\theta = 90°$인 순간부터 직사각형 도선에 흐르는 전류의 세기를 시간에 따라 나타낸 것이다.

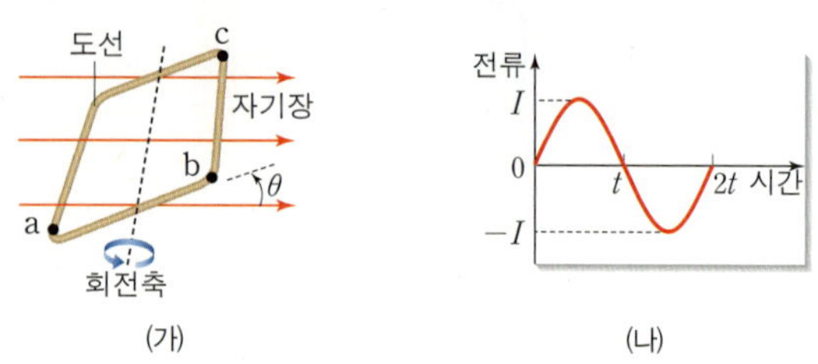

이에 대한 설명으로 옳은 것만을 〈보기〉에서 있는 대로 고른 것은?

보기
ㄱ. $\frac{t}{2}$일 때, 도선이 이루는 면을 통과하는 자기 선속이 최대이다.
ㄴ. t일 때, θ는 $180°$이다.
ㄷ. $\frac{3}{2}t$일 때, 도선에는 유도 전류가 a → b → c 방향으로 흐른다.

① ㄱ ② ㄷ ③ ㄱ, ㄴ ④ ㄱ, ㄷ ⑤ ㄴ, ㄷ

323

그림은 종이면에 수직으로 들어가는 방향으로 세기가 각각 B, $2B$인 균일한 자기장 영역 Ⅰ, Ⅱ에서 동일한 금속 고리 a, b, c, d가 운동하고 있는 어느 순간의 모습을 나타낸 것이다. a와 b는 $+x$ 방향으로, c는 $-x$ 방향으로, d는 $-y$ 방향으로 같은 속력으로 운동한다.

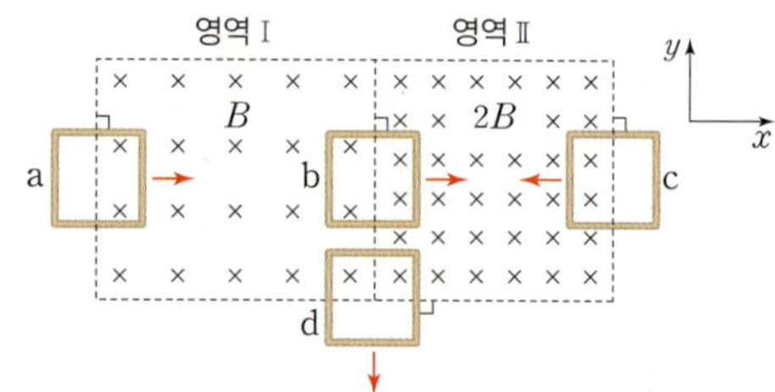

이에 대한 설명으로 옳은 것만을 〈보기〉에서 있는 대로 고른 것은?

보기
ㄱ. a에는 반시계 방향으로 유도 전류가 흐른다.
ㄴ. b와 c에 흐르는 유도 전류의 방향은 반대이다.
ㄷ. c와 d에 흐르는 유도 전류의 세기는 같다.

① ㄱ ② ㄴ ③ ㄱ, ㄴ
④ ㄱ, ㄷ ⑤ ㄴ, ㄷ

324

그림 (가)는 수평면에 놓여 있는 물체를 $+y$ 방향의 균일한 자기장 영역에 넣고 자기화시키는 것을 나타낸 것이다. 그림 (나)는 (가)의 자기화된 물체를 가만히 놓았을 때 물체가 원형 도선에 가까워지는 동안 원형 도선에는 유도 전류가 ⓐ 방향으로 흐르는 것을 나타낸 것이다.

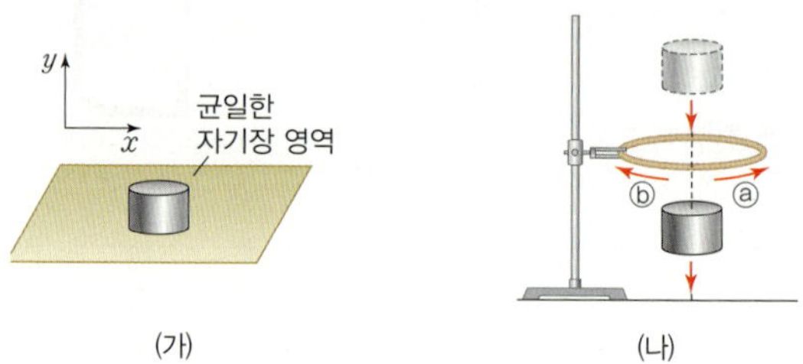

이에 대한 설명으로 옳은 것만을 〈보기〉에서 있는 대로 고른 것은? (단, 중력 가속도는 g이고, 공기 저항과 지구 자기장은 무시한다.)

보기
ㄱ. 물체는 강자성체이다.
ㄴ. 물체가 원형 도선을 통과한 후 원형 도선에 흐르는 유도 전류의 방향은 ⓑ 방향이다.
ㄷ. (나)에서 원형 도선을 통과한 물체의 가속도의 크기는 g보다 크다.

① ㄱ ② ㄴ ③ ㄱ, ㄴ
④ ㄱ, ㄷ ⑤ ㄴ, ㄷ

325

그림과 같이 질량이 m인 자석과 원형 도선의 중심축이 y축과 일치되도록 하고 원형 도선을 지면과 나란하게 정지시켰다. 정지해 있는 원형 도선을 x축 또는 y축을 따라 움직이는 순간, 지면이 자석을 떠받치는 힘의 크기가 mg보다 작은 경우만을 있는 대로 고른 것은?

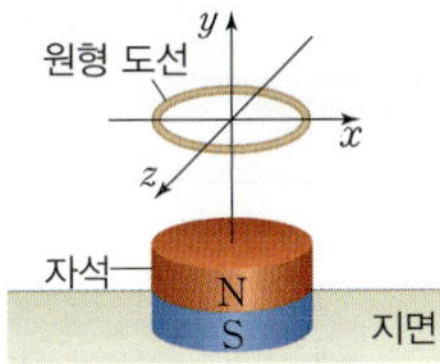

① $+x$, $+y$
② $-x$, $-y$
③ $-x$, $+x$, $-y$
④ $-x$, $+x$, $+y$
⑤ $-x$, $-y$, $+y$

326 고난도

다음은 직선 전류 주변의 금속 고리에 유도되는 전류에 대한 실험이다.

[실험 과정]

(가) 그림과 같이 수평면에 금속 고리 A, B와 전류가 $+y$ 방향으로 흐르는 긴 직선 도선을 놓는다.

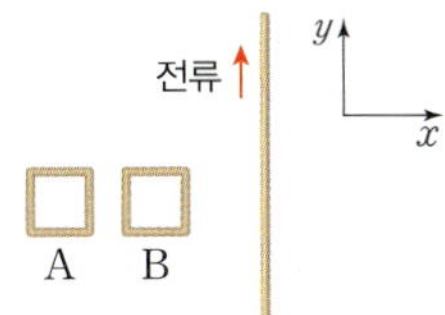

(나) A, B를 가만히 두고 직선 도선에 흐르는 전류의 세기만 변화시키며 A에 흐르는 유도 전류의 방향을 관찰한다.

(다) 직선 도선에 흐르는 전류의 세기를 일정하게 하고 A, B를 각각 x축과 나란한 방향으로 같은 속력으로 운동시키며 유도 전류의 방향을 관찰한다.

[실험 결과]

과정	(나)	(다)	
금속 고리	A	A	B
전류의 방향	시계 방향	반시계 방향	시계 방향

이에 대한 설명으로 옳은 것만을 〈보기〉에서 있는 대로 고른 것은? (단, A와 B 사이의 상호 작용은 무시한다.)

보기

ㄱ. (나)에서 직선 도선에 흐르는 전류의 세기는 증가한다.
ㄴ. (나)에서 A는 $+x$ 방향으로 운동한다.
ㄷ. (다)에서 B에 흐르는 전류의 세기는 일정하다.

① ㄱ
② ㄴ
③ ㄱ, ㄴ
④ ㄱ, ㄷ
⑤ ㄴ, ㄷ

327

그림은 수평면에 놓인 자석 A가 도르래를 통해 물체 B와 연결되어 솔레노이드를 향해 운동하는 순간의 모습을 나타낸 것이다. A가 솔레노이드의 중심축을 따라 이동하여 솔레노이드에 들어가기 직전에는 발광 다이오드(LED) C만 불이 켜지고, A가 솔레노이드에서 나온 직후에는 발광 다이오드(LED) D만 불이 켜진다. X, Y는 p형 반도체와 n형 반도체 중 하나이며, A, B의 질량은 같다.

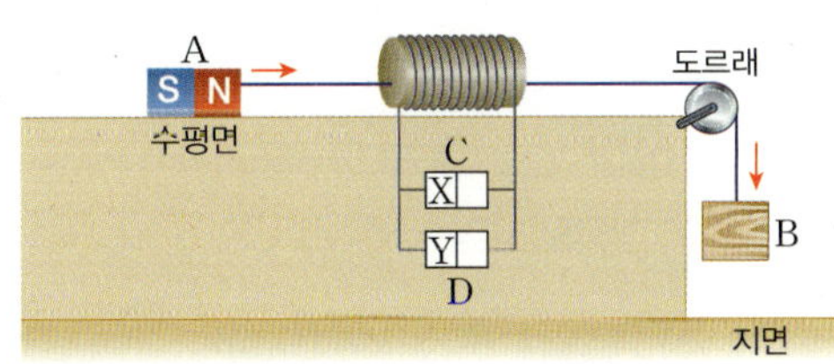

이에 대한 설명으로 옳은 것만을 〈보기〉에서 있는 대로 고른 것은? (단, 중력 가속도는 g이고, A, B의 크기, 공기 저항, 모든 마찰은 무시한다.)

보기

ㄱ. A가 솔레노이드를 통과하는 동안 B의 가속도의 크기는 $\frac{1}{2}g$이다.
ㄴ. X는 p형 반도체이다.
ㄷ. A가 솔레노이드에서 나온 직후에는 Y의 전자는 p−n 접합면으로 이동한다.

① ㄱ
② ㄴ
③ ㄱ, ㄴ
④ ㄱ, ㄷ
⑤ ㄴ, ㄷ

328

다음은 전기 기타의 원리를 설명한 것이다.

그림과 같이 코일 내부의 자석이 만드는 자기장에 의해 자기화된 ㉠기타줄의 P점이 코일에 가까워지면 코일을 통과하는 자기 선속이 증가하여 코일에는 ㉡ 으로 유도 전류가 흐른다.

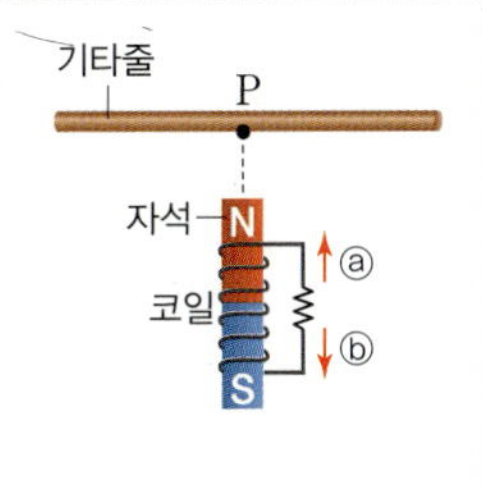

이에 대한 설명으로 옳은 것만을 〈보기〉에서 있는 대로 고른 것은?

보기

ㄱ. ㉠은 강자성체이다.
ㄴ. ㉡은 ⓑ 방향이다.
ㄷ. 전기 기타의 원리는 패러데이 전자기 유도 법칙으로 설명할 수 있다.

① ㄱ
② ㄴ
③ ㄱ, ㄴ
④ ㄱ, ㄷ
⑤ ㄴ, ㄷ

III

파동과 정보 통신

III
파동과 정보 통신

III-1 파동

1. 파동의 성질
- 파동의 표현
- 파동의 성질(굴절)

2. 전반사와 광통신 및 전자기파
- 빛의 전반사와 광통신
- 전자기파

3. 파동의 간섭
- 파동의 중첩
- 파동의 간섭
- 간섭 현상 이용

III-2 빛과 물질의 이중성

1. 빛과 물질의 이중성
- 빛의 이중성
- 물질의 이중성
- 전자 현미경

01 파동의 성질

개념 ❶ 파동의 표현

1. 파동: 물질의 한 지점에서 생긴 진동이 주위로 퍼져 나가는 현상이다.

  (1) **파원**: 파동이 발생한 지점

  (2) **매질**: 파동을 전달하는 물질로, 매질은 이동하지 않고 진동만 하며 매질의 진동으로 에너지가 전달된다.

2. 파동의 종류: 파동이 진행할 때 매질의 유무에 따라, 매질의 진동 방향과 파동의 진행 방향에 따라 분류한다.

  (1) **매질의 유무에 따른 분류**

  ① **탄성파**: 매질이 있어야만 전달된다. └ 예 물결파, 음파, 초음파, 지진파 등

  ② **전자기파**: 매질이 없어도 전달될 수 있다. └ 예 전파, 적외선, 가시광선, 자외선, X선, 감마(γ)선 등

  (2) **매질의 진동 방향과 파동의 진행 방향에 따른 분류**

  ① **횡파**: 매질의 진동 방향과 파동의 진행 방향이 수직이다. └ 예 물결파, 전파, 빛, X선, 지진파의 S파 등

  ② **종파**: 매질의 진동 방향과 파동의 진행 방향이 나란하다. └ 예 음파, 초음파, 지진파의 P파 등

3. 파동의 전파

  (1) **파동의 요소와 표시**

  ① **진폭(A)**: 진동 중심에서 마루나 골까지의 수직 거리

  ② **주기(T)**: 매질이 1회 진동하는 데 걸리는 시간(단위: s)

  ③ **진동수(f)**: 1초 동안에 매질의 한 점이 진동하는 횟수 └ 단위: Hz(헤르츠)

  • 주기와 진동수는 역수 관계이다. $f = \dfrac{1}{T}$

  ④ **파장(λ)**: 이웃한 마루(골)와 마루(골) 사이의 거리 (단위: m) └ 횡파에서 파동의 가장 낮은 곳

  ⑤ **파면**: 파동이 전파되어 나갈 때 위상이 같은 지점을 연결한 선이나 면이다. └ 횡파에서 파동의 가장 높은 곳 └ 파동의 진행 방향과 파면은 항상 수직이고, 이웃한 파면 사이의 거리는 한 파장이다.

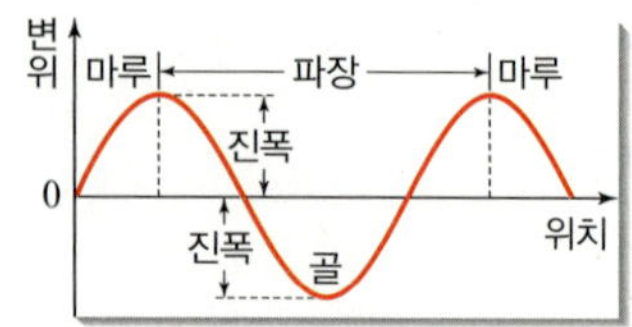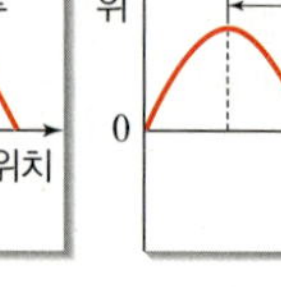

▲ 변위–위치 그래프   ▲ 변위–시간 그래프

  (2) **파동의 전파 속력**

  ① **전파 속력**: 파동이 1주기 동안 이동한 거리로, 파장(λ)을 주기(T)로 나누어서 구한다.

$$\text{파동의 속력}(v) = \frac{\text{파장}}{\text{주기}} = \frac{\lambda}{T} = f\lambda \ (\text{단위: m/s})$$

  • 파동의 속력은 매질의 종류와 상태에 따라 다르다. └ 같은 매질에서 파동의 속력은 일정하다.

  • 소리의 속력은 일반적으로 고체 > 액체 > 기체 순이다.

  • 소리의 속력은 공기의 온도가 높을수록 빠르다.

  • 물결파의 속력은 물의 깊이가 깊을수록 빠르고, 얕을수록 느

리다. → 물의 깊이가 얕으면 바닥과의 마찰 때문에 진행 속력이 느리다.

  ② **파동의 진행과 매질의 운동**: 파동이 오른쪽으로 진행하면 마루와 골 사이의 점 P는 위쪽으로 운동하며, 골과 마루 사이의 점 Q는 아래쪽으로 운동한다.

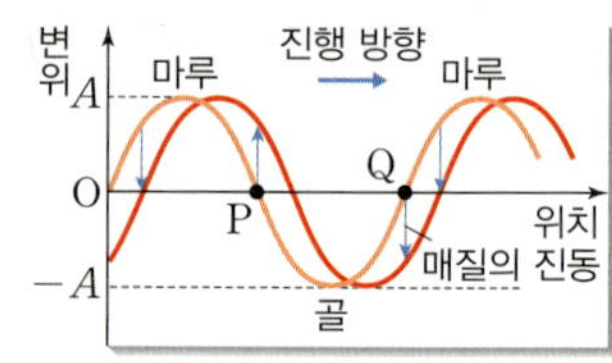

개념 ❷ 파동의 성질(굴절)

1. 파동의 굴절

  (1) **파동의 굴절**: 파동이 한 매질에서 다른 매질로 진행할 때 파동의 속력이 달라져 파동이 진행하는 방향이 바뀌는 현상

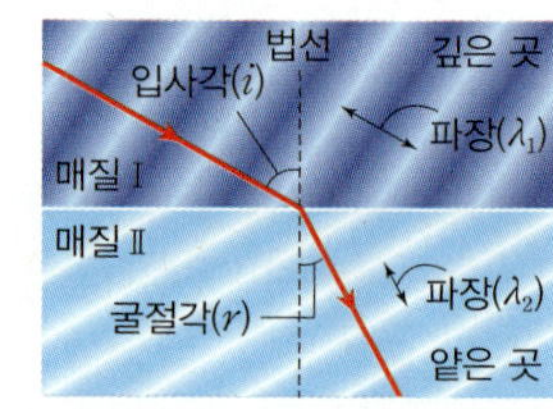

  ① **굴절이 일어나는 까닭**: 매질의 종류와 상태에 따라 파동의 속력이 다르기 때문이다.

  ② 파동이 굴절할 때 속력과 파장은 변하지만 파동의 진동수는 변하지 않는다. → 진동수는 파원에 의해 결정되므로 매질이 달라져도 변하지 않는다.

  ③ 파동이 매질 Ⅰ에서 매질 Ⅱ로 진행할 때 입사각(i)과 굴절각(r)의 사인값의 비는 일정하므로 두 매질에서 파동의 속력과 파장의 비도 일정하다.

$$\frac{\sin i}{\sin r} = \frac{v_1}{v_2} = \frac{\lambda_1}{\lambda_2}$$

  (2) **물결파의 굴절**

  ① **물결파의 굴절하는 까닭**: 물의 깊이에 따라 물결파의 속력이 달라지기 때문에 굴절한다.

  ② 물결파가 깊은 곳에서 얕은 곳으로 진행할 때 입사각은 굴절각보다 크다.

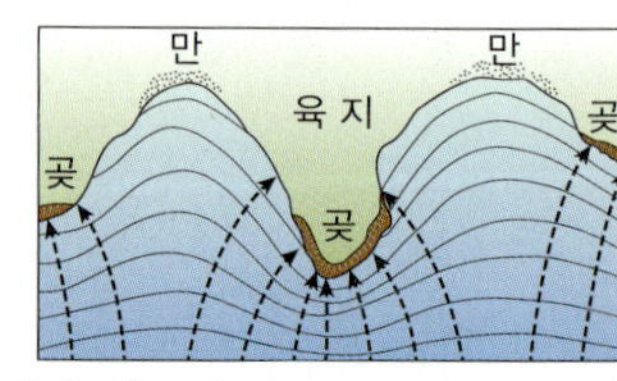

  ③ 물결파의 속력은 깊은 곳에서 빠르고 얕은 곳에서 느리기 때문에 파도는 곶 쪽으로 진행 방향이 꺾이게 된다.

  (3) **소리의 굴절**

  ① **소리가 굴절하는 까닭**: 공기의 온도에 따라 소리의 속력이 달라지기 때문에 소리가 굴절한다.

  ② 공기의 온도가 높을수록 소리의 속력이 빠르다.

 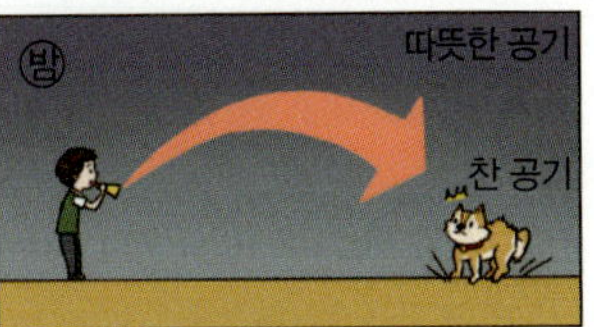

(4) 빛의 굴절: 빛의 속력은 진공에서 가장 빠르고, 물질마다 빛의 속력이 다르다.

① 굴절 법칙(스넬 법칙): 파동이 매질 1에서 매질 2로 진행할 때 다음과 같은 관계가 있다.

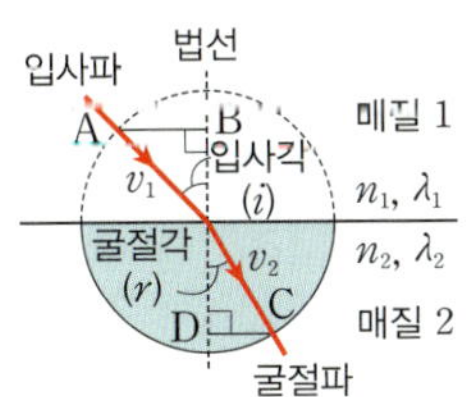

$$\frac{\sin i}{\sin r} = \frac{\overline{AB}}{\overline{CD}} = \frac{v_1}{v_2} = \frac{\lambda_1}{\lambda_2} = \frac{n_2}{n_1}$$

② 생활 속의 굴절

• 볼록 렌즈는 빛을 모으고, 오목 렌즈는 빛을 퍼지게 한다.

• 물속에 있는 물고기는 실제 위치보다 떠 보인다.

• 신기루: 공기의 온도가 높을수록 빛의 속력이 빠르고, 온도가 낮을수록 빛의 속력이 느리기 때문에 물체가 실제 위치가 아닌 다른 위치에 보이는 현상이다.

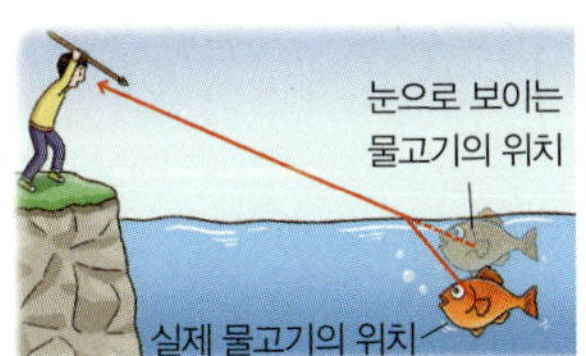 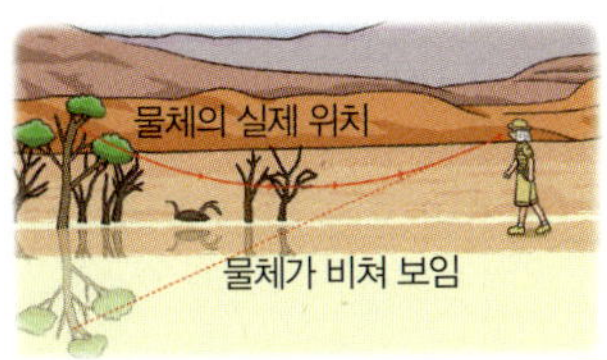

탐구 활동 　 횡파와 종파

과정 ❶ 용수철의 한 지점에 리본을 묶는다.

❷ (가)와 같이 용수철을 좌우로 흔들면서 리본의 운동을 관찰한다.

❸ (나)와 같이 용수철을 앞뒤로 흔들면서 리본의 운동을 관찰한다.

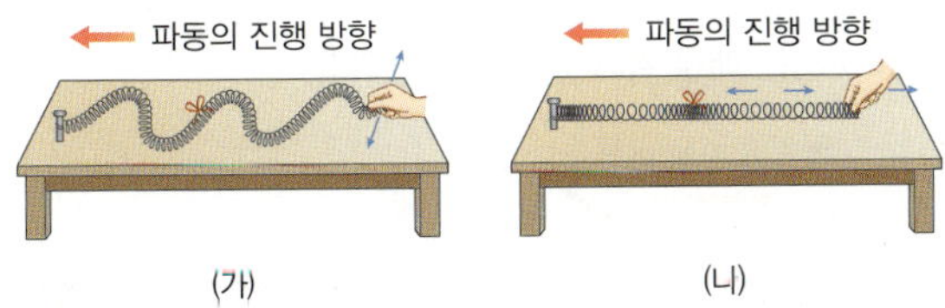

결과 (가)에서 리본은 좌우로, (나)에서 리본은 앞뒤로 진동한다.

정리 (가)와 같이 파동의 진행 방향과 매질의 진동 방향이 수직인 파동을 횡파, (나)와 같이 파동의 진행 방향과 매질의 진동 방향이 나란한 파동을 종파라고 한다.

정답 및 해설 | 42쪽

329

　　　　　은 한 곳에서 일어난 진동이 전파되어 가는 현상이다.

330

파동이 발생한 곳을 　　　　　, 파동을 전달하는 물질을 　　　　　이라고 한다.

331

파동의 요소에 대한 설명으로 옳은 것은 ○, 옳지 않은 것은 ×로 표시하시오.

(1) 진폭은 진동 중심에서 마루나 골까지의 수직 거리이다.

　　　　　　　　　　　　　　　　　　(　　)

(2) 주기는 매질이 1회 진동하는 데 걸리는 시간이다. (　　)

(3) 진동수의 단위는 Hz(헤르츠)이다. 　　　　　　 (　　)

(4) 주기와 진동수는 역수 관계이다. 　　　　　　　 (　　)

(5) 파면은 파동이 전파되어 나갈 때 위상이 반대인 지점을 연결한 선이나 면이다. 　　　　　　　　　 (　　)

332

5번 진동하는 데 걸리는 시간이 10초이면 파동의 주기는 　　　　　초이다.

333

횡파는 파동의 진행 방향과 매질의 진동 방향이 　　　　　이다.

334

　　　　　는 파동의 진행 방향과 매질의 진동 방향이 나란하다.

335

파동이 굴절하더라도 　　　　　는 변하지 않는다.

336

굴절에 대한 설명으로 옳은 것은 ○, 옳지 않은 것은 ×로 표시하시오.

(1) 물결파가 깊은 물에서 얕은 물로 진행하면 속력이 빨라진다.

　　　　　　　　　　　　　　　　　　(　　)

(2) 공기의 온도가 높을수록 소리의 속력이 빠르다. (　　)

개념 1 파동의 표현

족집게 전략 파동에서 진폭, 주기, 진동수, 전파 속력을 정리해 두어야 해. 파동은 에너지와 정보를 전달하며, 이때 물질은 제자리에서 진동할 뿐 이동하지 않는다는 것을 알고 있어야 해.

337 단골 문제

그림은 파장이 같은 두 파동 A, B의 어느 순간의 모습을 나타낸 것으로, 두 파동은 오른쪽으로 진행한다.

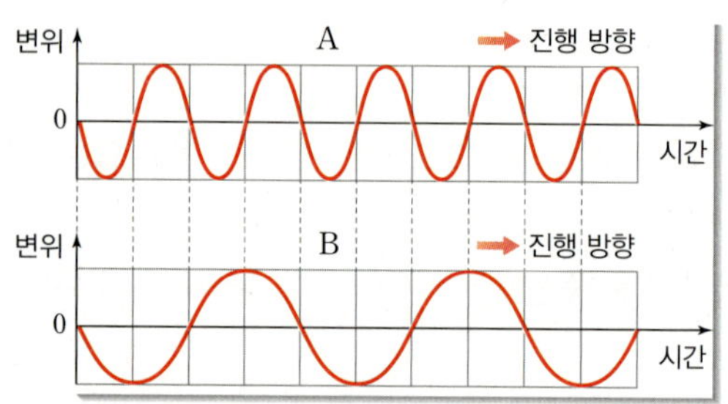

이에 대한 설명으로 옳은 것만을 〈보기〉에서 있는 대로 고른 것은? (단, 모눈 간격은 일정하다.)

보기
ㄱ. 진폭은 A와 B가 같다.
ㄴ. 주기는 A가 B보다 작다.
ㄷ. 파동이 진행하는 속력은 A가 B보다 크다.

① ㄱ ② ㄷ ③ ㄱ, ㄴ
④ ㄴ, ㄷ ⑤ ㄱ, ㄴ, ㄷ

추가로 나오는 선택지

❶ 진동수는 A가 B보다 2배 크다. ( )
❷ 파동이 진행하는 속력은 A가 B의 4배이다. ( )
❸ A와 B는 횡파이다. ( )

338

파동에 대한 설명으로 옳은 것은?

① 파동은 물질을 전달한다.
② 지진파의 S파는 종파이다.
③ 파동이 이동할 때 매질도 이동한다.
④ 빛은 매질이 없어도 진행하므로 에너지를 전달할 수 없다.
⑤ 줄을 위아래로 흔들어 주었을 때 만들어지는 파동은 횡파이다.

339

파동의 진행 방향과 매질의 진동 방향이 수직인 파동으로 옳지 않은 것은?

① 빛
② 초음파
③ 물결파
④ 전자기파
⑤ 지진파의 S파

340

종파와 횡파의 공통적인 성질로 옳지 않은 것은?

① 매질은 제자리에서 진동한다.
② 속도가 다른 매질이 만나면 굴절한다.
③ 파동이 겹쳐지면 진폭이 달라진다.
④ 매질을 통해 진동의 에너지가 전달된다.
⑤ 매질의 운동 방향과 파동의 진행 방향이 나란하다.

341

그림은 왼쪽으로 진행하는 파동의 어느 한 순간의 모습을 나타낸 것으로, a~e점은 매질 위에 있는 각 점들이다.

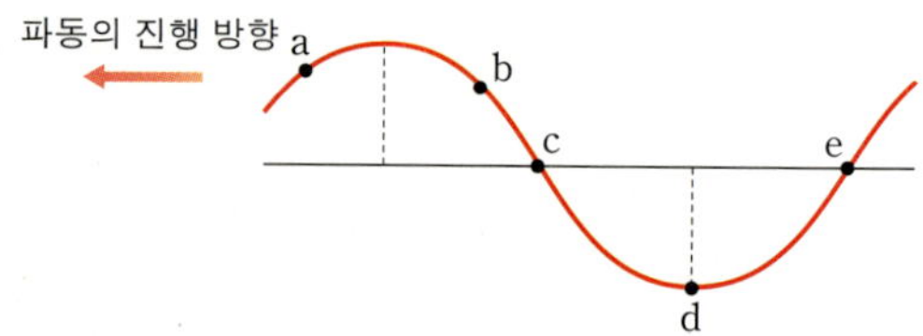

이 순간 직후 아래쪽으로 움직이는 점의 개수는?

① 1개 ② 2개 ③ 3개 ④ 4개 ⑤ 5개

342 중요

그림은 오른쪽으로 진행하는 파동의 어느 순간의 모습을 나타낸 것이다. 매질의 한 점 A점은 0.2초 만에 다시 변위가 0이 된다.

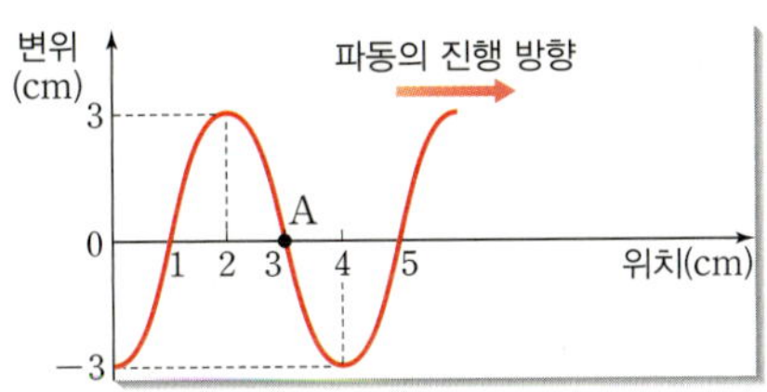

이에 대한 설명으로 옳은 것만을 〈보기〉에서 있는 대로 고른 것은?

보기
ㄱ. 진폭은 6 cm이다.
ㄴ. 파장은 4 cm이다.
ㄷ. 진동수는 2.5 Hz이다.

① ㄱ ② ㄴ ③ ㄷ
④ ㄱ, ㄴ ⑤ ㄴ, ㄷ

343

그림 (가)는 두 사람이 용수철을 마주 잡고 한 사람이 용수철의 한쪽 끝을 흔드는 모습을 나타낸 것이다. 그림 (나)의 A, B는 (가)에서 용수철의 어느 한 순간의 모습을 각각 나타낸 것이다.

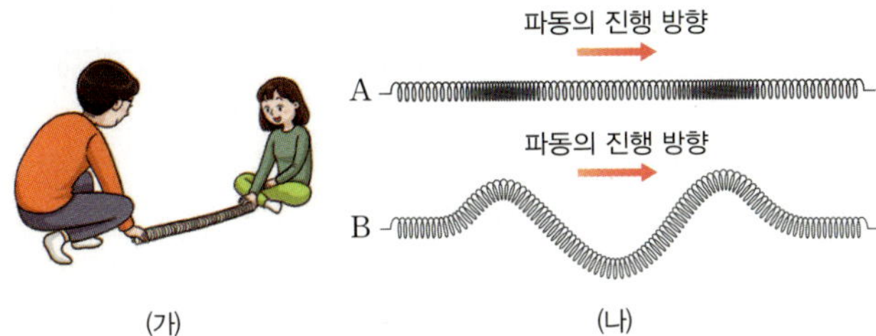

이에 대한 설명으로 옳은 것만을 〈보기〉에서 있는 대로 고른 것은?

보기
ㄱ. A는 매질의 진동 방향과 파동의 진행 방향이 서로 나란한 파동이다.
ㄴ. B는 종파이다.
ㄷ. 음파는 B와 같이 진행한다.

① ㄱ ② ㄴ ③ ㄷ
④ ㄱ, ㄴ ⑤ ㄱ, ㄷ

344

그림 (가)는 진동하는 줄의 어느 한 순간의 모습을 나타낸 것이고, (나)는 (가)의 줄에서 어느 한 점의 변위를 시간에 따라 나타낸 것이다.

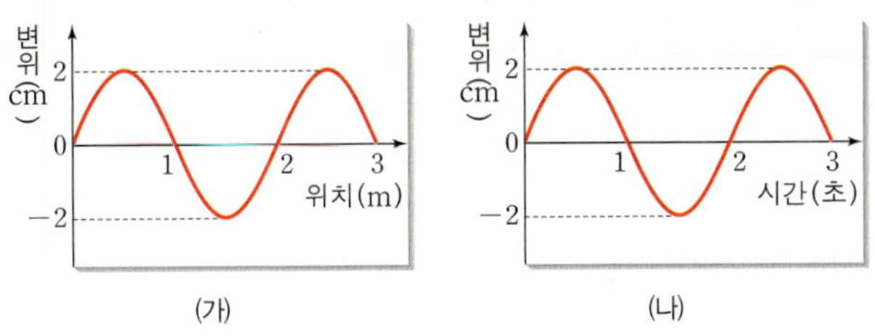

(가)와 (나)를 통해 알 수 있는 물리량만을 〈보기〉에서 있는 대로 고른 것은?

보기
ㄱ. 진폭 ㄴ. 파장 ㄷ. 전파 속력

① ㄱ ② ㄷ ③ ㄱ, ㄴ
④ ㄴ, ㄷ ⑤ ㄱ, ㄴ, ㄷ

345

그림은 용수철을 따라 오른쪽으로 진행하는 파동의 어느 한 순간의 모습을 나타낸 것이다. 파동의 주기는 0.2초이고, a에서 b까지의 거리가 1.5 m이다.

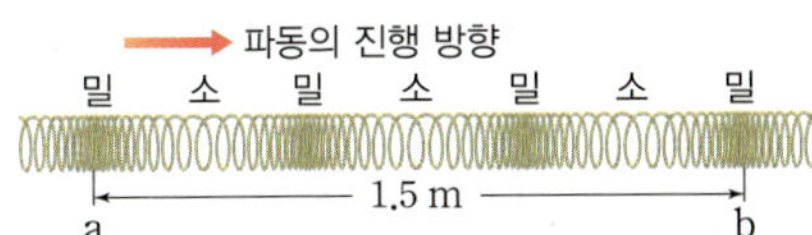

이에 대한 설명으로 옳은 것만을 〈보기〉에서 있는 대로 고른 것은?

보기
ㄱ. 파장은 0.5 m이다.
ㄴ. 파동의 진행 방향은 매질의 진동 방향과 수직이다.
ㄷ. 파동의 전파 속도의 크기는 2.5 m/s이다.

① ㄱ ② ㄴ ③ ㄱ, ㄴ ④ ㄱ, ㄷ ⑤ ㄴ, ㄷ

346 서술형

그림은 오른쪽으로 진행하는 파동의 어느 한 순간의 모습을 나타낸 것으로, 파동이 A에서 B까지 진행하는 데 걸린 시간은 2초이고, A에서 B까지의 거리는 8 m이다.

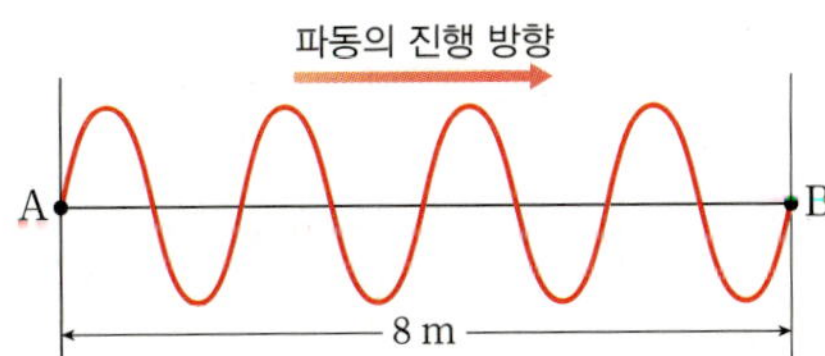

이 파동의 주기, 파장, 전파 속도의 크기를 구하시오.

 파동이 한 매질에서 다른 매질로 진행하면 파동의 속력이 달라져 진행 방향이 바뀌는 굴절 현상이 일어나. 이때 파동의 속력이 변하여 파장이 달라지지만 진동수는 변하지 않는다는 것을 알고 있어야 해.

347 단골 문제

그림은 파동이 매질 Ⅰ에서 매질 Ⅱ로 진행할 때의 파면을 나타낸 것으로, Ⅰ에서의 파면은 $\overline{AB}$이고, Ⅱ에서의 파면은 $\overline{CD}$이다.

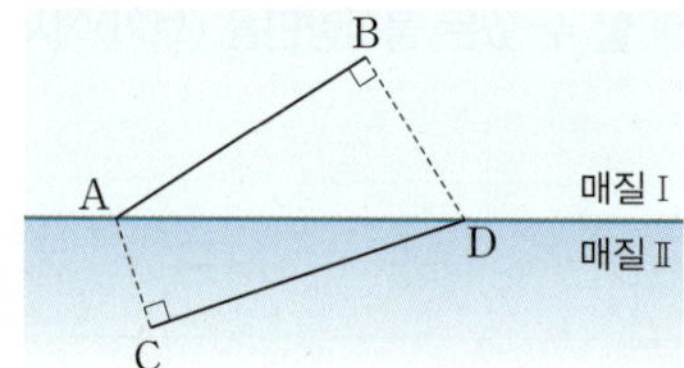

이에 대한 설명으로 옳은 것만을 〈보기〉에서 있는 대로 고른 것은?

보기

ㄱ. 입사각은 굴절각보다 크다.
ㄴ. 파동의 진동수는 Ⅰ에서와 Ⅱ에서가 같다.
ㄷ. 파동의 전파 속도의 크기는 Ⅰ에서가 Ⅱ에서보다 크다.

① ㄱ ② ㄷ ③ ㄱ, ㄴ ④ ㄴ, ㄷ ⑤ ㄱ, ㄴ, ㄷ

추가로 나오는 선택지

❶ 파동의 진행 방향은 파면과 나란하다.　　　(　　)
❷ 파장은 Ⅰ에서가 Ⅱ에서보다 작다.　　　(　　)
❸ 매질의 굴절률은 Ⅰ에서가 Ⅱ에서보다 작다.　　(　　)

348

그림은 공기 중에서 물속으로 진행하는 빛의 경로를 나타낸 것이다.

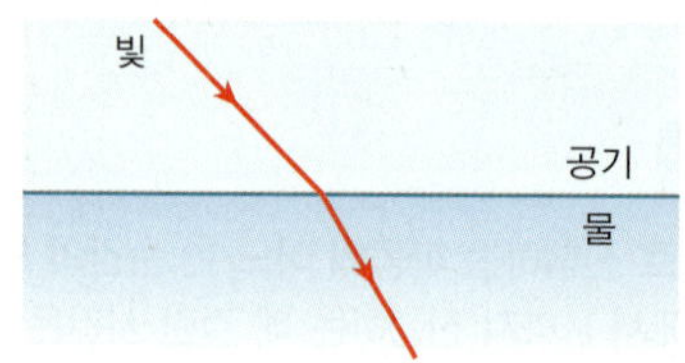

위와 같은 원리로 설명할 수 있는 현상만을 〈보기〉에서 있는 대로 고른 것은?

보기

ㄱ. 물속에 반쯤 잠긴 젓가락이 꺾여 보인다.
ㄴ. 물을 채운 수영장의 깊이가 실제보다 얕아 보인다.
ㄷ. 평면 거울에 비친 자신의 얼굴이 보인다.

① ㄱ ② ㄷ ③ ㄱ, ㄴ ④ ㄴ, ㄷ ⑤ ㄱ, ㄴ, ㄷ

349

그림은 공기에서 평행한 유리판으로 입사된 빛이 다시 공기로 나오는 것을 나타낸 것이다. 매질의 굴절률은 유리에서가 공기에서보다 크다.

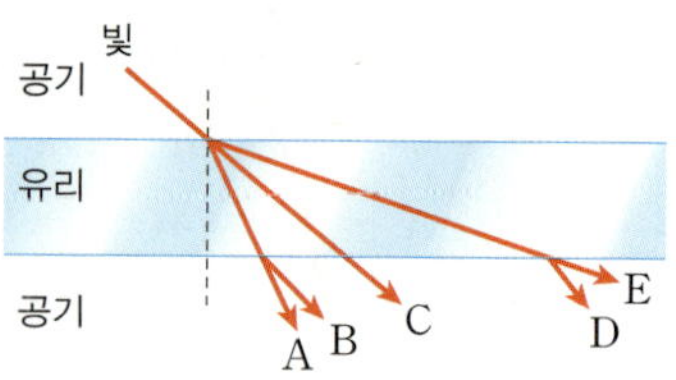

빛의 경로로 가장 적절한 것은?

① A ② B ③ C ④ D ⑤ E

350 중요

그림 (가)는 공기로부터 반원형 유리의 중심으로 동일한 입사각으로 각각 입사하는 빨간색 빛과 보라색 빛을 나타낸 것이다. 그림 (나)는 입사각과 굴절각의 관계를 나타낸 것이다.

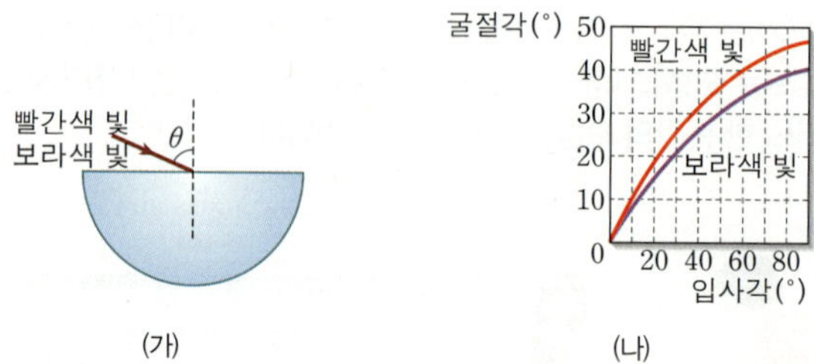

빛의 진행 방향으로 가장 적절한 것은?

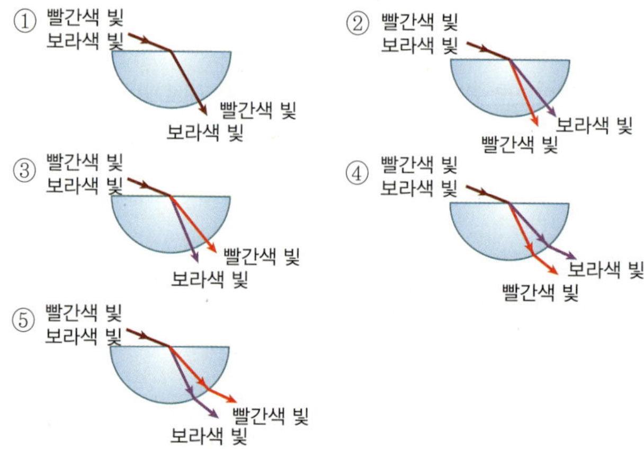

351

그림은 물결파 발생 장치 내부에 유리판을 넣고 유리판이 잠길 정도로 물을 채운 뒤, 물결파가 진행하는 모습을 나타낸 것이다. A는 유리판이 없는 곳, B는 유리판이 있는 곳이다.

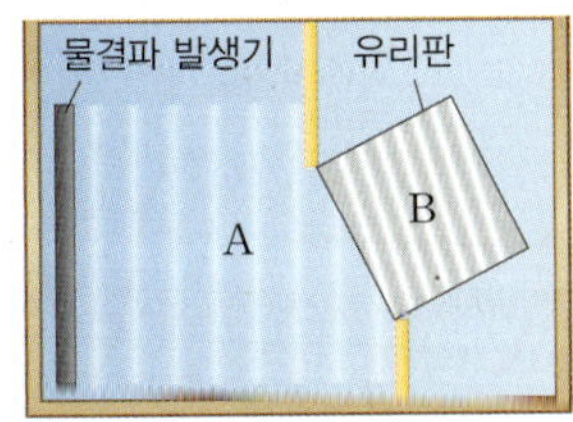

A에서가 B에서보다 큰 물리량만을 〈보기〉에서 있는 대로 고른 것은?

보기

ㄱ. 물결파의 파장
ㄴ. 물결파의 주기
ㄷ. 물결파의 속력

① ㄱ   ② ㄴ   ③ ㄷ
④ ㄱ, ㄴ   ⑤ ㄱ, ㄷ

352

그림 (가)와 같이 투명한 반원형 물통을 이용하여 빛을 공기에서 물로 진행시키는 실험을 하였더니 (나)와 같은 결과를 얻었다.

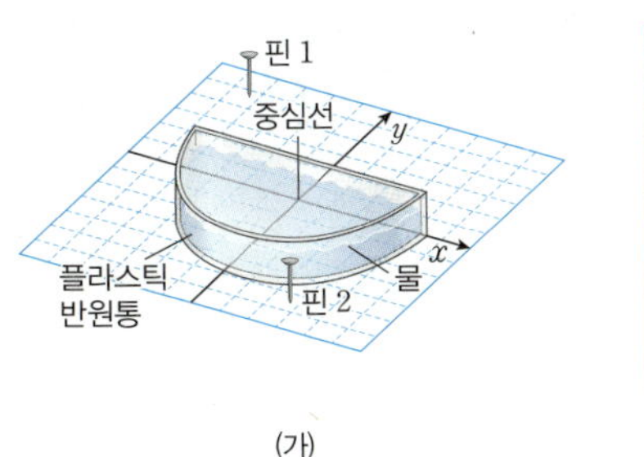

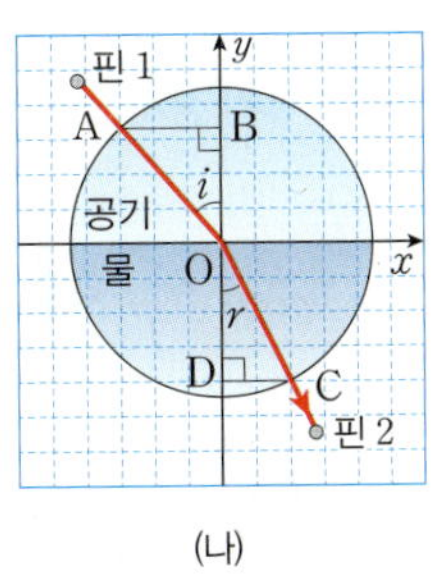

(가)   (나)

이에 대한 설명으로 옳은 것만을 〈보기〉에서 있는 대로 고른 것은?

보기

ㄱ. 각 i만 증가시키면 각 r는 증가한다.
ㄴ. 각 i만 증가시켜도 $\dfrac{i}{r}$는 일정하다.
ㄷ. 공기에 대한 물의 굴절률은 $\dfrac{3}{2}$이다.

① ㄱ   ② ㄴ   ③ ㄱ, ㄷ
④ ㄴ, ㄷ   ⑤ ㄱ, ㄴ, ㄷ

353

그림은 맑은 날 새벽에 도로에 정지해 있는 구급차에서 발생한 소리가 퍼져 나가는 모습을 나타낸 것이다.

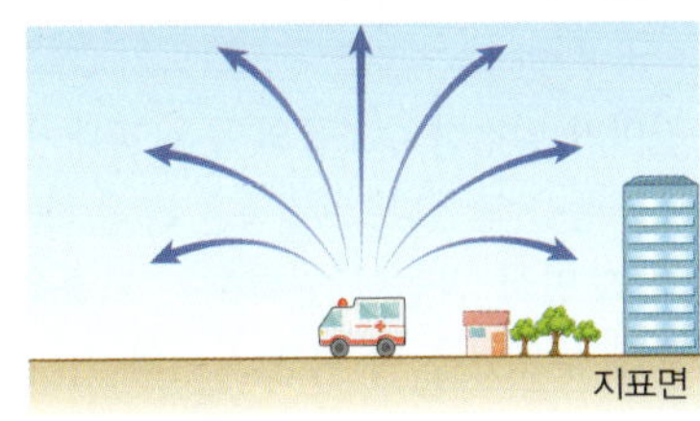

구급차가 있는 곳에서 높이와 소리의 전파 속력을 나타낸 것으로 가장 적절한 것은?

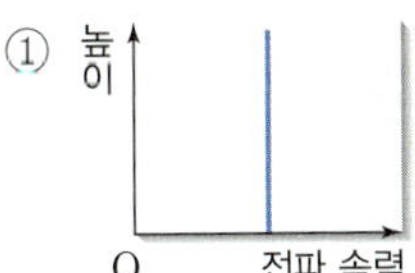

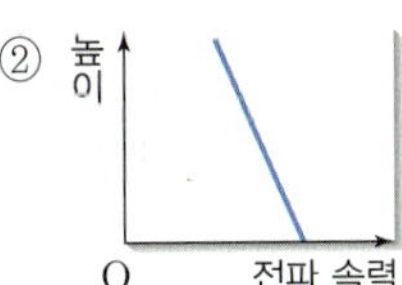

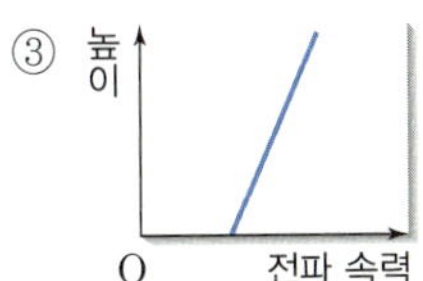

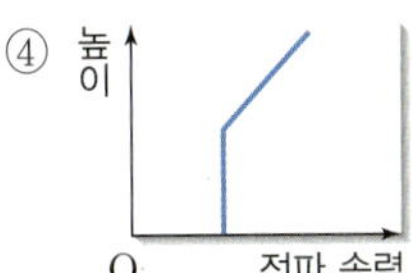

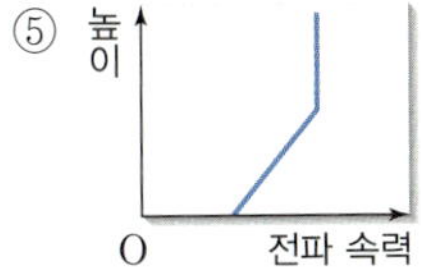

354 서술형

그림 (가)는 공기 중에서 매질의 경계인 점 P로 빛이 입사하는 것을 나타낸 것이고, (나)는 경계면에서 떨어진 거리에 따라 매질의 굴절률을 나타낸 것으로, 경계면에서 떨어진 거리가 증가할수록 매질의 굴절률은 감소한다.

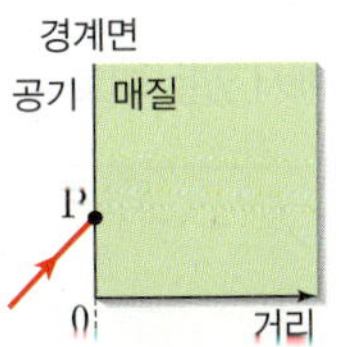

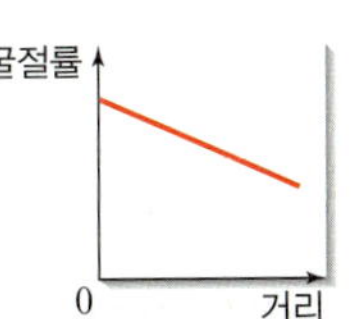

빛이 진행하는 예상 경로와 그 이유를 서술하시오. (단, P에서 공기에 대한 매질의 굴절률은 1보다 크다.)

355

다음은 파동의 특징에 대한 설명이다.

그림과 같이 깊이가 일정한 수조통의 물을 막대기를 이용하여 수면을 두드려 파동을 만든다. ㉠진폭을 크게 하거나, 수면을 빠르게 두드려 보면서 파동이 진행하는 모습을 관찰한다. ㉡수면을 빠르게 두드렸을 때 파면 사이의 거리가 ㉢ 하였다.

이에 대한 설명으로 옳은 것만을 〈보기〉에서 있는 대로 고른 것은?

보기

ㄱ. ㉠은 진동 중심에서 마루(골)까지의 수직 거리이다.
ㄴ. ㉡에서 물결파의 전파 속도의 크기는 증가한다.
ㄷ. ㉢은 '감소'가 적절하다.

① ㄴ
② ㄷ
③ ㄱ, ㄴ
④ ㄱ, ㄷ
⑤ ㄱ, ㄴ, ㄷ

356

그림 (가)는 x 방향으로 진행하는 파동의 한 순간의 모습을 나타낸 것이고, (나)는 이 순간부터 P 지점의 변위를 시간에 따라 나타낸 것이다.

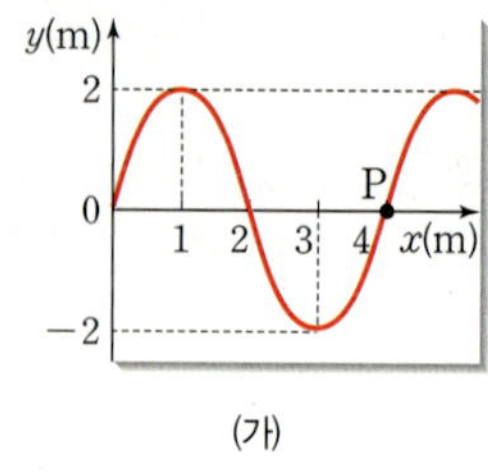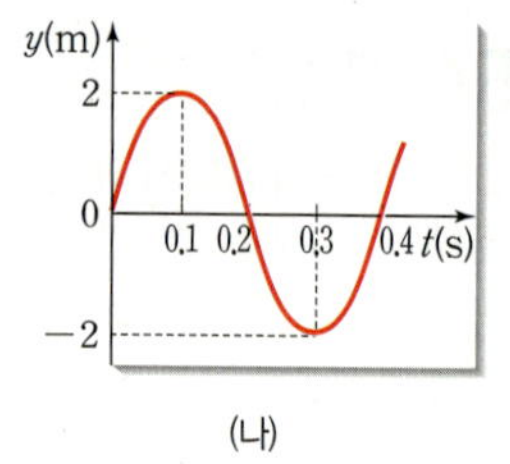

이에 대한 설명으로 옳은 것만을 〈보기〉에서 있는 대로 고른 것은?

보기

ㄱ. 주기는 0.4초이다.
ㄴ. 전파 속력은 10 m/s이다.
ㄷ. 파동은 $+x$ 방향으로 진행한다.

① ㄱ
② ㄷ
③ ㄱ, ㄴ
④ ㄴ, ㄷ
⑤ ㄱ, ㄴ, ㄷ

357

그림 (가)는 오른쪽으로 진행하는 횡파의 한 순간의 모습을, (나)는 (가)에서 A점의 변위를 시간에 따라 나타낸 것이다.

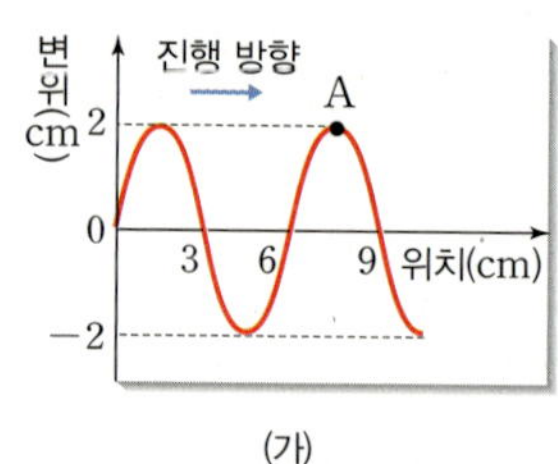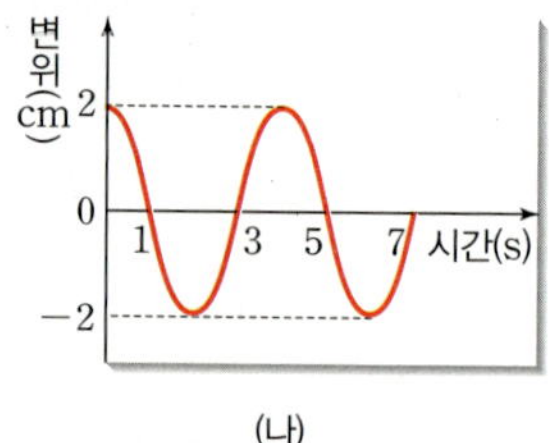

이에 대한 설명으로 옳은 것만을 〈보기〉에서 있는 대로 고른 것은?

보기

ㄱ. 파장은 3 cm이다.
ㄴ. 5초 동안 7.5 cm를 이동한다.
ㄷ. A의 매질이 3초 동안 이동한 거리는 6 cm이다.

① ㄱ
② ㄴ
③ ㄱ, ㄷ
④ ㄴ, ㄷ
⑤ ㄱ, ㄴ, ㄷ

358

그림 (가)와 (나)는 유리 상자 속에 있는 스피커에서 같은 진동수의 소리가 발생할 때 유리 상자 밖 공기 입자의 분포를 나타낸 것이다. (가)와 (나)의 유리 상자 안은 공기가 있거나 진공 상태 중 하나이다.

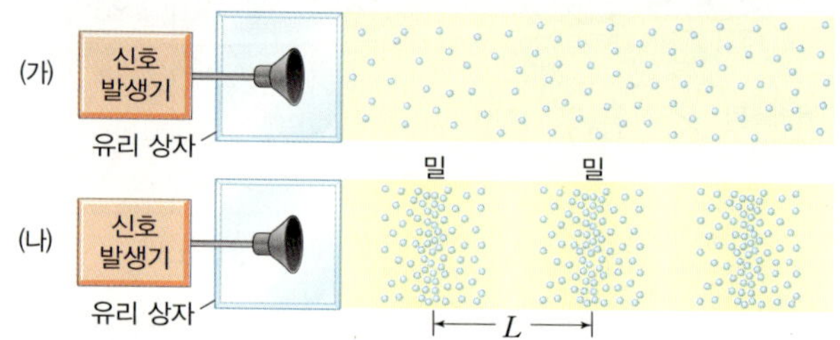

이에 대한 설명으로 옳은 것만을 〈보기〉에서 있는 대로 고른 것은?

보기

ㄱ. (가)에서 유리 상자 안은 진공 상태이다.
ㄴ. 파장은 L이다.
ㄷ. 소리는 파동의 진행 방향과 매질의 진동 방향이 나란하다.

① ㄱ
② ㄷ
③ ㄱ, ㄴ
④ ㄴ, ㄷ
⑤ ㄱ, ㄴ, ㄷ

359 고난도

그림은 물결파 발생 실험 장치에서 발생한 평면파 형태의 물결파가 매질 I에서 매질 II로 진행하는 순간의 파면을 나타낸 것이다. θ_I, θ_{II}는 각각 I, II의 경계면에서 파면과 경계면이 이루는 각이다.

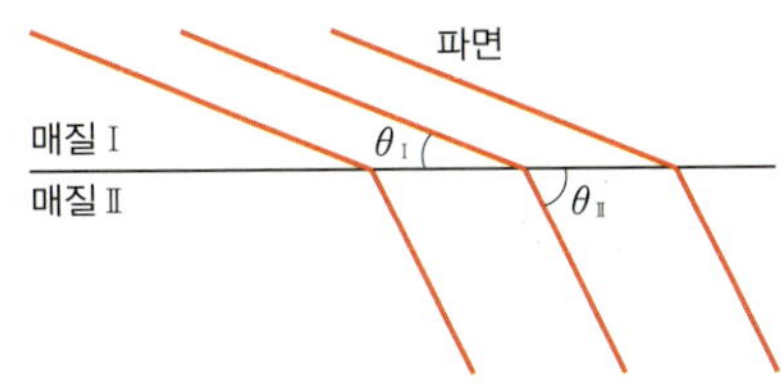

이에 대한 설명으로 옳은 것만을 〈보기〉에서 있는 대로 고른 것은?

보기

ㄱ. 물결파의 파장은 I에서가 II에서보다 크다.

ㄴ. 물결파는 얕은 곳에서 깊은 곳으로 진행한다.

ㄷ. 매질 I에 대한 매질 II의 굴절률은 $\dfrac{\sin\theta_I}{\sin\theta_{II}}$이다.

① ㄱ　　　　② ㄴ　　　　③ ㄷ

④ ㄱ, ㄴ　　　⑤ ㄴ, ㄷ

360

그림은 매질 I에서 매질 II로 파동이 진행할 때 파면을 나타낸 것으로, I에서의 파면은 $\overline{AB}$이고, II에서의 파면은 $\overline{CD}$이다. I, II에서 파장은 각각 λ_I, λ_{II}이다.

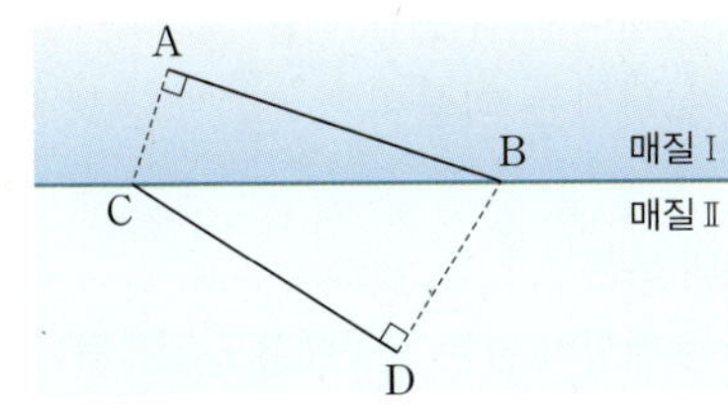

I, II에서 파장의 크기와, I에 대한 II의 굴절률을 옳게 짝 지은 것은?

	파장	굴절률		파장	굴절률
①	$\lambda_I > \lambda_{II}$	$\dfrac{\overline{AB}}{\overline{CD}}$	②	$\lambda_I < \lambda_{II}$	$\dfrac{\overline{AB}}{\overline{CD}}$
③	$\lambda_I > \lambda_{II}$	$\dfrac{\overline{AC}}{\overline{BD}}$	④	$\lambda_I < \lambda_{II}$	$\dfrac{\overline{AC}}{\overline{BD}}$
⑤	$\lambda_I > \lambda_{II}$	$\dfrac{\overline{BD}}{\overline{AC}}$			

361

그림은 물속에 있는 동전을 공기 중의 A~E 지점에서 본 것을 나타낸 것으로, A~E는 수면부터 같은 높이의 점이다.

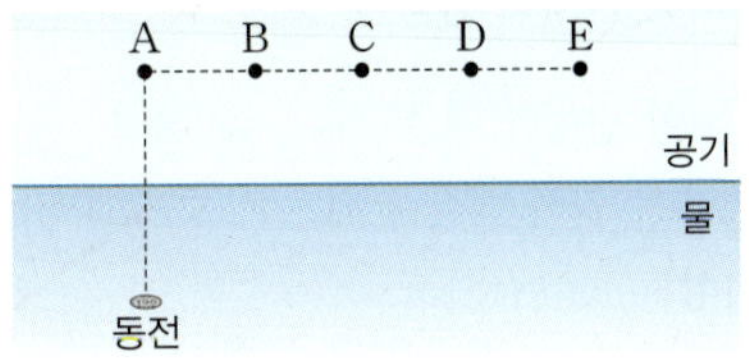

물체가 가장 깊이 있는 곳으로 보이는 관측자의 위치는?

① A　　　　② B　　　　③ C

④ D　　　　⑤ E

362

그림 (가)와 (나)는 소리가 굴절해 가는 모습을 화살표로 나타낸 것으로, (가)와 (나)는 낮과 밤의 순서와 상관없이 나타낸 것이다.

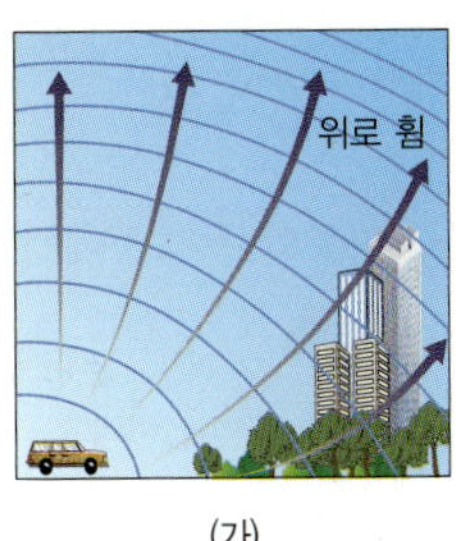

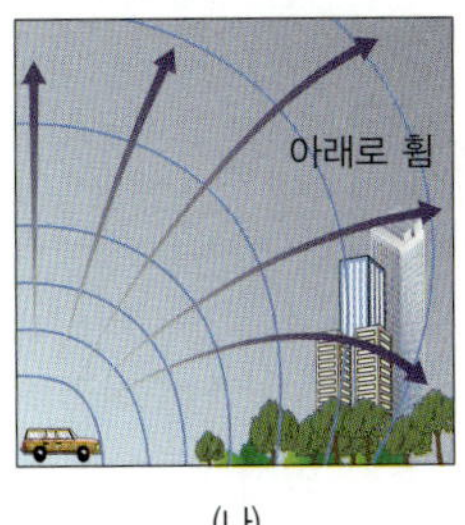

(가)　　　　　　　　(나)

이에 대한 설명으로 옳은 것만을 〈보기〉에서 있는 대로 고른 것은?

보기

ㄱ. (나)는 밤이다.

ㄴ. (가)는 위쪽 공기의 온도가 아래쪽 공기보다 더 낮다.

ㄷ. (가)는 위로 올라갈수록 소리가 더 느리게 신행한다.

① ㄱ　　　　② ㄴ　　　　③ ㄱ, ㄷ

④ ㄴ, ㄷ　　　⑤ ㄱ, ㄴ, ㄷ

02 전반사와 광통신 및 전자기파

개념 ① 빛의 전반사와 광통신

1. **빛의 반사**: 빛이 진행할 때 두 매질의 경계면에서 원래 매질로 되돌아오는 현상

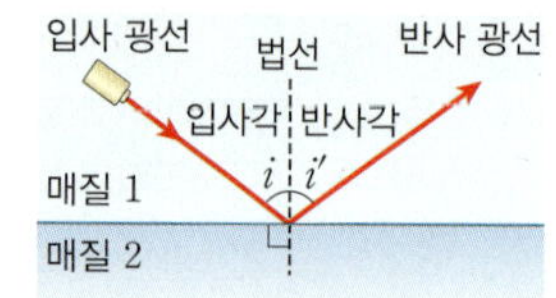

- **반사 법칙**: 빛이 두 매질의 경계면에서 반사할 때 입사각(i)과 반사각(i')은 같다.
  └ 반사할 때 파동의 속력, 파장, 진동수는 변하지 않는다.

2. **전반사**: 빛이 두 매질의 경계면에서 굴절하지 않고 모두 반사하는 현상

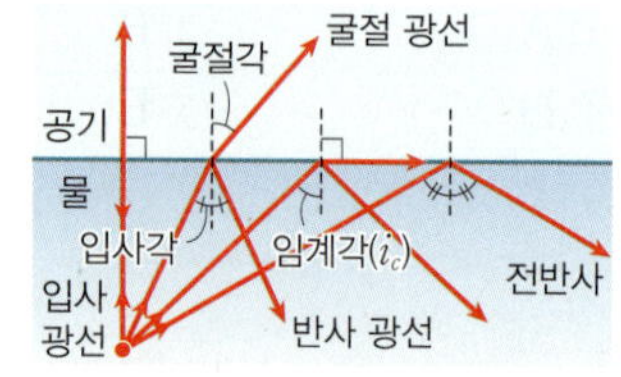

   (1) 빛이 굴절률이 큰 매질에서 굴절률이 작은 매질로 진행할 때 입사각이 특정한 각(임계각)보다 크면 빛은 굴절률이 작은 매질로 굴절하지 않고 모두 반사한다.

   (2) **임계각(i_C)**: 굴절각이 90°가 될 때의 입사각이다.

   (3) **전반사 조건**

   ① 빛이 굴절률이 큰 매질(밀한 매질)에서 굴절률이 작은 매질(소한 매질)로 입사해야 한다.

   ② 입사각(i)이 임계각(i_C)보다 커야 한다.

   (4) **임계각과 굴절률**

   ① 빛이 굴절률이 n_1인 밀한 매질에서 굴절률이 n_2인 소한 매질로 진행할 때 임계각은 다음과 같다. ┌ 어떤 물질에서 굴절률이 1인 공기로 입사할 때: 공기에 대한 매질의 굴절률이 클수록 임계각은 작아진다.

   $$\frac{n_2}{n_1} = \frac{\sin i_C}{\sin 90°} \longrightarrow \sin i_C = \frac{n_2}{n_1} \; (n_1 > n_2)$$

   ② 전반사를 이용하면 빛의 세기가 약해지지 않고 빛의 진행 경로를 바꿀 수 있으며, 빛을 멀리까지 보낼 수 있다.

3. **전반사의 이용**

   (1) **전반사 프리즘**: 유리로 만들어진 프리즘의 공기 중에서의 임계각은 약 42°이다. 따라서 직각 프리즘을 이용하면 빛의 손실 없이 빛의 경로를 바꿀 수 있다. (예 쌍안경, 잠망경 등) → 직각 프리즘 전반사 이용

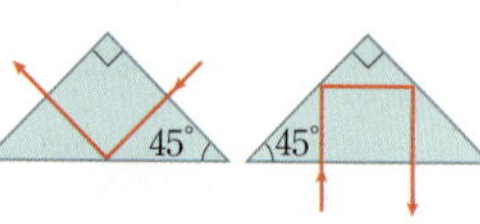

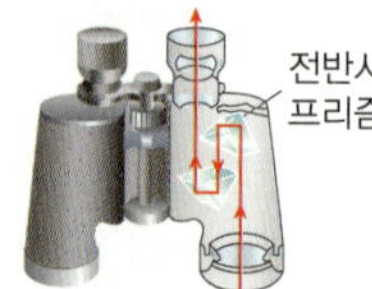

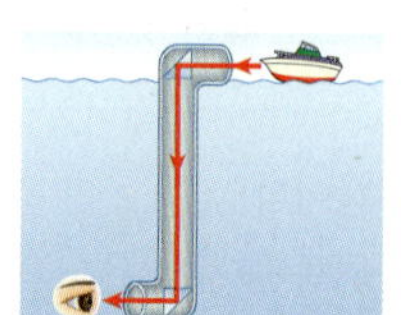

   ┌ 장거리 광통신, 의료 및 산업용 내시경 등에 이용

   (2) **광섬유**: 빛을 전송할 수 있는 섬유 모양의 관으로 굴절률이 큰 코어를 굴절률이 작은 클래딩이 감싸고 있다.
   └ 굴절률이 크다.　└ 굴절률이 작다.

   - **광섬유에서 빛의 전반사**: 빛이 코어에서 클래딩으로 입사할 때 입사각이 임계각보다 크면 빛은 클래딩으로 굴절하지 않고 전반사한다.

4. **광통신**

   (1) **광통신**: 빛에 정보를 담아 광섬유를 통해 정보를 주고받는 통신 방식

   (2) **광통신의 과정**: 송신기에서 전기 신호를 빛으로 변환하면 이 빛이 광섬유에서 전반사하여 수신기에 도달하고, 수신기에서 빛을 전기 신호로 변환하여 수신자에게 전달한다.

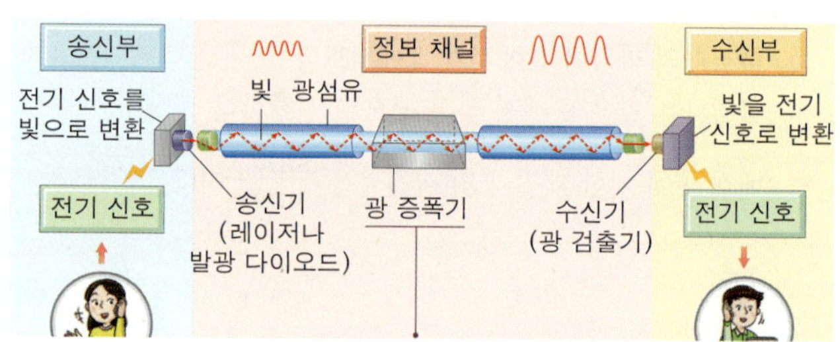

   ┌ 입사하는 빛이 100% 반사되는 전반사의 원리를 이용하더라도 코어 내에서 빛이 일부 흡수되어 세기가 약해지므로, 광섬유의 중간에 광 증폭기를 사용하여 빛을 증폭한다.

   (3) **광통신의 장단점**

   ① **장점**: 대용량의 정보를 빠르게 손실 없이 전달할 수 있으며, 외부 전파에 의한 간섭이나 혼선이 없고 도청이 어렵다.

   ② **단점**: 분리, 결합 등의 연결이 어려워 유지 보수가 힘들고, 연결 부위에 불순물이 끼거나 틈이 생기면 광통신이 불가능하다.

개념 ② 전자기파

1. **전자기파**
   ┌ 전하가 가속도 운동하거나 진동하면 시간적으로 변하는 전기장은 자기장을 유도하고, 시간적으로 변하는 자기장은 전기장을 유도하면서 전자기파가 발생한다.

   (1) **전자기파**: 전기장과 자기장이 서로를 유도하면서 주기적으로 진동하여 주위 공간으로 퍼져 나가는 파동이다.

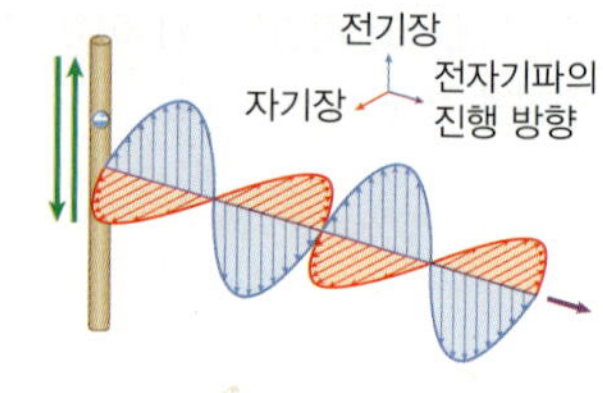

   (2) **전자기파의 특성**

   ① 전자기파는 매질이 없는 진공에서도 전파될 수 있다.

   ② 전기장과 자기장의 진동 방향은 서로 수직이고, 전자기파는 전기장과 자기장의 진동 방향과 각각 수직인 방향으로 진행하는 횡파이다.

   ③ 진공에서 전자기파의 속력은 빛의 속력과 같다. ┌ 약 30만 km

   ④ 전자기파의 에너지는 진동수가 클수록 크다. ┐
   파장이 짧을수록 에너지는 크다.

2. **전자기파 스펙트럼**

   (1) **전자기파 스펙트럼**: 전자기파는 파장이나 진동수에 따라 성질이 다르기 때문에 주로 파장 또는 진동수에 따라 분류한다.

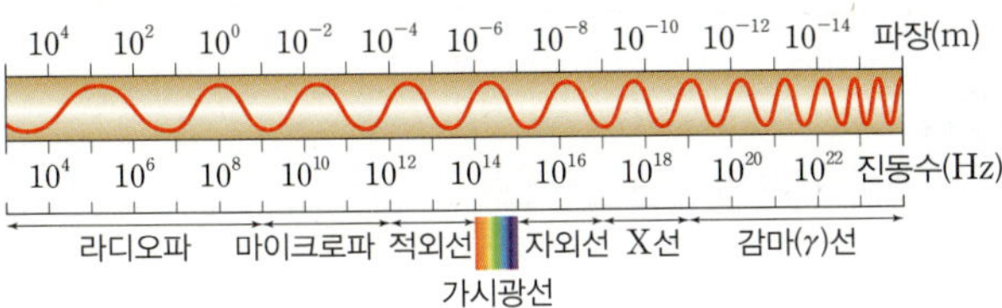

(1) 전자기파의 성질: 전자기파의 파장이 길수록 회절이 잘 일어나고, 파장이 짧을수록 직진성과 투과력이 강하며 에너지가 크다.

(2) 전자기파의 종류와 이용

종류		이용	파장	진동수
전파	라디오파	회절이 잘 되며, TV나 라디오 방송, 휴대 전화 통신 등 무선 통신에 주로 이용된다.	길다	작다
	마이크로파	레이더와 위성 통신, 전자레인지에서 음식물을 데우는 데 이용된다.		
적외선		열작용이 있어 열선이라고도 한다. 적외선 온도계, 열화상 카메라, 적외선 센서 등에 이용된다.		
가시광선		사람의 눈으로 감지할 수 있는 전자기파이며, 카메라, 망원경, 현미경 등에 이용된다.		
자외선		살균 및 소독기, 위조지폐 감별 등에 이용된다.		
X선		투과력이 강하여, 인체나 물질 내부를 관찰하는 데 이용된다.		
감마(γ)선		투과력과 에너지가 강하여, 암 치료 등 질병 치료에 이용된다.	짧다	크다

탐구 활동 빛의 전반사

과정 ❶ 광학용 물통에 물을 절반 정도 채운다.
❷ 레이저 빛을 물이 담긴 아래쪽에서 원의 중심을 향해 입사시키고, 입사각을 조절하면서 물과 공기에서 빛의 경로를 관찰한다.

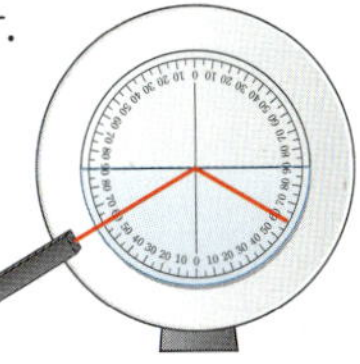

결과 1. 입사각이 특정한 각까지 커지는 동안 수면의 경계면에서 반사와 굴절이 일어난다.

2. 입사각이 특정한 각 이상이 되면 굴절되어 나가는 빛이 없고 모두 반사한다.

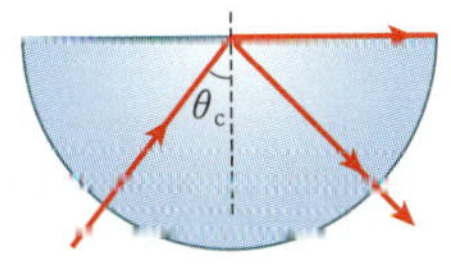

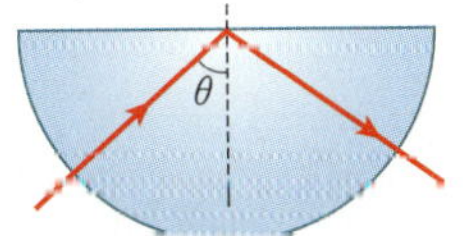

정리 • 굴절각이 90°인 순간의 입사각이 물의 임계각이다.
• 입사각이 임계각보다 커지는 순간 전반사가 일어난다.

정답 및 해설 | 45쪽

363

□□□□는 두 매질의 경계면에서 빛이 굴절하지 않고 모두 반사하는 현상이다.

364

전반사는 굴절률이 큰 매질에서 굴절률이 작은 매질로 입사하고, 입사각이 □□□□보다 클 때 일어난다.

365

빛이 굴절률이 □□□□인 물질에서 굴절률이 1인 공기로 입사할 때의 임계각은 30°이다.

366

어떤 물질에서 공기로 입사할 때 물질의 굴절률이 커질수록 임계각은 □□□□진다.

367

광통신에 대한 설명으로 옳은 것은 ○, 옳지 않은 것은 ×로 표시하시오.

(1) 광통신은 빛의 전반사를 이용한다. ( )
(2) 코어의 굴절률은 클래딩의 굴절률보다 작다. ( )
(3) 광통신에서 송신기는 전기 신호를 빛으로 변환한다. ( )
(4) 광통신은 외부 전파에 의한 간섭이나 혼선이 잘 일어난다. ( )

368

□□□□는 전기장과 자기장이 서로를 유도하면서 주위 공간으로 퍼져 나가는 파동이다.

369

전자기파에 대한 설명으로 옳은 것은 ○, 옳지 않은 것은 ×로 표시하시오.

(1) 전자기파는 매질이 없어도 진행할 수 있다. ( )
(2) 전자기파는 종파이다. ( )
(3) 전기장과 자기장의 진동 방향은 서로 수직이다. ( )
(4) 전자기파의 에너지는 진동수가 클수록 크다. ( )

370

레이더와 위성 통신, 전자레인지에서 음식물을 데우는 데 이용되는 전자기파는 □□□□이다.

371

□□□□은 투과력이 강하여 인체 내부 또는 물품을 검사하는 데 이용된다.

개념 ❶ 빛의 전반사와 광통신

족집게 전략 빛이 매질의 경계면에서 전부 반사되는 현상이 전반사야. 전반사는 빛이 밀한 매질에서 소한 매질로 진행하면서 입사각이 임계각보다 큰 경우에만 일어난다는 것을 알고 있어야 해.

372 단골 문제

그림은 매질 Ⅰ에서 매질 Ⅱ로 진행하는 빛의 경로를 나타낸 것이다. 입사각을 점점 증가시킬 때 입사각이 i_c(임계각)가 되는 순간 매질 Ⅱ로 진행하는 빛이 없어졌다.

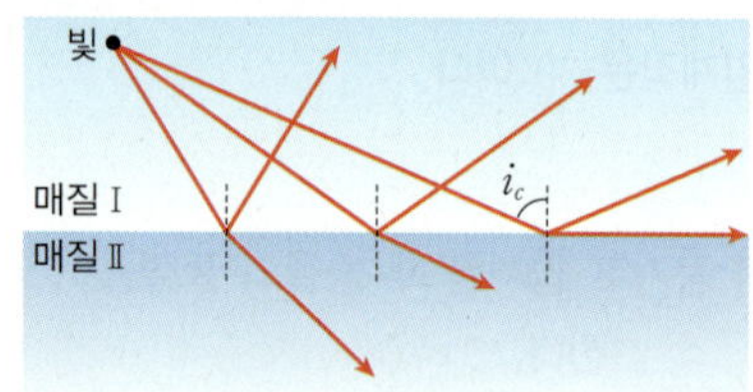

이에 대한 설명으로 옳은 것만을 〈보기〉에서 있는 대로 고른 것은?

> 보기
>
> ㄱ. 빛의 속력은 Ⅰ에서가 Ⅱ에서보다 작다.
> ㄴ. 입사각을 i_c보다 작게 하면 굴절각은 증가한다.
> ㄷ. Ⅰ의 굴절률만 2배인 매질로 바꾸면 i_c는 증가한다.

① ㄱ　② ㄴ　③ ㄱ, ㄴ　④ ㄱ, ㄷ　⑤ ㄴ, ㄷ

추가로 나오는 선택지

❶ 매질의 굴절률은 Ⅰ에서가 Ⅱ에서보다 크다.　　(　　)
❷ 빛이 전반사할 때 빛의 세기는 감소한다.　　(　　)

373

표는 여러 가지 물질의 굴절률을 나타낸 것이다.

물질	A	B	C	D
굴절률	1.0	2.5	1.7	1.3

빛의 전반사가 일어나는 입사각의 범위가 가장 큰 경우와 가장 작은 경우는?

	가장 큰 경우	가장 작은 경우
①	A에서 C로 진행할 때	C에서 A로 진행할 때
②	A에서 C로 진행할 때	D에서 A로 진행할 때
③	B에서 A로 진행할 때	C에서 D로 진행할 때
④	B에서 A로 진행할 때	D에서 A로 진행할 때
⑤	C에서 D로 진행할 때	B에서 A로 진행할 때

374

그림은 유리 Ⅰ, Ⅱ를 붙여 놓고 유리 Ⅱ에서 유리 Ⅰ로 빛을 비추었을 때 빛이 진행하는 모습을 나타낸 것이다.

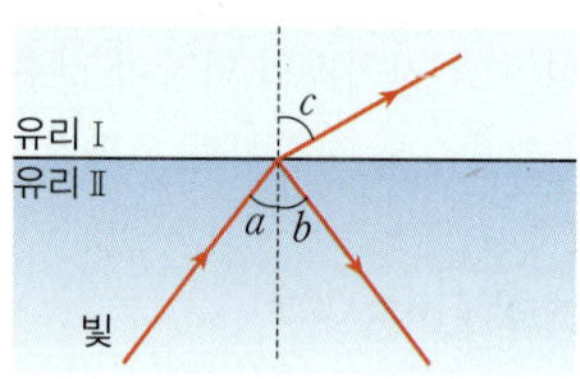

이에 대한 설명으로 옳은 것만을 〈보기〉에서 있는 대로 고른 것은?

> 보기
>
> ㄱ. 각 a와 b는 서로 같다.
> ㄴ. 굴절률은 Ⅰ에서가 Ⅱ에서보다 크다.
> ㄷ. 각 a만 증가시키면 Ⅱ와 Ⅰ의 경계면에서 전반사가 일어날 수 있다.

① ㄱ　　　　② ㄴ　　　　③ ㄷ
④ ㄱ, ㄴ　　⑤ ㄱ, ㄷ

375

그림 (가)는 매질 Ⅰ에서 매질 Ⅱ로 입사하는 빛의 진행 경로를 나타낸 것이고, (나)는 (가)의 Ⅱ에서 Ⅰ로 빛을 입사시킨 것을 나타낸 것이다. (가)와 (나)에서 입사각은 각각 60°, 45°이다.

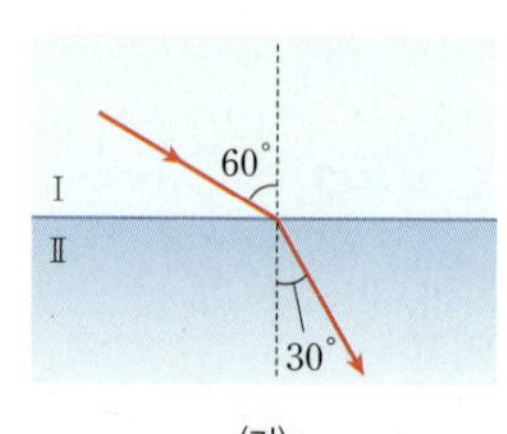
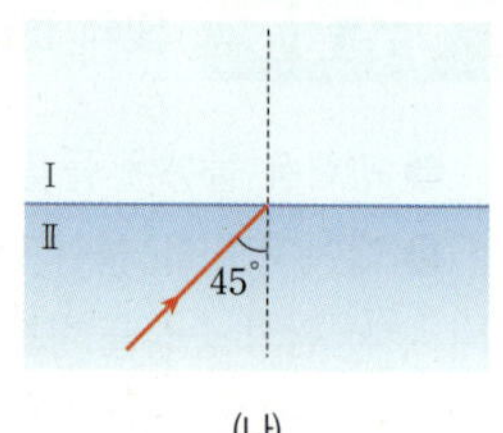

(가)　　　　　　　　　　(나)

(나)에서 빛의 진행 경로를 바르게 나타낸 것은?

① 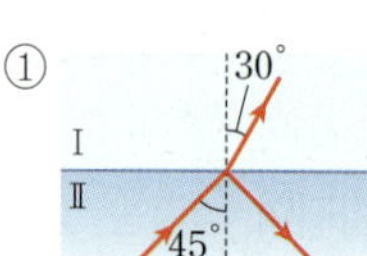　　② 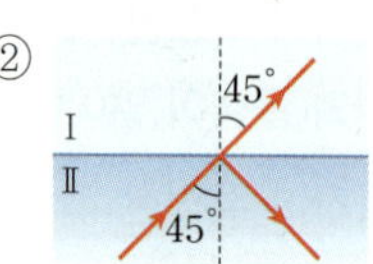

③ 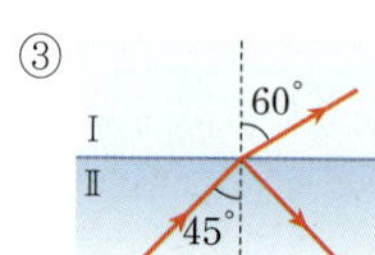　　④ 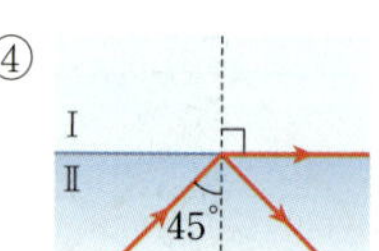

⑤ 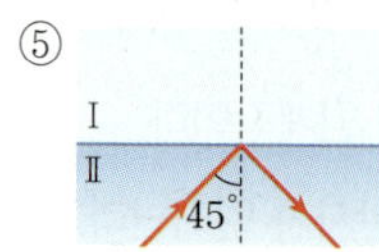

376

그림은 반원형 모양의 물체 A와 B를 붙여 놓고 A의 둥근면 쪽에서 레이저 빛을 원의 중심 O에 각 θ로 입사시킨 것을 나타낸 것이다. 표는 물체 A와 B에서 레이저 빛의 파장을 나타낸 것이다.

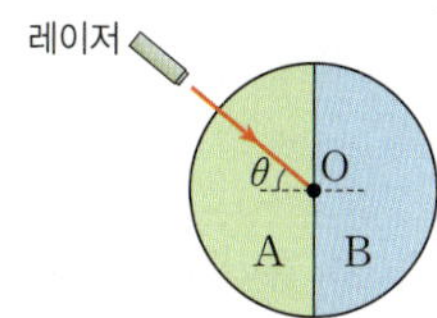

물질	A	B
파장	λ_0	$\dfrac{3}{2}\lambda_0$

이에 대한 설명으로 옳은 것만을 〈보기〉에서 있는 대로 고른 것은?

ㄱ. 레이저 빛의 진동수는 A에서와 B에서가 같다.

ㄴ. 빛의 속력은 A에서가 B에서보다 크다.

ㄷ. θ만 증가시키면 A와 B의 경계면에서 전반사가 일어날 수 있다.

① ㄱ   ② ㄴ   ③ ㄱ, ㄷ

④ ㄴ, ㄷ   ⑤ ㄱ, ㄴ, ㄷ

377 중요

그림 (가)는 매질 A에서 공기로 단색광을 입사각 θ로 비출 때 빛의 진행 경로를 나타낸 것이고, (나)는 매질 B에서 공기로 같은 단색광을 입사각 θ로 비출 때 빛의 진행 경로를 나타낸 것이다.

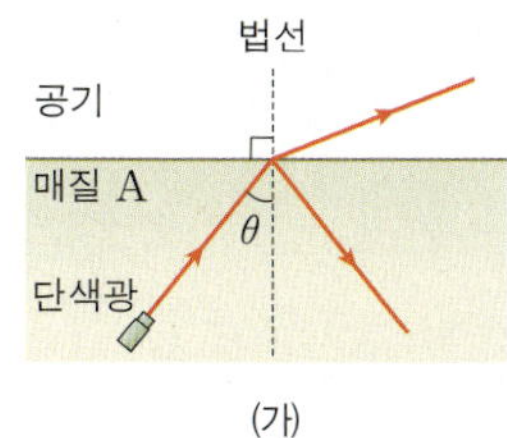

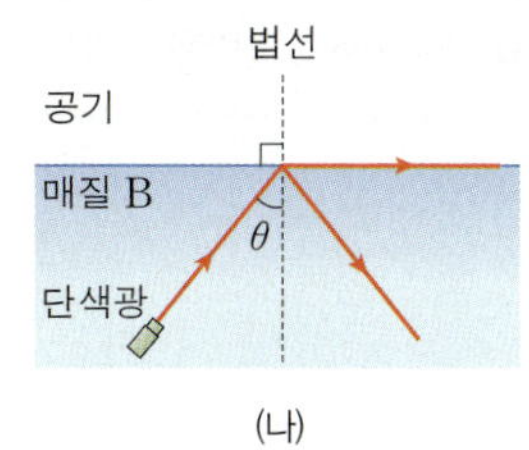

이에 대한 설명으로 옳은 것만을 〈보기〉에서 있는 대로 고른 것은?

ㄱ. 매질의 굴절률은 A에서가 B에서보다 작다.

ㄴ. 단색광의 속력은 A에서가 B에서보다 빠르다.

ㄷ. (가)에서 단색광의 진동수는 A와 공기에서가 서로 같다.

① ㄱ   ② ㄷ   ③ ㄱ, ㄴ

④ ㄴ, ㄷ   ⑤ ㄱ, ㄴ, ㄷ

378

그림과 같이 동일한 평면상에서 단색광을 공기에서 반원통에 담긴 액체로 입사시켰더니 O점에서 일부는 반사되어 P점에 도달하고, 일부는 굴절되어 Q점에 도달한다. 단색광은 $0 < i < 90°$에서 입사된다.

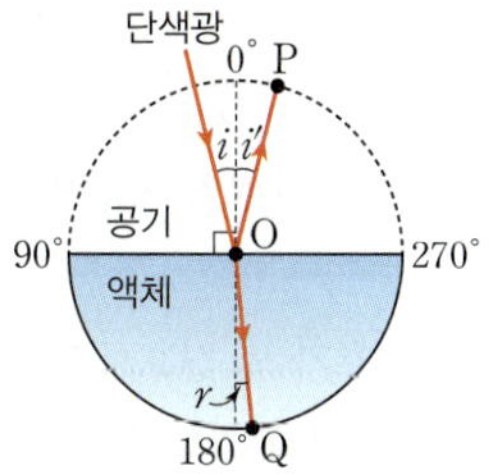

이에 대한 설명으로 옳은 것만을 〈보기〉에서 있는 대로 고른 것은?

ㄱ. $i = i'$이다.

ㄴ. 공기에 대한 액체의 굴절률은 $\sin\dfrac{i}{r}$이다.

ㄷ. 각 i가 어느 일정한 각 이상이면 단색광은 전반사한다.

① ㄱ   ② ㄴ   ③ ㄷ

④ ㄱ, ㄴ   ⑤ ㄱ, ㄷ

379 서술형

그림과 같이 액체의 표면으로부터 0.5 m 떨어진 액체 속에 점광원 S가 놓여 있다. 점광원에서 나온 빛이 액체의 표면과 60°의 각도를 이루며 진행하면 공기 중으로 45°의 각도로 진행한다. 액체 표면에는 지름이 L인 원판이 놓여져 있다.

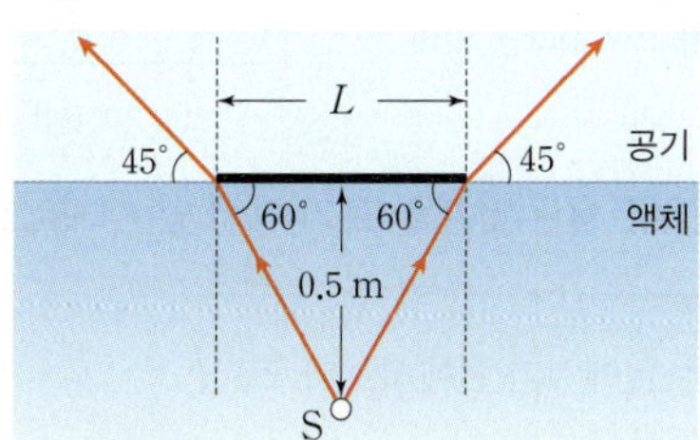

공기에 대한 액체의 굴절률과 점광원이 보이지 않도록 하기 위한 L의 최솟값을 서술하시오.

380

그림은 광통신의 과정을 나타낸 것이다.

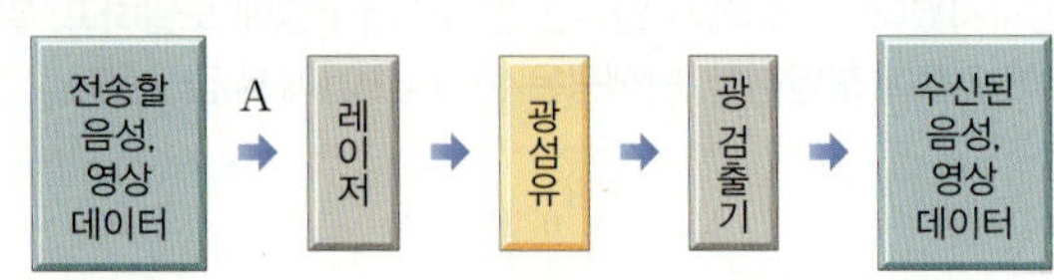

이에 대한 설명으로 옳은 것만을 〈보기〉에서 있는 대로 고른 것은?

보기

ㄱ. A 과정에서 전기 신호가 빛 신호로 바뀐다.
ㄴ. 광섬유 내에서 전반사가 일어난다.
ㄷ. 많은 양의 정보를 동시에 전달할 수 있다.

① ㄱ   ② ㄷ   ③ ㄱ, ㄴ
④ ㄴ, ㄷ   ⑤ ㄱ, ㄴ, ㄷ

381 중요

그림 (가)는 코어와 클래딩으로 구성된 광섬유의 구조를 나타낸 것이다. 그림 (나)는 광섬유의 코어와 클래딩의 경계면에 단색광을 입사각 θ로 입사시켰을 때, 단색광의 굴절각이 θ보다 큰 각으로 진행하는 것을 나타낸 것이다.

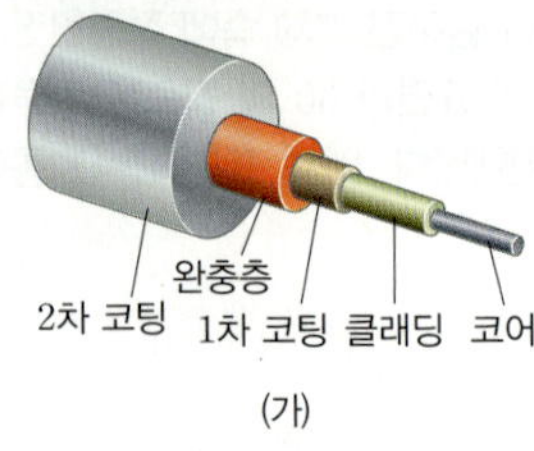

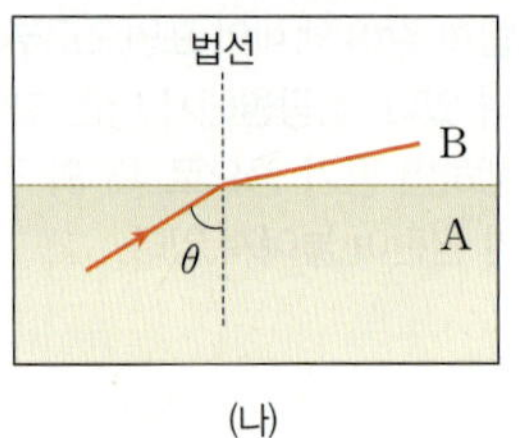

이에 대한 설명으로 옳은 것만을 〈보기〉에서 있는 대로 고른 것은?

보기

ㄱ. 굴절률은 A에서가 B에서보다 크다.
ㄴ. 클래딩은 B이다.
ㄷ. (나)에서 입사각만 θ보다 작게 하면 전반사가 일어난다.

① ㄱ   ② ㄷ   ③ ㄱ, ㄴ
④ ㄴ, ㄷ   ⑤ ㄱ, ㄴ, ㄷ

족집게 전략 전자기파는 전기장과 자기장이 진동하면서 전파되는 파동으로 종류에는 감마선, X선, 자외선, 가시광선, 적외선, 마이크로파, 라디오파가 있어. 각각의 전자기파의 종류에 따른 활용(이용)을 연결시켜 알고 있어야 해.

382 단골 문제

그림은 마이크로파(전파), 자외선, 적외선을 물리적 특성에 따라 분류하는 과정을 나타낸 것이다. A, B, C는 각각 마이크로파(전파), 자외선, 적외선 중 하나이다.

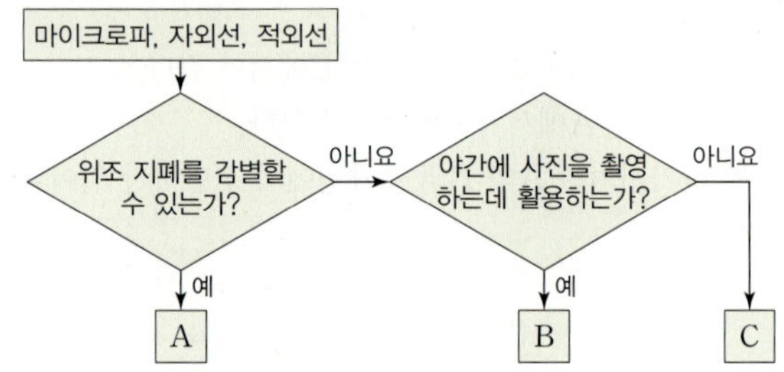

이에 대한 설명으로 옳은 것만을 〈보기〉에서 있는 대로 고른 것은?

보기

ㄱ. A는 암세포를 파괴하는 의료용으로 이용된다.
ㄴ. B는 A보다 파장이 길다.
ㄷ. C는 레이더와 전자레인지에서 음식을 데우는 데 이용된다.

① ㄱ   ② ㄴ   ③ ㄱ, ㄷ
④ ㄴ, ㄷ   ⑤ ㄱ, ㄴ, ㄷ

추가로 나오는 선택지

❶ A는 자외선이다.   (   )
❷ B는 가시광선보다 진동수가 크다.   (   )
❸ 진공에서의 속력은 A, B, C가 모두 같다.   (   )

383

전자기파에 대한 설명으로 옳은 것은?

① 전자기파는 종파이다.
② 전기장과 자기장의 진동 방향은 나란하다.
③ 전자기파의 에너지는 진동수가 클수록 크다.
④ 진공 중에서 전자기파의 속력은 빛의 속력보다 느리다.
⑤ 전자기파가 전파될 때, 전기장과 자기장의 세기는 일정하다.

384

그림은 파장에 따른 전자기파의 종류를 나타낸 것이다.

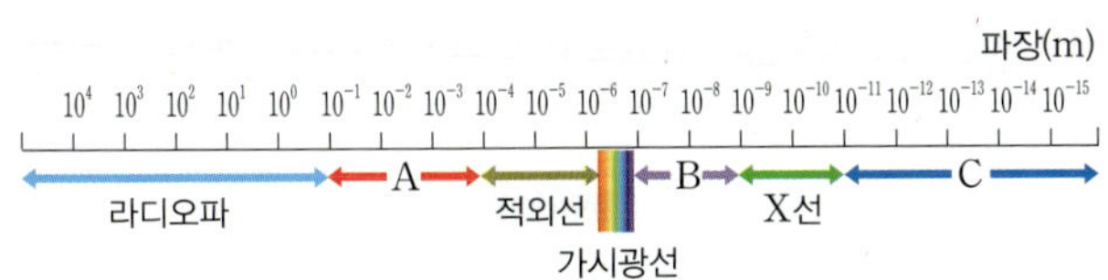

전자기파 A, B, C가 이용되는 사례를 〈보기〉에서 바르게 짝 지은 것은?

보기

ㄱ. 전자레인지   ㄴ. 암 치료   ㄷ. 살균 작용

	A	B	C		A	B	C
①	ㄱ	ㄴ	ㄷ	②	ㄱ	ㄷ	ㄴ
③	ㄴ	ㄱ	ㄷ	④	ㄴ	ㄷ	ㄱ
⑤	ㄷ	ㄱ	ㄴ				

385

다음은 실생활에 이용되는 여러 가지 전자기파를 나타낸 것이다.

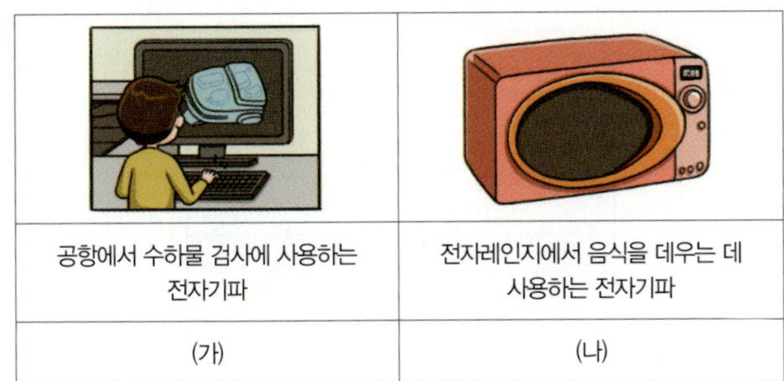

공항에서 수하물 검사에 사용하는 전자기파	전자레인지에서 음식을 데우는 데 사용하는 전자기파
(가)	(나)

이에 대한 설명으로 옳은 것만을 〈보기〉에서 있는 대로 고른 것은?

보기

ㄱ. (가)는 매질이 없는 공간에서도 전파된다.
ㄴ. 진동수는 (가)에서가 (나)에서보다 크다.
ㄷ. (나)에서의 파장은 가시광선보다 길다.

① ㄱ   ② ㄷ   ③ ㄱ, ㄴ
④ ㄴ, ㄷ   ⑤ ㄱ, ㄴ, ㄷ

386 중요

그림 (가)는 전자기파를 파장에 따라 분류한 것을, (나)는 어떤 전자기파를 이용하여 식기를 살균하는 모습을 나타낸 것이다.

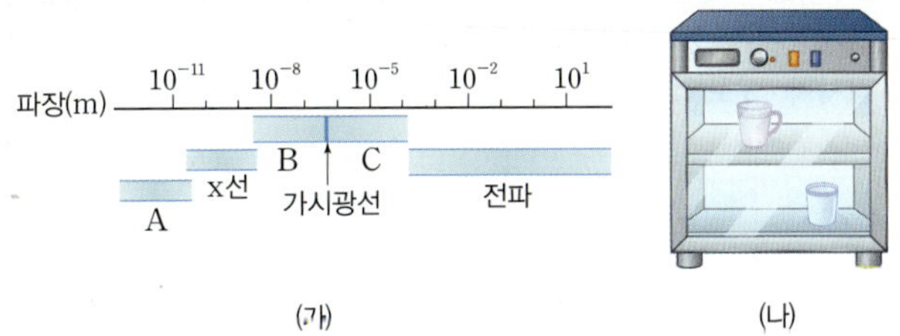

이에 대한 설명으로 옳은 것만을 〈보기〉에서 있는 대로 고른 것은?

보기

ㄱ. A는 전파보다 진동수가 작다.
ㄴ. (나)에서 소독에는 B가 사용된다.
ㄷ. C는 위조지폐 검사에 이용된다.

① ㄱ   ② ㄴ   ③ ㄷ
④ ㄱ, ㄴ   ⑤ ㄴ, ㄷ

387 서술형

그림은 전자기파를 파장에 따라 분류한 것이다.

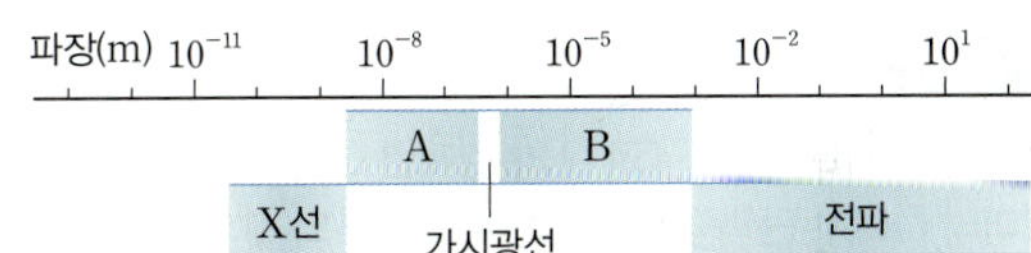

A, B에 해당하는 전자기파와 특징 한 가지를 각각 서술하시오.

388 서술형

다음은 전자기파 A에 대한 설명이다.

- A는 사람의 눈을 통해 볼 수 있다.
- 시세포를 자극하여 빛을 인식한다.
- 태양에서 방출하는 전자기파 중 A가 가장 많다.

전자기파 A의 명칭과 A가 이용되는 예를 한 가지 서술하시오.

389

그림 (가)는 모눈종이 위에 반원형 물체를 놓고 공기 중에서 레이저를 비출 때의 진행 경로를 나타낸 것이다. 그림 (나)는 물체에서 공기 중으로 입사각 45°로 레이저를 비추는 것을 나타낸 것이다.

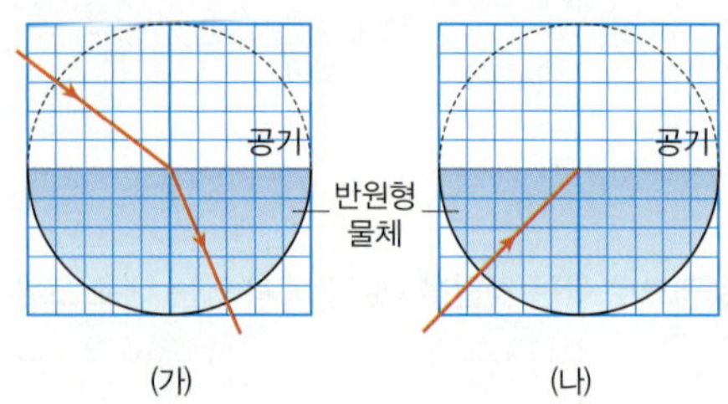

이에 대한 설명으로 옳은 것만을 〈보기〉에서 있는 대로 고른 것은? (단, 공기의 절대 굴절률은 1이다.)

보기

ㄱ. 빛의 파장은 물체에서가 공기에서보다 길다.
ㄴ. 물체의 굴절률은 2이다.
ㄷ. (나)에서 물체와 공기의 경계면에서 빛은 전반사한다.

① ㄱ   ② ㄴ   ③ ㄱ, ㄷ
④ ㄴ, ㄷ   ⑤ ㄱ, ㄴ, ㄷ

390 고난도

그림과 같이 단색광을 매질 Ⅰ과 Ⅱ의 경계면 O점을 향해 입사각 θ로 입사시켰더니 O에서 단색광이 굴절하여 매질 Ⅱ와 Ⅲ의 경계면 Q점에서 굴절각이 90°가 되었고, O에서 반사된 단색광은 매질 Ⅰ과 Ⅱ의 경계면 P점에 도달하였다.

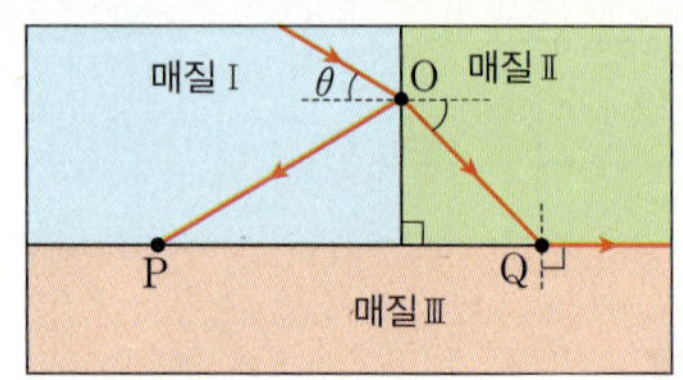

이에 대한 설명으로 옳은 것만을 〈보기〉에서 있는 대로 고른 것은?

보기

ㄱ. 굴절률은 매질 Ⅰ이 매질 Ⅱ보다 크다.
ㄴ. P에서 전반사가 일어난다.
ㄷ. O에서 입사각 θ를 감소시키면 P와 Q 모두 전반사가 일어난다.

① ㄱ   ② ㄷ   ③ ㄱ, ㄴ
④ ㄴ, ㄷ   ⑤ ㄱ, ㄴ, ㄷ

391

그림은 광통신에 이용되는 광섬유 내부 구조를 나타낸 것으로, 매질 1에서 매질 2의 경계로 진행된 빛 신호가 매질 1에서만 진행한다.

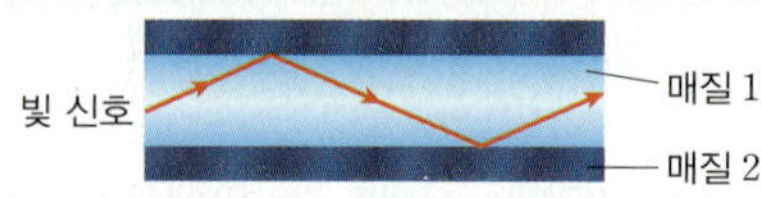

이에 대한 설명으로 옳은 것만을 〈보기〉에서 있는 대로 고른 것은?

보기

ㄱ. 매질 1의 굴절률이 매질 2의 굴절률보다 작다.
ㄴ. 입사각이 임계각보다 크다.
ㄷ. 매질 1속에서 빛이 진행할수록 빛의 세기가 약해진다.

① ㄱ   ② ㄴ   ③ ㄱ, ㄷ
④ ㄴ, ㄷ   ⑤ ㄱ, ㄴ, ㄷ

392

그림은 세 종류의 매질 1, 2, 3에서 단색광이 진행하는 모습을 나타낸 것이다. 매질 2에서 매질 1로 단색광이 입사각 θ로 입사할 때 경계면에서 단색광은 전반사하고, 단색광이 매질 2에서 매질 3으로 입사각 θ로 입사될 때 굴절각 θ'로 굴절된다. $\theta > \theta'$이다.

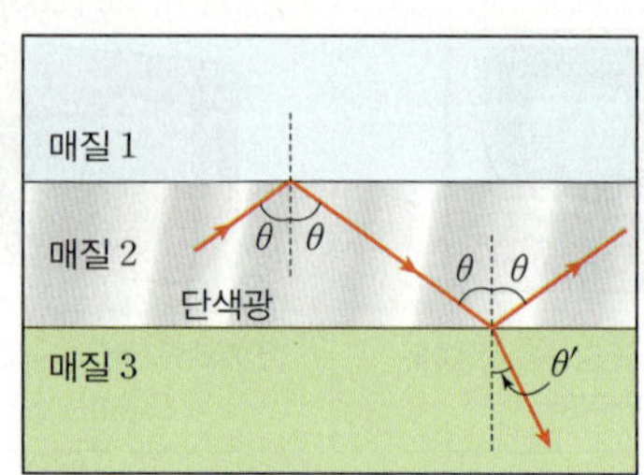

이에 대한 설명으로 옳은 것만을 〈보기〉에서 있는 대로 고른 것은?

보기

ㄱ. 단색광의 속력은 매질 1에서가 매질 2에서보다 크다.
ㄴ. 단색광의 입사각을 θ보다 큰 각도로 입사시키면 매질 2와 매질 3의 경계면에서 단색광은 전반사한다.
ㄷ. 단색광의 진동수는 매질 2에서보다 매질 3에서가 크다.

① ㄱ   ② ㄴ   ③ ㄱ, ㄴ
④ ㄱ, ㄷ   ⑤ ㄴ, ㄷ

393 고난도

그림 (가)와 같이 B의 옆면에서 입사각 i로 단색광을 입사시켰더니 A와 B의 경계면에서 전반사한 뒤, B와 C의 경계면에서 일부는 반사하고 일부는 굴절한다. 이때 입사각 θ_1은 굴절각 θ_2보다 작다. 그림 (나)는 A, C로 만든 광섬유에서 (가)의 단색광이 전반사하면서 진행하는 모습을 나타낸 것이다.

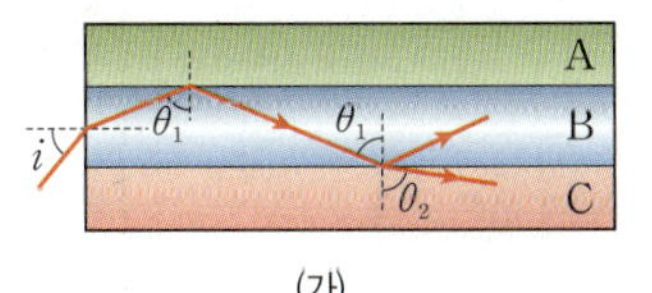

(가)

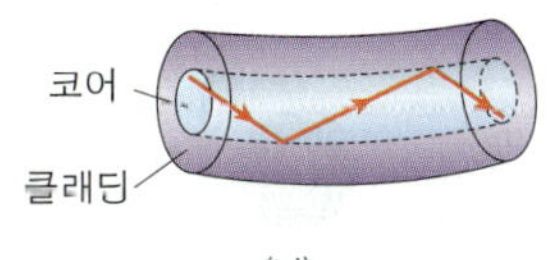

(나)

이에 대한 설명으로 옳은 것만을 〈보기〉에서 있는 대로 고른 것은?

보기

ㄱ. (가)에서 A와 B 사이의 임계각은 θ_1보다 크다.

ㄴ. (가)에서 i만 증가시키면 B와 C의 경계면에서 전반사가 일어난다.

ㄷ. (나)에서 코어는 C로 만들어졌다.

① ㄱ   ② ㄷ   ③ ㄱ, ㄴ
④ ㄴ, ㄷ   ⑤ ㄱ, ㄴ, ㄷ

394

다음은 전자기파의 정의와 이용에 대한 설명이다.

(가) 전자기파: 전기장과 자기장이 시간에 따라 진동하며 주위 공간으로 퍼져 나가는 파동으로 진동수에 따라 ⊙에너지의 크기가 변한다.

(나) 전자기파 이용
- A: 사람의 눈으로 관찰할 수 있는 전자기파이다.
- B: 살균 작용이 강하여 식기 소독기 등에 이용되며, 피부에 노출되면 노화를 촉진한다.
- C: TV 리모컨에 이용되며 사람의 몸에서도 방출된다.

이에 대한 설명으로 옳은 것만을 〈보기〉에서 있는 대로 고른 것은?

보기

ㄱ. A는 가시광선으로 광학 기기에 이용된다.

ㄴ. ⊙은 B가 C보다 크다.

ㄷ. 진공에서 A, B, C의 속력은 모두 같다.

① ㄱ   ② ㄴ   ③ ㄷ
④ ㄱ, ㄴ   ⑤ ㄱ, ㄴ, ㄷ

395

그림 (가)와 (나)는 여러 가지 전자기파와 이용을 나타낸 것이다.

진단용으로 사용되는 X선

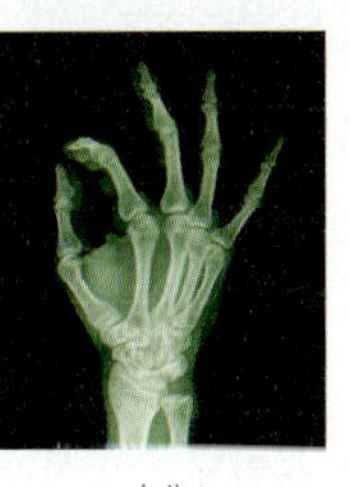

(가)

식기 소독에 이용되는 자외선

(나)

(가)와 (나)의 전자기파의 공통점만을 〈보기〉에서 있는 대로 고른 것은?

보기

ㄱ. 눈으로 볼 수 없다.

ㄴ. 진공에서도 전파된다.

ㄷ. 감마(γ)선보다 에너지가 작다.

① ㄱ   ② ㄷ   ③ ㄱ, ㄴ
④ ㄴ, ㄷ   ⑤ ㄱ, ㄴ, ㄷ

396

다음은 광통신의 원리를 설명한 내용이다.

음성이나 영상 데이터가 레이저나 발광 다이오드에 입력된다. 송신기에서 방출된 빛 신호는 ⊙코어와 ⓒ클래딩으로 구성된 광섬유에서 코어를 따라 진행하며 ⓒ수신기에서는 발신기에서와 반대의 과정을 거쳐 음성 및 영상 데이터를 수신하게 된다.

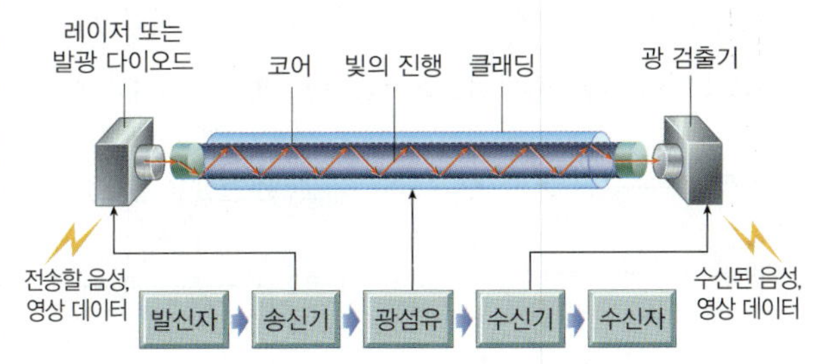

이에 대한 설명으로 옳은 것만을 〈보기〉에서 있는 대로 고른 것은?

보기

ㄱ. 광섬유를 따라 진행하는 빛은 전반사된다.

ㄴ. 굴절률은 ⊙<ⓒ이다.

ㄷ. ⓒ에서는 빛 신호가 전기 신호로 변환된다.

① ㄱ   ② ㄴ   ③ ㄱ, ㄷ
④ ㄴ, ㄷ   ⑤ ㄱ, ㄴ, ㄷ

03 파동의 간섭

개념 ① 파동의 중첩

1. **중첩**: 두 개의 파동이 만나서 파동의 모양이나 변위가 변하는 현상을 말하며, 두 파동이 합쳐진 파동을 합성파라고 한다.

2. **중첩 원리**: 두 파동이 서로 중첩될 때, 합쳐진 파동의 변위는 두 파동의 변위의 합($y=y_1+y_2$)과 같다.

3. **파동의 독립성**: 파동이 중첩되었다가 분리되면 합성파의 모양을 간직하는 것이 아니라 중첩되기 전의 모양과 진행 방향을 그대로 유지한 채 따로따로 전파된다.

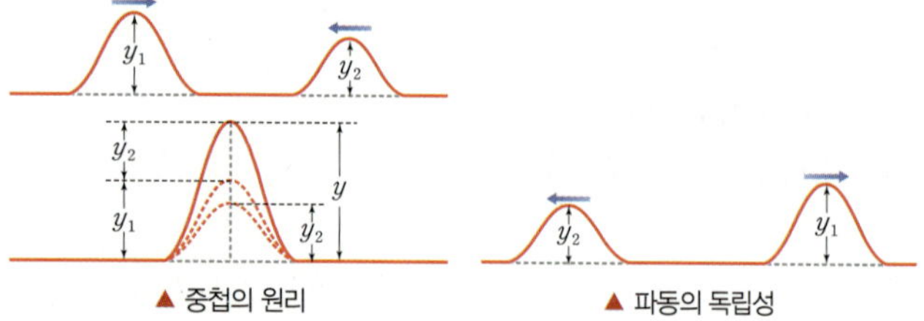

▲ 중첩의 원리　　　　▲ 파동의 독립성

개념 ② 파동의 간섭

1. **간섭**: 두 파동이 중첩되어 진폭이 더 커지거나 진폭이 더 작아지는 현상을 말한다.

2. **보강 간섭**: 위상이 같은 두 파동이 중첩되어 진폭이 더 커지는 경우이다. 두 파동의 마루와 마루 또는 골과 골이 중첩될 때이며, 두 파원으로부터의 경로차($\varDelta$)가 반 파장의 짝수 배인 지점에서 보강 간섭이 일어난다.($\varDelta=\dfrac{\lambda}{2}(2m)$, $m=0,\ 1,\ 2,\ 3\ \cdots$)

3. **상쇄 간섭**: 위상이 반대인 두 파동이 중첩되어 진폭이 더 작아지는 경우이다. 두 파동의 마루와 골이 중첩될 때이며, 두 파원으로부터의 경로차($\varDelta$)가 반 파장의 홀수 배인 지점에서 상쇄 간섭이 일어난다.($\varDelta=\dfrac{\lambda}{2}(2m+1)$, $m=0,\ 1,\ 2,\ 3\ \cdots$)

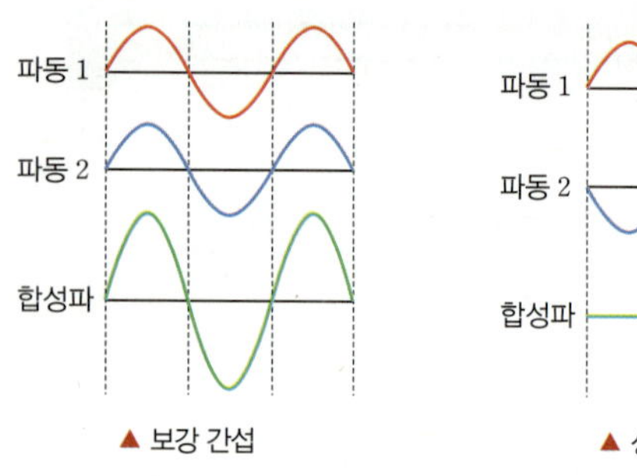

▲ 보강 간섭　　　　▲ 상쇄 간섭

개념 ③ 간섭 현상 이용

1. **소리의 간섭**

(1) **소음 제거**: 헤드폰의 마이크로 입력되는 외부 소음을 분석하여 소음과 반대 위상의 소리를 발생시키면 상쇄 간섭이 일어나 외부 소음을 제거할 수 있다.

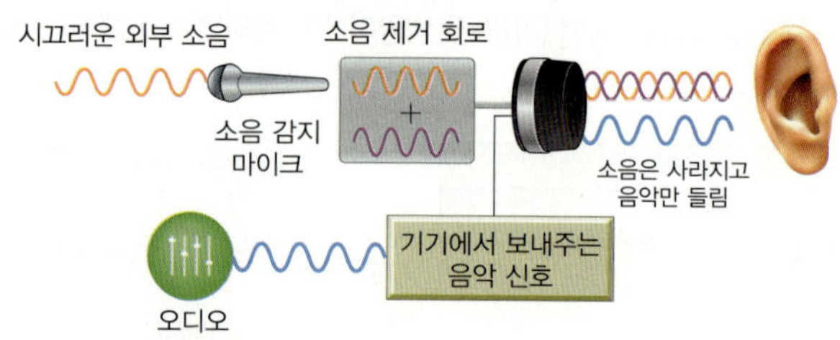

(2) **두 개의 스피커를 이용한 간섭**

① **보강 간섭**: 같은 진동수로 동일한 위상의 소리가 나오는 두 개의 스피커로부터 같은 거리에서 소리를 듣게 되면 두 스피커에서 나오는 음파가 보강 간섭하여 큰 소리를 듣게 된다.

② **상쇄 간섭**: 스피커까지의 경로 차이가 반 파장의 홀수 배가 되게 하면 두 스피커에서 나오는 음파가 상쇄 간섭하여 작은 소리를 듣게 된다.

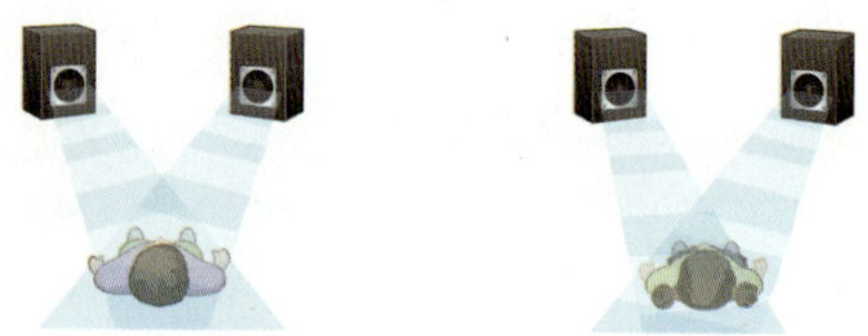

▲ 보강 간섭: 소리가 크게 들린다.　　▲ 상쇄 간섭: 소리가 작게 들린다.

2. **빛의 간섭**

(1) **이중 슬릿에 의한 빛의 간섭**: 이중 슬릿을 통과한 두 빛이 스크린에서 같은 위상으로 만나는 지점에서는 보강 간섭이 일어나 밝은 무늬가 나타나고, 반대 위상으로 만나는 지점에서는 상쇄 간섭이 일어나 어두운 무늬가 나타난다.

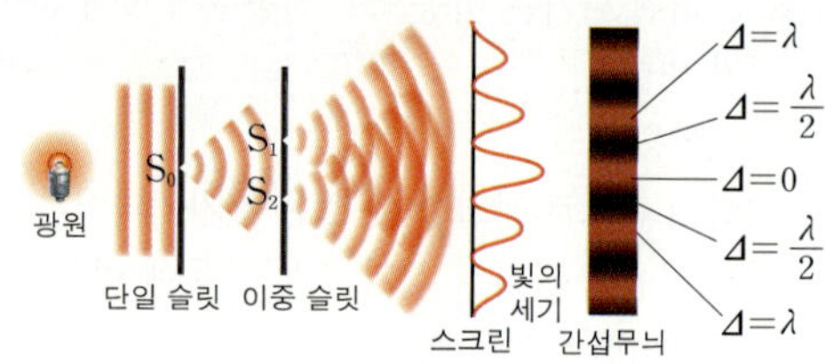

(2) **얇은 막에 의한 빛의 간섭**: 물 위에 뜬 기름막이나 비눗방울에 나타나는 무지개 색은 얇은 막의 윗면과 아랫면에서 반사한 빛이 간섭하여 나타난다.

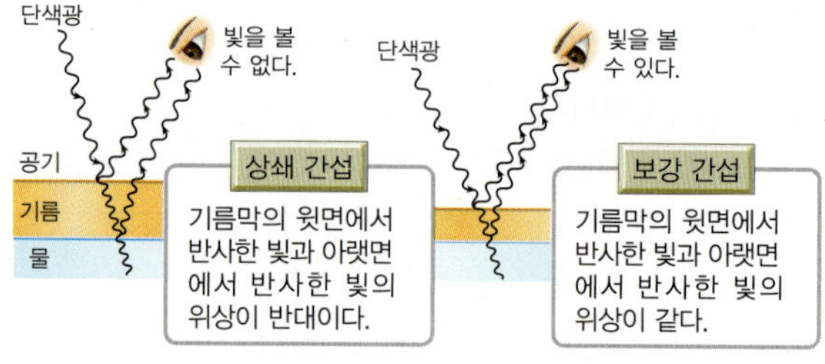

개념 ❸ 간섭 현상 이용

족집게 전략 우리 주변에서 간섭으로 인해 여러 가지 현상이 발생해. 특히 소리의 간섭, 물결파의 간섭, 빛의 간섭으로 구분하여 현상의 특징을 알고 있어야 해.

417 단골 문제

그림은 동일한 스피커 P, Q에서 같은 파장의 소리가 발생하여 소리가 크게 들리는 지점과 작게 들리는 지점을 모두 나타낸 것이다. A_0, A_1, A_2 지점은 소리가 크게 들리는 지점이고, B_1, B_2 지점은 소리가 작게 들리는 지점이다.

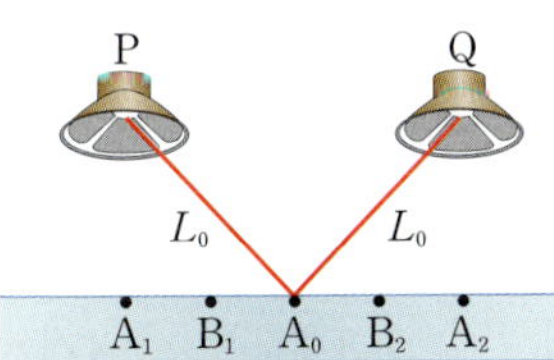

이에 대한 설명으로 옳은 것만을 〈보기〉에서 있는 대로 고른 것은? (단, A_0에서 P까지 거리와 Q까지 거리는 같다.)

보기

ㄱ. A_1에서 상쇄 간섭이 일어난다.
ㄴ. P와 Q로부터 경로차는 B_1에서와 B_2에서가 같다.
ㄷ. 위 내용은 파동의 간섭 현상을 알아보기 위한 것이다.

① ㄱ   ② ㄴ   ③ ㄱ, ㄷ
④ ㄴ, ㄷ   ⑤ ㄱ, ㄴ, ㄷ

추가로 나오는 선택지

❶ P와 Q로부터 A_0까지 경로차는 0이다.   (　　)
❷ P, Q에서 각각 파장이 λ인 소리가 발생할 때, P와 Q로부터 A_2까지 경로차는 λ이다.   (　　)

418 중요

그림 (가)는 S에서 발생한 음파가 A와 B를 통하여 C에 도달하는 것을 나타낸 것이다. 그림 (나)는 B만 오른쪽으로 움직일 때, 움직인 거리에 따른 C에 도달한 소리의 파형을 나타낸 것이다.

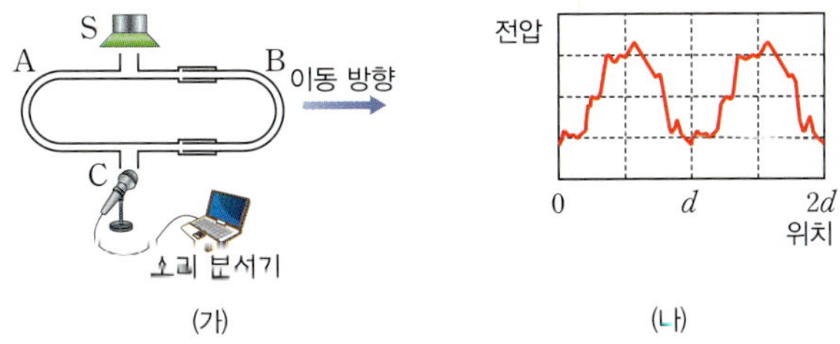

소리의 파장은? (단, 음파의 진동수는 일정하다.)

① $4d$ ② $2d$ ③ d ④ $\dfrac{d}{2}$ ⑤ $\dfrac{d}{4}$

419

다음은 얇은 막에서 빛의 간섭에 대한 설명이다.

(가) 안경 렌즈에 적당한 두께의 ㉠얇은 막을 코팅하면 반사되는 빛들이 간섭하여 코팅하지 않은 렌즈에 비해 반사되는 빛이 매우 줄어든다.

(나) (가)의 상황을 모식적으로 나타낸 것이다.
　A: 막의 표면에서 반사되는 광선
　B: 막과 유리의 경계면에서 반사되는 광선
　C: 렌즈를 바로 투과하는 광선

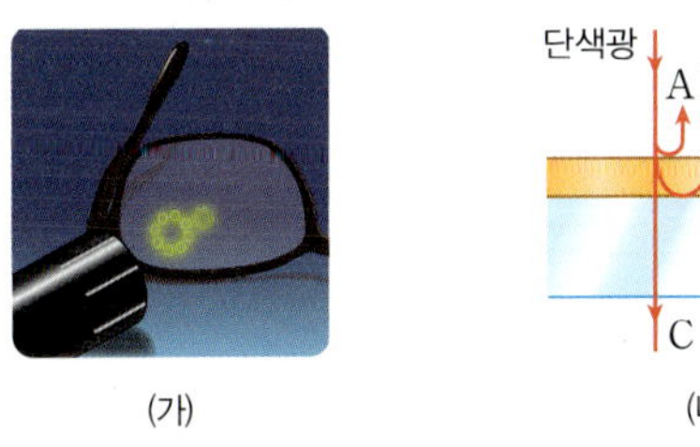

이에 대한 설명으로 옳은 것만을 〈보기〉에서 있는 대로 고른 것은?

보기

ㄱ. 입사하는 빛의 파장이 변해도 반사 광선을 줄이기 위한 ㉠의 두께는 일정하다.
ㄴ. (나)에서 A와 B는 상쇄 간섭한다.
ㄷ. 비눗방울에 백색광을 비추면 여러 가지 색의 무늬가 보이는 것도 빛의 간섭 현상이다.

① ㄱ   ② ㄴ   ③ ㄱ, ㄷ
④ ㄴ, ㄷ   ⑤ ㄱ, ㄴ, ㄷ

420

다음은 빛의 성질에 대한 설명이다.

색소가 없는 모르포 나비의 날개가 푸른색을 띠는 것은 나비 날개의 표면 구조 때문이다. 모르포 나비의 날개 표면을 확대해 보면 얇은 층이 여러 개 있는데, 이러한 얇은 층에서 각각 반사된 빛 가운데 파란색 빛이 ㉠ 을 하여 날개의 표면이 파란색으로 보이는 것이다.

㉠의 내용으로 옳은 것은?

① 굴절   ② 회절   ③ 반사
④ 전반사   ⑤ 간섭

421

그림은 두 파동이 각각 속력 $1\,cm/s$로 서로 마주 보며 진행하는 어느 순간의 모습을 나타낸 것이다.

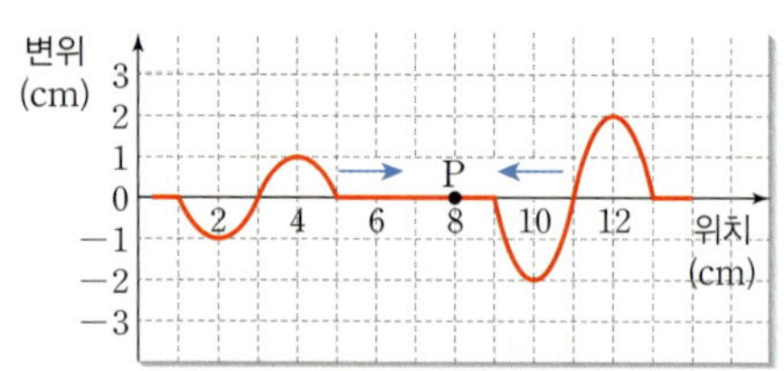

이 순간부터 점 P에서의 변위가 최대가 되는 순간까지 걸리는 시간과 최대 변위로 옳은 것은?

	시간	변위		시간	변위
①	3.5초	2 cm	②	3.5초	3 cm
③	4초	2 cm	④	4초	3 cm
⑤	4.5초	3 cm			

422

그림 P와 Q는 속도와 진폭은 같고 진동수가 다른 두 파동의 매질의 변위를 나타낸 것이다.

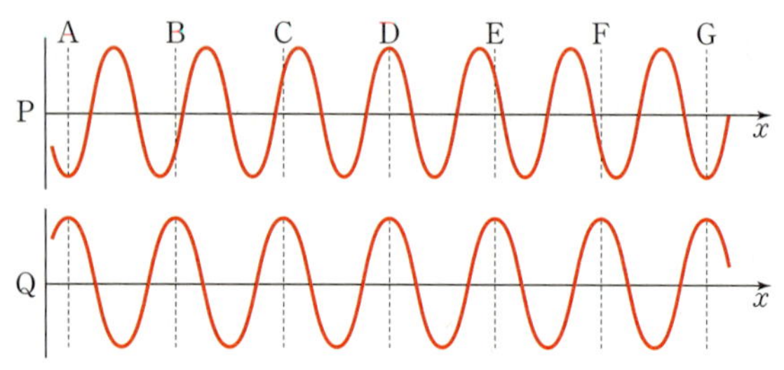

이에 대한 설명으로 옳은 것만을 〈보기〉에서 있는 대로 고른 것은? (단, P, Q는 같은 매질에서 전파된다.)

① ㄱ 　② ㄴ 　③ ㄱ, ㄴ
④ ㄱ, ㄷ 　⑤ ㄴ, ㄷ

423

그림 (가)는 두 점파원 S_1, S_2로부터 각각 파동을 발생시켰을 때 수면파의 어느 순간의 파면을 마루는 실선으로, 골은 점선으로 나타낸 것이다. 그림 (나)는 이 순간으로부터 매질의 한 점의 변위를 시간에 따라 나타낸 것이다.

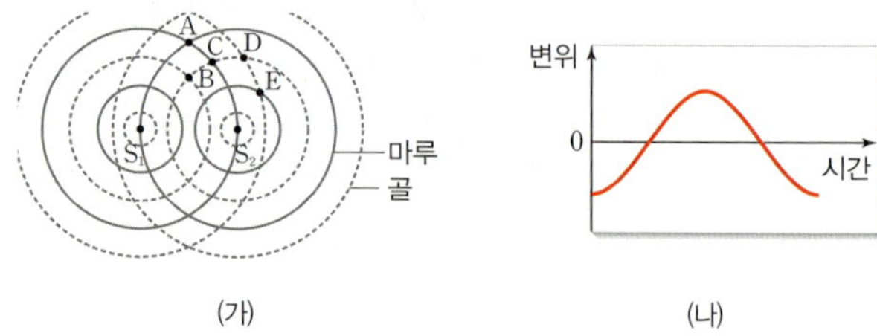

(가)　　　　　　　(나)

A~E 지점 중 매질의 변위가 시간에 따라 변하는 지점의 개수는?

① 1개 　② 2개 　③ 3개 　④ 4개 　⑤ 5개

424 고난도

그림은 두 점파원 S_1, S_2에서 진동수와 진폭이 같은 물결파를 같은 위상으로 발생시켰을 때 나타나는 어느 한 순간의 간섭무늬로 마루는 실선, 골은 점선으로 나타낸 것이다.

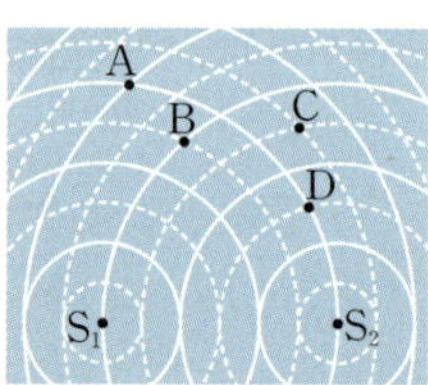

진동수만 2배로 증가시켰을 때 A~D 중 보강 간섭이 일어나는 지점을 모두 고른 것은?

① A 　② C 　③ A, B, D
④ C, B, D 　⑤ A, B, C, D

425

그림은 S_1, S_2에서 같은 높이의 음을 동시에 발생시키는 스피커를 나타낸 것이고, O점은 두 스피커를 잇는 직선의 수직 이등분선상의 지점이다. O로부터 서서히 이동하면서 소리를 들었더니, 4 m 떨어진 P점에서 처음으로 소리가 약해지고 P를 통과한 후에는 다시 소리의 세기가 증가하였다.

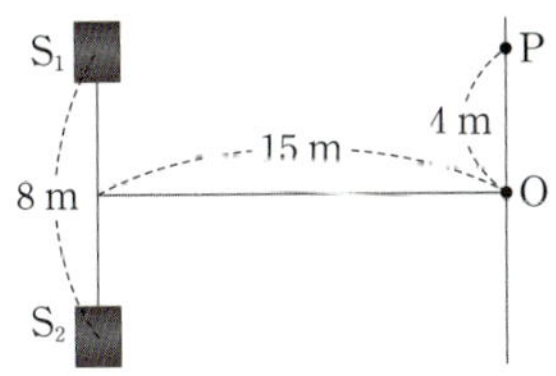

두 스피기에서 나오는 소리의 파장은? (단, 스피커에서 나오는 소리의 위상은 같다.)

① 1 m　　② 2 m　　③ 4 m　　④ 6 m　　⑤ 8 m

426

그림과 같이 두 파원 S_1, S_2에서 파장 4 cm, 진폭 1 cm인 두 파동이 파원에서 서로 반대 위상으로 발생하고 있다. 여기에서 실선은 마루를, 점선은 골을 나타낸다.

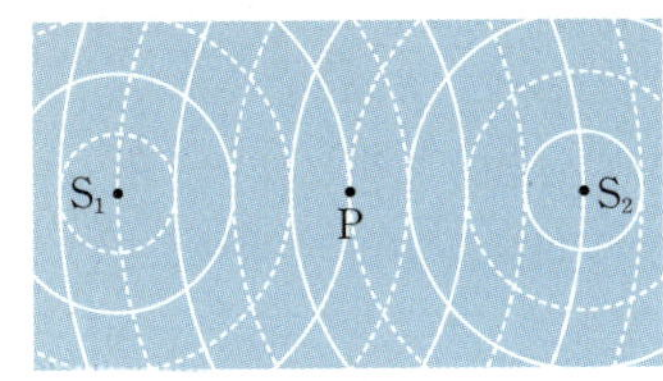

이에 대한 설명으로 옳은 것만을 〈보기〉에서 있는 대로 고른 것은?

보기
ㄱ. S_1에서 4 cm, S_2에서 16 cm 떨어진 지점의 진폭은 0이다.
ㄴ. 보강 간섭이 일어나는 곳에서 진폭의 최댓값은 1 cm이다.
ㄷ. P점에서의 변위는 시간에 따라 변한다.

①ㄱ　　②ㄴ　　③ㄷ　　④ㄱ, ㄴ　　⑤ㄱ, ㄷ

427

그림은 물 위에 기름이 떨어져 물 위에 뜬 얇은 기름 막을 나타낸 것이다.

기름 막에 나타난 현상과 관련이 있는 것만을 〈보기〉에서 있는 대로 고른 것은?

보기
ㄱ. 물방울에 의해 생기는 무지개
ㄴ. 레이저 디스크판에 나타난 무지개
ㄷ. 백색광을 프리즘에 비출 때 생기는 무지개 색깔의 빛

①ㄱ　　　　②ㄴ　　　　③ㄷ
④ㄱ, ㄴ　　　⑤ㄱ, ㄷ

428

그림 (가)는 무반사 코팅을 하지 않은 렌즈 A와 무반사 코팅을 한 렌즈 B를 나타낸 것이다. 그림 (나)는 소음이 제거될 때 마이크에 감지된 소음과 스피커에서 발생하는 상쇄 소음의 파형을 모식적으로 나타낸 것이다.

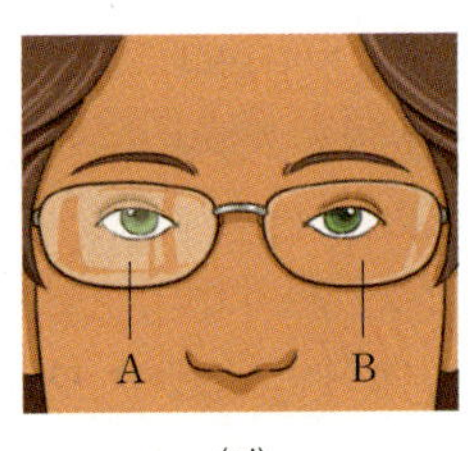

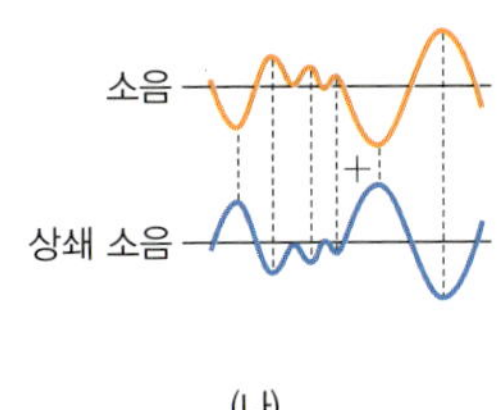

(가)　　　　　　(나)

이에 대한 설명으로 옳은 것만을 〈보기〉에서 있는 대로 고른 것은?

보기
ㄱ. (가)에서 렌즈를 통과한 빛의 양은 B에서가 A에서보다 많다.
ㄴ. (나)에서 소음과 상쇄 소음의 위상은 반대이다.
ㄷ. (가)와 (나)는 파동의 굴절 현상과 관련 있다.

①ㄴ　　　　②ㄷ　　　　③ㄱ, ㄴ
④ㄱ, ㄷ　　　⑤ㄱ, ㄴ, ㄷ

01 빛과 물질의 이중성

개념 ❶ 빛의 이중성

1. 광전 효과

(1) 광전 효과: 금속에 빛을 비출 때 금속 표면에서 전자가 튀어나오는 현상으로, 이때 튀어나오는 전자를 광전자라고 한다.

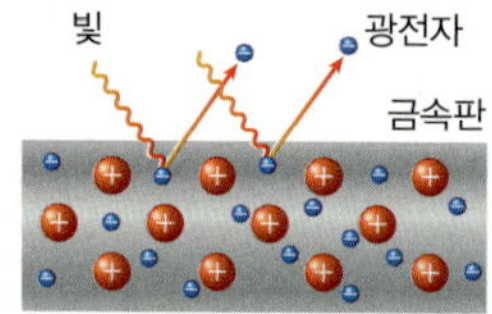

① 문턱(한계) 진동수(f_0): 금속에서 광전자가 방출되기 위한 최소한의 진동수

② 일함수(W): 금속에서 전자를 떼어 내는 데 필요한 최소한의 에너지이다. 문턱 진동수가 클수록 일함수가 크다.

$$W = hf_0 \quad (h: \text{플랑크 상수}, \ 6.63 \times 10^{-34} \ \text{J·s})$$

(2) 광전 효과의 실험 결과

① 광전자가 방출되기 위해서는 비추는 빛의 진동수가 금속의 문턱 진동수보다 커야 한다. → 문턱 진동수보다 작은 진동수의 빛은 아무리 세게 오랫동안 비추어도 광전자가 방출되지 않는다.

② 방출되는 광전자의 최대 운동 에너지는 빛의 세기에 관계없고, 진동수와 일함수에만 관계된다.

③ 방출되는 광전자의 수(광전류)는 빛의 세기에 비례하여 증가한다.

(3) 광양자설

① 광양자설: 빛은 광자(광양자)라고 하는 불연속적인 에너지 입자들의 흐름으로, 광자 1개의 에너지는 진동수에 비례한다.

② 광자의 에너지: 진동수가 f인 광자 1개의 에너지는 $E = hf = \dfrac{hc}{\lambda}$ (h: 플랑크 상수)이다.

③ 광자와 전자의 1 : 1 충돌로 에너지가 전달된다.

④ 진동수가 f인 빛을 문턱 진동수가 f_0인 금속에 비추었을 때 방출되는 광전자의 최대 운동 에너지는 다음과 같다.

$$E_k = hf - W = h(f - f_0)$$

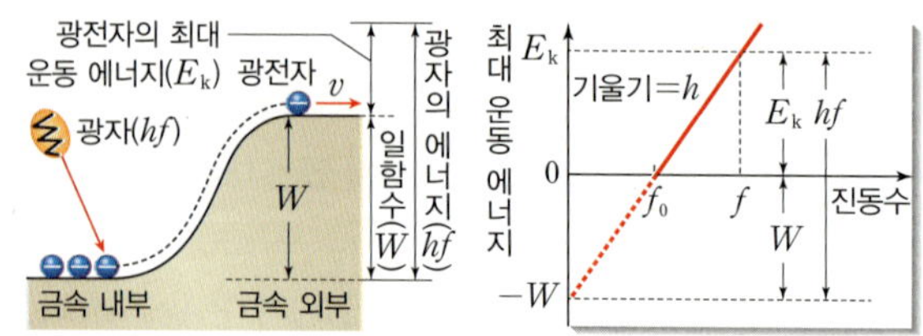

→ 빛의 입자성과 파동성은 동시에 나타나지 않는다.

(4) 빛의 이중성: 빛은 파동의 성질과 입자의 성질을 모두 가진다.

① 빛의 파동성으로 설명할 수 있는 현상: 간섭, 회절

② 빛의 입자성으로 설명할 수 있는 현상: 광전 효과, 콤프턴 산란

2. 광전 효과의 이용
→ 리모컨 수신기, 광센서, 전하 결합 소재(CCD)

(1) 광 다이오드: p−n 접합 다이오드의 접합부에 띠 간격보다 큰 에너지를 갖는 빛을 비추면 전자−양공 쌍이 생기고, 양공과 전자는 각각 p형 반도체와 n형 반도체로 이동하면서 외부 회로에 전류가 흐른다.

(2) 태양 전지: 광 다이오드와 같이 p−n 접합부에 빛이 흡수되어 전자−양공 쌍이 생기고, 전자는 n형 반도체로, 양공은 p형 반도체로 이동하여 전류가 발생한다.

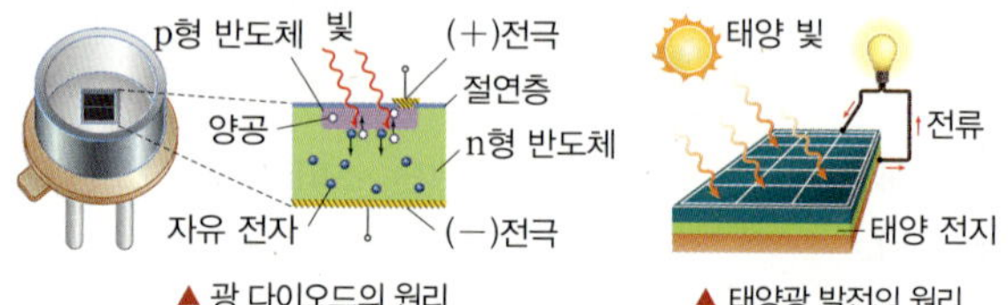

3. 전하 결합 소재(CCD)의 구조와 원리

(1) 전하 결합 소재(CCD): 디지털카메라에서 인공 눈의 역할을 하는 소자로, 영상 정보(빛 신호)를 전기 신호로 전환하여 기록하는 장치

(2) 전하 결합 소재(CCD)의 원리

① 광 다이오드에는 빛의 세기에 비례하는 만큼의 전자−양공 쌍이 생긴다.

② 광 다이오드에 생성된 전자를 이동시켜 각 화소에서 생성된 전자의 양을 측정하여 영상 정보를 기록한다.

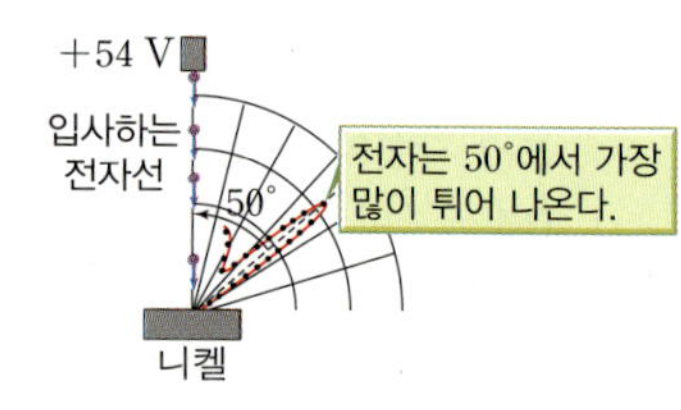

③ CCD는 빛의 세기에 비례한 명암만을 구분할 수 있기 때문에 컬러 영상을 얻기 위해서는 색 필터를 이용한다.

개념 ❷ 물질의 이중성

1. 물질의 이중성
빛이 입자성과 파동성을 모두 가지는 것처럼 물질도 빛과 마찬가지로 입자성과 파동성을 모두 가진다.

(1) 물질파(드브로이파): 물질인 입자가 파동성을 가질 때의 파동이다.

(2) 물질파 파장(드브로이 파장): 질량이 m, 속력이 v인 입자의 물질파 파장은 다음과 같다.

$$\lambda = \frac{h}{mv} = \frac{h}{p} \quad (h: \text{플랑크 상수}, \ p: \text{운동량})$$

2. 물질파의 확인

(1) 데이비슨·거머 실험: 니켈 결정에 전자선을 입사시켰을 때 특정한 각을 이루는 곳에서 전

자가 가장 많이 검출되었다. 이는 전자의 물질파가 회절되어 보강 간섭한 것으로 해석할 수 있으며, 가속된 전자선의 파장이 드브로이가 제안한 물질파 파장과 일치하였다.

(2) **톰슨의 전자 회절 실험**: 전자선을 얇은 금속박에 입사시켰을 때 나타나는 전자선에 의한 회절 무늬와 X선에 의한 회절 무늬가 서로 일치하는 것을 확인하였다.

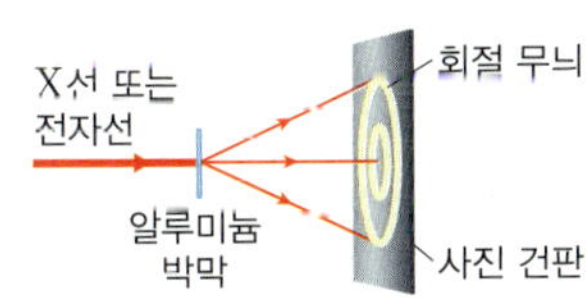
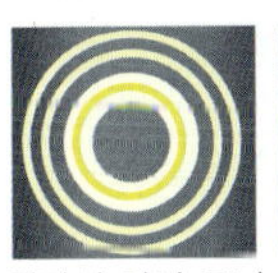

개념 ❸ 전자 현미경

1. **전자 현미경**: 전자의 파동성을 이용하여 물체를 확대시켜 볼 수 있는 현미경

   (1) **분해능**: 광학 기기에서 가까이 있는 두 점이나 선을 구별할 수 있는 능력으로, 파장이 짧을수록, 렌즈의 지름이 클수록 회절이 잘 일어나지 않아 분해능이 좋아진다.

   (2) **가속 전압과 전자의 물질파 파장**: 전자총에서 전자를 가속시키는 전압이 V일 때 전자의 운동 에너지는 $E_k = eV = \dfrac{p^2}{2m}$ 이므로 전자의 물질파 파장은 $\lambda = \dfrac{h}{p} = \dfrac{h}{\sqrt{2meV}}$ 이다.

2. **전자 현미경의 종류와 특징** ← 가시광선의 파장이 약 10^{-7} m인데 비해 전자의 물질파 파장은 약 10^{-10} m 정도이다.

투과 전자 현미경(TEM)	주사 전자 현미경(SEM)
전자선을 얇은 시료에 투과시켜 스크린에 형성된 단면상을 관찰한다.	전자선을 시료 표면에 쪼일 때 튀어 나온 전자를 검출하여 입체 영상을 관찰한다.
• SEM보다 분해능이 좋아 세포 내부를 관찰하는 데 이용 • 전자선이 잘 투과할 수 있도록 시료를 얇게 만들어야 함	• TEM보다 분해능이 낮지만 물체 표면의 3차원 구조를 볼 수 있음 • 시료 표면을 금속으로 얇게 코딩하여 전기 전도성을 좋게 해야 함

◎ 자료 분석 전하 결합 소재(CCD)의 화소에 저장된 전자의 이동

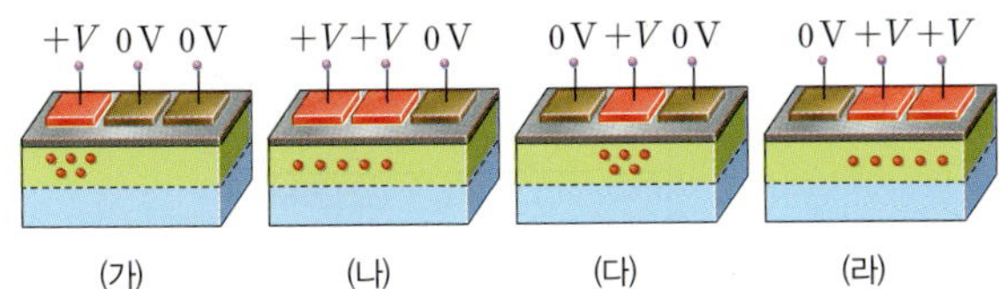

(가): $+V$의 전압이 걸린 왼쪽 전극 아래에 전자들이 쌓인다.

(나): 가운데 전극에 $+V$의 전압을 걸어 주면 두 전극에 전자들이 고루 퍼진다.

(다): 왼쪽 전극의 전압을 0으로 하면 가운데 전극 아래에 전자들이 쌓인다.

(라): 오른쪽 전극에 $+V$의 전압을 걸어 주면 두 전극에 전자들이 고루 퍼진다.

➡ 화소에 쌓인 전자들이 왼쪽에서 오른쪽으로 이동한다.

정답 및 해설 | 50쪽

429

☐ : 금속에 빛을 비출 때, 금속 표면에서 전자가 방출되는 현상이다.

430

☐ : 금속에서 광전자가 방출되기 위한 최소한의 진동수이다.

431

☐ : 금속에서 전자를 떼어 내는 데 필요한 최소한의 에너지이다.

432

광 다이오드에 비추는 빛 에너지가 ☐ 보다 클 때 광 다이오드에 전류가 흐른다.

433

전하 결합 소재(CCD)는 ☐ 신호를 전기 신호로 전환시키며, CCD의 각 화소에 생성되는 전자의 수는 빛의 세기에 ☐ 한다.

434

물질인 입자가 ☐ 성을 가질 때의 파동을 드브로이파라고 한다.

435

입자성과 파동성에 대한 설명으로 옳은 것은 ○, 옳지 <u>않은</u> 것은 ×로 표시하시오.

(1) 광전 효과는 빛의 입자성으로 설명할 수 있다. (　　　)

(2) 빛의 간섭, 회절 현상은 빛의 파동성으로 설명할 수 있다. (　　　)

(3) 빛은 하나의 물리 현상에서 입자성과 파동성이 동시에 나타난다. (　　　)

436

☐ 의 실험과 톰슨의 전자 회절 실험은 전자의 파동성을 증명하였다.

437

전자 현미경에서 전자를 가속시키는 전압이 ☐ 수록 전자의 물질파 파장은 짧다.

개념 ① 빛의 이중성

족집게 전략 광전 효과에서 빛의 진동수가 금속의 문턱(한계) 진동수보다 작으면 광전자를 방출시키지 못해. 광전자가 방출될 때 방출되는 광전자의 최대 운동 에너지는 빛의 세기에 관계없고, 빛의 진동수와 일함수에 의해서만 결정된다는 것을 알고 있어야 해.

438 단골 문제

그림은 금속판에 진동수가 f_0인 빛을 비추었을 때 금속판에서 전자가 방출되는 것을 나타낸 것이다.

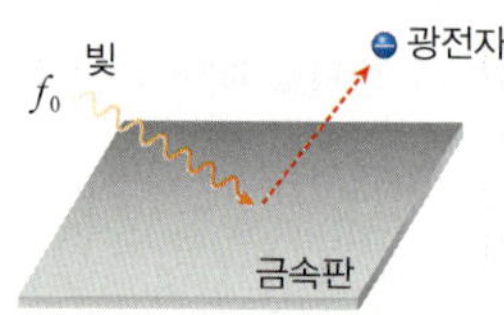

이에 대한 설명으로 옳은 것만을 〈보기〉에서 있는 대로 고른 것은?

보기
ㄱ. 빛의 입자성을 나타내는 현상이다.
ㄴ. 금속판의 문턱(한계) 진동수는 f_0보다 크다.
ㄷ. 빛의 진동수만 증가시키면 방출되는 광전자의 개수가 증가한다.

① ㄱ　　② ㄷ　　③ ㄱ, ㄴ
④ ㄴ, ㄷ　　⑤ ㄱ, ㄴ, ㄷ

추가로 나오는 선택지

❶ 광전 효과는 빛의 파동성을 나타내는 현상이다.　　(　　)
❷ 빛의 세기만 증가시키면 방출되는 광전자의 개수가 증가한다.　　(　　)

439

그림은 일함수가 각각 W_A, W_B인 금속 A, B에 각각 10 eV인 빛을 비추었을 때 방출된 전자의 운동 에너지와 개수를 나타낸 것이다.

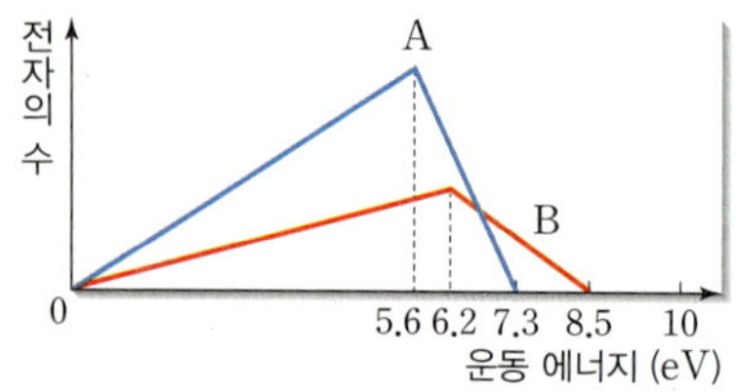

$W_A - W_B$는?

① 0.6 eV　　② 0.9 eV　　③ 1.2 eV
④ 1.5 eV　　⑤ 1.8 eV

440

그림은 금속판에 빛을 비추는 것을 나타낸 것이고, 표는 빛의 종류에 따라 광전자의 방출 여부를 나타낸 것이다.

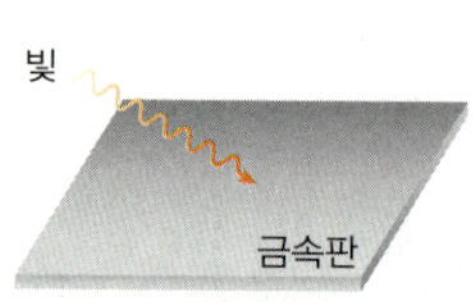

빛	진동수	방출 여부
A	f_1	○
B	$2f_1$	㉠
C	f_2	×

(○: 방출됨, ×: 방출되지 않음)

이에 대한 설명으로 옳은 것만을 〈보기〉에서 있는 대로 고른 것은?

보기
ㄱ. 금속의 문턱(한계) 진동수는 f_1보다 작다.
ㄴ. ㉠은 '×'이다.
ㄷ. C의 빛의 세기만 증가시키면 광전자가 방출된다.

① ㄱ　　② ㄴ　　③ ㄷ
④ ㄱ, ㄴ　　⑤ ㄱ, ㄷ

441 중요

그림은 금속 A를 이용한 광전 효과 실험에서 진동수에 따른 광전자의 최대 운동 에너지를 나타낸 것이다.

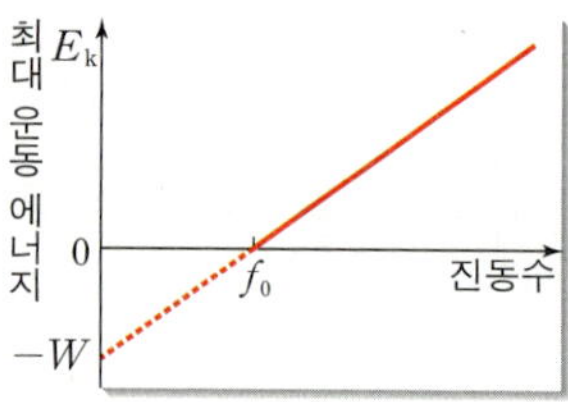

이에 대한 설명으로 옳은 것만을 〈보기〉에서 있는 대로 고른 것은?

보기
ㄱ. 그래프에서 직선의 기울기는 금속의 일함수이다.
ㄴ. A의 문턱(한계) 진동수는 f_0이다.
ㄷ. A만 다른 금속으로 바꾸어 실험하면 W값은 변한다.

① ㄱ　　② ㄴ　　③ ㄱ, ㄷ
④ ㄴ, ㄷ　　⑤ ㄱ, ㄴ, ㄷ

442

그림은 광전 효과 실험에서 금속 A, B에 비추어 준 빛의 진동수(f)와 방출되는 광전자의 최대 운동 에너지(E_k)를 나타낸 것이다. 진동수가 f_3인 빛을 금속 A, B에 각각 비추었더니 금속 A에서만 광전자가 방출된다.

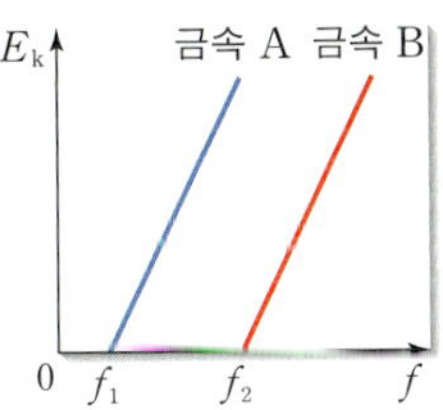

이에 대한 설명으로 옳은 것만을 〈보기〉에서 있는 대로 고른 것은?

보기

ㄱ. $f_1 < f_3 < f_2$이다.
ㄴ. A, B의 일함수의 비는 $f_1 : f_2$이다.
ㄷ. 같은 진동수의 빛을 두 금속에 각각 비추어 줄 때 A, B에서 방출되는 광전자의 최대 운동 에너지의 비는 $f_1 : f_2$이다.

① ㄱ   ② ㄷ   ③ ㄱ, ㄴ
④ ㄴ, ㄷ   ⑤ ㄱ, ㄴ, ㄷ

443

그림은 p−n 접합 다이오드를 이용한 태양 전지를 나타낸 것이다.

이에 대한 설명으로 옳은 것만을 〈보기〉에서 있는 대로 고른 것은?

보기

ㄱ. 광전 효과를 이용한다.
ㄴ. 빛에너지를 전기 에너지로 전환시킨다.
ㄷ. 직류 전류가 흐른다.

① ㄱ   ② ㄷ   ③ ㄱ, ㄴ
④ ㄴ, ㄷ   ⑤ ㄱ, ㄴ, ㄷ

444

그림은 금속 표면에 빛을 비출 때 광전자가 방출되는 모습을 나타낸 것이다.

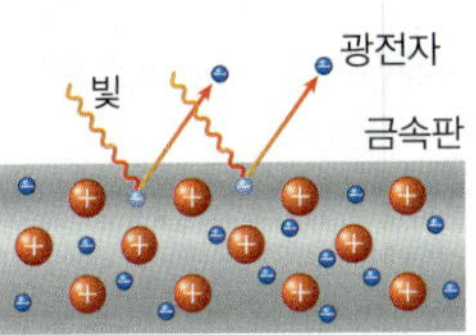

이와 같은 원리가 적용되는 것은?

① 발전기   ② 교통카드   ③ 마이크
④ 금속 탐지기   ⑤ 전하 결합 소자(CCD)

445 서술형

그림은 디지털 카메라에서 사용하는 CCD(전하 결합 소자)의 구조를 나타낸 것이다.

색상 필터와 광센서의 역할을 각각 서술하시오.

446 서술형

다음은 광전 효과에 대한 아인슈타인의 설명이다.

금속 표면에 진동수가 f인 빛을 비추면 광자의 에너지가 금속 내에 있는 전자에 전달되어 전자는 이 에너지를 얻게 된다. 이 에너지를 얻은 전자가 ⑦ 전하와의 전기력을 이기고 금속 표면 밖으로 나오려면 에너지 중 일부가 금속의 일함수(W)로 사용되어야 한다.

⑦에 들어갈 내용과 금속 표면 밖으로 튀어나온 광전자의 최대 에너지를 서술하시오.

족집게 전략) 빛이 입자성과 파동성을 모두 가지는 것처럼 물질도 빛과 마찬가지로 입자성과 파동성을 모두 가진다. 물질인 입자가 파동성을 가질 때의 파동을 물질파(드브로이파)라고 하고. 물질파의 파장은 운동량에 반비례한다는 것을 알고 있어야 해.

447 단골 문제

그림은 전자총에서 나온 전자가 단일 슬릿과 이중 슬릿을 통과한 후 스크린에 도달하여 무늬를 형성한 것을 나타낸 것이다.

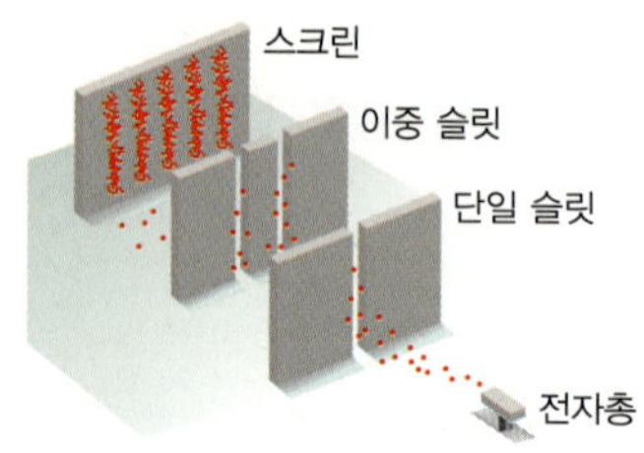

이에 대한 설명으로 옳은 것만을 〈보기〉에서 있는 대로 고른 것은?

보기

ㄱ. 전자가 파동의 성질을 가진다는 것을 알 수 있다.
ㄴ. 전자의 물질파 파장은 전자의 속력에 반비례한다.
ㄷ. 전자의 속력만 변화시키면 무늬 사이 간격이 변한다.

① ㄱ　　　　　② ㄴ　　　　　③ ㄱ, ㄷ
④ ㄴ, ㄷ　　　　⑤ ㄱ, ㄴ, ㄷ

추가로 나오는 선택지

❶ 전자의 물질파 파장은 전자의 운동량에 반비례한다. (　　)
❷ 스크린의 무늬는 전자의 간섭으로 나타낸 것이다. (　　)

448 중요

그림은 두 입자 A, B의 물질파 파장과 질량을 나타낸 것이다.

입자	파장	질량
A	λ_0	$2m_0$
B	$4\lambda_0$	$3m_0$

A, B의 속력을 각각 v_A, v_B라 할 때, $v_A : v_B$는?

① 1 : 3　　　　② 1 : 6　　　　③ 2 : 1
④ 3 : 1　　　　⑤ 6 : 1

449 중요

그림 (가)는 니켈 결정에 전자선을 입사시킨 후 입사한 전자선과 튀어나온 전자를 검출하는 실험 장치를 나타낸 것이고, (나)는 전자선 검출 장치의 각도에 따라 튀어나온 전자의 수를 나타낸 것이다.

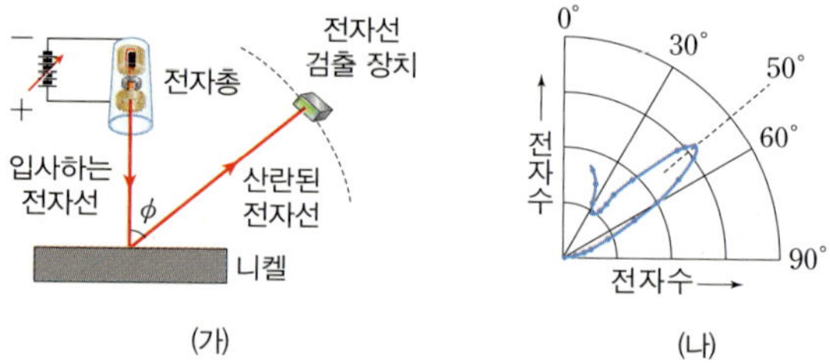

이에 대한 설명으로 옳은 것만을 〈보기〉에서 있는 대로 고른 것은?

보기

ㄱ. 데이비슨 · 거머 실험이다.
ㄴ. 전자의 입자성을 검증하였다.
ㄷ. 전자총에서 나온 전자의 속도가 빠를수록 실험의 결과가 잘 나타난다.

① ㄱ　　　　　② ㄴ　　　　　③ ㄷ
④ ㄱ, ㄴ　　　　⑤ ㄱ, ㄷ

450

다음은 빛과 물질의 이중성과 관련된 현상이다.

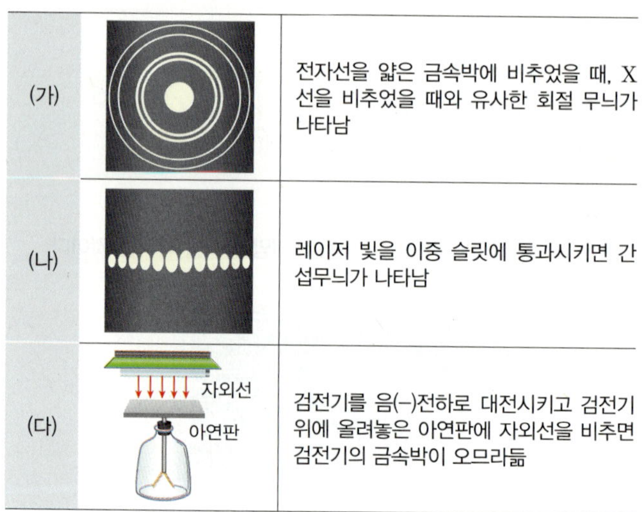

(가)	전자선을 얇은 금속박에 비추었을 때, X선을 비추었을 때와 유사한 회절 무늬가 나타남
(나)	레이저 빛을 이중 슬릿에 통과시키면 간섭무늬가 나타남
(다)	검전기를 음(−)전하로 대전시키고 검전기 위에 올려놓은 아연판에 자외선을 비추면 검전기의 금속박이 오므라듦

각 현상과 관계있는 빛과 물질의 성질을 옳게 짝 지어진 것은?

	(가)	(나)	(다)
①	물질의 파동성	빛의 파동성	빛의 파동성
②	물질의 파동성	빛의 파동성	빛의 입자성
③	물질의 파동성	빛의 입자성	빛의 입자성
④	물질의 입자성	빛의 입자성	빛의 파동성
⑤	물질의 입자성	빛의 파동성	빛의 입자성

개념 ❸ 전자 현미경

족집게 전략 전자 현미경 중에서 투과 전자 현미경은 전자선이 얇은 시료를 투과하며 평면 영상을 관찰할 수 있고, 주사 전자 현미경은 투과 전자 현미경보다 배율은 낮지만 표면의 3차원적인 구조를 볼 수 있다는 장점을 알고 있어야 해.

451 단골 문제

그림은 전자 현미경 X의 구조를 나타낸 것이다.
이에 대한 설명으로 옳은 것만을 〈보기〉에서 있는 대로 고른 것은?

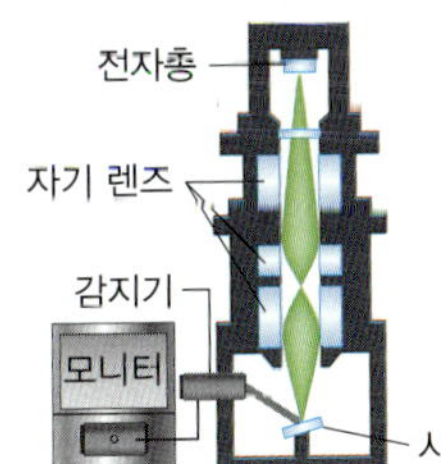

보기

ㄱ. X는 주사 전자 현미경이다.
ㄴ. 전자총의 전자의 속도가 빠를수록 분해능이 좋다.
ㄷ. 시료 표면의 입체적인 영상을 관찰할 수 있다.

① ㄱ   ② ㄴ   ③ ㄱ, ㄷ
④ ㄴ, ㄷ   ⑤ ㄱ, ㄴ, ㄷ

추가로 나오는 선택지

❶ 시료 표면을 금속으로 얇게 코팅하여 전기 전도성을 좋게 한다. (　　)

❷ 전자의 물질파 파장은 전자의 운동량에 반비례한다. (　　)

452

다음은 전자 현미경의 원리를 설명한 것이다.

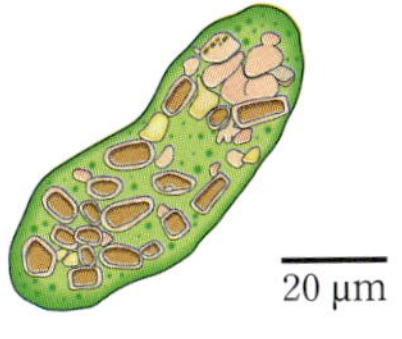

전자 현미경은 광학 현미경보다 분해능이 좋아서 광학 현미경으로는 구분할 수 없는 훨씬 작은 입자도 관찰할 수 있다. 이는 전자의 속력을 ⓐ 하면, 전자의 물질파 파장이 ⓑ 져서 ⓒ 이 잘 안 되기 때문이다.

20 μm

ⓐ~ⓒ에 들어갈 내용으로 옳은 것은?

	ⓐ	ⓑ	ⓒ		ⓐ	ⓑ	ⓒ
①	빠르게	길어	회절	②	빠르게	짧아	회절
③	빠르게	짧아	굴절	④	느리게	길어	회절
⑤	느리게	짧아	굴절				

453

그림은 현미경에 대하여 학생 A, B, C가 대화하는 모습을 나타낸 것이다.

제시한 내용이 옳은 학생만을 있는 대로 고른 것은?

① A   ② C   ③ A, B
④ B, C   ⑤ A, B, C

454 서술형

그림 (가)는 금속박에 파장이 λ인 X선 또는 질량이 m인 전자를 입사시킬 때 형광판에 회절 무늬가 나타나는 실험을 모식적으로 나타낸 것이다. 그림 (나)는 형광판에 나타난 회절 무늬를 나타낸 것으로 두 무늬 사이 간격은 같다.

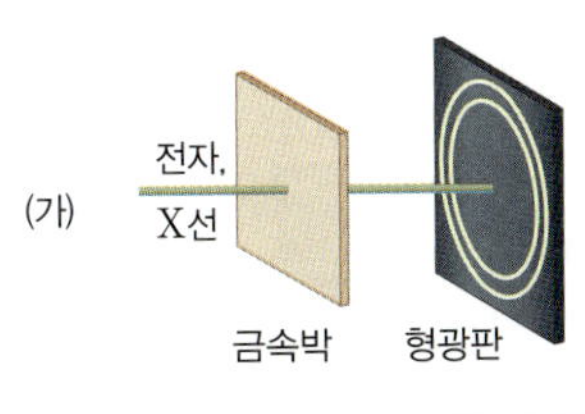

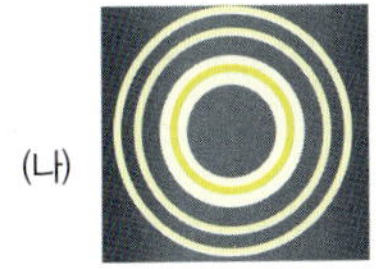

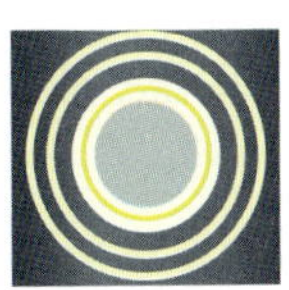

(나)와 같은 무늬를 얻기 위해 입사시켜야 하는 전자의 운동 에너지를 파장과 질량을 이용하여 나타내며, X선과 전자의 물질파 파장을 비교하시오. (단, h는 플랑크 상수이다.)

455

그림은 금속판에 빛을 비추었을 때 전구가 켜지지 않는 것을 보고 학생 A, B, C가 대화하는 모습을 나타낸 것이다.

제시한 내용이 옳은 학생만을 있는 대로 고른 것은?

① A　　　　② C　　　　③ A, B
④ B, C　　　⑤ A, B, C

456 고난도

그림은 문턱 진동수가 f_0이고 대전되지 않은 동일한 금속판 A, B에 진동수가 f_1, f_2인 빛을 금속판에 각각 비추었더니, A, B 중 한 금속판에서만 광전자가 방출이 되며 금속판을 연결한 도선에 화살표 방향으로 전류가 흐르는 것을 나타낸 것이다.

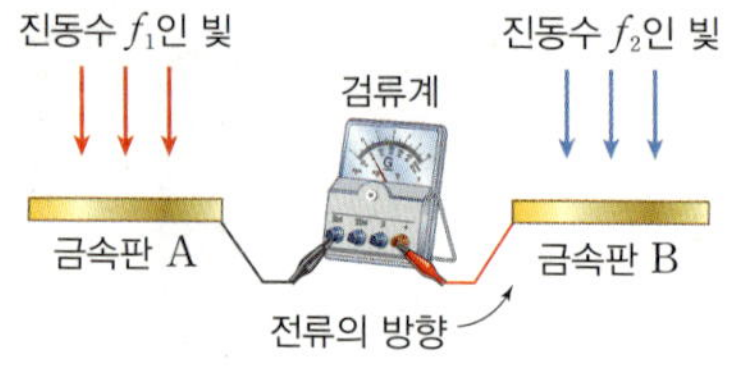

이에 대한 설명으로 옳은 것만을 〈보기〉에서 있는 대로 고른 것은?

보기
ㄱ. 광전자가 방출되는 금속판은 A이다.
ㄴ. 진동수는 $f_1 > f_0 > f_2$이다.
ㄷ. 진동수가 f_2인 빛의 세기만 증가시키면 전류의 세기는 감소한다.

① ㄱ　　　　② ㄴ　　　　③ ㄷ
④ ㄱ, ㄴ　　⑤ ㄱ, ㄴ, ㄷ

457

다음은 광전 효과 실험 결과의 일부를 정리한 것이다.

(가) 광전자가 방출되기 위해서는 비추는 빛의 진동수가 금속의 ⟨ ㉠ ⟩보다 커야 한다.
(나) 방출되는 광전자의 최대 운동 에너지는 진동수와 ⟨ ㉡ ⟩에만 관계된다.
(다) 방출되는 광전자의 수(광전류)는 빛의 세기에 ⟨ ㉢ ⟩한다.

이에 대한 설명으로 옳은 것만을 〈보기〉에서 있는 대로 고른 것은?

보기
ㄱ. ㉠은 '문턱 진동수'가 적절하다.
ㄴ. ㉡은 금속의 종류에 관계없이 일정하다.
ㄷ. ㉢는 '비례'가 적절하다.

① ㄱ　　　　② ㄷ　　　　③ ㄱ, ㄴ
④ ㄱ, ㄷ　　⑤ ㄴ, ㄷ

458

그림 (가)는 음($-$)전하로 대전된 검전기의 금속판에 빛을 쪼였을 때 금속박이 오므라드는 것을, (나)는 p$-$n 접합 다이오드로 만든 태양 전지에 빛을 비추었을 때 전류가 흐르는 것을 나타낸 것이다.

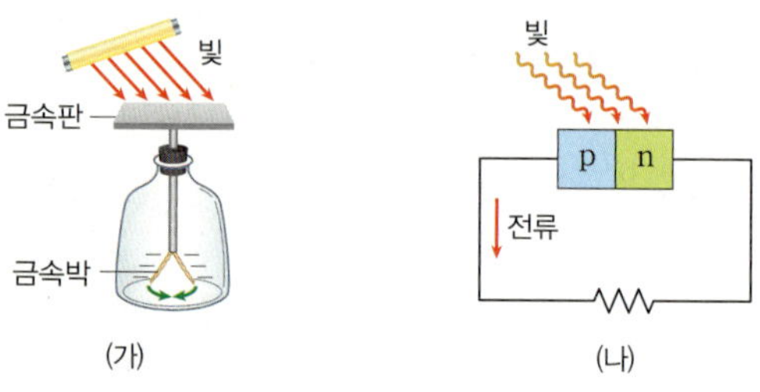

이에 대한 설명으로 옳은 것만을 〈보기〉에서 있는 대로 고른 것은?

보기
ㄱ. (가)의 금속판에서 전자가 튀어나온다.
ㄴ. (나)에서 빛의 에너지는 전도띠와 원자가 띠 사이의 띠 간격보다 작다.
ㄷ. (가)와 (나)는 빛의 파동성을 나타내는 현상이다.

① ㄱ　　　　② ㄴ　　　　③ ㄷ
④ ㄱ, ㄴ　　⑤ ㄱ, ㄴ, ㄷ

459

그림 (가)~(라)는 전하 결합 소자(CCD)의 화소에 생성된 전자를 전하량 측정 장치로 이동시키는 과정을 순서 없이 나타낸 것이다.

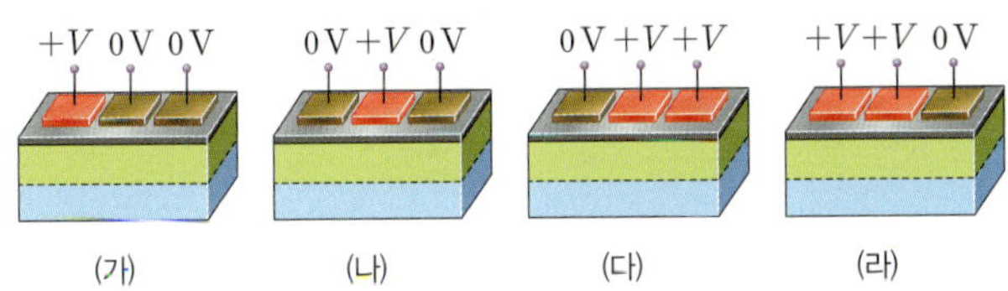

(가) 상태에서 전자가 왼쪽에서 오른쪽으로 이동할 때, (나)~(라)를 순서대로 나열한 것은?

① (나)−(다)−(라)
② (나)−(라)−(다)
③ (다)−(나)−(라)
④ (라)−(나)−(다)
⑤ (라)−(다)−(나)

460 고난도

그림은 전자가 전기력을 받아 화살표 방향으로 등가속도 직선 운동하는 것을 나타낸 것이다. 전자가 점 A, B를 통과하는 순간 전자의 드브로이 파장은 각각 λ_0, $9\lambda_0$이다.

A, B에서 전자의 운동 에너지를 각각 E_A, E_B라고 할 때, $\dfrac{E_A}{E_B}$는?

① 3 ② 9 ③ 27 ④ 63 ⑤ 81

461

그림 (가)와 (나)는 인접한 두 광원에서 나온 빛을 광학 기기를 통해 관찰한 것을 나타낸 것이다. 광원에서 방출하는 빛은 빨간색 빛과 파란색 빛 중 하나이다.

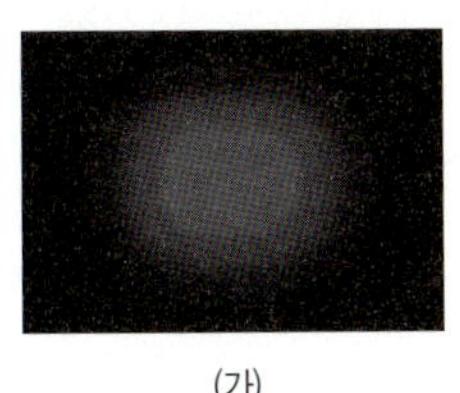 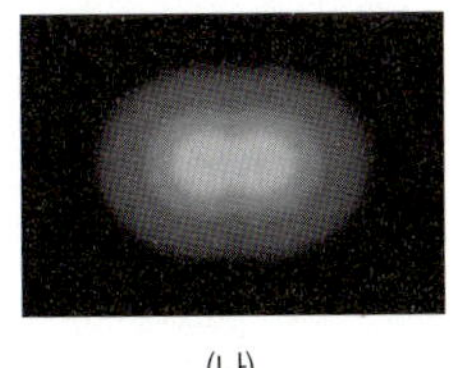

이에 대한 설명으로 옳은 것만을 〈보기〉에서 있는 대로 고른 것은?

보기
ㄱ. 광원에서 나온 빛은 광학 기기에 의해 회절 무늬를 만든다.
ㄴ. (가)의 광원에서는 빨간색 빛을 방출된다.
ㄷ. 분해능은 (나)에서가 (가)에서보다 좋다.

① ㄱ ② ㄷ ③ ㄱ, ㄴ
④ ㄴ, ㄷ ⑤ ㄱ, ㄴ, ㄷ

462

다음은 광학 현미경과 전자 현미경을 비교한 설명이다.

광학 현미경은 가시광선을 이용하지만, 전자 현미경은 전자선을 이용한다. 전자의 물질파 파장은 가시광선의 파장보다 ㉠ 분해능이 ㉡. 전자의 ㉢을 이용한 전자 현미경의 배율은 매우 크므로 광학 현미경으로 볼 수 없는 수백만 배의 배율까지 관찰할 수 있다.

㉠~㉢에 들어갈 내용으로 옳은 것은?

	㉠	㉡	㉢		㉠	㉡	㉢
①	짧아	좋다	입자성	②	짧아	나쁘다	입자성
③	짧아	좋다	파동성	④	길어	나쁘다	파동성
⑤	길어	좋다	파동성				

463

다음은 광학 기기 A, B에 대한 설명이다.

A: 가속된 전자선을 시료의 표면에 차례대로 주사한 다음 시료 표면에서 발생하는 전자를 검출하여 물체 표면의 입체 영상을 관찰한다.
B: 시료를 투과한 전자선에 의한 물체의 상을 대물 렌즈와 투사 렌즈로 확대하여 필름이나 형광면에 투사시켜 평면 영상을 관찰한다.

이에 대한 설명으로 옳은 것만을 〈보기〉에서 있는 대로 고른 것은?

보기
ㄱ. A는 주사 전자 현미경이다.
ㄴ. B는 3차원 영상을 얻을 수 있다.
ㄷ. 최고 배율은 A가 B보다 높다.

① ㄱ ② ㄴ ③ ㄱ, ㄷ
④ ㄴ, ㄷ ⑤ ㄱ, ㄴ, ㄷ

memo

BON. N제
본

물리학 I 607Q

시험 대비 워크북

이투스북

BON. N제

BON. N제

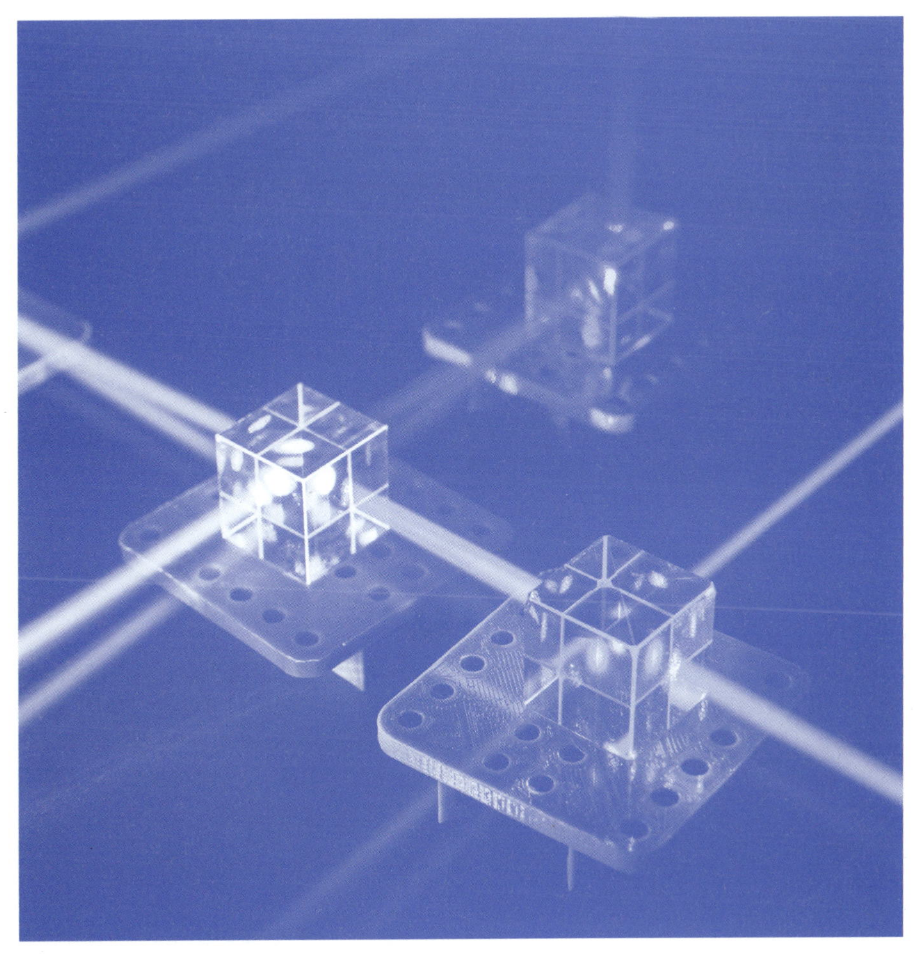

시험 대비 워크북

01. 물체의 운동

464

그림은 장난감 자동차가 정사각형의 한 꼭지점 A에서 출발하여 다른 꼭지점 B, C, D로 이동하는 것을 나타낸 것이다. 정사각형의 한 변의 길이는 6 m이고 0초일 때 A를 출발한 자동차가 B, C, D를 통과한 시각은 각각 10초, 30초, 50초이다.

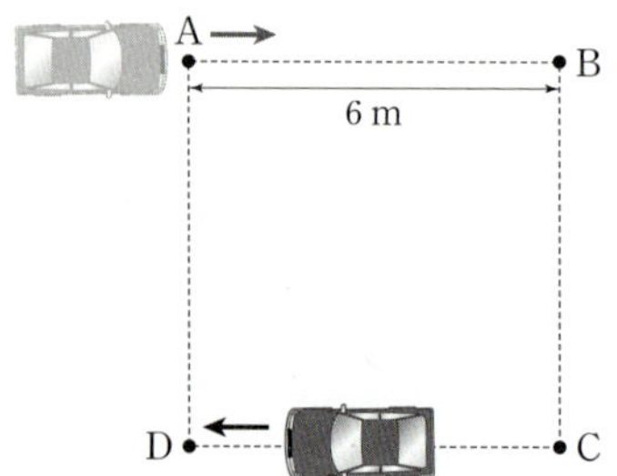

이에 대한 설명으로 옳은 것만을 〈보기〉에서 있는 대로 고른 것은? (단, 자동차의 크기는 무시한다.)

보기

ㄱ. A에서 D까지 평균 속력은 0.36 m/s이다.
ㄴ. 변위의 크기가 최대인 순간은 C를 통과할 때이다.
ㄷ. A에서 B까지 평균 속도의 크기는 B에서 C까지 평균 속도의 크기보다 크다.

① ㄱ   ② ㄷ   ③ ㄱ, ㄴ
④ ㄴ, ㄷ   ⑤ ㄱ, ㄴ, ㄷ

465

그림은 빗면에 가만히 놓은 공의 위치를 0.1초 간격으로 나타낸 것이다.

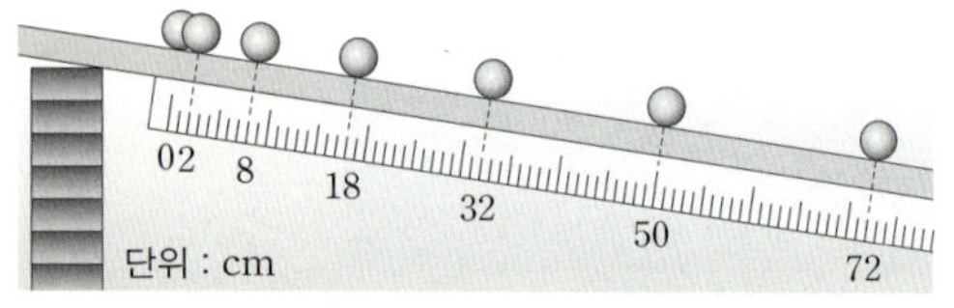

이에 대한 설명으로 옳은 것만을 〈보기〉에서 있는 대로 고른 것은? (단, 공의 크기는 무시한다.)

보기

ㄱ. 가속도의 크기는 4 m/s²이다.
ㄴ. 0.5초일 때 속력은 1.8 m/s이다.
ㄷ. 0초부터 1초까지 이동 거리는 2 m이다.

① ㄱ   ② ㄴ   ③ ㄱ, ㄷ
④ ㄴ, ㄷ   ⑤ ㄱ, ㄴ, ㄷ

466

그림은 0초일 때 정지해 있던 물체의 가속도를 시간에 따라 나타낸 것이다.

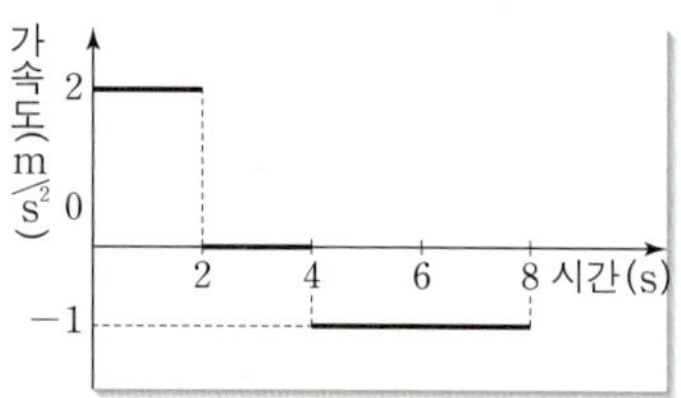

이에 대한 설명으로 옳은 것만을 〈보기〉에서 있는 대로 고른 것은?

보기

ㄱ. 순간 속력은 2초일 때가 6초일 때의 2배이다.
ㄴ. 0초부터 8초까지 변위의 크기는 0이다.
ㄷ. 6초일 때 운동 방향과 가속도 방향은 같다.

① ㄱ   ② ㄷ   ③ ㄱ, ㄴ
④ ㄱ, ㄷ   ⑤ ㄴ, ㄷ

467

그림은 마찰이 없는 수평면에서 물체가 점 P에서 점 Q까지는 크기가 a_1인 가속도로, Q에서 점 R까지는 크기가 a_2인 가속도로 각각 등가속도 직선 운동하는 모습을 나타낸 것이다. P에서 Q, Q에서 R 사이의 거리는 서로 같고, P, Q, R에서 물체의 속력은 각각 v, $2v$, $4v$이다.

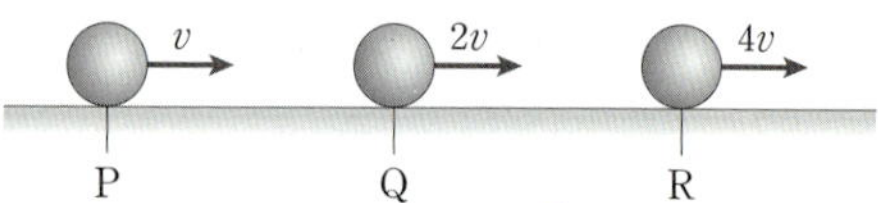

이에 대한 설명으로 옳은 것만을 〈보기〉에서 있는 대로 고른 것은? (단, 물체의 크기는 무시한다.)

보기

ㄱ. QR 사이의 평균 속력은 PQ 사이의 평균 속력의 2배이다.
ㄴ. $a_2 = 4a_1$이다.
ㄷ. P에서 R까지 이동하는 데 걸린 시간은 Q에서 R까지 이동하는 데 걸린 시간의 3배이다.

① ㄱ   ② ㄴ   ③ ㄱ, ㄷ
④ ㄴ, ㄷ   ⑤ ㄱ, ㄴ, ㄷ

468

그림 (가)는 나란한 직선 도로에서 자동차 A, B가 0초일 때 각각 $x=0$인 지점과 $x=2L$인 지점을 서로 반대 방향으로 통과하는 모습을, (나)는 A, B의 속력을 시간에 따라 나타낸 것이다. t_0일 때 A는 $x=L$인 지점을 통과한다.

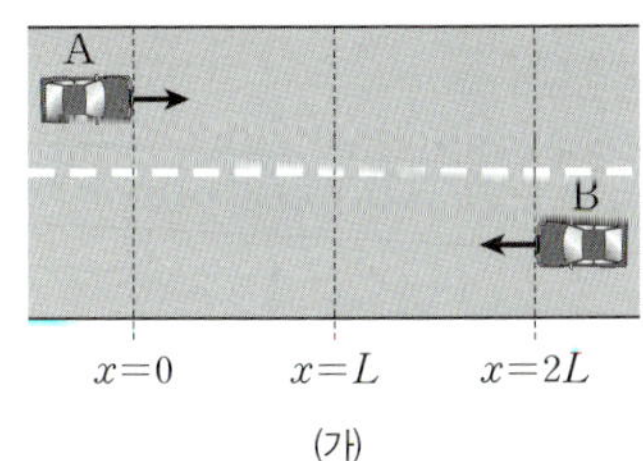
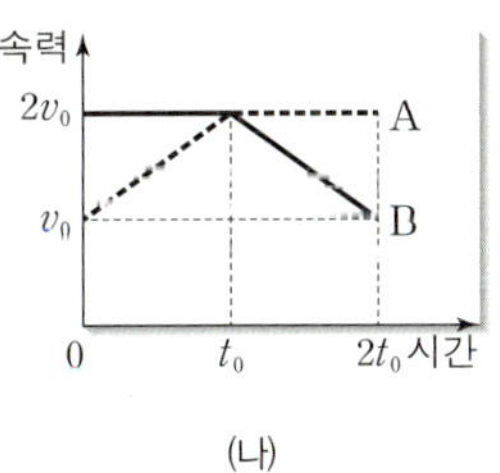

t_0일 때 B의 위치 x_1과 A가 $x=2L$인 지점을 통과할 때 B의 위치 x_2로 옳은 것은?

	x_1	x_2		x_1	x
①	$\dfrac{2}{3}L$	0	②	$\dfrac{2}{3}L$	$-\dfrac{2}{3}L$
③	$\dfrac{2}{3}L$	$-\dfrac{7}{48}L$	④	$\dfrac{4}{3}L$	0
⑤	$\dfrac{4}{3}L$	$-\dfrac{7}{48}L$			

469

그림은 실로 천장에 매달려 단진동하는 추의 위치를 같은 시간 간격으로 나타낸 것이다.

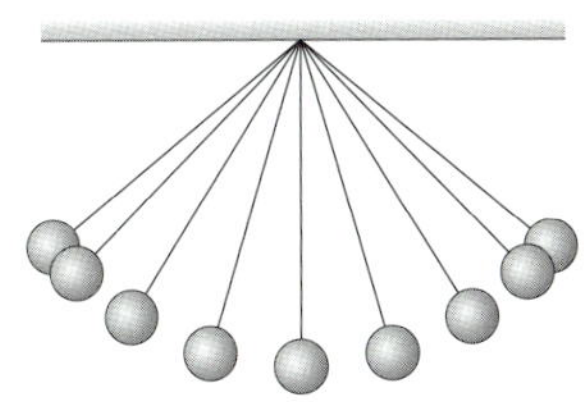

추가 운동하는 동안 계속 변하는 물리량만을 〈보기〉에서 있는 대로 고른 것은?

① ㄱ
② ㄴ, ㄹ
③ ㄱ, ㄴ, ㄹ
④ ㄴ, ㄷ, ㄹ
⑤ ㄱ, ㄴ, ㄷ, ㄹ

470

그림은 수평인 원판 위에서 철수와 영희가 원운동 하는 모습을 나타낸 것이다. 원점 O와 철수, 영희는 같은 직선 위에 있다.

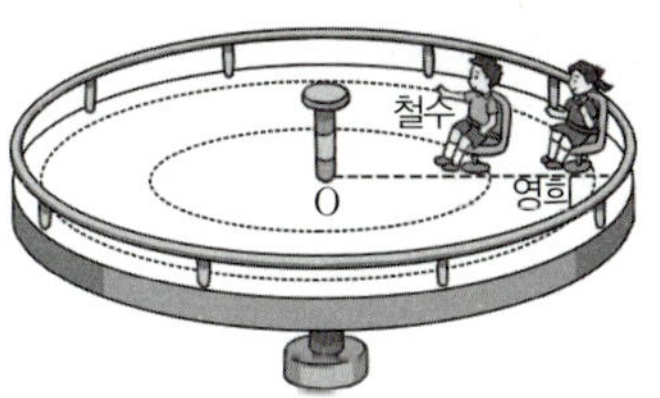

이에 대한 설명으로 옳은 것만을 〈보기〉에서 있는 대로 고른 것은? (단, 철수와 영희의 크기는 무시한다.)

보기

ㄱ. 이 순간 철수의 속도와 가속도의 방향은 같다.
ㄴ. 이 순간 철수와 영희의 가속도의 방향은 서로 같다.
ㄷ. 반 바퀴 회전하였을 때 철수와 영희의 속도의 변화량은 같다.

① ㄱ
② ㄴ
③ ㄱ, ㄷ
④ ㄴ, ㄷ
⑤ ㄱ, ㄴ, ㄷ

471

그림은 발로 찬 축구공의 운동 경로를 나타낸 것이다. 경로상의 점 A, C의 높이는 같고, B는 최고점이다.

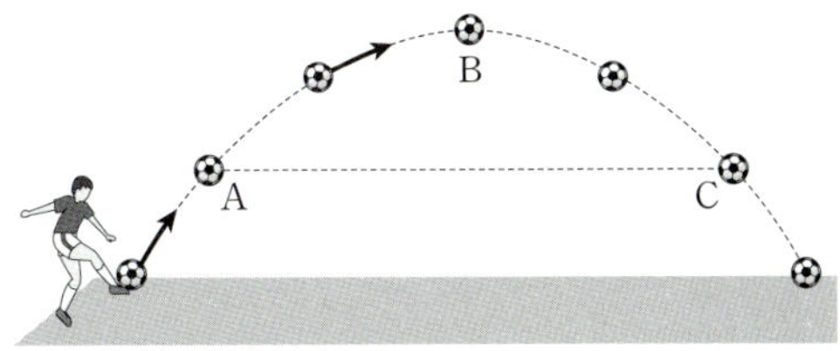

이에 대한 설명으로 옳은 것만을 〈보기〉에서 있는 대로 고른 것은? (단, 공의 크기와 공기 저항은 무시한다.)

보기

ㄱ. 변위의 크기는 A에서 C까지가 A에서 B까지의 2배이다.
ㄴ. B에서 가속도 방향은 수평 방향이다.
ㄷ. A에서 B까지와 B에서 C까지 속도 변화량의 방향은 같다.

① ㄱ
② ㄴ
③ ㄷ
④ ㄱ, ㄴ
⑤ ㄴ, ㄷ

472

그림은 마찰이 없는 수평면에서 자석이 쇠구슬에 작용하는 힘 F를 화살표로 나타낸 것이다. 자석과 쇠구슬의 질량은 각각 $0.1\,\text{kg}$, $0.2\,\text{kg}$이고 쇠구슬의 가속도의 크기는 $1\,\text{m/s}^2$이다.

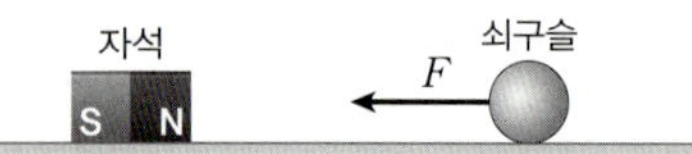

이에 대한 설명으로 옳지 <u>않은</u> 것은? (단, 물체의 크기는 무시한다.)

① F의 크기는 $0.2\,\text{N}$이다.
② 자석의 가속도의 크기는 $2\,\text{m/s}^2$이다.
③ 쇠구슬이 자석에 작용하는 힘의 크기는 F의 크기와 같다.
④ 쇠구슬이 자석에 작용하는 힘의 방향은 F의 방향과 반대이다.
⑤ 자석이 쇠구슬에 작용하는 힘과 쇠구슬이 자석에 작용하는 힘의 작용점은 같다.

473

힘에 대한 설명으로 옳은 것은?

① 두 물체 사이의 상호 작용이다.
② 물체의 운동 상태를 일정하게 유지시킨다.
③ 두 물체가 서로에게 작용하는 힘의 크기는 질량이 큰 물체가 더 크다.
④ 정지한 물체에 힘이 작용하면 물체는 계속 정지한 상태를 유지한다.
⑤ 질량이 $1\,\text{kg}$인 물체의 속력이 $1\,\text{m/s}$일 때 작용하는 힘의 크기는 1N이다.

474

그림과 같이 질량이 각각 $1\,\text{kg}$인 물체 A, B를 실 p, q로 연결하고 전동기로 당겼더니 A가 $1\,\text{m/s}^2$의 가속도로 위 방향으로 운동하였다.
실 p, q가 A를 당기는 힘의 크기를 각각 T_1, T_2라고 할 때 $T_1 : T_2$는? (단, 중력 가속도는 $10\,\text{m/s}^2$이고, 모든 마찰과 실의 질량은 무시한다.)

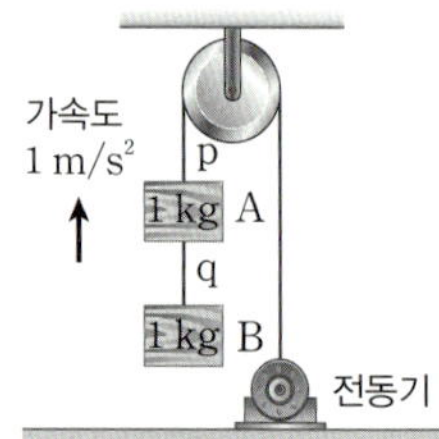

① $1 : 1$
② $1 : 2$
③ $2 : 1$
④ $2 : 3$
⑤ $3 : 2$

475

그림과 같이 물체 A, B, C가 실로 연결되어 등가속도 운동한다. A, B, C의 질량은 각각 m, $4m$, $2m$이다.

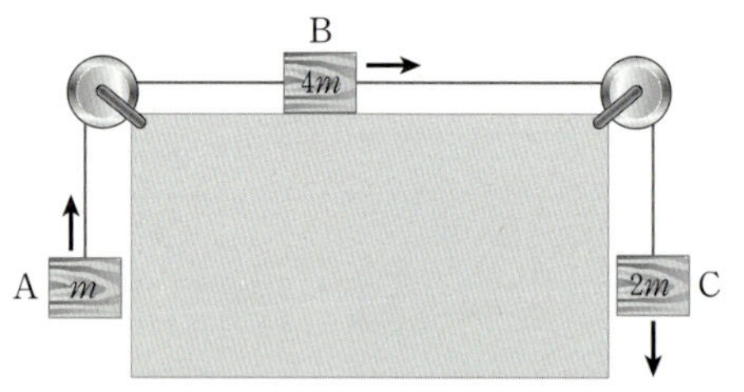

A, B, C의 위치를 바꾸며 측정한 A의 가속도의 최댓값을 a_1, 최솟값을 a_2라고 할 때 $\dfrac{a_1}{a_2}$는? (단, 모든 마찰과 실의 질량은 무시한다.)

① 2
② 3
③ 4
④ 5
⑤ 7

476

그림은 마찰이 없는 수평면에서 물이 가득 들어 있는 용기 A, B 사이에 용수철이 압축되어 있는 것을 나타낸 것이다. A에는 쇠구슬이 실로 천장에 매달려 있고, B에는 코르크 마개가 실로 바닥에 매여 있다. 실 P를 잘랐을 때 용수철이 늘어나는 동안 가속도의 크기는 A가 B보다 작다.

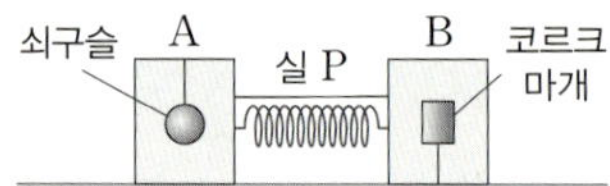

이에 대한 설명으로 옳은 것만을 〈보기〉에서 있는 대로 고른 것은?

> **보기**
>
> ㄱ. 질량은 A가 B보다 크다.
> ㄴ. 용수철이 늘어나는 동안 추가 기울어지는 것은 쇠구슬의 관성 때문이다.
> ㄷ. 코르크 마개는 오른쪽으로 기울어진다.

① ㄱ
② ㄷ
③ ㄱ, ㄴ
④ ㄴ, ㄷ
⑤ ㄱ, ㄴ, ㄷ

477

그림과 같이 수평인 실험대 위의 질량이 M인 물체에 실로 질량이 m인 추를 연결하였더니 물체가 가속도의 크기가 a인 등가속도 운동을 하였다.

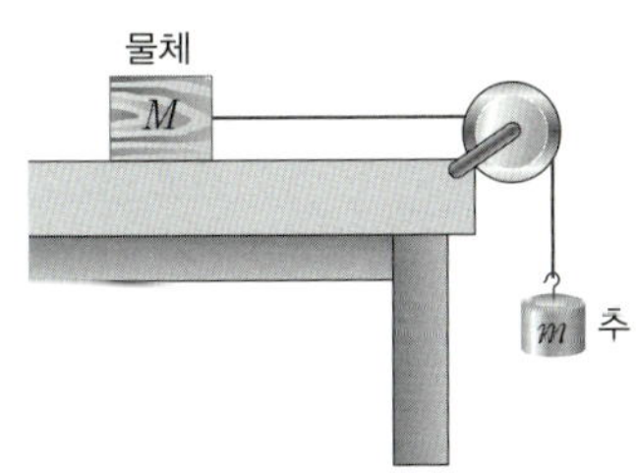

이에 대한 설명으로 옳은 것만을 〈보기〉에서 있는 대로 고른 것은? (단, 중력 가속도는 g이고, 모든 마찰과 실의 질량은 무시한다.)

<보기>

ㄱ. 추에 작용하는 알짜힘의 크기는 $mg-Ma$이다.

ㄴ. $a=\dfrac{M}{M+m}g$이다.

ㄷ. 물체의 질량만 $2M$이 되면 가속도의 크기는 $\dfrac{1}{2}$배가 된다.

① ㄱ　　　　② ㄷ　　　　③ ㄱ, ㄴ
④ ㄱ, ㄷ　　　⑤ ㄴ, ㄷ

478

그림 (가)는 수평면에 질량이 m인 물체 B를 놓고 실 p로 물체 A를 연결한 모습을, (나)는 (가)에서 A와 B의 위치를 바꾸어 크기가 F인 힘을 A에 작용하는 모습을 나타낸 것이다. (가)에서 B와 (나)에서 A의 가속도의 크기는 $\dfrac{1}{3}g$로 같고 방향은 서로 반대 방향이다.

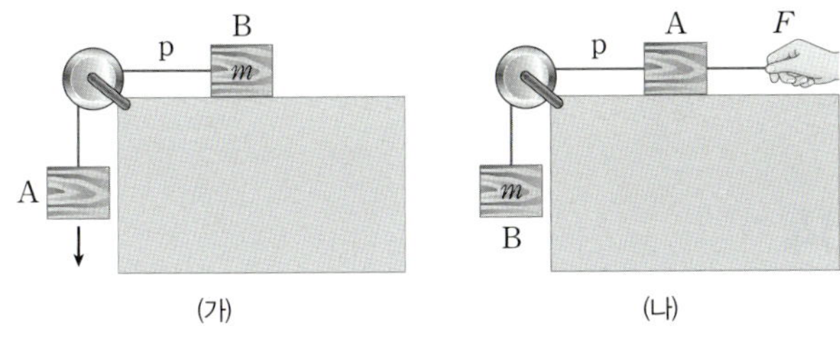

이에 대한 설명으로 옳은 것만을 〈보기〉에서 있는 대로 고른 것은? (단, 중력 가속도는 g이고, 모든 마찰과 실의 질량은 무시한다.)

<보기>

ㄱ. A의 질량은 $2m$이다.

ㄴ. F는 $\dfrac{3}{2}mg$이다.

ㄷ. p가 A에 작용하는 힘의 크기는 (가)와 (나)에서 같다.

① ㄴ　　　　② ㄷ　　　　③ ㄱ, ㄴ
④ ㄱ, ㄷ　　　⑤ ㄱ, ㄴ, ㄷ

479

그림 (가)는 수평면에 물체 A 또는 B를 놓고 실로 추를 연결한 모습을, (나)는 추의 속력을 시간에 따라 나타낸 것이다.

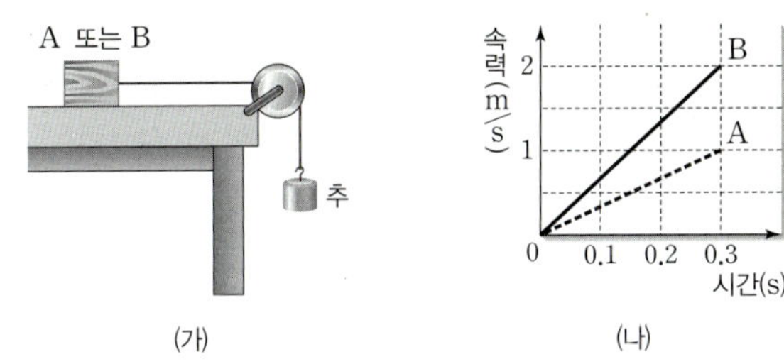

A, B의 질량을 각각 m_A, m_B라고 할 때 $\dfrac{m_A}{m_B}$는? (단, 중력 가속도는 $10\,\mathrm{m/s^2}$이고, 모든 마찰과 실의 질량은 무시한다.)

① 0.5　　　　② 1　　　　③ 2
④ 3　　　　　⑤ 4

480

그림과 같이 수평한 바닥에 동일한 나무도막 A, B, C를 쌓았다.

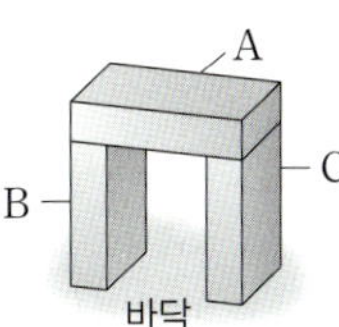

이에 대한 설명으로 옳은 것만을 〈보기〉에서 있는 대로 고른 것은?

<보기>

ㄱ. A가 B를 누르는 힘과 B가 A를 받치는 힘은 작용 반작용 관계이다.

ㄴ. A에 작용하는 중력과 C가 A를 받치는 힘은 평형을 이룬다.

ㄷ. C에 작용하는 중력과 바닥이 C를 받치는 힘의 크기는 같다.

① ㄱ　　　　② ㄴ　　　　③ ㄱ, ㄴ
④ ㄱ, ㄷ　　　⑤ ㄴ, ㄷ

481

그림 (가)는 선수 A, B가 각각 $12\,m/s$, $2\,m/s$의 속력으로 같은 방향으로 운동하는 모습을, (나)는 (가)에서 A가 B를 민 후 B가 $12\,m/s$의 속력으로 운동하는 모습을 나타낸 것이다. A, B의 질량은 각각 $60\,kg$, $48\,kg$이고, (가), (나)에서 A, B는 동일 직선상에서 운동한다.

(가) (나)

이에 대한 설명으로 옳은 것은? (단, 모든 마찰은 무시한다.)

① (나)에서 A의 속력은 $4\,m/s$이다.
② B를 밀 때 A는 힘을 받지 않는다.
③ A가 받은 충격량과 B가 받은 충격량의 방향은 같다.
④ B의 운동량 변화량의 크기는 $500\,kg\cdot m/s$이다.
⑤ B를 밀 때 A의 가속도 방향은 운동 방향과 같다.

482

그림 (가)는 수평인 얼음판에서 선수가 스톤을 미는 모습을, (나)는 직선 운동하는 스톤의 속력을 시간에 따라 나타낸 것이다. 스톤의 질량은 m이고, 선수는 t_2일 때 스톤에서 손을 떼었다.

(가) (나)

이에 대한 설명으로 옳은 것만을 〈보기〉에서 있는 대로 고른 것은?

ㄱ. t_1일 때 스톤의 운동량은 mv이다.

ㄴ. 0부터 t_2까지 스톤이 받은 평균 힘의 크기는 $\dfrac{mv}{t_1}$이다.

ㄷ. t_1부터 t_2까지 스톤이 선수에게 작용한 충격량은 0이다.

① ㄱ ② ㄴ ③ ㄱ, ㄷ
④ ㄴ, ㄷ ⑤ ㄱ, ㄴ, ㄷ

483

그림 (가)는 마찰이 없는 수평면에서 물체 A, B가 같은 방향으로 등속 직선 운동하는 모습을, (나)는 A에 대한 B의 속도를 시간에 따라 나타낸 것이다. 질량은 A가 B의 2배이고 B와 충돌 전 A의 속력은 $6\,m/s$이다.

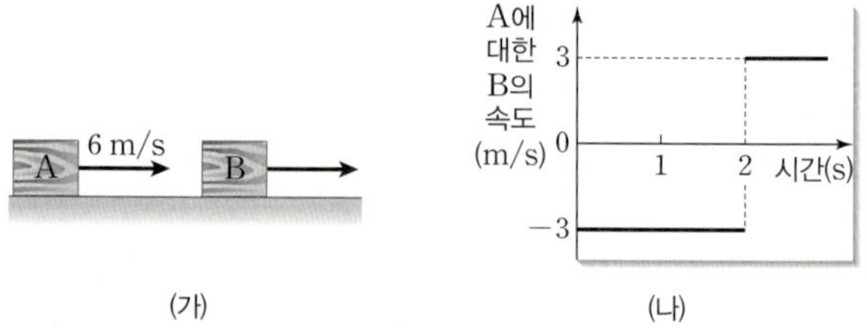

(가) (나)

이에 대한 설명으로 옳은 것만을 〈보기〉에서 있는 대로 고른 것은?

ㄱ. 충돌 후 B의 속력은 $6\,m/s$이다.
ㄴ. 충돌 후 운동량의 크기는 A가 B보다 크다.
ㄷ. 충돌 전후 속도의 변화량의 크기는 B가 A보다 크다.

① ㄱ ② ㄷ ③ ㄱ, ㄴ
④ ㄴ, ㄷ ⑤ ㄱ, ㄴ, ㄷ

484

그림은 벽 P, Q 사이의 수평면에서 물체가 운동하는 모습을 나타낸 것이다. 표는 물체가 구간 A를 통과하는 데 걸린 시간을 측정한 것이다.

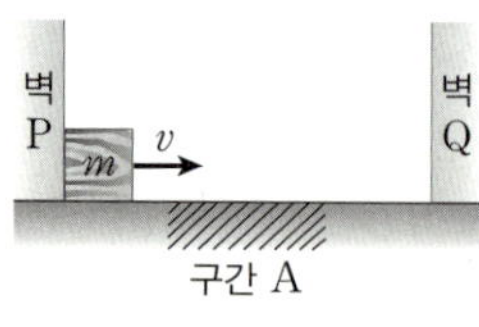

통과 순서	통과 방향	걸린 시간
첫 번째	P → Q	t
두 번째	Q → P	$2t$
세 번째	P → Q	$3t$

물체가 P, Q와 충돌할 때 받은 충격량의 크기를 각각 I_P, I_Q라고 할 때, $I_P : I_Q$는? (단, 물체의 크기와 모든 마찰은 무시한다.)

① $1 : 3$ ② $3 : 8$ ③ $5 : 9$
④ $1 : 1$ ⑤ $3 : 1$

485

그림 (가), (나), (다)는 마찰이 없는 수평면에서 각각 물체 A, B, C가 정지해 있는 질량이 m인 물체를 향해 운동하는 모습을 나타낸 것이다. A, B, C의 질량은 각각 m, m, $2m$이고, 속력은 각각 v, $2v$, v이며, 정지한 물체와 충돌한 후 한덩어리가 되어 운동한다.

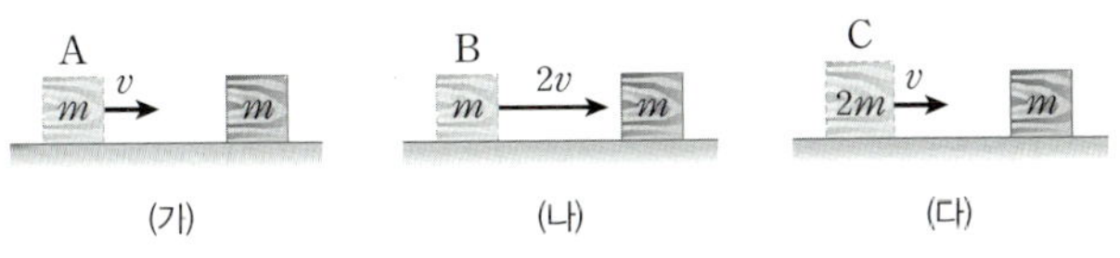

(가), (나), (다)에서 A, B, C와 충돌하는 동안 정지한 물체가 받은 충격량의 크기를 각각 I_1, I_2, I_3이라고 할 때, $I_1 : I_2 : I_3$는?

① $1 : 2 : 2$ ② $1 : 2 : 4$ ③ $1 : 3 : 2$
④ $2 : 4 : 3$ ⑤ $3 : 6 : 4$

486

그림 (가)는 물체 A에 떨어진 달걀이 깨진 모습을, (나)는 물체 B에 떨어진 (가)와 동일한 달걀이 깨지지 않은 모습을 나타낸 것이다. (가), (나)에서 가만히 놓은 달걀이 물체와 충돌하기까지 걸린 시간은 같다.

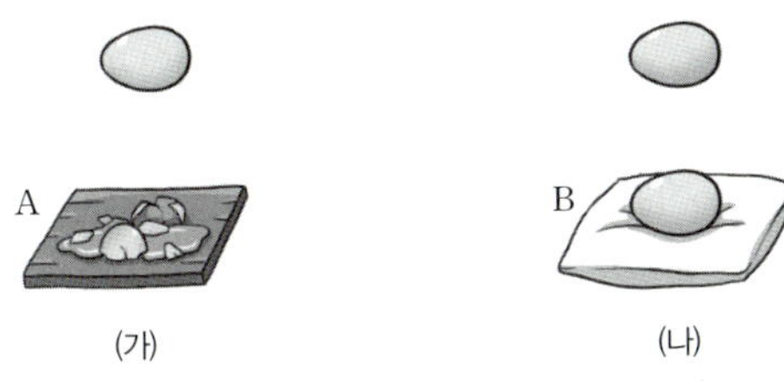

(가)와 (나)에서 크기가 같은 물리량만을 〈보기〉에서 있는 대로 고른 것은?

보기
ㄱ. 달걀이 물체와 충돌하기 직전까지 중력으로부터 받은 충격량
ㄴ. 물체와 충돌하는 동안 달걀이 받은 충격량
ㄷ. 물체와 충돌하는 동안 달걀이 받은 평균 힘

① ㄱ ② ㄷ ③ ㄱ, ㄴ
④ ㄴ, ㄷ ⑤ ㄱ, ㄴ, ㄷ

487

그림 (가)는 마찰이 없는 수평면에서 스틱으로 정지해 있는 물체 P, Q를 쳤을 때 P, Q가 각각 v, $2v$의 속력으로 등속 직선 운동하는 모습을, (나)는 스틱으로 물체를 치는 동안 물체에 작용한 힘의 크기를 시간에 따라 나타낸 것이다. P, Q의 질량은 같고, 그래프 아래의 면적은 B가 A의 2배이다.

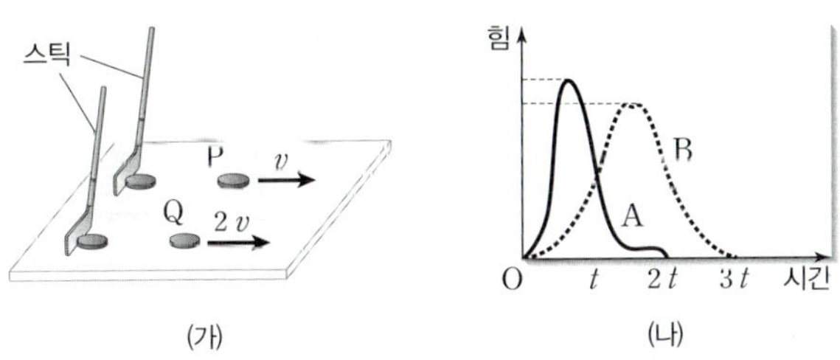

이에 대한 설명으로 옳은 것만을 〈보기〉에서 있는 대로 고른 것은?

보기
ㄱ. P가 받은 힘의 크기를 나타낸 그래프는 A이다.
ㄴ. 스틱으로 치는 동안 물체가 받은 평균 힘의 크기는 P가 Q보다 크다.
ㄷ. 스틱으로 치는 동안 물체가 받은 충격량의 크기는 P가 Q보다 크다.

① ㄱ ② ㄴ ③ ㄱ, ㄷ
④ ㄴ, ㄷ ⑤ ㄱ, ㄴ, ㄷ

488

그림은 학생이 구름판을 굴러 뜀틀을 넘어 매트에 착지하는 모습을 나타낸 것이다.

이에 대한 설명으로 옳은 것만을 〈보기〉에서 있는 대로 고른 것은?

보기
ㄱ. 구름판은 충돌 시간을 길게 하여 학생이 받는 충격량의 크기를 증가시킨다.
ㄴ. 매트는 충돌 시간을 길게 하여 학생이 받는 충격량의 크기를 감소시킨다.
ㄷ. 착지할 때 무릎을 구부리면 학생이 착지할 때 받는 평균 힘의 크기를 줄일 수 있다.

① ㄱ ② ㄷ ③ ㄱ, ㄴ
④ ㄱ, ㄷ ⑤ ㄴ, ㄷ

01. 역학적 에너지보존

489

그림 (가)는 지게차가 물체를 수직으로 들어 올린 후 정지한 상태를, (나)는 평형 상태의 용수철을 압축하여 정지한 상태를 나타낸 것이다.

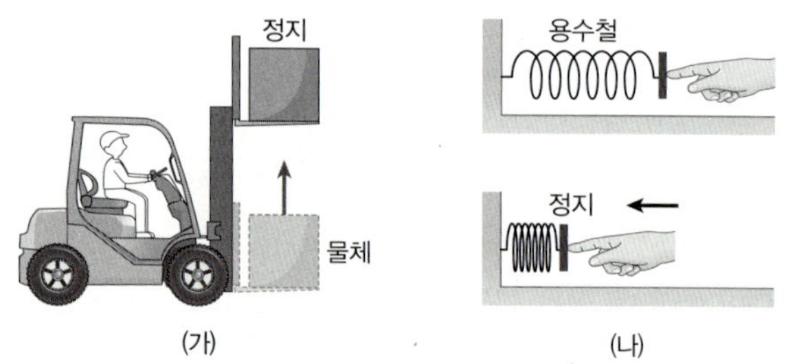

이에 대한 설명으로 옳은 것만을 〈보기〉에서 있는 대로 고른 것은?

보기

ㄱ. (가)에서 지게차는 일하지 않았다.
ㄴ. (가)에서 물체에 중력이 한 일은 0이다.
ㄷ. (나)에서 손이 용수철을 미는 힘이 한 일은 용수철의 탄성 퍼텐셜 에너지로 저장되었다.

① ㄱ   ② ㄷ   ③ ㄱ, ㄴ
④ ㄴ, ㄷ   ⑤ ㄱ, ㄴ, ㄷ

490

그림 (가)는 사람이 트램펄린 위에서 뛰는 모습을, (나)는 (가)에서 사람의 위치 A, O, B를 나타낸 것이다. 지면에서 중력 퍼텐셜 에너지는 0이다.

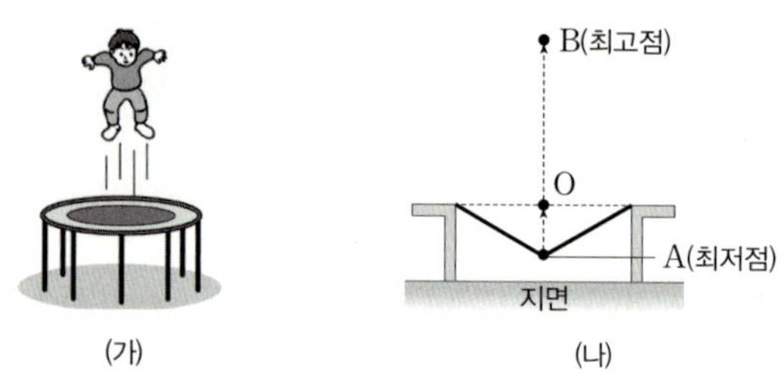

이에 대한 설명으로 옳은 것만을 〈보기〉에서 있는 대로 고른 것은? (단, 모든 마찰과 공기의 저항은 무시한다)

보기

ㄱ. A에서 탄성 퍼텐셜 에너지는 최대이다.
ㄴ. B에서 사람의 운동 에너지는 최대이다.
ㄷ. O에서 사람의 역학적 에너지는 감소한다.

① ㄱ   ② ㄴ   ③ ㄱ, ㄷ
④ ㄴ, ㄷ   ⑤ ㄱ, ㄴ, ㄷ

491

그림과 같이 수평면으로부터 높이 h인 곡면 위의 점 A에 정지한 물체를 가만히 놓았더니 곡면을 따라 내려와 수평면에서 용수철을 L만큼 최대로 압축시켰다. 수평면에서 중력 퍼텐셜 에너지는 0이다.

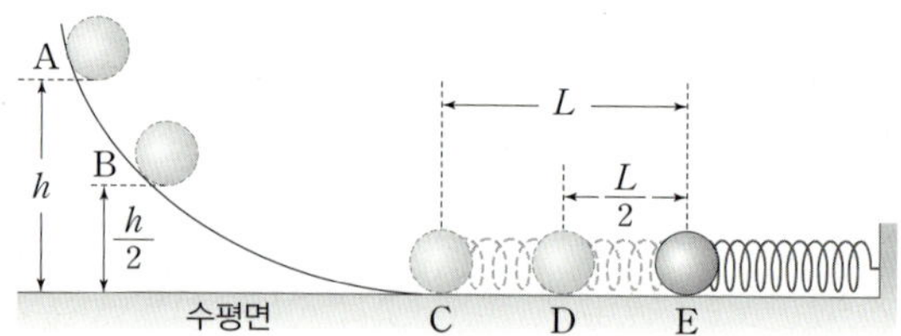

이에 대한 설명으로 옳은 것만을 〈보기〉에서 있는 대로 고른 것은? (단, 모든 마찰과 공기 저항은 무시한다.)

보기

ㄱ. 물체의 중력 퍼텐셜 에너지는 A에서가 B에서의 2배이다.
ㄴ. 용수철의 탄성 퍼텐셜 에너지는 E에서가 D에서의 2배이다.
ㄷ. 물체의 운동 에너지는 D에서가 B에서의 $\frac{3}{2}$배이다.

① ㄱ   ② ㄴ   ③ ㄱ, ㄷ
④ ㄴ, ㄷ   ⑤ ㄱ, ㄴ, ㄷ

492

그림과 같이 점 p를 속력 v로 통과한 질량이 m인 물체가 점 q를 속력 $2v$로 통과하여 점 r에서 정지했다. 물체는 수평면의 구간 A에서 운동 반대 방향으로 일정한 크기의 힘 F를 받는다. p, q, r의 높이는 각각 $2h$, h, h이다. p, q, r는 동일 연직면 위에 있다.

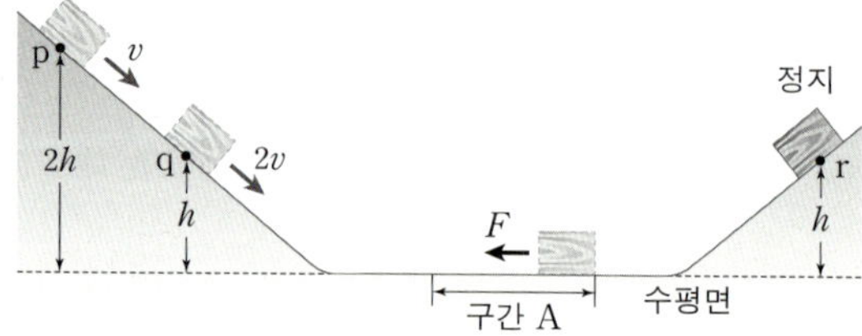

F가 물체에 한 일은? (단, 중력 가속도는 g이고, 모든 마찰과 공기 저항, 물체의 크기는 무시한다.)

① mgh ② $\frac{4}{3}mgh$ ③ $\frac{5}{3}mgh$

④ $2mgh$ ⑤ $\frac{7}{3}mgh$

493

그림은 질량이 m인 물체가 수평면 위의 점 p를 속력 v_1로 지나서 높이가 h인 곡면을 따라 운동한 후 수평면 위의 점 r를 지나는 모습을 나타낸 것이다. 곡면의 꼭대기 지점 q를 지나는 순간 물체의 속력은 v_2이다. p, q, r는 동일 연직면 위에 있다.

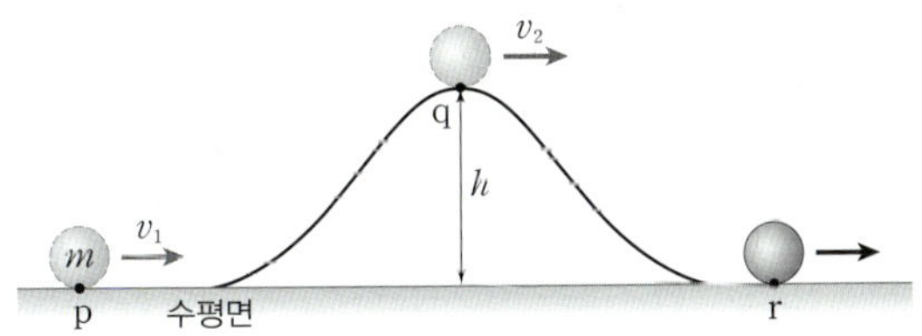

이에 대한 설명으로 옳은 것만을 〈보기〉에서 있는 대로 고른 것은? (단, 중력 가속도는 g이고, 모든 마찰과 공기 저항은 무시한다.)

보기

ㄱ. 물체가 p에서 q까지 이동하는 동안 중력이 물체에 한 일의 크기는 mgh이다.
ㄴ. r에서 물체의 속력은 v_1이다.
ㄷ. $v_1{}^2 - v_2{}^2 = gh$이다.

① ㄱ ② ㄴ ③ ㄷ
④ ㄱ, ㄴ ⑤ ㄱ, ㄷ

494

그림과 질량이 m인 물체 A를 일정한 힘 F로 당겼더니 A가 일정한 속력으로 h만큼 올라갔다.

A가 올라가는 동안, 이에 대한 설명으로 옳은 것만을 〈보기〉에서 있는 대로 고른 것은? (단, 중력 가속도는 g이다.)

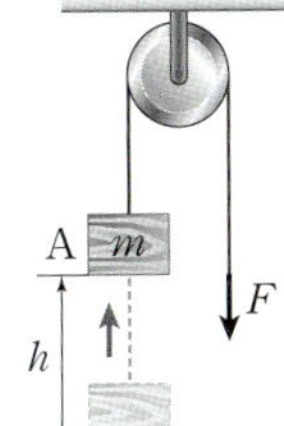

보기

ㄱ. F의 크기는 mg이다.
ㄴ. F가 한 일은 mgh이다.
ㄷ. A에 작용한 알짜힘이 한 일은 역학적 에너지 증가량과 같다.

① ㄱ ② ㄷ ③ ㄱ, ㄴ
④ ㄴ, ㄷ ⑤ ㄱ, ㄴ, ㄷ

495

그림 (가)와 같이 수평면에서 정지해 있던 질량이 $4\,kg$인 물체가 직선 운동하여 거리 L만큼 이동한 순간 정지하였다. 그림 (나)는 (가)에서 물체가 이동하는 동안 물체에 작용하는 알짜힘 F를 이동 거리에 따라 나타낸 것이다.

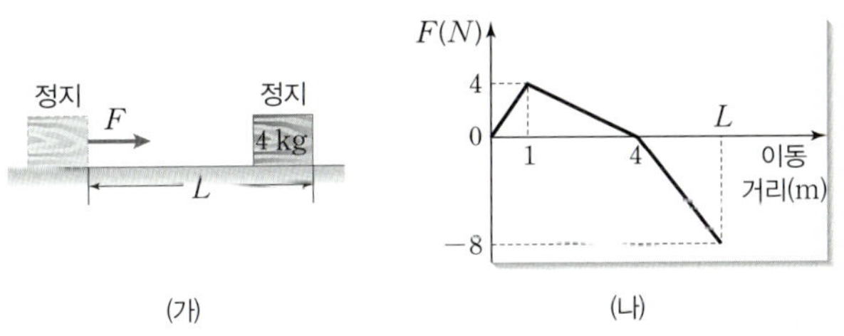

이에 대한 설명으로 옳은 것만을 〈보기〉에서 있는 대로 고른 것은?

보기

ㄱ. 물체가 $1\,m$를 이동하였을 때 물체의 운동 에너지는 최대이다.
ㄴ. 물체의 최대 속력은 $2\,m/s$이다.
ㄷ. $L = 7\,m$이다.

① ㄴ ② ㄷ ③ ㄱ, ㄴ
④ ㄱ, ㄷ ⑤ ㄴ, ㄷ

496

그림 (가)는 마찰이 없는 빗면 위의 높이 h인 곳에 정지한 물체 A를 가만히 놓았더니 수평면 위에 정지한 물체 B를 향해 운동하는 모습을, (나)는 A와 B가 충돌한 후 A는 정지하고 B는 용수철을 L만큼 최대로 압축시킨 것을 나타낸 것이다. 충돌 전 A의 속력과 충돌 후 B의 속력은 같고, A의 질량은 m이다.

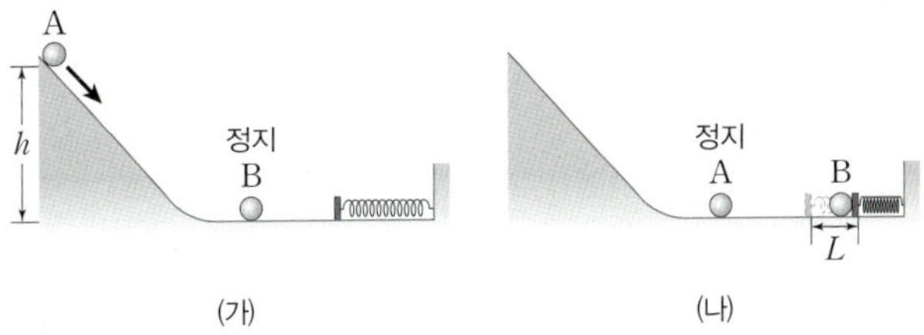

이에 대한 설명으로 옳은 것만을 〈보기〉에서 있는 대로 고른 것은? (단, 중력 가속도는 g이고, 물체의 크기는 무시한다.)

보기

ㄱ. B의 질량은 m이다.
ㄴ. 충돌 후 B의 속력은 $2\sqrt{gh}$이다.
ㄷ. 용수철 상수는 $\dfrac{mgh}{L^2}$이다.

① ㄱ ② ㄴ ③ ㄱ, ㄷ
④ ㄴ, ㄷ ⑤ ㄱ, ㄴ, ㄷ

497

그림과 같이 질량이 m인 수레가 궤도를 따라 점 A, B, C를 차례로 통과한다. A, B, C에서 물체의 속력은 각각 $2v_0$, v_0, v이고, A와 B의 높이는 수평면으로부터 각각 h, $2h$이다.

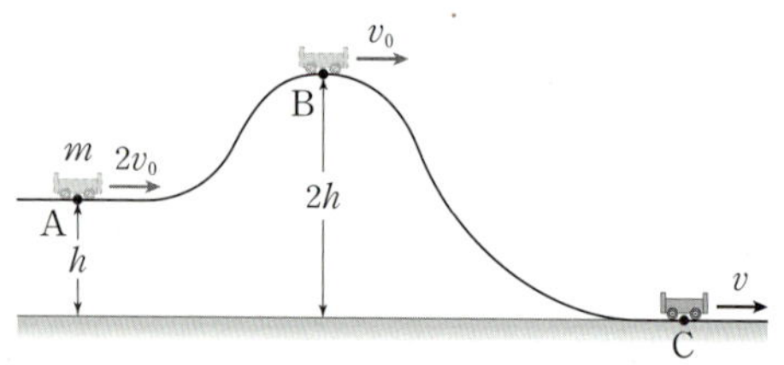

이에 대한 설명으로 옳은 것만을 〈보기〉에서 있는 대로 고른 것은? (단, 중력 가속도는 g이고, 모든 마찰과 공기 저항, 수레의 크기는 무시한다.)

ㄱ. B에서 수레의 중력 퍼텐셜 에너지는 C에서 수레의 운동 에너지와 같다.

ㄴ. $h = \dfrac{3v_0^2}{2g}$이다.

ㄷ. $v = \sqrt{5}\,v_0$이다.

① ㄱ 　② ㄴ 　③ ㄱ, ㄷ

④ ㄴ, ㄷ 　⑤ ㄱ, ㄴ, ㄷ

498

그림 (가)는 수평면 위에서 질량이 $2\ \mathrm{kg}$인 수레가 $2\ \mathrm{m/s}$의 속력으로 용수철 상수가 k인 용수철에 정면으로 충돌하기 전의 모습을, (나)는 (가)에서 용수철의 길이를 시간에 따라 나타낸 것이다. 4초일 때 수레는 순간 정지한다.

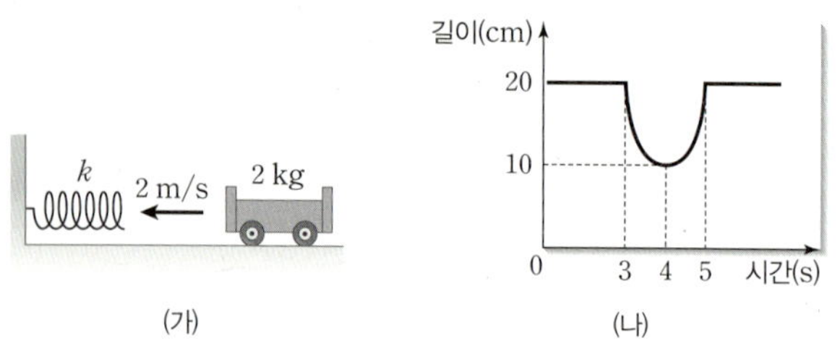

이에 대한 설명으로 옳은 것만을 〈보기〉에서 있는 대로 고른 것은? (단, 모든 마찰과 공기 저항은 무시한다.)

ㄱ. 탄성 퍼텐셜 에너지의 최댓값은 4J이다.

ㄴ. $k = 800\ \mathrm{N/m}$이다.

ㄷ. 수레의 가속도의 크기는 4초일 때 $40\ \mathrm{m/s^2}$이다.

① ㄱ 　② ㄷ 　③ ㄱ, ㄴ

④ ㄴ, ㄷ 　⑤ ㄱ, ㄴ, ㄷ

499

그림과 같이 마찰이 없는 수평면에 놓여 있는 질량이 m, $2m$인 두 물체 A, B를 용수철의 양 끝에 접촉하여 압축시킨 후 가만히 놓았더니 A, B는 각각 수평면으로부터 높이가 h_1, h_2인 경사면에서 정지하였다. 용수철 상수는 k이고, 용수철과 분리되는 순간 B의 속력은 v이다.

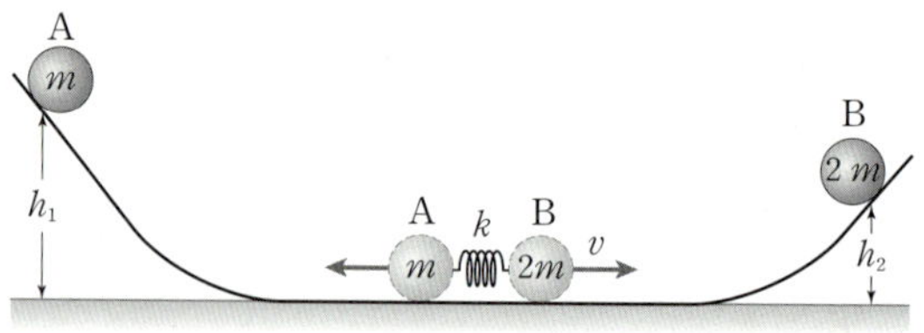

이에 대한 설명으로 옳은 것만을 〈보기〉에서 있는 대로 고른 것은? (단, 모든 마찰과 공기 저항, A, B의 크기는 무시한다.)

ㄱ. 용수철과 분리되는 순간 A의 속력은 v이다.

ㄴ. 용수철이 원래 상태에서 최대로 압축된 길이는 $\sqrt{\dfrac{6m}{k}}\,v$이다.

ㄷ. $\dfrac{h_1}{h_2} = 2$이다.

① ㄱ 　② ㄴ 　③ ㄱ, ㄷ

④ ㄴ, ㄷ 　⑤ ㄱ, ㄴ, ㄷ

500

그림 (가)는 수평면에서 용수철 상수가 $100\ \mathrm{N/m}$인 용수철과 연결된 물체 A를 물체 B와 실로 연결한 후, A를 손으로 잡아 O점에 정지시킨 모습을 나타낸 것이다. 그림 (나)는 (가)에서 A를 가만히 놓았을 때, A가 P점을 지나 Q점에서 되돌아와 다시 P점을 통과하는 순간의 모습을 나타낸 것이다. A, B의 질량은 각각 $4\ \mathrm{kg}$, $8\ \mathrm{kg}$이다.

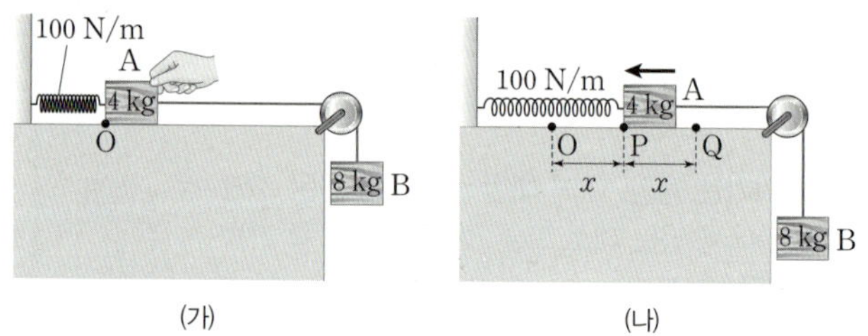

P점을 통과하는 순간 A의 운동 에너지는? (단, 중력 가속도는 $10\ \mathrm{m/s^2}$이고, 모든 마찰과 공기 저항, A, B의 크기는 무시한다.)

① $\dfrac{31}{3}$ J 　② $\dfrac{32}{3}$ J 　③ $\dfrac{34}{3}$ J

④ $\dfrac{35}{3}$ J 　⑤ $\dfrac{37}{3}$ J

02. 열역학 제1법칙

501

그림은 단열된 실린더에 들어있는 일정량의 이상 기체가 단열 팽창하는 모습을 나타낸 것이다.

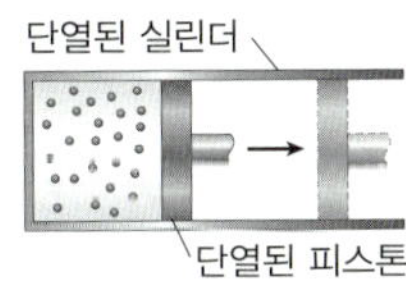

이에 대한 설명으로 옳은 것만을 〈보기〉에서 있는 대로 고른 것은? (단, 피스톤의 마찰은 무시한다.)

보기

ㄱ. 기체는 일을 했다.
ㄴ. 기체의 온도는 감소하였다.
ㄷ. 기체의 압력은 일정하다.

① ㄱ ② ㄷ ③ ㄱ, ㄴ
④ ㄴ, ㄷ ⑤ ㄱ, ㄴ, ㄷ

502

그림 (가)는 일정량이 이상 기체가 들어 있는 단열된 실린더와 힘의 평형을 이루며 정지해 있는 단열된 피스톤을 나타낸 것이고, (나)는 (가)의 피스톤 위에 모래를 서서히 부었더니 피스톤이 내려가 정지한 것을 나타낸 것이다.

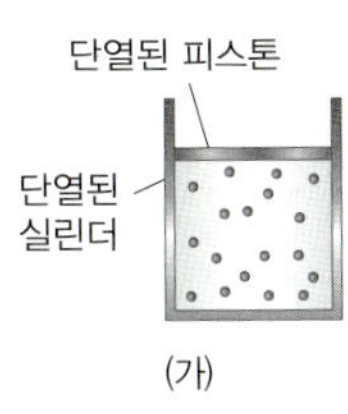

이에 대한 설명으로 옳은 것만을 〈보기〉에서 있는 대로 고른 것은? (단, 피스톤의 마찰은 무시한다.)

보기

ㄱ. (가) → (나) 과정에서 기체의 압력은 증가한다.
ㄴ. 기체의 온도는 (가)에서와 (나)에서가 같다.
ㄷ. 기체 분자 1개의 운동 에너지는 (가)의 (나)에서 같다.

① ㄱ ② ㄴ ③ ㄱ, ㄷ
④ ㄴ, ㄷ ⑤ ㄱ, ㄴ, ㄷ

503

그림 (가)와 같이 이상 기체가 들어 있는 단열된 실린더가 단열된 피스톤에 의해 A, B로 나누어져 있다. 그림 (나)는 (가)에서 A의 기체에 열량 Q를 서서히 가했더니 피스톤이 천천히 이동하여 힘의 평형을 이루며 정지한 모습을 나타낸 것이다.

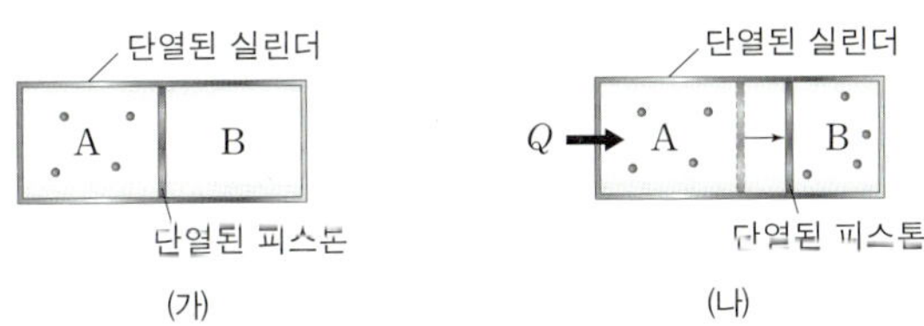

이에 대한 설명으로 옳은 것만을 〈보기〉에서 있는 대로 고른 것은? (단, 피스톤의 마찰은 무시한다.)

보기

ㄱ. A의 압력은 (가)와 (나)에서가 같다.
ㄴ. A의 온도는 (나)에서가 (가)에서보다 크다.
ㄷ. Q는 A가 한 일과 A와 B의 내부 에너지 증가량의 합과 같다.

① ㄱ ② ㄴ ③ ㄱ, ㄴ
④ ㄴ, ㄷ ⑤ ㄱ, ㄴ, ㄷ

504

그림 (가)는 단열된 실린더에 들어 있는 일정량의 이상 기체를 나타낸 것이다. 그림 (나)는 (가)의 기체에 열을 서서히 공급한 후 피스톤이 정지한 모습을, (다)는 (나)에서 피스톤 위에 물체를 놓았더니 피스톤이 서서히 내려가 정지한 모습을 나타낸 것이다. (가)와 (다)에서 기체의 부피는 같다.

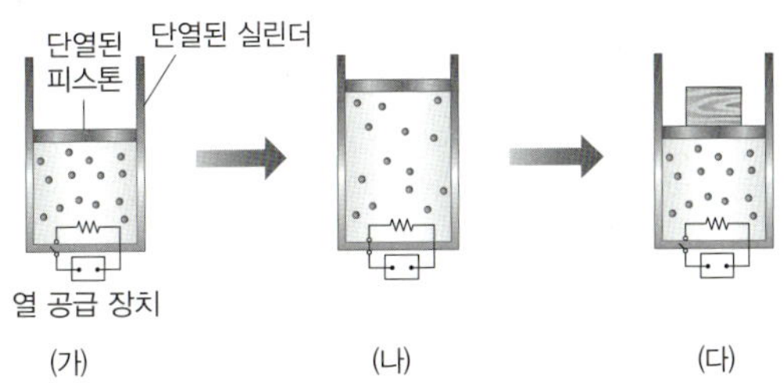

이에 대한 설명으로 옳은 것만을 〈보기〉에서 있는 대로 고른 것은? (단, 피스톤의 마찰은 무시한다.)

보기

ㄱ. (가) → (나) 과정에서 기체가 흡수한 열은 기체의 내부 에너지 증가량과 같다.
ㄴ. 기체의 온도는 (다)에서가 (나)에서보다 크다.
ㄷ. (가) → (나) 과정에서 기체가 한 일은 (나) → (다) 과정에서 기체가 받은 일과 같다.

① ㄱ ② ㄴ ③ ㄱ, ㄴ
④ ㄴ, ㄷ ⑤ ㄱ, ㄴ, ㄷ

505

그림은 일정량의 이상 기체의 상태가 과정 (가), (나)를 따라 A → B로 변할 때, 기체의 압력과 부피를 나타낸 것이다.

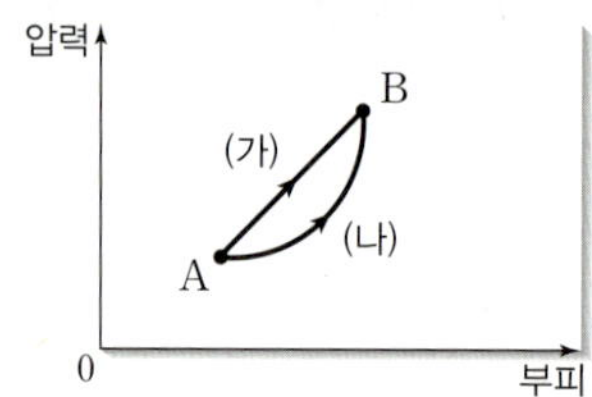

이에 대한 설명으로 옳은 것만을 〈보기〉에서 있는 대로 고른 것은?

보기

ㄱ. 기체의 온도는 A가 B보다 작다.
ㄴ. 기체가 하는 일은 (가)에서가 (나)에서보다 크다.
ㄷ. 기체가 흡수한 열은 (가)와 (나)에서 같다.

① ㄱ   ② ㄷ   ③ ㄱ, ㄴ
④ ㄱ, ㄷ   ⑤ ㄴ, ㄷ

506

그림은 일정량의 이상 기체의 상태가 A, B, C, D의 과정을 따라 변할 때, 기체의 압력과 부피를 나타낸 것이다. A는 등압 과정, B는 단열 과정, C는 등적 과정, D는 등온 과정이다.

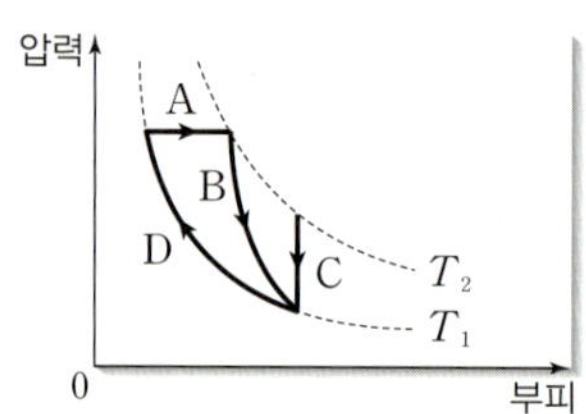

이에 대한 설명으로 옳은 것만을 〈보기〉에서 있는 대로 고른 것은?

보기

ㄱ. 기체가 일을 하는 과정은 A, B이다.
ㄴ. 기체가 열을 흡수하는 과정은 A, D이다.
ㄷ. 기체의 내부 에너지가 감소하는 과정은 B, C이다.

① ㄱ   ② ㄴ   ③ ㄱ, ㄷ
④ ㄴ, ㄷ   ⑤ ㄱ, ㄴ, ㄷ

507

그림은 동일한 양의 이상 기체 A와 B의 부피를 온도에 따라 나타낸 것이다. A와 B의 압력은 1기압으로 일정하게 유지된다.

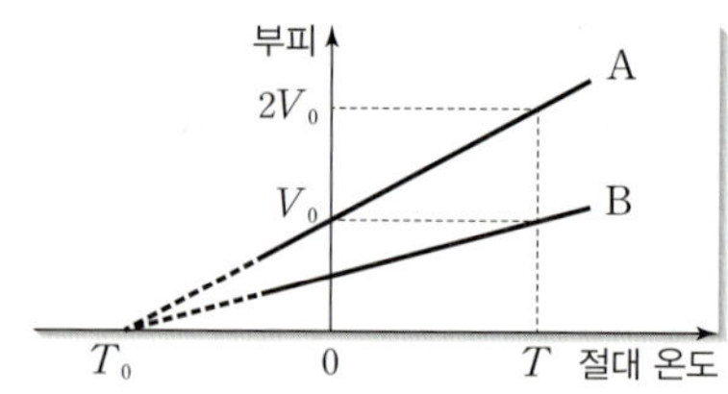

이에 대한 설명으로 옳은 것만을 〈보기〉에서 있는 대로 고른 것은?

보기

ㄱ. T_0는 절대 영도(0 K)이다.
ㄴ. T일 때, 기체의 내부 에너지는 A와 B가 같다.
ㄷ. 압력이 일정할 때, 기체의 부피는 온도에 비례한다.

① ㄱ   ② ㄷ   ③ ㄱ, ㄴ
④ ㄴ, ㄷ   ⑤ ㄱ, ㄴ, ㄷ

508

그림은 일정량의 이상 기체의 상태가 A → B, A → C, A → D를 따라 변할 때, 기체의 부피와 절대 온도를 나타낸 것으로, 등온 과정, 등적 과정, 등압 과정 중 하나이다.

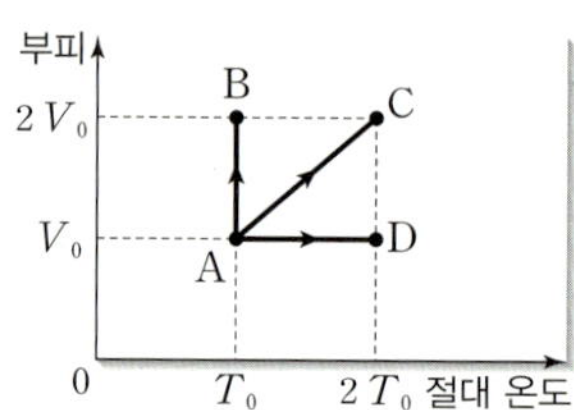

이에 대한 설명으로 옳은 것만을 〈보기〉에서 있는 대로 고른 것은?

보기

ㄱ. 기체의 압력은 A와 C에서 같다.
ㄴ. A → B 과정에서 기체는 열을 흡수한다.
ㄷ. 기체가 한 일은 A → B 과정에서가 A → D 과정에서보다 크다.

① ㄱ   ② ㄷ   ③ ㄱ, ㄴ
④ ㄴ, ㄷ   ⑤ ㄱ, ㄴ, ㄷ

03. 열역학 제2법칙

509

그림 (가)는 칸막이에 의해서 같은 부피의 두 구역 A, B로 나누어진 단열된 상자 안에 이상 기체가 들어 있는 모습을 나타낸 것이다. 그림 (나)는 칸막이에 구멍을 내고 충분한 시간이 지난 후 기체의 모습을 나타낸 것이다.

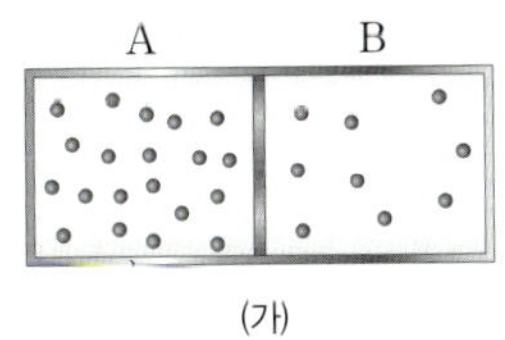
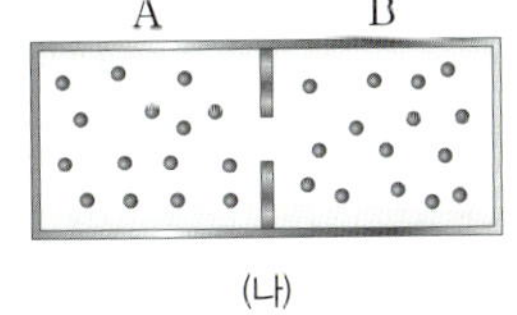

(가)　　　　(나)

이에 대한 설명으로 옳은 것만을 〈보기〉에서 있는 대로 고른 것은?

> **보기**
>
> ㄱ. 엔트로피는 (가)와 (나)에서 같다.
> ㄴ. (나) → (가) 과정은 저절로 일어나지 않는다.
> ㄷ. A에서의 압력은 (가)에서가 (나)에서보다 크다.

① ㄱ　　　　② ㄷ　　　　③ ㄱ, ㄷ
④ ㄴ, ㄷ　　　　⑤ ㄱ, ㄴ, ㄷ

510

그림은 단열된 용기 안에 들어 있는 온도가 T_2인 액체 A에 온도가 T_1인 금속 B를 넣었을 때의 온도 변화를 시간에 따라 나타낸 것이다. 시간 t 이후로 A, B의 온도는 T_0으로 일정하다.

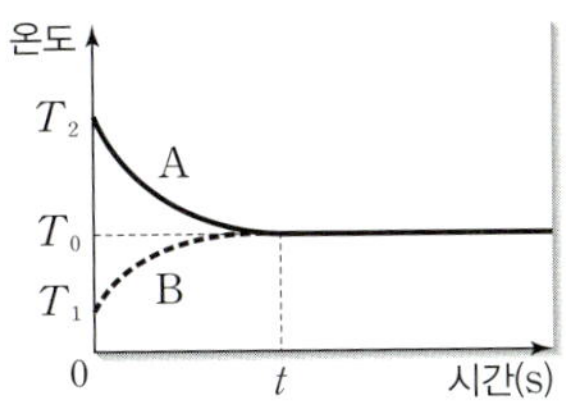

이에 대한 설명으로 옳은 것만을 〈보기〉에서 있는 대로 고른 것은?

> **보기**
>
> ㄱ. t 이후에 A, B는 열평형 상태가 된다.
> ㄴ. 0에서 t까지 A에서 B로 열이 이동하는 것은 비가역 과정이다.
> ㄷ. A가 잃은 열에너지와 B가 얻은 열에너지는 같다.

① ㄱ　　　　② ㄷ　　　　③ ㄱ, ㄴ
④ ㄴ, ㄷ　　　　⑤ ㄱ, ㄴ, ㄷ

511

그림은 고열원에서 열량 Q_1을 흡수하여 외부에 W의 일을 하고 저열원으로 Q_2의 열을 방출하는 열기관을 나타낸 것으로, 열기관의 열효율은 0.2이다.

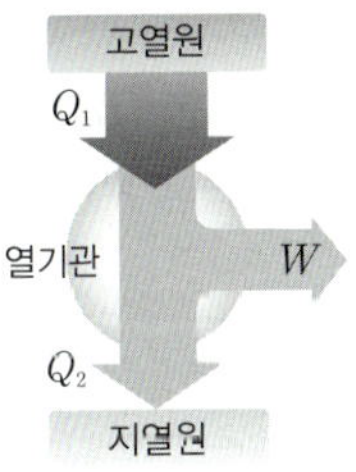

이에 대한 설명으로 옳은 것만을 〈보기〉에서 있는 대로 고른 것은?

> **보기**
>
> ㄱ. $Q_2 = 0.2\,Q_1$이다.
> ㄴ. $W = 0.25\,Q_2$이다.
> ㄷ. $Q_2 = 0$인 기관은 제작할 수 없다.

① ㄱ　　　　② ㄴ　　　　③ ㄱ, ㄷ
④ ㄴ, ㄷ　　　　⑤ ㄱ, ㄴ, ㄷ

512

그림은 일정량의 이상 기체의 상태가 A → B → C → A 과정을 따라 변할 때 압력과 절대 온도를 나타낸 것이다. A → B 과정은 등온 과정, B → C 과정은 등압 과정, C → A 과정은 등적 과정이다.

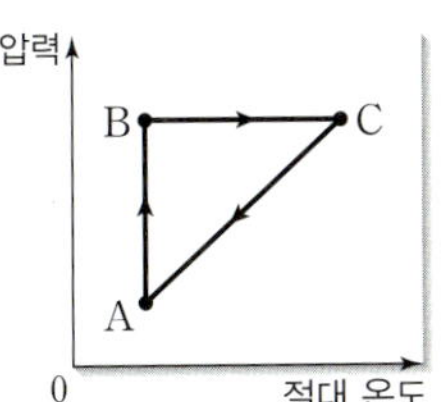

이에 대한 설명으로 옳은 것만을 〈보기〉에서 있는 대로 고른 것은?

> **보기**
>
> ㄱ. A → B 과정에서 기체의 엔트로피는 감소한다.
> ㄴ. B → C 과정에서 기체는 일을 한다.
> ㄷ. C → A 과정에서 기체는 열을 흡수한다.

① ㄱ　　　　② ㄷ　　　　③ ㄱ, ㄴ
④ ㄴ, ㄷ　　　　⑤ ㄱ, ㄴ, ㄷ

01. 특수 상대성 이론

513

그림 (가)는 마이컬슨 – 몰리의 실험 장치를, (나)는 (가)의 실험 장치를 통해 확인이 예상되는 에테르에 의한 효과를 나타낸 것이다.

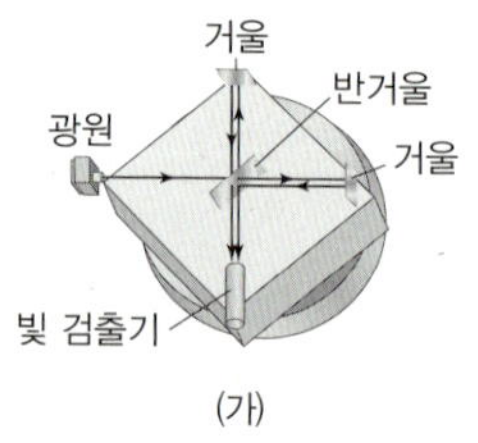

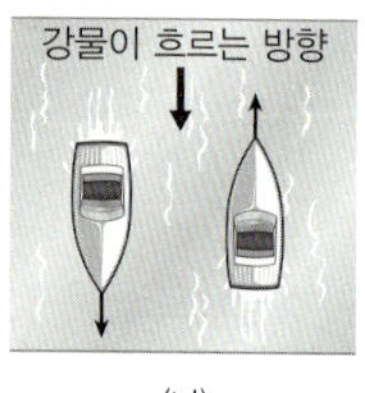

이에 대한 설명으로 옳은 것만을 〈보기〉에서 있는 대로 고른 것은?

보기

ㄱ. 에테르는 빛을 파동으로 생각할 때의 매질이다.

ㄴ. 에테르 효과에 의한 빛 검출기에 빛이 도달하는 시간 차이를 예상하였다.

ㄷ. 이 실험의 결과로 빛의 속력 차이를 발견할 수 있었다.

① ㄱ   ② ㄷ   ③ ㄱ, ㄴ

④ ㄴ, ㄷ   ⑤ ㄱ, ㄴ, ㄷ

514

그림 (가)는 광원이 관찰자에 대해 정지해 있는 것을, (나)는 광원이 관찰자에 대해 v의 속력으로 관찰자와 반대 방향으로 운동하는 것을, (나)는 광원과 관찰자가 각각 속력 v, v'로 서로를 향해 운동하는 것을 나타낸 것이다.

이에 대한 설명으로 옳은 것만을 〈보기〉에서 있는 대로 고른 것은? (단, 빛의 속력은 c이다.)

보기

ㄱ. 빛의 속력은 상대 속도의 영향을 받는다.

ㄴ. (가)에서 관찰자가 측정한 빛의 속력은 c이다.

ㄷ. 관찰자가 측정한 빛의 속력은 (다)에서가 (나)에서보다 크다.

① ㄱ   ② ㄴ   ③ ㄱ, ㄷ

④ ㄴ, ㄷ   ⑤ ㄱ, ㄴ, ㄷ

515

그림과 같이 관찰자 A가 탄 우주선이 관찰자 B에 대해 $0.9c$의 속도로 이동하고 있다. B가 측정할 때, 우주선의 앞쪽에서 뒤쪽까지의 길이는 L이다.

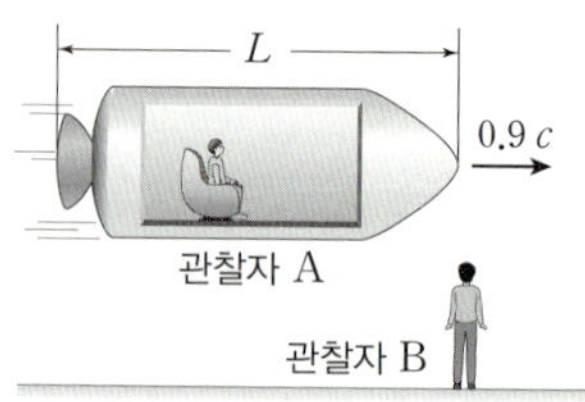

이에 대한 설명으로 옳은 것만을 〈보기〉에서 있는 대로 고른 것은? (단, 빛의 속력은 c이다.)

보기

ㄱ. A가 측정할 때, 우주선의 앞쪽에서 뒤쪽까지의 길이는 L보다 짧다.

ㄴ. A가 측정할 때 B의 속력은 $0.9c$이다.

ㄷ. B가 측정한 A의 시간은 자신의 시간보다 느리게 간다.

① ㄱ   ② ㄴ   ③ ㄱ, ㄷ

④ ㄴ, ㄷ   ⑤ ㄱ, ㄴ, ㄷ

516

그림은 관찰자 A가 탄 우주선이 관찰자 B에 대해 속도 v로 운동하는 것을 나타낸 것으로, 우주선의 앞쪽 벽과 뒤쪽 벽의 중앙에 위치한 광원으로부터 빛이 방출되고 있다.

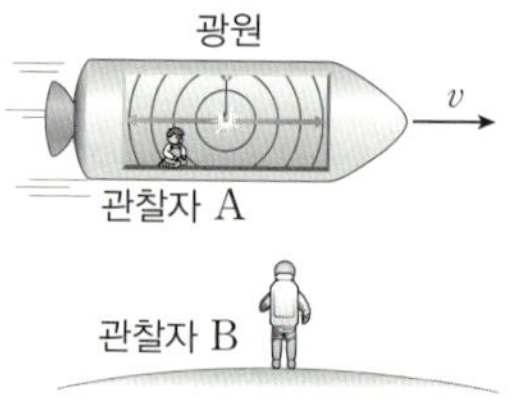

이에 대한 설명으로 옳은 것만을 〈보기〉에서 있는 대로 고른 것은?

보기

ㄱ. A가 측정할 때, 빛은 우주선의 뒤쪽 벽보다 앞쪽 벽에 먼저 도달한다.

ㄴ. B가 측정할 때, 빛은 우주선의 앞쪽 벽보다 뒤쪽 벽에 먼저 도달한다.

ㄷ. A가 측정할 때, B의 속력은 v보다 크다.

① ㄱ   ② ㄴ   ③ ㄱ, ㄷ

④ ㄴ, ㄷ   ⑤ ㄱ, ㄴ, ㄷ

517

그림은 상자에 대해 속력 v로 $+x$방향으로 운동하는 우주선을 나타낸 것이다. 상자의 x축, y축, z축 방향의 고유 길이는 각각 L_x, L_y, L_z이다.

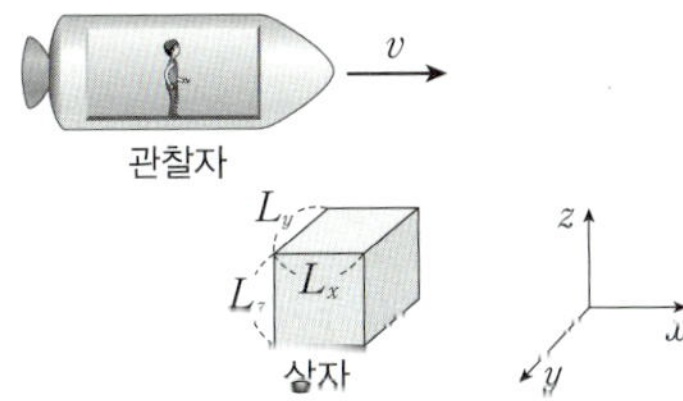

관찰자가 상자의 길이를 측정할 때, 상자의 고유 길이보다 짧게 측정되는 것만을 있는 대로 고른 것은?

① L_x ② L_z ③ L_x, L_y
④ L_y, L_z ⑤ L_x, L_y, L_z

518

그림은 관찰자 A가 탄 우주선이 관찰자 B에 대해 v의 속도로 운동하는 것을 나타낸 것으로, A가 관찰할 때 우주선 안의 빛 시계에서 방출된 빛이 위와 아래를 한 번 왕복하는 데 걸린 시간은 t_0이고, 왕복한 거리는 $2l$이다.

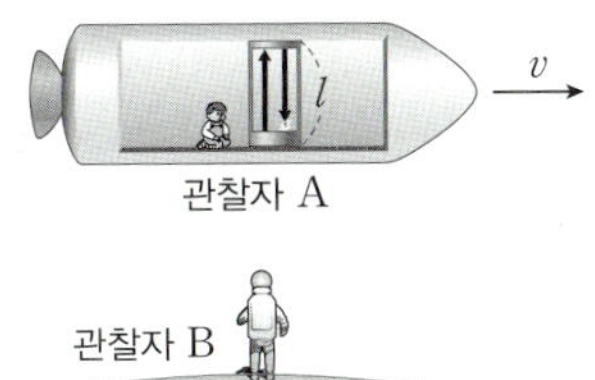

B가 측정한 결과에 대한 설명으로 옳은 것만을 〈보기〉에서 있는 대로 고른 것은? (단, 빛의 속력은 c이다.)

보기

ㄱ. 빛이 한 번 왕복하는 데 이동한 거리는 $2l$이다.
ㄴ. 빛이 한 번 왕복하는 데 걸린 시간은 t_0보다 길다.
ㄷ. 빛의 속력은 c이다.

① ㄱ   ② ㄷ   ③ ㄱ, ㄴ
④ ㄱ, ㄷ   ⑤ ㄴ, ㄷ

519

그림은 지구에 대해 v의 속도로 운동하는 우주선을 나타낸 것으로, 우주선이 지구를 지난 이후부터 지구에서는 지구에서 측정할 때, 시간 간격 t_0마다 우주선을 향해 빛 신호를 보낸다.

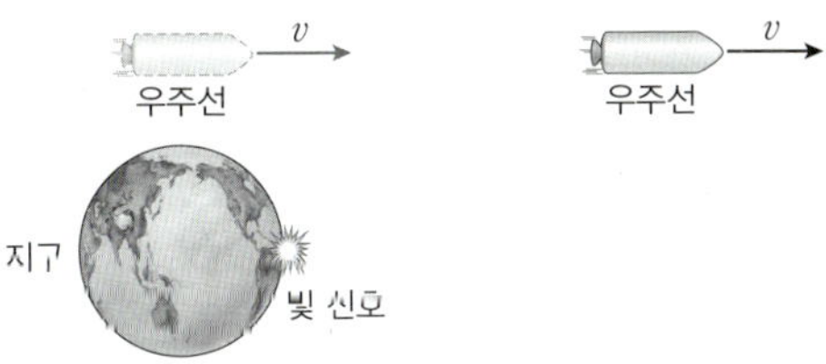

이에 대한 설명으로 옳은 것만을 〈보기〉에서 있는 대로 고른 것은? (단, 빛의 속력은 c이다.)

보기

ㄱ. 우주선에서 측정할 때, 지구에서 빛 신호를 보내는 시간 간격은 t_0보다 크다.
ㄴ. 지구에서 측정할 때, 빛 신호를 보내고 다음 신호를 보낼 때까지 우주선이 이동한 거리는 vt_0이다.
ㄷ. 우주선에서 측정할 때, 지구에서 우주선으로 오는 빛의 속력은 c보다 작다.

① ㄱ   ② ㄷ   ③ ㄱ, ㄴ
④ ㄴ, ㄷ   ⑤ ㄱ, ㄴ, ㄷ

520

그림은 관찰자 A가 탄 우주선이 관찰자 B에 대해 $0.7c$의 일정한 속도로 지구에서 행성까지 이동하는 것을 나타낸 것으로, B가 측정할 때, 지구와 행성 사이의 거리는 7광년이며, 지구, 행성은 정지해 있다.

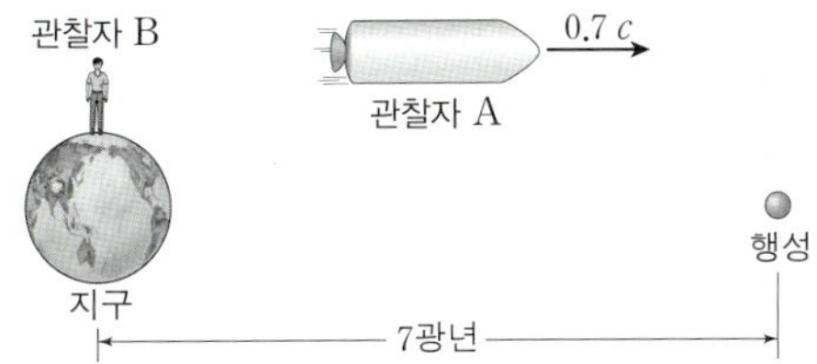

이에 대한 설명으로 옳은 것만을 〈보기〉에서 있는 대로 고른 것은? (단, 1광년은 빛이 1년 동안 진행한 거리이고, 빛의 속력은 c이다.)

보기

ㄱ. A가 측정할 때, 지구에서 행성까지의 거리는 7광년보다 짧다.
ㄴ. A가 측정할 때, 우주선이 지구에서 행성까지 이동하는데 걸린 시간은 10년보다 짧다.
ㄷ. B가 측정할 때, A의 시간은 자신의 시간보다 느리게 간다.

① ㄱ   ② ㄷ   ③ ㄱ, ㄴ
④ ㄴ, ㄷ   ⑤ ㄱ, ㄴ, ㄷ

그림 (가)는 관찰자 A가 탄 우주선이 관찰자 B에 대해 v의 속도로 수평면과 나란하게 운동하고, 회전판이 수평면과 나란하게 회전하는 모습을, (나)는 B가 반지름이 R인 회전판을 위에서 볼 때의 모습을 나타낸 것이다. 회전판, B는 서로 정지해 있고, B가 측정할 때, 회전판이 한 바퀴 회전하는데 걸리는 시간은 T_0이다.

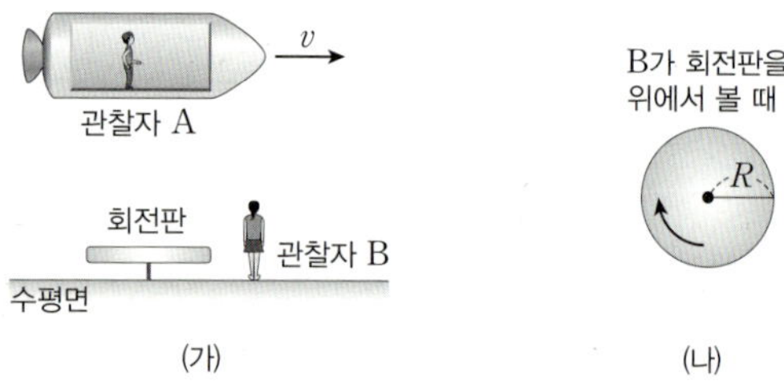

A가 측정할 때에 대한 설명으로 옳은 것만을 〈보기〉에서 있는 대로 고른 것은?

보기

ㄱ. 회전판은 반지름이 R인 원이다.

ㄴ. 회전판이 한 바퀴 회전하는데 걸리는 시간은 T_0보다 크다.

ㄷ. v만 커질 때, 회전판이 한 바퀴 회전하는데 걸리는 시간은 더 지연된다.

① ㄱ   ② ㄷ   ③ ㄱ, ㄴ

④ ㄱ, ㄷ   ⑤ ㄴ, ㄷ

522

그림은 서로 반대 방향으로 운동하는 막대 A, B를 나타낸 것으로 A, B의 고유 길이와 속력은 각각 L_0, v로 같다.

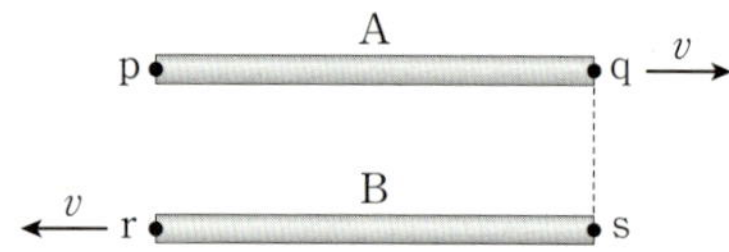

이에 대한 설명으로 옳은 것만을 〈보기〉에서 있는 대로 고른 것은?

보기

ㄱ. A에서 측정한 B의 속력은 B에서 측정한 A의 속력과 같다.

ㄴ. A에서 측정할 때, B의 길이는 L_0보다 짧다.

ㄷ. B에서 측정할 때, q가 S를 지나는 순간 p는 r을 지난다.

① ㄱ   ② ㄷ   ③ ㄱ, ㄴ

④ ㄴ, ㄷ   ⑤ ㄱ, ㄴ, ㄷ

523

그림은 각각 관찰자 A와 B가 탄 우주선이 관찰자 C가 탄 우주선에 대해 $0.4c$의 속력으로 나란하게 운동하고 있는 것을 나타낸 것이다. 세 우주선의 고유 길이는 같고, B가 탄 우주선에서 빛을 방출하였다.

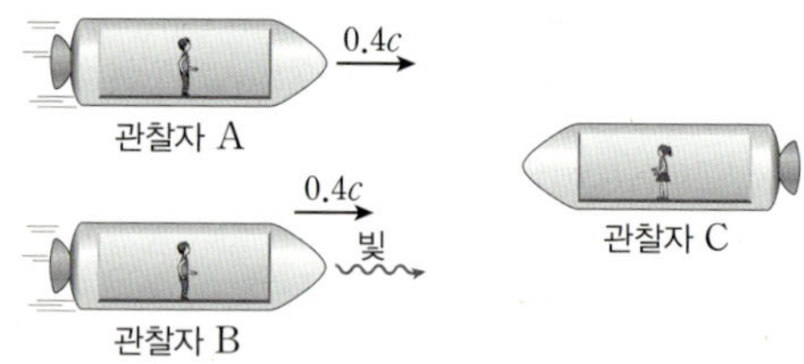

이에 대한 설명으로 옳은 것만을 〈보기〉에서 있는 대로 고른 것은? (단, 빛의 속력은 c이다.)

보기

ㄱ. A가 측정할 때, B의 시간은 C의 시간보다 느리게 간다.

ㄴ. B가 측정할 때, 우주선의 길이는 A가 탄 우주선의 길이가 C가 탄 우주선의 길이보다 길다.

ㄷ. C가 측정한 빛의 속력은 $1.4\,c$이다.

① ㄱ   ② ㄴ   ③ ㄱ, ㄷ

④ ㄴ, ㄷ   ⑤ ㄱ, ㄴ, ㄷ

524

그림은 관찰자 A가 탄 우주선이 관찰자 B, 건물 p와 q를 이은 직선과 나란하게 B에 대해 v의 속도로 운동할 때, A가 B를 스치는 순간을 나타낸 것이다. 이 순간 B가 측정할 때 p, q에서 동시에 방출된 빛은 B에게 동시에 도달한다.

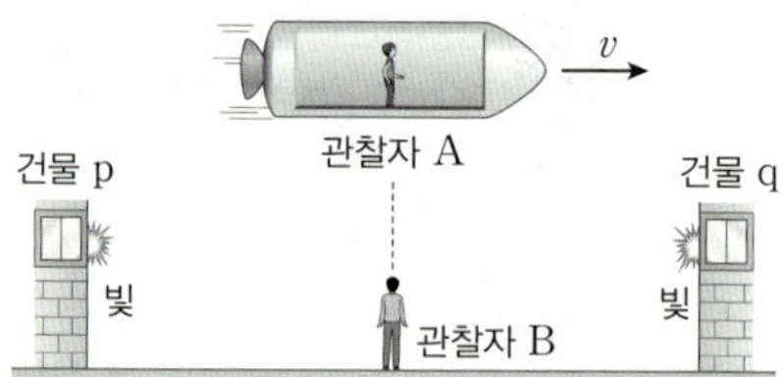

이에 대한 설명으로 옳은 것만을 〈보기〉에서 있는 대로 고른 것은?

보기

ㄱ. B가 측정할 때, 자신으로부터 각각 p와 q까지의 거리는 같다.

ㄴ. A가 측정할 때, p에서 나온 빛의 속력은 q에서 나온 빛의 속력보다 느리다.

ㄷ. A가 측정할 때, p, q에서 나온 빛이 반대편 건물에 도달하는 시간은 같다.

① ㄱ   ② ㄴ   ③ ㄱ, ㄷ

④ ㄴ, ㄷ   ⑤ ㄱ, ㄴ, ㄷ

525

그림은 관찰자 A에 대해 v의 속력으로 운동하는 우주선을 나타낸 것이다. 우주선의 고유 길이를 L_0, A가 측정한 우주선의 길이를 L이라 할 때, v에 따른 $\dfrac{L}{L_0}$를 나타낸 것으로 가장 적절한 것은? (단, 빛의 속력은 c이다.)

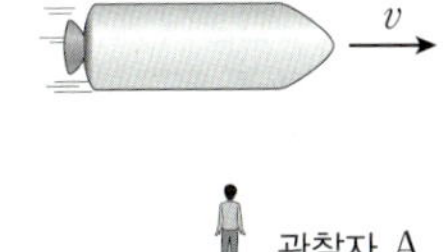

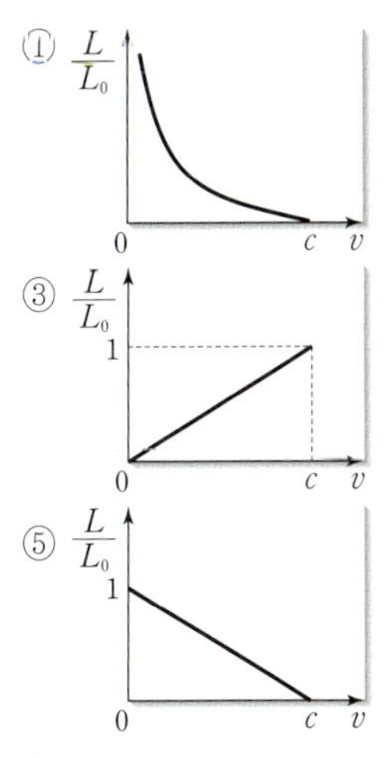

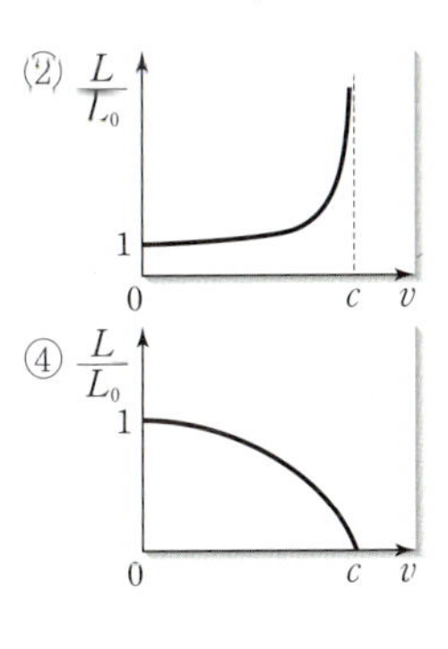

526

그림은 관찰자 A기 탄 우주선이 관찰자 B에 대해 v의 속도로 운동하는 것을 나타낸 것으로, B가 측정할 때, 광원에서 동시에 나온 빛은 검출기 p, q에 동시에 도달한다.

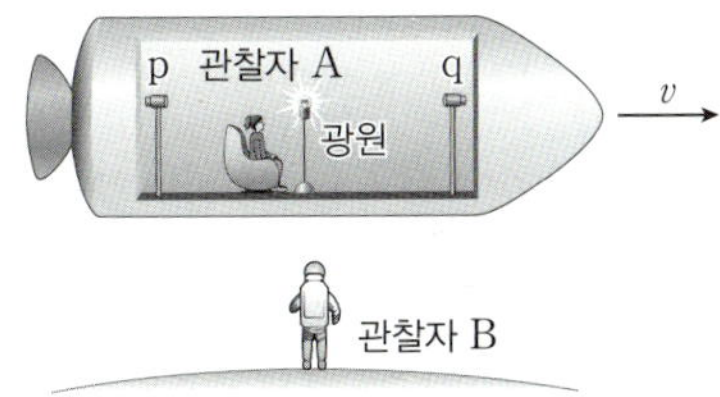

이에 대한 설명으로 옳은 것만을 〈보기〉에서 있는 대로 고른 것은?

보기

ㄱ. A가 측정할 때, 광원에서 나온 빛은 p보다 q에 먼저 도달한다.

ㄴ. p와 q 사이의 거리는 A가 측정할 때가 B가 측정할 때보다 크다.

ㄷ. B가 측정할 때, v가 증가할수록 우주선의 운동 방향 길이는 점점 짧아진다.

① ㄱ   ② ㄷ   ③ ㄱ, ㄴ
④ ㄴ, ㄷ   ⑤ ㄱ, ㄴ, ㄷ

02. 질량과 에너지

527

그림은 관찰자 A가 탄 우주선이 지표면에 정지한 관찰자 B에 대해 v의 속도로, 뮤온은 B에 대해 $0.99c$의 속도로 나란하게 운동하는 것을 나타낸 것이다. A가 측정한 뮤온의 수명은 고유 수명인 t_0이다.

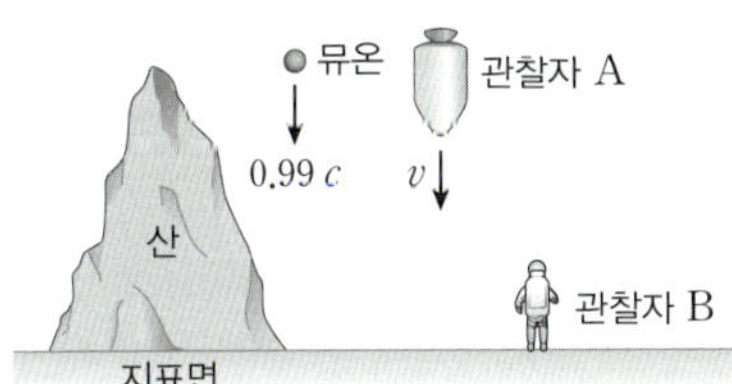

이에 대한 설명으로 옳은 것만을 〈보기〉에서 있는 대로 고른 것은? (단, c는 빛의 속력이다.)

보기

ㄱ. A의 속력은 $0.99c$이다.

ㄴ. 산의 높이는 뮤온의 좌표계에서 측정할 때가 B가 측정할 때보다 작다.

ㄷ. 뮤온의 질량은 A가 측정할 때가 B가 측정할 때보다 작다.

① ㄱ   ② ㄷ   ③ ㄱ, ㄴ
④ ㄴ, ㄷ   ⑤ ㄱ, ㄴ, ㄷ

528

그림은 진공 중에서 파이온 중간자(입자)가 지면에 대해 매우 빠른 일정한 속력으로 진행하다가 붕괴하여 빛 a, b를 방출하는 것을 나타낸 것이다.

이에 대한 설명으로 옳은 것만을 〈보기〉에서 있는 대로 고른 것은?

보기

ㄱ. 빛 a, b의 속력은 다르다.

ㄴ. 지면에 정지한 관측자가 측정할 때, 붕괴하기 전 파이온의 질량은 정지 질량보다 크다.

ㄷ. 파이온의 질량은 에너지로 전환될 수 있다.

① ㄱ   ② ㄴ   ③ ㄱ, ㄷ
④ ㄴ, ㄷ   ⑤ ㄱ, ㄴ, ㄷ

529

다음은 원자력 발전소의 구조를 나타낸 그림과, 원자력 발전소에서 일어나는 핵반응의 반응식이다.

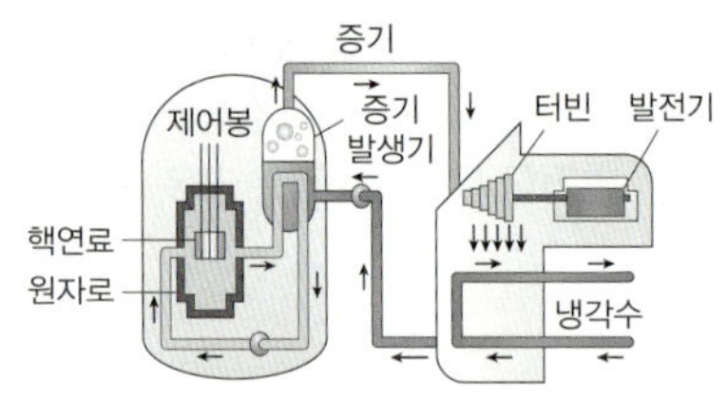

$$^{235}_{92}\text{U} + ^{1}_{0}\text{n} \rightarrow ^{141}_{56}\text{Ba} + ^{92}_{36}\text{Kr} + 3^{1}_{0}\text{n} + 200\ \text{MeV}$$

이에 대한 설명으로 옳은 것만을 〈보기〉에서 있는 대로 고른 것은?

보기

ㄱ. 원자력 발전소에서는 핵분열이 발생한다.
ㄴ. 핵반응 과정에서 질량은 보존된다.
ㄷ. 200 MeV는 질량·에너지 동등성에 의해 발생한 에너지이다.

① ㄱ   ② ㄴ   ③ ㄱ, ㄷ
④ ㄴ, ㄷ   ⑤ ㄱ, ㄴ, ㄷ

530

다음은 핵융합로의 구조를 나타낸 그림과, 핵융합로에서 일어나는 핵반응의 반응식이다.

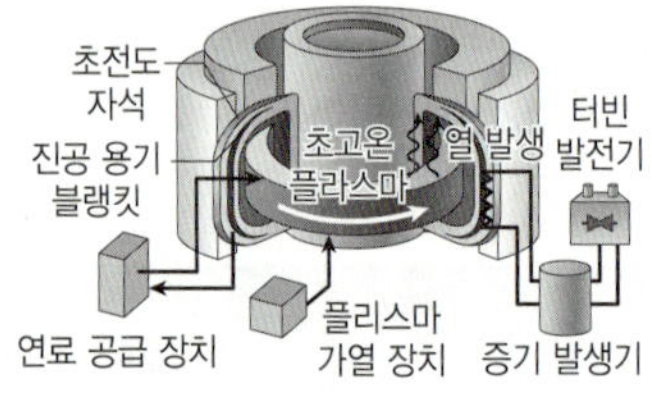

$$^{2}_{1}\text{H} + ^{3}_{1}\text{H} \rightarrow ^{4}_{2}\text{He} + \boxed{\ ㉠\ } + 17.6\ \text{MeV}$$

이에 대한 설명으로 옳은 것만을 〈보기〉에서 있는 대로 고른 것은?

보기

ㄱ. 핵융합 전과 후에 질량수의 합은 보존된다.
ㄴ. ㉠은 전자이다.
ㄷ. 핵융합 과정에서 질량은 보존된다.

① ㄱ   ② ㄴ   ③ ㄱ, ㄷ
④ ㄴ, ㄷ   ⑤ ㄱ, ㄴ, ㄷ

531

다음은 핵반응식 A, B를 나타낸 것으로, A, B는 각각 핵융합 과정, 핵분열 과정 중 하나이다.

- A: $^{2}_{1}\text{H} + ^{2}_{1}\text{H} \rightarrow ^{3}_{2}\text{H} + \boxed{\ ㉠\ } + 3.3\ \text{MeV}$
- B: $^{235}_{92}\text{U} + ^{1}_{0}\text{n} \rightarrow ^{140}_{54}\text{Xe} + ^{94}_{38}\text{Kr} + \boxed{\ ㉡\ }^{1}_{0}\text{n} + 200\ \text{MeV}$

이에 대한 설명으로 옳은 것만을 〈보기〉에서 있는 대로 고른 것은?

보기

ㄱ. A는 핵융합 과정이다.
ㄴ. ㉠은 중성자($^{1}_{0}\text{n}$)이다.
ㄷ. ㉡은 3이다.

① ㄱ   ② ㄷ   ③ ㄱ, ㄴ
④ ㄴ, ㄷ   ⑤ ㄱ, ㄴ, ㄷ

532

그림은 태양의 중심에서 4개의 수소 원자핵(H)이 융합하여 하나의 헬륨 원자핵(He)이 되는 과정을 모식적으로 나타낸 것이다. 핵융합 과정에서 결손된 질량은 m이다.

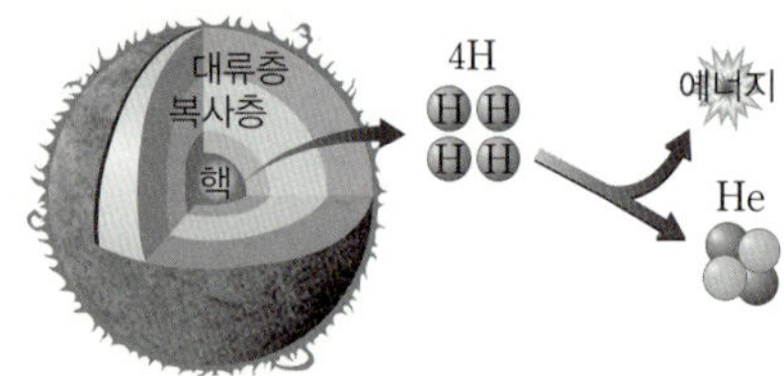

이에 대한 설명으로 옳은 것만을 〈보기〉에서 있는 대로 고른 것은?

보기

ㄱ. 발생한 에너지의 크기는 mc^2과 같다.
ㄴ. 태양의 질량은 시간이 지날수록 감소한다.
ㄷ. 태양의 핵은 극저온 상태를 유지한다.

① ㄱ   ② ㄷ   ③ ㄱ, ㄴ
④ ㄴ, ㄷ   ⑤ ㄱ, ㄴ, ㄷ

01. 전자의 에너지 준위

533

그림 (가), (나)는 원자의 구성 입자를 발견한 실험 장치의 일부를 나타낸 것이다. 그림 (다)는 원자의 중심에 있는 입자 A 주위를 입자 B가 원운동하는 모습을 나타낸 것이다. A, B는 (가)와 (나)의 실험에서 발견된 입자 중 하나이다.

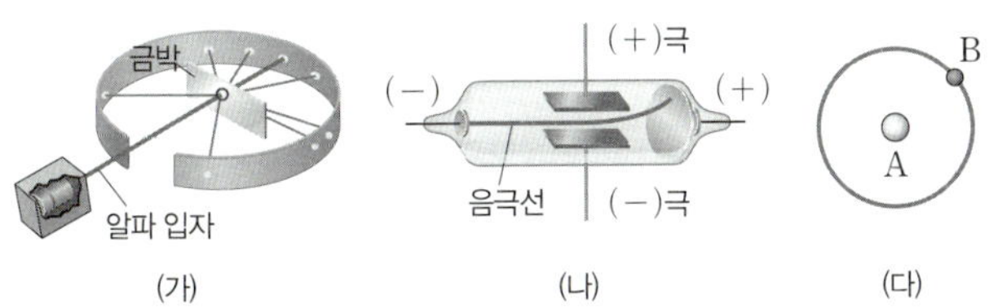

이에 대한 설명으로 옳은 것만을 〈보기〉에서 있는 대로 고른 것은?

보기

ㄱ. (가)의 실험에서 발견된 입자는 A이다
ㄴ. (나)를 통해 B가 음(−)전하를 띠는 것을 발견하였다.
ㄷ. (다)에서 B에 작용하는 알짜힘은 0이다.

① ㄱ   ② ㄷ   ③ ㄱ, ㄴ
④ ㄴ, ㄷ   ⑤ ㄱ, ㄴ, ㄷ

534

그림은 원자 모형의 변천 과정을 나타낸 것이다. (가), (나), (다)는 원자 모형의 변천에 기여한 발견이나 사실이다.

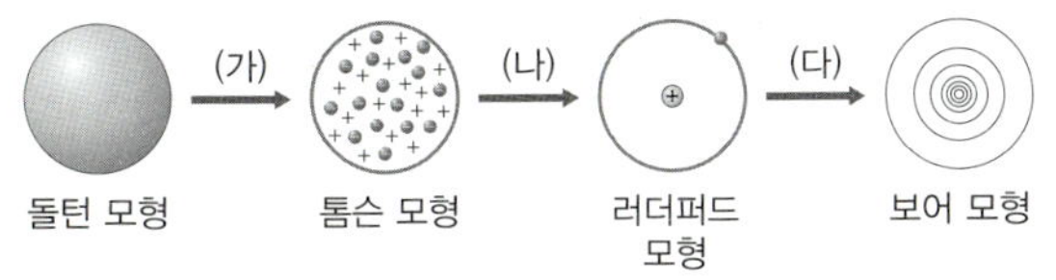

이에 대한 설명으로 옳은 것만을 〈보기〉에서 있는 대로 고른 것은?

보기

ㄱ. (가)에서 발견된 입자는 원자 질량의 대부분을 차지한다.
ㄴ. α 입자 산란 실험을 통해서 (나)의 입자가 발견되었다.
ㄷ. (다)는 수소 선 스펙트럼이다.

① ㄱ   ② ㄴ   ③ ㄱ, ㄴ
④ ㄱ, ㄷ   ⑤ ㄴ, ㄷ

535

다음은 원자 모형에 대한 설명이다.

- 음극선 실험을 통해 ⓐ 을/를 발견한 톰슨은 양(+)전하 덩어리 속에 전자가 띄엄띄엄 박혀 있는 모형을 제시하였다.
- 입자 산란 실험을 통해 ⓑ 는/은 원자 질량의 대부분을 차지하는 입자핵이 원자 중앙에 존재하고 원자핵 주위를 전자들이 돌고 있는 모형을 제시하였다. 그러나 이 모형으로는 수소 원자의 ⓒ선 스펙트럼을 설명할 수 없었다.

이에 대한 설명으로 옳은 것만을 〈보기〉에서 있는 대로 고른 것은?

보기

ㄱ. ⓐ은 모든 물질에 존재하는 입자이다.
ㄴ. ⓑ은 러더퍼드이다.
ㄷ. ⓒ은 수소 원자의 에너지 준위가 불연속적이기 때문에 생긴다.

① ㄱ   ② ㄴ   ③ ㄱ, ㄷ
④ ㄴ, ㄷ   ⑤ ㄱ, ㄴ, ㄷ

536

그림과 같이 대전된 도체구 A, B, C가 절연된 실에 매달려 정지해 있다. A에 작용하는 전기력은 0이고, C는 음(−)전하이다.

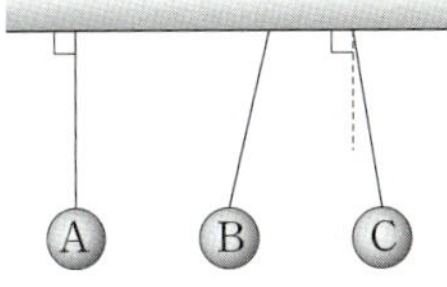

이에 대한 설명으로 옳은 것만을 〈보기〉에서 있는 대로 고른 것은?

보기

ㄱ. A는 음(−)전하이다.
ㄴ. B와 C 사이에는 서로 밀어내는 전기력이 작용한다.
ㄷ. A가 C에 작용하는 전기력의 크기는 B가 C에 작용하는 전기력의 크기보다 크다.

① ㄱ   ② ㄴ   ③ ㄱ, ㄷ
④ ㄴ, ㄷ   ⑤ ㄱ, ㄴ, ㄷ

537

그림과 같이 xy평면에 점전하 A~D를 고정시켰다. A에 작용하는 전기력의 크기는 0이고, A와 C는 양(+)전하이다.

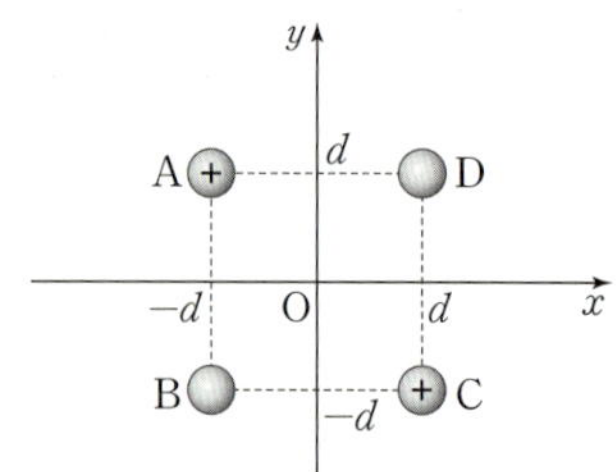

이에 대한 설명으로 옳은 것만을 〈보기〉에서 있는 대로 고른 것은?

보기
ㄱ. B는 음(−)전하이다.
ㄴ. 전하량의 크기는 C가 D보다 크다.
ㄷ. D에 작용하는 전기력은 0이다.

① ㄱ   ② ㄴ   ③ ㄱ, ㄴ
④ ㄱ, ㄷ   ⑤ ㄴ, ㄷ

538

그림은 x축상에 고정된 두 점전하 A, B를 나타낸 것이다. 표는 점 p, q, r에 전하량이 $+1\,\text{C}$인 전하를 두었을 때 전하에 작용하는 전기력의 방향을 나타낸 것으로, p, q, r는 x축상의 점이다.

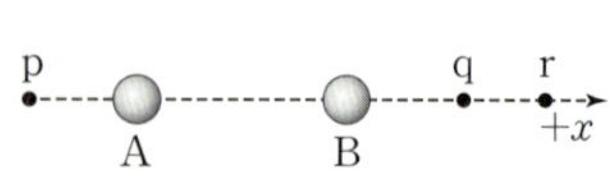

위치	p	q	r
전기력의 방향	㉠	$-x$ 방향	$+x$ 방향

이에 대한 설명으로 옳은 것만을 〈보기〉에서 있는 대로 고른 것은?

보기
ㄱ. ㉠은 $-x$방향이다.
ㄴ. B는 음(−)전하이다.
ㄷ. 전하량의 크기는 A가 B보다 크다.

① ㄴ   ② ㄷ   ③ ㄱ, ㄴ
④ ㄱ, ㄷ   ⑤ ㄱ, ㄴ, ㄷ

539

그림은 고체 A, B, C의 에너지 띠 구조를 나타낸 것이다. A, B, C는 도체, 반도체, 절연체를 순서 없이 나타낸 것으로, 색칠한 부분은 에너지 띠에 전자가 차 있는 것을 나타낸 것이다.

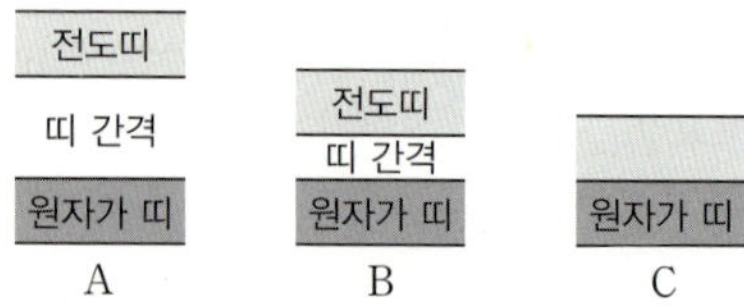

이에 대한 설명으로 옳은 것만을 〈보기〉에서 있는 대로 고른 것은?

보기
ㄱ. A의 원자가 띠의 전자는 광자 1개의 에너지가 띠 간격보다 작은 빛을 흡수할 수 있다.
ㄴ. 온도가 높을수록 B의 원자가 띠에서 양공의 수는 늘어난다.
ㄷ. 상온에서 전기 전도성은 A가 C보다 좋다.

① ㄱ   ② ㄴ   ③ ㄱ, ㄴ
④ ㄱ, ㄷ   ⑤ ㄴ, ㄷ

540

그림 (가)는 수소 원자의 양자수(n)에 따른 전자의 에너지 준위를 나타낸 것이고, (나)는 수소 원자에서 방출되는 가시광선 영역의 선 스펙트럼 일부를 파장에 따라 나타낸 것이다.

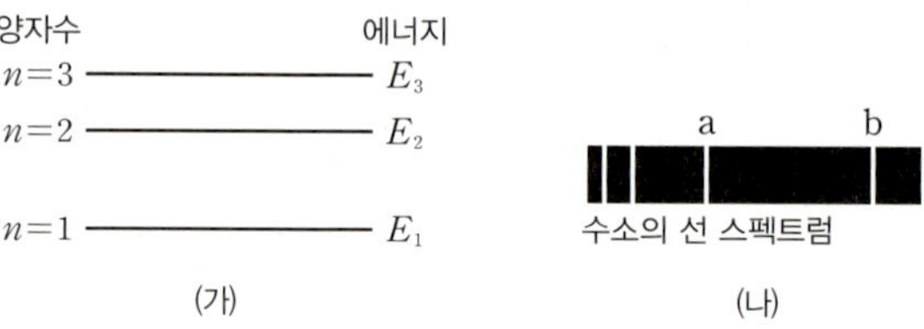

이에 대한 설명으로 옳은 것만을 〈보기〉에서 있는 대로 고른 것은?

보기
ㄱ. $E_2 > \dfrac{E_1 + E_2}{2}$이다.
ㄴ. a는 전자가 들뜬 상태에서 바닥 상태로 전이할 때 방출된다.
ㄷ. 빛의 파장은 a가 b보다 짧다.

① ㄱ   ② ㄴ   ③ ㄱ, ㄴ
④ ㄱ, ㄷ   ⑤ ㄴ, ㄷ

541

다음은 수소 원자 스펙트럼에 대한 내용이다.

- 그림 (가)는 양자수 n에 따른 수소 원자에 있는 전자의 에너지 준위 E_n을 나타낸 것이다.
- 그림 (나)는 수소 원자에 있는 전자가 전이할 때 방출하는 빛의 스펙트럼으로 λ_A는 라이먼 계열의 스펙트럼에서 두 번째로 긴 파장이고, λ_B는 발머 계열의 스펙트럼에서 네 번째로 긴 파장이다.

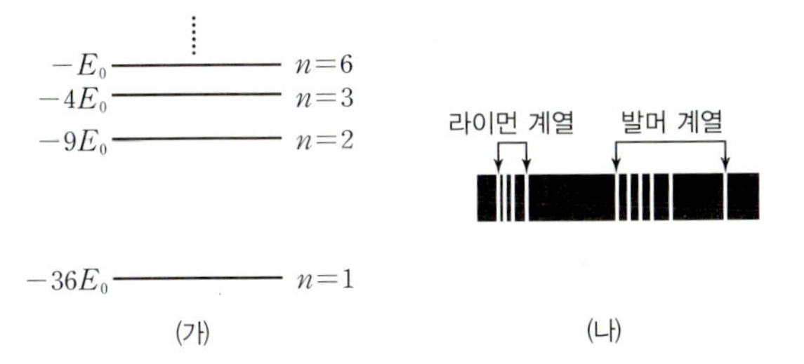

$\lambda_A : \lambda_B$는?

① $1:4$ ② $1:2$ ③ $2:1$ ④ $4:1$ ⑤ $8:1$

542

그림은 수소 원자의 에너지 준위의 일부이고, a, b, c, d는 전이 과정에서 방출되는 빛이다. 표는 방출되는 빛의 진동수와 파장을 각각 나타낸 것이다.

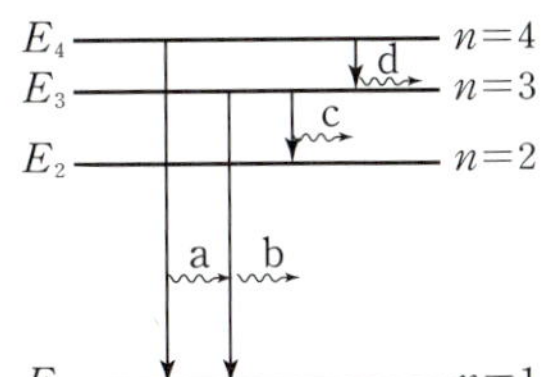

빛의 종류	진동수	파장
a	f_a	λ_a
b	f_b	λ_b
c	f_c	λ_c
d	f_d	λ_d

이에 대한 설명으로 옳은 것만을 〈보기〉에서 있는 대로 고른 것은?

보기

ㄱ. $\dfrac{1}{\lambda_a} = \dfrac{1}{\lambda_b} + \dfrac{1}{\lambda_d}$이다.

ㄴ. $f_c = \dfrac{E_3 - E_2}{h}$이다.

ㄷ. 전자가 $h(f_a - f_d)$의 에너지를 흡수하면 바닥상태에서 $n=3$인 상태로 전이할 수 있다.

① ㄱ   ② ㄷ   ③ ㄱ, ㄴ   ④ ㄴ, ㄷ   ⑤ ㄱ, ㄴ, ㄷ

543

그림 (가)는 보어의 수소 원자 모형에서 양자수 n에 따른 에너지 준위를 나타낸 것으로, 바닥 상태의 수소 원자에 진동수가 f_0인 빛을 비추었더니 $n=4$인 상태로 전이한 후 순서대로 $n=3$, $n=2$인 상태로 전이하면서 진동수가 각각 f_1, f_2인 빛을 방출하였다. 그림 (나)는 실리콘(Si)의 에너지띠를 나타낸 것이다.

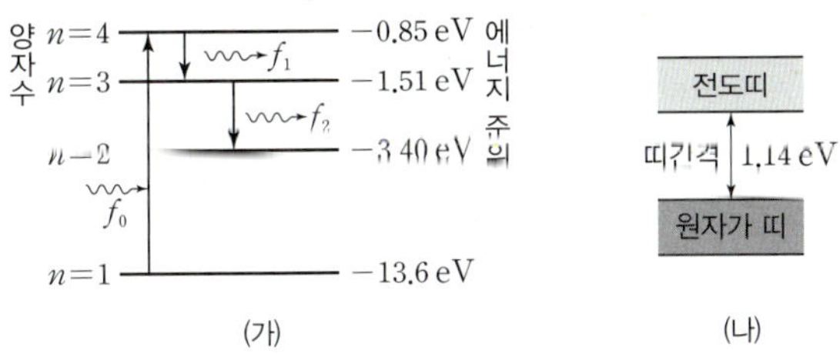

이에 대한 설명으로 옳은 것만을 〈보기〉에서 있는 대로 고른 것은?

보기

ㄱ. $f_0 - f_1 > f_2$이다.

ㄴ. 바닥상태의 전자는 진동수가 $f_0 - f_2$인 빛을 흡수할 수 있다.

ㄷ. 진동수가 f_1인 빛을 실리콘에 비추면 원자가 띠의 전자가 전도띠로 전이한다.

① ㄱ   ② ㄷ   ③ ㄱ, ㄴ
④ ㄱ, ㄷ   ⑤ ㄴ, ㄷ

544

그림은 순수한 실리콘 X의 에너지 띠 구조와 실리콘에 불순물 a를 첨가한 반도체 Y의 에너지 띠 구조를 나타낸 것이다. Y에는 원자가 띠에 있는 양공보다 전도띠에 있는 전자가 더 많다.

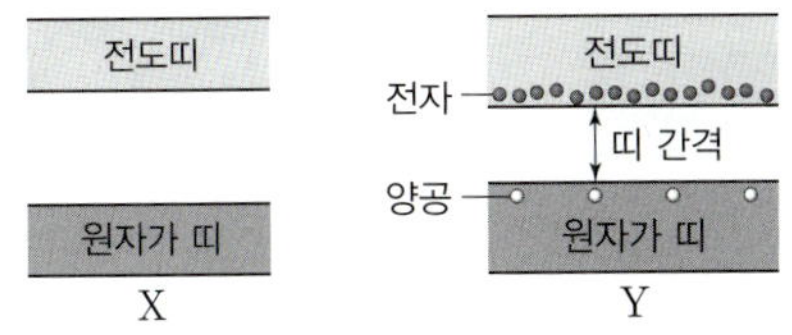

이에 대한 설명으로 옳은 것만을 〈보기〉에서 있는 대로 고른 것은?

보기

ㄱ. Y는 n형 반도체이다.

ㄴ. a의 원자가 전자는 5개이다.

ㄷ. X는 Y보다 전기 전도성이 좋다.

① ㄱ   ② ㄴ   ③ ㄱ, ㄴ
④ ㄱ, ㄷ   ⑤ ㄴ, ㄷ

545

다음은 불순물 반도체 X에 대한 설명이다.

이 반도체는 순수한 실리콘 결정에 알루미늄(Al), 인듐(In), 붕소(B) 등의 원소를 소량 첨가하여 실리콘 원자와 불순물이 공유 결합하게 만든 것이다. 이때 알루미늄(Al), 인듐(In), 붕소(B)의 원소에는 ㉠전자가 부족하여 전자가 비어 있는 자리가 생기게 된다.

이에 대한 설명으로 옳은 것만을 〈보기〉에서 있는 대로 고른 것은?

보기

ㄱ. 알루미늄(Al)은 원자가 전자가 3개이다.
ㄴ. X는 양(+)전하로 대전되어 있다.
ㄷ. ㉠은 전도띠에 만들어진다.

① ㄱ   ② ㄴ   ③ ㄱ, ㄴ
④ ㄱ, ㄷ   ⑤ ㄴ, ㄷ

546

그림 (가)는 실리콘(Si) 결정의 에너지 띠 구조를, (나)는 실리콘에 붕소(B)를 도핑한 반도체 X의 원자 주변의 전자 배열을 나타낸 것이다.

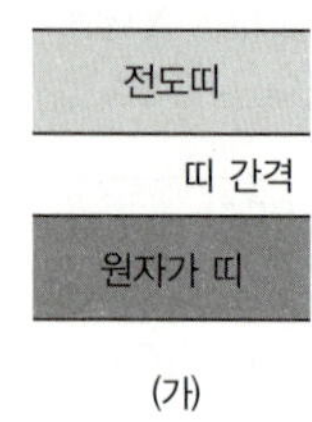

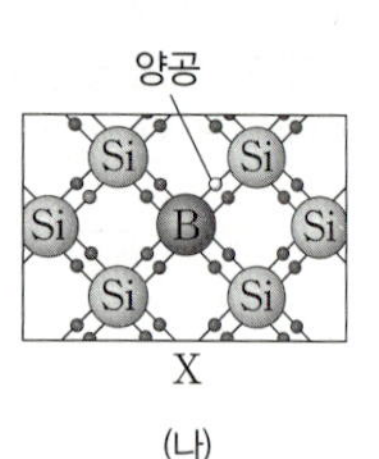

이에 대한 설명으로 옳은 것만을 〈보기〉에서 있는 대로 고른 것은?

보기

ㄱ. (가)의 띠 간격은 절연체보다 크다.
ㄴ. X는 원자가 띠에 양공이 많아지도록 도핑한 반도체이다.
ㄷ. X에 전류를 흐르게 하였을 때, 양공은 전류의 방향과 반대 방향으로 이동한다.

① ㄱ   ② ㄴ   ③ ㄱ, ㄴ
④ ㄱ, ㄷ   ⑤ ㄴ, ㄷ

547

그림 (가)는 저마늄(Ge)에 비소(As)를 첨가한 반도체 A와 저마늄(Ge)에 인듐(In)을 첨가한 반도체 B를, (나)는 (가)의 A와 B를 접합하여 만든 다이오드, 스위치, 저항을 이용하여 회로를 구성한 것을 나타낸 것이다.

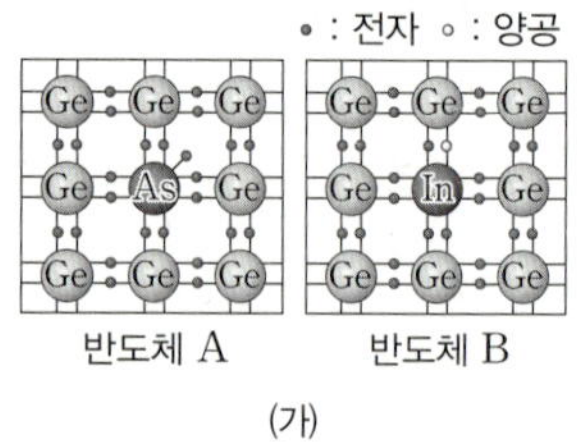

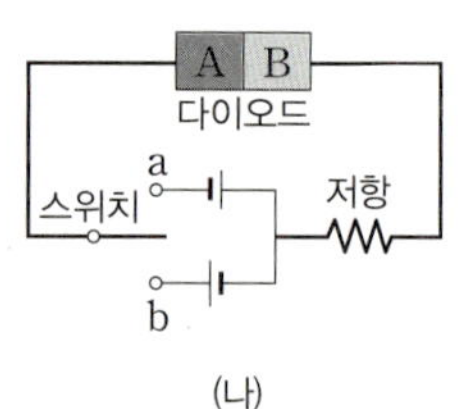

이에 대한 설명으로 옳은 것만을 〈보기〉에서 있는 대로 고른 것은?

보기

ㄱ. 비소(As)의 원자가 전자는 5개이다.
ㄴ. B는 p형 반도체이다.
ㄷ. 저항에 전류가 흐르기 위해서는 스위치를 a에 연결해야 한다.

① ㄱ   ② ㄷ   ③ ㄱ, ㄴ
④ ㄴ, ㄷ   ⑤ ㄱ, ㄴ, ㄷ

548

그림 (가)는 p-n 접합 다이오드와 p-n 접합 발광 다이오드(LED)에 직류 전원 장치를 연결하였을 때, LED에서 빛이 방출되고 있는 모습을 나타낸 것이다. 그림 (나)는 빛이 방출되고 있는 (가)의 LED의 에너지 띠 구조를 나타낸 것이다. X, Y는 p형 반도체와 n형 반도체 중 하나이다.

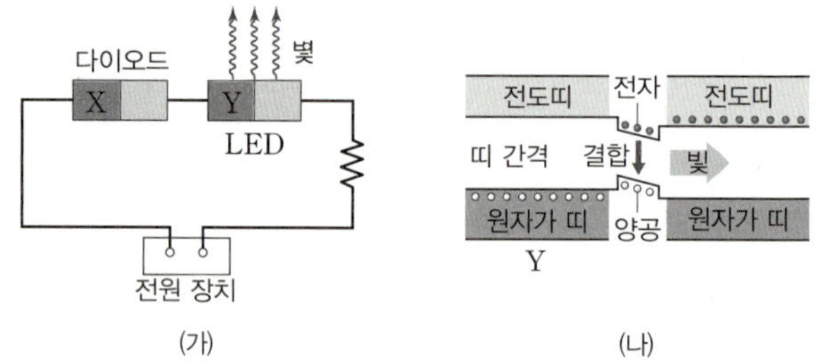

이에 대한 설명으로 옳은 것만을 〈보기〉에서 있는 대로 고른 것은?

보기

ㄱ. (가)의 X내의 양공은 p-n 접합면의 방향으로 이동한다.
ㄴ. (나)에서 양공과 결합하는 전자의 에너지 준위는 증가한다.
ㄷ. LED는 띠 간격이 클수록 방출되는 빛의 파장이 길다.

① ㄱ   ② ㄴ   ③ ㄱ, ㄴ
④ ㄱ, ㄷ   ⑤ ㄴ, ㄷ

549

그림은 불순물 반도체 X, Y를 접합하여 만든 p−n 접합 다이오드에 전원을 연결하였을 때 전하를 운반하는 A, B가 접합면 쪽으로 이동하여 결합하는 과정을 에너지 띠 구조와 함께 나타낸 것이다.

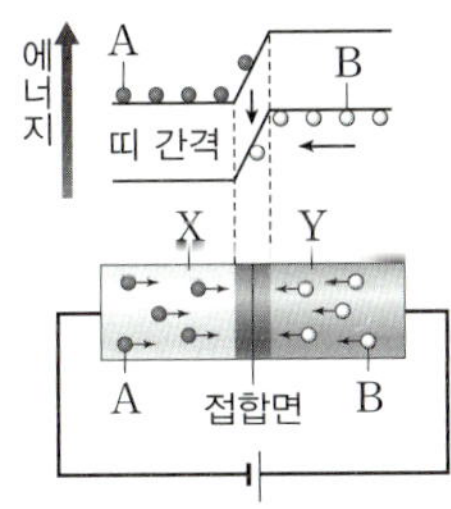

이에 대한 설명으로 옳은 것만을 〈보기〉에서 있는 대로 고른 것은?

보기
ㄱ. A는 전지이다.
ㄴ. Y는 p형 반도체이다.
ㄷ. 접합면에서 양공은 전도띠에서 원자가 띠로 이동한다.

① ㄱ   ② ㄷ   ③ ㄱ, ㄴ
④ ㄴ, ㄷ   ⑤ ㄱ, ㄴ, ㄷ

550

그림은 p−n 접합 다이오드 A, p−n 접합 발광 다이오드(LED), 저항을 직류 전원 장치에 연결하였을 때, LED에서 빨간색 빛이 방출되는 것을 나타낸 것이다. X는 p형 반도체와 n형 반도체 중 하나이다.

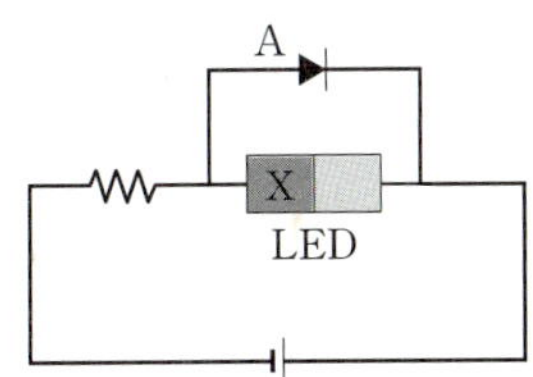

이에 대한 설명으로 옳은 것만을 〈보기〉에서 있는 대로 고른 것은?

보기
ㄱ. A의 n형 반도체 속의 전자는 p−n 접합면에서 멀어지는 방향으로 이동한다.
ㄴ. X는 실리콘(Si)에 원자가 전자가 3개인 원소를 첨가하여 만든다.
ㄷ. 전위 차지의 전압을 증가시키면 LED에서 파란색 빛이 방출된다.

① ㄱ   ② ㄴ   ③ ㄱ, ㄴ
④ ㄱ, ㄷ   ⑤ ㄴ, ㄷ

551

그림과 같이 p−n 접합 다이오드 A~D와 발광 다이오드(LED)를 이용하여 회로를 구성한 후, 스위치를 a에 연결하였더니 LED에서 빛이 방출되었다. X는 p형 반도체와 n형 반도체 중 하나이다.

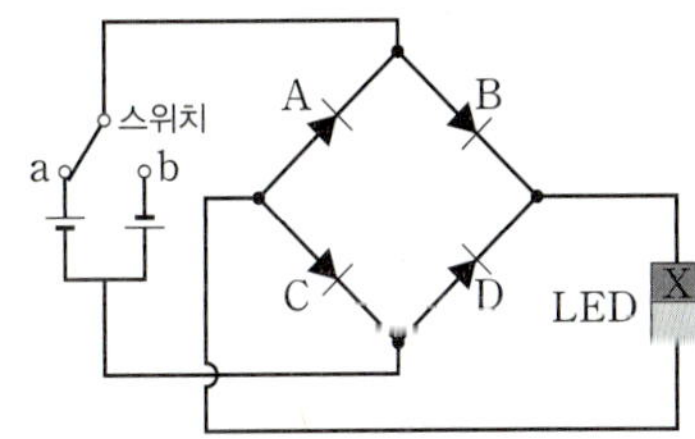

이에 대한 설명으로 옳은 것만을 〈보기〉에서 있는 대로 고른 것은?

보기
ㄱ. B와 C에 순방향 전압이 걸린다.
ㄴ. X는 주로 전자가 전류를 흐르게 한다.
ㄷ. 스위치를 b에 연결하면 LED에서 빛이 방출되지 않는다.

① ㄱ   ② ㄴ   ③ ㄱ, ㄴ
④ ㄱ, ㄷ   ⑤ ㄴ, ㄷ

552

그림 (가)는 순수 반도체에 불순물을 도핑한 반도체 A, B를 나타낸 것으로 A, B는 각각 p형 반도체와 n형 반도체 중 하나이다. 그림 (나)는 A, B를 접합하여 만든 발광 다이오드(LED)를 직류 전원 장치에 연결하였을 때 불이 켜진 모습을 나타낸 것이다.

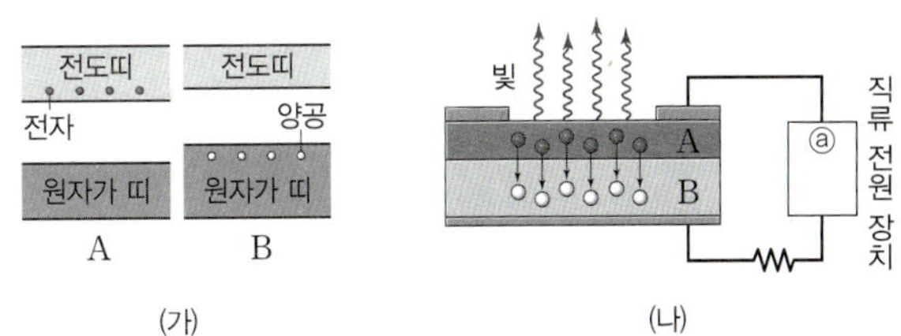

이에 대한 설명으로 옳은 것만을 〈보기〉에서 있는 대로 고른 것은?

보기
ㄱ. A는 n형 반도체이다.
ㄴ. 전원의 단자 ⓐ는 (+)극이다.
ㄷ. (나)에서 전원 장치의 전압을 증가시키면 방출되는 빛의 파장은 짧아진다.

① ㄱ   ② ㄴ   ③ ㄱ, ㄴ
④ ㄱ, ㄷ   ⑤ ㄴ, ㄷ

01. 자기장과 물질의 자성

553

그림과 같이 일정한 전류가 흐르는 무한히 긴 직선 도선 A, B, C가 xy평면에 수직으로 고정되어 있다. A, C는 각각 x축상의 $x=-d$, $x=2d$에 있고, B는 y축상의 $y=d$에 있다. 원점 O에서 B에 의한 자기장의 세기는 B_0이고, A, B, C에 흐르는 전류에 의한 자기장의 방향은 $+x$방향이다.

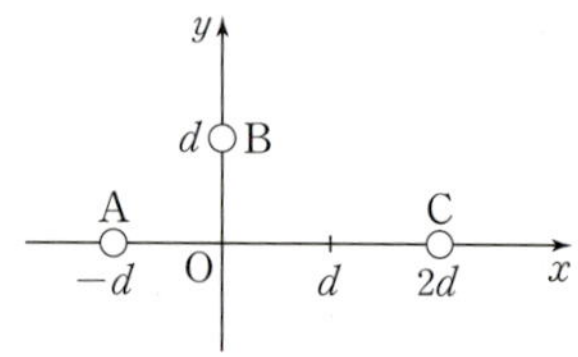

이에 대한 설명으로 옳은 것만을 〈보기〉에서 있는 대로 고른 것은?

보기

ㄱ. C에 흐르는 전류의 세기는 A에 흐르는 전류의 세기의 4배이다.
ㄴ. B에는 xy평면에서 수직으로 나오는 방향으로 전류가 흐른다.
ㄷ. 원점 O에서 A, B, C에 의한 자기장의 세기는 $2B_0$이다.

① ㄱ　　　　② ㄴ　　　　③ ㄱ, ㄴ
④ ㄱ, ㄷ　　　⑤ ㄴ, ㄷ

554

그림과 같이 일정한 세기의 전류가 흐르고 있는 무한히 긴 직선 도선 A, B가 x축상의 점 p, q, r과 같은 간격 d만큼 떨어져 xy평면에 수직으로 고정되어 있다. 표는 p, q, r에서 A, B에 흐르는 전류에 의한 자기장의 세기와 방향을 나타낸 것이다.

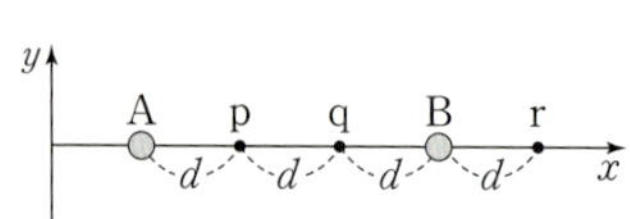

위치 자기장	p	q	r
세기	B_0	0	㉠
방향	$+y$	없음	㉡

㉠과 ㉡으로 옳은 것은? (단, 도선의 굵기는 무시한다.)

	㉠	㉡		㉠	㉡
①	$\frac{1}{2}B_0$	$+y$	②	$\frac{1}{2}B_0$	$-y$
③	B_0	$+y$	④	B_0	$-y$
⑤	$\frac{3}{2}B_0$	$-y$			

555

그림과 같이 무한히 긴 직선 도선 A~D가 xy평면에 수직으로 고정되어 있다. A~D에 각각 세기가 일정한 전류가 흐를 때 원점 O에서 전류에 의한 자기장의 세기가 0이었다.

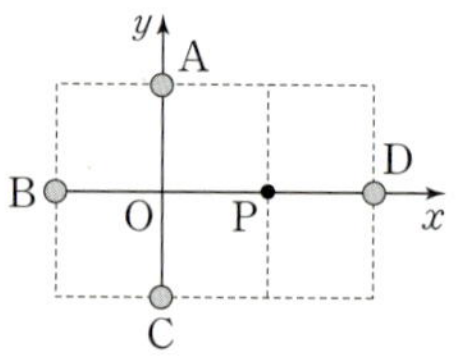

이에 대한 설명으로 옳은 것만을 〈보기〉에서 있는 대로 고른 것은?

보기

ㄱ. A와 C에 흐르는 전류의 방향은 서로 반대이다.
ㄴ. D에 흐르는 전류의 세기는 B에 흐르는 전류의 세기의 2배이다.
ㄷ. P에서 전류에 의한 자기장의 방향은 $+x$방향이다.

① ㄱ　　　　② ㄴ　　　　③ ㄱ, ㄴ
④ ㄱ, ㄷ　　　⑤ ㄴ, ㄷ

556

그림 (가)와 같이 $+y$방향으로 전류가 흐르고 있는 무한히 긴 두 직선 도선 A, B가 xy평면상에 고정되어 있고, 점 P는 x축상의 점이다. 그림 (나)는 A와 B에 흐르는 전류의 세기를 시간에 따라 나타낸 것이다.

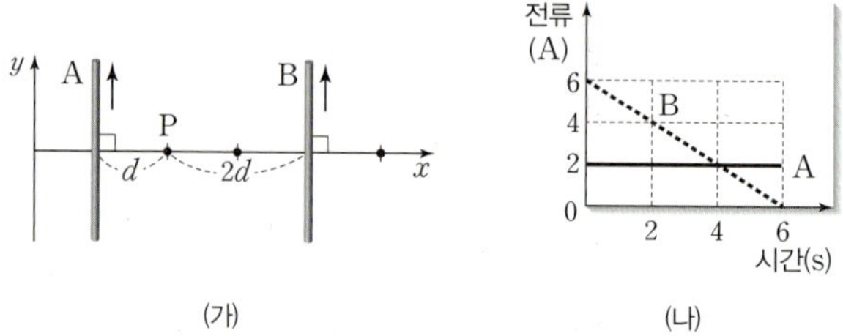

(가)　　　　　　　(나)

이에 대한 설명으로 옳은 것만을 〈보기〉에서 있는 대로 고른 것은? (단, 지구 자기장은 무시한다.)

보기

ㄱ. 1초일 때 자기장의 방향은 xy평면에서 수직으로 나오는 방향이다.
ㄴ. 2초에서 4초까지 자기장의 세기는 감소한다.
ㄷ. 자기장의 세기는 1초일 때가 5초일 때보다 크다.

① ㄱ　　　　② ㄴ　　　　③ ㄱ, ㄴ
④ ㄱ, ㄷ　　　⑤ ㄴ, ㄷ

557

그림 (가)와 같이 전류가 흐르는 무한히 긴 직선 도선 P, Q가 점 a와 같은 간격 d만큼 떨어져 xy평면에 고정되어 있다. P에는 세기가 I인 전류가 $+y$방향으로, Q에는 방향은 일정하지만 세기가 변하는 전류가 흐르고 있다. 그림 (나)는 a에서 자기장의 변화를 시간에 따라 나타낸 것으로 a에서 P에 의한 자기장의 세기는 B_0이다. 자기장의 방향은 xy평면에서 나오는 방향을 양(+)으로 한다.

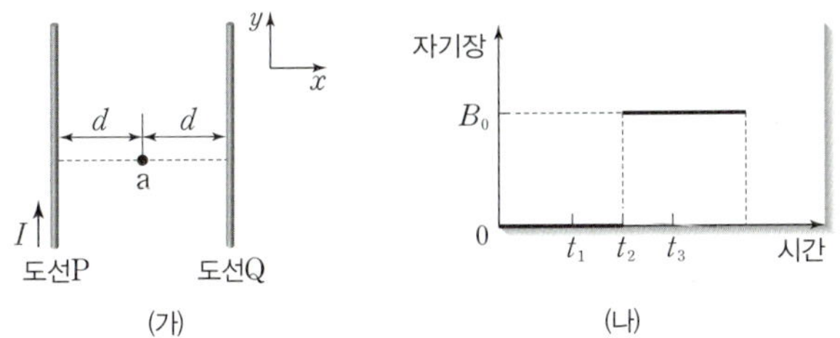

(가)   (나)

이에 대한 설명으로 옳은 것만을 〈보기〉에서 있는 대로 고른 것은? (단, 지구 자기장은 무시한다.)

ㄱ. Q에는 $-y$방향으로 전류가 흐른다.
ㄴ. Q에 흐르는 전류의 세기는 t_3일 때가 t_1일 때의 2배이다.
ㄷ. P에 흐르는 전류의 방향을 $-y$방향으로 하면 t_3일 때 a에서 자기장의 세기는 $2B_0$이다.

① ㄱ   ② ㄴ   ③ ㄱ, ㄴ
④ ㄱ, ㄷ   ⑤ ㄴ, ㄷ

558

그림은 일정한 세기의 전류가 흐르는 무한히 긴 직선 도선 A, B가 각각 x축과 y축에 고정되어 있는 것을 나타낸 것이다. A, B에 각각 $+x$방향과 $+y$방향으로 일정한 세기의 전류가 흐를 때, 점 a, b에서 자기장은 B_0으로 같다.

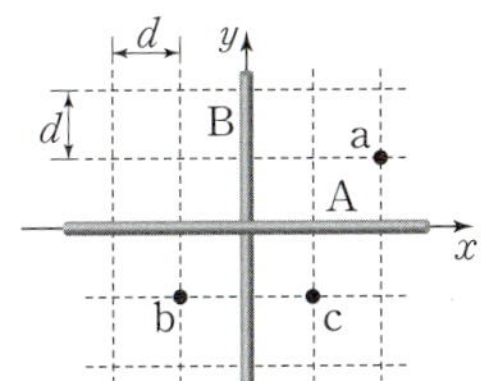

점 c에서 자기장의 세기는? (단, 지구 자기장은 무시한다.)

① B_0 ② $\dfrac{2}{3}B_0$ ③ $3B_0$
④ $5B_0$ ⑤ $7B_0$

559

그림은 xy평면에 무한히 긴 직선 도선 A, B가 y축과 나란하게 고정되어 있는 것을 나타낸 것이다. A에는 $+y$방향으로 세기가 I_0인 전류가, B에는 $-y$방향으로 세기가 $2I_0$인 전류가 흐른다.

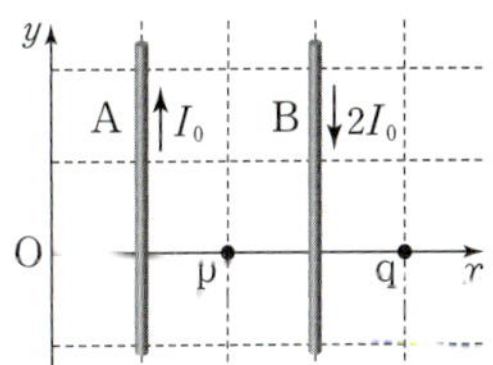

이에 대한 설명으로 옳은 것만을 〈보기〉에서 있는 대로 고른 것은? (단, 모눈 간격은 일정하고 지구 자기장은 무시한다.)

ㄱ. O에서 자기장의 방향은 xy평면에서 수직으로 들어가는 방향이다.
ㄴ. O와 p에서 자기장의 방향은 서로 반대 방향이다.
ㄷ. 자기장의 세기는 p에서가 q에서의 $\dfrac{9}{5}$배이다.

① ㄱ   ② ㄴ   ③ ㄱ, ㄷ
④ ㄴ, ㄷ   ⑤ ㄱ, ㄴ, ㄷ

560

그림 (가)는 전원 장치에 연결된 솔레노이드 양쪽에 자기화되지 않은 물체 A와 B를 가만히 놓았더니 A는 솔레노이드 쪽으로, B는 솔레노이드에서 멀어지는 방향으로 움직이는 모습을 나타낸 것이다. 그림 (나)는 (가)에서 전원 장치를 반대로 연결한 모습을 나타낸 것이다.

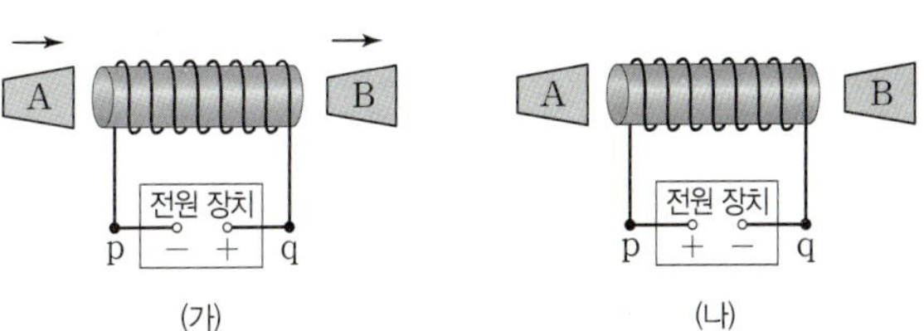

(가)   (나)

이에 대한 설명으로 옳은 것만을 〈보기〉에서 있는 대로 고른 것은?

ㄱ. (가)에서 A의 솔레노이드에 가까운 면은 S극으로 자기화된다.
ㄴ. B는 상자성체이다.
ㄷ. (나)에서 B는 솔레노이드 쪽으로 움직인다.

① ㄱ   ② ㄴ   ③ ㄱ, ㄴ
④ ㄱ, ㄷ   ⑤ ㄴ, ㄷ

561

그림 (가)는 자성체 A, B, C를 일정한 기준으로 분류한 것을, (나)는 임계 온도보다 낮은 온도로 냉각된 물체 P 위에 자석이 떠 있는 모습을 나타낸 것이다.

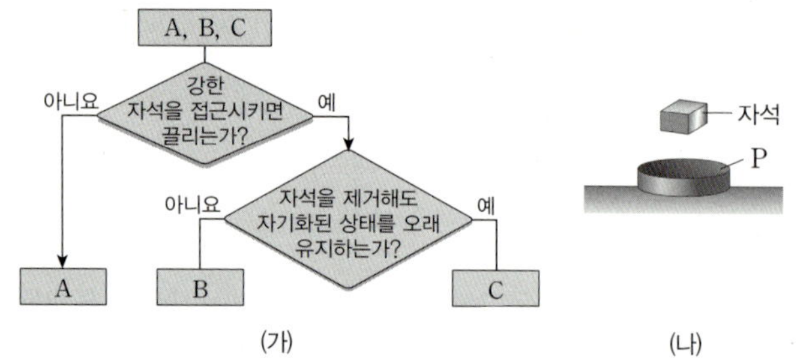

이에 대한 설명으로 옳은 것만을 〈보기〉에서 있는 대로 고른 것은?

> **보기**
>
> ㄱ. P는 (가)의 분류 기준으로 A에 해당하는 물체이다.
> ㄴ. B는 외부 자기장과 같은 방향으로 자기화 된다.
> ㄷ. C를 이용하여 정보를 저장하는 장치를 만들 수 있다.

① ㄱ　　　　② ㄷ　　　　③ ㄱ, ㄴ
④ ㄴ, ㄷ　　　　⑤ ㄱ, ㄴ, ㄷ

---

02. 전자기 유도

562

그림 (가)는 저항 R가 연결된 코일에 강자성체 A의 점 p쪽을 가까이 하는 순간 코일에 a → R → b 방향으로 전류가 흐르는 것을 나타낸 것이다. 그림 (나)는 (가)의 A와 자기화되지 않은 물체 B를 고정시켜 놓은 것을 나타낸 것으로, A와 B는 서로 밀어내는 방향의 자기력이 작용하였다.

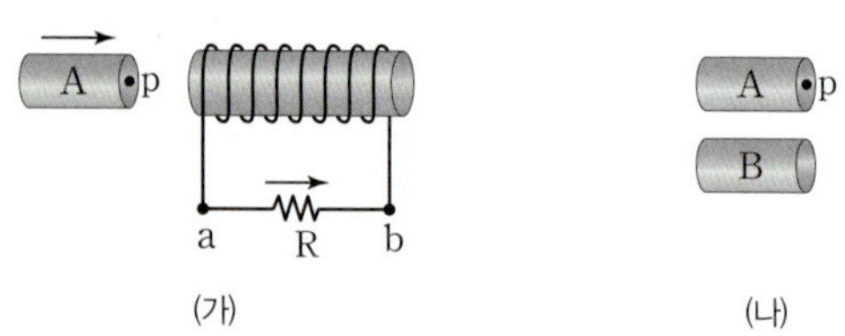

이에 대한 설명으로 옳은 것만을 〈보기〉에서 있는 대로 고른 것은?

> **보기**
>
> ㄱ. p는 S극이다.
> ㄴ. (가)에서 A와 코일 사이에는 서로 당기는 자기력이 작용한다.
> ㄷ. (나)의 B는 상자성체이다.

① ㄱ　　　　② ㄴ　　　　③ ㄱ, ㄴ
④ ㄱ, ㄷ　　　　⑤ ㄴ, ㄷ

563

그림 (가)는 빗면을 따라 내려온 자석이 반도체 A와 B를 접합하여 만든 다이오드가 연결되어 있는 코일의 중심축에 놓인 수평 레일을 따라 운동하는 모습을 나타낸 것이다. 점 a, b는 레일 위에 있다. 그림 (나)는 자석이 b를 통과하는 순간 (가)의 A와 B 내부의 양공 또는 전자의 이동을 모식적으로 나타낸 것이다.

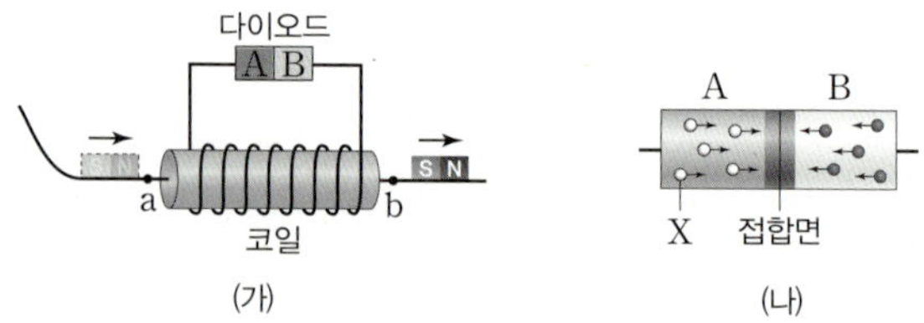

이에 대한 설명으로 옳은 것만을 〈보기〉에서 있는 대로 고른 것은?

> **보기**
>
> ㄱ. A는 n형 반도체이다.
> ㄴ. X는 양공이다.
> ㄷ. 자석이 a와 b를 지날 때 코일로부터 받는 자기력의 방향은 서로 같다.

① ㄱ　　　　② ㄴ　　　　③ ㄱ, ㄴ
④ ㄱ, ㄷ　　　　⑤ ㄴ, ㄷ

564

그림 (가), (나)는 코일 근처에서 움직이고 있는 자석의 어느 한 순간, 유도 전류에 의한 자기력선을 나타낸 것이다.

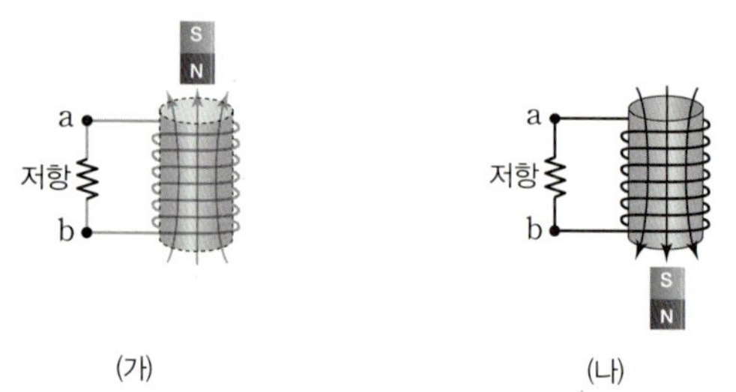

이에 대한 설명으로 옳은 것만을 〈보기〉에서 있는 대로 고른 것은?

> **보기**
>
> ㄱ. (가)에서 자석에 의해서 코일을 통과하는 자기 선속은 증가한다.
> ㄴ. (나)에서 유도 전류의 방향은 b → 저항 → a 방향이다.
> ㄷ. (가)와 (나)에서 자석이 코일로부터 받는 자기력의 방향은 서로 반대이다.

① ㄱ　　　　② ㄴ　　　　③ ㄱ, ㄴ
④ ㄱ, ㄷ　　　　⑤ ㄴ, ㄷ

565

그림은 빗면을 따라 내려온 자석이 수평인 직선 레일을 따라 고정된 솔레노이드를 통과하는 것을 나타낸 것이다. a, b는 솔레노이드 중심에서 같은 거리만큼 떨어진 중심축상의 점이고, X는 p형 반도체와 n형 반도체 중 하나이다. 자석이 b를 지날 때 코일에 연결된 p-n접합 발광 다이오드(LED)에서 빛이 방출되었다.

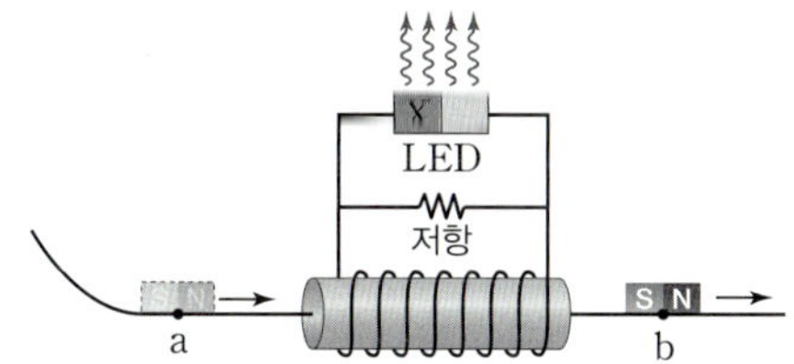

이에 대한 설명으로 옳은 것만을 〈보기〉에서 있는 대로 고른 것은?

보기

ㄱ. X는 p형 반도체이다.
ㄴ. 자석이 a를 지날 때 LED내의 전자는 p-n 접합면 쪽으로 이동한다.
ㄷ. 저항에 흐르는 전류의 세기는 자석이 a를 지날 때와 b를 지날 때가 같다.

① ㄱ　　　　② ㄴ　　　　③ ㄱ, ㄴ
④ ㄱ, ㄷ　　　⑤ ㄴ, ㄷ

566

그림은 xy평면에 수직으로 들어가는 방향으로 형성된 균일한 자기장 영역 Ⅰ과 xy평면에 수직인 방향인 균일한 자기장 영역 Ⅱ에 동일한 금속 고리 a, b, c가 운동하고 있는 모습을 나타낸 것이다. $+x$방향으로 v의 속력으로 운동하고 있는 a와 $-x$방향으로 $3v$의 속력으로 운동하고 있는 b에는 세기가 I_0인 전류가 시계 방향으로 흐른다. c의 점 p는 도선의 한 변의 중앙에 고정된 점이며, p는 Ⅰ, Ⅱ의 경계선을 따라 $+y$방향으로 $2v$의 속력으로 운동한다.

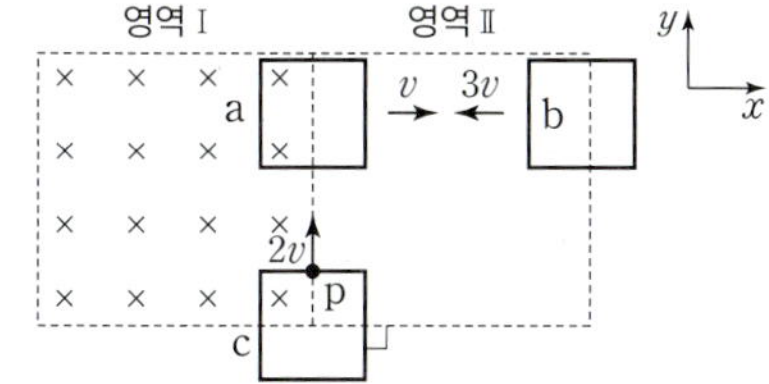

c에 흐르는 전류의 세기와 방향으로 옳은 것은?

전류의 방향	전류의 세기	전류의 방향	전류의 세기
① 시계 방향	$\frac{1}{3}I_0$	② 시계 방향	$\frac{2}{3}I_0$
③ 시계 방향	I_0	④ 반시계 방향	$\frac{1}{3}I_0$
⑤ 반시계 방향	$\frac{2}{3}I_0$		

567

다음은 자성과 전자기 유도 현상에 대한 실험이다.

[실험 과정]
(가) 그림 (가)와 같이 자기화되어 있지 않은 물체 A를 천장에 매단 후, A 아래에 p-n 접합다이오드가 연결된 코일을 직류 전원 장치와 연결한다.
(나) (가)에서 다이오드와 전원 장치를 제거하고 저항을 연결한 후 실을 끊었을 때, A가 코일에 가까워지는 동안 저항에 흐르는 전류의 방향을 관찰한다.

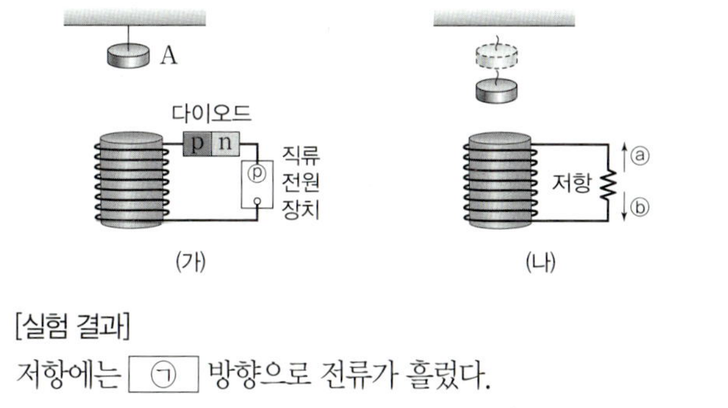

[실험 결과]
저항에는 　⊙　 방향으로 전류가 흘렀다.

이에 대한 설명으로 옳은 것만을 〈보기〉에서 있는 대로 고른 것은?

보기

ㄱ. (가)의 전원 장치에서 ⓟ는 (−)극이다.
ㄴ. ⊙은 ⓑ이다.
ㄷ. (가)에서 실이 A를 당기는 힘의 크기는 (나)에서 A에 작용하는 알짜힘의 크기보다 크다.

① ㄱ　　　　② ㄴ　　　　③ ㄱ, ㄴ
④ ㄱ, ㄷ　　　⑤ ㄴ, ㄷ

01. 파동의 성질

568

다음은 파동에 대한 설명이다.

한 곳에 생긴 진동이 물질을 따라 주변으로 퍼져 나가는 것을 파동이라고 한다. 예를 들어 물방울이 수면에 떨어지면 물방울이 떨어진 지점을 중심으로 동심원 모양의 ㉠물결파가 발생하게 된다. 이때 파동이 발생한 곳을 (가) (이)라 하고, 파동을 전달하는 물질을 (나) (이)라 한다.

이에 대한 설명으로 옳은 것만을 〈보기〉에서 있는 대로 고른 것은?

보기
ㄱ. ㉠은 횡파이다.
ㄴ. (가)는 파원이다.
ㄷ. (나)는 매질이다.

① ㄱ   ② ㄷ   ③ ㄱ, ㄴ
④ ㄴ, ㄷ   ⑤ ㄱ, ㄴ, ㄷ

569

그림은 용수철을 좌우로 흔들어 발생한 파동 A가 전파되고 있는 어느 한 순간의 모습을 나타낸 것이다. p와 q는 용수철의 이웃한 가장 밀한 두 지점이다.

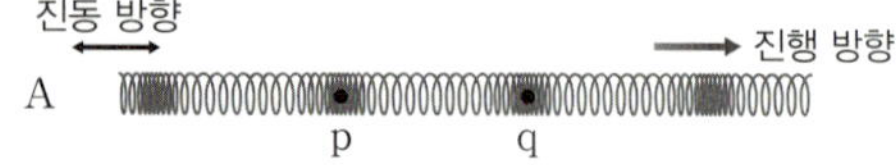

이에 대한 설명으로 옳은 것만을 〈보기〉에서 있는 대로 고른 것은?

보기
ㄱ. 횡파이다.
ㄴ. 파장은 p와 q 사이의 거리와 같다.
ㄷ. 지진파의 S파는 A와 같은 종류의 파동이다.

① ㄱ   ② ㄴ   ③ ㄱ, ㄷ
④ ㄴ, ㄷ   ⑤ ㄱ, ㄴ, ㄷ

570

그림은 진동하는 파동 A, B의 위치에 따른 변위를 나타낸 것이다. A, B의 주기는 같다.

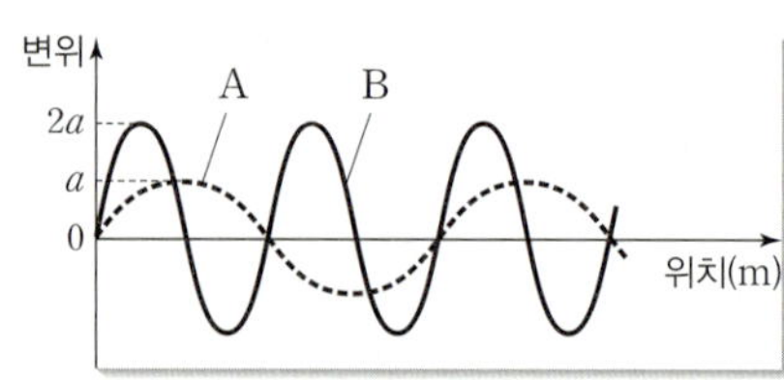

B의 물리량이 A의 물리량보다 큰 것만을 〈보기〉에서 있는 대로 고른 것은?

보기
ㄱ. 진동수
ㄴ. 진폭
ㄷ. 파동 속력

① ㄱ   ② ㄴ   ③ ㄱ, ㄷ
④ ㄴ, ㄷ   ⑤ ㄱ, ㄴ, ㄷ

571

그림은 오른쪽으로 진행하는 파동의 어느 순간의 모습을 나타낸 것이다. 파동의 주기는 4초이고, 점 P는 매질 위의 한 점이다.

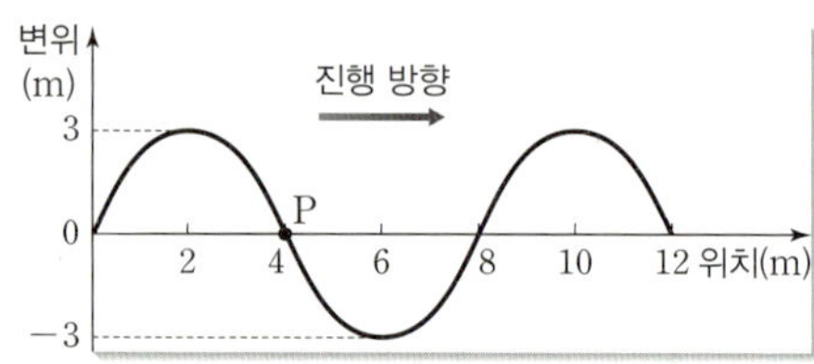

이에 대한 설명으로 옳은 것만을 〈보기〉에서 있는 대로 고른 것은?

보기
ㄱ. 파장은 8 m이다.
ㄴ. 이 순간부터 3초가 지났을 때 P의 변위는 0이다.
ㄷ. 파동 속력은 2 m/s이다.

① ㄱ   ② ㄴ   ③ ㄱ, ㄷ
④ ㄴ, ㄷ   ⑤ ㄱ, ㄴ, ㄷ

572

그림과 같이 단색광을 균일한 반원통 유리의 P점을 향해 입사각 i로 입사시켰을 때 공기와 유리의 경계면에서 단색광의 일부는 반사각 i'으로 반사하고, 일부는 굴절각 r로 굴절하였다. $i < r$이다.

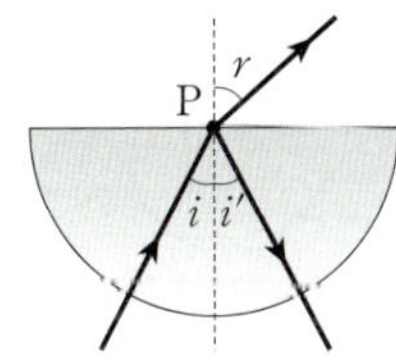

이에 대한 설명으로 옳은 것만을 〈보기〉에서 있는 대로 고른 것은?

ㄱ. $i = i'$이다.
ㄴ. i만 크게 하면 r는 작아진다.
ㄷ. 단색광의 속력은 유리에서가 공기에서보다 크다.

① ㄱ ② ㄴ ③ ㄱ, ㄷ
④ ㄴ, ㄷ ⑤ ㄱ, ㄴ, ㄷ

573

다음은 빛의 굴절에 대한 설명이다.

사막에서는 지표 근처의 뜨거운 공기와 상공의 찬 공기에서 빛의 속력이 다르기 때문에 빛이 찬 공기 쪽인 위쪽으로 굴절하여 마치 물이 고여 상을 만드는 것과 같은 신기루가 발생하게 된다.

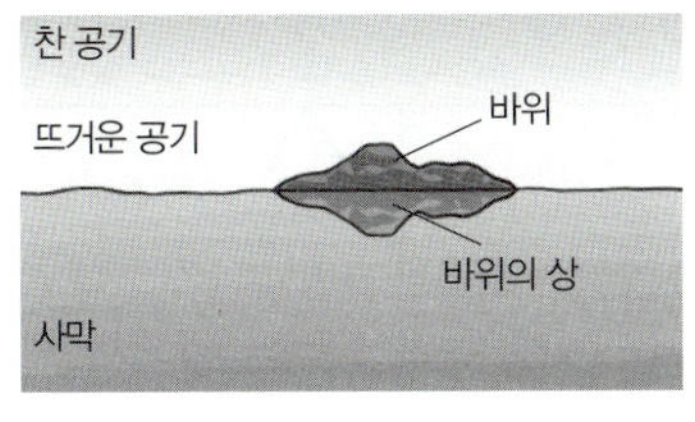

이에 대한 설명으로 옳은 것만을 〈보기〉에서 있는 대로 고른 것은?

ㄱ. 빛의 속력은 뜨거운 공기에서가 찬 공기에서보다 빠르다.
ㄴ. 빛이 굴절할 때 빛의 진동수는 작아진다.
ㄷ. 굴절률은 뜨거운 공기가 찬 공기보다 크다.

① ㄱ ② ㄴ ③ ㄱ, ㄷ
④ ㄴ, ㄷ ⑤ ㄱ, ㄴ, ㄷ

574

그림과 같이 단색광이 물질 A와 물질 B의 경계면에 입사각 i_0으로 입사하여 $30°$의 각으로 굴절한다. 표는 A, B에서 단색광의 파장을 나타낸 것이다.

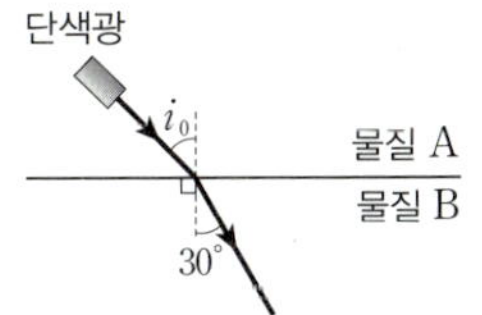

	파장
A	$\sqrt{2}\,\lambda_0$
B	λ_0

이에 대한 설명으로 옳은 것만을 〈보기〉에서 있는 대로 고른 것은?

ㄱ. 단색광의 진동수는 A에서가 B에서보다 작다.
ㄴ. 단색광의 속력은 A에서가 B에서보다 크다.
ㄷ. $i_0 = 45°$이다.

① ㄱ ② ㄴ ③ ㄱ, ㄷ
④ ㄴ, ㄷ ⑤ ㄱ, ㄴ, ㄷ

575

그림은 진동수가 일정한 물결파가 영역 I에서 영역 II로 진행하며 굴절하는 모습을 나타낸 것이다. I, II에서 경계면과 물결파의 파면이 이루는 각은 각각 $45°$, $30°$이고, I에서 물결파의 파장은 $2\,cm$이다. 표는 I, II에서 물결파의 속력을 나타낸 것이다.

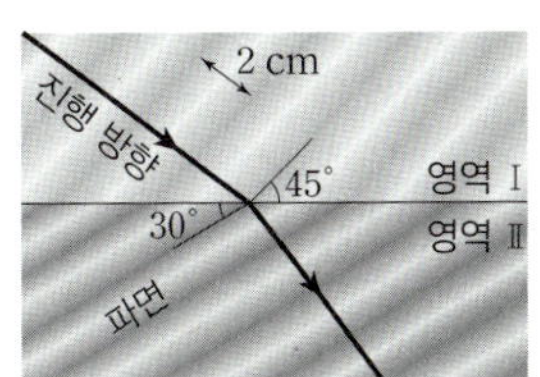

영역	속력
I	$4\,cm/s$
II	v

이에 대한 설명으로 옳은 것만을 〈보기〉에서 있는 대로 고른 것은?

ㄱ. 물결파의 진동수는 $2\,Hz$이다.
ㄴ. II에서 물결파의 파장은 $\sqrt{2}\,cm$이다.
ㄷ. $v = 2\sqrt{2}\,cm/s$이다.

① ㄱ ② ㄴ ③ ㄱ, ㄷ
④ ㄴ, ㄷ ⑤ ㄱ, ㄴ, ㄷ

576

그림은 단색광이 공기에서 반원통에 담긴 물로 입사하여 굴절되는 모습을 나타낸 것이다. $\overline{AB}$의 길이는 $\overline{CD}$의 길이보다 길다. 공기와 물에서 단색광의 파장은 각각 λ_1, λ_2이다.

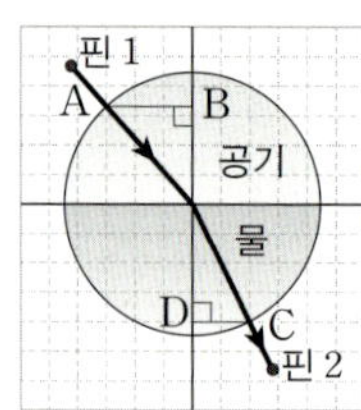

이에 대한 설명으로 옳은 것만을 〈보기〉에서 있는 대로 고른 것은?

ㄱ. 입사각은 굴절각보다 크다.

ㄴ. 단색광의 속력은 물에서가 공기에서보다 크다.

ㄷ. $\dfrac{\lambda_1}{\lambda_2} = \dfrac{\overline{CD}}{\overline{AB}}$이다.

① ㄱ   ② ㄴ   ③ ㄱ, ㄷ

④ ㄴ, ㄷ   ⑤ ㄱ, ㄴ, ㄷ

577

그림 (가)는 x축상에서 서로 $2\,cm$만큼 떨어져 수면에 떠 있는 물체 A, B, C를 향해 물결파를 $+x$방향으로 발생시키는 모습을 나타낸 것이다. 그림 (나)는 물결파가 B에 도달한 순간부터 B와 C의 변위를 시간에 따라 나타낸 것이다.

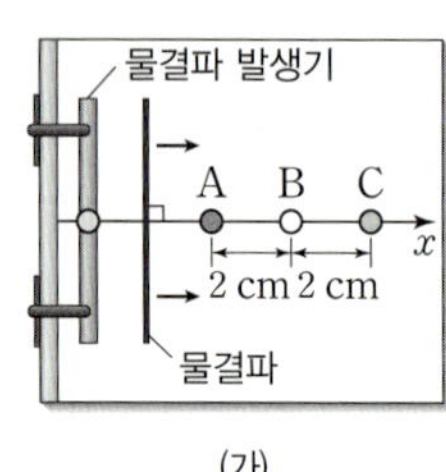

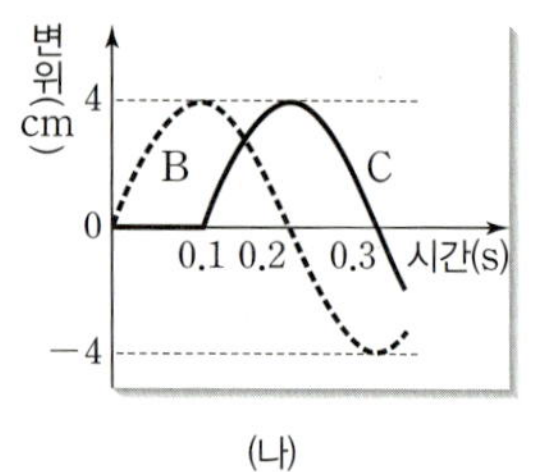

물결파의 속력과 0.3초일 때 A의 변위로 옳은 것은? (단, A, B, C는 연직 방향으로만 움직이고, A, B, C의 크기는 무시한다.)

	속력	A의 변위		속력	A의 변위
①	0.2 m/s	0	②	0.2 m/s	2 cm
③	0.2 m/s	4 cm	④	0.4 m/s	0
⑤	0.4 m/s	4 cm			

578

그림은 물결파가 영역 Ⅰ에서 영역 Ⅱ로 진행하는 모습을 나타낸 것이다. Ⅰ과 Ⅱ에서 물결파의 파장은 각각 $4\,m$, $2\,m$이다.

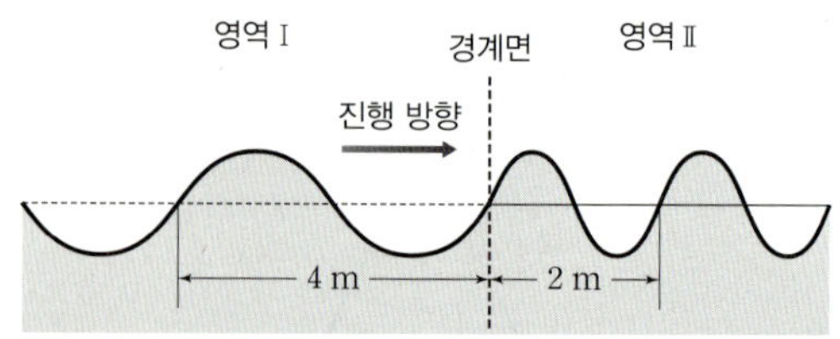

이에 대한 설명으로 옳은 것만을 〈보기〉에서 있는 대로 고른 것은?

ㄱ. 물결파의 진동수는 Ⅰ과 Ⅱ에서 같다.

ㄴ. 물결파의 속력은 Ⅰ에서가 Ⅱ에서의 2배이다.

ㄷ. 물의 깊이는 Ⅰ에서가 Ⅱ에서보다 크다.

① ㄱ   ② ㄴ   ③ ㄱ, ㄷ

④ ㄴ, ㄷ   ⑤ ㄱ, ㄴ, ㄷ

02. 전반사와 광통신 및 전자기파

579

그림과 같이 단색광이 물질 A와 물질 B의 경계면에 입사각 i_0으로 입사하여 B와 물질 C의 경계면에서 전반사한다.

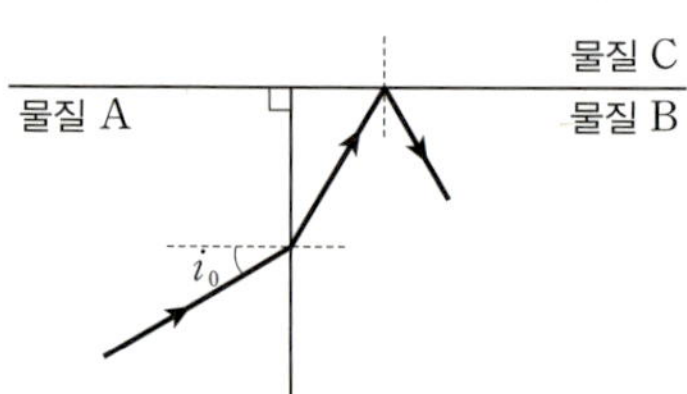

이에 대한 설명으로 옳은 것만을 〈보기〉에서 있는 대로 고른 것은?

ㄱ. 단색광의 파장은 A에서가 B에서보다 작다.

ㄴ. 굴절률은 A가 C보다 작다.

ㄷ. A에서 단색광의 입사각을 i_0보다 작게 하여도 B와 C의 경계면에서 전반사가 일어난다.

① ㄱ   ② ㄴ   ③ ㄱ, ㄷ

④ ㄴ, ㄷ   ⑤ ㄱ, ㄴ, ㄷ

580

그림은 단색광 A가 매질 Ⅰ과 매질 Ⅱ의 경계면에서 전반사하여 Ⅰ과 매질 Ⅲ의 경계면에 입사하는 모습을 나타낸 것이다. 표는 Ⅰ, Ⅱ, Ⅲ의 굴절률을 나타낸 것이다.

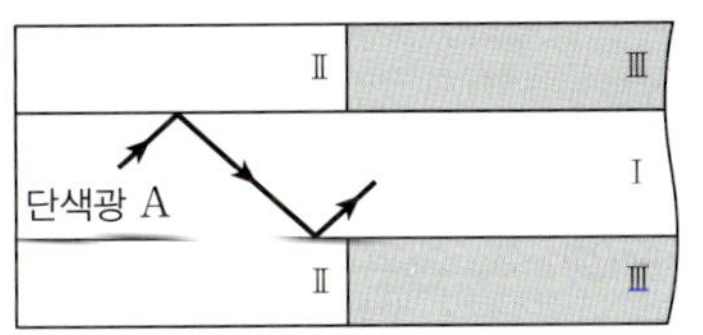

매질	굴절률
Ⅰ	n_1
Ⅱ	$2n$
Ⅲ	n

이에 대한 설명으로 옳은 것만을 〈보기〉에서 있는 대로 고른 것은?

보기

ㄱ. $n_1 > 2n$이다.
ㄴ. A의 속력은 Ⅱ에서가 Ⅲ에서보다 크다.
ㄷ. A는 Ⅰ과 Ⅲ의 경계면에서 전반사한다.

① ㄱ   ② ㄴ   ③ ㄱ, ㄷ
④ ㄴ, ㄷ   ⑤ ㄱ, ㄴ, ㄷ

581

그림과 같이 단색광 P를 입사각 θ로 물질 X에서 물질 Y로 입사시켰더니 P가 X와 Y의 경계면에서 전반사한다. 표는 X 또는 Y를 구성하는 물질 A, B, C에서 P의 속력을 나타낸 것이다.

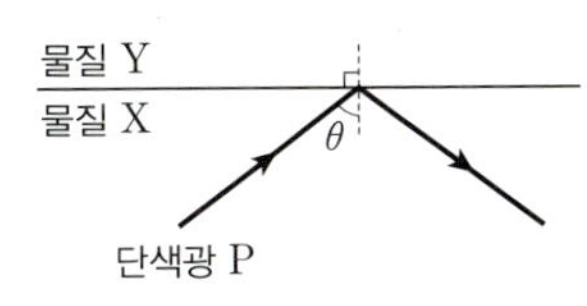

	P의 속력
A	$2v$
B	v
C	$1.5v$

A, B, C를 이용하여 X, Y를 구성하고 X에서 Y로 P를 입사시킬 때, 임계각을 가장 작게 하는 X와 Y의 구성으로 옳은 것은?

	<u>X</u>	<u>Y</u>			<u>X</u>	<u>Y</u>
①	A	B		②	A	C
③	B	A		④	B	C
⑤	C	B				

582

그림은 광통신 과정을 나타낸 것으로 광섬유에서는 빛이 코어에서만 전반사하며 진행한다.

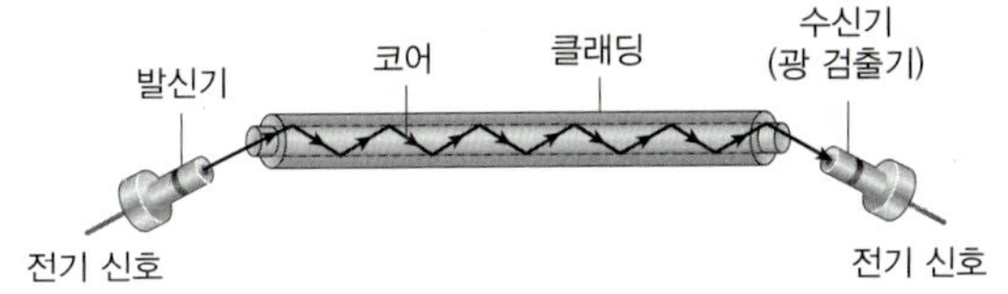

이에 대한 설명으로 옳은 것만을 〈보기〉에서 있는 대로 고른 것은?

보기

ㄱ. 발신기에서는 전기 신호가 빛 신호로 전환된다.
ㄴ. 굴절률은 코어가 클래딩보다 크다.
ㄷ. 빛의 속력은 코어에서가 클래딩에서보다 크다.

① ㄱ   ② ㄷ   ③ ㄱ, ㄴ
④ ㄴ, ㄷ   ⑤ ㄱ, ㄴ, ㄷ

583

다음은 파동 A, B에 대한 설명이다.

- 파동 A는 시간에 따라 변하는 전기장과 자기장이 서로를 유도하면서 전기장과 자기장에 수직인 방향으로 진행하는 파동이다.
- 파동 B는 사람이 말을 할 때나 스피커와 같은 기기에서 발생하는 파동으로 매질인 공기의 진동 방향과 파동의 진행 방향이 나란한 파동이다.

이에 대한 설명으로 옳은 것만을 〈보기〉에서 있는 대로 고른 것은?

보기

ㄱ. A는 전자기파이다.
ㄴ. B는 횡파이다.
ㄷ. 공기 중에서 속력은 A가 B보다 크다.

① ㄱ   ② ㄴ   ③ ㄱ, ㄷ
④ ㄴ, ㄷ   ⑤ ㄱ, ㄴ, ㄷ

584

그림은 전자기파 A, B에 대한 설명이다.

주방에서 흔히 볼 수 있는 주방 용품 중에서 식기 소독기는 전자기파 A를 이용하여 식기를 소독하고, 전자레인지는 전자기파 B를 이용하여 음식을 데운다.

이에 대한 설명으로 옳은 것만을 〈보기〉에서 있는 대로 고른 것은?

보기

ㄱ. A는 자외선이다.
ㄴ. 파장은 A가 B보다 길다.
ㄷ. 진공에서의 속력은 A가 B보다 크다.

① ㄱ ② ㄴ ③ ㄱ, ㄷ
④ ㄴ, ㄷ ⑤ ㄱ, ㄴ, ㄷ

585

그림은 진공에서 파동 P와 전기장이 진동하며 $+z$방향으로 진행하는 전자기파를 나타낸 것이다.

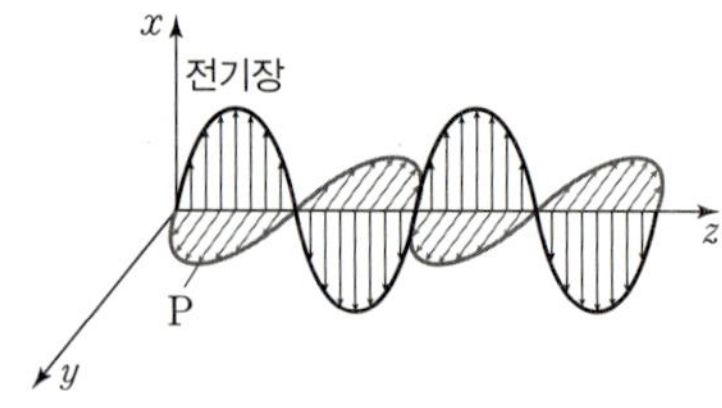

이에 대한 설명으로 옳은 것만을 〈보기〉에서 있는 대로 고른 것은?

보기

ㄱ. 전자기파는 횡파이다.
ㄴ. P는 자기장이다.
ㄷ. 전기장의 진동 방향과 P의 진동 방향은 수직이다.

① ㄱ ② ㄴ ③ ㄱ, ㄷ
④ ㄴ, ㄷ ⑤ ㄱ, ㄴ, ㄷ

586

그림은 전자기파의 파장에 따른 용도를 나타낸 것이다.

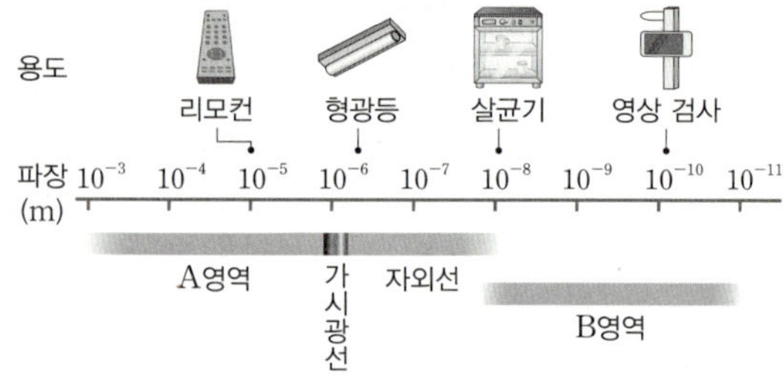

이에 대한 설명으로 옳은 것만을 〈보기〉에서 있는 대로 고른 것은?

보기

ㄱ. 적외선은 A 영역에 속한다.
ㄴ. B 영역의 전자기파는 몸의 온도를 측정하는 열화상 카메라에 이용된다.
ㄷ. 전자기파의 진동수는 A 영역이 B 영역보다 작다.

① ㄱ ② ㄴ ③ ㄱ, ㄷ
④ ㄴ, ㄷ ⑤ ㄱ, ㄴ, ㄷ

03. 파동의 간섭

587

그림과 같이 동일한 진동수의 음파가 발생하는 스피커 A와 B 사이에서 소음측정기를 이용하여 A에서 B를 향해 이동하며 소리의 세기를 측정하였더니 소리의 세기가 커지고 작아지는 현상이 반복되었다.

이에 대한 설명으로 옳은 것만을 〈보기〉에서 있는 대로 고른 것은?

보기

ㄱ. 소리가 전달될 때, 공기의 진동 방향은 소리의 진행 방향과 나란하다.
ㄴ. 소리의 세기가 커지는 지점은 보강 간섭이 일어나는 지점이다.
ㄷ. 소리의 세기가 작아지는 지점에서의 소리의 진폭은 스피커에서 발생하는 소리의 진폭보다 작다.

① ㄱ ② ㄷ ③ ㄱ, ㄴ
④ ㄴ, ㄷ ⑤ ㄱ, ㄴ, ㄷ

588

그림은 진폭이 다른 파동 X, Y가 연속적으로 발생하여 서로 반대 방향으로 진행하는 어느 순간의 모습을 나타낸 것이다. 시간 t 이후 처음으로 P점의 변위가 $+3A$가 되었다.

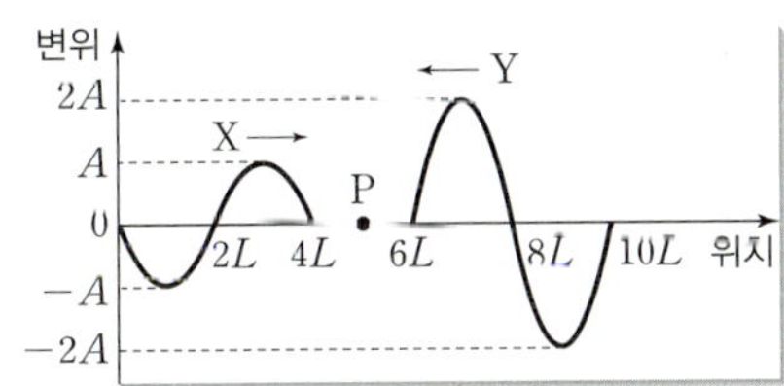

이에 대한 설명으로 옳은 것만을 〈보기〉에서 있는 대로 고른 것은?

보기

ㄱ. X의 주기는 $4t$이다.

ㄴ. Y의 속력은 $\dfrac{2L}{t}$이다.

ㄷ. 이 순간부터 $3t$가 지났을 때 P의 변위는 $-3A$이다.

① ㄱ　　　　　② ㄴ　　　　　③ ㄱ, ㄷ

④ ㄴ, ㄷ　　　　⑤ ㄱ, ㄴ, ㄷ

589

그림은 소음을 제거하는 헤드폰의 원리를 나타낸 것이다.

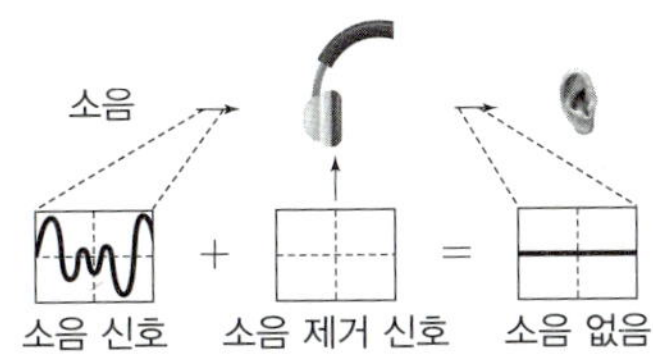

이에 대한 설명으로 옳은 것만을 〈보기〉에서 있는 대로 고른 것은?

보기

ㄱ. 소음은 파동의 진행 방향과 매질의 진동 방향이 나란한 파동이다.

ㄴ. 헤드폰은 보강 간섭 현상을 이용한다.

ㄷ. 소음 제거 신호로는 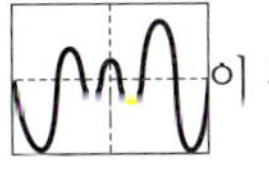 이 적당하다.

① ㄱ　　　　　② ㄴ　　　　　③ ㄱ, ㄷ

④ ㄴ, ㄷ　　　　⑤ ㄱ, ㄴ, ㄷ

590

그림은 파원 S_1, S_2에서 물결파를 진동수와 진폭이 같은 위상으로 발생시킬 때 물결파의 어느 순간의 모습을 모식적으로 나타낸 것이다. 실선과 점선은 각각 물결파의 마루와 골을 나타내고, 점 A, B, C는 각각 S_1, S_2로부터 일정한 거리에 있는 수면의 점이다.

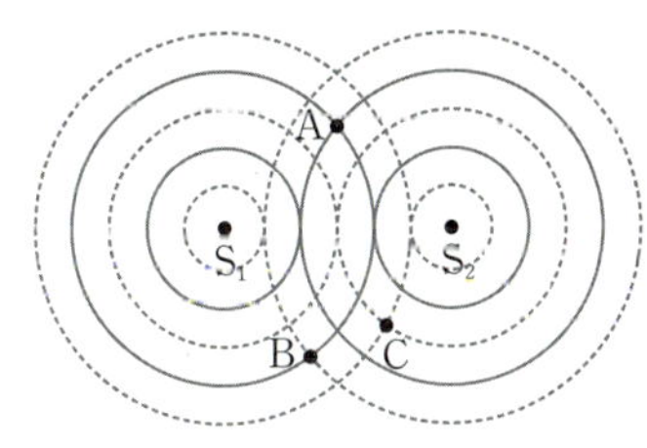

이에 대한 설명으로 옳은 것만을 〈보기〉에서 있는 대로 고른 것은?

보기

ㄱ. A는 보강 간섭이 일어나는 지점이다.

ㄴ. B에서 수면의 높이는 시간이 지나도 변하지 않는다.

ㄷ. A의 변위의 크기가 최대일 때 C의 변위는 0이다.

① ㄱ　　　　　② ㄷ　　　　　③ ㄱ, ㄴ

④ ㄱ, ㄷ　　　　⑤ ㄴ, ㄷ

591

그림 (가), (나)는 각각 단색광과 전자가 단일 슬릿과 이중 슬릿을 통과하여 스크린에 간격이 일정한 밝고 어두운 간섭무늬를 만드는 모습을 나타낸 것이다.

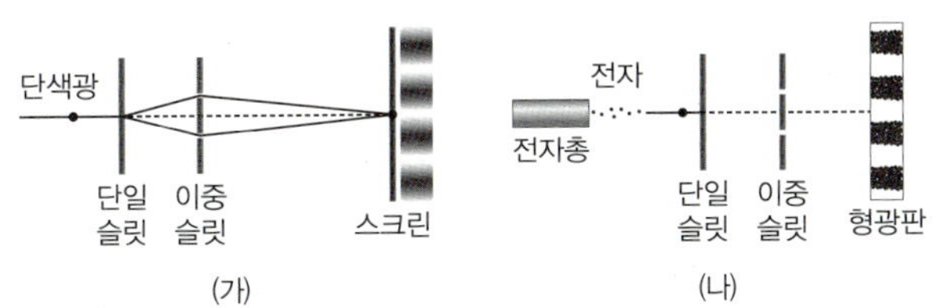

이에 대한 설명으로 옳은 것만을 〈보기〉에서 있는 대로 고른 것은?

보기

ㄱ. (가)에서 밝은 무늬가 나타나는 지점은 상쇄 간섭이 일어나는 지점이다.

ㄴ. (나)는 전자의 파동성으로 설명할 수 있다.

ㄷ. (나)에서 형광판에 도달하는 전자의 수는 밝은 무늬인 곳이 어두운 무늬인 곳보다 작다.

① ㄱ　　　　　② ㄴ　　　　　③ ㄱ, ㄷ

④ ㄴ, ㄷ　　　　⑤ ㄱ, ㄴ, ㄷ

01. 빛과 물질의 이중성

592

그림 (가), (나)와 같이 금속판 P에 단색광 A, B를 각각 비추었더니 (가)에서는 광전자가 방출되지 않았고, (나)에서는 광전자가 방출되었다. 그림 (다)는 P에 A, B를 동시에 비추는 모습을 나타낸 것이다.

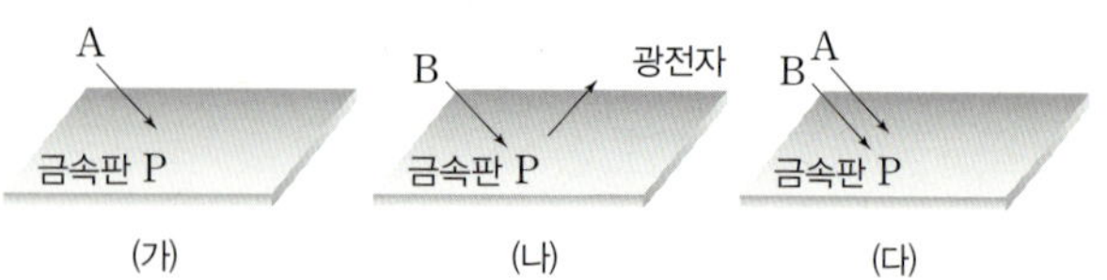

이에 대한 설명으로 옳은 것만을 〈보기〉에서 있는 대로 고른 것은?

보기
ㄱ. 진동수는 A가 B보다 크다.
ㄴ. (가)에서 A의 세기를 증가시키면 광전자가 방출된다.
ㄷ. 광전자의 최대 운동 에너지는 (나)에서와 (다)에서가 같다.

① ㄱ ② ㄷ ③ ㄱ, ㄴ
④ ㄴ, ㄷ ⑤ ㄱ, ㄴ, ㄷ

593

그림 (가)는 금속판에 빛을 비추어 광전자를 방출시키는 것을 나타낸 것이다. 그림 (나)는 (가)에서 방출되는 광전자의 최대 운동 에너지를 시간에 따라 나타낸 것이다.

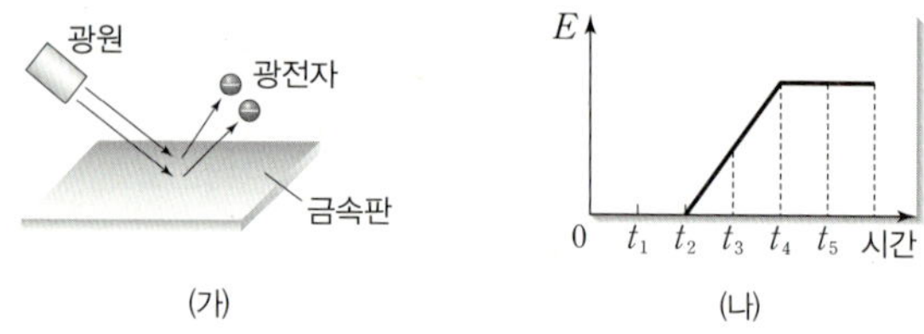

이에 대한 설명으로 옳은 것만을 〈보기〉에서 있는 대로 고른 것은?

보기
ㄱ. t_1일 때, 빛의 진동수는 금속판의 문턱 진동수보다 크다.
ㄴ. 빛의 진동수는 t_3일 때가 t_5일 때보다 작다.
ㄷ. 방출되는 광전자의 물질파 파장의 최솟값은 t_3일 때가 t_4일 때보다 길다.

① ㄱ ② ㄴ ③ ㄱ, ㄷ
④ ㄴ, ㄷ ⑤ ㄱ, ㄴ, ㄷ

594

그림 (가)는 금속판 P에 빛을 비추었을 때 광전자가 방출되는 모습을 나타낸 것이다. 그림 (나)는 (가)에서 방출되는 광전자의 수를 시간에 따라 나타낸 것이다.

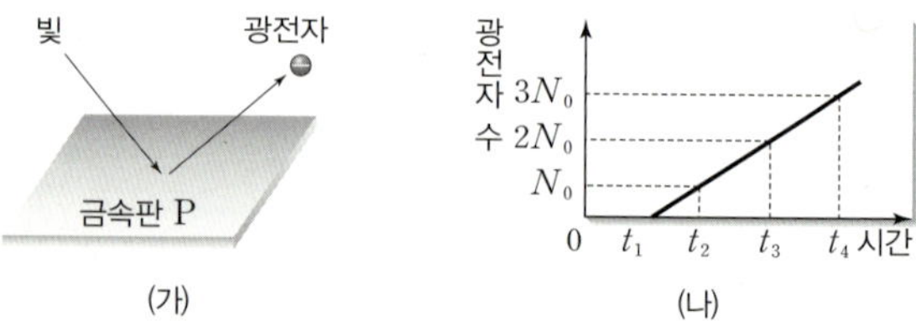

이에 대한 설명으로 옳은 것만을 〈보기〉에서 있는 대로 고른 것은?

보기
ㄱ. P에서 광전자가 방출되는 현상은 빛의 입자성으로 설명할 수 있다.
ㄴ. t_1일 때 빛의 진동수는 P의 문턱 진동수보다 크다.
ㄷ. 빛의 세기는 t_2일 때가 t_3일 때보다 작다.

① ㄱ ② ㄴ ③ ㄱ, ㄷ
④ ㄴ, ㄷ ⑤ ㄱ, ㄴ, ㄷ

595

다음은 광전 효과에 대한 설명이다.

가로등의 광센서에 빛이 비춰지면 [(가)]이/가 방출되어 가로등이 켜지지 않지만 빛이 차단되면 [(가)]이/가 방출되지 않아 자동으로 등이 켜진다. 또한, 빛의 세기에 따라 방출되는 [(가)]의 양이 다르므로 흐린 날에도 자동으로 켜지게 된다.

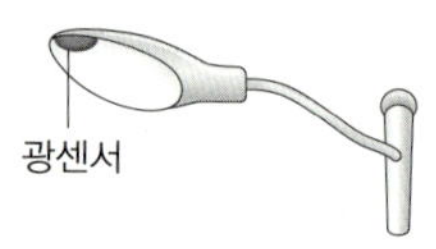

이에 대한 설명으로 옳은 것만을 〈보기〉에서 있는 대로 고른 것은?

보기
ㄱ. (가)는 광전자이다.
ㄴ. 광센서에서는 빛 신호가 전기 신호로 변환된다.
ㄷ. 빛의 세기기 클수록 광센서에서 방출되는 광전자의 수도 크다.

① ㄱ ② ㄷ ③ ㄱ, ㄴ
④ ㄴ, ㄷ ⑤ ㄱ, ㄴ, ㄷ

596

그림과 같이 대전되지 않은 검전기 위에 놓인 대전되지 않은 금속판 A
에 단색광 X, Y, Z를 각각 비추었다. 표는 X, Y, Z를 각각 같은 시간
동안 비추었을 때 금속박의 벌어진 각 θ를 나타낸 것이다. 단색광을 비
추기 전 금속박의 벌어진 각은 θ_0이다.

	θ
X	$1.5\,\theta_0$
Y	θ_0
Z	$2\,\theta_0$

이에 대한 설명으로 옳은 것만을 〈보기〉에서 있는 대로 고른 것은?

보기

ㄱ. X를 비추었을 때 금속박은 양(+)전하로 대전된다.
ㄴ. 단색광의 진동수는 X가 Y보다 크다.
ㄷ. 단색광의 세기는 X가 Z보다 작다.

① ㄱ   ② ㄷ   ③ ㄱ, ㄴ
④ ㄴ, ㄷ   ⑤ ㄱ, ㄴ, ㄷ

597

그림과 같이 빛이 색 필터를 통과하여 전하 결합 소자(CCD)의 광센서
A, B, C에 도달한다. 표는 빛에 포함된 파란색, 초록색, 빨간색 빛의
세기를 나타낸 것이다.

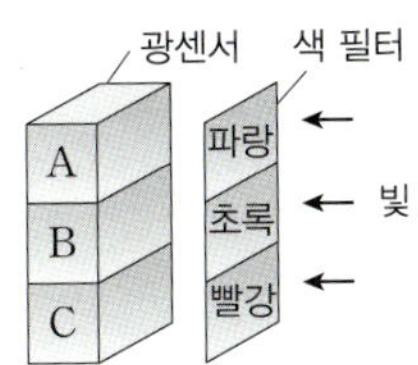

	세기
파란색	I_0
초록색	$2I_0$
빨간색	I_0

이에 대한 설명으로 옳은 것만을 〈보기〉에서 있는 대로 고른 것은?

보기

ㄱ. 전하 결합 소자(CCD)는 빛의 파동성을 이용한다.
ㄴ. 초록색 빛은 파랑색 필터를 통과하지 못한다.
ㄷ. 광센서에 흐르는 전류의 세기는 A가 B보다 크다.

① ㄱ   ② ㄴ   ③ ㄱ, ㄷ
④ ㄴ, ㄷ   ⑤ ㄱ, ㄴ, ㄷ

598

그림은 디지털 카메라에서 빛이 메모리 카드에 저장되는 경로를 나타
낸 것이다.

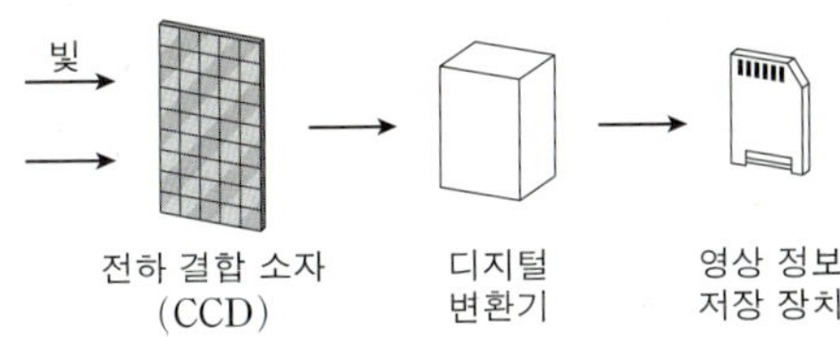

이에 대한 설명으로 옳은 것만을 〈보기〉에서 있는 대로 고른 것은?

보기

ㄱ. 전하 결합 소자(CCD)에서는 광전 효과에 의해 전류가 발
생한다.
ㄴ. 빛의 세기가 클수록 전하 결합 소자(CCD)에서 발생하는
전류의 세기는 크다.
ㄷ. 메모리 카드에 저장되는 신호는 디지털 신호이다.

① ㄱ   ② ㄷ   ③ ㄱ, ㄴ
④ ㄴ, ㄷ   ⑤ ㄱ, ㄴ, ㄷ

599

그림 (가), (나)는 각각 파랑 필터와 빨강 필터를 통과하여 전하 결합 소
자(CCD)에 도달한 빛 P에 의해 p–n 접합면에서 광전자가 발생하는
모습을 나타낸 것이다. 발생한 광전자의 수는 (가)에서가 (나)에서보다
크다.

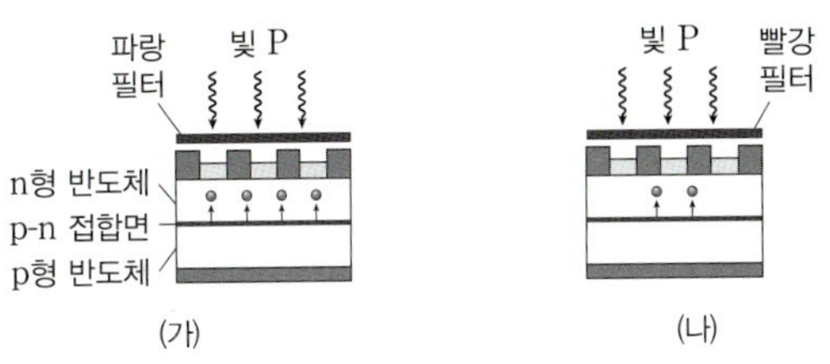

이에 대한 설명으로 옳은 것만을 〈보기〉에서 있는 대로 고른 것은?

보기

ㄱ. p형 반도체는 원자가 전자가 3개인 불순물을 첨가하여 만
든다.
ㄴ. 전하 결합 소자(CCD)에서는 빛이 전기 신호로 전환된다.
ㄷ. P의 파란색 빛의 세기는 빨간색 빛의 세기보다 크다.

① ㄱ   ② ㄷ   ③ ㄱ, ㄴ
④ ㄴ, ㄷ   ⑤ ㄱ, ㄴ, ㄷ

600

그림은 가속된 전자가 니켈 결정에서 산란되어 전자 검출기에서 측정되는 모습을, 표는 산란각 θ에 따라 전자 검출기에서 검출되는 전자 수를 나타낸 것이다.

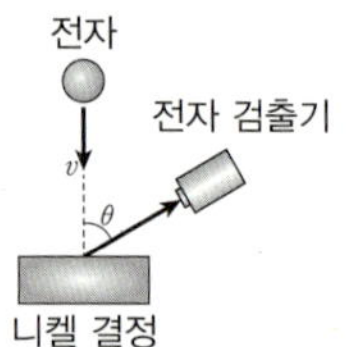

θ	전자 수
40°	N_0
50°	$5\,N_0$
60°	$3\,N_0$

이 결과로부터 알 수 있는 전자의 성질과 $\theta=50°$에서 일어나는 간섭의 종류로 옳은 것은?

	성질	간섭		성질	간섭
①	파동성	보강 간섭	②	파동성	상쇄 간섭
③	입자성	보강 간섭	④	입자성	상쇄 간섭
⑤	직진성	보강 간섭			

601

그림은 전자가 전압 V에 의해 가속되어 단일 슬릿과 이중 슬릿을 통과한 후 형광판에 밝고 어두운 간섭무늬를 만드는 모습을 나타낸 것이다.

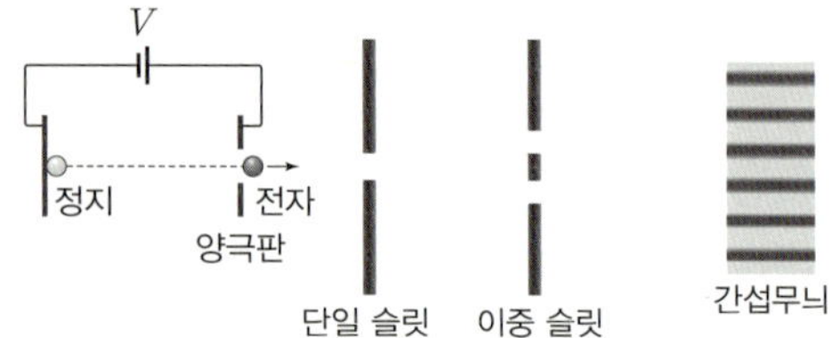

이에 대한 설명으로 옳은 것만을 〈보기〉에서 있는 대로 고른 것은?

ㄱ. 양극판을 통과하는 전자의 속력이 빠를수록 물질파 파장은 짧다.

ㄴ. 간섭무늬는 전자의 입자성으로 설명할 수 있다.

ㄷ. 밝은 무늬가 나타나는 지점에서는 보강 간섭이 일어난다.

① ㄴ   ② ㄷ   ③ ㄱ, ㄷ
④ ㄴ, ㄷ   ⑤ ㄱ, ㄴ, ㄷ

602

그림 (가)는 정지해 있던 동일한 입자 A, B가 직선 운동하는 모습을 나타낸 것이고, (나)는 A, B의 속도를 시간에 따라 나타낸 것이다. A, B의 질량은 같다.

이에 대한 설명으로 옳은 것만을 〈보기〉에서 있는 대로 고른 것은?

ㄱ. 1초일 때, 운동량의 크기는 A가 B보다 크다.

ㄴ. 2초일 때, 운동 에너지는 A와 B가 같다.

ㄷ. 3초일 때, 물질파 파장은 A가 B의 $\dfrac{3}{2}$배이다.

① ㄱ   ② ㄷ   ③ ㄱ, ㄴ
④ ㄴ, ㄷ   ⑤ ㄱ, ㄴ, ㄷ

603

표는 운동하는 입자 A, B의 질량과 운동량의 크기를 나타낸 것이다.

입자	질량	운동량의 크기
A	$2m$	p
B	m	$2p$

이에 대한 설명으로 옳은 것만을 〈보기〉에서 있는 대로 고른 것은?

ㄱ. 속력은 A가 B의 $\dfrac{1}{4}$배이다.

ㄴ. 운동 에너지는 A와 B가 같다.

ㄷ. 물질파 파장은 A가 B의 4배이다.

① ㄱ   ② ㄴ   ③ ㄱ, ㄷ
④ ㄴ, ㄷ   ⑤ ㄱ, ㄴ, ㄷ

604

그림은 입자 a, b, c의 속력에 따른 파장의 크기를 나타낸 것이다.

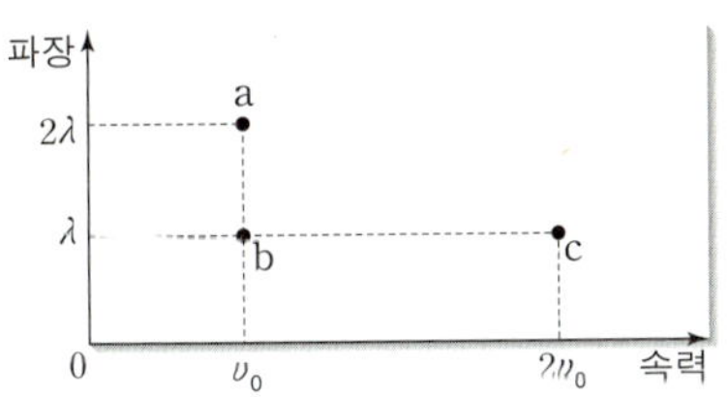

질량이 가장 큰 입자와 운동 에너지가 가장 큰 입자로 옳은 것은?

	질량이 가장큰 입자	운동 에너지가 가장 큰 입자
①	a	b
②	a	c
③	b	c
④	b	a
⑤	c	a

605

그림 (가)는 전자 현미경의 구조를, (나)는 전자 현미경의 전자총에서 전자가 전압 V로 가속되어 속력 v로 슬릿을 통과하는 모습을 나타낸 것이다.

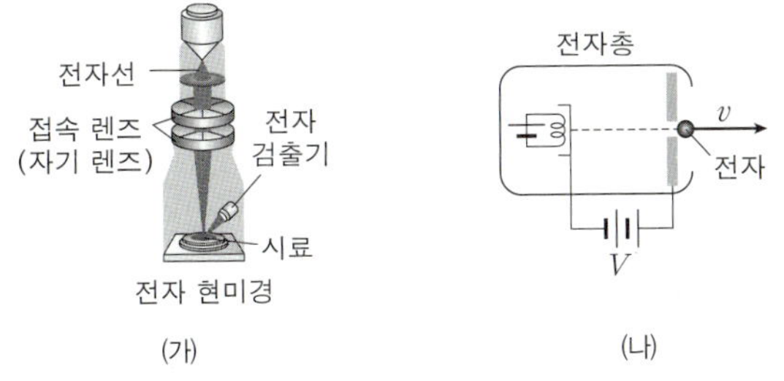

이에 대한 설명으로 옳은 것만을 〈보기〉에서 있는 대로 고른 것은?

보기

ㄱ. 전자 현미경은 전자의 입자성을 이용한다.
ㄴ. V가 클수록 전자의 운동 에너지는 크다.
ㄷ. v가 클수록 물체의 상을 더 선명하게 관찰할 수 있다.

① ㄱ ② ㄴ ③ ㄱ, ㄷ
④ ㄴ, ㄷ ⑤ ㄱ, ㄴ, ㄷ

606

다음은 현미경에 관한 설명이다. (가), (나), (다)는 각각 주사 전자 현미경, 광학 현미경, 투과 전자현미경 중 하나이다.

(가) 은/는 유리로 만들어진 렌즈를 이용하여 가시광선을 굴절시켜 확대된 상을 얻지만, 자기렌즈를 이용하여 확대된 상을 얻는 현미경으로는 전자선으로 시료의 표면을 따라 스캔하여 상을 얻는 (나) 와/과 전자선을 시료에 투과시켜 상을 얻는 (다) 이/가 있다.

(가), (나), (다)에 들어갈 현미경으로 옳은 것은?

	(가)	(나)	(다)
①	광학 현미경	투과 전자 현미경	주사 전자 현미경
②	광학 현미경	주사 전자 현미경	투과 전자 현미경
③	투과 전자 현미경	광학 현미경	주사 전자 현미경
④	투과 전자 현미경	주사 전자 현미경	광학 현미경
⑤	주사 전자 현미경	광학 현미경	투과 전자 현미경

607

그림은 투과 전자 현미경(TEM)을 나타낸 것이다.

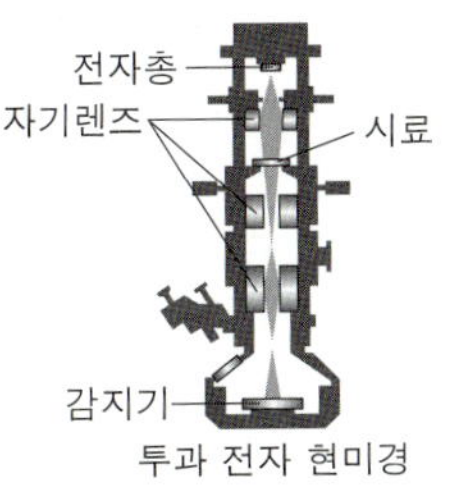

이에 대한 설명으로 옳은 것만을 〈보기〉에서 있는 대로 고른 것은?

보기

ㄱ. 광학 현미경보다 분해능이 좋다.
ㄴ. 전자총에서 발생하는 전자의 속력이 클수록 전자의 물질파 파장은 짧다.
ㄷ. 시료의 입체적 영상을 얻을 수 있다.

① ㄱ ② ㄷ ③ ㄱ, ㄴ
④ ㄴ, ㄷ ⑤ ㄱ, ㄴ, ㄷ

memo

memo

BON. N제

BON. 본 N 제

BON.본 N제

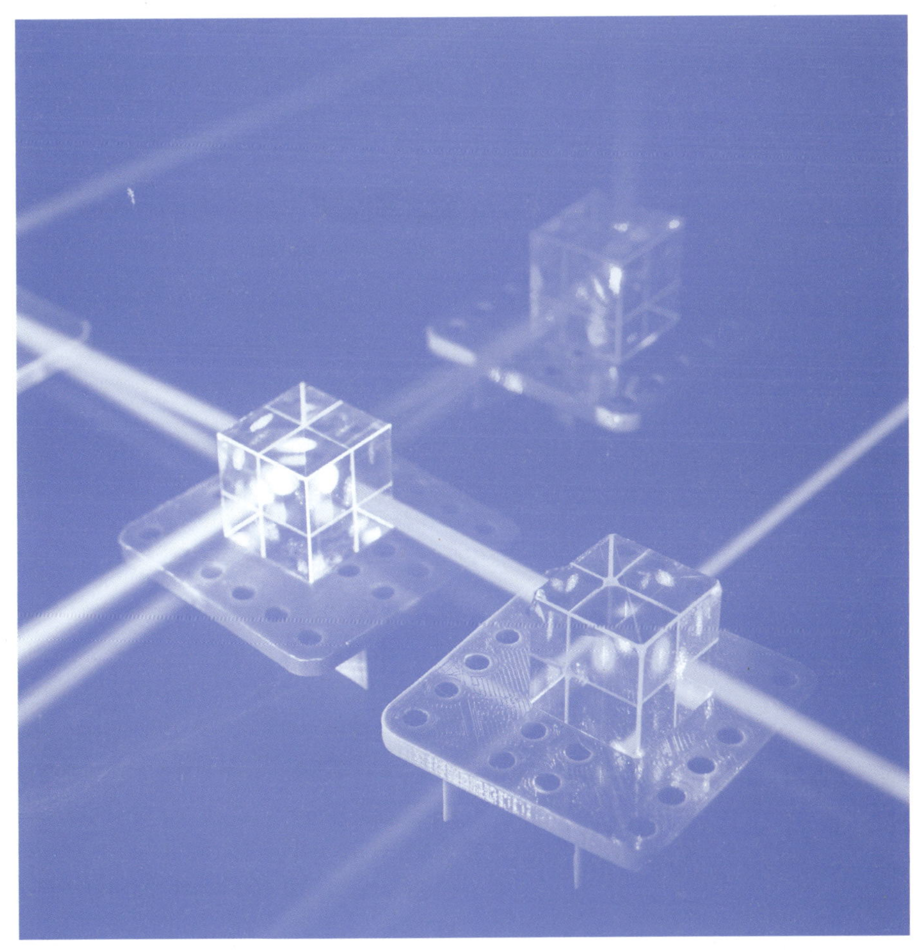

정답 및 해설

I. 역학과 에너지

I-1. 힘과 운동

01. 물체의 운동

STEP 1 바로바로 개념 확인
본문 011쪽

001 이동 거리 **002** 변위 **003** 속력 **004** 가속도 **005** (1) ○ (2) ×
(3) ○ (4) × **006** (1) ㄱ (2) ㄷ (3) ㅁ (4) ㄴ, ㄹ

003 속력은 단위 시간 당 이동 거리이며, 속도는 단위 시간 당 변위이다.

005 (1) 등속 직선 운동하면 방향이 변하지 않으므로 속도의 크기와 속력이 같다.
(2) 등가속도 직선 운동하는 물체의 운동에서 가속도와 속도 방향이 같으면 속력이 점점 빨라지고, 가속도와 속도 방향이 반대이면 속력이 점점 느려진다.

006 (1) 빙판 위를 미끄러지는 아이스하키 퍽은 등속 직선 운동을 하므로 속력과 방향이 일정하다.
(2) 연직 방향으로 낙하하는 나무 열매의 운동은 방향은 일정하고 속력이 점점 증가하는 운동이다.
(3) 지구 주위를 도는 달의 운동은 속력이 일정하고 운동 방향이 계속 변한다.
(4) 타자가 친 야구공은 포물선 운동하고, 시계추는 속력과 운동 방향이 계속 변하는 단진자 운동을 한다.

STEP 2 알짜 문제로 실력 키우기
본문 012~015쪽

007 ③ **008** ② **009** ③ **010** 해설 참조 **011** ③ **012** ④
013 ① **014** ⑤ **015** ② **016** 해설 참조 **017** ② **018** ④
019 ④ **020** 해설 참조 **021** ③ **022** ② **023** ③ **024** ②
025 ③

007 속력은 이동 거리를 시간으로 나눈 값이고, 속도는 변위를 시간으로 나눈 물리량으로 크기와 방향이 있다.
③ 집에서 학교까지 가는 도중에 운동 방향이 바뀌었으므로 변위의 크기는 이동 거리보다 작다. 따라서 속도의 크기는 속력보다 작다.

오답 피하기 ① 집에서 문구점까지 이동 거리가 960 m이고 걸린 시간이 16분(960초)이므로 A의 속력은 1 m/s이다.
② 집에서 학교까지 변위의 크기는 $\sqrt{960^2+720^2}=1200\text{(m)}$이다.
④ 집에서 문구점로 갈 때는 속도의 방향이 동쪽이고, 문구점에서 학교

로 갈 때는 속도의 방향이 남쪽이다. 각 구간에서 속도의 크기는 1 m/s로 같지만 방향이 다르다.
⑤ 문구점에서 학교까지는 직선을 따라 이동하므로 변위의 크기와 이동 거리가 같다.

추가로 나오는 선택지

❶ ○ ❷ ×

❷ 집에서 학교까지 변위의 크기는 1200 m이고, 이동 거리는 1680 m이다.

008 집에서 학교까지 거리를 s라고 하면 집에서 학교로 갈 때 걸리는 시간은 $\dfrac{s}{6}$초이고, 학교에서 집으로 올 때 걸리는 시간은 $\dfrac{s}{2}$초이다. 집과 학교를 한 번 왕복하는 동안 이동 거리는 $2s$이고 걸리는 시간은 $\dfrac{s}{6}+\dfrac{s}{2}=\dfrac{2}{3}s$이므로 평균 속력은 3 m/s이다.

자료 정리

왕복 운동에서의 평균 속력

(1) 왕복 운동에서 갈 때와 올 때 속력이 다르면 걸리는 시간이 다르므로 평균 속력은 두 속력의 평균이 아니다.
(2) 갈 때와 올 때의 시간을 구한다.
$$t_1=\frac{s}{v_1}, \quad t_2=\frac{s}{v_2}$$
(3) 왕복 거리를 전체 시간으로 나누어 평균 속력을 구한다.
$$v=\frac{2s}{t_1+t_2}$$

009 위치-시간 그래프의 기울기가 속도이다.
③ 1초일 때는 변위가 증가하고 4초일 때는 변위가 감소하므로 1초일 때와 4초일 때 물체의 운동 방향은 서로 반대 방향이다.

오답 피하기 ① 0초일 때와 6초일 때 위치가 0으로 같으므로 0초부터 6초까지 변위는 0이다.
② 0초부터 2초까지 위치-시간 그래프의 기울기가 일정하므로 속력이 일정하다.
④, ⑤ 0초부터 2초까지 이동 거리는 40 m이고 2초부터 8초까지 이동 거리는 60 m이므로, 0초부터 8초까지 이동 거리는 100 m이고, 평균 속력은 12.5 m/s이다.

010 속력은 이동 거리를 걸린 시간으로 나눈 값이고, 속도의 크기는 변위의 크기를 걸린 시간으로 나눈 값이다.
모범 답안 P에서 Q까지는 등속 직선 운동이므로 속도의 크기와 속력이 같다. P → Q → P의 경로로 운동할 때는 변위가 0이므로 속도는 0이 되어 속력이 속도의 크기보다 크다.

채점 기준	배점
두 경우 모두 속도의 크기와 속력을 옳게 비교한 경우	100%
한 경우만 속도의 크기와 속력을 옳게 비교한 경우	50%

011 ㄱ. 등속 직선 운동은 물체가 한 방향으로 일정한 속력으로 진행하는 운동이다.
ㄴ. 변위의 크기와 이동 거리가 같으므로 속도의 크기와 속력이 같다.

 ㄷ. 한 방향으로 운동하므로 변위의 크기와 이동 거리가 같다.

012 가속도와 속도의 방향이 같으면 속도의 크기가 증가하고, 반대이면 속도의 크기가 감소한다. 가속도의 방향과 속도의 방향이 같은 구간은 B, D이다.

> **자료 정리**
>
> **속도와 가속도의 방향에 따른 속도 변화**
>
> 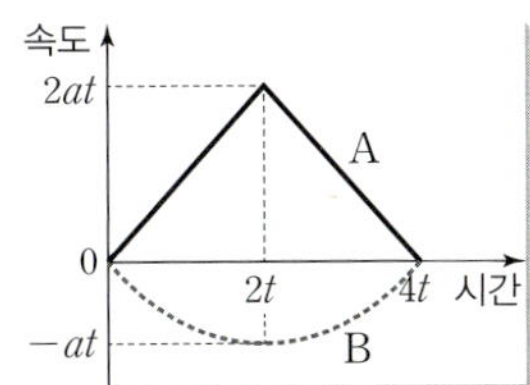
>
> (1) 속도-시간 그래프에서 기울기가 가속도이다.
> (2) A~D 구간에서 속도와 가속도 방향은 표와 같다.
>
> | 구간 | A | B | C | D |
> |---|---|---|---|---|
> | 속도 | − | + | + | − |
> | 가속도 | + | + | − | − |
> | 속력 변화 | 감소 | 증가 | 감소 | 증가 |

추가로 나오는 선택지

❶ ○ ❷ ○ ❸ ○

❷ C 구간에서는 B 구간에서와 같이 물체의 운동 방향이 변하지 않으므로 변위의 크기는 점점 증가한다.

013 가속도−시간 그래프에서 그래프 아랫부분의 넓이는 속도 변화량이다. 처음에 정지해 있었으므로 A, B의 속도−시간 그래프는 그림과 같다.

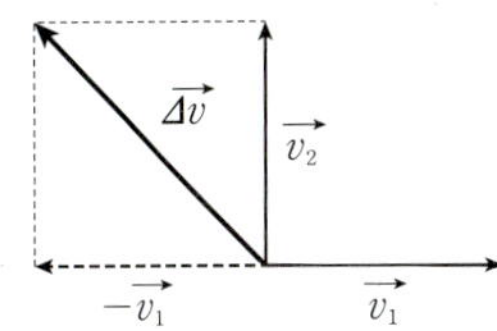

① t일 때 A는 속도가 (+)이고 B는 속도가 (−)이므로 운동 방향이 반대이나.

 ② 0에서 $2t$까지 A의 속력은 일정하게 증가한다.
③ 속도−시간 그래프에서 그래프 아랫부분의 넓이가 변위의 크기이므

로 0에서 $4t$까지 A의 변위의 크기는 $4at^2$이다.
④ $3t$일 때 B의 속력은 감소한다.
⑤ 0에서 $4t$까지 A는 (+) 방향으로 운동하고, B는 (−) 방향으로 운동하므로 서로 만나지 않는다.

014 ⑤ 직선을 따라 운동하던 물체가 정지하려면 속도가 감소하여야 하므로 가속도 방향은 속도의 방향과 반대 방향이다. 따라서 가속도의 방향은 운동 방향과 반대 방향이다.

 ① 등속 원운동은 속력은 일정하지만 방향이 변하는 가속도 운동이다.
② 속도의 방향과 가속도의 방향이 같으면 물체의 속력은 증가한다.
③ 가속도는 1초 동안의 속도 변화량이므로 가속도의 크기가 2배가 되면 1초 동안 속도 변화량의 크기도 2배가 된다.
④ 자유 낙하하는 물체의 가속도는 중력 가속도이므로 크기는 일정하다.

015 속도의 방향이 바뀌었으므로 속도 변화량은 그림과 같이 $\Delta\vec{v}=\vec{v_2}-\vec{v_1}=\vec{v_2}+(-\vec{v_1})$이다.

$|\vec{v_1}|=|\vec{v_2}|=10$ m/s이므로 속도 변화량의 크기는 $10\sqrt{2}$ m/s이다. 따라서 평균 가속도의 크기는 $5\sqrt{2}$ m/s이다.

016 가속도와 속도의 방향이 반대이므로 속도의 크기는 점점 감소한다. 따라서 최대 변위는 속도가 0이 될 때이다. $2\times3\times s=12^2$ 0^2에서 $s=24$ m이다.

 최대 변위의 크기는 24 m이다. 물체는 왼쪽으로 속력이 점점 감소하는 운동을 하다가 4초일 때 정지하고, 다시 오른쪽으로 속력이 점점 증가하는 운동을 하여 8초일 때 P를 통과한다.

채점 기준	배점
최대 변위를 구하고, 4초 전과 후의 속도 변화를 모두 옳게 서술한 경우	100%
최대 변위를 구하고, 4초 전의 속도 변화만 옳게 서술한 경우	60%
4초 전과 후의 속도 변화만 옳게 서술한 경우	50%
최대 변위만 옳게 구한 경우	20%

017 ㄴ. 속도−시간 그래프에서 그래프 아랫부분의 넓이가 변위이므로 $2t$까지 A와 B의 변위는 $+vt$로 같다.

 ㄱ. 0에서 t까지 A의 이동 거리는 $\frac{1}{4}vt$이고 B의 이동 거리는 $\frac{3}{4}vt$이므로 이동 거리는 B가 A의 3배이다.

ㄷ. $3t$일 때 A의 속력은 감소하고 B의 속력은 증가하므로 A와 B의 가속도 방향은 반대이다.

❶ ○ ❷ ✕

❷ 속도−시간 그래프에서 그래프 아랫부분의 넓이가 변위이므로 0부터 $4t$까지 변위의 크기는 $2vt$이다. 물체가 일직선을 따라 한 방향으로 운동하므로 이동 거리는 $2vt$이다.

018 등가속도 직선 운동은 가속도의 크기와 방향이 일정하고 물체가 일직선상에서 움직이는 운동이다.

④ $-2as=0^2-v^2$에서 정지할 때까지 이동한 거리 s는 속도의 제곱에 비례한다.

오답 피하기 ① 가속도가 일정하므로 단위 시간 당 속도의 변화량이 일정하다.

② 마찰이 없는 빗면을 내려올 때 속도와 가속도는 모두 빗면 아래 방향이다.

③ 중력장에서 운동하는 물체의 가속도는 항상 연직 아래 방향이다.

⑤ $s=v_0t+\dfrac{1}{2}at^2$에서 $v_0=0$이므로 정지한 물체가 등가속도 직선 운동할 때 시간이 2배가 되면 이동 거리는 4배가 된다.

019 ㄱ. 출발선에서 결승선까지 이동한 거리와 시간이 같으므로 A, B의 평균 속력은 같다.

ㄷ. A, B의 평균 속력을 v라고 하면 B의 처음 속력이 0이므로 나중 속력은 $2v$이다. 따라서 A, B는 5초일 때 속력이 v로 같다. 0초부터 5초까지 A, B가 이동한 거리는 각각 $5v$, $2.5v$이므로 A가 B의 2배이다.

오답 피하기 ㄴ. 5초부터 10초까지 A, B가 이동한 거리는 각각 $5v$, $7.5v$이므로 B가 A의 1.5배이다.

020 A, B가 기준선 P와 Q를 동시에 통과하므로 P에서 Q까지 A, B의 평균 속력이 같다.

모범 답안 P, Q를 통과할 때 B의 속력이 각각 $6\,\mathrm{m/s}$, 0이므로 B의 평균 속력은 $3\,\mathrm{m/s}$이다. A, B의 평균 속력이 같으므로 P에서 A의 속력이 $2\,\mathrm{m/s}$, Q에서 A의 속력이 $4\,\mathrm{m/s}$이다. P에서 Q까지 이동하는 데 걸린 시간을 t라고 하면 $a_A=\dfrac{2}{t}$, $a_B=\dfrac{-6}{t}$이므로 $\left|\dfrac{a_A}{a_B}\right|=\dfrac{1}{3}$이다.

채점 기준	배점
풀이 과정과 답을 옳게 쓴 경우	100%
풀이 과정만 옳게 쓴 경우	60%
답만 옳게 쓴 경우	30%

021 등가속도 직선 운동이므로 $s=v_0t+\dfrac{1}{2}at^2$을 이용하면 $6=v_0\times2+\dfrac{1}{2}\times a\times2^2$, $20=v_0\times4+\dfrac{1}{2}\times a\times4^2$에서 $a=2\,\mathrm{m/s^2}$이고 $v_0=1\,\mathrm{m/s}$이다.

022 가속도−시간 그래프를 이용하여 속도−시간 그래프를 그린다.

가속도−시간 그래프와 속도−시간 그래프

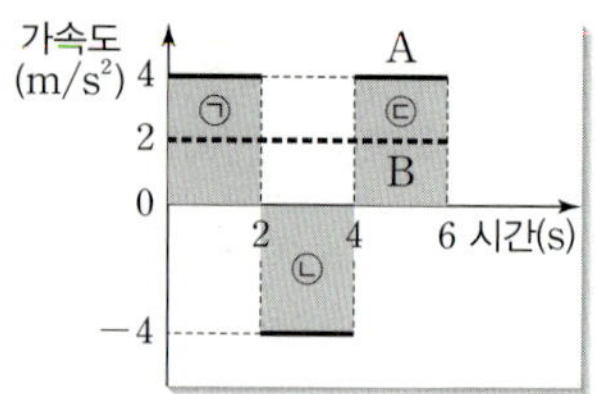
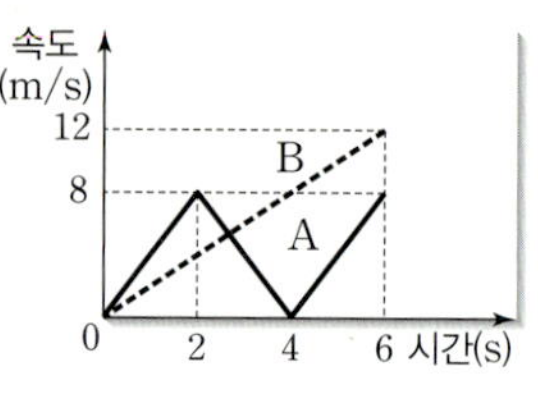

(1) 가속도−시간 그래프에서 그래프 아랫부분의 넓이는 속도 변화량이다.
- A: 처음 속도는 0이고, ㉠ 구간에서 속도 변화량은 $+8$이므로 2초일 때 속도는 $8\,\mathrm{m/s}$, ㉡ 구간에서 속도 변화량은 -8이므로 4초일 때 속도는 0, ㉢ 구간에서 속도 변화량은 $+8$이므로 6초일 때 속도는 $8\,\mathrm{m/s}$이다.
- B: 처음 속도는 0이고 가속도가 $2\,\mathrm{m/s^2}$으로 일정하므로 6초일 때 속도가 $12\,\mathrm{m/s}$이다.

(2) 속도−시간 그래프에서 그래프 아랫부분의 넓이는 변위이다.

② 0초부터 4초까지 변위는 A, B가 각각 $16\,\mathrm{m}$로 같다.

오답 피하기 ① 3초일 때 A, B의 속력은 각각 $4\,\mathrm{m/s}$, $6\,\mathrm{m/s}$이다.

③ 1초일 때 A의 가속도는 $+4\,\mathrm{m/s}$이고, 3초일 때 A의 가속도는 $-4\,\mathrm{m/s}$이므로 방향이 반대이다.

④ 0초부터 6초까지 B의 이동 거리는 $36\,\mathrm{m}$이다.

⑤ 0초부터 6초까지 A의 이동 거리는 $24\,\mathrm{m}$이므로 평균 속력은 $4\,\mathrm{m/s}$이다.

023 등속 원운동은 속도의 크기는 일정하지만 속도의 방향이 바뀌는 운동이고, 중력장에서 운동은 가속도의 크기와 방향이 일정한 등가속도 운동이다.

③ 원운동에서 가속도의 크기는 일정하다.

오답 피하기 ① 원운동은 속도의 크기는 일정하지만 방향은 계속 변하는 운동이다.

② 원운동에서 가속도 방향은 중심 방향이므로 물체의 위치에 따라 계속 변한다.

④, ⑤ 포물선 운동에서 물체의 속도 방향은 지면에 비스듬하지만 가속도 방향은 항상 연직 아래 방향이다.

❶ ✕ ❷ ○

❷ 등속 원운동은 원 궤도를 따라 일정한 속력으로 움직이는 물체의 운동이다.

024 ② 단진동 운동을 할 때 가속도 방향은 진동 중심 방향이므로 용수철이 늘어난 상태에서 진동 중심으로 줄어들 때는 속도와 가속도 방향이 같고, 용수철이 진동 중심보다 늘어날 때는 속도와 가속도 방향이 반대이다.

오답 피하기 ① 정지한 물체가 등가속도 운동하면 물체의 속도 방향은 가속도 방향이다.

③ 단진자 운동에서 물체의 속도의 방향은 항상 접선 방향이고, 속도의

크기는 최하점에서 가장 크고 양 끝에서 0이다.

④ 물체의 운동 방향과 가속도 방향이 반대이면 물체의 속력이 감소한다.

⑤ 포물선 운동하는 물체는 가속도의 크기와 방향이 일정하다.

025 ③ t에서 $3t$까지 물체는 (−) 방향으로 운동한다.

오답 피하기 ① 단진동에서 변위가 최대일 때 속력은 0이다.

② $2t$일 때 속도의 방향은 (−) 방향이고, $4t$일 때 속도의 방향은 (+) 방향이다.

④ 단진동은 변위가 클수록 가속도의 크기도 증가하므로 가속도의 크기는 일정하지 않다.

⑤ 0에서 t까지 물체의 변위가 증가하므로 속도는 (+)방향이지만 속도의 크기가 작아지므로 가속도의 방향은 (−) 방향이다.

| 026 ⑤ | 027 ② | 028 ③ | 029 ② | 030 ② | 031 ③ | 032 ① |
| 033 ② |

026 위치─시간 그래프에서 기울기의 크기가 속력이다.

ㄱ. t일 때 기울기가 0이므로 속력은 0이다.

ㄴ. t일 때와 $2t$일 때 물체의 운동 방향이 바뀐다.

ㄷ. 0에서 t까지 그래프의 기울기가 감소하므로 속도의 크기가 감소한다. 따라서 가속도 방향은 운동 방향과 반대이다.

027 속도─시간 그래프에서 그래프 아랫부분의 넓이는 변위이고 기울기는 가속도이다.

ㄴ. 속도─시간 그래프의 기울기가 가속도이므로 가속도의 크기는 t일 때가 $3t$일 때보다 크다.

오답 피하기 ㄱ. 속도─시간 그래프에서 그래프 아랫부분의 넓이가 변위이므로 t일 때보다 $3t$일 때가 변위가 더 크다.

ㄷ. 속도─시간 그래프의 기울기가 가속도이므로 t일 때와 $3t$일 때 가속도의 방향은 (+) 방향으로 같다.

028 A, B가 등가속도 운동할 때 속도─시간 그래프의 기울기가 같다.

자료 정리

속도-시간 그래프
(1) A는 1초까지 등속 운동, 1초부터 등가속도 운동하여 정지한다.
(2) B는 0초부터 등가속도 운동하여 정지한다.
(3) 가속도 운동할 때 A, B의 가속도의 크기가 같다. → 그래프의 기울기가 같다.

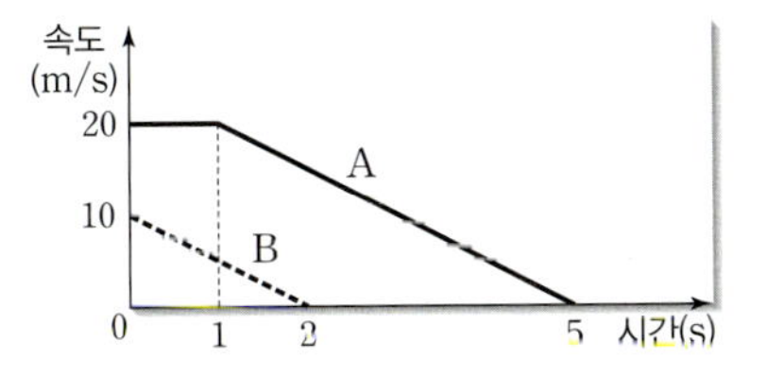

ㄱ. B가 10 m/s의 속력으로 운동하다가 등가속도 운동하여 2초 후에 정지하므로 B의 가속도는 $-5\,\text{m/s}^2$이다.

ㄴ. B가 정지할 때까지 평균 속력이 5 m/s이므로 이동한 거리는 10 m 이다. A는 처음 1초 동안 20 m를 이동하고 가속도 $-5\,\text{m/s}^2$으로 정지할 때까지 이동한 거리가 $2\times(-5)\times x = 0^2 - 20^2$에서 $x = 40\,\text{m}$이므로 $20+40 = s+10$에서 $s = 50\,\text{m}$이다.

오답 피하기 ㄷ. B는 2초 후에 정지하고, 이때 A의 속력은 15 m/s이다. 따라서 B가 정지한 순간부터 A가 정지할 때까지 A가 이동한 거리는 $2\times(-5)\times x = 0^2 - 15^2$에서 $x = 22.5\,\text{m}$이다.

029 공의 처음 속력을 v_0이라고 하면 올라갔던 공이 던져진 곳을 다시 통과할 때의 속력은 $-v_0$이고 지면에 닿기 직전에는 속력이 v_0보다 크다. 또 중력장에서 운동은 중력 가속도로 운동하는 등가속도 운동이므로 속도─시간 그래프의 기울기가 일정하다. 따라서 가장 적절한 그래프는 ②이다.

030 ㄷ. x는 0.8초일 때이므로 $x = \dfrac{1}{2} \times 2.5 \times 0.8^2 = 0.8\,(\text{m})$이다.

오답 피하기 ㄱ. 처음 속력을 v_0, 가속도의 크기를 a라고 하면 $0.05 = 0.2v_0 + 0.02a$, $0.2 = 0.4v_0 + 0.08a$에서 $v_0 = 0\,\text{m/s}$, $a = 2.5\,\text{m/s}^2$이다.

ㄴ. 0.6초일 때 속력은 $v = 0 + 2.5 \times 0.6 = 1.5\,(\text{m/s})$이다.

031 ㄱ. 가속도─시간 그래프에서 그래프 아랫부분의 넓이가 속도 변화량이다. 처음 A의 속도를 $2v$, B의 속도를 $-v$라고 하고, 2초, 6초, 8초일 때 A, B의 속도를 구하면 표와 같다.

	0초	2초	6초	8초
A	$2v$	$2v+8$	$2v+8$	$2v+4$
B	$-v$	$-v+4$	$-v-2$	$-v-2$

8초일 때 A의 변위가 20 m이므로
$$\left(2v \times 2 + \dfrac{1}{2} \times 4 \times 2^2\right) + (2v+8) \times 4 + \left((2v+8) \times 2 + \dfrac{1}{2} \times (-2) \times 2^2\right) = 20$$
에서 $v = -2\,\text{m/s}$이다. 따라서 0초일 때 A의 속도와 가속도는 서로 반대 방향이다.

ㄴ. 6초일 때 B의 변위는
$$\left(2 \times 2 + \dfrac{1}{2} \times 2 \times 2^2\right) + \left(6 \times 4 + \dfrac{1}{2} \times (-1.5) \times 4^2\right) = 20\,(\text{m})$$
이다.

오답 피하기 ㄷ. 시간에 따른 A, B의 속도는 표와 같다.

물체	0초	2초	6초	8초
A	-4	4	4	0
B	2	6	0	0

B의 속도와 변위는 항상 (+) 방향이고 A는 0초일 때 (−) 방향으로 운동하다가 (+) 방향으로 바꾸어 운동하여 8초일 때 만나므로 0초부터 6초 사이에 A와 B는 만나지 않는다.

032 P는 가속도의 크기가 일정하지만 방향이 일정하지 않은 운동이므로 등속 원운동이 해당되고, Q는 가속도의 크기와 방향이 일정한 운동이므로 포물선 운동이 해당된다.

033 ㄴ. 단진자 운동은 물체의 속도가 양 끝에서 0이고 최하점에서 최대이며 크기와 방향이 매 순간 변한다.

[오답 피하기] ㄱ. 연직면에서 원 궤도를 따라 운동할 때 속력은 최고점에서 가장 작고 최하점에서 가장 크다.

ㄷ. (가)에서 물체가 원운동하고 있으므로 최고점에서 속력이 0이 아니다.

02. 뉴턴 운동 법칙

STEP 1 바로바로 개념 확인
본문 019쪽

034 등속 직선　　**035** 비례, 반비례　　**036** 알짜힘　　**037** 달, 지구
038 작용점, 같　　**039** (1) $4\,\text{m/s}^2$, 물체의 운동 방향과 같은 방향
(2) $10\,\text{m/s}^2$, 물체의 운동 방향과 같은 방향　(3) $2\,\text{m/s}^2$, 물체의 운동 방향과 반대 방향　(4) $1\,\text{m/s}^2$, 물체의 운동 방향과 같은 방향
040 (1) 자석이 지구를 당기는 힘　(2) 자석이 철판을 당기는 힘

034 물체에 작용하는 힘이 0이면 운동하던 물체는 관성 법칙에 따라 계속 등속 직선 운동을 한다.

035 가속도의 크기는 물체에 작용하는 힘의 크기에 비례하고 질량에 반비례한다는 것이 가속도 법칙이다.

038 작용 반작용 관계에 있는 두 힘은 힘의 작용점이 다르고, 힘의 크기는 같으며 방향은 반대이다.

039 (1) $a = \dfrac{F}{m} = \dfrac{4}{1} = 4(\text{m/s}^2)$이다.

(2) 지표면에서 자유 낙하하는 물체의 가속도는 질량에 상관없이 중력 가속도인 $10\,\text{m/s}^2$로 일정하다.

(3) $a = \dfrac{F}{m} = \dfrac{-6}{3} = -2(\text{m/s}^2)$이다.

(4) 알짜힘이 물체의 운동 방향으로 $5\,\text{N}$으로 작용하므로 가속도의 크기는 $1\,\text{m/s}^2$이다.

040 (1) 지구가 자석을 당기는 힘의 반작용은 자석이 지구를 당기는 힘이다.

(2) 철판이 자석을 당기는 힘의 반작용은 자석이 철판을 당기는 힘이다.

STEP 2 알짜 문제로 실력 키우기
본문 020~023쪽

041 ③　　**042** ⑤　　**043** ⑤　　**044** 해설 참조　　**045** ④　　**046** ⑤
047 ③　　**048** ①　　**049** ①　　**050** ④　　**051** ③　　**052** 해설 참조
053 ①　　**054** ④　　**055** ④　　**056** 해설 참조

041 한 물체에 여러 힘이 작용할 때 크기와 방향을 고려하여 합성해야 한다.

ㄱ. F_2와 F_4는 크기가 같고 방향이 반대이므로 합력의 크기가 0이다.

ㄴ. F_1과 F_3의 합력이 $+x$ 방향으로 $3\,\text{N}$이다.

[오답 피하기] ㄷ. 알짜힘의 크기가 $3\,\text{N}$이므로 가속도의 크기는 $\dfrac{3\,\text{N}}{2\,\text{kg}}$
$= 1.5\,\text{m/s}^2$이다.

추가로 나오는 선택지

❶ ○　❷ ×　❸ ○

❶ F_1과 F_3의 합력이 $+x$ 방향으로 $3\,\text{N}$이고, F_2와 F_4의 합력이 0이므로 알짜힘의 크기는 $3\,\text{N}$이다.

042 ⑤ 수직으로 작용하는 두 힘은 방향과 크기를 고려하여 합력을 구한다. 이때 합력의 크기는 피타고라스 정리로 구할 수 있다.

[오답 피하기] ① 정지한 물체에 힘이 작용하여 운동한다면 물체는 힘의 방향으로 가속 운동한다.

② 알짜힘이 0이면 물체의 운동 상태가 변하지 않는다.

③ 두 힘의 방향이 같으면 각 힘의 크기를 더한 값이 합력의 크기이다.

④ 반대 방향으로 작용하는 두 힘의 합력의 크기는 두 힘의 크기를 뺀 값이다.

043 ㄱ. A가 정지해 있으므로 알짜힘은 0이다.

ㄴ. A, B가 정지해 있으므로 p가 A에 작용하는 힘의 크기는 $m_A g$이고 p가 B에 작용하는 힘의 크기도 $m_A g$이다.

ㄷ. p가 B에 위쪽으로 작용하는 힘의 크기는 q가 B에 아래쪽으로 작용하는 힘의 크기와 B에 작용하는 중력의 크기의 합과 같다. 즉, $m_A g = T_q + m_B g$에서 $T_q = (m_A - m_B)g$이다.

044 작용점이 같은 힘은 더할 수 있지만 작용점이 다른 힘은 더할 수 없다.

자료 정리

힘의 평형과 작용 반작용

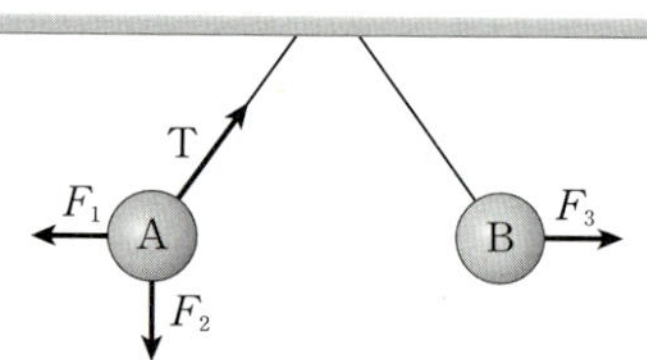

(1) 힘의 평형: 한 물체에 작용하는 여러 힘의 합이 0이다.

- A에 작용하는 세 힘 T, F_1, F_2는 평형을 이룬다.
(2) 작용 반작용: 두 물체가 서로에게 작용하는 힘이다.
- A가 B에 작용하는 F_3과 B가 A에 작용하는 F_1은 작용 반작용 관계이다.
- 작용 반작용 관계의 두 힘은 크기가 같고 방향이 반대이다.

[모범 답안] F_1과 F_2는 A에 작용하는 힘이므로 더할 수 있지만, F_3은 B에 작용하는 힘이므로 더할 수 없다.

채점 기준	배점
F_1과 F_2를 더할 수 있는 이유와 F_3을 더할 수 없는 이유를 옳게 서술한 경우	100%
둘 중 하나만 옳게 서술한 경우	50%

045 ㄱ. A는 정지해 있으려는 관성 때문에 종이를 당길 때 종이와 함께 운동하지 않고 컵 속으로 떨어진다.
ㄷ. 질량이 클수록 관성이 크므로 A가 B보다 질량이 크다.
[오답 피하기] ㄴ. B가 정지해 있을 때 외력이 작용하지 않으면 계속 정지해 있으려고 한다.

❶ ○ ❷ × ❸ 클
❸ 질량이 큰 물체일수록 관성이 크다.

046 ⑤ 외부에서 힘이 작용하지 않으면 정지한 물체는 계속 정지해 있는다.
[오답 피하기] ① 질량이 큰 물체일수록 관성이 크다.
② 질량이 크면 관성이 커 운동 상태가 쉽게 변하지 못한다.
③ 힘이 작용하면 물체의 운동 상태가 변한다.
④ 힘이 작용하지 않으면 운동하던 물체는 계속 운동한다.

047 외부에서 힘이 작용하지 않을 때 정지한 물체가 계속 정지해 있으려고 하는 성질이 정지 관성이다.
C: 아래에 있는 나무 블록을 강하게 치면 위쪽에 있던 나무 블록들은 정지해 있으려는 관성 때문에 망치로 친 나무 블록만 빠져 나간다.
[오답 피하기] A: 달리는 사람의 발이 돌에 걸리면 몸이 계속 운동하려는 관성 때문에 앞으로 넘어진다.
B: 달리던 버스가 갑자기 멈추면 버스에 탄 사람과 손잡이가 계속 운동하려는 관성 때문에 앞으로 쏠린다.

048 ㄱ. (가), (나)에서 가속도의 크기를 각각 a_1, a_2라고 하면 (가)에서는 $2mg=(m+2m)a_1$이고 (나)에서는 $mg=(m+2m)a_2$이다. 따라서 $a_1=2a_2$이다.
[오답 피하기] ㄴ. (가), (나)에서 실이 B를 당기는 힘의 크기를 각각 T_1, T_2라고 하면 (가)에서 $2mg-T_1=2ma_1$이고, (나)에서 $T_2=2ma_2$이다. 따라서 $T_1=\frac{2}{3}mg$, $T_2=\frac{2}{3}mg$이다.
ㄷ. $2as=v^2-0$에서 가속도의 크기가 2배가 되면 속력은 $\sqrt{2}$배가

되다.

❶ ○ ❷ ×
❶ (가), (나)에서 실이 A를 당기는 힘의 크기는 모두 $\frac{2}{3}mg$로 같다.

049 ㄴ. 수레의 질량을 M이라고 하면 Ⅰ에서 $\left(\frac{m}{M+m}\right)g=\frac{2v}{t}$이고, Ⅱ에서 $\left(\frac{2m}{M+2m}\right)g=\frac{3v}{t}$이다. 따라서 $M=2m$이다.
[오답 피하기] ㄱ. 추의 개수가 증가할수록 가속도의 크기가 증가한다. 따라서 Ⅰ은 (나)의 결과이다.
ㄷ. 추를 3개 매달면 가속도의 크기는 $\left(\frac{3m}{M+3m}\right)g=\frac{3}{5}g$이므로 t일 때 속력은 $\frac{18}{5}v$이다.

050 (가)와 (나)에서 두 물체의 질량의 합이 일정하고 힘의 크기가 같으므로 가속도의 크기가 같다. (가)에서 B의 운동 방정식은 $T_1=2ma$이고, (나)에서 A의 운동 방정식은 $T_2=ma$이다. 따라서 $\frac{T_1}{T_2}=2$이다.

051 (가), (나)에서 수레의 가속도의 크기는 각각 $\frac{mg}{m+m}=\frac{1}{2}g$, $\frac{mg}{2m+m}=\frac{1}{3}g$이다. 같은 거리를 이동했을 때 속력은 $2as=v^2-0^2$에서 $v=\sqrt{2as}$이다. $v_1:v_2=\sqrt{gs}:\sqrt{\frac{2}{3}gs}=\sqrt{3}:\sqrt{2}$이다.

052 가속도의 크기는 힘의 크기에 비례하고 전체 질량에 반비례한다.
[모범 답안] 수레에 매단 추를 2개, 3개로 늘이면 수레와 추에 작용하는 힘의 크기는 2배, 3배가 된다. 그러나 (나)에서는 전체 질량이 일정하지만 (가)에서는 전체 질량이 증가하기 때문에 (나)에서만 가속도의 크기가 2배, 3배가 된다.

채점 기준	배점
(가), (나)에서 힘의 크기와 전체 질량의 변화를 옳게 비교한 경우	100%
(가), (나)에서 전체 질량의 변화만 옳게 비교한 경우	50%

053 ㄱ. A가 B를 당기는 힘과 B가 A를 당기는 힘은 작용 반작용 관계이므로 힘의 크기가 같고 방향이 반대이다.
[오답 피하기] ㄴ. A가 B를 당기는 힘과 바닥이 B를 받치는 힘의 합력이 B에 작용하는 중력과 평형을 이룬다.
ㄷ. 유리컵이 A를 받치는 힘의 반작용은 A가 유리컵을 누르는 힘이다.

❶ ○ ❷ ×
❷ 수평면이 B에 작용하는 힘의 크기는 B의 중력의 크기에서 A가 B에 작용하는 힘의 크기를 뺀 값이다.

054 ㄱ. A가 B를 당기는 힘과 B가 A를 당기는 힘은 작용 반작용 관계이다.

ㄷ. p가 A를 당기는 힘과 A가 p를 당기는 힘은 작용 반작용 관계이다.

오답 피하기 ㄴ. p가 A를 당기는 힘과 B가 A를 당기는 힘은 모두 A에 작용하는 힘으로, 크기가 같고 방향이 반대여서 힘의 평형을 이룬다.

055 ㄴ, ㄷ. A와 B가 줄을 통해 서로에게 작용하는 힘의 크기는 같고, 질량은 A가 B보다 크므로 가속도의 크기는 A가 B보다 작다.

오답 피하기 ㄱ. A가 B를 당기면 반작용으로 B도 A를 당긴다. A가 B를 당기는 힘의 크기와 B가 A를 당기는 힘의 크기는 같다.

056 어른에게 작용하는 마찰력과 줄이 어른을 당기는 힘은 평형을 이루고, 어린이가 일정한 속력으로 끌어오므로 어린이에게 작용하는 알짜힘은 0이다.

모범 답안 어른과 어린이가 서로에게 작용하는 힘은 작용 반작용 관계이므로 크기가 F로 같다. 어른에게 작용하는 힘은 평형을 이루므로 어른에게 작용하는 마찰력의 크기 f_1은 F와 같다. 어린이는 일정한 속력으로 끌려오므로 알짜힘이 0이고, 어린이에게 작용하는 힘이 평형을 이루므로 어린이에게 작용하는 마찰력의 크기 f_2도 F와 같다. 따라서 $f_1 = f_2$이다.

채점 기준	배점
힘의 평형, 작용 반작용 관계를 이용하여 마찰력의 크기를 옳게 비교한 경우	100%
마찰력의 크기만 옳게 비교한 경우	50%

STEP **3** 1등급을 위한 실전 완벽 대비 　　본문 024~025쪽

057 ②　**058** ③　**059** ①　**060** ③　**061** ⑤　**062** ④　**063** ②
064 ③

057 도르래로 연결된 실이 B에 작용하는 힘의 크기는 A에 작용하는 중력의 크기와 같은 mg이다. 이 힘과 B에 작용하는 중력, B의 오른쪽에 연결된 실이 B를 당기는 힘이 평형을 이룬다.

따라서 $mg\cos 45° = M_{\mathrm{B}}g$에서 $M_{\mathrm{B}} = \dfrac{m}{\sqrt{2}}$이다.

058 관성의 크기는 쇠구슬 > 물 > 풍선 순이다. 따라서 정지해 있던 물통이 갑자기 오른쪽으로 출발하면 쇠구슬과 물은 왼쪽으로 쏠리고 풍선은 물에 밀려 오른쪽으로 기울어진다.

059

자료 정리

경사면에서 물체의 운동

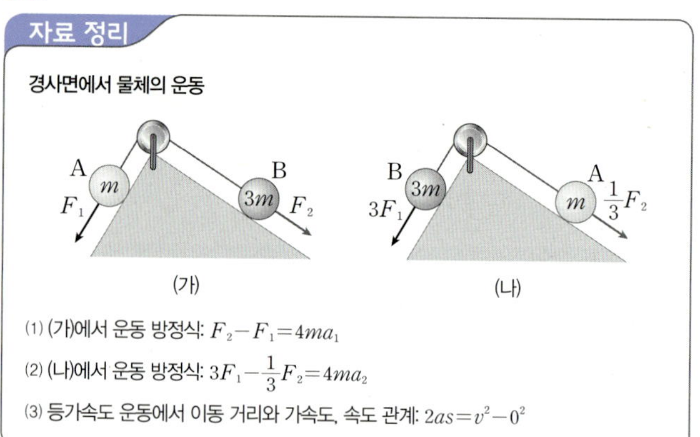

(1) (가)에서 운동 방정식: $F_2 - F_1 = 4ma_1$

(2) (나)에서 운동 방정식: $3F_1 - \dfrac{1}{3}F_2 = 4ma_2$

(3) 등가속도 운동에서 이동 거리와 가속도, 속도 관계: $2as = v^2 - 0^2$

(가)에서 A에 경사면 아래로 작용하는 힘의 크기를 F_1, B에 경사면 아래로 작용하는 힘의 크기를 F_2라고 하면 운동 방정식은 $F_2 - F_1 = 4ma_1$이다. (나)에서 질량이 B가 A의 3배이므로 B에 경사면 아래로 작용하는 힘의 크기는 $3F_1$이고 A에 경사면 아래로 작용하는 힘의 크기는 $\dfrac{1}{3}F_2$이다. 따라서 운동 방정식은 $3F_1 - \dfrac{1}{3}F_2 = 4ma_2$이다.

(가)와 (나)에서 정지해 있던 물체가 s만큼 이동했을 때 속력이 각각 v, $\sqrt{5}v$이므로 $2a_1s = v^2$, $2a_2s = 5v^2$이고, $a_2 = 5a_1$이다.

따라서 $5(F_2 - F_1) = 3F_1 - \dfrac{1}{3}F_2$에서 $F_1 = \dfrac{2}{3}F_2$이다.

(가)에서 A, B의 운동 방정식은 각각 $T_1 - F_1 = ma_1$, $F_2 - T_1 = 3ma_1$이므로 $T_1 = \dfrac{9}{8}F_1$이다. (나)에서 A, B의 운동 방정식은 각각 $3F_1 - T_2 = 3ma_2$, $T_2 - \dfrac{1}{3}F_2 = ma_2$이므로 $T_2 = \dfrac{9}{8}F_1$이다. 따라서 $T_1 : T_2 = 1 : 1$이다.

060 ㄱ. 3초일 때 A의 가속도 크기는 $20 - 10 = 4a_3$에서 $a_3 = 2.5\,\mathrm{m/s^2}$이다. 1초일 때 A의 가속도 크기는 $15 - 10 = 4a_1$에서 $a_1 = 1.25\,\mathrm{m/s^2}$이다. 따라서 A의 가속도 크기는 3초일 때가 1초일 때의 2배이다.

ㄷ. 전동기와 A를 연결한 실을 끊으면 A의 가속도 크기는 $\dfrac{1 \times 10}{3 + 1} = 2.5(\mathrm{m/s^2})$이다.

오답 피하기 ㄴ. 3초일 때 B의 운동 방정식은 $T - 10 = 1 \times 2.5$에서 $T = 12.5\,\mathrm{N}$이다.

061 손을 가만히 놓는 순간부터 물체가 h만큼 낙하하는 데 걸린 시간이 2배이면 가속도의 크기는 $h = \dfrac{1}{2}at^2$에서 $\dfrac{1}{4}$배이다. 즉 가속도의 크기는 (가)에서가 (나)에서의 4배이다. B의 질량을 M이라고 할 때 (가), (나)에서 가속도의 크기는 각각 $\left(\dfrac{M}{M+m}\right)g$, $\left(\dfrac{m}{M+m}\right)g$이므로 $\left(\dfrac{M}{M+m}\right)g = 4\left(\dfrac{m}{M+m}\right)g$에서 $M = 4m$이다.

경사면에서 세 물체의 운동

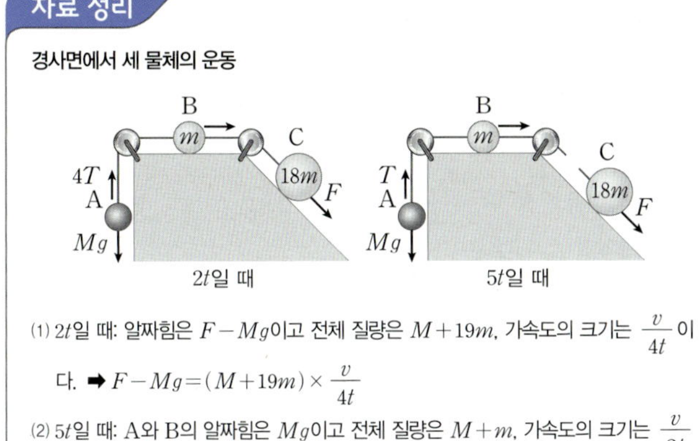

(1) $2t$일 때: 알짜힘은 $F-Mg$이고 전체 질량은 $M+19m$, 가속도의 크기는 $\dfrac{v}{4t}$ 이

다. ➡ $F-Mg=(M+19m)\times\dfrac{v}{4t}$

(2) $5t$일 때: A와 B의 알짜힘은 Mg이고 전체 질량은 $M+m$, 가속도의 크기는 $\dfrac{v}{2t}$

이다. ➡ $Mg=(M+m)\times\dfrac{v}{2t}$

A의 질량을 M이라 하고 $5t$일 때 실이 A에 작용하는 힘의 크기를 T 라고 하면, $2t$일 때와 $5t$일 때 A의 운동 방정식은 각각 $4T-Mg=M\dfrac{v}{4t}$, $Mg-T=M\dfrac{v}{2t}$에서 $T=\dfrac{1}{3}Mg$이고, $2t$일 때 와 $5t$일 때 A의 가속도의 크기는 각각 $\dfrac{1}{3}g$, $\dfrac{2}{3}g$이다. C에 빗면 아래쪽 으로 작용하는 힘의 크기를 F라고 하면, $5t$일 때 A, B의 운동 방정식 은 $Mg=(M+m)\times\dfrac{2}{3}g$이므로 $M=2m$이다. 또 $2t$일 때 A, B, C 전체의 운동 방정식은 $F-2mg=21m\times\dfrac{1}{3}g$이므로 $F=9mg$ 이다. 따라서 $5t$일 때 C의 가속도의 크기는 $9mg=18ma$에서 $a=\dfrac{1}{2}g$ 이다.

063 0초부터 1초까지 운동 방정식은 $F+10m-30=(m+3)\times10$ 이고, 1초부터 3초까지 운동 방정식은 $30-10\,m=(m+3)\times5$이다. 두 식을 풀면 $F=60\text{ N}$, $m=1\text{ kg}$이다.

064 ㄱ. A가 B를 당기는 힘과 B가 A를 당기는 힘은 작용 반작용 관 계이다.

ㄴ. B가 등속 운동을 하므로 B에 작용하는 알짜힘이 0이다. 따라서 A 가 B를 당기는 힘과 C가 B를 당기는 힘은 힘의 평형을 이룬다.

오답 피하기 ㄷ. 경사면의 기울기가 A쪽이 C쪽보다 크므로 질량은 C 가 A보다 크다. 따라서 A와 C를 바꾸어 연결하면 B는 왼쪽으로 가속 도 운동한다.

03. 운동량과 충격량

065 mv **066** 나중, 처음 **067** $\dfrac{m_1}{m_2}v_1$, 같은 **068** 충격량

069 (1) × (2) ○ (3) × (4) × **070** (1) A (2) B (3) A

065 운동량은 질량과 속도의 곱이다.

066 운동량 변화량이 (+)이면 운동량의 크기가 증가한다.

067 충돌 전후 운동량이 보존되므로 $m_1v_1=m_2v_2$이다.

068 충격량은 물체에 작용한 힘과 힘이 작용한 시간을 곱한 물리량으 로 운동량의 변화량과 같다.

069 (1) 외력이 작용하지 않는 상태에서 충돌하면 운동량이 보존된다.
(2) 물체가 받은 충격량은 물체의 운동량의 변화량과 같다.
(3) 같은 방향으로 운동하던 두 물체가 충돌한 후 한 덩어리가 되면 운동 량 보존 법칙에 따라 $m_1v_1+m_2v_2=(m_1+m_2)v$이므로 정지하지 않고 계속 운동한다.
(4) 폭발하여 분리되는 경우에도 운동량은 보존된다.

070 (1) 자동차의 에어백은 충돌할 때 충돌 시간을 길게 하여 평균 힘 의 크기를 줄인다.
(2) 대포는 포신이 길수록 힘이 작용하는 시간이 길어져 운동량의 변화 량이 더 커진다.
(3) 야구 선수의 성상이 보호대는 야구 선수가 야구 공과 충돌할 때 충돌 시간을 길게 하여 평균 힘의 크기를 줄인다.

071 ① **072** ① **073** ④ **074** 해설 참조 **075** ② **076** ①
077 ③ **078** ③ **079** 해설 참조 **080** ④ **081** ③ **082** ⑤
083 ⑤ **084** 해설 참조 **085** ⑤ **086** ④ **087** ② **088** ①
089 해설 참조

071 ㄱ. 운동량의 크기는 질량과 속도의 크기의 곱이다. P에서 속도 의 크기가 10 m/s이므로 운동량의 크기는 10 kg·m/s이다.

오답 피하기 ㄴ. P와 Q에서 운동량의 크기는 같으나 방향이 반대이다.
ㄷ. 운동량 변화량을 구할 때는 방향을 생각해야 한다. P와 Q에서 운 동량의 방향이 반대이므로 P에서 Q까지 A의 운동량 변화량의 크기는 20 kg·m/s이다. P와 R에서 운동량의 방향이 수직이므로 P에서 R까 지 운동량 변화량의 크기는 $10\sqrt{2}\text{ kg·m/s}$이나. 따라서 A의 운동량

변화량의 크기는 P에서 Q까지가 P에서 R까지의 $\sqrt{2}$배이다.

❶ × ❷ ○

❶ A는 원형 도로를 따라 일정한 속력으로 운동하므로 P에서 Q까지 A는 등속 원운동한다.

072 A의 운동량의 크기는 $20000 \, \text{kg·m/s}$이고 방향은 동쪽이다. B의 질량이 $2000 \, \text{kg}$이므로 속도의 크기는 $10 \, \text{m/s}$이고 방향은 동쪽이다.

073 ㄴ. t부터 $2t$까지 물체의 운동량이 p로 일정하므로 물체는 등속 직선 운동한다.

ㄷ. $3t$일 때 물체의 운동량이 0이므로 0초부터 $3t$까지 물체의 운동량 변화량은 0이다.

오답 피하기 ㄱ. 충격량과 운동량 변화량이 같으므로 $F = \dfrac{\Delta p}{t}$에서 힘의 크기는 $\dfrac{p}{t}$이다.

074

자료 정리

운동량의 방향과 크기

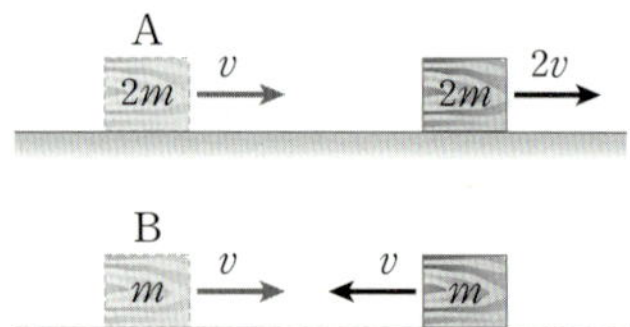

(1) 운동량은 질량과 속도를 곱합 물리량으로 방향과 크기를 갖는다.
• 한 쪽 방향을 (+)로 정하면 반대 방향은 (−)가 된다.
(2) 운동량 변화량은 나중 운동량에서 처음 운동량을 뺀다.
• 방향을 고려하여 구한다.

운동량의 변화량이 운동 방향과 같으면 운동량의 크기가 증가하고, 운동량의 변화량이 운동 방향과 반대이면 운동량의 크기가 감소한다.

모범 답안 A의 운동량은 $+2mv$에서 $+4mv$로 변했으므로 운동량 변화량은 $+2mv$이고, B의 운동량은 $+mv$에서 $-mv$로 변했으므로 운동량 변화량은 $-2mv$이다. 따라서 A, B의 운동량 변화량의 크기는 같고 방향은 반대이다.

채점 기준	배점
A, B의 운동량 변화량을 구하고, 크기와 방향을 옳게 비교한 경우	100%
A, B의 운동량 변화량을 구하고, 크기와 방향 중 하나만 옳게 비교한 경우	70%
A, B의 운동량 변화량만 구한 경우	50%

075 물체에 작용하는 힘은 아래 방향으로 중력 $10 \, \text{N}$과 실이 위쪽으로 당기는 $5 \, \text{N}$의 힘이 작용하므로 알짜힘은 $5 \, \text{N}$이다. 물체의 질량이 $1 \, \text{kg}$이므로 가속도는 $5 \, \text{m/s}^2$이다. 2초 후 속력은 $10 \, \text{m/s}$이므로 운동량의 크기는 $10 \, \text{kg·m/s}$이다.

다른 풀이 알짜힘이 $5 \, \text{N}$이므로 2초 동안 물체에 작용한 충격량의 크기는 $10 \, \text{N·s}$이다. 운동량의 변화량과 충격량이 같으므로 2초 후 운동량의 크기는 $10 \, \text{kg·m/s}$이다.

076 ㄱ. A의 운동량은 $6 \, \text{kg·m/s}$에서 $2 \, \text{kg·m/s}$로 변했으므로 운동량 변화량은 $-4 \, \text{kg·m/s}$이다.

오답 피하기 ㄴ. 충돌 과정에서 A, B의 운동량 변화량의 크기는 같지만 방향이 반대이다.

ㄷ. B의 운동량 변화량이 $+4 \, \text{kg·m/s}$이고, 질량이 $1 \, \text{kg}$, 처음 속력이 0이므로 충돌한 후 B의 속력은 $4 \, \text{m/s}$이다.

❶ ○ ❷ ×

❶ 충돌하는 동안 A와 B가 받은 힘의 크기는 작용 반작용의 관계로 서로 같다.

077 외력이 작용하지 않으면 충돌 과정에서 운동량이 보존된다.

ㄱ. 당구공이 충돌할 때 공기 저항과 모든 마찰을 무시하므로 운동량이 보존된다.

ㄷ. 빙판에서 스케이트를 신은 두 사람이 서로 밀어낼 때 공기 저항과 모든 마찰을 무시하므로 운동량이 보존된다.

오답 피하기 ㄴ. 빗면을 내려오는 물체에는 빗면 아래쪽으로 힘이 작용하므로 충돌 과정에서 운동량이 보존되지 않는다.

078

자료 정리

분리되는 경우의 운동량 보존

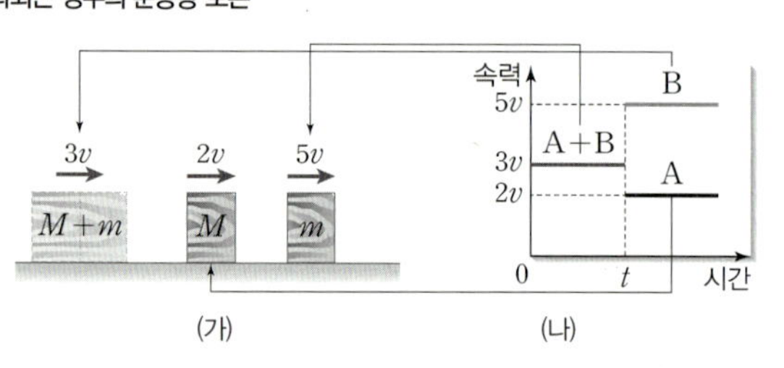

(1) 분리되는 경우에도 외력이 작용하지 않으면 운동량은 보존된다.
(2) 분리되기 전 A+B의 운동량과 분리된 후 A의 운동량과 B의 운동량의 합이 같다.

A의 질량을 M이라고 하면 분리되기 전 운동량은 $3v(M+m)$이고 분리된 후 운동량은 $2Mv + 5mv$이다. 운동량이 보존되므로 $M = 2m$이다.

079 충돌하기 전과 후 운동량이 보존된다.

모범 답안 A, B의 질량을 m이라고 하면 충돌하기 전 A의 운동량은 mv이다. 충돌한 후 한 덩어리가 되어 운동할 때 속력은 $mv = 2mv_1$에서 $v_1=\dfrac{v}{2}$이고, 충돌한 후 B만 운동할 때 속력은 $mv=mv_2$에서 $v_2=v$이다. 따라서 B의 속력은 B만 운동할 때가 한 덩어리가 되어 운동할 때의 2배이다.

채점 기준	배점
두 경우의 B의 속력을 구하여 옳게 비교한 경우	100%
두 경우의 B의 속력만 구한 경우	50%

080 (가)를 t', (나)를 m'라고 하면 Ⅰ에서 $m\times\dfrac{L}{t}=2m\times\dfrac{L}{t'}$이므로 $t'=2t$이다. Ⅱ에서 $m'\times\dfrac{L}{4t}=m\times\dfrac{L}{t}$이므로 $m'=4m$이다.

081

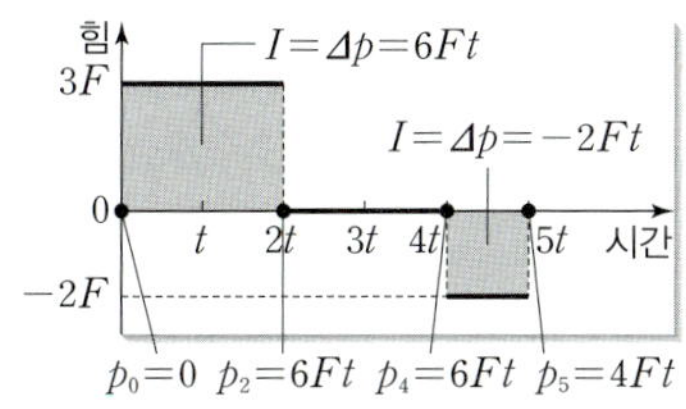

(1) 힘-시간 그래프에서 그래프 아랫부분의 넓이는 충격량이다.
(2) 충격량이 운동량 방향과 같으면 운동량의 크기가 증가하고, 반대이면 운동량의 크기가 감소한다.

ㄱ. 0부터 $2t$까지 그래프 아랫부분의 넓이가 $6Ft$이므로 물체가 받은 충격량의 크기는 $6Ft$이다.

ㄷ. $3t$일 때와 $5t$일 때 운동량의 크기가 각각 $6Ft$, $4Ft$이므로 속력의 비가 $3:2$이다. 따라서 물체의 속력은 $3t$일 때가 $5t$일 때의 1.5배이다.

[오답 피하기] ㄴ. 0초일 때 운동량의 크기가 0이고 $5t$일 때 운동량의 크기가 $4Ft$이므로 운동량 변화량의 크기는 $4Ft$이다.

추가로 나오는 선택지

❶ ○ ❷ × ❸ ○

❷ 0초부터 $5t$까지 물체의 운동 방향은 바뀌지 않으므로 변위의 크기는 커진다.

082 ⑤ 운동량 변화량이 같으면 물체가 받는 충격량이 같다. 이때 충돌 시간을 크게 할수록 평균 힘의 크기가 작아진다.

[오답 피하기] ① 운동량의 변화량이 클수록 충격량이 크다.

② 힘-시간 그래프에서 그래프의 아랫부분의 넓이가 충격량의 크기이므로 운동량 변화량의 크기이다.

③ 두 물체가 충돌할 때 서로에게 작용하는 충격량의 크기는 같지만 방향이 반대이다.

④ 운동량-시간 그래프의 기울기는 물체가 받은 힘의 크기이다.

083 충돌 과정에서 A와 B가 받은 충격량은 크기가 같고 방향이 반대이다.

ㄱ. A가 받은 충격량은 $I_A=-2mv$이다. A의 나중 속도를 v_A라고 하면 $mv_A-4mv=-2mv$에서 $v_A=2v$이다. B가 받은 충격량은 $I_B=2mv$이다. B의 나중 속도를 v_B라고 하면 $2mv_B-2mv=2mv$에서 $v_B=2v$이다. 따라서 충돌한 후 A, B의 속력은 같다.

ㄴ. 충돌한 후 A, B의 속도가 모두 $(+)$이므로 운동 방향은 같다.

ㄷ. 충돌하기 전 B의 운동량의 크기는 $2mv$이고, 충돌한 후 B의 운동량의 크기는 $4mv$이므로 B의 운동량의 크기는 충돌하기 전의 2배이다.

084 A가 B를 미는 힘과 B가 A를 미는 힘은 작용 반작용 관계이다.

[모범 답안] A가 B를 미는 힘의 크기와 B가 A를 미는 힘의 크기가 같으므로 t초 동안 A와 B가 받은 충격량의 크기는 같다. 충격량의 크기가 운동량 변화량의 크기와 같으므로 t초 후 A, B의 속력을 각각 v_A, v_B라고 하면 $60v_A-0=40v_B-0$에서 $v_A:v_B=2:3$이다.

채점 기준	배점
충격량과 운동량의 관계를 이용하여 속력의 비를 옳게 구한 경우	100%
충격량과 운동량 관계를 이용하지 않고 속력의 비만 옳게 구한 경우	50%

085 ㄱ. 질량이 A가 B의 2배이고 충돌하기 전 속력이 같으므로 운동량 변화량의 크기는 A가 B의 2배이다.

ㄴ. A, B가 모두 $+x$ 방향으로 운동하다가 충돌한 후 정지하므로 충격량의 방향은 $-x$ 방향이다.

ㄷ. A가 받은 충격량의 크기를 $2I$라고 하면 B가 받은 충격량의 크기는 I이다. A, B가 벽과 충돌하는 동안 A, B가 받는 평균 힘의 크기는 각각 $F_A=\dfrac{2I}{2t}$, $F_B=\dfrac{I}{3t}$이므로 A가 B의 3배이다.

추가로 나오는 선택지

❶ ○ ❷ × ❸ ○

❸ 힘-시간 그래프에서 그래프 아랫부분의 넓이는 충격량의 크기이다.

086 ㄱ. 자동차 에어백은 자동차가 충돌할 때 사람이 충돌하는 시간을 길게 하여 사람이 받는 평균 힘의 크기를 줄인다.

ㄷ. 공기 안전 매트는 뛰어 내리는 사람이 바닥과 충돌하는 시간을 길게 하여 사람이 받는 평균 힘의 크기를 줄인다.

[오답 피하기] ㄴ. 야구 배트를 밀어치면 힘이 작용하는 시간이 증가하여 공이 받는 충격량이 커진다.

087 ㄴ. 경기장의 모래나 포장용 에어캡은 충돌할 때 충돌 시간을 길게 하여 충격력이 작아지도록 한다.

[오답 피하기] ㄱ. 충격량의 크기는 운동량의 변화량의 크기이므로 충돌하기 전 운동량이 같으면 충격량의 크기도 같다.

ㄷ. 충격량이 일정할 때 충돌 시간이 증가하면 평균 힘의 크기는 감소한다.

088

속도와 가속도의 방향에 따른 속도 변화

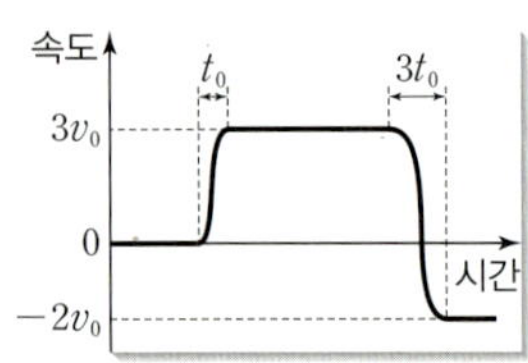

(1) 첫 번째 충돌: t_0 동안 운동량이 0에서 $3mv_0$으로 변한다.
- 운동량 변화량: $\Delta p = 3mv_0$
- 평균 힘의 크기: $F = \dfrac{3mv_0}{t_0}$

(2) 두 번째 충돌: $3t_0$ 동안 운동량이 $3mv_0$에서 $-2mv_0$으로 변한다.
- 운동량 변화량: $\Delta p = -5mv_0$
- 평균 힘의 크기: $F = \dfrac{5mv_0}{3t_0}$

ㄱ. 충격량의 크기는 운동량 변화량의 크기와 같으므로 $3mv_0$이다.

오답 피하기 ㄴ. 첫 번째 충격에서는 운동량이 증가하고 두 번째 충격에서는 운동량이 감소하므로 충격량의 방향이 반대이다.

ㄷ. 첫 번째와 두 번째 충격에서 평균 힘의 크기는 각각 $\dfrac{3mv_0}{t_0}$, $\dfrac{5mv_0}{3t_0}$ 이므로 물체가 받은 평균 힘의 크기는 첫 번째가 두 번째보다 크다.

089 충격량은 힘과 힘이 작용한 시간의 곱이고 운동량 변화량과 같다.

모범 답안 자동차가 충돌할 때 운동량 변화량이 같으면 충격량도 같다. 안전띠나 범퍼는 자동차가 충돌할 때 충돌 시간을 길게 하여 자동차나 사람이 받는 평균 힘(충격력)의 크기를 줄여 준다.

채점 기준	배점
충격량은 같으나 충돌 시간을 길게 하여 힘이 감소한다고 설명한 경우	100%
충돌 시간을 길게 한다 또는 힘이 감소한다 중 한 가지만 설명한 경우	50%

STEP 3 1등급을 위한 실전 완벽 대비 　　본문 032~033쪽

090 ⑤　　**091** ②　　**092** ④　　**093** ②　　**094** ④　　**095** ④　　**096** ①
097 ④

090 8초 동안 물체가 받은 충격량의 크기는 $16\,\text{N·s}$이다. 충격량이 운동량 변화량과 같으므로 힘의 방향이 물체의 운동 방향과 같은 경우에는 $2v_1 = 2 \times 4 + 16$에서 $v_1 = 12\,\text{m/s}$이고, 힘의 방향이 물체의 운동 방향과 반대인 경우에는 $2v_2 = |2 \times 4 - 16|$에서 $v_2 = 4\,\text{m/s}$이다. 따라서 $\dfrac{v_1}{v_2} = 3$이다.

091 (가)와 (나)에서 충돌 전후 운동량이 보존되므로
$m_A v_0 = \dfrac{1}{5}(m_B + m_C)v_0$, $m_C v_0 = \dfrac{1}{2}(m_A + m_B)v_0$에서
$5m_A = m_B + m_C$, $2m_C = m_A + m_B$이므로 $m_A : m_B : m_C = 1 : 3 : 2$ 이다.

092 공을 던지기 전과 던진 후의 운동량이 보존되므로
$(M+m)v_1 = Mv + mv_2$에서 $v = \dfrac{(M+m)v_1 - mv_2}{M}$이다.

093 ㄷ. 충돌 과정에서 A, B가 받는 충격량의 크기가 같으므로 A, B의 운동량 변화량의 크기도 같다.

오답 피하기 ㄱ. (가)에서 충돌한 후 B의 속력은 $mv = (m+2m)v'$에서 $v' = \dfrac{1}{3}v$이고, (나)에서 충돌한 후 B의 속력은 $2mv = (2m+m)v''$에서 $v'' = \dfrac{2}{3}v$이다.

ㄴ. A의 속력 변화는 (가)에서 $v \rightarrow \dfrac{1}{3}v$이고 (나)에서 $0 \rightarrow \dfrac{2}{3}v$이므로 충돌 과정에서 A가 받은 충격량의 크기는 $\dfrac{2}{3}mv$로 같다. 그러나 (가)에서는 왼쪽 방향으로 충격량을 받고 (나)에서는 오른쪽 방향으로 충격량을 받으므로 A가 받은 충격량은 (가)와 (나)에서 다르다.

094 $2as = v^2 - v_0^2$에서 자유 낙하하는 물체의 속력은 $v = \sqrt{2gs}$이다. P, Q에서 속력을 각각 v_P, v_Q라고 하면 $v_P = \sqrt{2gh}$, $v_Q = \sqrt{4gh}$이므로 O에서 P까지와 P에서 Q까지의 운동량의 변화량은 각각 $m\sqrt{2gh}$, $m\sqrt{2gh}(\sqrt{2}-1)$이다. 따라서 $\dfrac{I_1}{I_2} = \dfrac{1}{\sqrt{2}-1} = \sqrt{2}+1$이다.

095

충격량과 운동량 변화량

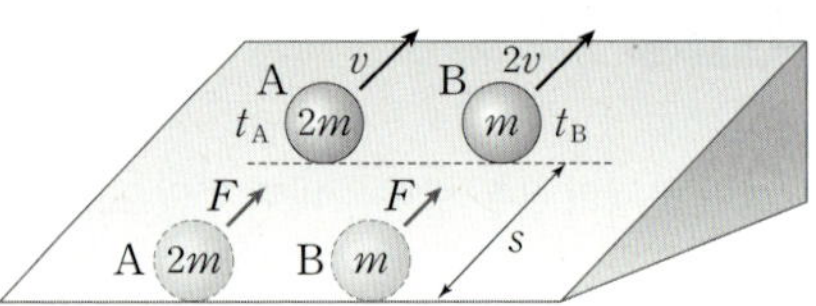

(1) A, B가 받은 충격량이 같다.
- A, B의 처음 운동량이 0이므로 나중 운동량이 같다.
- 질량이 A가 B의 2배이므로 나중 속력은 B가 A의 2배이다.

(2) s만큼 이동하는 데 걸린 시간은 평균 속력에 반비례한다.
- 평균 속력은 B가 A의 2배이므로 걸린 시간은 A가 B의 2배이다.

(3) A, B에는 빗면 아래쪽으로 질량에 비례하는 힘이 작용한다.
- A, B에 작용하는 알짜힘은 각각 $F - 2f$, $F - f$이다.

ㄱ, ㄷ. A, B가 받는 충격량이 같으므로 s만큼 이동했을 때 A, B의 운동량이 같다. 따라서 A의 속력을 v라고 하면 B의 속력은 $2v$이고, 이동 시간은 이동 거리를 평균 속력으로 나눈 것이므로 A, B가 s만큼 이동하는 데 걸린 시간을 각각 t_A, t_B라고 하면 $t_A = \dfrac{2s}{v}$, $t_B = \dfrac{s}{v}$이다. 따

라서 s만큼 이동하는 데 걸린 시간은 A가 B의 2배이다.

A, B에 빗면 아래쪽으로 작용하는 힘을 각각 $2f$, f라고 하면 $(F-2f)t_A=(F-f)t_B=2mv$에서 $f=\frac{1}{3}F$이고, $\frac{1}{3}F\times\frac{2s}{v}=2mv$에서 $v=\sqrt{\dfrac{Fs}{3m}}$이다.

오답 피하기 ㄴ. A, B의 가속도의 크기는 각각 $\frac{F}{6m}$, $\frac{2F}{3m}$이므로 B가 A의 4배이다.

096 ㄱ. 힘—시간 그래프에서 그래프 아랫부분의 넓이가 물체가 받은 충격량의 크기이고, 충격량과 운동량 변화량은 같으므로 0초부터 1초까지 물체의 운동량 변화량의 크기는 $10\,\text{N}\cdot\text{s}$이고, 0초부터 3초까지 운동량 변화량의 크기는 $60\,\text{N}\cdot\text{s}$이다. 물체의 질량을 m이라고 하면 $-10=25m-mv$, $-60=0-mv$이다. 따라서 $m=2\,\text{kg}$이다.

오답 피하기 ㄴ. $-10=2\times25-2v$에서 $v=30\,\text{m/s}$이다.

ㄷ. 0초부터 2초까지 물체가 받은 충격량은 $-30\,\text{N}\cdot\text{s}$이므로 2초일 때 운동량의 크기는 $30\,\text{kg}\cdot\text{m/s}$이다.

097 ㄴ, ㄷ. 에어백은 충돌 과정에서 충돌 시간을 크게 하여 평균 힘의 크기를 줄여 준다.

오답 피하기 ㄱ. 충돌하기 전 A, B의 속력이 같고 충돌한 후 정지하므로, A, B의 운동량 변화량의 크기는 같다.

I-2. 에너지와 열

01. 역학적 에너지 보존

STEP 1 바로바로 **개념 확인**　　　본문 035쪽

098 거리　**099** 일　**100** $\dfrac{p^2}{2m}$　**101** 운동 에너지　**102** 퍼텐셜

103 (1) mgh, $mgh_1+\frac{1}{2}mv_1^2$, $\frac{1}{2}mv^2$, $mgh_2+\frac{1}{2}mv_2^2$

(2) $\frac{1}{2}kA^2$, $\frac{1}{2}kx_1^2+\frac{1}{2}mv_1^2$, $\frac{1}{2}kx_2^2+\frac{1}{2}mv_2^2$, $\frac{1}{2}mv^2$

103 역학적 에너지 $E=E_k+E_p=$일정

STEP 2 알짜 문제로 **실력 키우기**　　　본문 036~039쪽

104 ③　**105** ②　**106** ⑤　**107** ③　**108** ④　**109** ②　**110** ③

111 해설 참조　**112** ④　**113** ③　**114** ⑤　**115** ⑤　**116** ③

117 해설 참조　**118** ⑤　**119** ①

104 힘이 물체에 한 일은 힘과 힘의 방향으로의 이동 거리와의 곱이다. 질량이 $1\,\text{kg}$인 물체에 작용하는 중력의 크기는 $10\,\text{N}$이고, 물체는 일정한 속력으로 이동하였으므로 전동기가 줄을 당기는 힘의 크기는 $10\,\text{N}$이다. 따라서 전동기가 물체에 한 일은 $10\,\text{N}\times1\,\text{m}=10\,\text{J}$이다.

추가로 나오는 **선택지**

❶ ○　❷ ○　❸ ×

❶ 물체가 일정한 속력으로 운동하므로 알짜힘은 0이다.

105 물체에 힘을 작용하여 물체가 힘의 방향으로 이동할 때, 힘이 한 일이 가장 크다. (가), (나), (다)에 크기가 $\frac{1}{2}mg$인 힘 F를 작용하여 (가)에서는 힘의 방향으로 물체가 이동하고, (나)에서는 물체가 정지해 있으며 (다)에서는 물체의 이동 방향이 힘의 방향과 비스듬하므로 정지 상태로부터 같은 시간 동안 힘이 한 일의 크기는 (가)>(다)>(나)의 순이다.

106 물체에 일을 해 주면 물체의 역학적 에너지가 증가한다. A에서 B까지 물체에 해 준 일만큼 물체의 운동 에너지가 증가하고, 물체의 운동 에너지 감소량은 퍼텐셜 에너지 증가량과 같다. 따라서 $20\times L=5\times10\times2$에서 $L=5\,\text{m}$이다.

107 힘—이동 거리 그래프에서 그래프 아랫부분의 넓이는 힘이 한 일을 나타낸다.

ㄱ. 0~2 m까지 물체에는 $2\,\text{N}$의 알짜힘이 작용하므로 $x=1\,\text{m}$에서 물

체의 가속도의 크기는 $\frac{2}{2}=1(\text{m/s}^2)$이다.

ㄷ. 0~4 m까지 F가 한 일은 $F-x$ 그래프에서 그래프 아랫부분의 넓이와 같으므로 10 J이다.

오답 피하기) ㄴ. 물체가 $x=2$ m까지 이동하는 데 걸린 시간(t)은 등가속도 운동 관계식에 의해 $2=\frac{1}{2}\times1\times t^2$에서 $t=2$초이다.

자료 정리

힘-이동 거리 그래프의 해석

(1) 힘-이동 거리 그래프에서 그래프 아랫부분의 넓이는 힘이 물체에 한 일을 나타낸다. F는 0~2m까지 4 J의 일을 하였고, 0~4m까지 10 J의 일을 하였다.

(2) 물체가 일을 받으면 역학적 에너지가 증가한다. 수평면에서 F가 한 일은 물체의 운동 에너지 변화량과 같다.

---

108 물체에 작용한 알짜힘이 한 일은 물체의 운동 에너지 변화량과 같다. 물체에 작용한 알짜힘이 F이므로 일·운동 에너지 정리에 의해 $FL=\frac{1}{2}\times m\times(3v)^2-\frac{1}{2}\times m\times v^2$에서 $F=\frac{4mv^2}{L}$이다.

추가로 나오는 선택지

❶ ○ ❷ ×

❷ 등가속도 운동하는 물체의 이동 거리는 평균 속력에 시간을 곱하면 되므로 $\frac{3v+v}{2}\times t=L$에서 걸린 시간 $t=\frac{L}{2v}$이다.

---

109 빗면에서 빗면과 나란한 방향으로 작용하는 힘 F가 한 일의 양은 수평면에서의 운동 에너지와 정지했을 때 물체의 중력 퍼텐셜 에너지의 차와 같다. 빗면에서 물체는 빗면 아래 방향으로 힘을 받으므로 음(−)의 일을 한다.

수평면에서 물체의 운동 에너지는 $\frac{1}{2}\times2\times4^2=16(\text{J})$이고, 빗면에서 정지했을 때 물체의 중력 퍼텐셜 에너지는 $2\times10\times0.5=10(\text{J})$이므로 빗면에서 물체는 빗면 아래 방향으로 힘이 한 일은 -6 J이다. 따라서 $-6=F\times1$에서 $F=-6$ N이므로 F의 크기는 6 N이다.

---

110 물체에 작용한 알짜힘이 한 일은 물체의 운동 에너지 변화량과 같고, 힘-이동 거리 그래프에서 그래프 아랫부분의 넓이는 힘이 물체에 한 일을 나타낸다.

ㄱ. $F-L$ 그래프에서 그래프 아랫부분의 넓이가 F가 한 일이다. 그래프 아랫부분의 넓이는 $L=2$ m에서 $L=4$ m까지가 $L=0$에서

$L=2$ m까지의 2배이므로 F가 한 일은 $L=0$에서 $L=2$ m까지가 $L=2$ m에서 $L=4$ m까지의 $\frac{1}{2}$배이다.

ㄴ. $F-L$ 그래프에서 그래프 아랫부분의 넓이는 $L=3$ m까지가 $L=1$ m까지의 4배이므로 물체의 운동 에너지도 $L=3$ m에서가 $L=1$ m에서의 4배이다.

오답 피하기) ㄷ. 물체의 운동 에너지는 $L=4$ m에서가 $L=2$ m에서의 3배이다. 물체의 운동 에너지는 속력의 제곱에 비례하므로 물체의 속력은 $L=4$ m에서가 $L=2$ m에서의 $\sqrt{3}$배이다.

---

111 물체에 중력만 작용할 때, 물체의 운동 에너지 감소량(증가량)은 물체의 중력 퍼텐셜 에너지 증가량(감소량)과 같다.

모범 답안) (1) a와 c는 지면으로부터 같은 높이의 지점이므로 물체의 속력이 같다. 따라서 a와 c에서 물체의 운동 에너지는 같다.

(2) a → b로 이동하는 동안 공의 운동 에너지는 감소하여 b에서 운동 에너지는 0이 되고, b → d로 이동하는 동안 공의 운동 에너지는 점점 증가하여 d에서의 운동 에너지는 a에서의 운동 에너지보다 크다.

채점 기준	배점
(1)의 원인과 결과와 (2)의 운동 에너지 변화를 옳게 서술한 경우	100%
(1)의 원인과 결과 중 하나와 (2)의 운동 에너지 변화를 옳게 서술한 경우	75%
(1)과 (2) 중 하나만 옳게 서술한 경우	50%
(1)의 원인과 결과 중 하나만 옳게 서술한 경우	25%

---

112 용수철 상수가 k이고 용수철의 변형된 길이가 x일 때, 탄성력에 의한 퍼텐셜 에너지는 $\frac{1}{2}kx^2$이다.

용수철의 탄성력에 의한 퍼텐셜 에너지는 평형점 O에서 물체의 운동 에너지와 같으므로 $\frac{1}{2}\times k\times(0.2)^2=\frac{1}{2}\times2\times2^2$에서 $k=200$ N/m이다.

추가로 나오는 선택지

❶ ○ ❷ × ❸ ×

❷ 물체의 가속도의 크기는 O에서 가장 작다.

---

113 물체에 중력만 작용할 때, 실로 연결된 물체 전체의 역학적 에너지는 보존된다.

ㄱ. 연결된 물체는 하나의 물체로 취급하여 A와 B의 가속도의 크기는 같다. 가속도의 크기는 $\frac{30-20}{5}=2(\text{m/s}^2)$이다.

ㄷ. B의 역학적 에너지 감소량은 A의 역학적 에너지 증가량과 같다. 2초일 때 A의 속력 $v=2\times2=4(\text{m/s})$이다. 따라서 A의 역학적 에너지 증가량은 $2\times10\times4+\frac{1}{2}\times2\times4^2=96(\text{J})$이다.

오답 피하기) ㄴ. A가 2초 동안 올라간 높이 $h=\frac{1}{2}\times2\times2^2=4(\text{m})$이므로 A의 중력 퍼텐셜 에너지 증가량은 $2\times10\times4=80(\text{J})$이다.

114 용수철의 탄성력에 의한 퍼텐셜 에너지의 최댓값은 평형점을 지나는 순간 물체의 운동 에너지와 같다.

(가)에서 $\frac{1}{2} \times k \times x_1^2 = \frac{1}{2} \times m \times (2v)^2$이므로 $x_1 = 2v\sqrt{\dfrac{m}{k}}$이고, (나) $\frac{1}{2} \times 2k \times x_2^2 = \frac{1}{2} \times m \times v^2$이므로 $x_2 = v\sqrt{\dfrac{m}{2k}}$이다.

따라서 $\dfrac{x_1}{x_2} = 2\sqrt{2}$이다.

115 용수철의 탄성력에 의한 퍼텐셜 에너지의 최댓값과 빗면에서 중력에 의한 퍼텐셜 에너지의 최댓값은 서로 같다.

ㄱ. 물체에 작용한 탄성력의 크기의 최댓값은 용수철이 0.4 m 압축되었을 때이므로 $100 \times 0.4 = 40$(N)이다.

ㄴ. 용수철에 저장된 퍼텐셜 에너지는 $\frac{1}{2} \times 100 \times (0.4)^2 = 8$(J)이다.

ㄷ. 용수철에 저장된 퍼텐셜 에너지의 최댓값은 빗면에서 물체가 정지한 순간의 중력 퍼텐셜 에너지의 최댓값과 같으므로 $8 = 2 \times 10 \times h$에서 $h = 0.4$ m이다.

116 C의 감소한 역학적 에너지는 A의 증가한 역학적 에너지와 B의 증가한 역학적 에너지의 합과 같다.

ㄱ. A를 놓았더니 A는 위로, C는 아래로 등가속도 운동을 하므로 질량은 C가 A보다 크다.

ㄴ. C의 역학적 에너지는 감소하고, A와 B의 역학적 에너지는 증가한다.

 ㄷ. C의 중력 퍼텐셜 에너지 감소량은 A의 역학적 에너지 증가량＋B의 역학적 에너지 증가량＋C의 운동 에너지 증가량과 같다.

❶ ○ ❷ ×

❸ 실과 도르래의 접촉면에서 마찰이 있을 경우, 마찰에 이해 역학적 에너지가 소리 에너지와 열에너지 등으로 전환이 되므로 역학적 에너지는 보존되지 않는다.

117 역학적 에너지는 시간과 높이에 관계없이 항상 일정하고, 중력 퍼텐셜 에너지와 운동 에너지는 시간에 대해 2차 함수적으로 변한다.

 역학적 에너지는 시간에 관계없이 항상 일정하고, 시간(t)에 따른 물체의 속력은 $v = gt$이므로 운동 에너지는 $E_k = \frac{1}{2}mv^2 = \frac{1}{2}m(gt)^2 = \frac{1}{2}mg^2t^2$에서 E_k는 시간에 대해 2차 함수적으로 증가한다. 따라서 중력 퍼텐셜 에너지(E_p)는 시간에 대해 2차 함수적으로 감소한다. 이를 그래프로 그리면 그림과 같다.

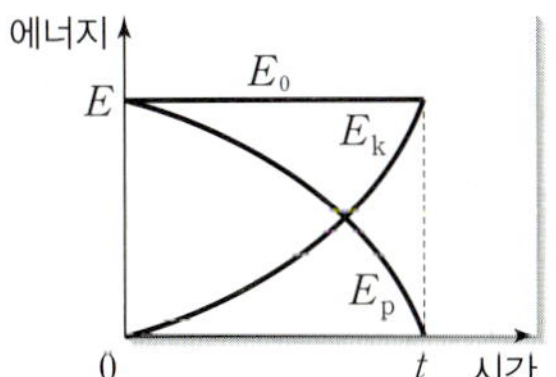

채점 기준	배점
시간에 따른 역학적 에너지, 운동 에너지, 퍼텐셜 에너지를 옳게 서술하고 그래프를 바르게 그린 경우	100%
서술과 그래프 중 한 가지만 옳은 경우	50%

118 A의 역학적 에너지와 B의 역학적 에너지의 합은 항상 일정하다.

ㄱ. B의 중력 퍼텐셜 에너지 감소량은 A의 중력 퍼텐셜 에너지 증가량＋A의 운동 에너지 증가량＋B의 운동 에너지 증가량과 같다. 따라서 $2mgh = mgh + \frac{1}{2}mv^2 + \frac{1}{2}(2m)v^2$에서 $h = \dfrac{3v^2}{2g}$이다.

ㄴ. h에 도달하는 순간 A의 역학적 에너지는 $mgh + \frac{1}{2}mv^2 = mgh + \frac{1}{3}mgh = \frac{4}{3}mgh$이다.

ㄷ. 수평면에 도달하는 순간까지 B의 역학적 에너지 감소량은 A의 역학적 에너지 증가량과 같으므로 $\frac{4}{3}mgh = \frac{4}{3}mg \times \dfrac{3v^2}{2g} = 2mv^2$이다.

119 물체의 역학적 에너지는 보존되므로 빗면에서 물체의 중력 퍼텐셜 에너지와 수평면에서 물체의 운동 에너지와 용수철의 탄성력 퍼텐셜 에너지의 최댓값은 같다.

ㄱ. (나) 그래프에서 수평면에서 용수철에 충돌하기 전 물체의 속력은 4 m/s이므로 용수철에 충돌하기 전 물체의 운동 에너지는 $\frac{1}{2} \times 1 \times 4^2 = 8$(J)이다.

 ㄴ. 빗면에서 물체가 정지해 있을 때의 중력 퍼텐셜 에너지는 수평면에서 물체가 용수철에 충돌하기 직전의 운동 에너지와 같으므로 $8 = 1 \times 10 \times h$에서 $h = 0.8$ m이다.

ㄷ. 수평면에서 용수철에 충돌하기 직전의 물체의 운동 에너지는 용수철에 저장되는 최대 탄성 퍼텐셜 에너지와 같으므로 용수철이 최대로 압축된 길이를 x라고 할 때, $\frac{1}{2} \times 400 \times x^2 = 8$에서 $x = 0.2$ m이다.

120 ② **121** ② **122** ① **123** ④ **124** ② **125** ② **126** ②
127 ③

120 물체의 운동 에너지는 변화가 없으므로 전동기가 한 일은 물체의 중력 퍼텐셜 에너지 증가량과 같다.

ㄴ. 전동기가 물체에 한 일은 물체의 중력 퍼텐셜 에너지 증가량과 같으므로 (가)에서가 (나)에서보다 작다.

 ㄱ. 물체의 중력 퍼텐셜 에너지 증가량은 (나)에서가 (가)에서보다 크므로 전동기가 물체에 한 일은 (나)에서가 (가)에서보다 크다. 따라서 전동기가 물체를 당기는 힘의 크기는 빗면 위에서 물체가 이동한 거리는 같으므로 (나)에서가 (가)에서보다 크다.

ㄷ. 물체가 올라간 높이는 (나)에서가 (가)에서보다 크므로 물체의 중력

퍼텐셜 에너지 증가량은 (나)에서가 (가)에서보다 크다.

121 마찰이 없는 빗면에서 물체는 빗면 아래 방향으로 등가속도 운동을 한다.

ㄴ. 수평면에서 운동 에너지는 빗면에서 물체의 중력 퍼텐셜 에너지와 같다. 중력 퍼텐셜 에너지는 A가 B의 2배이므로 수평면에서 운동 에너지도 A가 B의 2배이다.

오답 피하기 ㄱ. 빗면의 기울기가 클수록 빗면 아래 방향으로 가속도의 크기가 크므로 가속도의 크기는 A가 B보다 크다.

ㄷ. 운동 에너지는 속력의 제곱에 비례한다. 수평면에서 운동 에너지는 A가 B의 2배이므로, 수평면에서 속력은 A가 B의 $\sqrt{2}$배이다.

122 연직 위로 던진 물체에는 중력만 작용한다.

물체의 처음 속도(v_0) 방향(+방향)이 연직 위쪽이므로 연직 위로 던진 물체의 가속도는 중력 가속도의 크기와 같고, 처음 운동 방향과 반대 방향이므로 $-g$이다. 시간에 따른 물체의 변위 $h=h_0+v_0t-\frac{1}{2}gt^2$($h_0$은 지면으로부터의 처음 높이)이므로 $E_p=mgh=mg(h_0+v_0t-\frac{1}{2}gt^2)=-\frac{1}{2}mg^2t^2+mgv_0t+mgh_0$이다. 따라서 가장 적절한 그래프는 ①번이다.

123 물체에 작용한 알짜힘이 한 일은 물체의 운동 에너지 변화량과 같다.

ㄴ. $x=0$에서 $x=2\,\mathrm{m}$까지 물체에 작용한 알짜힘이 한 일은 4 J이므로 $x=2\,\mathrm{m}$에서 물체의 속력을 v라고 할 때, $4=\frac{1}{2}\times1\times v^2$에서 $v=2\sqrt{2}\,\mathrm{m/s}$이다.

ㄷ. $F-x$ 그래프에서 그래프 아랫부분의 넓이가 물체의 운동 에너지 변화량과 같다. $x=0$에서 $x=1\,\mathrm{m}$까지 물체의 운동 에너지 증가량은 2 J이고, $x=0$에서 $x=2\,\mathrm{m}$까지 운동 에너지는 4 J만큼 증가하고 $x=2\,\mathrm{m}$에서 $x=3\,\mathrm{m}$까지 운동 에너지는 1 J만큼 감소하므로 $x=3\,\mathrm{m}$에서 물체의 운동 에너지는 3 J이다. 따라서 물체의 운동 에너지는 $x=3\,\mathrm{m}$에서가 $x=1\,\mathrm{m}$에서의 1.5배이다.

오답 피하기 ㄱ. 정지해 있던 물체에 작용한 알짜힘이 한 일은 $x=0$에서 $x=2\,\mathrm{m}$까지 4 J이고, $x=2\,\mathrm{m}$에서 $x=4\,\mathrm{m}$까지 운동 반대 방향으로 2 J이다. 따라서 물체의 운동 방향은 변하지 않는다.

124 중력만 작용하는 물체의 중력 퍼텐셜 에너지와 운동 에너지의 합은 항상 일정하다.

ㄴ. 물체의 중력 퍼텐셜 에너지는 수평면으로부터의 높이에 비례하므로, 중력 퍼텐셜 에너지는 p에서가 q에서의 2배이다.

오답 피하기 ㄱ. p에서 물체에는 빗면 아래 방향으로 알짜힘이 작용하지만, q에서 물체에 작용하는 알짜힘은 0이다. 따라서 물체에 작용하는 알짜힘의 크기는 p에서가 q에서보다 크다.

ㄷ. p에서 중력 퍼텐셜 에너지는 수평면에서 운동 에너지와 같고, 물체가 힘 F를 받으며 L만큼 운동하다가 정지하므로 F가 한 일은 운동 에너지 감소량과 같다. 따라서 $2mgh=FL$에서 F의 크기는 $\frac{2mgh}{L}$이다.

125 곡면을 내려오는 동안 물체의 역학적 에너지는 보존된다.

ㄴ. A와 D에서 $2mgh=\frac{1}{2}mv^2$이고, C에서 물체의 운동 에너지는 A에서부터 감소한 중력 퍼텐셜 에너지와 같으므로 $0.2mgh=\frac{1}{2}mv_c^2$이다. 따라서 $v_c=\frac{1}{\sqrt{10}}v$이다.

오답 피하기 ㄱ. B와 D에서 운동 에너지는 각각 물체의 중력 퍼텐셜 에너지 감소량과 같다. B에서 중력 퍼텐셜 에너지 감소량은 mgh이고, D에서 중력 퍼텐셜 에너지 감소량은 $2mgh$이므로 물체의 운동 에너지는 D에서가 B에서의 2배이다.

ㄷ. A에서 물체는 곡면 아래 방향으로 알짜힘이 작용하고, B, C, D에서 물체에 작용하는 알짜힘은 0이므로 A~D에서 물체의 가속도의 크기는 A에서 가장 크다.

126 용수철의 탄성 퍼텐셜 에너지는 A, B의 운동 에너지의 합과 같다.

용수철의 탄성 퍼텐셜 에너지는 $\frac{1}{2}\times400\times(0.3)^2=18(\mathrm{J})$이다. A와 B의 질량이 같으므로 용수철과 분리되는 순간 A, B의 속력은 같고, 운동 에너지는 각각 9 J이다. A가 C와 충돌하기 전후의 운동량은 보존된다. A가 용수철과 분리되는 순간의 속력은 3 m/s이고, A와 C가 한 물체가 되었을 때의 속력을 v라고 할 때, $2\times3=3\times v$에서 $v=2\,\mathrm{m/s}$이다. 한 물체가 된 A와 C의 역학적 에너지는 보존되므로 $\frac{1}{2}\times3\times2^2=3\times g\times h_1$에서 $gh_1=2$이다. B는 $f=2\,\mathrm{N}$이 작용하는 구간을 지나면서 감소한 운동 에너지는 2 J이므로 $gh_2=\frac{7}{2}$이다. 따라서 $\frac{h_2}{h_1}=\frac{7}{4}$이다.

127 지면으로부터 높이 $3h$에서 놀이 기구의 중력 퍼텐셜 에너지는 F가 한 일과 같다.

ㄱ. F가 p에서 지면에 도달할 때까지 한 일은 놀이 기구의 역학적 에너지와 같으므로 $Fh=3mgh$에서 $F=3mg$이다.

ㄴ. 놀이 기구가 낙하하기 시작하여 p까지 감소한 중력 퍼텐셜 에너지는 p에서의 운동 에너지와 같으므로 $2mgh=\frac{1}{2}mv_0^2$이다. 따라서 F가 한 일은 $3mgh=\frac{3}{4}mv_0^2$이다.

오답 피하기 ㄷ. 놀이 기구가 낙하하기 시작하여 p까지 이동한 거리는 $2h$이고, p에서 지면에 도달할 때까지 이동한 거리는 h이다. 속도 변화량의 크기는 두 구간에서 v_0으로 같으므로 걸린 시간은 낙하하기 시작하여 p까지 이동할 때가 p에서 지면에 도달할 때까지의 2배이다.

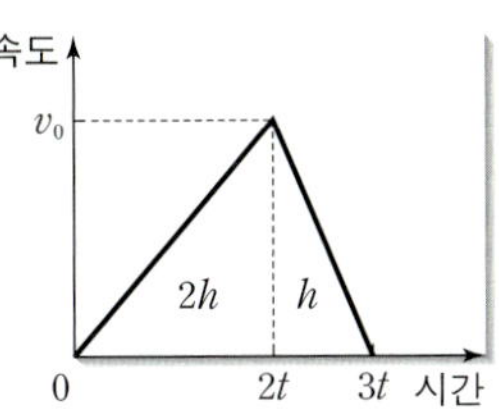

(1) 속도-시간 그래프에서 그래프 아랫부분의 넓이는 놀이 기구가 이동한 거리를 나타
낸다. 따라서 놀이 기구가 낙하하기 시작하여 p까지 낙하한 거리가 $2h$이므로 걸린
시간은 $2t$이고, p에서 지면까지 낙하한 거리는 h이므로 걸린 시간은 t이다.
(2) 속도-시간 그래프에서 직선의 기울기는 놀이 기구의 가속도를 나타낸다. 따라서 낙
하하기 시작하여 p까지 가속도의 크기는 p에서 지면에 도달할 때까지 가속도의 크
기의 $\frac{1}{2}$배이다.

02. 열역학 제1법칙

STEP 1 바로바로 개념 확인   본문 043쪽

128 $P\varDelta V$ **129** 일   **130** (1) ○ (2) ○ (3) ×   **131** $Q-W$
132 (1) 열을 받음 (2) 열을 방출함 (3) 내부 에너지가 증가함 (4) 내부
에너지가 감소함 (5) 기체가 외부에 일을 함 (6) 기체가 외부로부터 일
을 받음   **133** (1) 등적 (2) 등온 (3) 단열 (4) 등압

130 (3) 일정량의 이상 기체의 내부 에너지는 기체의 절대 온도에 비례
한다.

STEP 2 알짜 문제로 실력 키우기   본문 044~047쪽

134 ③   **135** ①   **136** ④   **137** 해설 참조   **138** ⑤   **139** ①
140 ③   **141** ⑤   **142** ④   **143** ⑤   **144** ③   **145** ③   **146** ④
147 ③   **148** ⑤   **149** ①   **150** 해설 참조

134 기체의 부피가 증가하면 기체는 외부에 일을 한 것이고, 등압 팽
창한 기체의 온도는 증가한다.
ㄱ. 기체는 외부로부터 열을 공급 받고, 압력이 일정하게 유지되면서 기
체의 부피가 증가하므로 기체의 온도는 증가한다. 따라서 기체 분자의
속력은 증가한다.
ㄴ. 기체의 부피가 증가하므로 기체는 외부에 일을 한다.
오답 피하기 ㄷ. 기체의 온도가 증가하므로 기체의 내부 에너지는 증가
한다.

❶ ○   ❷ ×
❷ 기체가 흡수한 열은 기체의 내부 에너지 증가량과 기체가 외부에 한
일의 합과 같다.

135 기체가 한 번의 순환 과정을 거칠 때, 압력-부피 그래프의 내부
면적은 기체가 한 일이다.
기체가 A → B → C → A로 상태가 변하는 과정에서 압력-부피 그
래프의 내부 면적은 $\frac{1}{2} \times (2P_0 - P_0) \times (3V_0 - V_0) = P_0V_0$이므로 A
→ B → C → A 과정에서 기체가 한 일은 P_0V이다.

136 기체의 부피가 증가하면 기체는 외부에 일을 한다.
ㄱ. 기체의 부피가 팽창하므로 기체는 외부에 일을 한다.
ㄷ. 기체의 부피가 증가하고 기체의 온도가 감소하므로 기체의 압력은
감소한다.
오답 피하기 ㄴ. 기체는 단열 상태에서 외부에 일을 하므로 기체가 일을
한만큼 기체의 내부 에너지는 감소한다. 따라서 기체 분자 1개의 평균
운동 에너지는 감소한다.

137 피스톤이 서서히 내려가서 정지하므로 기체의 압력은 (가)에서와
(나)에서가 같고, 기체의 부피가 감소하므로 기체의 내부 온도는 감소한
다. 따라서 기체의 온도는 (가)에서가 (나)에서보다 크다. 기체의 내부
에너지는 기체의 온도에만 비례하므로 기체의 내부 에너지도 (가)에서
가 (나)에서보다 크다.
모범 답안 기체의 온도는 (가)에서가 (나)에서보다 크고, 기체의 내부
에너지도 (가)에서가 (나)에서보다 크다.

채점 기준	배점
기체의 온도와 내부 에너지를 모두 옳게 비교한 경우	100%
기체의 온도와 내부 에너지 중 한 가지만 옳게 비교한 경우	50%

138 기체가 단열 상태에서 일을 받으면 일을 받은 만큼 기체의 내부
에너지가 증가한다.
ㄱ. (나)에서 a의 부피가 증가하므로 a는 외부에 일을 한다.
ㄴ. b는 단열 상태에서 일을 받아 일을 받은 만큼 내부 에너지가 증가
하여 기체의 온도가 증가하고 부피가 감소하므로 b의 압력은 증가한다.
따라서 b의 압력은 (나)에서가 (가)에서보다 크다.
ㄷ. a는 Q를 공급 받아 b에 일을 하고 내부 에너지가 증가한다. a가 b
에 한 일은 b의 내부 에너지 증가량과 같으므로 Q는 a의 내부 에너지
증가량과 b의 내부 에너지 증가량의 합과 같다.

❶ ○   ❷ ○
❷ b는 단열 압축 과정이므로 a로부터 받은 일만큼 내부 에너지가 증가
한다.

139 기체는 공급 받은 열에서 내부 에너지를 뺀만큼 외부에 일을 한다.

기체는 200 kcal의 열량을 공급 받아서 내부 에너지가 120 kcal만큼 증가하였으므로 열역학 제1법칙에 의해 기체가 외부에 한 일은 200−120=80(kcal)이다.

140 기체의 압력이 일정할 때, 기체의 부피는 온도에 비례한다.

ㄱ. 부피가 0일 때, 기체의 절대 온도는 0 K이다.

ㄷ. p → q 과정에서 기체의 부피가 증가하므로 기체는 외부에 일을 한다.

오답 피하기 ㄴ. 기체의 내부 에너지는 온도에만 비례한다. 기체의 온도는 q에서가 p에서보다 크므로 기체의 내부 에너지는 q에서가 p에서보다 크다.

141 기체가 단열된 상태에서 외부로부터 일을 받으면 기체의 온도와 압력이 증가한다.

기체가 단열된 상태에서 외부로부터 일을 받아 기체의 부피가 감소하였으므로 기체의 온도가 증가하여 기체의 압력이 증가하고, 기체의 내부 에너지가 증가하여 기체 분자의 평균 속력도 증가한다.

142 기체의 내부 에너지는 기체의 온도에 비례한다.

ㄱ. A, B의 온도가 같으므로 A, B의 내부 에너지도 같다.

ㄴ. 보일−샤를 법칙에 의해 $\dfrac{\text{압력}\times\text{부피}}{\text{절대 온도}}$=일정이므로 A, B의 온도는 같고 부피가 A가 B보다 크므로 압력은 B가 A보다 크다.

오답 피하기 ㄷ. 기체의 온도가 높을수록 기체 분자의 평균 속력은 크다. A, B의 온도가 같으므로 A, B의 기체 분자의 평균 속력은 같다.

143 등온 과정에서 기체의 내부 에너지는 일정하고, 등적 과정에서 기체가 외부에 한 일은 0이다.

ㄱ. A→B 과정에서 기체의 온도가 일정하므로 기체가 흡수한 열량은 기체가 외부에 한 일과 같다.

ㄷ. D→A 과정에서 기체는 일을 하지 않지만 기체의 온도가 증가하므로 기체는 열을 흡수한다.

오답 피하기 ㄴ. B→C 과정에서 기체의 부피가 변하지 않으므로 기체는 외부에 일을 하지 않는다.

❶ × ❷ ○

❶ A→B 과정은 등온 과정이므로 기체의 내부 에너지는 변하지 않는다.

144 A→B 과정에서 기체는 외부에 일을 하고, B→A 과정에서 기체는 외부로부터 일을 받는다.

ㄱ. A→B 과정에서 기체는 외부에 일을 하고 기체의 온도가 증가하므로

로 기체는 열을 흡수한다.

ㄴ. A→B 과정에서 기체의 부피가 증가하므로 기체는 외부에 일을 한다.

오답 피하기 ㄷ. B→A 과정에서 기체의 압력은 일정하고 부피가 감소하므로 기체의 온도는 감소한다.

145 기체의 부피 변화가 0이면 기체가 외부에 한 일은 0이다.

ㄱ. (가)에서 기체의 압력은 일정하고 부피는 증가하므로 기체는 외부에 일을 하고, (나)에서 기체의 부피는 일정하므로 기체는 외부에 일하지 않아 (가)와 (나)에 동일한 열량을 가하면 기체의 내부 에너지는 (나)에서가 (가)에서보다 크고, 기체의 온도도 (나)에서가 (가)에서보다 크다. 따라서 기체의 압력은 (나)에서가 (가)에서보다 크다.

ㄷ. 기체의 온도는 (나)에서가 (가)에서보다 크므로 기체 분자 1개의 평균 운동 에너지는 (나)에서가 (가)에서보다 크다.

오답 피하기 ㄴ. (가)에서 기체는 외부에 일을 하고, (나)에서 기체는 외부에 일을 하지 않으므로 기체가 외부에 한 일은 (가)에서가 (나)에서보다 크다.

146 기체의 절대 온도가 일정할 때, 기체의 부피는 압력에 반비례한다.

ㄱ. A, B에서 기체의 온도가 같으므로 기체의 내부 에너지는 같다.

ㄴ. A, B에서 기체의 온도가 같으므로 압력과 부피의 곱은 같다. 따라서 $P_1V_2=P_2V_1$이다.

오답 피하기 ㄷ. A→B 과정에서 기체는 외부에 일을 하지만 온도는 일정하다. 따라서 기체는 외부로부터 열을 흡수하고, 흡수한 열은 기체가 외부에 한 일과 같다.

147 기체의 부피 변화가 없으면 기체가 외부에 한 일은 0이다.

ㄱ. 기체의 부피가 일정할 때, $\dfrac{\text{압력}}{\text{온도}}$=일정이다. 기체의 압력이 C에서가 B에서의 $\dfrac{4}{3}$배이므로 기체의 온도도 C에서가 B에서의 $\dfrac{4}{3}$배이다.

ㄴ. A→B 과정에서 기체에 공급한 열량은 Q이고 기체는 외부에 일을 하지 않으므로 기체의 내부 에너지 증가량은 Q이다.

오답 피하기 ㄷ. A→B 과정과 B→C 과정에서 모두 기체는 외부에 일을 하지 않는다.

148 기체가 외부와 열 교환을 할 시간이 충분하지 않을 때의 과정은 단열 과정이다.

자전거 펌프를 이용하여 자전거 바퀴에 바람을 넣을 때 자전거 펌프의 기체는 단열 압축되므로 (나)에서 F→C 과정이 가장 적절하다.

149 보일−샤를 법칙에 의해 $\dfrac{\text{압력}\times\text{부피}}{\text{절대 온도}}$=일정이다.

ㄱ. A→B 과정에서 기체가 외부에 한 일은 압력−부피 그래프에서 그래프 아랫부분의 넓이와 같으므로 $2P_0(3V_0-V_0)=4P_0V_0$이다.

 ㄴ. 보일-샤를 법칙에 의해 압력과 부피의 곱은 기체의
절대 온도에 비례한다. 압력과 부피의 곱은 C에서가 A에서보다 크므
로 기체의 온도는 C에서가 A에서보다 크고 기체의 내부 에너지도 C에
서가 A에서보다 크다.

ㄷ. B에서 압력과 부피의 곱은 $6P_0V_0$이고, C에서 압력과 부피의 곱은
$3P_0V_0$이므로 B에서 기체의 온도는 $6T_0$, C에서 기체의 온도는 $3T_0$이
다. 따라서 B→C 과정에서 온도 감소량은 $3T_0$이다.

150 단열 팽창하는 기체의 온도는 감소한다.

 (1) 스프레이를 분사하는 것은 단열 과정이다.

(2) 단열 팽창하는 기체는 외부에 일을 한만큼 내부 에너지가 감소하여
기체의 온도가 감소하므로 스프레이 용기가 차가워지면서 스프레이 용
기와 접한 공기가 응결하여 표면에 수분이 맺힌다.

채점 기준	배점
(1), (2)를 모두 옳게 서술한 경우	100%
(1), (2) 중 한 가지만 옳게 서술한 경우	50%

STEP 3 1등급을 위한 실전 완벽 대비   본문 048~049쪽

151 ①   152 ③   153 ④   154 ③   155 ⑤   156 ④   157 ①
158 ②

151 피스톤의 질량이 m_0, 피스톤의 면적이 S일 때, 기체의 압력은
(가)에서 $\dfrac{m_0 g}{S}$ 이고 (나)에서 $\dfrac{(m+m_0)g}{S}$ 이다.

ㄱ. 기체는 단열 상태에서 외부로부터 일을 받았으므로 기체의 온도는
증가한다. 따라서 기체의 온도는 (나)에서가 (가)에서보다 크다.

 ㄴ. 피스톤이 기체로부터 받는 힘의 크기는 기체의 압력과
피스톤의 면적의 곱과 같다. 기체의 압력이 (나)에서가 (가)에서보다 크
므로 피스톤이 기체로부터 받는 힘의 크기는 (나)에서가 (가)에서보다
크다.

ㄷ. (가)→(나) 과정에서 기체의 내부 에너지는 기체가 받은 일과 같다.
기체가 받은 일은 피스톤의 질량이 m_0일 때 $(m+m_0)gh$이다.

152 B와 C에서 온도가 같으므로 기체의 내부 에너지는 같다.

ㄱ. 압력과 부피 모두 D에서가 A에서보다 크므로 기체의 온도는 D에
서가 A에서보다 크다.

ㄴ. B와 C에서 기체의 온도가 같으므로 압력과 부피의 곱은 B와 C에
서 같다.

 ㄷ. 기체가 외부에 한 일은 압력-부피 그래프의 그래프
아랫부분의 넓이와 같다. 그래프 아랫부분의 넓이는 A→B→D 과
정에서가 A→C→D 과정에서보다 크므로 기체가 외부에 한 일은
A→B→D 과정에서가 A→C→D 과정에서보다 크다.

153 두 기체가 열평형 상태일 때 두 기체의 온도는 같다.

ㄴ. (가)→(나) 과정에서 C는 B로부터 일을 받아 C의 온도는 증가하고
부피는 작아졌으므로 C의 압력은 (나)에서가 (가)에서보다 크다.

ㄷ. A에 Q가 공급되어 A와 B의 내부 에너지가 증가하고, B가 C에
한 일은 C의 내부 에너지 증가량과 같으므로 Q는 A, B, C의 내부 에
너지 증가량의 합과 같다.

 ㄱ. A와 B의 절대 온도는 같고, B와 C의 압력은 같으며
부피는 C가 B보다 크므로 기체의 절대 온도는 C가 B보다 크다. 따라
서 기체의 절대 온도는 C가 A보다 크다.

154 기체의 온도가 같고, 기체의 양이 같으면 기체의 내부 에너지는
같다.

ㄱ. 양이 동일한 기체의 온도가 같으면 내부 에너지는 같다. 따라서 기
체의 내부 에너지는 (가)와 (나)에서 같다.

ㄴ. (가)와 (나)에서 기체의 부피, 온도, 양이 같으므로 기체의 압력도
같다.

 ㄷ. 기체의 내부 에너지는 기체 분자들의 총 운동 에너지의
합과 같다. (가)와 (나)에서 기체의 내부 에너지는 같고, 기체 분자 1개
의 질량은 (나)에서가 (가)에서보다 크므로 기체 분자 1개의 평균 속력
은 (가)에서가 (나)에서보다 크다.

155 A가 B에 한 일은 B의 내부 에너지 증가량과 같다.

ㄱ. (가)에서 단면적이 같은 피스톤이 힘의 평형을 이루며 정지해 있다
고 하였으므로 A와 B의 압력은 같고, 부피도 같으므로 A, B의 온도가
같다. 따라서 A, B의 내부 에너지는 같다.

ㄴ. (가)→(나) 과정에서 증가한 B의 압력과 A의 압력이 같으므로 A
의 압력은 증가한다.

ㄷ. (가)→(나) 과정에서 Q는 A의 내부 에너지 증가량과 B의 내부 에
너지 증가량의 합과 같으므로, B의 내부 에너지 증가량은 Q에서 A의
내부 에너지 증가량을 뺀 것과 같다.

156 등압 팽창에서 기체가 받은 열은 기체가 외부에 한 일보다 크고,
단열 팽창에서 기체가 외부에 한 일은 내부 에너지 감소량과 같다. 등온
과정에서 기체의 내부 에너지 변화는 없다.

ㄱ. A→B 과정에서 기체는 열을 흡수하여 $P_2(V_2-V_1)$만큼의 일을
하고 온도가 T_1에서 T_2로 증가하여 내부 에너지가 증가한다. 따라서
기체가 흡수한 열은 $P_2(V_2-V_1)$보다 크다.

ㄷ. C→A 과정에서 기체의 내부 에너지 변화는 없으므로 기체가 받은
일은 모두 열로 방출된다.

 ㄴ. B→C 과정은 단열 과정이므로 기체가 외부에 한 일
은 기체의 내부 에너지 감소량과 같다.

157 A에서 기체의 압력이 P_0이므로 기체의 압력은 B에서 $\dfrac{1}{2}P_0$, C
에서 $2P_0$, D에서 $2P_0$이다.

ㄱ. A→B 과정은 등온 과정이므로 다음 그래프에서 A→B 과정을 나타내는 등온 곡선의 그래프에서 그래프 아랫부분의 넓이가 기체가 한 일이다. A→B 과정에서 기체가 흡수한 열량은 A와 B를 잇는 직선의 밑면적 $\frac{3}{4}P_0V_0$보다 작다.

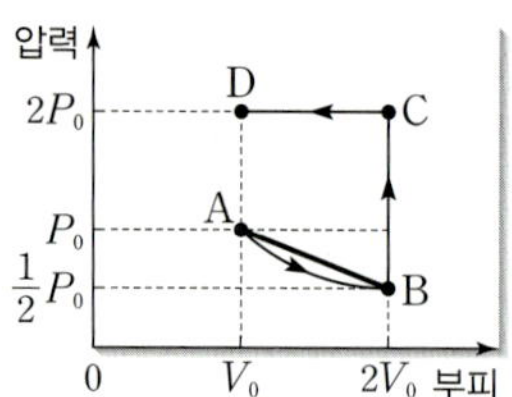

오답 피하기 ㄴ. B→C 과정은 등적 과정이므로 기체가 외부에 한 일은 0이다. 따라서 C→D 과정에서 기체가 외부로부터 받은 일보다 작다.

ㄷ. 기체의 압력은 A에서 P_0이고, C에서 $2P_0$이므로 C에서가 A에서의 2배이다.

> **자료 정리**
>
> 부피-절대 온도 그래프를 압력-부피 그래프로 전환하기
>
> 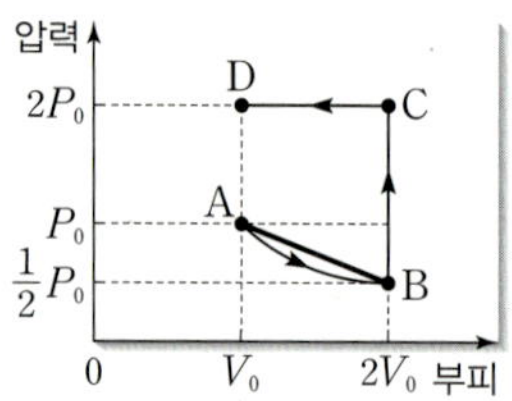
>
> (1) 기체의 각 상태에서 보일-샤를 법칙을 적용하여 기체의 압력을 구한 후 압력과 부피에 따라 각 상태를 표시하여 문항에서 제시된 열역학 과정을 표현하면 된다.
> (2) 압력-부피 그래프를 그리면 그래프 아랫부분의 넓이가 기체의 일을 표현하므로 일에 관련한 문항을 풀이하기에 유용하다.

158 D에서 기체의 부피가 $2V_0$이므로 기체의 부피는 A에서 $\frac{1}{2}V_0$, B에서 $2V_0$, C에서 $4V_0$이다.

ㄴ. B→C 과정은 등온 과정이므로 기체가 흡수한 열은 기체가 외부에 한 일과 같다. B→C 과정에서 기체가 외부에 한 일은 다음 그래프에서 B와 C를 잇는 직선의 그래프에서 그래프 아랫부분의 넓이 $3P_0V_0$보다는 작다.

오답 피하기 ㄱ. A에서 기체의 부피는 $\frac{1}{2}V_0$이고, C에서 기체의 부피는 $4V_0$이므로 기체의 부피는 C에서가 A에서의 8배이다.

ㄷ. C→D 과정에서 기체가 받은 일은 $2P_0V_0$이고, 기체의 온도는 감소하므로 기체가 방출한 열은 $2P_0V_0$보다 크다.

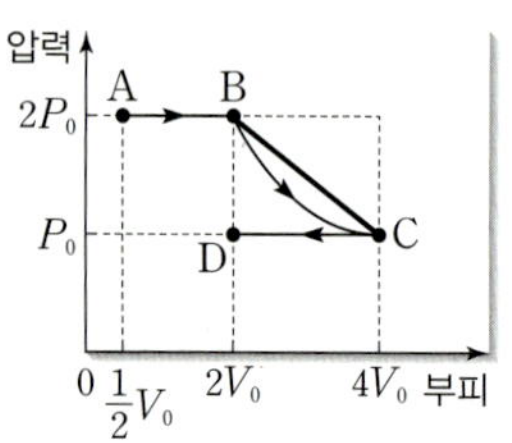

> **자료 정리**
>
> 압력-절대 온도 그래프를 압력-부피 그래프로 전환하기
>
> 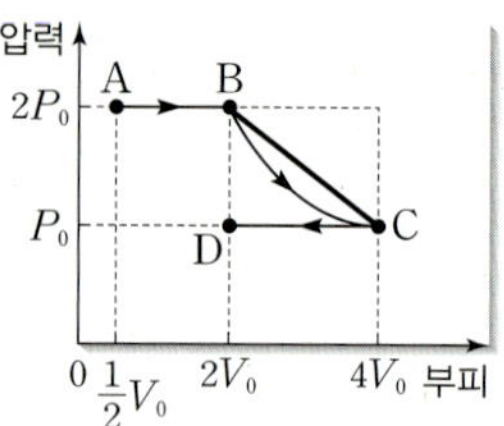
>
> (1) 기체의 각 상태에서 보일-샤를 법칙을 적용하여 기체의 부피를 구한 후 압력과 부피에 따라 각 상태를 표시하여 문항에서 제시된 열역학 과정을 표현하면 된다.
> (2) 등온 과정은 곡선이므로 B와 C를 잇는 직선을 그어 그래프 아랫부분의 넓이를 비교하는 경우가 종종 있다.

03. 열역학 제2법칙

> **STEP 1** 바로바로 **개념 확인**   본문 051쪽
>
> **159** 가역   **160** 엔트로피   **161** (1) ○ (2) ○ (3) ×   **162** 열평형
> **163** 열기관   **164** (1) (가) (2) (나)

161 역학적 에너지는 전부 열에너지로 전환될 수 있으나, 열에너지는 전부 역학적 에너지로 전환될 수 없다.

164 일은 모두 열로 바꿀 수 있으나, 열은 스스로 일을 할 수 없고 모두 일로 바꿀 수도 없다.

> **STEP 2** 알짜 문제로 **실력 키우기**   본문 052~054쪽
>
> **165** ③   **166** ②   **167** ⑤   **168** ③   **169** ④   **170** ②   **171** ⑤
> **172** ①   **173** ③   **174** ④   **175** ②   **176** 해설 참조

165 비가역 과정은 어떤 과정이 한쪽 방향으로만 일어나는 과정을 말한다.

ㄱ, ㄴ. (가) → (나) 과정은 저절로 일어나지만 (나) → (가) 과정은 저절로 일어나지 않으므로 비가역 과정이다.

오답 피하기 ㄷ. (나) → (가) 과정은 오랜 시간이 지나도 저절로 일어나지 않고 외부에서의 에너지 공급이 필요하다.

❶ × ❷ ○

❷ (가) → (나) 과정이 자연적으로 일어나는 과정이므로 밸브를 열었을 때 (가)의 상태보다 (나)의 상태가 일어날 확률이 더 높다.

166 자연 현상은 모두 비가역 과정이다.

ㄴ. 진자가 서서히 정지하는 것은 공기 저항에 의해 저절로 일어나는 과정이다.

오답 피하기 ㄱ. 진자의 진폭이 공기 저항에 의해 서서히 진폭이 줄어들지만 다시 저절로 진폭이 증가하지 않으므로 비가역 과정이다.

ㄷ. 자연적으로 일어나는 현상이므로 계의 무질서도가 증가한다.

167 자연 현상은 확률이 가장 높은 방향으로 진행된다.

ㄱ. 잉크가 퍼지는 것은 가장 높은 확률의 자연 현상이 잉크가 물에 골고루 퍼지는 것이기 때문이다.

ㄴ. (가) → (나) 과정은 비가역 과정이므로 물과 잉크로 저절로 나누어지는 현상은 일어나지 않는다.

ㄷ. 연기가 공기 중으로 퍼지는 현상도 확률이 가장 높은 방향으로 진행되는 자연 현상이므로 잉크가 퍼지는 것과 같은 원리로 설명할 수 있다.

168 한 방향으로 일어나는 변화는 엔트로피가 증가하는 방향으로 진행한다.

ㄱ. 기체의 온도는 일정하고 기체의 부피가 증가하므로 기체의 압력은 감소한다.

ㄷ. 기체는 엔트로피가 증가하는 방향으로 확산되다가 충분한 시간이 지난 후에는 상자 양쪽에 거의 같은 수의 분자가 있게 된다.

오답 피하기 ㄴ. 기체는 엔트로피가 증가하는 방향으로 저절로 진행된다.

❶ ○ ❷ ×

❷ 기체가 양쪽으로 똑같이 나누어지는 확률이 가장 높으므로 충분한 시간이 지나면 기체는 상자 양쪽에 거의 같은 수의 분자가 있게 된다.

169 자연 현상은 엔트로피가 증가하는 방향으로 일어난다.

ㄴ. 엔트로피는 골고루 섞여 있을 때가 골고루 섞여 있지 않을 때보다 크다. 따라서 엔트로피는 (나)에서가 (가)에서보다 크다.

ㄷ. 기체의 확산은 비가역 과정이므로 (나) → (가) 과정으로는 저절로 일어나지 않는다. 따라서 (나) → (가) 과정으로 진행하는 것은 무질서도가 감소하는 현상이다.

오답 피하기 ㄱ. 기체가 확산되는 과정은 비가역 과정이다.

170 열역학 제2법칙에 대한 다양한 표현이 있다.

② 자연 현상은 일어날 확률이 가장 높은 방향으로 진행된다.

오답 피하기 ① 자연 현상은 무질서도(엔트로피)가 증가하는 방향으로 진행된다.

③ 열은 고온의 물체에서 저온의 물체로 저절로 이동하지만, 그 반대로는 저절로 일어나지 않고, 저온의 물체에서 고온의 물체로 이동하기 위해서는 에너지를 공급해야 한다.

④ 흡수한 열을 모두 일로 전환할 수 있는 열기관을 만들 수 없다.

⑤ 열역학 제2법칙에 의하면 열효율이 100%인 열기관을 제작하는 것은 불가능하다.

171 얼음의 상태는 엔트로피가 증가하는 방향으로 진행된다.

ㄱ. 열은 높은 온도의 물질에서 낮은 온도의 물질로 이동하므로 손에서 얼음으로 이동한다.

ㄴ. 얼음은 스스로 물로 변하지만, 물은 스스로 얼음으로 변할 수 없으므로 비가역 과정이다.

ㄷ. (가) → (나) 과정에서 얼음은 물로 변하면서 무질서도가 증가하므로 엔트로피는 증가한다.

172 열기관의 열효율은 $e = \dfrac{\text{열기관이 한 일}}{\text{공급 받은 열}}$ 이다.

열기관의 열효율은 $e = \dfrac{W}{10Q} = \dfrac{3Q}{10Q} = 0.3$이다.

❶ ○ ❷ ○

❷ W은 $3Q$이므로 $7Q$는 $\dfrac{7}{3}W$이다.

173 온도가 다른 두 물체를 접촉시켰을 때, 두 물체의 온도가 같아지면 물체 사이에서 열이 이동하지 않는다.

ㄱ. 0초에서 t_0초까지 A의 온도가 B의 온도보다 높으므로 열은 A에서 B로 이동한다.

ㄴ. A, B의 온도가 T_0으로 일정해지므로 열평형 온도는 T_0이다.

오답 피하기 ㄷ. t_0초 이후 A, B는 열평형 상태이므로 A와 B 사이에는 열이 이동하지 않는다.

174 열기관은 고열원에서 공급을 받은 열에서 저열원으로 방출된 열의 차이 만큼 일을 한 것이다.

ㄱ. 열기관은 한 번의 순환 과정을 거치면서 받은 열을 일과 저열원으로 모두 방출시키므로 열기관 내부의 기체는 처음 상태가 된다.

ㄴ. $W = 0.4Q_2$에서 $Q_2 = \dfrac{5}{2}W$이고, $Q_1 = W + Q_2$이므로 $Q_1 = \dfrac{7}{2}W$이다.

오답 피하기 ㄷ. 열기관의 열효율은 $e = \dfrac{W}{Q_1} = \dfrac{W}{\dfrac{7}{2}W} = \dfrac{2}{7}$이다.

175 등온 팽창 과정에서 기체는 받은 열만큼 일을 하고, 단열 팽창 과

정에서 기체는 일을 한만큼 내부 에너지가 감소한다.

ㄴ. B → C 과정에서 기체의 온도가 감소하므로 기체의 내부 에너지는 감소한다.

오답 피하기 ㄱ. A → B 과정에서 기체는 열을 흡수하여 흡수한 열만큼 일을 한다.

ㄷ. C → D 과정에서 기체는 외부로부터 일을 받고, 일을 받은 만큼 열을 방출한다.

176 열역학 제2법칙에 의해 제2종 영구 기관은 제작할 수 없다.

모범 답안 열은 온도가 높은 물체에서 온도가 낮은 물체로 이동한다. 공기의 온도가 엔진의 온도보다 낮으므로 엔진보다 낮은 열을 흡수하여 작동되는 엔진은 열역학 제2법칙에 의해 제작할 수 없다.

채점 기준	배점
물체의 온도에 따른 열의 이동을 근거로 서술한 경우	100%
단순히 열역학 제2법칙을 위배하기 때문이라고 서술한 경우	50%

STEP 3 **1등급**을 위한 실전 완벽 대비   본문 055쪽

177 ⑤   **178** ②   **179** ①   **180** ③

177 마찰력에 의해 역학적 에너지는 열에너지로 전환되지만 열에너지에 의해 스스로 물체가 빗면으로 올라가지 않는다.

ㄱ. A가 q에서 r로 이동하는 동안 역학적 에너지는 마찰력에 의해 열에너지로 전환된다.

ㄷ. 마찰에 의한 열에너지가 다시 물체를 경사면 위로 올려서 역학적 에너지로 전환되는 것은 스스로 일어나지 않으며, 마찰에 의한 열에너지가 다시 역학적 에너지로 전환되는 것은 열역학 제2법칙에 위배된다.

오답 피하기 ㄴ. A가 p에서 r까지 운동하는 동안 역학적 에너지가 열에너지로 전환된 것은 에너지 보존이 성립하므로 열역학 제1법칙에 위배되는 과정은 없다.

178 열기관은 공급 받은 열을 이용하여 역학적 에너지로 전환하는 장치이다.

ㄴ. B의 열효율 $e_B = 1.5e = \dfrac{3}{2} \times \dfrac{2}{10} = 0.3$이다. $\dfrac{3}{10} = \dfrac{W_B}{W_B + 14Q_2}$

에서 $7W_B = 42Q_2$이고, $Q_L = 14Q_2$이므로 $W_B = \dfrac{42}{7} \times \dfrac{1}{14}Q_L$

$= \dfrac{3}{7}Q_L$이다.

오답 피하기 ㄱ. $e = \dfrac{2Q_1}{10Q_1} = 0.2$이다.

ㄷ. 공급 받은 열 Q_H를 모두 일 W로 바꾸는 것은 열역학 제2법칙을 위배하므로 불가능하다.

179 열효율이 100%인 열기관은 제작이 불가능하다.

ㄱ. 고열원에서 공급 받은 열량 Q을 모두 일 W로 전환하였으므로 열기관의 열효율은 1이다.

오답 피하기 ㄴ. 열기관에서 저열원으로 방출하는 열이 없으므로 $W = Q$이다.

ㄷ. 열효율이 100%인 열기관은 열역학 제1법칙인 에너지 보존 법칙에 위배되지 않는다.

180 카르노 기관은 두 번의 등온 과정과 두 번의 단열 과정으로 이루어져 있으며 실제 열기관 중에서 가장 열효율이 높다.

ㄱ. 카르노 기관의 열효율 $e = 1 - \dfrac{450}{600} = 0.25$이다.

ㄷ. S는 (가)에서 열기관이 한 번 순환할 때 한 일이고, 카르노 기관의 열효율은 0.25이다. $Q_1 = 400$ J이면 $S = 400$ J $\times 0.25 = 100$ J이다.

오답 피하기 ㄴ. Q_1을 흡수하는 과정은 A → B 과정이고, A → B 과정은 등온 과정이다. 따라서 Q_1을 흡수할 때 기체의 온도는 일정하므로 기체의 내부 에너지는 일정하다.

자료 정리

카르노 열기관

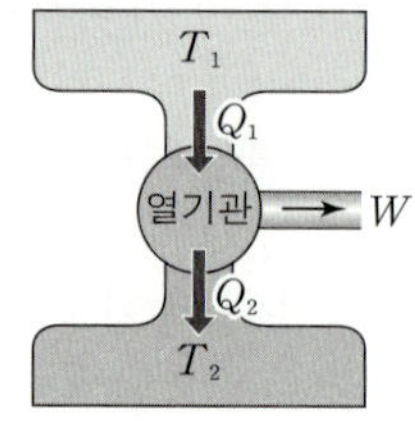
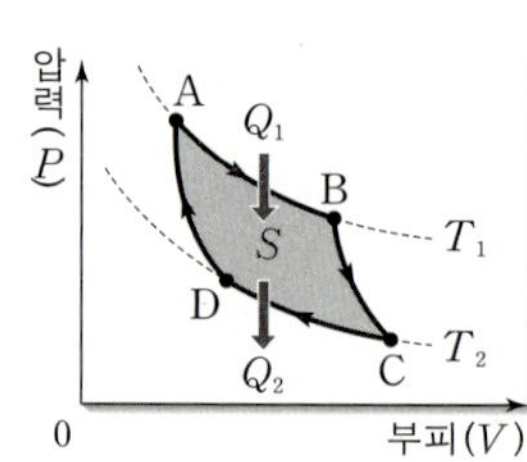

(1) 카르노 열기관은 실제 열기관 중에서 열효율이 가장 높은 열기관으로 고열원과 저열원의 온도가 각각 T_1, T_2일 때 카르노 열기관의 열효율 $e = 1 - \dfrac{T_2}{T_1}$이다.

(2) 기체의 한 번 순환 과정은 압력과 부피를 나타낸 그래프에서 내부 면적 S가 기체가 한 번 순환 과정에서 한 일과 같다.

01. 특수 상대성 이론

STEP 1 바로바로 개념 확인
본문 057쪽

181 관성 **182** 상대성 **183** (1) × (2) × (3) ○ **184** 동시성의 상대성 **185** B, A **186** A, B

183 모든 관성계에서 진공 속을 진행하는 빛의 속력은 관찰자나 광원의 속력에 관계없이 일정하다.

STEP 2 알짜 문제로 실력 키우기
본문 058~061쪽

187 ② **188** ④ **189** ③ **190** ⑤ **191** ① **192** ③ **193** ⑤
194 ④ **195** ① **196** ① **197** ④ **198** ③ **199** ① **200** ②
201 해설 참조 **202** 해설 참조

187 빛의 속력은 광원의 운동과 관찰자의 운동에 관계없이 항상 c로 같다.
ㄴ. 광속 불변 원리에 의해 (나)에서 B가 측정한 빛의 속력은 c이다.
오답 피하기 ㄱ. (가)에서 A가 측정한 화살의 속력은 200 km/h이고, B가 측정한 화살의 속력은 500 km/h이다.
ㄷ. 광속 불변 원리에 의해 (나)에서 C가 관찰한 빛의 속력은 c이다.

추가로 나오는 선택지
❶ ○ ❷ ○
❷ 광속 불변 원리에 의해 빛의 속력은 광원의 운동과 관찰자의 운동에 관계없이 일정하다.

188 특수 상대성 이론에서 사건과 관찰자는 서로 관성 좌표계에 있다.

189 마이컬슨과 몰리는 실험을 통해 에테르는 존재하지 않는다는 결론을 얻었다.
ㄱ. 광원에서 방출된 빛이 검출기에 도달한 시간은 빛의 경로와 상관없이 같다.
ㄷ. 광원에서 나온 빛은 빛 검출기에 도달할 때, 어떤 경우에도 다르게 도달하지 않았다. 따라서 에테르는 존재하지 않는다는 결론을 얻었다.
오답 피하기 ㄴ. 빛이 검출기에 도달하는 시간의 차이가 발생하지 않았다.

190 관성 좌표계에서 측정하는 물리 법칙은 동일하게 적용된다.
ㄱ. 공과 A는 수평 방향으로는 서로 정지해 있으므로 A가 측정할 때, 공에는 중력만 적용된다.

ㄷ. 상대성 원리에 의해 (나)에서 A, B가 측정할 때 공에 적용되는 물리 법칙은 $F=ma$로 동일하다.
오답 피하기 ㄴ. B가 측정할 때 공에는 중력만 작용한다.

191 A에게 동시에 일어난 두 사건은 B에게 동시에 일어난 사건이 아닐 수 있다.
ㄱ. A가 측정할 때, P, Q, 광원은 모두 정지해 있고 광원에서 P와 Q까지의 거리가 같으므로 광원에서 방출된 빛은 P와 Q에 동시에 도달한다.
오답 피하기 ㄴ. B가 측정할 때, 빛이 P로 진행할 때 P는 광원과 가까워지는 방향으로 이동하고, 빛이 Q로 이동할 때 Q는 광원으로부터 멀어지는 방향으로 이동하므로 B가 측정할 때 빛은 P에 먼저 도달한다.
ㄷ. 광속 불변 원리에 의해 B가 측정한 P와 Q로 방출되는 빛의 속력은 c로 같다.

추가로 나오는 선택지
❶ × ❷ ○
❷ B가 측정할 때, 광원에서 P까지의 거리와 Q까지의 거리는 길이 수축에 의한 길이의 변화가 같으므로 서로 같다.

192 특수 상대성 이론에 의해 나타나는 현상은 동시성의 상대성, 시간 팽창(지연), 길이 수축, 질량·에너지 동등성이다.
특수 상대성 이론에 의해 동시성의 상대성, 시간 팽창 현상은 나타나지만 길이가 팽창하지는 않는다.

193 A가 측정할 때 P, Q에서 동시에 빛이 켜졌으므로 B가 측정할 때는 P, Q에서 동시에 빛이 켜지지 않았다.
ㄱ. P, Q, A는 서로 정지해 있고, A가 측정할 때, P와 Q에서 동시에 켜진 빛이 A에 동시에 도달하므로 A가 측정할 때, A에서 P와 Q까지의 거리는 같다.
ㄴ. B가 측정할 때 A가 P에서 방출한 빛에 가까워지고 Q에서 방출한 빛에 멀어지므로 B가 측정할 때 빛은 Q에서가 P에서보다 먼저 켜졌다.
ㄷ. B가 측정할 때, A는 B에 대해 v의 속력으로 운동하므로 A의 시간은 자신의 시간보다 느리게 간다.

194 A와 B가 측정한 서로의 상대 속도의 크기는 동일하다.
ㄴ. A가 측정한 B의 속력과 B가 측정한 A의 속력은 상대 속도의 크기로 동일하다.
ㄷ. A, B가 측정한 상대 속도의 크기가 같으므로 A가 측정한 B의 우주선의 길이와 B가 측정한 A의 우주선의 길이는 같다.
오답 피하기 ㄱ. A가 측정할 때, 길이 수축에 의해 B가 탄 우주선의 길이는 L_0보다 작다.

195 빛시계에 대한 상대 속도가 클수록 시간 지연은 더 크게 일어나므로 $t_A > t_B > t_C$이다.

196 특수 상대성 이론에 의해 지표면에서 측정한 위성의 시간은 지표면의 시간보다 느리게 간다.

197 지구와 행성에 대해 움직이는 관찰자가 측정한 지구와 행성 사이의 거리는 고유 길이보다 짧게 측정된다.

ㄱ. A가 측정할 때, 지구와 행성 사이의 거리 L은 A가 측정한 시간과 v의 곱과 같다. 따라서 A가 측정할 때, 우주선이 지구에서 행성까지 이동하는 데 걸린 시간은 $\dfrac{L}{v}$이다.

ㄷ. B가 측정할 때, 지구와 행성 사이의 거리는 L보다 짧다. 따라서 B가 측정할 때, 우주선이 지구에서 행성까지 이동하는 데 걸리는 시간은 $\dfrac{L}{v}$보다 짧다.

오답 피하기 ㄴ. B는 지구와 행성에 대해 움직이고 있으므로 B가 측정할 때, 지구와 행성 사이의 거리는 고유 거리 L보다 짧다.

198 A가 측정한 우주선의 길이는 B가 측정한 우주선의 길이보다 짧다.

ㄱ. B는 A에 대해 운동하고 있으므로 A가 측정한 B의 시간은 자신의 시간보다 느리게 간다.

ㄷ. 운동 방향의 우주선의 길이는 B가 측정할 때가 고유 길이, A가 측정할 때가 짧아진 길이이므로 B가 측정할 때가 A가 측정할 때보다 길다.

오답 피하기 ㄴ. 광속 불변의 원리에 의해 빛의 속력은 A와 B가 측정할 때 c로 같다.

199 A가 측정할 때 광원에서 방출된 빛은 P보다 Q에 먼저 도달한다.

ㄱ. B가 측정할 때 빛이 P로 이동할 때 P는 광원에 가까워지는 방향으로 이동하고, 빛이 Q로 이동할 때 Q는 광원에서 멀어지는 방향으로 이동하는데, B가 측정할 때 빛이 P와 Q에 동시에 도달하였으므로 A가 측정할 때 광원에서 P까지의 거리는 광원에서 Q까지의 거리보다 크다.

오답 피하기 ㄴ. P와 Q 사이의 거리는 A가 측정할 때 고유 거리이고, B가 측정할 때 고유 길이보다 짧아지므로 A가 측정할 때가 B가 측정할 때보다 크다.

ㄷ. 광원에서 방출된 빛이 Q에 도달할 때까지 빛이 이동한 거리는 A가 측정할 때 고유 거리가 되고, B가 측정할 때는 Q가 광원으로부터 멀어지는 방향으로 이동하므로 고유 거리보다 길게 측정된다. 따라서 광원에서 방출된 빛이 Q에 도달할 때까지 이동한 거리는 B가 측정할 때가 A가 측정할 때보다 크다.

200 우주선 Ⅰ에 대한 상대 속도는 A가 C보다 크다.
우주선 Ⅰ은 A와 C에 대해 모두 오른쪽으로 이동하고 있으며 우주선 Ⅰ에 대한 상대 속도는 A가 C보다 크므로 A가 측정한 빛의 경로가 ⋀ 이면 C가 측정한 빛의 경로는 ⋀ 이다.

201 우주선 안의 관찰자가 측정한 빛의 왕복 경로는 직선이고, 우주선 밖의 관찰자가 측정한 빛의 왕복 경로는 대각선이다.

모범 답안 (나)의 관찰자가 측정한 빛의 경로는 대각선이므로 (가)의 관찰자가 측정한 빛의 경로인 직선보다 길고, 빛의 속력은 동일하므로 시간은 (나)의 관찰자가 측정할 때가 (가)의 관찰자가 측정할 때보다 길다.

채점 기준	배점
빛의 경로와 시간의 비교를 옳게 서술한 경우	100%
빛의 경로와 시간의 비교 중 한 가지만 옳게 서술한 경우	50%

202 T와 T_0의 관계는 $T = \dfrac{T_0}{\sqrt{1-\left(\dfrac{v}{c}\right)^2}}$ 이다.

모범 답안 $T = \dfrac{T_0}{\sqrt{1-\left(\dfrac{v}{c}\right)^2}}$ 이고, $\dfrac{1}{\sqrt{1-\left(\dfrac{v}{c}\right)^2}}$ 은 v가 c에 가까워질수록 시간 지연 정도가 커지므로 그래프는 다음과 같다.

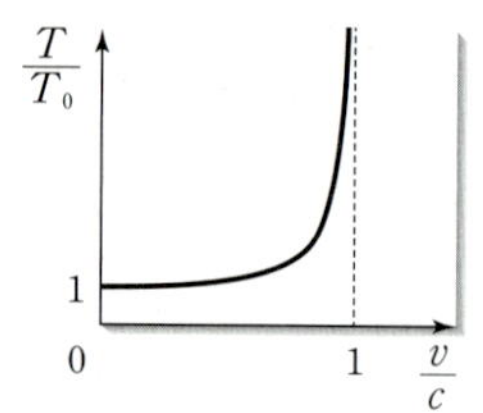

채점 기준	배점
T와 T_0의 관계를 설명하고, 그래프를 옳게 그린 경우	100%
T와 T_0의 관계와 그래프 중 한 가지만 옳게 작성한 경우	50%

STEP **3** 1등급을 위한 실전 완벽 대비 　본문 062~063쪽

203 ③　204 ⑤　205 ③　206 ④　207 ③　208 ④　209 ②
210 ③

203 나무에 대한 상대 속력이 클수록 고유 길이에 대해 길이가 짧아지는 정도가 커진다.

ㄱ. 고유 길이에 대해 길이가 짧아지는 정도가 (나)에서가 (다)에서보다 크므로 (가)의 관찰자가 측정할 때, 속력은 (나)의 관찰자가 (다)의 관찰자보다 크다.

ㄷ. (가)의 관찰자가 측정할 때, 속력은 (나)의 관찰자가 (다)의 관찰자보다 크므로, (가)의 관찰자가 측정할 때, (나)의 관찰자의 시간은 (다)의 관찰자의 시간보다 느리게 간다.

오답 피하기 ㄴ. 나무의 길이가 짧아진 방향이 다르므로 (나)와 (다)의 관찰자의 운동 방향은 서로 다르다.

204 B에게 동시에 일어난 사건은 A에게는 동시에 일어난 사건이 아닐 수 있다.

ㄱ. A가 측정한 우주선의 길이는 고유 길이이고, B가 측정한 운동 방

향의 우주선의 길이는 짧아진 길이이므로 운동 방향의 우주선의 길이는
A가 측정할 때가 B가 측정할 때보다 크다.

ㄷ. B가 측정할 때, 빛은 P, Q에 동시에 도달하므로 P, 광원, Q 사이
의 거리는 같다. A가 측정할 때 P, 광원, Q는 왼쪽 방향으로 운동하므
로 광원에서 방출된 빛은 P보다 Q에 먼저 도달한다.

오답 피하기 ㄴ. 우주선이 P에서 Q까지 이동하는 시간은 A가 측정할
때가 고유 시간이고 B가 측정할 때가 늘어난 시간이므로 B가 측정할
때가 A가 측정할 때보다 크다.

205 뮤온이 관찰한 거리는 길이 수축이 일어나고, 지표면의 관찰자에
게는 뮤온의 수명이 늘어난다.

ㄱ. 뮤온의 좌표계에서 측정할 때, 길이 수축에 의해 뮤온이 만들어진
지점과 지표면 사이의 거리는 $10 \, \mathrm{km}$보다 짧게 측정된다.

ㄷ. 뮤온이 만들어진 지점에서 지면에 도달할 수 있는 현상은 특수 상대
성 이론으로 설명할 수 있다.

오답 피하기 ㄴ. 지표면에 정지한 관찰자가 측정한 뮤온의 수명은 늘어
나므로 2.2×10^{-6}초보다 길다.

206 B가 측정할 때, P는 광원에 가까워지고, Q는 광원에서 멀어지고
있다.

ㄱ. B가 측정할 때, 광원에서 방출된 빛이 P, Q에 동시에 도달하므로
$L_1 > L_2$이다.

ㄷ. A는 B에 대해 운동하고 있으므로 B가 측정한 A의 시간은 자신의
시간보다 느리게 간다.

오답 피하기 ㄴ. 길이 수축은 운동 방향에 대해서만 일어나므로 B가 측
정한 우주선의 위에서 아래까지의 길이는 L_0이다.

207 특수 상대성 이론에서 길이 수축은 운동 방향으로만 일어난다.

ㄱ. B가 측정할 때, X는 x 방향으로 길이 수축이 일어나므로 x_0보다
짧다.

ㄴ. A와 B가 측정할 때, Y의 y 방향의 길이는 수축되지 않으므로 y_0으
로 같다.

오답 피하기 ㄷ. 우주선의 x 방향의 길이는 A가 측정할 때가 수축된 길
이이고, B가 측정할 때가 고유 길이이다. 따라서 A가 측정할 때가 B가
측정할 때보다 짧다.

208 B가 측정할 때 번개는 뒤쪽보다 앞쪽에 먼저 쳤다.

ㄱ. 번개가 치고 B는 열차의 앞쪽 방향으로 이동하므로 B가 볼 때, 번
개는 열차의 앞쪽에 먼저 친다.

ㄷ. v가 증가할수록 시간 지연 정도는 더 증가하여 A가 측정한 B의 시
간은 더 느려진다.

오답 피하기 ㄴ. 열차의 길이를 A가 측정할 때는 짧아진 길이이고 B가
측정할 때는 고유 길이이다. 따라서 열차의 길이는 B가 측정할 때가 A
가 측정할 때보다 크다.

209 B가 측정할 때 빛과 우주선이 지구에서 행성에 도달하는 데 걸리
는 시간은 각각 8년과 10년이다.

ㄴ. 빛과 우주선은 동시에 지구에서 출발하였고, 지구에서 행성에 도달
할 때까지 빛이 이동하는 데 걸리는 시간은 8년이고 우주선이 이동하는
데 걸리는 시간은 10년이므로, B가 측정할 때, 빛이 도착하고 2년 후에
우주선이 도착한다.

오답 피하기 ㄱ. 광속 불변 법칙에 의해 A가 측정할 때 빛의 속력은 c
이다.

ㄷ. A가 측정할 때 지구에서 행성까지의 거리가 짧아지므로 지구에서
행성까지 이동하는 데 걸리는 시간은 10년보다 작다.

210 B에서 볼 때, A의 앞쪽과 B의 뒤쪽이 일치하는 사건과 A에서
빛이 방출되는 사건은 동시에 일어난 사건이 아니다.

ㄱ. A와 B는 서로 상대 운동을 하므로 A에서 측정할 때, B의 시간은
자신의 시간보다 느리게 간다.

ㄴ. A에서 측정할 때, A의 앞쪽 끝과 B의 뒤쪽 끝이 기준선에 일치하
는 사건과 A의 뒤쪽 끝에서 빛을 방출하는 사건은 동시에 일어난 사건
이지만 B에서는 동시에 일어난 사건이 아니다. A에서 측정할 때, A에
서 빛이 방출되는 순간 B는 길이 수축에 의해 B의 앞쪽 끝은 A의 뒤쪽
끝을 지나지 못한다.

오답 피하기 ㄷ. 빛의 속력은 광속 불변의 원리에 의해 A에서 측정할
때와 B에서 측정할 때가 같다.

02. 질량과 에너지

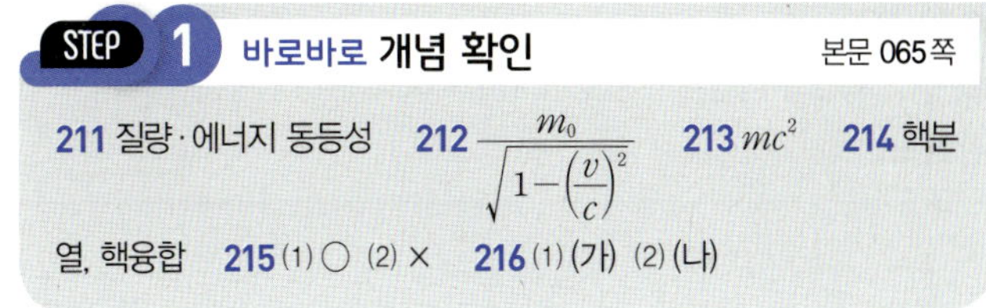

215 핵반응에서 질량 결손에 의하여 에너지가 방출된다.

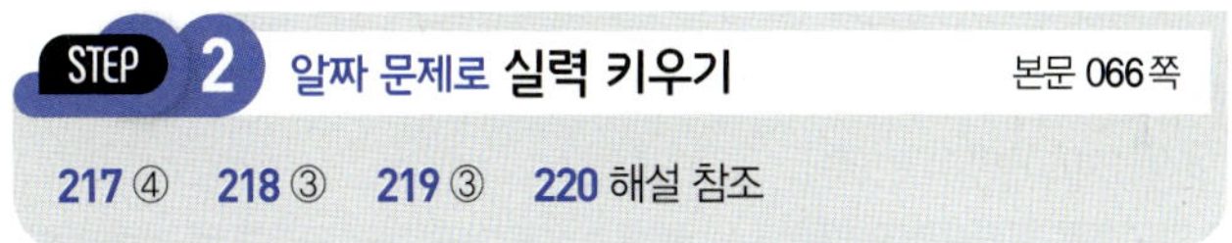

217 상대 속도가 클수록 상대론적 질량이 증가한다.

ㄴ. A, B, C 중에서 광원기에 대한 상대 속도의 크기가 가장 큰 관찰자

는 B이므로 B가 측정한 양성자의 상대론적 질량이 가장 크다. 따라서 양성자의 에너지는 B가 측정할 때가 가장 크다.

ㄷ. C에 대한 상대 속도의 크기는 A가 B보다 크므로 C가 측정할 때, A의 시간은 B의 시간보다 느리게 간다.

오답 피하기 ㄱ. 양성자에 대한 상대 속도의 크기가 큰 관찰자일수록 양성자의 상대론적 질량이 증가하므로 양성자의 질량은 B가 측정할 때가 가장 크다.

추가로 나오는 선택지

❶ ○ ❷ ○

❶ A와 양성자는 같은 방향으로 속도의 크기가 같으므로 A에 대한 양성자의 상대 속도는 0이다.

218 물체의 질량은 절대적인 값이 아니라 상대적인 값을 갖는다.
③ 질량·에너지 동등성에 의해 에너지는 질량으로 전환될 수 있다.

오답 피하기 ① 물체의 속력이 클수록 상대론적인 질량은 증가한다.
② 질량·에너지 동등성에 의해 질량은 에너지로 전환될 수 있다.
④ 물체의 속력이 클수록 상대론적인 에너지는 증가한다.
⑤ 물체의 질량은 절대적인 값이 아니라 물체와 관찰자의 상대 속도에 따라 상대론적 질량을 갖는다.

219 태양은 수소 핵융합 과정에서 발생하는 질량 결손에 의해 에너지를 얻는다.

ㄱ, ㄴ. 수소 원자핵 4개가 결합하여 하나의 헬륨 원자핵이 되는 과정에서 질량 결손이 발생하고, 결손된 질량은 질량·에너지 동등성에 의해 에너지로 전환된다.

오답 피하기 ㄷ. 수소 핵융합 과정에서 질량 결손이 발생하므로 태양의 질량은 시간이 지날수록 감소한다.

추가로 나오는 선택지

❶ × ❷ ○

❶ 수소 핵융합 과정에서 질량이 결손되고 결손된 질량은 에너지로 전환된다.

220 핵반응 과정에서 결손된 질량이 m일 때 발생되는 에너지는 mc^2이다.

모범 답안 양성자 2개와 중성자 2개의 질량의 합은 $4.032\,u$이고, 헬륨 원자핵 1개의 질량은 $4.0015\,u$이므로 핵반응 과정에서 결손된 질량은 $0.0305\,u$이다. 따라서 핵융합 과정에서 질량 결손에 의해 발생하는 에너지는 $(0.0305\,u)c^2$이다.

채점 기준	배점
질량 결손 과정과 질량 결손에 의한 에너지를 옳게 서술한 경우	100%
질량 결손 과정과 질량 결손에 의한 에너지 중 한 가지만 옳게 서술한 경우	50%

221 ②   **222** ③   **223** ⑤   **224** ②

221 B는 뮤온에 대해 정지한 관성계에 있으므로 B가 측정한 뮤온의 질량은 정지 질량 m_0이다.

ㄴ. B와 뮤온은 서로 정지해 있으므로 B가 측정한 뮤온의 질량은 m_0이다. 따라서 B가 측정한 뮤온의 에너지는 m_0c^2이다.

오답 피하기 ㄱ. 뮤온은 A에 대해 움직이고 있으므로 A가 측정한 뮤온의 질량은 m_0보다 크다.

ㄷ. L_0는 고유 거리이고 뮤온의 좌표계에서 측정한 지표면까지의 거리는 짧아진 거리이므로 L_0보다 짧다.

222 제시된 핵반응은 핵분열이며 이 과정에 해당하는 핵분열식은 $^{235}_{92}U + ^{1}_{0}n \rightarrow ^{92}_{36}Kr + ^{141}_{56}Ba + 3^{1}_{0}n + 200\ MeV$이다.

ㄱ. 무거운 우라늄 원자핵이 쪼개져서 우라늄 원자핵보다 가벼운 크롬 원자핵과 바륨 원자핵이 되므로 핵분열 과정이다.

ㄴ. 핵분열하기 전 총 질량은 핵분열한 후 총 질량보다 크므로 핵반응 과정에서 발생한 에너지는 손실된 질량에 의한 에너지이다.

오답 피하기 ㄷ. 핵반응 전후에 질량수가 보존되어야 하므로 ㉠은 중성자($^{1}_{0}n$)이다.

223 핵융합 과정에서 질량 결손이 발생하고, 질량 결손에 의해 에너지가 방출된다. 핵반응식은 $^{2}_{1}H + ^{3}_{1}H \rightarrow ^{4}_{2}He + ^{1}_{0}n + 17.6\ MeV$이다.

ㄱ. 핵융합 과정에서 질량 결손이 일어나므로 중소소와 삼중수소의 질량의 합은 헬륨과 중성자의 질량의 합보다 크다.

ㄴ. 핵융합 과정에서 질량이 결손이 되고 에너지가 방출되므로 $17.6\ MeV$는 핵융합 과정에서 결손이 된 질량에 해당하는 에너지이다.

ㄷ. 중소수와 삼중수소의 양성자수는 1로 같다.

224 (가)는 수소 2개가 융합하여 헬륨이 되는 핵융합 과정이고, (나)는 우라늄이 크립톤과 바륨으로 쪼개지는 핵분열 과정이다.

ㄴ. 핵반응 전후에 질량수와 전하량이 보존되므로 ㉠의 질량수는 1이고, 양성자수는 0이다. 따라서 ㉠은 중성자($^{1}_{0}n$)이다.

오답 피하기 ㄱ. (가)는 핵융합 과정이다.

ㄷ. (나)에서 핵반응 전후에 질량수가 보존되어야 하므로 $235 + 1 = 92 + ㉡ + 3$에서 ㉡은 141이다.

Ⅱ-1. 전기

01. 전자의 에너지 준위

STEP 1 바로바로 개념 확인　　　본문 071쪽

225 ㉠ 음(−) ㉡ 전자　**226** 원자핵　**227** (1) ◯ (2) ✕　**228** (1) 연속 (2) 선　**229** (1) ◯ (2) ✕

225 톰슨은 음극선이 전기장과 자기장에 의해 휘어지는 현상으로 음극선이 음(−)전하를 띤 입자의 흐름이라는 것을 알아내었고, 이 입자를 전자라고 한다.

227 (2) 두 전하 사이에 작용하는 전기력의 크기는 두 전하 사이의 거리의 제곱에 반비례한다.

228 (1) 햇빛이나 백열등이 프리즘을 통과하였을 때 빛의 띠가 연속적으로 나타나므로 연속 스펙트럼이다.
(2) 고온의 기체에서 방출되는 빛이 특정한 파장에 해당하는 선만 밝게 나타나므로 선 스펙트럼이다.

229 (2) 전이하는 전자의 두 궤도의 에너지 준위 차이가 클수록 파장이 짧고, 진동수가 큰 빛을 방출한다.

STEP 2 알짜 문제로 실력 키우기　　　본문 072~074쪽

230 ⑤　**231** ②　**232** ③　**233** ③　**234** ㉠ 오른쪽 ㉡ 해설 참조
235 ②　**236** 해설 참조　**237** ①　**238** ②　**239** ①　**240** ③

230 러더퍼드는 알파(α) 입자 산란 실험을 통해 원자의 중심에는 원자 질량의 대부분을 차지하는 양(+)전하를 띠는 원자핵이 존재한다는 것을 발견하였다.
ㄱ. 러더퍼드의 알파(α) 입자 산란 실험이므로 A는 원자핵이다.
ㄴ. 원자 내부가 거의 빈 공간이므로 알파(α) 입자가 직진한다.
ㄷ. 양(+)전하를 띠고 있는 알파(α) 입자와 양(+)전하를 띠는 원자핵 사이에 작용하는 척력에 의해서 알파(α) 입자가 큰 각도로 휘거나 튕겨 나온다.

추가로 나오는 선택지

❶ ✕　❷ ◯
❷ 알파(α) 입자와 원자핵은 양(+)전하를 띠고 있으므로 서로 밀어내는 전기력이 작용한다.

231 음극선은 음(−)전하를 띠고 있는 전자이므로 전기장과 자기장에서 힘을 받아 진행 경로가 휘어진다.
ㄴ. 음극선은 전자이므로 음(−)전하를 띠고 있다.

오답 피하기 ㄱ. 음극선은 음(−)전하를 띠고 있으므로 (−)극 판에서 (+)극 판 방향으로 전기력이 작용하므로 ㉠은 (−)극 판, ㉡은 (+)극 판이다.
ㄷ. 음극선은 자기장에서 힘을 받아 진행 방향이 휘어진다.

232 두 점전하 사이에 전기력이 0인 지점이 있으므로 A와 B의 전하의 종류는 같고, $x=2d$에 놓여 있는 P에 작용하는 전기력의 방향이 $-x$ 방향이므로 A와 B는 양전하이다.
③ 전기력의 크기는 두 전하량의 곱에 비례하고, 두 전하 사이의 거리의 제곱에 반비례하므로 전하량의 크기는 B가 A의 4배이다.

오답 피하기 ① $x=2d$에 놓여 있는 P에 작용하는 전기력의 방향이 $-x$ 방향이므로 A와 B는 양(+)전하이다.
② A와 B는 양(+)전하이므로 A와 B는 서로 밀어내는 전기력이 작용한다. 따라서 A가 B에 작용하는 전기력의 방향은 $+x$ 방향이다.
④ P를 $x=4d$에 놓았을 때 A와 B로부터 $+x$ 방향으로 전기력이 작용한다.
⑤ P가 $x=2d$, $x=4d$에 각각 놓여 있을 때 B로부터 받는 전기력의 크기는 같고, $x=2d$에 놓았을 때 A와 B로부터 P에 작용하는 전기력의 방향은 서로 반대 방향이며, $x=4d$에 놓았을 때 A와 B로부터 P에 작용하는 전기력의 방향은 서로 같은 방향이다. 따라서 P가 받는 전기력의 크기는 $x=4d$에 놓았을 때가 $x=2d$에 놓았을 때보다 크다.

추가로 나오는 선택지

❶ ✕　❷ ✕
❷ A와 B는 양(+)전하이므로 서로 밀어내는 전기력이 작용한다.

233 대전된 물체가 P에 놓여 있을 때 A와 B로부터 받는 전기력의 방향은 같고, Q에 놓여 있을 때 전기력의 방향은 서로 반대이다.
ㄱ. 물체를 P에 놓았을 때 A와 B로부터 받는 전기력의 방향이 $-x$ 방향이므로 A는 양(+)전하를 띠고 있다.
ㄴ. A와 B는 양(+)전하를 띠므로 서로 밀어내는 전기력이 작용한다. 따라서 A가 B에 작용하는 전기력의 방향은 $+x$ 방향이다.

오답 피하기 ㄷ. A와 B는 양(+)전하를 띠고 대전된 물체를 Q에 놓았을 때 $-x$ 방향으로 전기력이 작용하므로 전하량의 크기는 B가 A보다 크다.

234 전기력의 크기는 두 전하량의 곱에 비례하고, 거리의 제곱에 반비례한다.

모범 답안 ㉠ 오른쪽 ㉡ 전하량이 $+3Q$, $-Q$이므로 A에 작용하는 전기력의 크기는 $F=k\dfrac{3Q^2}{r^2}$이다.

채점 기준	배점
㉠의 방향과 ㉡의 풀이 과정과 정답이 옳은 경우	100%
㉡의 풀이 과정과 정답만 옳은 경우	60%
㉠의 방향만 옳은 경우	30%

235 백열등에서 나오는 빛은 연속 스펙트럼이고, 백열등에서 나오는 빛이 저온의 기체가 들어 있는 관을 통과하면 흡수 스펙트럼이 나타나고, 수소 기체 방전관에서 방출되는 빛은 선 스펙트럼이다.

② 연속 스펙트럼에서 빨간색의 빛이 파장이 길고 파란색의 빛이 파장이 짧다. 따라서 A에서 오른쪽으로 갈수록 파장이 길어진다.

오답 피하기 ① A는 연속 스펙트럼이므로 백열등에서 나오는 빛의 스펙트럼이다.

③ B와 C에서 스펙트럼선이 일치하므로 P는 수소 기체이다.

④ 수소 원자의 에너지 준위가 불연속적이므로 C와 같은 선 스펙트럼이 형성된다.

⑤ 파장이 짧을수록 진동수가 크다. 따라서 빛의 진동수는 a가 b보다 크다.

추가로 나오는 선택지

❶ × ❷ ○

❷ B는 흡수 스펙트럼으로 저온의 수소 기체가 들어 있는 관을 통과한 백열등 빛의 스펙트럼이다.

236 연속 스펙트럼에서 빨간색으로 갈수록 파장은 증가하고, 진동수와 광자 1개의 에너지는 감소한다.

모범 답안 (1) 연속 스펙트럼

(2) 빨간색으로 갈수록 물리량이 감소하므로 가능한 물리량은 진동수, 광자 1개의 에너지가 될 수 있다.

채점 기준	배점
㉠과 ㉡의 이유를 옳게 서술한 경우	100%
㉡의 이유만 옳게 서술한 경우	60%
㉠만 옳게 쓴 경우	30%

237 수소 원자에 있는 전자의 에너지 준위가 불연속적이므로 선 스펙트럼이 관찰된다.

ㄱ. 수소 원자에 있는 전자의 에너지 준위가 불연속적이다. 따라서 전자의 에너지는 양자화되어 있다.

오답 피하기 ㄴ. 수소 원자에 있는 전자가 전이 과정에서 빛을 흡수하면 전자의 에너지는 증가하고, 빛을 방출하면 전자의 에너지는 감소한다.

ㄷ. 방출되는 광자의 파장이 길수록 에너지가 작다. 따라서 파장이 λ_α인 광자의 에너지는 파장이 λ_β인 광자의 에너지보다 작다.

238 보어의 수소 원자 모형에서 양자수가 커질수록 전자의 에너지 준위는 증가하고, 궤도의 에너지 준위의 차이가 클수록 광자 1개의 에너지가 큰 빛을 방출한다.

② 전자는 $n=1$인 바닥상태가 가장 안정한 상태이다.

오답 피하기 ① 전자가 갖는 에너지 준위는 불연속적이다.

③ 전자의 에너지 준위는 양자수가 커질수록 증가하므로 전자의 에너지 준위는 $n=2$에서가 $n=3$에서보다 낮다.

④ 에너지 준위의 차이가 큰 A에서 방출되는 빛의 에너지가 에너지 준위 차이가 작은 B에서 방출되는 빛의 에너지보다 크다.

⑤ 양자수 $n=2$인 궤도로 전이하는 과정에서 방출되는 빛은 가시광선이다.

추가로 나오는 선택지

❶ × ❷ ○

❶ A에서 방출되는 빛의 에너지가 B에서 방출되는 빛의 에너지보다 크므로 빛의 파장은 A에서가 B에서보다 짧다.

239 보어의 수소 원자 모형에서 전이하는 과정에서 전자는 두 궤도의 에너지 준위의 차이에 해당하는 에너지를 흡수하거나 방출한다.

ㄱ. 바닥상태의 전자가 12.75 eV의 에너지를 가진 전자기파를 흡수하면 두 궤도의 에너지 준위차가 12.75 eV이므로 전자는 바닥상태에서 양자수 $n=4$인 궤도로 전이하였다가 2.55 eV의 전자기파를 방출하면 양자수 $n=2$인 궤도로 전이하므로 ㉠+㉡은 6이다.

오답 피하기 ㄴ. ㉡은 양자수 $n=2$인 궤도로 전자가 전이하는 과정에서 방출되는 전자기파이므로 가시광선이다.

ㄷ. 수소 원자는 두 궤도의 에너지 준위 차이에 해당하는 전자기파를 흡수하거나 방출하므로 수소 원자는 에너지가 3.6 eV의 빛을 흡수할 수 없다.

240 보어의 수소 원자 모형에서 전이하는 과정에서 전자는 두 궤도의 에너지 준위의 차이에 해당하는 에너지를 흡수하거나 방출하고, 에너지의 준위의 차이가 클수록 진동수가 크고, 파장이 짧은 빛을 방출한다.

ㄱ. 전자가 전이하는 과정에서 두 궤도의 에너지 준위 차이에 해당하는 에너지를 가지고 있는 빛을 방출하므로 에너지 준위 차이가 작은 ㉠에서 방출되는 광자 한 개의 에너지가 에너지 준위 차이가 큰 ㉡에서 방출되는 광자 한 개의 에너지보다 작다.

ㄷ. λ_1은 ㉡에서 방출되는 빛의 파장이므로 $n=2$인 궤도에 있는 전자가 파장이 λ_1인 빛을 흡수하면 $n=4$인 궤도로 전이한다.

오답 피하기 ㄴ. (나)에서 스펙트럼선의 간격이 좁을수록 파장이 짧아지므로 λ_2는 λ_1보다 파장이 길다. 따라서 파장이 긴 λ_2는 ㉠에서 방출되는 빛의 파장이다.

STEP 3 **1등급을 위한 실전 완벽 대비** 본문 075쪽

241 ④　　**242** ①　　**243** ④　　**244** ③

241 음극선은 전자의 흐름으로 음(−)전하를 띠고 질량을 가진 입자이다.

ㄴ. 음극선이 자기장에서 받는 힘의 방향을 통해서 음극선이 음(−)전하를 띠고 있다는 것을 알 수 있다.

ㄷ. 음극선이 지나는 경로에 있는 바람개비가 돌아가는 이유는 음극선이 질량을 가진 입자이기 때문이다.

[오답 피하기] ㄱ. 전기장의 방향은 양(+)전하가 받는 전기력의 방향이므로, 음(−)전하를 띠는 음극선은 전기장의 방향과 반대 방향으로 전기력이 작용한다.

242 두 전하 사이에는 전하량의 곱에 비례하고, 두 전하 사이의 거리의 제곱에 반비례하는 전기력이 작용한다.

ㄱ. (가)에서 전기력의 방향이 $+x$ 방향이므로 B는 음(−)전하이다.

[오답 피하기] ㄴ. (가)에서 A와 B 사이에는 서로 당기는 전기력이 작용하고, (나)에서 A와 B 사이에는 서로 밀어내는 전기력이 작용하므로 A에 작용하는 전기력의 방향은 (가)와 (나)에서 서로 반대 방향이다.

ㄷ. 양(+)전하가 받는 전기력의 크기는 거리의 제곱에 반비례한다. 따라서 가속도의 크기도 거리의 제곱에 반비례하므로 양(+)전하는 가속도 운동을 한다.

243 수소나 헬륨 원자에서 방출되는 빛의 스펙트럼은 선 스펙트럼이고, 햇빛이나 백열등에서 방출되는 빛의 스펙트럼은 연속 스펙트럼이다.

ㄴ. (나)에서 수소 원자의 에너지 준위가 양자화되어 있어 특정한 파장의 빛이 흡수되는 흡수 스펙트럼이 나타난다.

ㄷ. 동일한 기체는 흡수 스펙트럼에 나타나는 선의 위치가 일치한다. 따라서 (나)와 (다)에서 흡수 스펙트럼의 선이 일치하는 부분이 있으므로 태양의 성분에 수소가 있음을 알 수 있다.

[오답 피하기] ㄱ. 헬륨 원자에서 방출되는 빛의 스펙트럼은 선 스펙트럼이고, (가)는 연속 스펙트럼이다.

244 발머 계열은 전자가 양자수 $n=2$인 상태로 전이할 때 방출하는 빛의 스펙트럼이고, 라이먼 계열은 양자수 $n=1$인 상태로 전이할 때 방출하는 빛의 스펙트럼이다.

ㄱ. 발머 계열은 전자가 양자수 $n=2$인 상태로 전이할 때 방출하는 빛의 스펙트럼이므로 ㉠은 2이다.

ㄷ. 발머 계열의 가장 큰 진동수는 f_3보다 작다. 따라서 발머 계열의 가장 짧은 파장은 라이먼 계열의 가장 긴 파장보다 길다.

[오답 피하기] ㄴ. f_1은 양자수 $n=3$에서 $n=2$인 궤도로 전자가 전이할 때 방출하는 빛의 진동수이고, f_2는 양자수 $n=4$에서 $n=2$인 궤도로 전자가 전이할 때 방출하는 빛의 진동수이다. f_3은 양자수 $n=2$에서 $n=1$인 궤도로 전자가 전이할 때 방출하는 빛의 진동수이고, f_4는 양자수 $n=3$에서 $n=1$인 궤도로 전자가 전이할 때 방출하는 빛의 진동수이다. 따라서 $f_1+f_3=f_4$이다.

02 에너지띠와 반도체

STEP 1 **바로바로 개념 확인**   본문 077쪽

245 ㉠ 원자가 띠 ㉡ 전도띠   **246** (1) × (2) ○   **247** ㉠ 양공 ㉡ 전자   **248** (1) × (2) × (3) ○

245 허용된 띠 중에서 전자로 채워진 가장 높은 상태의 에너지띠는 원자가 띠이고, 원자가 띠의 전자가 에너지를 흡수하여 이동할 수 있는 에너지띠는 전도띠이다.

246 A는 절연체, B는 반도체, C는 도체이므로 전기 전도성은 C가 B보다 좋다.

247 p형 반도체는 주로 양공에 의하여 전류가 흐르고, n형 반도체는 주로 전자에 의해 전류가 흐른다.

248 (1) 순수 반도체에 불순물을 첨가하면 전류가 잘 흐르므로 전기 저항은 감소한다.

(2) p형 반도체는 원자가 전자가 4개인 규소(Si), 저마늄(Ge)과 같은 반도체에 원자가 전자가 3개인 알루미늄(Al), 붕소(B), 인듐(In)을 첨가한 반도체이다.

(3) 다이오드는 p형 반도체에 (+)극, n형 반도체에 (−)극이 연결된 순방향 전압이 걸리면 전류가 흐른다.

STEP 2 **알짜 문제로 실력 키우기**   본문 078~081쪽

249 ①   **250** ㉠ 전자 ㉡ 규소(Si), 저마늄(Ge) 등   **251** ②   **252** ③   **253** ⑤   **254** ⑤   **255** ④   **256** (1) n형 반도체 (2) ㉠ 5 ㉡ 전도띠   **257** ③   **258** ⑤   **259** X : p형 반도체, Y : n형 반도체 ㉠ 정류 작용   **260** ③   **261** ③   **262** ①   **263** ④   **264** ③

249 원자가 띠와 전도띠 사이의 에너지 간격인 띠 간격이 작을수록 전기 전도성은 크다. 도체는 원자가 띠와 전도띠가 겹쳐 있으므로 A는 도체이고, 반도체는 원자가 띠에 전자가 가득 채워져 있고 띠 간격이 절연체보다 작다.

ㄱ. A는 원자가 띠와 전도띠가 겹쳐져 있으므로 도체이다.

[오답 피하기] ㄴ. 반도체는 온도가 높을수록 전기 전도성이 좋아진다. 따라서 에너지를 흡수하여 원자가 띠에서 전도띠로 이동하는 전자의 수가 늘어나므로 원자가 띠의 양공의 수는 늘어난다.

ㄷ. 반도체는 절연체보다 전기 전도성이 좋다. 따라서 반도체의 띠 간격은 절연체보다 작다.

추가로 나오는 선택지

❶  ○

250 절연체는 원자가 띠와 전도띠 사이의 띠 간격이 매우 커 상온에서 전도띠에 전자가 거의 분포하지 않아 전기 전도성이 작고, 반도체는 원자가 띠와 전도띠 사이의 띠 간격이 비교적 작아 상온에서 전도띠에 전자가 약간 분포하므로 전기 전도성은 절연체보다 좋다.

[모범 답안] ㉠ 전자 ㉡ 규소(Si), 저마늄(Ge) 등

채점 기준	배점
㉠, ㉡에 들어갈 내용을 옳게 쓴 경우	100%
㉡에 들어갈 내용만 옳게 쓴 경우	60%
㉠에 들어갈 내용만 옳게 쓴 경우	30%

251 절대 온도 0 K일 때 원자의 가장 바깥쪽에 있는 전자가 차지하고 있는 에너지띠는 원자가 띠이고, 원자가 띠보다 에너지 준위가 높은 허용된 띠는 전도띠이므로 A는 원자가 띠, B는 전도띠이고, 원자가 띠와 전도띠 사이의 에너지 간격은 띠 간격이므로 C는 띠 간격이다.

ㄷ. 띠 간격이 작을수록 전기 전도성이 좋다. 따라서 절연체는 반도체보다 띠 간격인 C가 크다.

[오답 피하기] ㄱ. 여러 원자 사이를 자유롭게 이동할 수 있는 자유 전자는 전도띠에 있다.

ㄴ. 전자가 완전히 채워져 있는 에너지띠는 원자가 띠이다. 따라서 A에 전자가 완전히 채워져 있다.

252 도체는 원자가 띠와 전도띠가 겹쳐져 있으므로 B는 도체이다. 전자가 채워져 있는 원자가 띠와 전도띠 사이의 띠 간격이 C보다 큰 A가 절연체이고, C는 반도체이다.

ㄱ. 절연체는 전자가 채워져 있는 원자가 띠와 전도띠 사이의 띠 간격이 매우 커 상온에서 전도띠에 전자가 거의 분포하지 않는다. 따라서 절연체인 A의 원자가 띠에 있는 전자의 개수는 전도띠에 있는 전자의 개수보다 많다.

ㄴ. B는 도체이고, C는 반도체이므로 상온에서 전기 전도성은 B가 C보다 좋다.

[오답 피하기] ㄷ. 원자가 띠의 전자는 에너지를 흡수하여 전도띠로 전이한다.

253 고체의 에너지 준위는 수많은 원자들이 가깝게 뭉쳐 있기 때문에 에너지 준위들이 밀집하여 하나의 넓은 띠와 같은 연속적인 에너지띠로 존재하고, 원자가 띠의 전자는 띠 간격 이상의 에너지를 흡수하여 전도띠로 이동한다.

ㄱ. A의 에너지 준위는 연속적인 에너지띠를 가지는 물질이므로 고체이다.

ㄴ. 원자가 띠의 전자는 띠 간격 이상의 에너지를 흡수하여 전도띠로 이동하므로 B의 원자가 흡수하는 에너지의 최솟값은 $5.33\,\text{eV}$이다.

ㄷ. 띠 간격이 작을수록 전기 전도성은 좋다. 따라서 전기 전도성은 A가 B보다 좋다.

254 반도체는 온도가 높아지면 원자가 띠의 일부가 전도띠로 전이하고 전기 전도성이 좋아진다. p형 반도체는 순수 반도체의 원자가 띠에 양공이 많아지도록 도핑한 반도체이다.

ㄱ. 전도띠의 전자와 원자가 띠의 양공이 많을수록 전기 전도성이 좋다. 따라서 온도는 전기 전도성이 좋은 T_2가 T_1보다 높다.

ㄴ. p형 반도체는 반도체의 원자가 띠에 양공이 많아지도록 도핑한 반도체이다.

ㄷ. 원자가 띠의 전자가 전도띠로 전이하는데 필요한 에너지의 최솟값은 띠 간격이다. 따라서 A가 원자가 띠에서 전도띠로 전이하는데 필요한 에너지의 최솟값은 E이다.

255 X는 과잉 전자가 전하 운반자가 되어 전류가 흐르는 n형 반도체이고, Y는 전자의 빈 공간(양공)이 전하 운반자가 되어 전류가 흐르는 p형 반도체이다. 다이오드는 p형 반도체가 전원의 (+)극에 연결되고, n형 반도체가 전원의 (−)극에 연결되었을 때가 순방향 전압이다.

ㄴ. X는 원자가 전자가 5개인 원소로 도핑되어 있는 n형 반도체이고, Y는 원자가 전자가 3개인 원소로 도핑되어 있는 p형 반도체이므로 비소(As)의 원자가 전자가 갈륨(Ga)보다 2개 더 많다.

ㄷ. A는 p형 반도체, B는 n형 반도체이고, 순방향 전압이 걸려 있으므로 X의 과잉 전자는 (나)의 다이오드에서 B에서 A 방향으로 이동한다.

[오답 피하기] ㄱ. (나)의 다이오드가 순방향 전압이 걸려 있으므로 A는 p형 반도체이고, B는 n형 반도체이다. 따라서 A에 해당하는 반도체는 Y이다.

❶ × ❷ ◯
❷ 전기 전도성은 순수 반도체보다 도핑된 반도체가 좋다.

256 순수 반도체에 원자가 전자가 5개인 불순물을 첨가하면 공유 결합에 참여하지 못하는 전자를 가지는 n형 반도체가 된다. 이 전자는 상온에서 약간의 에너지를 흡수하면 전도띠로 올라가 자유 전자가 된다.

[모범 답안] (1) n형 반도체 (2) ㉠ 5 ㉡ 전도띠

채점 기준	배점
반도체의 종류와 ㉠, ㉡에 들어갈 알맞은 내용을 옳게 쓴 경우	100%
반도체의 종류만 옳게 쓴 경우	60%
㉠, ㉡에 들어갈 내용만 옳게 쓴 경우	30%

257 순순한 저마늄(Ge)에 원자가 전자가 3개인 인듐(In)을 도핑하여 양공이 전하의 운반자가 되는 반도체는 p형 반도체이다.

ㄱ. 양공이 전하의 운반자가 되는 반도체이므로 p형 반도체이다.

ㄴ. 인듐(In)은 원자가 전자가 3개이다.

[오답 피하기] ㄷ. 양공은 양(+)전하의 성질을 띤다. 따라서 전류가 흐르는 방향으로 이동한다.

258 순수 반도체에 원자가 전자가 5개인 15족 원소를 불순물로 첨가하면 전도띠 바로 아래에 남는 전자에 의한 새로운 에너지띠가 만들어져 전자가 작은 에너지로도 전도띠로 쉽게 올라가 전류가 흐를 수 있는 n형 반도체가 되고, 순수 반도체에 원자가 전자가 3개인 13족 원소를 불순물로 첨가하면 원자가 띠 바로 위에 양공에 의한 새로운 에너지띠가 만들어져 원자가 띠의 전자가 작은 에너지로 양공의 에너지 준위로 쉽게 올라가 전류가 흐를 수 있는 p형 반도체가 된다.

ㄱ. (가)는 n형 반도체이고, (나)는 p형 반도체이므로 원자가 전자는 a가 b보다 많다.

ㄴ. A는 전자에 의해 만들어진 에너지 준위이다.

ㄷ. (나)는 p형 반도체이므로 전하 운반자의 역할은 양공이 한다.

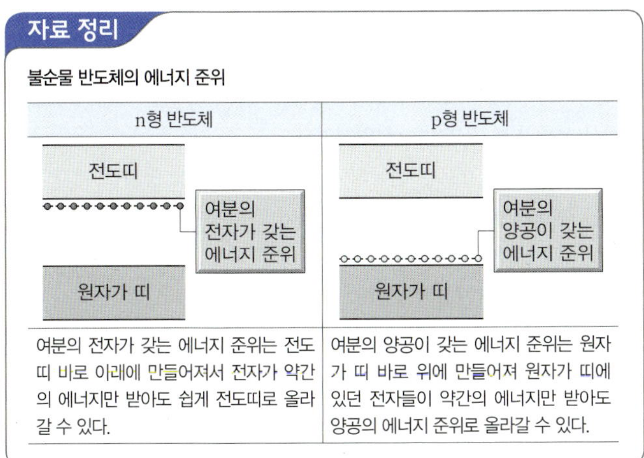

259 p형 반도체는 원자가 띠의 양공의 수가 전도띠의 전자의 수보다 많아지도록 도핑한 반도체이고, n형 반도체는 전도띠의 전자의 수가 원자가 띠의 양공의 수보다 많아지도록 도핑한 반도체이다.

모범 답안 X: p형 반도체 Y: n형 반도체 ㉠ 정류 작용

채점 기준	배점
X, Y의 반도체의 종류와 ㉠에 들어갈 알맞은 내용을 옳게 쓴 경우	100%
X, Y의 반도체의 종류만 옳게 쓴 경우	60%
㉠에 들어갈 내용만 옳게 쓴 경우	30%

260 n형 반도체는 여분의 전자가 갖는 에너지 준위가 전도띠 바로 아래에 만들어져 전자가 약간의 에너지만 받아도 쉽게 전도띠로 올라갈 수 있는 에너지띠 구조를 가지고 있는 반도체이고, p형 반도체는 여분의 양공이 갖는 에너지 준위가 원자가 띠 바로 위에 만들어져 원자가 띠에 있던 전자들이 약간의 에너지만 받아도 양공의 에너지 준위로 쉽게 올라갈 수 있는 에너지띠 구조를 가지고 있는 반도체이다.

ㄱ. A는 여분의 전자가 갖는 에너지 준위가 전도띠 바로 아래에 만들어지므로 n형 반도체이다.

ㄴ. A가 n형 반도체이므로 a은 원자가 전자가 5개인 원소이다.

오답 피하기 ㄷ. (가)의 다이오드는 n형 반도체(A)에 전원의 (ー)극이, p형 반도체(B)에 전원의 (ー)극이 연결되어 있다. 따라서 다이오드에는 역방향 전압이 걸려 있으므로 다이오드 내의 양공은 p−n 접합면에서 멀어지는 방향으로 이동한다.

261 (나)의 X는 원자가 띠의 양공의 수가 전도띠의 전자의 수보다 많으므로 p형 반도체이다. 따라서 스위치를 a에 연결하면 다이오드에 순방향 전압이 걸린다.

ㄱ. X는 p형 반도체이다.

ㄷ. 다이오드에 교류 전원을 연결하면 전류가 한쪽 방향으로만 흐르는 정류 작용을 한다.

오답 피하기 ㄴ. 스위치를 a에 연결하면 다이오드에 순방향 전압이 걸린다. 다이오드에 순방향 전압이 걸리면 다이오드 내의 전자는 p−n 접합면 쪽으로 이동한다.

262 다이오드 A와 B에서 빨간색 빛과 파란색 빛이 방출이 되고 있으므로 A와 B에는 순방향 전압이 걸려 있다. 다이오드의 띠 간격이 클수록 파장은 짧고 진동수가 큰 빛이 방출된다.

ㄱ. A와 B에는 순방향 전압이 걸려 있으므로 전원 장치의 a는 (ー)극이다.

오답 피하기 ㄴ. B에도 순방향 전압이 걸려 있으므로 전원의 (＋)극 → B → 전원의 (ー)극 방향으로 전류가 흐른다. 따라서 B의 접합면에서 전류의 방향은 Y → X 방향이다.

ㄷ. 다이오드의 띠 간격이 클수록 진동수가 큰 빛이 방출된다. 파란색 빛이 빨간색 빛보다 진동수가 크므로 접합면에서 전이하는 전자의 에너지의 감소량은 B가 A보다 크다.

263 반도체 A는 전도띠의 전자의 수보다 원자가 띠의 양공의 수가 많은 p형 반도체이고, B는 전도띠의 전자의 수가 원자가 띠의 양공의 수보다 많은 n형 반도체이다.

ㄱ. LED에 순방향 전압이 걸려 있고, A가 p형 반도체이고, B가 n형 반도체이다. 따라서 ㉠은 전원의 (＋)극이다.

ㄴ. 다이오드에도 순방향 전압이 걸려 있으므로 Y는 p형 반도체이다.

오답 피하기 ㄷ. LED에는 띠 간격에 해당하는 에너지를 가지고 있는 빛이 방출된다. 따라서 띠 간격은 $\frac{hc}{\lambda}$ 이다.

264 t_1, t_3일 때는 A와 D에 전류가 흐르고, t_2일 때는 B와 C에 전류가 흐른다.

ㄱ. t_1일 때 A와 D에 전류가 흐르므로 A와 D에는 순방향 전압이 걸려 있다.

ㄴ. t_2일 때는 B와 C에 전류가 흐르므로, t_2일 때 C의 내부의 전자는 p−n 접합면으로 이동한다.

오답 피하기 ㄷ. 저항에 흐르는 전류의 방향은 t_1, t_3일 때 서로 같다.

자료 정리

다이오드의 특성

① t_1, t_3일 때 저항에 흐르는 전류의 방향: t_1, t_3일 때는 A와 D에 전류가 흐르므로 교류 전원의 왼쪽이 (+)극, 오른쪽이 (−)극으로 연결되어 있다. 회로에 흐르는 전류의 방향은 A → a → R → b → D 방향으로 전류가 흐른다.

② t_2일 때 저항에 흐르는 전류의 방향: t_2일 때는 B와 C에 전류가 흐르므로 교류 전원의 왼쪽이 (−)극, 오른쪽이 (+)극으로 연결되어 있다. 회로에 흐르는 전류의 방향은 B → a → R → b → C 방향으로 전류가 흐른다.

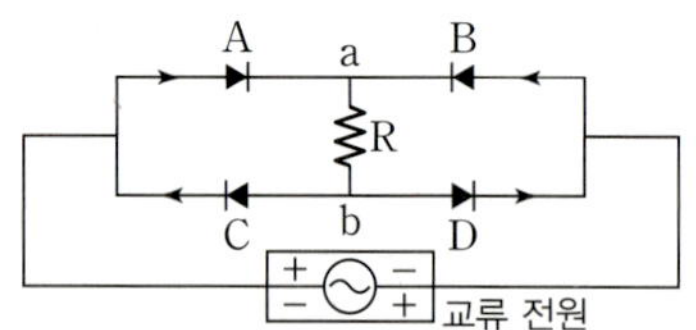

③ 다이오드의 정류 작용: 회로의 전원에는 방향이 주기적으로 변하는 교류 전원이 연결되어 있지만 저항 R에는 한 방향으로만 전류가 흐른다.

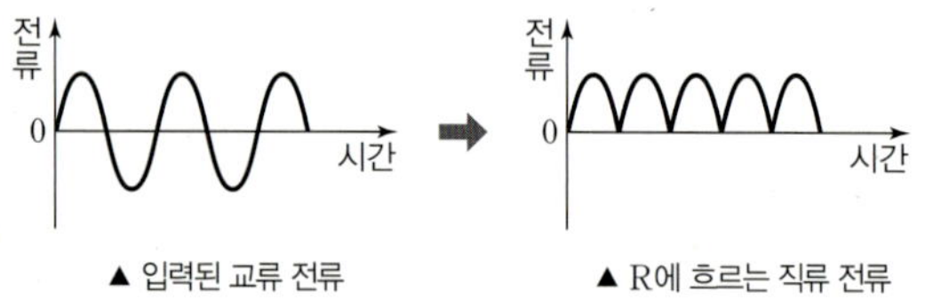

▲ 입력된 교류 전류　　　　▲ R에 흐르는 직류 전류

STEP 3　1등급을 위한 실전 완벽 대비　　본문 082~083쪽

265 ③　266 ①　267 ②　268 ①　269 ④　270 ②　271 ⑤
272 ③

265 원자가 띠와 전도띠 사이의 띠 간격이 작을수록 전기 전도성이 좋은 물체이다.

ㄱ. A는 원자가 띠와 전도띠 사이의 띠 간격이 B보다 크므로 전기 전도성은 B가 A보다 크다. 따라서 A의 전기 전도성을 나타내는 것은 X이다.

ㄷ. B는 도체이므로 상온에서 원자 사이를 자유롭게 이동할 수 있는 자유 전자가 많다.

오답 피하기　ㄴ. A의 원자가 띠에 있는 전자는 띠 간격 이상의 에너지를 흡수하여 전도띠로 전이한다.

266 스위치를 닫기 전과 후에 전류계에 흐르는 전류의 세기가 같으므로 스위치를 닫아도 P에는 전류가 흐르지 않는다. 따라서 P는 절연체, Q는 도체이다.

ㄱ. X는 도체의 에너지띠 구조를, Y는 절연체의 에너지띠 구조를 나타내므로 절연체인 P의 에너지띠 구조는 Y이다.

오답 피하기　ㄴ. 스위치를 열어도 전류가 흐르므로 Q의 전도띠에는 전자가 많다.

ㄷ. 스위치가 닫혀 있을 때 P에는 전류가 흐르지 않고, Q에는 전류가 흐른다. 따라서 스위치가 닫혀 있을 때, 전도띠에 있는 전자의 수는 Q가 P보다 많다.

267 원자가 띠와 전도띠가 겹쳐져 있는 물체는 도체이고, 원자가 띠와 전도띠 사이의 띠 간격이 가장 큰 물체는 절연체이므로 (가)는 도체, (나)는 절연체, (다)는 반도체이다.

ㄷ. 상온에서 전기 전도성은 도체인 (가)가 반도체인 (다)보다 좋다.

오답 피하기　ㄱ. (가)는 도체이므로 상온에서 전도띠에 전자가 존재한다.

ㄴ. 원자가 띠와 전도띠 사이의 띠 간격에는 전자가 존재할 수 없다.

268 q를 통과하는 순간의 속력이 (나)에서가 (가)에서보다 크므로, A는 전자기 유도에 의해서 전류가 흐르는 도체이고, B는 전자기 유도에 의해서 전류가 흐르지 않는 절연체이다.

ㄱ. (가)에서 A에 흐르는 전류의 세기는 자석이 p를 통과할 때가 자석이 q를 통과할 때보다 크다. 따라서 A가 자석에 작용하는 힘의 크기는 자석이 p를 통과할 때가 자석이 q를 통과할 때보다 크므로 자석의 가속도의 크기는 p에서가 q에서보다 크다.

오답 피하기　ㄴ. 원자가 띠와 전도띠가 겹쳐져 있는 물체는 도체인 A이다.

ㄷ. 띠 간격이 클수록 원자가 띠의 전자가 전도띠로 전이할 때 흡수하는 에너지는 크므로 흡수하는 에너지의 최솟값은 B가 A보다 크다.

269 순수한 반도체에 불순물을 첨가하여 원자 주변에 전자가 비어 있는 자리인 양공이 생기도록 한 반도체는 p형 반도체이고, 불순물을 첨가하여 원자에 약하게 구속된 여분의 전자가 생기도록 한 반도체는 n형 반도체이다.

ㄱ. p형 반도체는 원자가 전자가 3개인 원소를 불순물로 첨가하여 만든다.

ㄴ. ⓒ은 다이오드이다. 다이오드에 전압이 걸리면 한 쪽 방향으로만 전류를 흐르게 하는 정류 작용을 한다.

오답 피하기　ㄷ. 다이오드는 전원의 (+)극을 n형 반도체에, 전원의 (−)극을 p형 반도체에 연결하면 역방향 전압이 걸린다. 따라서 다이오드 내의 전자는 p−n 접합면에서 멀어지는 방향으로 이동한다.

270 원자가 띠의 전자는 띠 간격 이상의 에너지를 흡수하면 전도띠로 전이한다.

ㄷ. p형 반도체는 양공이 전류를 흐르게 하는 반도체이다.

오답 피하기　ㄱ. 원자가 띠의 전자가 전도띠로 전이하므로 (가)의 과정에서 전자가 흡수한 에너지는 E_0과 같거나 E_0보다 크다.

ㄴ. 원자가 띠에 있는 전자의 에너지는 다르다.

271 전류는 전원의 (+)극에서 전원의 (−)극으로 흐르고, 저항에 전

류가 흐르므로 다이오드에는 순방향 전압이 걸려 있다.

ㄱ. 저항에 오른쪽 방향으로 전류가 흐른다. 따라서 ㉠은 전원의 (+)극
이다.

ㄴ. 저항에 전류가 흐르므로 다이오드에 순방향 전압이 걸려 있다. ㉠이
전원의 (+)극이므로 X는 p형 반도체이다.

ㄷ. 스위치를 b에 연결하면 다이오드에는 역방향 전압이 걸리므로 Y
(n형 반도체)의 전자는 p−n 접합면에서 멀어진다.

272 발광 다이오드(LED)는 순방향 전압이 걸리면 다이오드의 띠 간
격에 해당하는 에너지를 가지고 있는 빛을 방출한다.

ㄱ. p형 반도체는 양공이 전류를 흐르게 하는 반도체이다.

ㄴ. LED의 순방향 전압은 p형 반도체에 전원의 (+)극, n형 반도체에
전원의 (−)극을 연결한다.

오답 피하기 ㄷ. 띠 간격이 큰 LED일수록 파장이 짧은 빛을 방출하므
로 빨간색 빛을 방출하는 LED가 피란색 빛을 방출하는 LED의 띠 간
격보다 작다.

II-2. 자기

01. 자기장과 물질의 자성

273 ㉠ 동심원 ㉡ 전류 ㉢ 자기장　**274** $4B$　**275** 종이면에 수직으로
들어가는 방향, B_0　**276** (1) ○ (2) ○　**277** (1) 자기화 (2) 스핀 (3) 상
자성체, 반자성체

274 직선 전류에 의한 자기장의 세기는 도선에 흐르는 전류의 세기에
비례하고, 도선으로부터 수직 거리에 반비례한다. 따라서 전류의 세기
가 2배, 거리가 $\frac{1}{2}$ 배로 감소하면 자기장의 세기는 4배가 된다.

275 원형 전류의 중심에서 전류에 의한 자기장의 세기는 도선에 흐
르는 전류의 세기에 비례하고, 원형 도선의 반지름에 반비례한다. O에
서 A에 의한 자기장의 세기가 B_0이면, B에 의한 자기장의 세기는 $2B_0$
이다. 따라서 O에서 자기장의 방향은 B에 의한 자기장의 방향과 같으
므로 종이면에 수직으로 들어가는 방향이고, 세기는 $2B_0 - B_0 = B_0$
이다.

276 솔레노이드의 왼쪽은 S극, 오른쪽은 N극이 되도록 자기화된다.

277 자성은 전자의 궤도 운동과 스핀 때문에 나타나고, 강자성체와
상자성체는 외부 자기장과 같은 방향으로 자기화되고, 반자성체는 외부
자기장과 반대 방향으로 자기화된다.

278 ⑤　**279** ㉠ 남 ㉡ 북　**280** ④　**281** ④　**282** ③　**283** ④
284 ①　**285** ㉠ $-\frac{1}{2}B_0$ ㉡ $+\frac{1}{3}B_0$ ㉢ $+\frac{5}{6}B_0$　**286** ①
287 (+) ㉡ (−) ㉢ 감소 ㉣ 북동쪽　**288** ③　**289** ⑤
290 ②　**291** ②　**292** ㉠ 반자성체 ㉡ N극　**293** ⑤

278 a에서 자기장이 0이므로 P와 Q에 흐르는 전류의 방향은 서로 반
대이고, a에서 멀리 떨어져 있는 Q에 흐르는 전류의 세기가 P에 흐르
는 전류의 세기보다 크다.

ㄱ. a에서 자기장이 0이므로 P와 Q에 흐르는 전류의 방향은 서로 반대
이다.

ㄴ. c에서 자기장의 방향은 세기가 큰 전류가 흐르는 Q에 의해서 결정
된다. c에서 자기장의 방향이 종이면에서 수직으로 나오는 방향이므로
Q에는 연직 아래 방향으로 전류가 흐르고, P에는 연직 위 방향으로 전
류가 흐른다. 따라서 b에서 자기장의 방향은 종이면에 수직으로 들어가

는 방향이다.

ㄷ. a에서 자기장이 0이므로 P에 흐르는 전류의 세기를 I라고 하면 Q에 흐르는 전류의 세기는 $3I$이다. b에서 자기장의 세기 $B_0 = k\dfrac{I}{d} + k\dfrac{3I}{d} = k\dfrac{4I}{d}$ 이다. c에서 자기장의 세기는 $k\dfrac{3I}{d} - k\dfrac{I}{3d} = k\dfrac{8I}{3d}$ 이므로 ⓛ은 $\dfrac{2}{3}B_0$이다.

자료 정리

직선 전류에 의한 자기장

- 두 직선 도선에 흐르는 전류의 방향이 같은 경우: 두 직선 도선에 흐르는 전류에 의한 자기장의 방향은 A와 B 사이에서 반대 방향이 되므로 A와 B에 흐르는 전류의 세기가 같은 경우에는 중간 지점 O에서 자기장의 세기가 0이고, A에 흐르는 전류의 세기가 B에 흐르는 전류의 세기보다 큰 경우에는 O와 B 사이에서 자기장의 세기가 0인 곳이 있다.

- 두 직선 도선에 흐르는 전류의 방향이 반대인 경우: 두 직선 도선에 흐르는 전류에 의한 자기장의 방향은 A와 B의 바깥쪽에서 반대 방향이 되므로 A에 흐르는 전류의 세기가 B에 흐르는 전류의 세기보다 큰 경우에는 B의 오른쪽에서 자기장의 세기가 0인 곳이 있다.

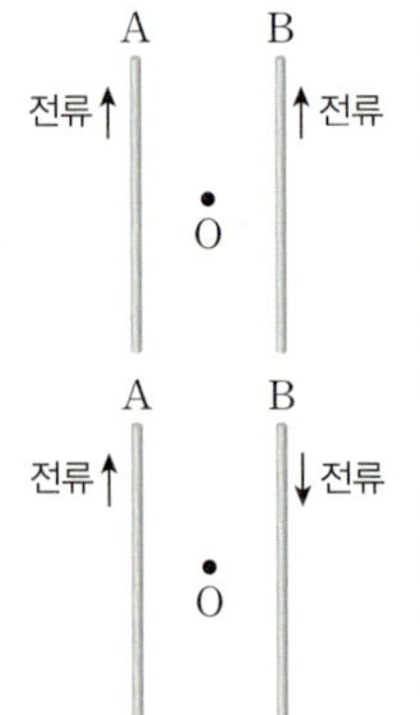

추가로 나오는 선택지

❶ ○ ❷ ×

❷ 도선 P의 왼쪽에서 자기장의 세기가 0인 곳이 있으므로 전류의 세기는 Q가 P보다 크다.

---

279 도선 위에 놓인 나침반의 자침이 동쪽 방향으로 회전하므로 자기장의 방향은 동쪽 방향이다. 따라서 전류의 방향은 남쪽에서 북쪽 방향이다.

모범 답안 ㉠ 남 ㉡ 북

채점 기준	배점
㉠, ㉡에 들어갈 알맞은 내용을 옳게 쓴 경우	100%
㉠, ㉡ 중 하나만 옳게 쓴 경우	50%

280 직선 도선 주변에는 동심원 모양의 자기장이 형성되고, 앙페르의 오른손 법칙에 의해 엄지손가락을 전류의 방향과 일치시키면 나머지 네 손가락으로 도선을 감아 쥐는 방향이 자기장의 방향이 된다.

ㄱ. xy 평면에서 수직으로 나오는 방향으로 도선에 전류가 흐르므로 도선에 수직인 평면 내에서 도선을 중심으로 동심원 모양의 반시계 방향의 자기장이 형성된다. 자기장의 방향은 동심원에 접선 방향이므로 도선과 a를 잇는 직선과 b를 잇는 직선이 서로 수직이다. 따라서 a와 b에서 자기장의 방향은 서로 수직이다.

ㄷ. xy 평면에서 수직으로 나오는 방향으로 도선에 전류가 흐르므로 도선에 수직인 평면 내에서 도선을 중심으로 동심원 모양의 반시계 방향의 자기장이 형성된다. 동심원의 접선 방향이 자기장의 방향이므로 c에서 자기장의 방향은 $+x$ 방향이다.

오답 피하기 ㄴ. 직선 전류에 의한 자기장의 세기는 거리에 반비례한다. 따라서 도선에서 c까지의 거리를 d라고 하면 도선에서 a까지의 거리는 $\sqrt{2}d$이다. 따라서 자기장의 세기는 c에서가 d에서의 $\sqrt{2}$배이다.

281 Q에서 자기장의 세기가 P에서 자기장의 세기보다 크다. 따라서 A의 방향과 도선에 흐르는 전류에 의한 자기장의 방향은 P에서는 반대 방향이고, Q에서는 같은 방향이다.

ㄱ. Q에서는 A의 방향과 도선에 흐르는 전류에 의한 방향이 같다. 따라서 A의 방향은 xy 평면에 수직으로 들어가는 방향이다.

ㄷ. A의 세기를 B_A, 도선에 흐르는 전류가 P에 만드는 자기장의 세기를 B라고 하면 Q에 만드는 자기장의 세기는 $\dfrac{1}{2}B$이다. P에서 합성 자기장은 $B_A - B = B_0$이고, Q에서 합성 자기장은 $B_A + \dfrac{1}{2}B = 2B_0$이므로 $B_A = \dfrac{5}{3}B_0$, $B = \dfrac{2}{3}B_0$이다. 따라서 도선을 y축과 나란하게 Q에 고정하면, 도선에 의한 P에서 자기장의 세기는 $\dfrac{2}{3}B_0 \times \dfrac{1}{3} = \dfrac{2}{9}B_0$이므로 P에서 자기장의 세기는 $\dfrac{5}{3}B_0 - \dfrac{2}{9}B_0 = \dfrac{13}{9}B_0$이다.

오답 피하기 ㄴ. 도선으로부터 떨어진 거리가 P가 Q보다 작으므로 전류에 의한 자기장의 세기는 P에서가 Q에서보다 크다.

282 $x = x_0$에서 A와 B에 의한 자기장이 0이므로 A와 B에 흐르는 전류의 방향은 반대이다. x축상의 $0 < x < x_0$에서는 자기장의 방향은 B에 의해서 결정되고, x축상의 $x_0 < x$에서는 자기장의 방향은 A에 의해서 결정된다.

ㄱ. x축상의 $x_0 < x$에서 자기장의 방향은 $+y$ 방향이므로 A에 흐르는 전류의 방향은 xy 평면에서 수직으로 나오는 방향이다.

ㄴ. $x = x_0$에서는 A와 B에 의한 자기장의 세기는 같다. $k\dfrac{3I}{2d + x_0} = k\dfrac{I}{x_0}$ 이므로 $x_0 = d$이다. 따라서 $x = \dfrac{3}{2}d$에서 자기장의 방향은 $+y$ 방향이다.

오답 피하기 ㄷ. $x = -\dfrac{1}{2}d$에서는 A와 B에 의한 자기장의 방향은 같고, $x = \dfrac{1}{2}d$에서는 A와 B에 의한 자기장의 방향이 반대이므로 자기장의 세기는 $x = -\dfrac{1}{2}d$에서가 $x = \dfrac{1}{2}d$에서보다 크다.

283 B에 흐르는 전류의 세기가 I_1일 때, a에서 자기장의 세기가 0이므로 B에는 $+y$ 방향으로 전류가 흐른다. B에 흐르는 전류의 세기가 I_2일 때, a에서 자기장의 세기가 B_0이므로 B에 흐르는 전류에 의한 자기장의 세기는 $2B_0$이다.

- 자기장의 방향: b에서 A에 의한 자기장의 세기는 B_0이고, B에 의한 자기장의 세기는 $4B_0$이므로 b에서 자기장의 방향은 B에 흐르는 전류에 의한 자기장의 방향과 같다. B에는 $+y$ 방향으로 전류가 흐르므로 b에서 자기장의 방향은 xy 평면에서 수직으로 나오는 방향

이다.
- 자기장의 세기: b에서 A에 의한 자기장의 세기는 B_0이고, B에 의한 자기장의 세기는 $4B_0$이다. b에서 A와 B에 의한 자기장의 방향이 반대이므로 $4B_0 - B_0 = 3B_0$이다.

284 나침반의 자침이 북동쪽 방향으로 회전하므로 원형 전류에 의한 자기장의 방향은 동쪽 방향이다. 원형 전류에 의해서 원형 전류의 중심에서 전류에 의한 자기장의 세기는 도선에 흐르는 전류의 세기에 비례하고, 원형 도선의 반지름에 반비례한다.

ㄱ. 원형 전류에 의한 자기장의 방향은 동쪽이다. 따라서 원형 도선에는 북쪽에서 남쪽 방향으로 전류가 흐르므로 전원 장치의 ⓐ는 (＋)극이다.

오답 피하기 ㄴ. 가변 저항기의 저항값을 작게 하면 회로에 흐르는 전류의 세기는 증가한다. 따라서 원형 전류에 의한 자기장의 세기가 커지므로 나침반의 회전각은 30°보다 커진다.

ㄷ. 원형 전류에 의해서 원형 전류의 중심에서의 자기장의 세기는 원형 도선의 반지름에 반비례한다. 따라서 원형 도선의 반지름이 커지면 원형 전류에 의한 자기장의 세기가 작아지므로 나침반의 회전각은 30°보다 작아진다.

285 원형 전류에 의한 자기장의 세기는 원형 도선에 흐르는 전류의 세기에 비례하고, 도선이 만드는 원의 반지름에 반비례한다. 원형 도선에 흐르는 전류의 방향이 반대가 되면 원형 도선의 중심에서 자기장의 방향도 반대가 된다.

모범 답안 ㉠ 도선 B는 전류의 방향이 A와 반대이므로 자기장의 방향도 반대이고, 반지름이 2배 더 크므로 자기장의 세기는 $\frac{1}{2}$배가 된다. 따라서 도선 B에 의한 자기장은 $-\frac{1}{2}B_0$이다.

㉡ 도선 C는 전류의 방향이 A와 같으므로 자기장의 방향은 같고, 반지름이 3배이므로 자기장의 세기는 $\frac{1}{3}$배가 된다. 따라서 도선 C에 의한 자기장은 $+\frac{1}{3}B_0$이다.

㉢ 세 자기장의 합은 다음과 같다.
$$\left(+B_0\right)+\left(-\frac{1}{2}B_0\right)+\left(+\frac{1}{3}B_0\right)=+\frac{5}{6}B_0$$

채점 기준	배점
㉠, ㉡, ㉢에 들어갈 자기장을 옳게 쓴 경우	100%
㉠, ㉡, ㉢에 들어갈 자기장 중 2개만 옳게 쓴 경우	60%
㉠, ㉡, ㉢에 들어갈 자기장 중 1개만 옳게 쓴 경우	30%

286 A와 B의 중심에서 자기장은 0이므로 (가)와 (나)에서 전류가 흐르는 직선 도선에 의한 자기장과 원형 도선에 의한 자기장은 크기는 같고 방향은 반대이다.

직선 도선에 흐르는 전류의 세기는 직선 도선으로부터 수직인 거리에

반비례한다. (가)에서 직선 도선에 흐르는 전류에 의한 A의 중심에서 자기장의 세기를 $2B_0$이라고 하면, (나)에서 직선 도선에 흐르는 전류에 의한 B의 중심에서 자기장의 세기는 B_0이다. A와 B에서 자기장은 0이므로 직선 도선에 의한 자기장의 세기와 원형 도선에 의한 자기장의 세기는 같다. A와 B에서 원형 도선에 의한 자기장의 세기는 각각 $2B_0$, B_0이고, 원형 도선에 의한 자기장은 전류의 세기에 비례하고, 반지름에 반비례한다. 따라서 $k\dfrac{I_A}{2r} = \left(k\dfrac{I_B}{r}\right) \times 2$이므로 $I_A : I_B = 4 : 1$이다.

287 솔레노이드 내부에서 자기장의 방향은 오른쪽 네 손가락을 전류의 방향으로 감아쥘 때 엄지손가락이 가리키는 방향이다.

모범 답안 ㉠, ㉡ 솔레노이드 내부에 놓여 있는 나침반의 N극이 북서쪽을 가리키므로 전류에 의한 자기장의 방향은 서쪽이고, 전류의 방향은 전원 장치의 (＋)극에서 (－)극 방향으로 흐른다. 따라서 ㉠은 (＋), ㉡은 (－)이다.

㉢ 가변 저항의 크기를 증가시키면 회로에 흐르는 전류의 세기가 감소하여 솔레노이드 내부에 만들어지는 자기장의 세기가 감소한다. 따라서 ㉢은 감소이다.

㉣ 전원 장치의 단자 a, b를 바꾸어 연결하면 솔레노이드 내부의 자기장의 방향이 동쪽이 되므로 자침의 N극은 북동쪽으로 회전한다.

채점 기준	배점
㉠~㉣에 들어갈 내용을 옳게 쓴 경우	100%
㉠~㉣에 들어갈 내용 중 3개만 옳게 쓴 경우	50%
㉠~㉣에 들어갈 내용 중 2개만 옳게 쓴 경우	30%
㉠~㉣에 들어갈 내용 중 1개만 옳게 쓴 경우	20%

288 막대자석과 솔레노이드 사이에 놓여 있는 나침반의 N극이 북쪽을 가리키므로 나침반이 놓여 있는 지점에서 막대자석과 솔레노이드에 의한 자기장은 크기는 같고, 방향이 반대이다. 따라서 솔레노이드의 왼쪽은 N극, 오른쪽이 S극이 되도록 솔레노이드에 전류가 흐른다.

ㄱ. 솔레노이드의 왼쪽은 N극, 오른쪽이 S극이 되도록 솔레노이드에 전류가 흐른다. 따라서 솔레노이드에는 ⓐ 방향으로 전류가 흐른다.

ㄴ. 나침반의 N극이 북쪽을 가리키므로 막대자석과 솔레노이드 사이에는 서로 밀어내는 자기력이 작용한다.

오답 피하기 ㄷ. 솔레노이드에 흐르는 전류의 세기를 증가시키면 솔레노이드에 의한 자기장이 증가하므로 나침반의 N극은 반시계 방향으로 회전한다.

289 A는 반자성, B는 외부 자기장을 제거하면 자기화된 상태를 유지할 수 없으므로 상자성체, C는 강자성체이다.

ㄱ. ㉠은 반자성체와 강자성체, 상자성체를 분류하는 기준이므로 "강한 자석을 가까이 하였을 때 끌리는가"가 들어갈 수 있다.

ㄴ. B는 외부 자기장을 제거하면 자기화된 상태를 유지할 수 없으므로 상자성체이다.

ㄷ. C는 강자성체이므로 하드디스크의 정보 저장 물질로 사용된다.

❶ ○ ❷ ×

❷ A는 반자성체이므로 자석에 의한 자기장과 반대 방향으로 자기화된다.

290 A에 작용하는 알짜힘이 0이므로 A와 전자석은 서로 밀어내는 자기력이 작용한다. 따라서 A는 반자성체이며 전자석이 만드는 자기장과 반대 방향으로 자기화된다.

ㄴ. 전자석과 A 사이에 서로 밀어내는 자기력이 작용하므로 A와 가까운 부분의 전자석은 S극으로 자기화된다.

오답 피하기 ㄱ. A는 반자성체이고, 하드디스크의 정보 저장 물질은 강자성체이다.

ㄷ. 전원 장치의 극을 반대로 연결하면 A의 자기장의 방향도 반대로 바뀌므로 전자석과 반자성체는 항상 서로 밀어내는 자기력이 작용한다.

291 물질을 구성하는 원자 내 전자의 궤도 운동과 전자의 스핀에 의한 전류 효과로 자기장이 발생하기 때문에 물질은 자성을 띠고, 원자 내에 짝을 이루지 않은 전자들이 많은 물체는 강자성체이고, 원자 내에서 짝을 이루지 않은 전자들이 적은 물체는 상자성체이다. 원자 내의 전자들이 모두 짝을 이루어 전자의 운동에 의한 자기장이 완전 상쇄된 물체는 반자성체이다.

ㄴ. 전자의 운동 방향과 전자의 회전 방향이 반시계 방향이면 시계 방향으로 전류가 흐르는 효과가 나타나므로 A, B는 S극으로 자기화된다.

오답 피하기 ㄱ. 전자의 궤도 운동에서는 전자의 운동 방향과 반대 방향으로 전류가 흐르는 효과가 나타난다.

ㄷ. 원자 내의 전자들이 모두 짝을 이루어 전자의 운동에 의한 자기장이 완전 상쇄된 물체는 반자성체이므로 외부 자기장과 반대 방향으로 자기화된다.

자료 정리

자성의 원인

전자의 궤도 운동	전자의 스핀
전자가 원자핵 주위를 궤도 운동하므로 전류가 흐르는 것과 같은 효과로 자기장이 발생한다. • 전자의 운동 방향: 반시계 방향 • 전류의 방향: 시계 방향 • 자기장의 방향: 아랫 방향	전자의 회전 운동으로 인해 전류가 흐르는 것과 같은 효과로 자기장이 발생한다. • 전자의 운동 방향: 반시계 방향 • 전류의 방향: 시계 방향 • 자기장의 방향: 아랫 방향

292 강자성체와 전자석은 서로 당기는 방향으로 자기력이 작용하고, 반자성체와 전자석은 서로 밀어내는 방향으로 자기력이 작용한다. 따라서 Q는 반자성체이다.

Q는 반자성체이므로 전자석의 오른쪽이 N극으로 자기화되며 Q는 왼쪽이 N극으로 자기화된다.

채점 기준	배점
㉠, ㉡을 옳게 쓴 경우	100%
㉠, ㉡ 중 하나만 옳게 쓴 경우	50%

293 하드디스크는 자기장을 이용하여 정보를 기록하고, 기록된 정보를 오래 저장하기 위해 플래터 표면은 강자성체로 코팅한다.

ㄴ. 강자성체는 외부 자기장 방향으로 자기화된다.

ㄷ. 하드디스크는 강자성체인 산화철을 이용해 정보를 저장하므로 자석을 가까이 하면 정보가 손실된다.

오답 피하기 ㄱ. 하드디스크에서 플래터 표면은 강자성체로 코팅한다.

STEP 3 **1등급**을 위한 실전 완벽 대비   본문 090~091쪽

294 ②   295 ③   296 ①   297 ④   298 ④   299 ③   300 ③
301 ①

294 A에 의한 p에서 자기장의 방향은 동쪽 방향이다. p에서 나침반의 N극이 북서쪽으로 회전하므로 B에 의한 p에서 자기장의 방향은 서쪽이다. 따라서 B에 흐르는 전류의 방향은 종이면에서 수직으로 나오는 방향이다.

ㄷ. B에 흐르는 전류의 방향이 종이면에서 수직으로 나오는 방향이다. 따라서 A와 B에 흐르는 전류의 방향은 같다.

오답 피하기 ㄱ. p에서는 A와 B에 의한 자기장의 방향이 반대이고, q에서는 A와 B에 의한 자기장의 방향은 같다. 따라서 $\theta_A < \theta_B$이다.

ㄴ. p에서 B에 의한 자기장의 세기가 A에 의한 자기장의 세기보다 크다. 따라서 도선에 흐르는 전류의 세기는 $I_A < I_B$이다.

295 b, c에서 전류에 의한 자기장의 방향이 서로 반대이므로 b, c 사이에 자기장이 0인 지점이 있다. 따라서 도선 P, Q에 흐르는 전류의 방향은 반대이고, 전류의 세기는 P가 Q보다 크다.

ㄱ. P와 Q에 흐르는 전류의 방향이 반대이므로 P에 흐르는 전류의 방향은 $-y$ 방향이다.

ㄴ. a에서는 P와 Q에 의한 자기장의 방향이 같고, b에서는 P와 Q에 의한 자기장의 방향이 반대이므로 자기장의 세기는 a에서가 b에서보다 크다.

오답 피하기 ㄷ. a에서는 $-y$ 방향으로 전류가 흐르는 P와 $+y$ 방향으로 전류가 흐르는 Q에 의한 자기장의 방향은 xy 평면에서 수직으로 나오는 방향이고, c에서는 P에 의한 자기장이 Q에 의한 자기장보다 크다. 따라서 c에서도 자기장의 방향은 xy 평면에서 수직으로 나오는 방향이다.

296 p에서 A와 B에 의한 자기장이 0이므로 A와 B에 흐르는 전류의

방향이 반대이다. 따라서 B에는 xy 평면에 수직으로 들어가는 방향으로 세기가 $2I$인 전류가 흐른다. q에서 A와 C에 의한 자기장이 0이므로 A와 C에는 같은 방향으로 전류가 흐른다. 따라서 C에는 xy 평면에서 수직으로 나오는 방향으로 세기가 $\dfrac{I}{2}$인 전류가 흐른다.

ㄱ. p에서 A와 B에 의한 자기장이 0이므로 B에 흐르는 전류의 세기는 A의 2배인 $2I$인 전류가 흐른다.

오답 피하기 ㄴ. p에서 A, B에 의한 자기장이 0이므로, p에서 A, B, C에 의한 자기장의 방향은 C에 의한 자기장의 방향과 같다. C에는 xy 평면에서 수직으로 나오는 방향으로 전류가 흐른다. 따라서 p에서 자기장의 방향은 $-y$ 방향이다.

ㄷ. p에서 A, B, C에 의한 자기장은 p에서 C에 의한 자기장과 같고, q에서 A, B, C에 의한 자기장은 q에서 B에 의한 자기장과 같다. 따라서 p와 A 사이의 거리를 d라고 하면 p에서의 자기장의 세기는 $k\dfrac{I}{8d}$이고, q에서의 자기장의 세기는 $k\dfrac{2I}{d}$이므로 자기장의 세기는 q에서가 p에서의 16배이다.

297 P에 흐르는 전류의 세기가 증가하면 A에서 자기장의 세기가 감소하므로 A에서 P와 Q에 의한 자기장의 방향은 서로 반대이고, P에서 전류의 세기가 I 증가할 때마다 A에서 자기장의 세기는 $0.3B_0$만큼 감소한다.

ㄱ. P에서 전류의 세기가 증가할 때마다 A에서 자기장의 세기는 $0.3B_0$만큼 감소하므로 ㉠은 $0.4B_0$이다.

ㄷ. P에서 흐르는 전류의 세기가 I에서 $3I$까지 증가하는 동안 A에서 자기장의 세기가 감소하므로 P에 흐르는 전류의 세기가 $2I$일 때 A에서 Q에 의한 자기장의 세기가 P에 의한 자기장의 세기보다 크다. Q에는 시계 방향으로 전류가 흐르므로 A에서 자기장의 방향은 xy 평면에 수직으로 들어가는 방향이다.

오답 피하기 ㄴ. P에 흐르는 전류의 방향은 $-y$ 방향이다.

298 스위치를 a에 연결하였을 때 P는 솔레노이드와 인력이, Q는 솔레노이드와 척력이 작용하므로 P는 강자성체이고, Q는 반자성체이다. 솔레노이드와 반자성체 사이에는 항상 척력이 작용한다.

ㄱ. 스위치를 a에 연결하면 솔레노이드의 왼쪽은 N극, 오른쪽은 S극으로 자기화된다. P는 강자성체이므로 솔레노이드에 의한 자기장과 같은 방향으로 자기화되므로 P의 오른쪽은 S극으로 자기화된다.

ㄴ. Q는 반정체이다. 따라서 Q를 구성하는 원자 내에서 전자의 회전 방향과 스핀 방향이 반대인 전자들이 모두 짝을 이루고 있다.

오답 피하기 ㄷ. 스위치를 b에 연결하여도 솔레노이드와 반자성체 사이에는 척력이 작용하므로 Q는 오른쪽으로 움직인다.

299 철심은 코일에 흐르는 전류에 의한 자기장과 같은 방향으로 자기화되고, 코일에 흐르는 전류의 방향이 변하면 자기띠에 저장된 자기장의 방향이 변한다.

ㄱ. 철심은 코일에 흐르는 전류에 의한 자기장과 같은 방향으로 자기화

되므로 A는 N극으로 자기화된다.

ㄴ. 자기띠에서 정보를 저장하는 물질은 강자성체이므로 철심과 같은 방향으로 자기화된다.

오답 피하기 ㄷ. 자기띠의 자기장이 변한 것으로 보아 코일에 흐르는 전류의 방향은 변한다.

300 A는 강자성체이므로 전류가 흐르는 솔레노이드와 서로 당기는 자기력이 작용한다. 따라서 실이 A를 당기는 힘의 크기는 A의 무게와 자기력의 합력과 같다.

ㄱ. A와 가까운 쪽의 솔레노이드는 N극으로 자기화되므로 강자성체인 A의 아랫면은 S극으로 자기화된다.

ㄴ. 실이 A를 당기는 힘의 크기는 A의 무게와 자기력의 합력과 같다. 따라서 실이 A에 작용하는 힘의 크기는 A의 무게보다 크다.

오답 피하기 ㄷ. 직류 전원 장치의 전압을 증가시키면 A와 솔레노이드 사이에 작용하는 자기력이 증가하므로 실이 A를 당기는 힘의 크기는 증가한다.

301 균일한 자기장에 고정된 A와 B 사이에 서로 당기는 자기력이 작용하므로 A와 B 중 하나는 반자성체이다. (나)에서 A가 움직일 때 솔레노이드에 전류가 흐르므로 A는 강자성체이고 B는 반자성체이다.

ㄱ. A는 강자성체, B는 반자성체이므로 서로 반대 방향으로 자기화된다. 따라서 ㉠, ㉡은 서로 다른 종류의 극으로 자기화된다.

오답 피하기 ㄴ. B는 반자성체이므로 외부 자기장을 제거하면 자기화된 상태를 유지할 수 없다.

ㄷ. (가)에서 ㉠은 N극으로 자기화된다. (나)에서 코일에 p → 저항 → q 방향으로 전류가 흐르므로 A가 코일에 가까워지는 방향으로 운동하고 있으며, A와 솔레노이드 사이에는 서로 밀어내는 자기력이 작용한다.

02 전자기 유도

STEP 1 바로바로 개념 확인   본문 093쪽

302 ㉠ 왼쪽 ㉡ 오른쪽 ㉢ 왼쪽   **303** (1) ○ (2) ○ (3) ×   **304** ㉠ 자기 선속 ㉡ 전자기 유도

302 자석의 S극을 가까이 할 때와 자석의 N극을 멀리할 때는 자석과 가까운 쪽 코일이 S극이 되도록 유도 전류가 흐르고, 자석의 N극을 가까이 할 때와 자석의 S극을 멀리할 때는 자석과 가까운 쪽 코일이 N극이 되도록 유도 전류가 흐른다.

303 자석의 N극을 코일에 가까이 하면 자석과 가까운 쪽 코일이 N극

이 되도록 유도 전류가 흐른다. 따라서 코일의 왼쪽은 N극, 오른쪽은 S극이 되도록 유도 전류가 흐르므로 코일에 흐르는 유도 전류의 방향은 p → 저항 → q 방향이다.

304 자석 사이에서 코일을 회전시키면 코일의 단면적을 지나는 자기 선속이 시간에 따라 주기적으로 변하면서 코일에는 세기와 방향이 주기적으로 변하는 교류가 흐른다. 이와 같이 발전기는 전자기 유도 현상에 의해서 코일의 역학적 에너지가 전기 에너지로 전환된다.

STEP 2 알짜 문제로 **실력 키우기** 　　본문 094~097쪽

305 ②　306 ①　307 ④　308 ①　309 ③　310 해설 참조
311 ③　312 ②　313 ②　314 ④　315 ①　316 ⑤
317 ㉠ 자석 ㉡ 전자기 유도　318 ①　319 ③　320 ㉠ 플라스틱
관 ㉡ 알루미늄관 ㉢ 구리관

---

305 자석과 코일 사이가 멀어지면 자석과 코일 사이에는 서로 당기는 자기력이 작용하도록 코일에 유도 전류가 흐르고, 자석과 코일 사이가 가까워지면 자석과 코일 사이에는 서로 밀어내는 자기력이 작용하도록 유도 전류가 흐른다.

ㄴ. (나)에서 기울기가 클수록 자석의 움직이는 속력이 빠르다. t일 때는 $5t$일 때보다 코일에 가까이 있고 속력이 빠르므로 자기 선속의 변화가 크다. 따라서 코일에 흐르는 유도 전류의 세기는 t일 때가 $5t$일 때보다 크다.

오답 피하기　ㄱ. $2t$에서 $4t$까지 코일과 자석 사이의 간격이 일정하므로 자석이 정지해 있다. 따라서 코일을 통과하는 자기 선속의 변화가 없으므로 코일에는 유도 전류가 흐르지 않는다.

ㄷ. 자석과 코일 사이가 가까워지면 자석과 코일 사이에는 서로 밀어내는 자기력이 작용하도록 유도 전류가 흐른다.

추가로 나오는 선택지

❶ ○ ❷ ○ ❸ ×

❸ $6t$일 때 자석과 코일 사이에는 서로 밀어내는 자기력이 작용하므로 코일의 위쪽 부분은 N극으로 자기화된다.

---

306 유도 전류의 방향은 코일을 통과하는 자기 선속의 변화를 방해하는 방향으로 흐르고, 코일을 자석에 가까이 하거나 멀리할 때 강한 자석을 사용할수록, 자석을 빠르게 움직일수록 유도 기전력의 크기가 커진다.

ㄱ. (가)에서는 자석의 N극이 코일에 가까워지므로 서로 밀어내는 자기력이 작용하도록 유도 전류가 흐른다. 따라서 자석과 가까운 쪽 코일이 N극이 되도록 유도 전류가 흐르므로 코일에는 a → ⓖ → b 방향으로 전류가 흐른다.

오답 피하기　ㄴ. 자석이 코일에 가까워지면 자석과 코일 사이에는 서로

밀어내는 방향으로 자기력이 작용하고, 자석과 코일이 멀어지면 자석과 코일 사이에는 서로 당기는 방향으로 자기력이 작용하므로 (가)와 (나)에서 코일이 자석에 작용하는 자기력의 방향은 서로 반대이다.

ㄷ. 코일에 흐르는 유도 전류의 세기는 자석이 같은 지점을 통과하는 속력이 빠를수록 크다. 따라서 자석의 속력이 빠른 (가)에서가 (나)에서보다 코일에 흐르는 유도 전류의 세기는 크다.

---

307 자석 N극이 코일에 가까워지면 서로 밀어내는 방향의 자기력이 작용하도록 유도 전류가 흐르므로 자석과 가까운 쪽의 코일이 N극이 되도록 유도 전류가 흐른다. 따라서 자석이 코일에 가까이 접근하는 동안 P와 Q은 자석과 가까운 쪽이 N극이 되도록 유도 전류가 흐른다.

ㄱ. 자석과 가까운 쪽 코일이 N극이 되도록 유도 전류가 흐르므로 (나)에서 P에는 ⓐ 방향으로 유도 전류가 흐른다.

ㄷ. P, Q와 자석 사이에는 서로 밀어내는 자기력이 작용하므로 P와 Q가 자석에 작용하는 자기력의 방향은 같다.

오답 피하기　ㄴ. (나)에서 Q와 자석 사이에는 서로 밀어내는 자기력이 작용한다. 따라서 자석의 무게는 자석과 코일 사이에 작용하는 자기력과 실이 자석을 당기는 힘의 합력과 같으므로 실이 자석을 당기는 힘의 크기는 자석의 무게보다 작다.

---

308 유도 전류가 흐르는 구리관에서는 자석의 세기가 클수록 관을 통과하는 데 많은 시간이 걸리고, 유도 전류가 흐르지 않는 플라스틱관에서는 자석의 세기와 관계없이 플라스틱관을 통과하는 데 걸리는 시간은 같다.

ㄱ. 유도 전류가 흐르는 구리관을 통과하는 자석의 세기가 클수록 자석이 구리관을 통과하는 데 많은 시간이 걸리므로 B가 A보다 강한 자석이다.

오답 피하기　ㄴ. 유도 전류가 흐르지 않는 플라스틱관에서는 자석의 세기와 관계없이 플라스틱관을 통과하는 데 걸리는 시간은 같다. 따라서 ㉠은 2초이다.

ㄷ. 구리관에서는 자석의 역학적 에너지가 전기 에너지로 전환되므로 구리관을 통과하는 동안 자석의 역학적 에너지는 감소한다. 플라스틱관에서는 유도 전류가 흐르지 않으므로 플라스틱관을 통과하는 동안 자석의 역학적 에너지는 일정하다.

---

309 검류계에 흐르는 전류의 세기는 코일을 통과하는 자기 선속의 시간적 변화율에 비례하므로 자석의 속력이 빠를수록 , 코일의 감은 수가 클수록 검류계에 흐르는 유도 전류의 최댓값은 커진다.

ㄱ. 자석이 코일에 가까워지는 동안에는 자석과 코일 사이에 서로 밀어내는 자기력이 작용한다. 따라서 자석과 가까운 쪽의 코일이 N극이 되도록 유도 전류가 흐르므로 검류계에는 a → ⓖ → b 방향으로 유도 전류가 흐른다.

ㄴ. 유도 전류의 최댓값이 (나)에서가 (가)에서보다 크다. 유도 전류의 최댓값은 코일의 감은수가 클수록 커진다. 유도 전류의 최댓값이 증가

하므로 (나)에서가 (가)에서보다 코일의 감은 수가 많다.

 ㄷ. 자석과 코일 사이의 거리를 증가시키면 코일을 통과하는 자석의 속력이 빨라진다. 따라서 검류계에 흐르는 전류의 최댓값은 커진다.

310 a, b, c에 흐르는 전류의 세기가 같으므로 a, b, c를 통과하는 자기 선속의 시간적 변화율은 같다.

 a, b, c의 시간에 따른 자기 선속의 변화율이 같기 위해서는 a와 b의 속력은 같고, c의 속력은 a의 속력의 $\frac{1}{2}$배가 되어야 한다. 따라서 b의 속력은 v, c의 속력은 $\frac{1}{2}v$이다.

채점 기준	배점
b와 c의 속력을 옳게 쓴 경우	100%
b와 c의 속력 중 하나만 옳게 쓴 경우	50%

311 금속 막대가 오른쪽으로 이동하면 저항 R가 연결된 도선과 금속 막대를 통과하는 자기 선속이 증가하므로 증가를 방해하는 방향으로 유도 전류가 흐르고, 금속 막대의 속력은 일정하지만 저항 R가 연결된 도선 위에서 움직이는 금속 막대와 이루는 면적의 증가율이 감소하므로 유도 전류이 세기는 감소한다.

- 전류의 방향: 금속 막대가 오른쪽으로 움직이면 종이면에 수직으로 들어가는 방향의 자기 선속이 증가한다. 따라서 도선에는 종이면에서 수직으로 나오는 방향으로 자기장이 형성되도록 a → R → b 방향으로 유도 전류가 흐른다.
- 유도 전류의 세기: 금속 막대가 오른쪽으로 일정한 속력으로 움직이므로 종이면에 수직으로 들어가는 방향의 자기 선속은 증가하지만 증가율이 감소한다. 따라서 도선에 흐르는 유도 전류의 세기는 감소한다.

312 $t=10$초일 때 P의 중심의 위치는 $x=10$ cm이므로 P는 영역 Ⅰ과 영역 Ⅱ를 통과하고, $t=15$초일 때 P의 중심의 위치는 $x=15$ cm이므로 P는 영역 Ⅱ와 영역 Ⅲ을 통과한다.

- 자기장의 방향: $t=10$초일 때 P의 중심은 영역 Ⅰ과 영역 Ⅱ를 통과한다. P에 흐르는 전류의 방향이 반시계 방향이므로 종이면에 수직으로 들어가는 방향의 자기 선속이 증가하므로 영역 Ⅱ에서 자기장의 방향은 종이면에 수직으로 들어가는 방향이다.
- 자기장의 세기: 영역 Ⅰ과 영역 Ⅱ의 자기장의 세기의 차이가 B_0이면, 영역 Ⅱ와 영역 Ⅲ의 자기장의 세기의 차이는 0이다. 영역 Ⅱ와 영역 Ⅲ은 자기장의 방향이 반대이므로 영역 Ⅱ에서 자기장의 세기는 $2B_0$이다.

313 자기장 영역을 통과하는 원형 도선 C는 같은 시간 동안 자기 선속의 변화율이 달라지므로 C에 흐르는 전류의 세기는 변한다.
ㄴ. 자기장 영역 Ⅰ, Ⅱ의 자기장의 방향이 반대이므로 B는 같은 시간

동안 자기 선속의 변화율이 A의 2배이다. 따라서 B에 흐르는 전류의 세기는 A에 흐르는 전류의 세기의 2배이다.

 ㄱ. A에는 종이면에서 수직으로 나오는 방향의 자기 선속이 증가하므로 A에는 종이면에 수직으로 들어가는 방향으로 자기장이 형성되도록 유도 전류가 흐른다. 따라서 A에는 시계 방향으로 유도 전류가 흐른다.
ㄷ. 자기장 영역 Ⅱ를 통과하는 원형 도선 C는 같은 시간 동안 자기 선속의 변화율이 달라지므로 C에 흐르는 유도 전류의 세기는 변한다.

314 0에서 $3t$까지 무한히 긴 직선 도선에는 $+y$ 방향으로 전류가 흐르므로 정사각형 도선이 놓여 있는 부분에는 xy 평면에 수직으로 들어가는 방향의 자기장이 형성된다. $3t$에서 $5t$까지 무한히 긴 직선 도선에는 $-y$ 방향으로 전류가 흐르므로 정사각형 도선이 놓여 있는 부분에는 xy 평면에서 수직으로 나오는 방향의 자기장이 형성된다.
ㄱ. 0에서 t까지 정사각형 도선을 통과하는 xy 평면에 수직으로 들어가는 방향의 자기 선속이 증가하므로 나오는 방향의 자기장이 형성되도록 정사각형 도선에는 반시계 방향으로 유도 전류가 흐른다. 따라서 $0.5t$일 때 반시계 방향으로 유도 전류가 흐른다.
ㄷ. 0에서 t까지 정사각형 도선을 통과하는 자기 선속의 변화율이 $3t$에서 $5t$까지 정사각형 도선을 통과하는 자기 선속의 변화율보다 크다. 따라서 전류의 세기는 $0.5t$일때가 $4t$일 때보다 크다.

 ㄴ. t에서 $3t$까지 정사각형 도선을 통과하는 xy 평면에 수직으로 들어가는 방향의 자기 선속이 감소하므로 xy 평면에 수직으로 들어가는 방향의 자기장이 형성되도록 정사각형 도선에는 시계 방향으로 유도 전류가 흐른다. $3t$에서 $5t$까지 정사각형 도선을 통과하는 xy 평면에서 수직으로 나오는 방향의 자기 선속이 증가하므로 xy 평면에 수직으로 들어가는 방향의 자기장이 형성되도록 정사각형 도선에는 시계 방향으로 유도 전류가 흐른다. 따라서 $2t$일 때와 $4t$일 때 전류의 방향은 같다.

315 발광 다이오드(LED)에는 순방향 전압일 때에만 빛이 방출되고, 역방향 전압일 때는 빛이 방출되지 않는다. 따라서 코일이 점 a를 통과할 때 순방향 전압이다.
ㄱ. 코일이 점 a를 통과하는 순간 다이오드에 불이 켜지므로 코일에는 반시계 방향으로 유도 전류가 흐른다. 따라서 자기장의 방향은 종이면에 수직으로 들어가는 방향이다.

 ㄴ. 코일 전체가 자기장 영역 안에서 이동하면 코일을 통과하는 자기 선속의 변화가 없으므로 코일에는 유도 전류가 흐르지 않는다.
ㄷ. 코일이 b를 통과하면 코일에는 시계 방향으로 유도 전류가 흐른다. 따라서 발광 다이오드에는 역방향 전압이 걸리므로 발광 다이오드에는 불이 켜지지 않는다.

316 빗면기구~ 자석 사이에 있는 코일을 회전시켰을 때 코일을 지나는

자기 선속이 시간에 따라 주기적으로 변하면서 코일에 유도 전류가 흐른다.

ㄱ. 자석 사이에 있는 코일을 회전시키면 코일에 유도 전류가 흐른다. 따라서 발전기는 코일의 역학적 에너지(운동 에너지)가 전기 에너지로 전환되는 장치이다.

ㄴ. 자석 사이에 있는 코일을 회전시키면 코일을 통과하는 자기 선속의 변화율이 계속해서 변하므로 코일에는 시간에 따라 세기와 방향이 주기적으로 변하는 교류가 흐른다.

ㄷ. 발전기는 자석 사이에서 회전하는 코일을 통과하는 자기 선속의 변화에 의해서 유도 전류가 흐르는 원리이므로 전자기 유도 현상으로 설명할 수 있다.

추가로 나오는 선택지

❶ ×
자석 사이에 있는 코일을 회전시키면 자기 선속의 변화율이 변한다.

317 다이나믹마이크는 소리 때문에 진동판이 진동하면 진동판에 부착된 코일이 진동하게 되어 코일을 지나는 자기 선속이 변하면서 유도 전류가 흘러 소리를 전기 신호로 전환시킨다.

[모범 답안] ㉠: 마이크는 진동판의 진동에 의해서 코일을 통과하는 자기 선속의 변화에 의해서 유도 전류가 흐른다. 따라서 마이크는 진동판, 코일, 자석으로 이루어져 있다.

㉡: 코일을 통과하는 자기 선속의 변화에 의해서 유도 전류가 흐르므로 다이나믹 마이크의 원리는 전자기 유도 현상으로 설명할 수 있다.

318 무선 충전기, 다이나믹 마이크, 금속 탐지기, 교류 발전기의 원리는 전자기 유도 현상으로 설명할 수 있다.

스피커의 작동 원리: 스피커는 진동판, 코일, 자석으로 구성되어 있으며, 스피커의 코일에 전류가 흐르면 자석에 의해서 자기력을 받게 된다. 따라서 코일에 연결된 진동판이 앞뒤로 흔들리며 주변의 공기를 진동시켜 소리를 발생시킨다.

자료 정리

스피커
① 스피커: 전기 신호를 소리로 바꾸는 장치이다.
② 구조: 진동판, 코일, 영구 자석으로 구성되어 있다.
③ 원리: 코일에 전기 신호를 보내면 코일이 자기장 속에서 힘을 받아 진동한다. 전기 신호를 주기적으로 바꿔 주면 코일이 받는 힘도 주기적으로 변하게 되어 코일이 진동하게 된다. 이 코일에 진동판을 붙여 주면 진동판을 진동시켜 소리를 발생시킨다.
④ 마이크와 차이점: 마이크는 소리에 의한 진동판의 진동으로 코일에 전류가 유도되고, 스피커는 코일에 흐르는 전류에 의해 진동판이 진동하면서 소리가 발생한다.

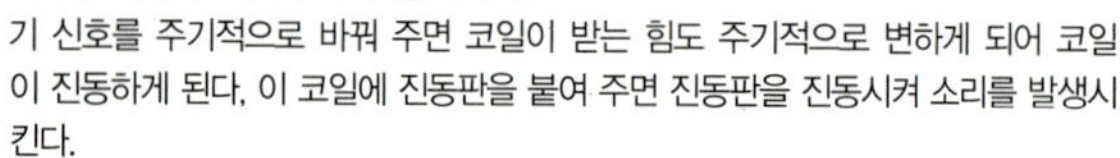

319 고정된 코일 사이에서 자석을 회전시키면 코일을 통과하는 자기장이 변하면서 유도 전류가 흐른다. 이 유도 전류에 의해 발광 다이오드에 불이 들어온다.

ㄱ. 자석의 운동으로 코일 내부를 통과하는 자기 선속의 변화에 의해서 코일에 유도 전류가 흘려 발광 다이오드에 불이 들어온다.

ㄴ. 자석의 회전 속력이 빠를수록 코일을 통과하는 자기 선속의 변화율이 커지므로 코일에 흐르는 전류의 최댓값도 커진다.

[오답 피하기] ㄷ. 자석이 B에서 A로 지나면 B에서는 자석이 멀어지고 A에서는 자석이 가까워지므로 A와 B에는 반대 방향으로 유도 전류가 흐른다.

320 네오디뮴 자석의 운동으로 관을 통과하는 자기 선속이 변하면 도체인 관에는 유도 전류가 흘러 자석과 관 사이에는 관의 운동을 방해하는 방향으로 자기력이 작용한다. 관에 흐르는 유도 전류의 세기가 클수록 자속의 운동을 방해하는 방향의 자기력이 커지므로 관을 통과하는 데 걸리는 시간은 길어진다.

• 절연체인 플라스틱관에는 자석의 자기 선속의 변화에 의해서 유도 전류가 흐르지 않기 때문에 자석과 플라스틱관 사이에는 자석의 운동을 방해하는 자기력이 작용하지 않는다. 따라서 플라스틱관을 통과하는 자석은 알루미늄관과 구리관보다 빨리 떨어진다.

• 구리관에 흐르는 유도 전류의 세기가 알루미늄관에 흐르는 유도 전류의 세기보다 크다. 관에 흐르는 유도 전류의 세기가 클수록 자석의 운동을 방해하는 힘이 커지므로 관을 통과하는 데 걸리는 시간은 길어진다.

[모범 답안] ㉠은 플라스틱관, ㉡은 알루미늄관 ㉢은 구리관이다.

채점 기준	배점
㉠~㉢을 옳게 쓴 경우	100%
㉠~㉢ 중 2개만 옳게 쓴 경우	50%

STEP 3 **1등급을 위한 실전 완벽 대비** 본문 098~099쪽

321 ① **322** ② **323** ① **324** ③ **325** ④ **326** ① **327** ⑤
328 ④

321 (가)에서 균일한 자기장의 방향이 $+y$ 방향이므로 X의 A로 표시된 부분은 N극으로 자기화되고, (나)에서처럼 외부 자기장을 제거해도 자기화된 상태를 유지한다.

ㄱ. X의 A로 표시된 부분은 N극으로 자기화되어 있다. 강자성체가 q점을 지날 때 원형 도선에는 강자성체의 N극이 가까워지므로 원형 도선의 왼쪽에는 N극, 오른쪽은 S극이 되도록 유도 전류가 흐른다. 따라서 원형 도선에는 ⓐ 방향으로 전류가 흐른다.

[오답 피하기] ㄴ. X가 q점을 지날 때는 서로 밀어내는 자기력이, r점을 지날 때에는 서로 당기는 자기력이 작용하므로 q와 r을 지날 때 X가 받는 자기력의 방향은 같다.

ㄷ. Y는 외부 자기장을 제거하면 자기화된 상태가 사라진다. 따라서 Y

를 p점에 놓으면 원형 도선에는 유도 전류가 흐르지 않으므로 Y의 운동을 방해하는 자기력이 작용하지 않아 r을 통과할 때의 속력은 v보다 크다.

322 자기장의 방향과 도선이 이루는 면적이 수직인 순간인 θ가 $90°$, $270°$일 때 직사각형 도선에 흐르는 전류는 0이고, 자기장의 방향과 도선이 이루는 면적이 나란한 순간인 θ가 0, $180°$일 때 직사각형 도선에 흐르는 유도 전류는 최댓값 I이다.

ㄷ. θ가 $90°$에서 $180°$까지는 오른쪽 방향의 방향의 자기 선속이 감소하므로 사각형 도선에는 c → b → a 방향으로 유도 전류가 흐르고, $\frac{3}{2}t$일 때는 유도 전류의 방향이 반대가 되므로 a → b → c 방향으로 유도 전류가 흐른다.

오답 피하기 ㄱ. $\frac{t}{2}$일 때, 사각형 도선에 흐르는 유도 전류의 세기가 최댓값 I이므로 자기장을 통과하는 자기 선속의 변화가 최대가 되는 θ가 0, $180°$인 순간이다. 따라서 도선이 이루는 면을 통과하는 자기 선속은 최소이다.

ㄴ. t일 때, 자기장의 방향과 도선이 이루는 면적이 수직인 순간이므로 θ는 $270°$이다.

323 금속 고리에는 금속 고리를 통과하는 자기 선속의 변화를 방해하는 방향으로 유도 전류가 흐른다.

ㄱ. a는 종이면에 수직으로 들어가는 방향의 자기 선속이 증가하므로 종이면에서 수직으로 나오는 방향의 자기장이 형성되도록 반시계 방향으로 유도 전류가 흐른다.

오답 피하기 ㄴ. b와 c에는 종이면 수직으로 들어가는 방향의 자기 선속이 증가하므로 b와 c에는 반시계 방향으로 유도 전류가 흐른다. 따라서 b와 c에 흐르는 유도 전류의 방향은 같다.

ㄷ. 시간에 따른 자기 선속의 변화는 자기장의 세기가 $2B$인 영역 Ⅱ를 통과하는 c가 도선의 일부는 자기장의 세기가 B인 영역 Ⅰ을, 나머지 부분은 자기장의 세기가 $2B$인 영역 Ⅱ를 통과하는 d보다 크다. 따라서 도선에 흐르는 유도 전류의 세기는 c가 d보다 크다.

324 ㄱ. (나)에서 원형 도선에 유도 전류가 흐르므로 물체는 강자성체이다.

ㄴ. (나)에서 물체가 원형 도선을 통과하면 원형 도선의 아래쪽이 N극이 되도록 유도 전류가 흐른다. 따라서 사각형 도선에는 ⓑ 방향으로 유도 전류가 흐른다.

오답 피하기 ㄷ. 원형 도선을 통과한 물체에는 중력과 반대 방향으로 자기력이 작용한다. 따라서 물체의 가속도는 중력 가속도 g보다 작다.

325 지면이 자석을 떠받치는 힘의 크기가 mg보다 작은 경우는 중력의 반대 방향으로 자기력이 작용하는 경우이므로 원형 도선의 아래쪽이 S극이 되는 경우이나.

도선의 아래쪽이 S극으로 자기화되기 위해서는 원형 도선을 통과하는 자기 선속이 감소하는 경우이다. 원형 도선이 $+x$, $-x$, $+y$ 방향으로 움직이면 원형 도선을 통과하는 자기 선속이 감소하고, 원형 도선이 $-y$ 방향으로 움직이면 원형 도선을 통과하는 자기 선속은 증가한다.

326 긴 직선 도선에 $+y$ 방향으로 전류가 흐르면 A, B가 놓여 있는 부분은 xy 평면에서 수직으로 나오는 방향의 자기장이 형성되고, 직선 도선에 의한 자기장의 세기는 직선 도선으로부터 수직한 거리에 반비례한다. 따라서 거리가 변하면 자기 선속의 변화율도 달라진다.

ㄱ. 긴 직선 도선에 $+y$ 방향으로 전류가 흐르면 A가 놓여 있는 부분은 xy 평면에서 수직으로 나오는 방향의 자기장이 형성되고, 전류의 세기를 증가시키면 A에는 xy 평면에 수직으로 들어가는 방향의 자기장이 형성되도록 유도 전류가 흐른다.

오답 피하기 ㄴ. (다)의 A에서 자기장의 방향이 xy 평면에서 수직으로 나오는 방향이 되도록 반시계 방향으로 유도 전류가 흐른다. 따라서 A를 통과하는 xy 평면에서 수직으로 나오는 방향의 자기 선속이 감소하여야 하므로 A는 $-x$ 방향으로 운동한다.

ㄷ. 직선 도선에 의한 자기장의 세기는 직선 도선으로부터 수직한 거리에 반비례한다. 따라서 거리가 변하면 자기 선속의 변화율도 달라진다. B는 시계 방향으로 유도 전류가 흐르므로 B는 $+x$ 방향으로 접근하고 있다. 따라서 B에 흐르는 전류의 세기는 증가한다.

327 자석 A에는 솔레노이드로부터 A의 운동을 방해하는 방향으로 자기력이 작용하므로 A와 B의 가속도의 크기는 중력만이 작용할 때보다 작고, 발광다이오드에는 순방향 전압이 걸릴 때에만 불이 켜진다.

ㄴ. A가 솔레노이드를 들어가기 직전에는 솔레노이드의 왼쪽은 N극, 오른쪽은 S극이 되도록 유도 전류가 흐르므로 순방향이 걸린 C의 X는 p형 반도체이다.

ㄷ. A가 솔레노이드를 나온 직후에는 순방향 전압이 걸린 D의 n형 반도체인 Y의 전자는 p−n 접합면으로 이동한다.

오답 피하기 ㄱ. A와 B에 중력만이 작용할 때 A와 B의 가속도의 크기는 A, B의 질량을 m이라고 하면 $\frac{m}{m+m}g = \frac{1}{2}g$이다. A가 솔레노이드로부터 운동을 방해하는 방향으로 자기력을 받으므로 A가 솔레노이드를 통과하는 동안 B의 가속도의 크기는 $\frac{1}{2}g$보다 작다.

328 전기 기타는 기타줄 아래의 자석에 의해 자기화된 기타줄이 진동하면 코일을 통과하는 자기 선속이 변하기 때문에 코일에 유도 전류가 흘러 전기 신호가 발생한다.

ㄱ. 자기화된 기타줄의 진동에 의해서 코일에 유도 전류가 흐르므로 기타줄은 강자성체이다.

ㄷ. 전기 기타는 자기 선속의 변화에 의해서 유도 전류가 흐르는 전자기 유도 현상으로 설명할 수 있다.

오답 피하기 ㄴ. 자석에 가까운 쪽의 기타줄은 S극으로 자기화되고, 기타줄이 코일에 접근하면 기타줄에 가까운 코일이 S극이 되도록 코일에는 ⓐ 방향으로 유도 전류가 흐른다.

III. 파동과 정보 통신

III-1. 파동

01. 파동의 성질

STEP 1 바로바로 개념 확인 　　　　　본문 103쪽

329 파동　**330** 파원, 매질　**331** (1) ○ (2) ○ (3) ○ (4) ○ (5) ×
332 2　**333** 수직　**334** 종파　**335** 진동수　**336** (1) × (2) ○

331 (5) 파면은 파동이 전파되어 나갈 때 위상이 같은 지점을 연결한 선이나 면이다.

336 (1) 물의 깊이에 따라 물결파의 속력이 달라지기 때문에 굴절이 일어나는데 물결파가 깊은 물에서 얕은 물로 진행하면 속력이 느려진다.

STEP 2 알짜 문제로 실력 키우기 　　　　　본문 104~107쪽

337 ⑤　**338** ⑤　**339** ②　**340** ⑤　**341** ②　**342** ⑤　**343** ①
344 ⑤　**345** ④　**346** 해설 참조　**347** ⑤　**348** ③　**349** ②
350 ③　**351** ⑤　**352** ③　**353** ③　**354** 해설 참조

337 ㄱ. 진동 중심으로부터 매질의 최대 변위가 같으므로 A와 B의 진폭은 같다.
ㄴ. A의 주기는 모눈 간격 2칸이고, B의 주기는 모눈 간격 4칸이다. 따라서 주기는 A가 B보다 작다.
ㄷ. 파동의 전파 속력 $v = \dfrac{\lambda}{T}$에서 파장은 같고 주기는 A가 B보다 작으므로 파동이 진행하는 속력은 A가 B보다 크다.

추가로 나오는 선택지

❶ ○　❷ ×　❸ ○
❶ 주기와 진동수는 역수 관계이다.

338 ⑤ 줄을 위아래로 흔들어 주었을 때 만들어지는 파동은 횡파이다.
오답 피하기 ① 파동은 에너지를 전달한다.
② 지진파의 S파는 횡파이다.
③ 파동이 이동할 때 매질은 제자리에서 진동만 한다.
④ 빛은 매질이 없어도 진행하는 전자기파이다.

339 파동의 진행 방향과 매질의 진동 방향이 수직인 파동은 횡파이다. 물결파, 전파, 빛, 지진파의 S파 등이 횡파이다.
오답 피하기 ② 초음파는 파동의 진행 방향과 매질의 진동 방향이 나란한 종파이다.

340 ⑤ 횡파는 매질의 진동 방향과 파동의 진행 방향이 수직이고, 종파는 매질의 진동 방향과 파동의 진행 방향이 나란하다.

341 처음 파동(점선) 직후의 파동(실선)을 그리면 다음과 같다. 매질이 왼쪽으로 진행하므로 아래쪽으로 움직인 점은 b와 c 2개이다.

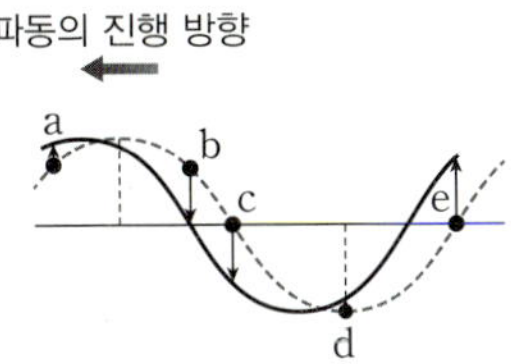

342 ㄴ. 파장은 위상이 같은 이웃한 두 점 사이의 거리이므로 $4\,\text{cm}$이다.

ㄷ. 주기를 T라 할 때 변위가 0인 진동 중심에 있는 A가 다시 변위가 0인 진동의 중심까지 진동하는 데 걸린 시간이 $\dfrac{T}{2}=0.2$이므로 $T=0.4$초이다. 따라서 진동수는 $\dfrac{1}{0.4}=2.5(\text{Hz})$이다.

[오답 피하기] ㄱ. 진폭은 진동 중심에서 마루 또는 골까지 수직 거리이므로 $3\,\text{cm}$이다.

343 ㄱ. A는 매질의 진동 방향과 파동의 진행 방향이 서로 나란한 종파이다.

[오답 피하기] ㄴ. B는 매질의 진동 방향과 파동의 진행 방향이 서로 수직인 횡파이다.

ㄷ. 음파는 종파이므로 A와 같이 진행한다.

344 ㄱ. 파동의 진폭은 $2\,\text{cm}$이다.

ㄴ. (가)에서 파장은 $2\,\text{m}$이다.

ㄷ. (나)에서 주기가 2초이므로 파동의 전파 속도의 크기 $v=\dfrac{\lambda}{T}=\dfrac{2}{2}=1(\text{m/s})$이다.

345 ㄱ. 이웃한 밀한 부분 사이의 거리가 $0.5\,\text{m}$이므로, 파장은 $0.5\,\text{m}$이다.

ㄷ. 주기가 0.2초이고 파장이 $0.5\,\text{m}$이므로, 전파 속력은 $\dfrac{0.5}{0.2}=\dfrac{5}{2}=2.5(\text{m/s})$이다.

[오답 피하기] ㄴ. 파동의 진행 방향이 매질의 진동 방향과 나란한 종파이다.

346 [모범 답안] • 주기: 주기는 매질의 한 점이 1회 진동하여 원래 지점으로 되돌아오는 데 걸리는 시간으로 2초 동안 4번 반복하였으므로 주기는 0.5초이다.

• 파장: 파장은 이웃한 마루(골)와 마루(골) 사이의 수평 거리이므로 $2\,\text{m}$이다.

• 전파 속도: 파동의 전파 속도 $v=\dfrac{\lambda}{T}=f\lambda=\dfrac{2}{0.5}=4(\text{m/s})$이다.

채점 기준	배점
주기, 파장, 전파 속도의 크기를 옳게 구한 경우	100%
주기, 파장, 전파 속도의 크기 중 두 가지만 옳게 구한 경우	60%
주기, 파장, 전파 속도의 크기 중 한 가지만 옳게 구한 경우	30%

347 ㄱ. 파동의 진행 방향은 파면과 수직이므로 입사각은 굴절각보다 크다.

ㄴ. 파동의 진동수는 매질이 달려져도 변하지 않으므로 파동의 진동수는 I에서와 II에서가 같다.

ㄷ. 파장은 I에서가 II에서보다 크다. 진동수는 I에서와 II에서가 같으므로 파동의 전파 속도의 크기는 I에서가 II에서보다 크다.

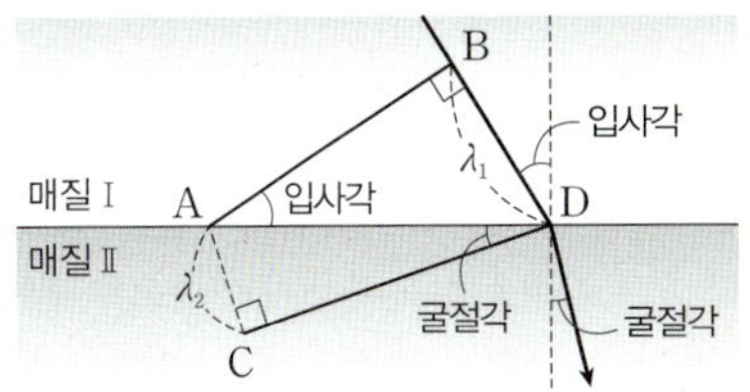

❶ × ❷ × ❸ ○

❷ 매질 I에서의 굴절률이 매질 II에서의 굴절률보다 작으므로 파장은 I에서가 II에서보다 크다.

348 ㄱ, ㄴ. 경계면에서 빛의 진행 방향이 꺾이는 현상은 빛의 굴절 현상이다. 젓가락이 꺾여 보이는 것과 수영장의 바닥이 실제보다 얕아 보이는 것은 빛의 굴절에 의한 것이다.

[오답 피하기] ㄷ. 평면 거울에 비친 자신의 얼굴이 보이는 것은 파동의 반사에 의한 것이다.

349 매질의 굴절률이 유리에서가 공기에서보다 크므로 빛이 공기에서 유리로 진행할 때 굴절각은 입사각보다 작다. 빛이 유리에서 공기로 진행할 때 입사각은 굴절각보다 작으므로 가장 적절한 빛의 경로는 B이다.

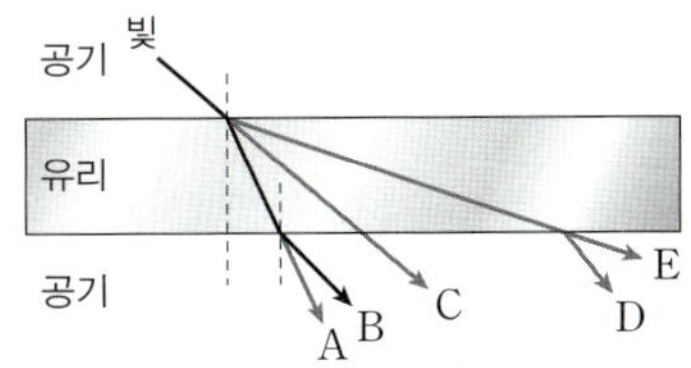

350 입사각이 같을 때 굴절각은 빨간색 빛이 보라색 빛보다 크고, 빛이 원통에서 공기 중으로 나올 때 직진하므로 ③번이 가장 적절하다.

351 ㄱ. 물속에 유리판을 넣으면 물의 깊이가 얕아지므로 파장이 감소한다. 따라서 물결파의 파장은 A에서가 B에서보다 크다.

ㄷ. 물결파의 속력은 물의 깊이가 깊을수록 빠르다. 따라서 물결파의 속력은 A에서가 B에서보다 크다.

오답 피하기 ㄴ. 물결파의 주기는 매질이 달라져도 변하지 않으므로 A에서와 B에서가 같다.

352 ㄱ. 입사각 i를 증가시키면 굴절각 r도 증가한다.

ㄷ. 공기에 대한 물의 상대 굴절률은 $n = \dfrac{\sin i}{\sin r} = \dfrac{\dfrac{\overline{AB}}{\overline{OA}}}{\dfrac{\overline{CD}}{\overline{OC}}} = \dfrac{\overline{AB}}{\overline{CD}} = \dfrac{3}{2}$ 이다.

오답 피하기 ㄴ. 입사각 i를 증가시키면 $\dfrac{\sin i}{\sin r}$는 일정하고, $\dfrac{i}{r}$는 변한다.

353 파동의 속력이 느린 매질에서 속력이 빠른 매질로 입사하면 굴절각이 입사각보다 크므로 파동은 속력이 느린 쪽으로 휘게 된다. 소리는 공기의 온도가 높을수록 속력이 빨라지므로 고온에서 저온 쪽으로 휘게 된다. 그림에서 위로 갈수록 온도가 높아짐을 알 수 있으므로 소리의 전파 속력은 위로 갈수록 증가한다.

354 모범 답안

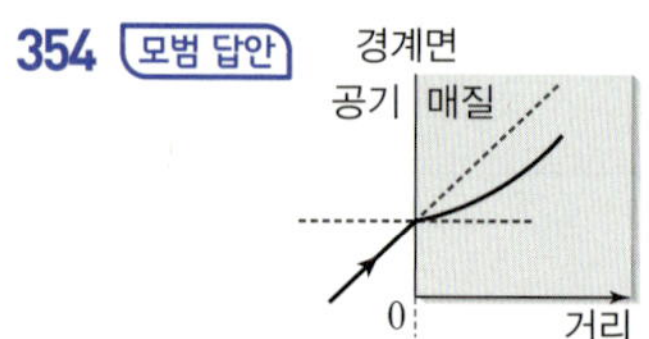

경계면으로부터 떨어진 거리가 증가할수록 굴절률이 연속적으로 감소하므로 굴절각은 연속적으로 증가한다.

채점 기준	배점
예상 경로와 이유를 옳게 서술한 경우	100%
예상 경로와 이유 중 한 가지만 옳게 서술한 경우	50%

STEP 3 **1등급**을 위한 실전 완벽 대비 본문 108~109쪽

355 ④ 356 ③ 357 ④ 358 ⑤ 359 ⑤ 360 ④ 361 ①
362 ⑤

355 ㄱ. 진폭은 진동의 중심에서 마루(골)까지의 수직 거리이다.

ㄷ. 이웃한 파면 사이의 거리는 파장을 나타낸다. 매질이 변하지 않았으므로 파동의 전파 속도는 일정하다. 따라서 파동의 진동수를 증가시키면 파장은 감소한다.

오답 피하기 ㄴ. 파동의 전파 속도는 매질에만 관계한다. 따라서 수면의 깊이가 변하지 않았으므로 물결파의 전파 속도의 크기는 일정하다.

356 ㄱ. 주기는 매질의 한 점이 한 번 진동하는 데 걸리는 시간으로 0.4초이다.

ㄴ. 파장은 4 m이고, 주기는 0.4초이므로 전파 속력 $v = \dfrac{\lambda}{T} = \dfrac{4}{0.4} = 10(\text{m/s})$이다.

오답 피하기 ㄷ. 파동의 진행 방향이 $+x$ 방향이면 P 지점에서의 매질의 진동 방향은 아래쪽이고, $-x$ 방향이면 P 지점에서의 매질의 진동 방향은 위쪽이다. 따라서 파동의 진행 방향은 $-x$ 방향이다.

357 ㄴ. 파동의 주기는 4초이고, 한 주기 동안 한 파장만큼 이동하므로 5초 동안 $\dfrac{5}{4}$파장만큼 이동한다. 따라서 파동은 5초 동안 7.5 cm를 이동한다.

ㄷ. A는 제자리에서 진동만 하므로 3초 동안 A가 이동한 거리는 6 cm이다.

오답 피하기 ㄱ. 파장은 파동이 한 주기 동안 진행한 거리이므로 6 cm이다.

358 ㄱ. 공기가 들어 있는 유리 상자 안에서 발생한 소리는 유리 상자 밖의 공기 입자를 진동시킬 수 있으나, 진공에서 발생한 소리는 유리 상자 밖의 공기 입자를 진동시킬 수 없다. 따라서 진공 상태의 유리 상자는 (가)이다.

ㄴ. 이웃한 마루(골)와 마루(골) 사이의 거리가 파장이므로 파장은 L이다.

ㄷ. 소리는 종파로 파동의 진행 방향과 매질의 진동 방향이 나란하다.

359 ㄴ. 물결파는 깊은 곳일수록 파장이 길고 전파 속력이 빠르다. 따라서 물결파는 얕은 곳에서 깊은 곳으로 진행한다.

ㄷ. 매질 Ⅰ에 대한 매질 Ⅱ의 상대 굴절률 n은 굴절의 법칙으로부터 $n = \dfrac{\sin\theta_{입사각}}{\sin\theta_{굴절각}} = \dfrac{\sin\theta_{Ⅰ}}{\sin\theta_{Ⅱ}}$이다.

오답 피하기 ㄱ. 이웃한 파면과 파면 사이의 거리가 파장이므로 물결파의 파장은 Ⅰ에서가 Ⅱ에서보다 작다.

360 굴절 법칙에서 매질 Ⅰ에 대한 매질 Ⅱ의 굴절률 $n_{ⅠⅡ} = \dfrac{\sin\theta_{Ⅰ}}{\sin\theta_{Ⅱ}} = \dfrac{v_{Ⅰ}}{v_{Ⅱ}} = \dfrac{\lambda_{Ⅰ}}{\lambda_{Ⅱ}} = \dfrac{n_{Ⅱ}}{n_{Ⅰ}} = \dfrac{\overline{AC}}{\overline{BD}}$이다.

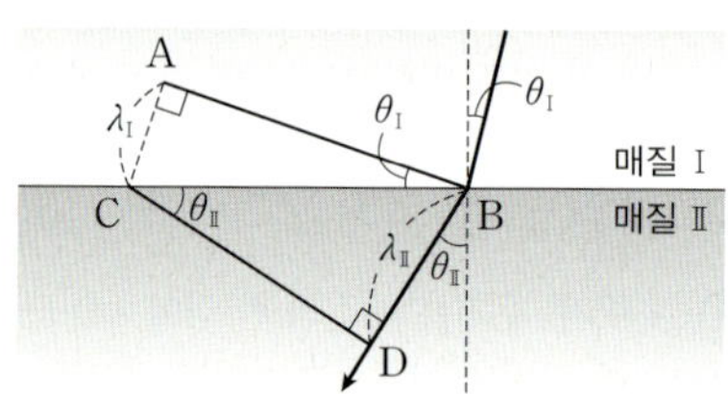

따라서 Ⅰ, Ⅱ에서 파장의 크기는 $\lambda_{Ⅰ} < \lambda_{Ⅱ}$이고, Ⅰ에 대한 Ⅱ의 굴절률 $\dfrac{\overline{AC}}{\overline{BD}}$이다.

361 빛의 진행 방향을 표시해 보면 그림과 같다. 연직 위에서 내려다 보는 것이 비스듬하게 보는 것보다 겉보기 깊이가 깊어지므로 가장 깊게 보이는 관측 지점은 A이다.

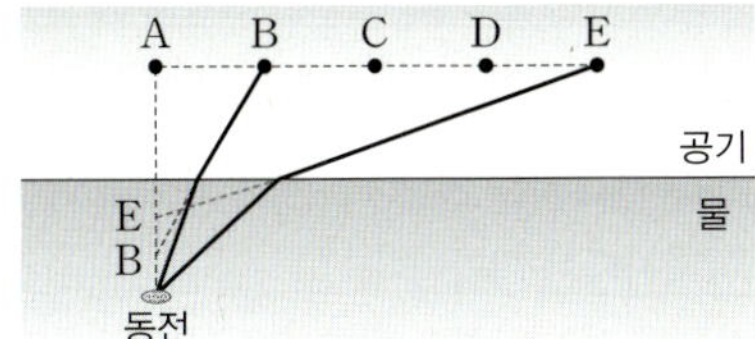

362 ㄱ. 밤에는 지면의 온도가 상층의 기온보다 빨리 내려가서 지면 가까운 곳에서 소리의 진행 속도가 느려진다. 따라서 소리의 진행 방향이 아래쪽으로 휘어진다. (나)는 소리의 진행 방향이 아래쪽으로 휘어졌으므로 밤이다.

ㄴ. 공기 중에서 진행하는 소리는 기온이 높아질수록 전파 속도가 빨라진다. 따라서 소리는 기온이 낮은 쪽으로 굴절하게 된다.

ㄷ. (가)는 소리가 지면 위로 굴절하므로 위쪽의 공기의 온도가 더 낮고, 지면 근처의 공기 온도가 더 높다. 따라서 위로 갈수록 소리의 전파 속도가 느려진다.

02. 전반사와 광통신 및 전자기파

STEP 1 바로바로 **개념 확인** 본문 111쪽

363 전반사 **364** 임계각 **365** 2 **366** 작아 **367** (1) ○ (2) ×
(3) ○ (4) × **368** 전자기파 **369** (1) ○ (2) × (3) ○ (4) ○
370 마이크로파 **371** X선

365 $\sin i_C = \dfrac{n_2}{n_1}$에서 $\dfrac{1}{n_1} = \sin 30°$이므로 $n_1 = 2$이다.

STEP 2 알짜 문제로 **실력 키우기** 본문 112~115쪽

372 ① **373** ④ **374** ⑤ **375** ⑤ **376** ③ **377** ⑤ **378** ①
379 해설 참조 **380** ⑤ **381** ③ **382** ④ **383** ③ **384** ②
385 ⑤ **386** ② **387** 해설 참조 **388** 해설 참조

372 ㄱ. 빛이 매질 Ⅰ에서 매질 Ⅱ로 진행할 때 입사각이 굴절각보다 작으므로 빛의 속력은 매질 Ⅰ에서가 매질 Ⅱ에서보다 작다.

오답 피하기 ㄴ. 빛을 입사각 i_C로 입사시킬 때 굴절각은 90°이다. 입사

각을 i_C보다 작게 하면 굴절각은 감소한다.

ㄷ. 매질 Ⅰ의 굴절률을 증가시키면 Ⅰ과 Ⅱ의 굴절률의 차이가 증가하므로 임계각 i_C는 감소한다.

추가로 나오는 선택지

❶ ○ ❷ ×

❶ 빛의 속력이 매질 Ⅰ에서가 매질 Ⅱ에서보다 작으므로 매질의 굴절률은 Ⅰ에서가 Ⅱ에서보다 크다.

373 전반사가 일어나기 위해서는 굴절률이 큰 밀한 매질에서 굴절률이 작은 소한 매질로 빛이 진행하면서 입사각이 임계각보다 커야 한다. 전반사가 일어날 수 있는 입사각의 범위는 $\dfrac{\text{소한 매질에시의 굴절률}}{\text{밀한 매질에서의 굴절률}}$ 값이 작을수록 크다. 따라서 입사각의 범위가 가장 큰 경우(임계각이 가장 작은 경우)는 B에서 A로 진행할 때$\left(\dfrac{1.0}{2.5}=0.4\right)$이고, 입사각의 범위가 가장 작은 경우(임계각이 가장 큰 경우)는 D에서 A로 진행할 때$\left(\dfrac{1.0}{1.3}≒0.769\right)$이다.

374 ㄱ. 각 a와 b는 입사각과 반사각으로 반사 법칙에 의해 서로 같다.

ㄷ. 전반사는 밀한 매질에서 소한 매질로 진행하고, 입사각이 임계각보다 클 때 발생하므로 각 a를 증가시키면 전반사가 일어날 수 있다.

오답 피하기 ㄴ. 굴절각 c가 입사각 a보다 크므로 유리 Ⅰ의 굴절률은 유리 Ⅱ의 굴절률보다 작다.

375 매질 Ⅰ에 대한 Ⅱ의 상대 굴절률 $n_{12} = \dfrac{\sin 60°}{\sin 30°} = \sqrt{3}$이므로, 매질 Ⅱ에서 Ⅰ로 입사하는 빛의 전반사의 임계각 i_C는 $\sin i_C = \dfrac{1}{\sqrt{3}}$이다. $\sin 45° = \dfrac{1}{\sqrt{2}} > \dfrac{1}{\sqrt{3}}$이므로 임계각은 45°보다 작다. 따라서 Ⅱ에서 Ⅰ로 입사각 45°로 입사시킨 빛은 경계면에서 전반사한다.

376 ㄱ. 레이저 빛의 진동수는 파장에 관계없이 A에서와 B에서가 서로 같다.

ㄷ. 전반사는 굴절률이 큰 매질에서 작은 매질로 진행할 때, 입사각이 임계각보다 클 때 일어나므로 θ를 증가시키면 A와 B에서 전반사가 일어날 수 있다.

오답 피하기 ㄴ. 굴절의 법칙에서 빛의 속력은 파장에 비례하므로 빛의 속력은 A에서가 B에서보다 작다.

377 ㄱ. 임계각이 A가 B보다 크므로 $\sin i_C = \dfrac{1}{n}$에서 A의 굴절률은 B의 굴절률보다 작다.

ㄴ. 빛이 속력은 굴절률에 반비례한다. 굴절률이 A가 B보다 작으므로 빛의 속력은 A에서가 B에서보다 크다.

ㄷ. 빛이 굴절한 경우에 빛의 진동수는 변하지 않으므로 단색광의 진동수는 A와 공기에서가 서로 같다.

378 ㄱ. 반사 법칙에 의해 입사각 i와 반사각 i'는 항상 같다.

오답 피하기 ㄴ. 공기에 대한 액체의 굴절률은 굴절 법칙에 의해 $n = \dfrac{\sin i}{\sin r}$와 같이 일정한 값을 갖는다.

ㄷ. 빛이 굴절률이 작은 공기에서 굴절률이 큰 액체로 입사할 경우, 입사각이 아무리 커도 빛의 전반사 현상은 일어나지 않는다.

379 모범 답안 공기에서 액체로 빛이 진행할 때 입사각은 $45°$이고, 굴절각은 $30°$이므로 공기에 대한 액체의 굴절률 n은 굴절 법칙으로부터 $n = \dfrac{\sin i}{\sin r} = \dfrac{\sin 45°}{\sin 30°} = \sqrt{2}$이다. 임계각 i_c는 $\sin i_c = \dfrac{1}{n} = \dfrac{1}{\sqrt{2}}$에서 $i_c = 45°$이다. 따라서 점광원이 보이지 않도록 하기 위한 원판의 최소 지름 $L = 1\ \text{m}$이다.

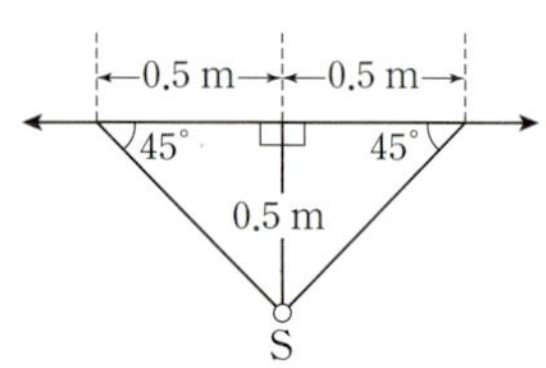

채점 기준	배점
굴절률과 L의 최솟값을 옳게 서술한 경우	100%
굴절률과 L의 최솟값 중 한 가지만 옳게 서술한 경우	50%

380 ㄱ. 레이저나 발광 다이오드에 의해 전기 신호가 빛 신호로 바뀌므로 A 과정에서 전기 신호가 빛 신호로 변환된다.

ㄴ. 광섬유 내에서 빛은 전반사되면서 진행한다.

ㄷ. 광통신은 빛의 전반사를 이용하여 정보를 전달하므로 많은 양의 정보를 동시에 전달할 수 있는 장점이 있다.

381 ㄱ. 입사각이 굴절각보다 작으므로 굴절률은 A에서가 B에서보다 크다.

ㄴ. 굴절률이 큰 매질인 A가 코어에 해당되고, 굴절률이 상대적으로 A보다 작은 B가 클래딩에 해당된다.

오답 피하기 ㄷ. (나)에서 임계각은 θ보다 크므로 입사각을 θ보다 작게 하면 전반사가 일어나지 않는다.

382 A는 자외선, B는 적외선, C는 마이크로파이다.

ㄴ. 적외선은 자외선보다 파장이 길고, 진동수는 작다.

ㄷ. 마이크로파는 레이더와 위성 통신, 전자레인지에서 음식을 데우는 데 이용된다.

오답 피하기 ㄱ. A는 자외선으로 식기나 의료용 기기를 소독하는 데 이용된다.

❶ ○ ❷ × ❸ ○
❸ 전자기파는 진공에서 파장에 관계없이 모두 빛의 속력과 같다.

383 ③ 전자기파의 에너지는 진동수가 클수록 크다.

오답 피하기 ① 전자기파는 횡파이다.

② 전기장과 자기장의 진동 방향은 서로 수직이다.

④ 진공 중에서 전자기파의 속력은 빛의 속력과 같다.

⑤ 전자기파가 전파될 때 전기장과 자기장의 세기는 변한다.

384 A는 마이크로파, B는 자외선, C는 감마(γ)선이다.
마이크로파는 전자레인지에, 자외선은 살균 작용에, 감마(γ)선은 암 치료에 이용된다.

385 ㄱ. X선은 전자기파로 전자기파는 매질이 없는 공간에서도 전파된다.

ㄴ. (가)는 X선이고, (나)는 마이크로파이다. 따라서 진동수는 (가)에서가 (나)에서보다 크다.

ㄷ. (나)는 마이크로파이다. 마이크로파의 파장은 가시광선보다 길다.

386 ㄴ. B는 자외선으로 식기 살균기, 위조지폐 검사 등에 이용된다.

오답 피하기 ㄱ. A는 감마선으로 전파보다 진동수가 크다.

ㄷ. C는 적외선으로 리모컨, 열화상 카메라, 적외선 온도계, 적외선 센서 등에 이용된다. 위조지폐 검사에는 자외선이 이용된다.

387 모범 답안 A: 자외선
① 보라색 빛보다 파장이 짧다.
② 살균 작용을 한다.
③ 위조지폐의 판별, 식기 소독기 등에 이용된다.
B: 적외선
① 빨간색 빛보다 파장이 길다.
② 강한 열작용을 한다.
③ 적외선 온도계, 광통신, 리모컨 등에 이용된다.

채점 기준	배점
A, B의 전자기파와 특징을 옳게 서술한 경우	100%
A, B의 전자기파와 특징 중 한 가지만 옳게 서술한 경우	50%

388 모범 답안 A는 가시광선으로 카메라, 망원경, 현미경 등에 이용된다.

채점 기준	배점
명칭과 예를 옳게 서술한 경우	100%
명칭과 예 중 한 가지만 옳게 서술한 경우	50%

389 ④ **390** ⑤ **391** ② **392** ① **393** ② **394** ⑤ **395** ⑤
396 ③

389 ㄴ. 물체의 굴절률은 입사각과 굴절각의 사인값의 비와 같으므로

$$\dfrac{\dfrac{4칸}{반지름}}{\dfrac{2칸}{반지름}}=2$$이다.

ㄷ. 굴절률이 2이므로 전반사의 임계각은 $\sin i_c=\dfrac{1}{2}$에서 $i_c=30°$이다.

따라서 빛을 45°로 입사시키면 전반사가 일어난다.

오답 피하기 ㄱ. 빛의 파장은 굴절률에 반비례하므로 빛의 파장은 굴절률이 큰 물체에서가 공기에서보다 짧다.

390 ㄱ. 단색광이 매질 I에서 매질 II로 진행할 때 입사각이 굴절각보다 작으므로 매질 I의 굴절률이 매질 II의 굴절률보다 크다.

ㄴ. 매질 I의 굴절률이 매질 II의 굴절률보다 크므로 I과 III의 경계면에서의 임계각이 II와 III의 경계면에서의 임계각보다 작다. 따라서 P에서 전반사가 일어난다.

ㄴ. O점에서 입사각을 감소시키면 P점과 Q점의 입사각이 모두 증가하므로 P와 Q점에서 모두 전반사가 일어난다.

391 ㄴ. 입사각이 임계각보다 크므로 전반사가 일어나 매질 1에서만 빛이 진행한다.

오답 피하기 ㄱ. 빛이 굴절률이 큰 매질에서 굴절률이 작은 매질로 진행하고, 입사각이 임계각보다 클 때 전반사가 일어난다.

ㄷ. 빛이 매질 1을 진행해도 빛의 세기는 약해지지 않는다.

392 ㄱ. 전반사는 빛이 밀한 매질에서 소한 매질로 진행할 때 일어나므로 매질의 굴절률은 매질 1이 매질 2보다 작다. 따라서 단색광의 속력은 매질 1에서가 매질 2에서보다 크다.

오답 피하기 ㄴ. 매질 2의 굴절률은 매질 3의 굴절률보다 작으므로 단색광의 입사각을 θ보다 큰 각도로 입사시켜도 매질 2와 매질 3의 경계면에서 단색광은 전반사할 수 없다.

ㄷ. 단색광의 진동수는 매질에 관계없이 일정하므로 단색광의 진동수는 매질 2와 3에서 서로 같다.

393 ㄷ. θ_1의 입사각으로 B에서 A로 진행하던 빛은 경계면에서 전반사하고, B에서 C로 진행하는 빛은 전반사하지 못하였으므로 굴절률은 C가 A보다 크다. 따라서 C를 코어, A를 클래딩으로 만들어야 한다.

오답 피하기 ㄱ. (가)에서 A와 B 사이에의 입사각이 θ_1일 때 전반사가 일어나므로 임계각은 θ_1보다 작다.

ㄴ. i를 증가시키면 B와 A, B와 C의 경계면에서 입사각이 더 작아지므로 B와 C의 경계면에서 전반사가 일어나지 않는다.

394 ㄱ. A는 가시광선으로, 가시광선은 우리 눈으로 감지할 수 있는 전자기파로 각종 광학 기기에 이용된다.

ㄴ. B는 자외선, C는 적외선이므로 에너지의 크기는 B가 C보다 크다.

ㄷ. 진공에서는 전자기파의 종류와 관계없이 속력은 같다. 따라서 A, B, C의 속력은 모두 같다.

395 ㄱ. 눈으로 볼 수 있는 전자기파는 가시광선이다. (가)와 (나)는 가시광선이 아니므로 눈으로 볼 수 없다.

ㄴ. 모든 전자기파는 진공 중에서도 전파된다.

ㄷ. 감마(γ)선은 전자기파 중에서 파장이 가장 짧고, 에너지가 가장 크다.

396 ㄱ. 빛은 광섬유 속에서 전반사하여 멀리까지 전송된다.

ㄷ. 수신기의 광 검출기에서는 광섬유를 통해 전달되어 온 빛 신호가 전기 신호로 변환된다.

오답 피하기 ㄴ. 빛이 광섬유 속에서 전반사되기 위해서는 코어의 굴절률이 클래딩의 굴절률보다 커야 한다.

03. 파동의 간섭

397 중첩 원리 **398** 파동의 독립성 **399** 간섭 **400** $180°(=\pi)$
401 보강, 상쇄 **402** 짝수, 홀수 **403** (1) ◯ (2) ◯ (3) ✕

400 진폭과 파장이 같은 두 파동의 위상이 180° 차이가 나면 상쇄 간섭이 일어난다.

404 ④ **405** ② **406** ② **407** ⑤ **408** ③ **409** ⑤ **410** 해설 참조 **411** ④ **412** ⑤ **413** ③ **414** ④ **415** ② **416** 해설 참조 **417** ④ **418** ② **419** ④ **420** ⑤

404 ㄴ. 파동이 1초에 0.2 m씩 진행하므로 파동 A의 왼쪽 끝과 파동 B의 오른쪽 끝이 4초 후에 P에 도달하므로 (나)는 (가)로부터 4초일 때의 모습이다.

ㄷ. 3초 후에 두 파동이 위아래로 겹쳐져 상쇄 간섭이 일어나므로 진폭은 0이다.

오답 피하기 ㄱ. 점 P에서는 상쇄 간섭이 일어나는 지점이다.

❶ ○

❶ P에서는 상쇄 간섭이 일어나므로 진동하지 않는다.

405 같은 방향으로 진동하는 두 파동이 중첩되면 ⊙진폭이 커지고, 반대 방향으로 진동하는 두 파동이 중첩되면 ⊙진폭이 작아진다. 합성파의 변위는 그 지점에서 각 파동의 변위를 합한 것과 같아지는데, 이를 ⓒ중첩 원리라고 한다. 또한, 중첩되었던 두 파동은 중첩 후 중첩되기 전의 파형을 그대로 유지하면서 원래 방향으로 계속 진행한다. 이처럼 파동이 중첩되더라도 서로 영향을 주지 않는 성질을 파동의 ⓒ독립성이라고 한다.

406 중첩 원리와 파동의 독립성을 적용하면 파동의 진행 과정은 (가)−(다)−(라)−(나)이다.

407 A는 2초 후에 오른쪽으로 2칸을 이동하고, B는 2초 후에 왼쪽으로 2칸을 이동한다. 따라서 파동의 모습은 ⑤번이다.

408 1초 후에 합성파의 모습을 그리면 그림과 같다. 최대 변위는 $3a$ 이므로 $3a=6$에서 a는 2이다.

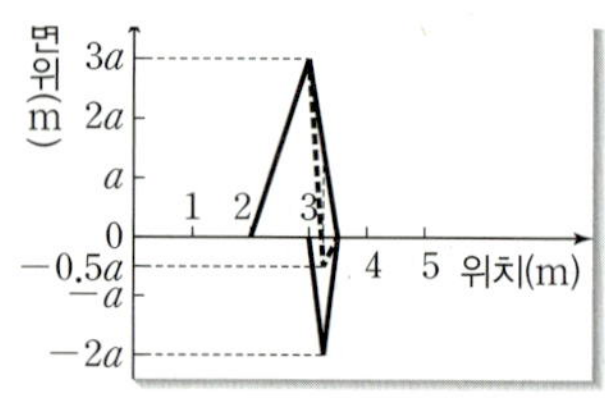

409 ㄱ. 속력이 1 m/s이고 파장이 2 m이므로 $v=\dfrac{\lambda}{T}$에서 $1=\dfrac{2}{T}$이 므로 주기는 2초이다.

ㄴ. 1.5초는 $\dfrac{3}{4}$주기에 해당하므로 각각의 파동이 $\dfrac{3}{4}\lambda$ 만큼씩 이동하게 되어 상쇄 간섭이 일어나 합성파의 변위는 0이 된다.

ㄷ. 2초는 한 주기이므로 두 파동은 각각 한 파장씩 이동하게 된다. 중첩된 파동의 변위 크기의 최댓값은 10 m이다.

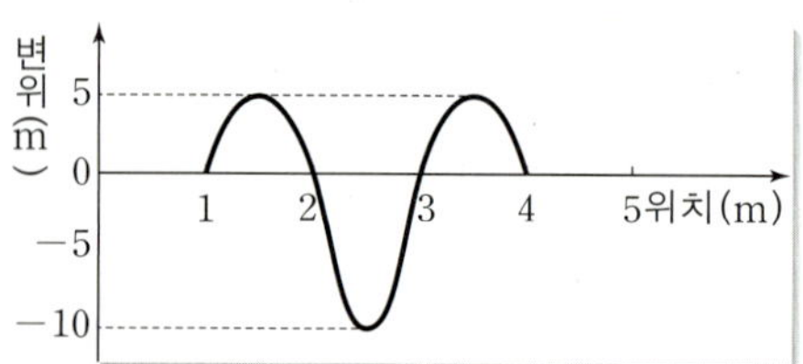

410 모범 답안 파동 A, B의 $\dfrac{3}{4}$주기 이후의 모습을 그리면 그림과 같다.

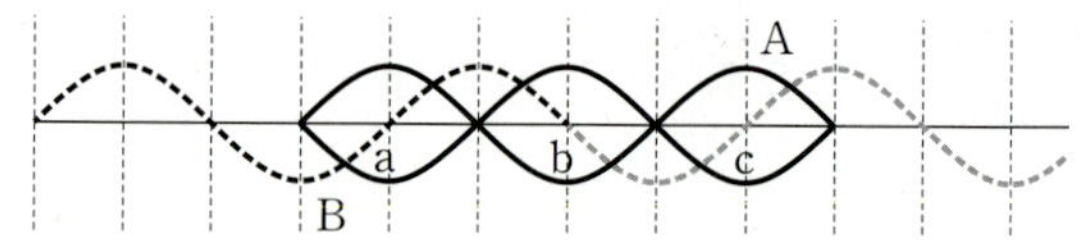

즉, 합성파는 $\underset{a\quad b\quad c}{\rule{3cm}{0.4pt}}$ 이고, 진폭이 0인 지점은 a, b, c이다.

채점 기준	배점
두 가지를 옳게 쓴 경우	100%
한 가지만 옳게 쓴 경우	50%

411 A: 마루와 마루가 만나 보강 간섭이 일어나는 지점으로 진폭은 $2y$이다.

B: 마루와 골이 만나 상쇄 간섭이 일어나는 지점으로 진폭은 0이다.

C: 골과 골이 만나 보강 간섭이 일어나는 지점으로 진폭은 $2y$이다.

❶ ○ ❷ ○ ❸ ○

❸ S_1과 S_2 사이에 마루와 골이 만나는 지점을 찾으면 4곳이 있다.

412 P점은 중앙선으로부터 첫 번째 상쇄 간섭이 일어나는 점이므로 두 점파원까지의 거리의 차이가 반파장이 되는 지점이다. 따라서 물결파의 파장은 $\dfrac{\lambda}{2}=(b-a)$에서 $\lambda=2(b-a)$이다.

413 A: 진폭이 A로 같은 두 파동이 보강 간섭하면 최대 변위는 $2A$이다.

C: 소음 제거 이어폰은 외부 소음과 반대 위상의 소음을 발생시켜 소음을 제거한다.

오답 피하기 B: 두 점파원으로부터 경로차가 파장의 정수배면 보강 간섭이 일어난다.

414 ㄱ. 점 P는 마루와 마루가 만나므로 보강 간섭이 일어난다.

ㄷ. P점과 Q점에서는 보강 간섭이 일어나므로 P에서와 Q에서의 진폭은 서로 같다.

오답 피하기 ㄴ. S_1, S_2와 Q 사이 경로차는 $\dfrac{\lambda}{2}$이고, S_1, S_2와 R 사이 경로차는 λ이다. 따라서 S_1, S_2로부터 경로차는 점 Q에서가 R에서보다 작다.

415 ㄴ. A, B의 파장이 6 cm일 때는 경로차가 λ이므로 보강 간섭이 일어난다.

오답 피하기 ㄱ. 점 P는 경로차가 16−10=6(cm)이므로 A, B의 파장이 3 cm일 때는 경로차가 2λ에 해당하므로 보강 간섭이 일어난다.

ㄷ. 점 Q에서는 경로차가 0이므로 A, B의 파장에 관계없이 보강 간섭이 일어난다.

416 모범 답안 A에서 P까지 B에서 P까지 경로차는 $(2L+L)-$

$L=2L$이다.

보강 간섭은 경로차 $2L=\dfrac{\lambda}{2}(2m)$ $(m=0,\ 1,\ 2,\ 3\ \cdots)$이다. 보강 간섭이 일어나는 가장 긴 파장은 경로차가 $2L=\lambda$일 때이므로 $\lambda=2L$이다.

상쇄 간섭은 경로차 $2L=\dfrac{\lambda}{2}(2m+1)$ $(m=0,\ 1,\ 2,\ 3\ \cdots)$이다. 상쇄 간섭이 일어나는 가장 긴 파장은 경로차가 $2L=\dfrac{\lambda}{2}$일 때이므로 $\lambda=4L$이다.

채점 기준	배점
두 가지를 옳게 서술한 경우	100%
한 가지만 옳게 서술한 경우	50%

417 ㄴ. P와 Q로부터 B_1까지 경로차는 $\dfrac{\lambda}{2}$이고, P와 Q로부터 B_2까지 경로차도 $\dfrac{\lambda}{2}$이다. 따라서 P와 Q로부터 경로차는 B_1에서와 B_2에서가 같다.

ㄷ. 두 음파가 서로 간섭하여 나타난 현상을 알아보는 실험으로, 파동의 간섭 현상을 알아보기 위한 것이다.

오답 피하기 ㄱ. A_1은 소리가 크게 들리는 지점으로 보강 간섭이 일어난다.

추가로 나오는 **선택지**

❶ ○ ❷ ○

❶ P와 Q로부터 A_0까지 떨어진 거리가 같으므로 경로차는 0이다.

418 S에서 발생한 음파는 A 경로와 B 경로를 통하여 C에 도달한다. B를 움직이지 않았을 때 상쇄 간섭이 일어나므로 A와 B의 경로차를 l이라 하면 $l=\dfrac{\lambda}{2}\times(2m+1)$ $(m=0,\ 1,\ 2,\ 3\ \cdots)$을 만족한다. B를 오른쪽으로 d만큼 이동하면 경로차는 $2d$만큼 증가하고 다시 상쇄 간섭이 일어나므로 $l+2d=\dfrac{\lambda}{2}\times(2m+3)$ $(m=0,\ 1,\ 2,\ 3\ \cdots)$이다. 따라서 $\lambda=2d$이다.

419 ㄴ. 렌즈에서 얇은 막의 위쪽과 아래쪽에서 반사된 빛이 서로 상쇄 간섭을 한다.

ㄷ. 비눗방울의 색이 여러 가지로 보이는 것은 비눗방울의 막의 두께에 따라 상쇄 간섭하는 빛의 파장이 다르기 때문이다.

오답 피하기 ㄱ. 입사하는 빛의 파장이 달라지면 상쇄 간섭이 일어나는 경로차가 변하므로 파장이 다른 빛을 상쇄 간섭하기 위해서는 막의 두께가 변해야 한다.

420 색소가 없는 모르포 나비의 날개가 푸른색을 띠는 것도 나비 날개의 표면 구조 때문에 나타나는 빛의 간섭 현상이다. 모르포 나비의 날개 표면을 확대해 보면 얇은 층이 여러 개 있는데, 이러한 얇은 층에서 각각 반사된 빛 가운데 파란색 빛이 보강 간섭을 하여 날개의 표면이 파란

색으로 보인다.

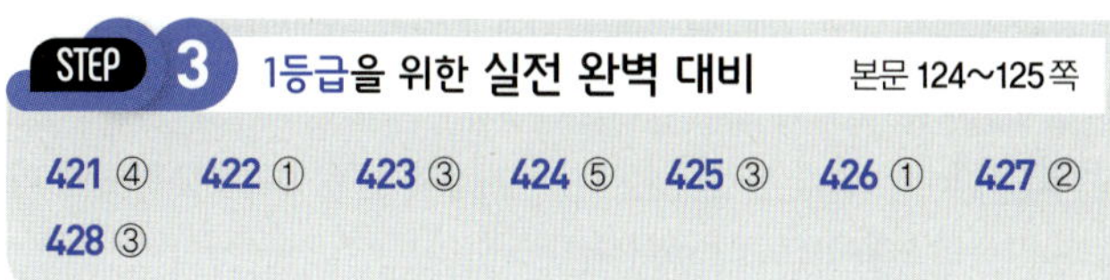

421 4초일 때 P의 변위가 3 cm로 최대이다.

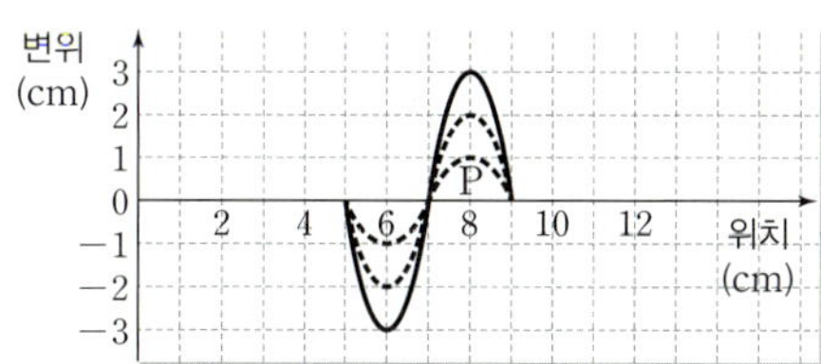

422 ㄱ. 같은 길이에 P는 7파장이 들어 있고, Q에는 6파장이 들어 있으므로 파장은 P에서가 Q에서보다 작다.

오답 피하기 ㄴ. P와 Q에서 파동의 속도가 같으므로 진동수는 P에서가 Q에서보다 크다.

ㄷ. 마루와 마루가 만난 D점에서 변위가 최대가 되고, 마루와 골이 만난 A점과 G점에서 변위가 0이다. A~G 사이에서 두 파동이 중첩되었을 때 변위가 최대인 곳은 1곳이다.

423 (가)에서 A에서는 마루와 마루가 만나 보강 간섭이 일어나고, B와 D에서는 골과 골이 만나서 보강 간섭이 일어난다. C와 E에서는 마루와 골이 만나 상쇄 간섭이 일어나 진동하지 않는다. 따라서 매질의 변위가 시간에 따라 변하는 지점은 A, B, D 3개이다.

424 진동수가 2배가 되면 파장은 $\dfrac{1}{2}$배가 되므로 점선과 실선 사이가 한 파장, 즉 λ가 된다. 경로차를 구하면 다음과 같다.

A는 $|6\lambda-8\lambda|=2\lambda$, B는 $|5\lambda-6\lambda|=\lambda$, C는 $|7\lambda-5\lambda|=2\lambda$, D는 $|6\lambda-3\lambda|=3\lambda$이다. 따라서 A~D 모두 보강 간섭이 일어난다.

425 그림과 같이 두 스피커와 P점을 잇는 점선을 그려 보면 스피커 S_2로부터 P점까지의 거리가 17 m임을 알 수 있다. 따라서 P점에서의 경로차는 2 m이다.

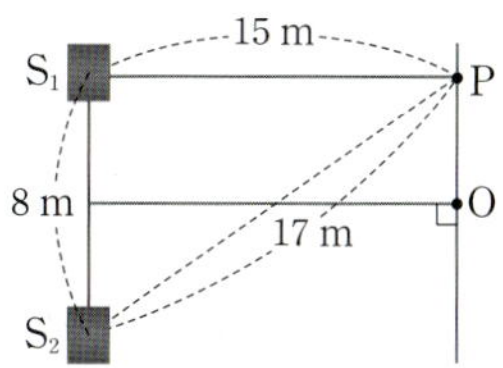

P점이 처음으로 소리가 약해지는 지점으로 경로차가 반파장 $\dfrac{\lambda}{2}$인 곳이다. 반파장 $\dfrac{\lambda}{2}$가 2 m이므로 스피커에서 나오는 소리의 파장 λ는 4 m

이다.

426 ㄱ. 두 파동의 위상이 반파장의 차이가 나므로 경로차가 파장의 정수배가 되는 곳은 모두 마디를 형성하게 된다. 따라서 S_1에서 4 cm, S_2에서 16 cm 떨어진 점의 진폭은 0이다.

오답 피하기 ㄴ. 보강 간섭이 일어나는 지점의 진폭의 최댓값은 원래 파동의 진폭의 2배이므로 2 cm이다.

ㄷ. P점에서는 상쇄 간섭이 일어나므로 마디에 해당된다. 따라서 P에서의 변위는 시간에 따라 변하지 않는다.

427 물 위에 기름이 떨어져 물 위에 뜬 얇은 기름 막에 나타난 무늬는 파동의 간섭과 관련된 현상이다.

ㄴ. 레이저 디스크판에 나타난 무지개는 파동의 간섭 현상 때문에 나타난 현상이다.

오답 피하기 ㄱ. 물방울에 의해 생기는 무지개는 백색광이 공기 중에서 물방울 속으로 입사하거나 백색광이 물방울에서 공기 중으로 나올 때 굴절하면서 파장에 따라 색이 나누어지는 현상이다.

ㄷ. 백색광을 프리즘에 비출 때 생기는 스펙트럼도 백색광이 공기 중에서 프리즘으로 입사하거나 백색광이 프리즘에서 공기 중으로 나올 때 파장에 따라 굴절률이 달라 색이 나누어지는 현상이다.

428 ㄱ. 무반사 코팅을 한 경우 빛이 반사되지 않고 렌즈를 투과하는 빛의 양이 많고, 무반사 코팅을 하지 않은 경우 입사하는 빛의 일부가 반사되므로 렌즈를 통과한 빛의 양은 B에서가 A에서 보다 많다.

ㄴ. 소음과 상쇄 소음의 위상이 같으면 진폭이 커져서 소음을 줄일 수 없다. 따라서 소음과 상쇄 소음의 위상은 서로 반대이다.

오답 피하기 ㄷ. 안경 렌즈에 얇은 막을 코팅하면 반사되는 빛들이 서로 상쇄 간섭하게 되고, 소음이 제거되는 과정에서 상쇄 간섭 원리가 적용된다. 따라서 (가)와 (나)는 파동의 간섭 현상과 관련 있다.

III-2. 빛과 물질의 이중성

01. 빛과 물질의 이중성

STEP 1 바로바로 개념 확인 본문 127쪽

429 광전 효과 **430** 문턱(한계) 진동수 **431** 일함수 **432** 띠 간격 **433** 빛, 비례 **434** 파동 **435** (1) ○ (2) ○ (3) × **436** 데이비슨·거머 **437** 클

435 (3) 빛의 입자성과 파동성은 동시에 나타나지 않는다.

STEP 2 알짜 문제로 실력 키우기 본문 128~131쪽

438 ① **439** ③ **440** ① **441** ④ **442** ③ **443** ⑤ **444** ⑤ **445** 해설 참조 **446** 해설 참조 **447** ⑤ **448** ⑤ **449** ① **450** ② **451** ⑤ **452** ② **453** ③ **454** 해설 참조

438 ㄱ. 금속판에 빛을 비추었을 때 광전자가 방출되는 현상을 광전 효과라고 하며 빛이 입자의 성질을 가졌음을 보여준다.

오답 피하기 ㄴ. 문턱 진동수보다 진동수가 큰 빛에 의하여 광전자가 방출되므로 문턱 진동수는 f_0보다 작다.

ㄷ. 빛의 진동수를 증가시키면 광전자의 최대 운동 에너지가 증가한다.

추가로 나오는 선택지

❶ × ❷ ○

❷ 방출되는 광전자의 수는 빛의 세기에 비례한다.

439 금속에 빛을 비추면 전자가 방출된다. 방출되는 전자가 가질 수 있는 최대 운동 에너지는 빛의 에너지에서 일함수를 뺀 값이다. 금속 A의 일함수 $W_A = 10 - 7.3 = 2.7(\text{eV})$이고, 금속 B의 일함수 $W_B = 10 - 8.5 = 1.5(\text{eV})$이다. 따라서 $W_A - W_B = 2.7 - 1.5 = 1.2(\text{eV})$이다.

440 ㄱ. A를 금속에 비출 때 광전자가 튀어나오므로 금속의 문턱 진동수는 A의 진동수 f_1보다 작다.

오답 피하기 ㄴ. A의 진동수의 2배인 B를 금속에 비추면 광전자가 방출되므로 ㉠은 '○'이다.

ㄷ. C의 진동수는 금속의 문턱 진동수보다 작으므로 아무리 센 빛의 세기로 비추더라도 광전자는 튀어나오지 않는다.

441 광전 효과에서 빛이 진동수가 f, 금속의 일함수가 W, 광전자 1개의 최대 운동 에너지가 E_k라고 할 때, $hf = W + E_k$이다.

ㄴ. 빛의 진동수가 f_0 이상일 때 광전자가 방출되므로 A의 문턱 진동수

는 f_0이다.

ㄷ. W는 일함수로 금속의 종류에 따라 달라진다.

오답 피하기 ㄱ. 그래프에서 직선의 기울기는 플랑크 상수(h)를 나타낸다.

442 ㄱ. 금속 A의 문턱 진동수는 f_3보다 작고, 금속 B의 문턱 진동수는 f_3보다 크므로 $f_1 < f_3 < f_2$이다.

ㄴ. 금속 A의 일함수는 $W_A = hf_1$이고, 금속 B의 일함수 $W_B = hf_2$이다. 따라서 A, B의 일함수의 비는 $hf_1 : hf_2$이다.

오답 피하기 ㄷ. 광전자의 최대 운동 에너지 $E_k = hf - hf_0$이므로 A, B에서 방출되는 광전자의 최대 운동 에너지 비는 $(f-f_1) : (f-f_2)$이다.

443 ㄱ. 태양 전지는 광전 효과를 이용하여 전기 에너지를 생산한다.

ㄴ. 태양 전지에서는 빛에너지가 전기 에너지로 전환된다.

ㄷ. 빛을 태양 전지에 비추면 광전 효과에 의해 전자가 한쪽 방향으로 이동하게 되므로 직류 전류가 흐른다.

444 ⑤ 전하 결합 소자(CCD)는 광전 효과를 이용한 예이다.

오답 피하기 ①, ②, ③, ④는 전자기 유도 현상을 이용한 예이다.

445 모범 답안 색상 필터는 R(빨간), G(초록), B(파랑) 중 해당 색의 빛만 통과시켜 컬러 영상을 얻고, 광센서는 빛의 세기를 측정하여 빛 신호를 전기 신호로 바꾸어 준다.

채점 기준	배점
색상 필터와 광센서의 역할을 옳게 서술한 경우	100%
색상 필터와 광센서의 역할 중 한 가지만 옳게 서술한 경우	50%

446 모범 답안 ⊙: 양(+), 광전자의 최대 운동 에너지는 광전자 한 개의 에너지에서 일함수를 뺀 값과 같다.($E_k = hf - W$)

채점 기준	배점
⊙와 광전자의 최대 운동 에너지를 옳게 서술한 경우	100%
⊙과 광전자의 최대 운동 에너지 중 한 가지만 옳게 서술한 경우	50%

447 ㄱ. 스크린에 나타난 간섭무늬를 통해 전자가 파동성을 가진다는 것을 알 수 있다.

ㄴ. 전자의 물질파 파장 $\lambda = \dfrac{h}{p} = \dfrac{h}{mv}$에서 전자의 물질파 파장은 전자의 속력에 반비례한다.

ㄷ. 전자의 속력이 변하면 물질파 파장이 변하면서 간섭무늬 사이의 간격이 변한다.

❶ ○ ❷ ○

❶ 전자의 물질파 파장 $\lambda = \dfrac{h}{p}$이므로 전자의 물질파 파장은 전자의 운

동량에 반비례한다.

448 물질파의 파장 $\lambda = \dfrac{h}{p} = \dfrac{h}{mv}$에서 $v = \dfrac{h}{\lambda m}$이다.

$v_A : v_B = \dfrac{h}{\lambda_0 \times 2m_0} : \dfrac{h}{4\lambda_0 \times 3m_0} = 6 : 1$이다.

449 ㄱ. 데이비슨·거머 실험으로 니켈 결정에 전자선을 입사시켰을 때 특정한 각을 이루는 곳에서 전자가 가장 많이 검출되었다. 이는 전자의 물질파가 회절되어 보강 간섭한 것으로 해석할 수 있다.

오답 피하기 ㄴ. (나)는 전자가 회절되는 모습으로 전자의 파동성을 알 수 있다.

ㄷ. 전자의 속도가 빠르면 파장이 짧아져서 회절이 잘 일어나지 않으므로 실험 결과가 잘 나타나지 않는다.

450 (가) 전자선이 X선과 유사한 회절 무늬를 만들어 내는 것을 통해 물질도 파동성을 가지고 있음을 알게 되었다.

(나) 이중 슬릿을 통과한 레이저 빛의 간섭무늬는 파동에서 볼 수 있는 현상으로 빛이 파동성을 가지고 있음을 보여주는 예이다.

(다) 광전 효과는 빛의 파동성으로는 설명할 수 없고, 광자설로 설명이 가능하므로 빛이 입자성을 가지고 있음을 보여준다.

451 ㄱ. 주사 전자 현미경은 전자선을 시료의 전체 표면에 차례대로 쪼일 때 시료에서 나오는 전자를 측정하는 현미경이다.

ㄴ. 전자의 속도가 빨라질수록 물질파의 파장이 짧아져서 분해능이 좋아진다.

ㄷ. 주사 전자 현미경은 투과 현미경보다 배율은 낮지만 시료 표면의 입체적인 영상을 관찰할 수 있다.

❶ ○ ❷ ○

❶ 시료의 표면에 전자를 쪼이므로 표면을 금속으로 얇게 코팅한다.

452 물질파의 파장은 운동량에 반비례한다. 따라서 속력이 클수록 물질파의 파장이 짧아지므로 더 작은 물체도 잘 구분할 수가 있다.

453 A: 광학 현미경은 전자 현미경보다 분해능이 나쁘다.

B: 전자 현미경에 사용되는 전자의 물질파 파장은 가시광선 영역의 파장보다 짧다.

오답 피하기 C: 전자 현미경은 전자의 파동성을 이용한 장치이다.

454 모범 답안 무늬의 간격이 같으므로 X선의 파장과 전자의 물질파 파장이 같다. 물질파 파장은 $\lambda = \dfrac{h}{p} = \dfrac{h}{\sqrt{2mE_k}}$이므로 입사시킨 전자의

운동 에너지 $E_k = \dfrac{h^2}{2m\lambda^2}$이다.

채점 기준	배점
X선과 물질파의 파장이 같다는 것과 전자의 운동 에너지를 옳게 서술한 경우	100%
X선과 물질파의 파장이 같다는 것과 전자의 운동 에너지 중 한가지만 옳게 서술한 경우	50%

STEP 3 1등급을 위한 실전 완벽 대비　　본문 132~133쪽

455 ②　**456** ④　**457** ④　**458** ①　**459** ④　**460** ⑤　**461** ⑤
462 ③　**463** ①

455 C: 광전 효과는 빛의 입자성의 증거이다.

오답 피하기　A: 전구에 불이 켜지지 않으므로 광전 효과가 일어나지 않았다. 따라서 빛의 진동수는 금속의 문턱 진동수보다 작다.

B: 금속의 문턱 진동수보다 빛의 진동수가 작을 때에는 빛의 세기를 증가시켜도 금속판에서 전자가 방출되지 않는다.

456 ㄱ. 전류의 방향이 A에서 B 방향이므로, 전자의 이동 방향은 B에서 A방향이다. 따라서 A에서 전자가 방출된다.

ㄴ. A에서 전자가 방출되었으므로 f_1은 금속판의 문턱 진동수보다 크고 f_2는 금속판의 문턱 진동수보다 작다. 따라서 $f_1 > f_0 > f_2$이다.

오답 피하기　ㄷ. 문턱 진동수보다 작은 빛의 세기를 증가시켜도 광전 효과가 발생하지 않으므로, 진동수가 f_2인 빛의 세기를 증가시켜도 전류의 세기는 변하지 않는다.

457 ㄱ. 금속에서 광전자가 방출되기 위한 최소한의 진동수를 문턱 진동수라고 한다. 빛을 금속에 비추었을 때 전자의 결합 에너지에 해당하는 에너지를 공급하여야 전자가 물질에서 분리되어 방출된다.

ㄷ. 빛의 세기가 증가할수록 광전자가 많이 방출되는 것은 빛의 세기가 광자의 수에 비례하는 것을 의미한다.

오답 피하기　ㄴ. 일함수는 금속에서 전자를 떼어 내는 데 필요한 최소한의 에너지로 금속의 종류에 따라 달라진다.

458 ㄱ. (가)의 금속판에서는 전자가 튀어나와 금속박이 오므라든 것이다.

오답 피하기　ㄴ. p−n 접합 다이오드의 접합부에 띠 간격보다 큰 에너지를 갖는 빛을 비추면 전자−양공 쌍이 생기고, 전자는 p형 반도체→n형 반도체로 이동하며, 양공은 n형 반도체→p형 반도체로 이동하여 전류가 흐른다.

ㄷ. (가)와 (나)는 광전 효과, 즉 빛의 입자성에 의해 나타나는 현상

이다.

459 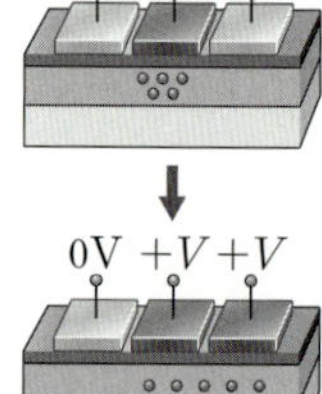

$+V$의 전압이 걸린 왼쪽 전극 아래에 전자들이 쌓인다.

가운데 전극에 $+V$의 전압을 걸어 주면 두 전극에 전자들이 고루 퍼진다.

왼쪽 전극의 전압을 0으로 하면 가운데 전극 아래에 전자들이 쌓인다.

오른쪽 전극에 $+V$의 전압을 걸어 주면 두 전극에 전자들이 고루 퍼진다.

따라서 전자가 왼쪽에서 오른쪽으로 이동하는 순서는 (라)−(나)−(다)이다.

460 운동하는 입자의 물질파 파장 $\lambda = \dfrac{h}{p} = \dfrac{h}{mv} = \dfrac{h}{\sqrt{2mE_k}}$에서

$E_k = \dfrac{h^2}{2m\lambda^2}$이다. 따라서 $\dfrac{E_A}{E_B} = \dfrac{\dfrac{h^2}{\lambda_0^2}}{\dfrac{h^2}{81\lambda_0^2}} = 81$이다.

461 ㄱ. 광원에서 나온 빛은 광학 기기에 의해 회절하여 밝고 어두운 회절 무늬를 만든다.

ㄴ. 파장이 긴 빨간색 빛을 사용하면 두 점이 한 덩어리로 보이고, 파장이 짧은 파란색 빛을 사용하면 두 점이 구분된다. 따라서 (가)의 광원에서는 빨간색 빛이 방출된다.

ㄷ. 분해능은 광학 기기가 인접한 물체의 상을 구별할 수 있는 능력으로 (나)에서가 (가)에서보다 좋다.

462 전자의 물질파 파장은 가시광선의 파장보다 짧아 분해능이 좋다.

463 ㄱ. A는 주사 전자 현미경(SEM)이다.

오답 피하기　ㄴ. B는 투과 전자 현미경으로 2차원 단면을 얻는다.

ㄷ. 최고 배율은 투과 전자 현미경이 주사 전자 현미경보다 10배 정도 높다. 따라서 최고 배율은 A가 B보다 작다.

I-01. 물체의 운동

02 ~ 03쪽

464 ⑤　465 ③　466 ①　467 ⑤　468 ③　469 ⑤　470 ②
471 ③

464 ㄱ. A에서 D까지 이동 거리는 18 m이고 걸린 시간은 50초이므로 평균 속력은 0.36 m/s이다.

ㄴ. 변위는 출발점에서 도착점까지의 직선 거리이므로 변위의 크기가 최대인 순간은 C를 통과할 때이고, 크기는 $6\sqrt{2}$ m이다.

ㄷ. A에서 B까지 변위의 크기는 6 m이고 걸린 시간이 10초이므로 평균 속도의 크기는 0.6 m/s이다. B에서 C까지 변위의 크기는 6 m이고 걸린 시간이 20초이므로 평균 속도의 크기는 0.3 m/s이다. 따라서 평균 속도의 크기는 A에서 B까지가 B에서 C까지보다 크다.

465

자료 정리

등가속도 직선 운동하는 물체의 운동 분석

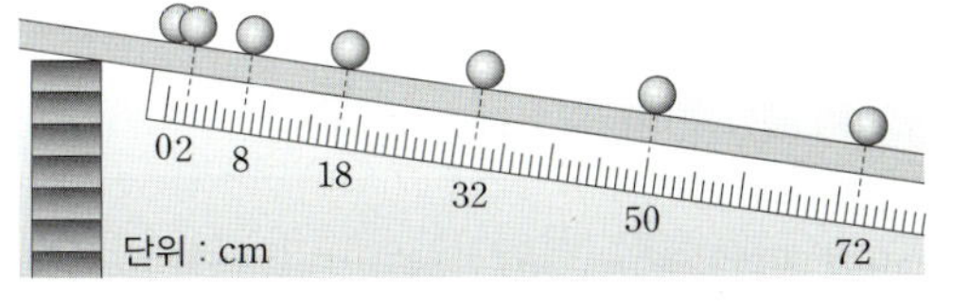

시간(s)	0	0.1	0.2	0.3	0.4	0.5	0.6
위치(cm)	0	2	8	18	32	50	72
속력(m/s)		0.2	0.6	1.0	1.4	1.8	2.2	

(1) 구간 속력이 0.1초 동안 0.4 m/s씩 증가하므로 가속도의 크기는 4 m/s²이다.
(2) 처음 속력이 0이므로 $v=4t$이고 $S=2t^2$이다.

ㄱ. 속력이 0.1초 마다 0.4 m/s씩 증가하므로 가속도의 크기는 4 m/s²이다.

ㄷ. 1초일 때 위치는 $S=\dfrac{1}{2}\times4\times t^2$에서 2 m이다.

오답 피하기 ㄴ. 0.5초일 때 속력은 $v=4t$에서 2.0 m/s이다.

466

자료 정리

가속도-시간 그래프와 속도-시간 그래프

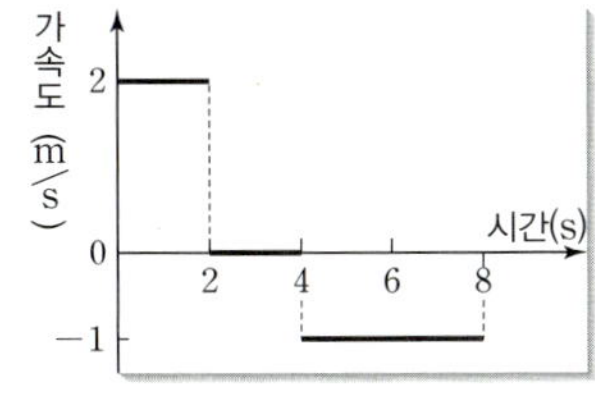

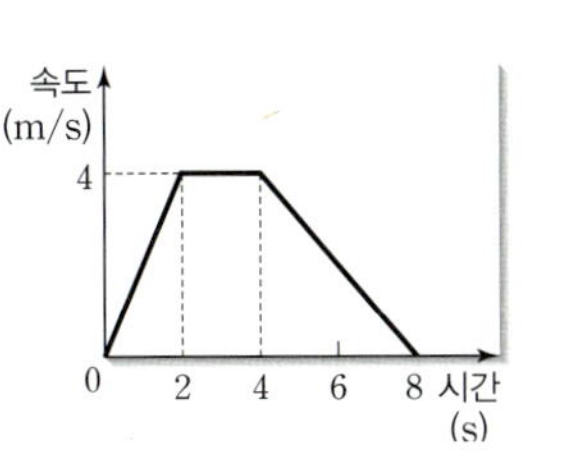

(1) 물체는 0~2초 구간에서 등가속도 운동, 2~4초 구간에서 등속 운동, 4~8초 구간에

서 등가속도 운동한다.
(2) 가속도-시간 그래프에서 면적이 속도의 변화량이다.
  • 0초부터 2초까지 4 m/s만큼 증가하고, 4초부터 8초까지 4 m/s만큼 감소한다.

ㄱ. 가속도-시간 그래프에서 면적이 속도 변화량이므로 2초일 때 속도의 크기는 4 m/s이고 6초일 때 속도의 크기는 2 m/s이다. 따라서 순간 속력은 2초일 때가 6초일 때의 2배이다.

오답 피하기 ㄴ. 0초부터 2초까지 물체는 가속 운동하고 2초부터 4초까지는 등속 운동, 4초부터 8초까지는 감속 운동하여 8초일 때 정지한다. 0초부터 8초까지 물체의 운동 방향은 항상 (+) 방향이므로 변위의 크기는 0이 아니다.

ㄷ. 6초일 때는 속도는 (+)이고 가속도가 (−)이므로 운동 방향과 가속도 방향이 반대이다.

467 ㄱ. 등가속도 직선 운동할 때 평균 속력은 처음 속력과 나중 속력의 평균값이므로 PQ 구간과 QR 구간의 평균 속력은 각각 $\dfrac{3}{2}v$, $3v$이다. 따라서 QR 사이의 평균 속력은 PQ 사이의 평균 속력의 2배이다.

ㄴ. P, Q, R 사이의 거리가 같으므로 걸린 시간은 PQ 사이가 QR 사이의 2배이다. $a_1=\dfrac{v}{2t}$, $a_2=\dfrac{2v}{t}$이므로 $a_2=4a_1$이다.

ㄷ. PQ, QR 사이의 거리가 같고 평균 속력은 QR 사이가 PQ 사이의 2배이므로 걸린 시간은 각각 $2t$, t이다. 따라서 P에서 R까지 이동하는 데 걸린 시간은 $3t$이므로 Q에서 R까지 이동하는 데 걸린 시간의 3배이다.

468

자료 정리

속력-시간 그래프 분석

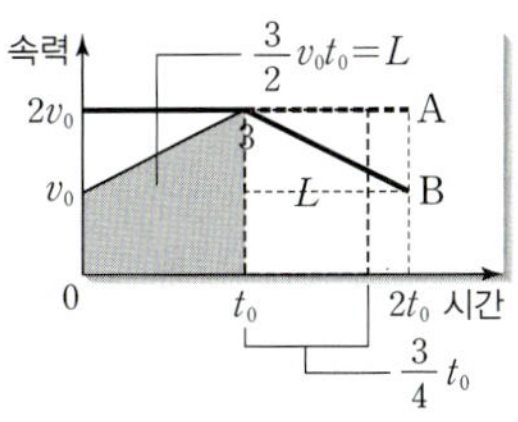

(1) 0부터 t_0까지 A가 이동한 거리는 $L=\dfrac{3}{2}v_0t_0$이다.
  • B가 이동한 거리는 $2v_0t_0=\dfrac{4}{3}L$이다.
(2) A가 $x=2L$인 지점을 통과하는 시간은 $\dfrac{7}{4}t_0$이다.
  • B가 이동한 거리는 $\dfrac{4}{3}L+\dfrac{13}{16}L=\dfrac{103}{48}L$이다.

t_0일 때 A가 $x=L$ 지점을 통과하므로 $\dfrac{3}{2}v_0t_0=L$이다. 이때 B가 이동한 거리는 $2v_0t_0=\dfrac{4}{3}L$이므로 t_0일 때 B의 위치는 $2L-\dfrac{4}{3}L=\dfrac{2}{3}L$이다.

A가 $x=L$인 지점에서 $x=2L$인 지점까지 이동하는 데 걸린 시간을 t라고 하면 $2v_0t-L=\dfrac{3}{2}v_0t_0$에서 $t=\dfrac{4}{3}t_0$이므로 A는 $\dfrac{7}{4}t_0$일 때 $x=2L$

인 지점을 통과한다. 0부터 $\frac{7}{4}t_0$까지 B의 이동 거리는

$$2v_0t_0+\frac{2v_0+\frac{5}{4}v_0}{2}\times\frac{3}{4}t_0=\frac{103}{32}v_0t_0=\frac{103}{48}L$$ 이므로 $\frac{7}{4}t_0$일 때 B의 위

치는 $x=-\frac{7}{48}L$이다.

469 단진자 운동은 속도의 크기와 방향이 매 순간 변하고 가속도의 크기와 방향도 매 순간 변하는 운동이다.

470 ㄴ. 철수와 영희의 가속도 방향은 모두 중심 O쪽이다.

오답 피하기 ㄱ. 원운동할 때 속도의 방향은 접선 방향이고 가속도의 방향은 중심 방향이다.

ㄷ. 철수와 영희가 한 바퀴 도는 데 걸리는 시간은 같고 반지름이 큰 영희의 이동 거리가 크므로 순간 속력은 영희가 철수보다 크다. 반 바퀴 회전하였을 때 속도의 변화량의 크기는 순간 속도의 크기의 2배이므로 영희가 철수보다 크다.

471 ㄷ. 속도 변화량의 방향은 가속도의 방향과 같다. 물체가 포물선 운동할 때 가속도가 항상 연직 아래 방향이므로 속도 변화량의 방향은 A에서 B까지와 B에서 C까지가 같다.

오답 피하기 ㄱ. A, B, C는 이등변 삼각형의 세 꼭지점이므로 A에서 C까지 변위의 크기는 A에서 B까지 변위의 크기의 2배가 될 수 없다.

ㄴ. 가속도 방향은 물체에 작용하는 알짜힘의 방향과 같으므로 B에서 가속도 방향은 연직 아래 방향이다.

I-02. 뉴턴 운동 법칙　　　　04 ～ 05쪽

472 ⑤　**473** ①　**474** ③　**475** ②　**476** ⑤　**477** ①　**478** ①
479 ⑤　**480** ①

472 ⑤ 자석이 쇠구슬에 작용하는 힘의 작용점은 쇠구슬에 있고 쇠구슬이 자석에 작용하는 힘의 작용점은 자석에 있다.

오답 피하기 ① 쇠구슬의 질량이 $0.2\,kg$이고 가속도의 크기가 $1\,m/s^2$이므로 F의 크기는 $0.2\,N$이다.

②, ③, ④ 자석이 쇠구슬에 작용하는 힘과 쇠구슬이 자석에 작용하는 힘은 작용 반작용 관계이므로 크기가 같고 방향은 반대이다. 따라서 자석의 가속도 크기는 $2\,m/s^2$이다.

473 ① 힘은 두 물체 사이의 상호 작용이다.

오답 피하기 ②, ④ 물체에 힘이 작용하면 물체의 운동 상태가 변하므로 정지한 물체에 힘이 작용하면 물체가 운동한다.

③ 두 물체가 서로에게 작용하는 힘의 크기는 같다.

⑤ 질량이 $1\,kg$인 물체의 가속도가 $1\,m/s^2$일 때 작용하는 힘의 크기가 $1\,N$이다.

474 B의 운동 방정식은 $T_2-10=1\times1$이므로 $T_2=11\,N$이다. A의 운동 방정식은 $T_1-(10+T_2)=1\times1$이므로 $T_1=22\,N$이다. 따라서 $T_1:T_2=2:1$이다.

475

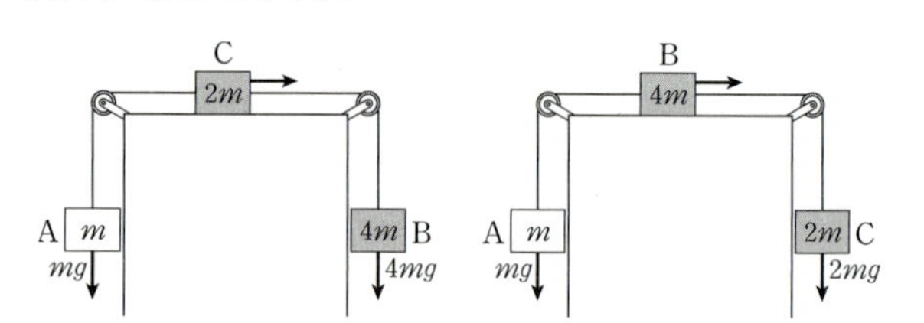

자료 정리

세 물체에 작용하는 힘과 가속도

(1) 세 물체의 가속도의 크기가 최대일 때는 세 물체에 작용하는 알짜힘의 크기가 최대일 때이다.
 · C를 수평면에 놓고 A와 B를 C에 연결한다.
(2) 세 물체의 가속도의 크기가 최소일 때는 세 물체에 작용하는 알짜힘의 크기가 최소일 때이다.
 · B를 수평면에 놓고 A와 C를 B에 연결한다.

A의 가속도가 최대일 때는 $4\,mg-mg=7ma_1$에서 $a_1=\frac{3}{7}g$이고, A의 가속도가 최소일 때는 $2\,mg-mg=7ma_2$에서 $a_2=\frac{1}{7}g$이다. 따라서 $\frac{a_1}{a_2}=3$이다.

476 ㄱ. 용수철이 늘어나는 동안 A, B가 받는 힘의 크기는 같다. 용수철이 늘어나는 동안 가속도의 크기가 A가 B보다 작으므로 질량은 A가 B보다 크다.

ㄴ. 용수철이 늘어나는 동안 A는 가속도 운동한다. 이때 쇠구슬은 정지한 상태를 유지하려는 관성이 있으므로 가속도 방향과 반대 방향으로 기울어진다.

ㄷ. B는 오른쪽으로 가속도 운동하는데 물의 관성이 코르크 마개의 관성보다 크므로 코르크 마개는 오른쪽으로 기울어진다.

477 ㄱ. 실이 추에 작용하는 힘의 크기를 T라고 하면 물체와 추의 운동 방정식은 각각 $T=Ma$, $mg-T=ma$이다. 따라서 추에 작용하는 알짜힘의 크기는 $mg-Ma$이다.

오답 피하기 ㄴ. $mg=(M+m)a$에서 $a=\frac{m}{M+m}g$이다.

ㄷ. 물체의 질량이 2배가 되면 가속도의 크기는 $a'=\frac{m}{2M+m}g$이므로 $\frac{1}{2}$배가 아니다.

자료 정리

세 물체에 작용하는 힘

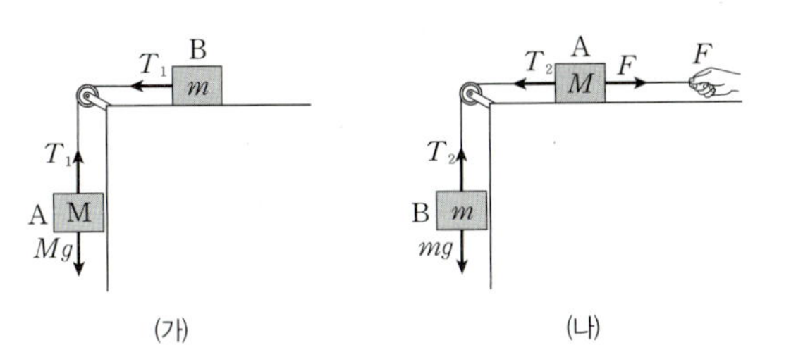

(가)   (나)

(1) (가)에서 A, B에 작용하는 알짜힘은 각각 $Mg-T_1$, T_1이다.
- $Mg-T_1=\dfrac{1}{3}Mg$.

(2) (나)에서 A, B에 작용하는 알짜힘은 각각 T_2-F, $mg-T_2$이다.
- $T_2-F=-\dfrac{1}{3}Mg$, $mg-T_2=-\dfrac{1}{3}mg$

ㄴ. (나)에서 운동 방정식은 $F-mg=\dfrac{3}{2}m\times\dfrac{1}{3}g$이므로 $F=\dfrac{3}{2}mg$이다.

오답 피하기 ㄱ. A의 질량을 M이라고 하면, (가)에서 운동 방정식은 $Mg=\dfrac{(M+m)g}{3}$이므로 $M=\dfrac{1}{2}m$이다.

ㄷ. (가), (나)에서 p가 A에 작용하는 힘을 각각 T_1, T_2라고 하면, $\dfrac{1}{2}mg-T_1=\dfrac{1}{2}m\times\dfrac{1}{3}g$, $\dfrac{3}{2}mg-T_2=\dfrac{1}{2}m\times\dfrac{1}{3}g$에서 $T_1=\dfrac{1}{3}mg$, $T_2=\dfrac{4}{3}mg$이다.

479 추의 질량을 m이라고 하면 가속도의 크기는 각각 $\dfrac{10m}{m+m_A}=\dfrac{1}{0.3}$, $\dfrac{10m}{m+m_B}=\dfrac{2}{0.3}$이므로 $m_A=2m$, $m_B=\dfrac{1}{2}m$이다. 따라서 $\dfrac{m_A}{m_B}=4$이다.

480 ㄱ. A가 B에 작용하는 힘과 B가 A에 작용하는 힘은 작용 반작용 관계이다.

오답 피하기 ㄴ. A에 작용하는 중력은 B, C가 A를 받치는 힘의 합력과 평형을 이룬다.

ㄷ. 바닥이 C를 받치는 힘의 크기는 C에 작용하는 중력과 A가 C에 작용하는 힘의 합력이다.

I-03. 운동량과 충격량   06 ~ 07쪽

481 ① 운동량 보존에서 $60\times12+48\times2=60v+48\times12$이므로 $v=4$ m/s이다.

오답 피하기 ② A가 B를 밀면 B도 A를 민다. 따라서 A가 B를 밀 때 A도 B로부터 미는 힘을 받는다.

③ A가 받은 충격량과 B가 받은 충격량의 크기는 같지만 방향이 반대이다.

④ B의 운동량 변화량의 크기는 $48(12-2)=480$ kg·m/s이다.

⑤ B를 밀 때 A가 받는 힘은 A의 운동 방향과 반대이므로 A의 가속도 방향은 운동 방향과 반대이다.

482 ㄱ. t_1일 때 스톤의 속력이 v이므로 운동량의 크기는 mv이다.

ㄷ. t_2 이후에 스톤은 등속 운동하므로 운동량의 크기가 일정하다. 따라서 선수가 스톤에게 작용한 충격량이 0이고 스톤이 선수에게 작용한 충격량도 0이다.

오답 피하기 ㄴ. 0부터 t_2까지 운동량의 변화량이 mv이므로 평균 힘의 크기는 $\dfrac{mv}{t_2}$이다.

483

자료 정리

충돌과 상대 속도

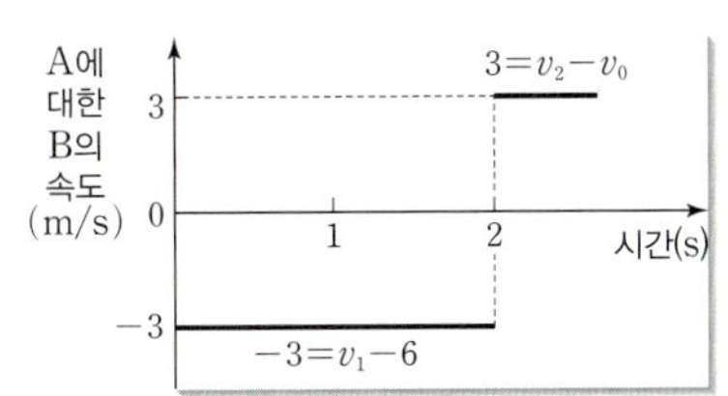

(1) 충돌 후 A의 속도를 v_0, 충돌 전후 B의 속력을 각각 v_1, v_2라고 하면 $-3=v_1-6$, $3=v_2-v_0$이다.

(2) 충돌 과정에서 A, B가 받은 충격량의 크기는 같고 방향은 반대이다.
➡ $2m(v_0-6)=-m(v_2-v_1)$

ㄴ. 충돌 후 A, B의 운동량의 크기는 각각 $8m$, $7m$이므로 A가 B보다 크다.

ㄷ. 충돌하는 동안 A, B의 속도의 변화량의 크기는 각각 2 m/s, 4 m/s이므로 B가 A보다 크다.

오답 피하기 ㄱ. 충돌 후 A의 속도를 v_0, 충돌 전후 B의 속력을 각각 v_1, v_2라고 하면 $-3=v_1-6$, $3=v_2-v_0$이다. A의 질량을 $2m$이라고 하면 A의 운동량 변화량은 $2m\times(v_0-6)$이고 B의 운동량 변화량은 $m\{(v_0+3)-3\}$이다. 따라서 $v_0=4$ m/s이고 충돌 후 B의 속력은 7 m/s이다.

484 물체가 첫 번째로 A를 통과할 때의 속력이 v이면, 물체가 두 번째와 세 번째로 통과할 때의 속력은 각각 $-\dfrac{v}{2}$, $\dfrac{v}{3}$이다. 물체가 Q와 충돌 전후 속력이 각각 v, $-\dfrac{v}{2}$이므로 Q와 충돌할 때 받은 충격량의 크기

는 $\frac{3}{2}mv$이다. 물체가 P와 충돌 전후 속력이 각각 $-\frac{v}{2}$, $\frac{v}{3}$이므로 P와 충돌할 때 받은 충격량의 크기는 $\frac{5}{6}mv$이다. 따라서 $I_P : I_Q = 5 : 9$이다.

485 (가), (나), (다)에서 한덩어리가 된 후 속력을 각각 v_1, v_2, v_3라고 하면 $mv = 2mv_1$, $2mv = 2mv_2$, $2mv = 3mv_3$이므로 $v_1 = \frac{1}{2}v$, $v_2 = v$, $v_3 = \frac{2}{3}v$이다. 정지한 물체가 받은 충격량의 크기는 속도 변화량의 크기에 비례하므로 $I_1 : I_2 : I_3 = 3 : 6 : 4$이다.

486 ㄱ. 달걀이 물체와 충돌하기 직전의 속력이 같으므로 중력으로부터 받은 충격량의 크기는 같다.

ㄴ. 충돌하기 직전의 속력이 같고 충돌 후 정지하므로 물체와 충돌하는 동안 달걀이 받은 충격량의 크기는 같다.

오답 피하기 ㄷ. 물체와 충돌하는 시간이 (가)에서보다 (나)에서 더 크므로 달걀이 받은 평균 힘의 크기는 (가)에서가 (나)에서보다 더 크다.

487

자료 정리

운동량 변화량과 힘-시간 그래프

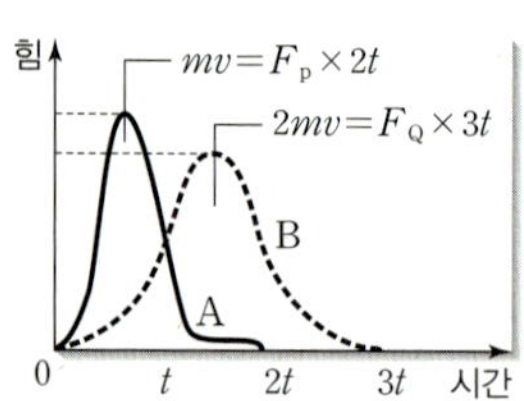

(1) P와 Q의 나중 속력이 각각 v, $2v$이므로 운동량 변화량의 크기는 Q가 P의 2배이다.
➡ 힘-시간 그래프에서 면적이 Q가 P의 2배이다.
(2) 힘이 작용하는 시간이 각각 $2t$, $3t$이다.
➡ $mv = F_P \times 2t$, $2mv = F_Q \times 3t$

ㄱ. 운동량 변화량의 크기가 Q가 P의 2배이므로 P가 받은 힘의 크기를 나타낸 그래프는 A이다.

오답 피하기 ㄴ. P, Q가 받은 평균 힘의 크기는 각각 $\frac{mv}{2t}$, $\frac{2mv}{3t}$이므로 Q가 P보다 크다.

ㄷ. A, B가 받은 충격량의 크기는 힘-시간 그래프 아래의 면적이므로 Q가 P의 2배이다.

488 ㄱ. 구름판은 용수철이 팽창하면서 학생에게 힘이 작용하는 시간이 커지도록 한다.

ㄷ. 착지할 때 무릎을 구부리면 충돌하는 시간이 증가하여 학생이 받는 평균 힘의 크기가 감소한다.

오답 피하기 ㄴ. 매트는 충돌 시간을 길게하므로 학생이 받는 충격력의 크기를 줄이지만 충격량은 변하지 않는다.

I-01. 역학적 에너지 보존　　08 ~ 10쪽

489 ②　**490** ①　**491** ③　**492** ②　**493** ④　**494** ③　**495** ①
496 ①　**497** ②　**498** ⑤　**499** ②　**500** ②

489 힘의 방향으로 물체가 이동할 때, 힘은 물체에 일을 한 것이다.

ㄷ. 손이 용수철을 미는 힘에 의해 용수철은 압축되어 정지했으므로 손이 용수철을 미는 힘이 한 일은 용수철의 탄성 퍼텐셜 에너지로 저장되었다.

오답 피하기 ㄱ. 지게차가 물체에 힘을 작용하여 힘이 작용하는 방향으로 물체가 이동하였으므로 지게차는 일을 했다.

ㄴ. 물체에 중력이 작용하였고, 중력의 방향과 반대 방향으로 물체는 이동하였으므로 물체에 중력이 한 일은 $-mgh$이다.(m은 물체의 질량, h는 물체의 이동 거리, g는 중력 가속도)

490 사람의 역학적 에너지는 일정하게 보존된다.

ㄱ. A에서 사람은 최저점에 도달하여 순간 정지한다. 이때 트램펄린의 탄성력이 최대이므로 탄성 퍼텐셜 에너지도 최대이다.

오답 피하기 ㄴ. B에서 사람의 중력 퍼텐셜 에너지가 최대로 역학적 에너지의 크기와 같으며 운동 에너지는 0이다.

ㄷ. 역학적 에너지는 보존되어, 감소하거나 증가하지 않는다.

491 물체의 역학적 에너지와 탄성 퍼텐셜 에너지의 합은 일정하다.

ㄱ. 물체의 중력 퍼텐셜 에너지는 수평면으로부터의 높이에 비례하므로 물체의 중력 퍼텐셜 에너지는 A에서가 B에서의 2배이다.

ㄷ. A에서의 중력 퍼텐셜 에너지는 E에서의 탄성 퍼텐셜 에너지와 같다. 물체의 질량이 m, 중력 가속도가 g, 용수철 상수가 k일 때, $mgh = \frac{1}{2}kL^2$이다. B에서 물체의 운동 에너지는 $\frac{1}{2}mgh$이고, D에서 물체의 운동 에너지는 $mgh - \frac{1}{2}k\left(\frac{1}{2}L\right)^2 = mgh - \frac{1}{8}kL^2 = mgh - \frac{1}{4}mgh = \frac{3}{4}mgh$이다. 따라서 물체의 운동 에너지는 D에서가 B에서의 $\frac{3}{2}$배이다.

오답 피하기 ㄴ. 용수철의 탄성 퍼텐셜 에너지는 변형된 길이의 제곱에 비례한다. 변형된 길이는 E에서가 D에서의 2배이므로 용수철의 탄성 퍼텐셜 에너지는 E에서가 D에서의 4배이다.

492 구간 A를 지나기 전 물체의 역학적 에너지는 보존되므로 $2mgh + \frac{1}{2}mv^2 = mgh + \frac{1}{2}m(2v)^2$에서 $mgh = \frac{3}{2}mv^2$이고, F가 한 일만큼 역학적 에너지가 감소하였으므로 A를 지나기 전 물체의 역학적 에너지는 구간 A에서 F가 한 일의 양 W와 mgh의 합과 같다. $mgh + \frac{1}{2}m(2v)^2 = W + mgh$에서 $W = 2mv^2 = \frac{4}{3}mgh$이다.

493 p, q, r에서 물체의 역학적 에너지는 일정하다.

ㄱ. 물체가 p에서 q까지 이동하는 동안 물체에는 중력이 작용하고, 중력이 작용한 방향과 반대 방향으로 h만큼 이동하였으므로 중력이 물체에 한 일의 크기는 mgh이다.

ㄴ. 물체의 역학적 에너지는 일정하므로 r에서 물체의 속력은 p에서와 같은 v_1이다.

오답 피하기 ㄷ. 물체의 역학적 에너지가 보존되므로 p에서 물체의 운동 에너지는 q에서 물체의 운동 에너지와 중력 퍼텐셜 에너지의 합과 같다. 따라서 $\frac{1}{2}mv_1{}^2=\frac{1}{2}mv_2{}^2+mgh$에서 $v_1{}^2-v_2{}^2=2gh$이다.

494 물체는 등속도 운동하므로 물체에 작용한 알짜힘의 크기는 0이다.

ㄱ. 물체에 작용하는 알짜힘의 크기는 0이므로 F가 줄을 당기는 힘의 크기는 줄이 A를 당기는 힘의 크기와 같고, 줄이 A를 당기는 힘의 크기는 A에 작용하는 중력의 크기와 같으므로 F의 크기는 mg이다.

ㄴ. F가 A에 일을 했더니 A의 운동 에너지 변화는 없고 A의 중력 퍼텐셜 에너지만 증가하므로 F가 한 일은 mgh이다.

오답 피하기 ㄷ. A에 작용한 알짜힘의 크기는 0이므로 A에 작용한 알짜힘이 한 일은 0이다.

495 힘이 한 일은 물체의 운동 에너지 변화량과 같다.

ㄴ. 물체의 최대 운동 에너지가 8 J이므로 물체의 최대 속력을 v라고 하면, $8=\frac{1}{2}\times4\times v^2$에서 $v=2$ m/s이다.

오답 피하기 ㄱ. 물체는 4 m를 이동할 때까지 운동 방향으로 힘을 받으므로 물체의 최대 운동 에너지는 4 m를 이동하였을 때이다.

ㄷ. 물체는 4 m에서 L까지 운동 반대 방향으로 F를 받아 정지하므로 $8=\frac{1}{2}\times8\times(L-4)$에서 $L=6$ m이다.

496 A의 중력 퍼텐셜 에너지, 충돌 전 A의 운동 에너지, 충돌 후 B의 운동 에너지, 탄성 퍼텐셜 에너지의 최댓값은 모두 같다.

ㄱ. 충돌 전 A의 운동 에너지와 충돌 후 B의 운동 에너지, 충돌 전 A의 속력과 충돌 후 B의 속력이 같으므로 A와 B의 질량은 m으로 같다.

오답 피하기 ㄴ. 충돌 후 B의 속력 v는 충돌 전 A의 속력과 같고, 충돌 전 A의 역학적 에너지가 보존되므로 $mgh=\frac{1}{2}mv^2$에서 $v=\sqrt{2gh}$이다.

ㄷ. 용수철 상수가 k일 때, 용수철의 탄성 퍼텐셜 에너지의 최댓값은 B의 운동 에너지와 같고, B의 운동 에너지는 mgh와 같으므로 $\frac{1}{2}kL^2=mgh$에서 $k=\frac{2\,mgh}{L^2}$이다.

497 궤도를 따라 운동하는 수레의 역학적 에너지는 일정하다.

ㄴ. A와 B에서 수레의 역학적 에너지는 같으므로 $mgh+\frac{1}{2}m(2v_0)^2=2mgh+\frac{1}{2}mv_0{}^2$에서 $mgh=\frac{3}{2}mv_0{}^2$이다. 따라서 $h=\frac{3v_0{}^2}{2g}$이다.

오답 피하기 ㄱ. A, B, C에서 수레의 역학적 에너지는 같으므로 B에서 수레의 중력 퍼텐셜 에너지는 C에서 수레의 운동 에너지보다 작다.

ㄷ. A와 C에서 수레의 역학적 에너지는 같으므로 $mgh+\frac{1}{2}m(2v_0)^2=\frac{1}{2}mv^2$에서 $v=\sqrt{7}v_0$이다.

498 수레의 운동 에너지와 탄성 퍼텐셜 에너지의 최댓값은 같다.

ㄱ, ㄴ. 수레의 운동 에너지는 $\frac{1}{2}\times2\times2^2=4(\mathrm{J})$이고, 용수철이 최대로 압축된 길이는 0.1 m이므로 탄성 퍼텐셜 에너지의 최댓값은 $\frac{1}{2}\times k\times(0.1)^2=4$이다. 수레의 운동 에너지와 탄성 퍼텐셜 에너지의 최댓값은 같으므로 $\frac{1}{2}\times k\times(0.1)^2=4$에서 $k=800$ N/m이다.

ㄷ. 4초일 때 수레가 용수철에 의해 받는 탄성력의 크기는 $800\times0.1=80$ N이므로 수레의 가속도의 크기는 $\frac{80}{2}=40(\mathrm{m/s^2})$이다.

499 용수철의 탄성 퍼텐셜 에너지의 최댓값은 A와 B의 운동 에너지의 합과 같다.

ㄴ. A와 B의 운동 에너지의 합은 용수철의 탄성 퍼텐셜 에너지의 최댓값과 같으므로, 용수철이 원래 상태에서 최대로 압축된 길이를 L이라 면, $\frac{1}{2}m(2v)^2+\frac{1}{2}\times2m\times v^2=\frac{1}{2}kL^2$에서 $\sqrt{\frac{6m}{k}}\,v$이다.

오답 피하기 ㄱ. 운동량 보존 법칙에 의해 용수철이 분리되는 순간 A, B의 운동량의 합은 0이어야 하므로 A의 속력은 $2v$이다.

ㄷ. 용수철에서 분리된 후 A와 B는 각각 역학적 에너지가 보존되므로 A에서 $mgh_1=\frac{1}{2}m(2v)^2$, B에서 $2mgh_2=\frac{1}{2}\times2m\times v^2$이다. 따라서 $\frac{h_1}{h_2}=4$이다.

500 A가 O에서 Q까지 이동하는 동안 용수철의 탄성 퍼텐셜 에너지 증가량은 B의 중력 퍼텐셜 에너지 감소량과 같다.

역학적 에너지 보존에 의해 A가 O에서 Q까지 이동하는 동안 용수철의 탄성 퍼텐셜 에너지 증가량은 B의 중력 퍼텐셜 에너지 감소량과 같으므로 $8\times10\times2x=\frac{1}{2}\times100\times(2x)^2$에서 $x=0.8(\mathrm{m})$이다. A가 P를 통과하는 순간 감소한 탄성 퍼텐셜 에너지는 증가한 B의 중력 퍼텐셜 에너지와 증가한 A, B의 운동 에너지의 합과 같다. P를 지나는 순간 A와 B의 속력은 같으므로 A의 운동 에너지가 E_{kA}일 때, B의 운동 에너지는 $2E_{kA}$이다. 따라서 $\frac{1}{2}\times100\times(1.6)^2-\frac{1}{2}\times100\times(0.8)^2$

$=3E_{kA}+8\times10\times0.8$에서 $E_{kA}=\dfrac{32}{3}$ J이다.

I-02. 열역학 제1법칙
11 ~ 12쪽

501 ③ **502** ① **503** ② **504** ② **505** ③ **506** ③ **507** ⑤ **508** ⑤

501 기체가 단열 팽창하면 기체는 외부에 일을 하고, 일을 한만큼 내부 에너지가 감소한다.

ㄱ. 기체가 팽창하였으므로 기체는 외부에 일을 하였다.

ㄴ. 기체가 외부 일을 한만큼 기체의 내부 에너지가 감소하였으므로 기체의 온도는 감소하였다.

> **오답 피하기** ㄷ. 기체가 단열 팽창하면 기체의 압력은 감소한다.

502 단열 압축된 기체의 압력과 온도는 증가한다.

ㄱ. (가) → (나) 과정에서 기체는 단열 압축되어 부피가 감소하였으므로 기체의 압력은 증가하였다.

> **오답 피하기** ㄴ. 기체는 단열 상태에서 외부로부터 일을 받으므로 내부 에너지가 증가하였고, 기체의 온도도 증가하였다. 따라서 기체의 온도는 (나)에서가 (가)에서보다 높다.

ㄷ. 기체의 온도는 (나)에서가 (가)에서보다 높으므로 기체 분자 1개의 운동 에너지도 (나)에서가 (가)에서보다 크다.

503 Q는 A와 B의 내부 에너지 증가량의 합과 같다.

ㄴ. (가) → (나) 과정에서 A의 부피와 압력이 증가하였으므로 A의 온도도 증가하였다.

> **오답 피하기** ㄱ. (가) → (나) 과정에서 B가 단열 압축되었으므로 기체의 압력은 증가하였다. (가), (나)에서 피스톤은 힘의 평형을 이루며 정지해 있으므로 A의 압력은 (나)에서가 (가)에서보다 크다.

ㄷ. Q는 A의 내부 에너지 증가량과 A가 B에 한 일의 합과 같다. A가 B에 한 일은 B의 내부 에너지 증가량과 같으므로 Q는 A와 B의 내부 에너지 증가량의 합과 같다.

504 등압 팽창 과정에서 기체가 흡수한 열은 기체의 내부 에너지 증가량과 기체가 한 일의 합과 같다

ㄴ. (나) → (다) 과정에서 기체는 일을 받은 만큼 기체의 내부 에너지가 증가했으므로 기체의 온도는 (다)에서가 (나)에서보다 크다.

> **오답 피하기** ㄱ. (가) → (나) 과정에서 기체는 부피가 서서히 증가하였으므로 기체의 압력은 일정하다. 기체는 열을 흡수하여 내부 에너지가 증가하고 외부에 일을 하였으므로 기체가 흡수한 열은 기체의 내부 에너지 증가량보다 크다.

ㄷ. (가) → (나) 과정과 (나) → (다) 과정에서 기체의 부피 변화는 같지만, 기체의 압력은 (가) → (나) 과정에서보다 (나) → (다) 과정에서가 크므로 (나) → (다) 과정에서 기체가 받은 일은 (가) → (나) 과정에서 기체가 한 일보다 크다.

505 기체가 한 일은 (가)에서가 (나)에서보다 크고 (가)와 (나)에서 기체의 온도 변화는 같으므로 기체가 흡수한 열은 (가)에서가 (나)에서보다 크다.

ㄱ. 압력과 부피의 곱이 A에서가 B에서보다 작으므로 기체의 온도는 A에서가 B에서보다 작다.

ㄴ. 기체가 하는 일은 경로의 밑면적과 같으므로 (가)에서가 (나)에서보다 크다.

> **오답 피하기** ㄷ. (가)와 (나)에서 기체의 온도 변화는 같고, 기체가 하는 일은 (가)에서가 (나)에서보다 크므로 기체아 흡수한 열은 (가)에서가 (나)에서보다 크다.

506 A 과정에서 기체는 열을 흡수하고, A와 B 과정에서 기체는 외부에 일을 하고, C와 D 과정에서 기체는 열을 방출한다.

ㄱ. 기체의 부피가 증가하면 기체는 일을 한다. 따라서 기체가 일을 하는 과정은 A, B이다.

ㄷ. 기체의 내부 에너지가 감소하려면 기체의 온도가 감소해야 한다. 따라서 기체의 내부 에너지가 감소하는 과정은 B, C이다.

> **오답 피하기** ㄴ. A~D 중 기체가 열을 흡수하는 과정은 A이며, 기체는 열을 흡수하여 외부에 일을 하고 내부 에너지가 증가한다. 과정 D에서 기체가 열을 방출한다.

507 기체의 압력이 일정할 때, 기체의 부피는 절대 온도에 비례한다.

ㄱ. T_0에서 이상 기체의 부피가 0이 되므로 T_0는 절대 영도(0 K)이다.

ㄴ. 기체의 내부 에너지는 온도에만 비례하므로 T일 때 A와 B의 내부 에너지는 같다.

ㄷ. 샤를 법칙에 의해 압력이 일정할 때 기체의 부피는 온도에 비례한다.

508 등온 팽창 과정에서 기체는 열을 흡수하고, 등압 팽창 과정에서 기체는 일을 하고 내부 에너지가 증가하며 등적 과정에서 기체는 일을 하지 않는다.

ㄱ. A와 C에서 $\dfrac{부피}{절대온도}$가 일정하므로 기체의 압력은 A와 C에서 같다.

ㄴ. A → B 과정은 등온 팽창 과정이므로 기체가 흡수한 열과 기체가 한 일은 같다.

ㄷ. 부피가 팽창하면 기체는 외부에 일을 한 것이다. A → B 과정에서 기체는 등온 팽창하므로 외부에 일을 하였으나, A → D 과정에서는 기체의 부피가 일정하므로 기체는 외부에 일하지 않았다. 따라서 기체가 한 일은 A → B 과정에서가 A → D 과정에서보다 크다.

509 ④　**510** ⑤　**511** ④　**512** ③

509 무질서도가 증가할수록 엔트로피는 크다.

ㄴ. (가) → (나) 과정은 비가역 과정이므로 (나) → (가) 과정은 저절로 일어나지 않는다.

ㄷ. A에서의 기체 분자수가 (가)에서가 (나)에서보다 많으므로 A에서의 압력은 (가)에서가 (나)에서보다 크다.

오답 피하기 ㄱ. (가)에서보다 (나)에서 기체의 무질서도가 더 크므로 엔트로피는 (나)에서가 (가)에서보다 크다.

510 고온의 물체와 저온의 물체를 접촉하면 열의 이동에 의해 열평형 상태가 된다.

ㄱ. t_0 이후에 온도 변화가 없으므로 열평형 상태이다.

ㄴ. 0에서 t_0까지 A에서 B로 열이 이동하는 것은 저절로 일어나지만 그 반대 현상은 일어나지 않으므로 비가역 과정이다

ㄷ. 열은 A와 B 사이에서만 이동하므로 A가 잃은 열에너지와 B가 얻은 열에너지는 같다.

511 열기관의 열효율은 $\dfrac{\text{한 일}}{\text{공급받은 열}}$이다.

ㄴ. $W=Q_1-Q_2=\dfrac{5}{4}Q_2-Q_2=\dfrac{1}{4}Q_2=0.25\,Q_2$이다.

ㄷ. 열역학 제2법칙에 의해 $Q_2=0$인 열기관, 즉 열효율이 $100\,\%$인 열기관은 제작할 수 없다.

오답 피하기 ㄱ. 열효율은 $0.2=1-\dfrac{Q_2}{Q_1}$이므로 $Q_2=0.8\,Q_1$이다.

512 압력－절대 온도 그래프에 보일·샤를 법칙을 적용할 수 있어야 한다.

ㄱ. A → B 과정에서 기체의 절대 온도는 일정하고 기체의 부피는 B에서가 A에서보다 작으므로 기체는 등온 압축 과정에서 열을 방출한다. 따라서 기체의 엔트로피는 감소한다.

ㄴ. B → C 과정에서 기체의 부피가 증가하므로 기체는 외부에 일을 한다.

오답 피하기 ㄷ. C → A 과정에서 기체의 부피는 일정하고 온도와 압력이 감소하므로 기체는 열을 방출한다.

중단원 확인 문제

513 ③　**514** ②　**515** ④　**516** ②　**517** ①　**518** ⑤　**519** ③
520 ⑤　**521** ⑤　**522** ③　**523** ②　**524** ①　**525** ④　**526** ⑤

513 마이컬슨–몰리 실험의 결과로 에테르가 없다는 것이 증명되었다.

ㄱ. 빛이 파동이라고 가정할 때, 빛이 이동하는데 필요한 매질을 에테르라고 하였다.

ㄴ. (나)에서 배를 빛으로, 물을 에테르로 생각할 때, 물에 의해 배의 속력이 차이가 나듯이 에테르 효과에 의해 빛의 속력에 차이가 날 것이라고 생각하였다.

오답 피하기 ㄷ. 어떤 경우에도 빛의 속력에 차이가 나타나지 않았다.

514 광원과 관찰자의 운동에 관계없이 빛의 속력은 c이다.

ㄴ. 광속 불변 원리에 의해 빛의 속력은 c이다.

오답 피하기 ㄱ. 빛의 속력은 광원과 관찰자의 운동에 관계없이 c로 측정되므로 상대 속도의 영향을 받지 않는다.

ㄷ. 광속 불변 원리에 의해 빛의 속력은 광원과 관찰자의 속력을 더하고 뺄 수 없으므로 (나)와 (다)에서 관찰자가 측정한 빛의 속력은 c로 같다.

515 특수 상대성 이론에 의해 시간 지연과 길이 수축 현상이 나타난다.

ㄴ. A가 측정할 때, B는 우주선 뒤쪽 방향으로 속력 $0.9\,c$로 이동한다.

ㄷ. B가 측정한 A의 시간은 시간 지연에 의해 자신의 시간보다 느리게 간다.

오답 피하기 ㄱ. A가 측정한 우주선의 앞쪽에서 뒤쪽까지의 길이는 고유 길이이므로 길이 수축에 의한 길이 L보다 길다.

516 A에게 동시에 일어난 사건은 B에게 동시에 일어난 사건이 아닐 수 있다.

ㄴ. B가 측정할 때, 광원에서 방출된 빛이 뒤쪽 벽으로 운동하는 동안 뒤쪽 벽은 광원과 가까워지는 방향으로 운동하고, 빛이 앞쪽 벽으로 운동하는 동안 앞쪽 벽은 광원과 멀어지는 방향으로 운동하므로 빛은 앞쪽 벽보다 뒤쪽 벽에 먼저 도달한다.

오답 피하기 ㄱ. A는 우주선에 대해 정지해 있으므로 A가 측정할 때 빛은 우주선의 앞쪽 벽과 뒤쪽 벽에 동시에 도달한다.

ㄷ. A가 측정할 때 B의 속력은 우주선의 운동 방향과 반대 방향으로 v이다.

517 길이 수축은 운동 방향에 대해서만 나타나는 현상이다.

특수 상대성 이론에서 길이 수축은 운동 방향에 대해서만 나타나는 현

상이므로 상자의 길이는 x축 방향의 길이만 L_x보다 짧게 측정되고 y축과 z축 방향으로는 고유 길이 L_y, L_z로 측정된다.

518 빛이 왕복하는 시간을 B가 측정하면 시간 지연 현상이 나타난다.

ㄴ. B가 측정할 때, 빛이 한 번 왕복하는데 걸리는 고유 시간은 시간 지연에 의해 t_0보다 길다.

ㄷ. 광속 불변 법칙에 의해 빛의 속력은 c이다.

오답 피하기 ㄱ. B가 측정할 때, 빛이 왕복하는 동안 우주선도 운동을 하므로 빛의 왕복 경로는 대각선으로 측정한다. 따라서 빛이 한 번 왕복하는데 이동한 거리는 $2l$보다 크다.

519 ㄱ. 우주선에서 측정할 때, v의 속도로 운동하는 지구의 시간은 지연되므로 지구에서 빛 신호를 보내는 시간 간격은 t_0보다 크다.

ㄴ. 지구에서 측정할 때, t_0동안 우주선이 v의 속도로 이동한 거리는 vt_0으로 측정된다.

오답 피하기 광속 불변의 법칙에 따르면 빛의 속력은 어떤 관성계에서 측정해도 c로 동일하다.

520 B가 측정한 지구에서 행성까지의 거리는 고유 거리이고, A가 측정할 때 지구에서 행성까지의 거리는 짧아진 거리이다.

ㄱ. A가 측정할 때, 지구에서 행성까지의 거리는 길이 수축에 의해 고유 거리인 7광년보다 짧게 측정된다.

ㄴ. A가 측정할 때, 우주선이 지구에서 행성까지 이동하는 데 걸리는 시간은 7광년보다 짧아진 거리를 속력 $0.7c$로 나눈 값이므로 10년보다 짧다.

ㄷ. B가 측정할 때, A의 시간은 시간 지연에 의해 자신의 시간보다 느리게 간다.

521 B에 대해 정지한 좌표계에서 일어난 사건을 A가 측정하면 지연된 시간이 측정되고, v가 커질수록 시간 지연 효과는 커진다.

ㄴ. A가 측정할 때, 회전판이 한 바퀴 회전하는데 걸리는 시간은 고유 시간 T_0보다 길게 측정된다.

ㄷ. A가 측정할 때, v가 커질수록 시간 지연 효과도 커져서 회전판이 한 바퀴 회전하는 데 걸리는 시간도 더 지연된다.

오답 피하기 ㄱ. A가 측정할 때, 회전판은 A의 운동 방향으로 길이가 R보다 작게 측정되므로 타원 모양이다.

522 ㄱ. A에서 B의 속력을 측정할 때 상대 속도의 크기와 B에서 A의 속력을 측정할 때 상대 속도의 크기는 서로 같다.

ㄴ. A에서 측정할 때, 길이 수축에 의해 B의 길이는 고유 길이 L_0보다 짧다.

오답 피하기 ㄷ. B에서 측정할 때에도 길이 수축에 의해 A의 길이는 고유 길이 L_0보다 짧다. 따라서 q가 s를 지나는 순간 p는 r를 지나지 못한다.

523 A와 B는 서로 정지한 관성 좌표계이고, C는 A, B에 대해 움직이는 관성 좌표계이다.

ㄴ. B가 측정할 때, A가 탄 우주선의 길이는 고유 길이이고 C가 탄 우주선의 길이는 짧아진 길이이므로 A가 탄 우주선의 길이가 C가 탄 우주선의 길이보다 크다.

오답 피하기 ㄱ. A가 측정할 때, B의 시간은 고유 시간이고 C의 시간은 늘어난 시간이므로 C의 시간은 B의 시간보다 느리게 간다.

ㄷ. 광속 불변 원리에 의해 C가 측정한 빛의 속력은 c이다.

524 A가 관찰할 때, p에서 나온 빛이 q를 향해 진행하는 동안 q는 p를 향해 진행하고, q에서 나온 빛이 p를 향해 진행하는 동안 p는 q와 멀어지는 방향으로 진행한다.

ㄱ. B가 측정할 때, p와 q에서 동시에 방출된 빛이 자신에게 동시에 도달하므로 B와 p 사이의 거리는 B와 q 사이의 거리와 같다.

오답 피하기 ㄴ. 광속 불변 원리에 의해 A가 측정할 때, p와 q에서 나온 빛의 속력은 같다.

ㄷ. A가 관찰할 때, p에서 나온 빛이 q를 향해 진행하는 동안 q는 p를 향해 진행하고, q에서 나온 빛이 p를 향해 진행하는 동안 p는 q와 멀어지는 방향으로 진행하므로 q에서 나온 빛이 p에 도달하는 데 걸리는 시간은 p에서 나온 빛이 q에 도달하는데 걸리는 시간보다 더 크다.

525 $L=L_0\sqrt{1-\left(\dfrac{v}{c}\right)^2}$이므로 v가 c에 가까이 갈수록 $L=0$에 수렴하여 $\dfrac{L}{L_0}$은 0에 수렴하고, v에 따른 $\sqrt{1-\left(\dfrac{v}{c}\right)^2}$를 적용하면 가장 적절한 그래프는 ④번이다.

526 v가 증가할수록 특수 상대성 이론에 의한 시간 지연과 길이 수축의 정도도 증가한다.

ㄱ. B가 측정할 때, 광원에서 나온 빛이 p와 q에 동시에 도달하였으므로 고유 거리는 광원에서 p까지의 거리가 광원에서 q까지의 거리보다 크다. 따라서 A가 측정할 때, 광원에서 나온 빛은 p보다 q에 먼저 도달한다.

ㄴ. p와 q 사이의 거리는 길이 수축에 의해 B가 측정할 때가 A가 측정할 때보다 짧다.

ㄷ. v가 증가할수록 로런츠 인자$\left(\dfrac{1}{\sqrt{1-\left(\dfrac{v}{c}\right)^2}}\right)$가 증가하므로 B가 측정할 때, 운동 방향으로 우주선의 길이는 점점 짧아진다.

527 ⑤　**528** ④　**529** ③　**530** ①　**531** ③　**532** ③

527 관찰자에 대한 물체의 상대 속도의 크기가 클수록 물체의 질량은 증가한다.

ㄱ. A에서 측정한 뮤온의 수명이 고유 수명이므로 A는 뮤온에 대해 정지한 좌표계에 있다. 따라서 A의 속력은 $0.99c$이다.

ㄴ. 뮤온은 산에 대해 움직이는 좌표계이므로 짧아진 높이이고, B는 산에 대해 정지한 좌표계이므로 고유 길이(높이)이다. 따라서 산의 높이는 뮤온의 좌표계에서 측정할 때가 B가 측정할 때보다 작다.

ㄷ. A가 측정한 뮤온의 속력은 0이고, B가 측정한 뮤온의 속력은 $0.99c$이다. 관찰자에 대한 물체의 상대 속도의 크기가 클수록 물체의 질량은 증가하므로 뮤온의 질량은 B가 측정할 때가 A가 측정할 때보다 크다.

528 질량을 가진 입자는 질량·에너지 동등성에 의해 에너지가 될 수 있다.

ㄴ. 지면에 정지한 관찰자가 측정할 때 붕괴 전 파이온의 속력이 매우 크므로 파이온의 질량은 정지 질량보다 크다.

ㄷ. 파이온은 질량을 가진 입자이므로 질량·에너지 동등성에 의해 에너지로 전환될 수 있다.

> **오답 피하기**　ㄱ. 광속 불변 원리에 의해 진공에서 빛 a, b의 속력은 같다.

529 원자력 발전은 핵분열을 이용하여 에너지를 얻는다.

ㄱ. 원자력 발전소에서는 무거운 원자핵이 가벼운 원자핵으로 쪼개지는 핵반응이 일어나므로 핵분열이 발생한다.

ㄷ. 200 MeV는 핵분열 과정에서 결손된 질량이 질량·에너지 동등성에 의해 에너지로 전환된 것이다.

> **오답 피하기**　ㄴ. 핵반응 과정에서 질량 결손이 일어나므로 질량은 보존되지 않는다.

530 핵융합 과정에서 결손된 질량은 질량·에너지 동등성에 의해 에너지가 된다.

ㄱ. 핵융합 전후에 질량수는 보존되므로 핵융합 전과 후에 질량수의 합은 같다.

> **오답 피하기**　ㄴ. 질량수 보존과 전하량 보존에 의해 ㉠은 중성자($_0^1$n)이다.

ㄷ. 핵융합 과정에서도 질량은 결손되며, 결손된 질량은 질량·에너지 동등성에 의해 에너지가 된다.

531 핵반응 전후에 질량수와 양성자수는 일정하게 보존된다.

ㄱ. A는 가벼운 원자핵이 융합하여 무거운 원자핵이 되므로 핵융합 과

정이다.

ㄴ. A에서 핵반응 전 질량수는 4, 양성자수는 2이므로 ㉠의 질량수는 1, 양성자수는 0이다. 따라서 ㉠은 중성자($_0^1$n)이다.

> **오답 피하기**　ㄷ. B에서 핵반응 전 질량수는 236, 양성자수는 92이고, 핵반응 후 질량수는 234+㉡, 양성자수는 92이므로 핵반응 후 ㉡은 2이다.

532 태양의 질량은 시간이 지날수록 감소한다.

ㄱ. 태양의 핵융합에 의해 발생한 에너지는 질량·에너지 동등성에 따라 그 크기가 mc^2와 같다.

ㄴ. 태양은 핵융합 과정에서 질량 결손이 일어나므로 시간이 지날수록 질량이 감소한다.

> **오답 피하기**　ㄷ. 태양의 핵은 핵융합 반응이 일어나야 하므로 초고온 상태를 유지한다.

중단원 확인 문제

II-1. 전기 19 ~ 23쪽

533 ③	534 ⑤	535 ⑤	536 ③	537 ③	538 ⑤	539 ②
540 ④	541 ①	542 ⑤	543 ①	544 ③	545 ①	546 ②
547 ⑤	548 ①	549 ③	550 ①	551 ①	552 ①	

533 (가)의 실험은 러더퍼드는 알파(α)입자 산란 실험을 통해 원자의 중심에는 원자 질량의 대부분을 차지하는 양($+$)전하를 띠는 원자핵이 존재한다는 것을 발견한 실험이고, (나)의 실험과 같은 음극선 실험 결과를 통해서 톰슨은 음극선이 음($-$)전하를 띤 전자라는 것을 알아내었다.

ㄱ. A는 원자핵이므로 러더퍼드는 알파(α) 입자 산란 실험인 (가)의 실험에서 발견된 입자이다.

ㄴ. B는 전자이므로 (나)의 실험 결과를 통해서 음($-$)전하를 띠고 있다는 사실을 알아내었다.

오답 피하기 ㄷ. 양($+$)전하를 띠고 있는 A와 음($-$)전하를 띠고 있는 B 사이에 서로 당기는 전기력이 작용하므로 B가 원운동을 할 수 있다. 따라서 A와 B 사이에는 전기력이 작용하고 있다.

534 톰슨은 음극선 실험에서 발견된 전자의 개념을 도입한 원자 모형을 제시하였고, 러더퍼드는 α 입자 산란 실험에서 발견된 원자핵이 원자의 중심에 있고, 그 둘레를 전자가 돌고 있는 원자 모형을 제시하였다.

ㄴ. (나)는 원자핵이므로 α 입자 산란 실험을 통해서 발견되었다.

ㄷ. 보어는 러더퍼드의 원자 모형에서 설명하지 못한 수소 원자의 선 스펙트럼을 원자 속의 전자는 아무 곳에서 존재하는 것이 아니라 특별한 에너지를 가진 궤도에만 존재하는 원자 모형을 제시하였다. 따라서 (다)는 수소 원자의 선 스펙트럼이다.

오답 피하기 ㄱ. 원자 질량의 대부분을 차지하는 입자는 (가)에서 발견된 전자가 아니라 (나)에서 발견된 원자핵이다.

535 톰슨은 음극선 실험을 통해서 전자를 발견하였고, 러더퍼드는 α 입자 산란 실험을 통해서 원자핵을 발견하였다.

ㄱ. ㉠은 전자이므로 모든 물질에 존재한다.

ㄴ. 러더퍼드는 α 입자 산란 실험을 통해서 원자핵을 발견하였다.

ㄷ. 수소 원자에서 전자가 가질 수 있는 에너지는 불연속적이다. 따라서 수소 원자에서 방출되는 빛에 의해서 선 스펙트럼이 만들어진다.

536 A에 작용하는 전기력이 0이므로 B와 C는 다른 종류의 전하이고, 전하량의 크기는 C가 B보다 크다.

ㄱ. B와 C가 다른 종류의 전하이므로 B은 양($+$)전하이다. B와 C가 서로 당기는 방향의 전기력이 작용하지만 B가 왼쪽으로 기울어져 있으므로 A와 B 사이에도 서로 당기는 전기력이 작용한다. 따라서 A는 음

($-$)전하이다.

ㄷ. C가 오른쪽 방향으로 기울어져 있으므로 서로 밀어내는 전기력이 작용하는 A가 C에게 작용하는 전기력의 크기가 서로 당기는 전기력이 작용하는 B와 C 사이에 작용하는 전기력의 크기보다 크다.

오답 피하기 ㄴ. B는 양($+$)전하, C는 음($-$)전하이므로 B와 C 사이에는 서로 당기는 전기력이 작용한다.

537 A에 작용하는 전기력이 0이다. 따라서 C가 A에게 작용하는 전기력의 크기와 B, D가 A에 작용하는 전기력의 합력의 크기는 같다.

ㄱ. A와 C 사이에 서로 밀어내는 전기력이 작용하므로 B, D와 A 사이에는 서로 당기는 전기력이 작용한다. 따라서 A가 양($+$)전하이므로 B와 D는 음($-$)전하이다.

ㄴ. C가 A에게 작용하는 전기력의 크기와 B, D가 A에 작용하는 전기력의 합력의 크기는 같다. 따라서 전하량의 크기는 C가 D보다 크다.

오답 피하기 ㄷ. A, C가 D에 작용하는 전기력의 합력의 크기는 B와 D 사이에 작용하는 전기력의 크기보다 크다. 따라서 D에는 B의 방향으로 전기력이 작용한다.

538 q와 r에서 $+1C$의 전하가 받는 전기력의 방향이 서로 반대이므로 q와 r 사이에 $+1C$의 전하가 받는 전기력이 0인 지점이 있다. 따라서 A와 B의 전하의 종류는 다르고, 전하량의 크기는 $+1C$의 전하가 받는 전기력이 0인 지점으로부터 멀리 떨어져 있는 A의 전하량의 크기가 B의 전하량의 크기보다 크다.

ㄱ. 전기력이 0인 지점의 왼쪽에 있는 q에 있는 $+1C$의 전하가 B로부터 받는 전기력의 크기는 A로부터 받는 전기력의 크기보다 크다. 따라서 q에 있는 $+1C$의 전하에 $-x$ 방향으로 전기력이 작용하므로 B는 음($-$)전하이고, A는 양($+$)전하이다. 따라서 p에 있는 $+1C$의 전하가 받는 전기력의 방향은 $-x$방향이다.

ㄴ. A는 양($+$)전하이고, B는 음($-$)전하이다.

ㄷ. 전하량의 크기는 $+1C$의 전하가 받는 전기력이 0인 지점으로부터 멀리 떨어져 있는 A의 전하량의 크기가 B의 전하량의 크기보다 크다.

539 원자가 띠와 전도띠 사이의 띠 간격이 큰 A가 절연체이고, B는 반도체이고, 띠 간격이 없는 C는 도체이다.

ㄴ. 반도체인 B는 온도가 높을수록 원자가 띠에서 전도띠로 전이하는 전자의 수가 늘어나므로 원자가 띠에서 양공의 수는 늘어난다.

오답 피하기 ㄱ. 절연체인 A의 원자가 띠에 있는 전자는 띠 간격 이상의 에너지를 흡수하면 전도띠로 전이한다. 따라서 A의 원자가 띠의 전자는 광자 1개의 에너지가 띠 간격보다 작은 빛을 흡수할 수 없다.

ㄷ. 상온에서 전기 전도성은 도체인 C가 가장 좋고, 절연체인 A가 가장 나쁘다. 따라서 상온에서 전기 전도성은 C가 A보다 좋다.

540 수소 원자의 선 스펙트럼에서 스펙트럼 선의 간격이 좁을수록 전이하는 전자의 에너지 준위와 양자수가 높다. 따라서 방출되는 빛의 파

장은 짧다.

ㄱ. $E_2-E_1>E_3-E_2$이다. 따라서 $E_2>\dfrac{E_1+E_3}{2}$이다.

ㄷ. (나)에서 왼쪽으로 갈수록 스펙트럼 선의 간격이 좁아진다. 따라서 왼쪽으로 갈수록 방출되는 빛의 파장은 짧고, 진동수는 크므로 빛의 파장은 a가 b보다 짧다.

 ㄴ. (나)는 수소 원자에서 방출되는 가시광선 영역의 스펙트럼 선이므로 전자가 들뜬 상태에서 양자수 $n=2$인 상태로 전이할 때 방출된다.

541 수소 원자에 있는 전자가 전이할 때 두 궤도의 에너지 준위 차이에 해당하는 에너지를 가지고 있는 빛을 방출한다. 라이먼 계열에서 두 번째로 긴 파장은 양자수 $n=3$인 궤도에서 $n=1$인 궤도로 전이할 때 방출하는 빛의 파장이고, 발머 계열에서 네 번째로 긴 파장은 양자수 $n=6$인 궤도에서 $n=2$인 궤도로 전이할 때 방출하는 빛의 파장이다. 양자수 $n=3$인 궤도에서 $n=1$인 궤도로 전이할 때 방출하는 빛의 에너지는 $-4E_0-(-36E_0)=32E_0$이고, 양자수 $n=6$인 궤도에서 $n=2$인 궤도로 전이할 때 방출하는 빛의 에너지는 $-E_0-(-9E_0)=8E_0$이다. 광자의 에너지는 진동수에 비례하고, 파장에 반비례한다. 따라서 라이먼 계열에서 두 번째로 긴 파장의 에너지와 발머 계열에서 네 번째로 긴 파장의 에너지의 비는 32 : 8이므로 에너지와 반비례 관계인 파장의 비는 1 : 4이다.

542 수소 원자에 있는 전자가 전이할 때 두 궤도의 에너지 준위 차이에 해당하는 에너지를 가지고 있는 빛을 흡수하거나 방출한다. 이때 방출하거나 흡수하는 에너지는 $hf=h\dfrac{c}{\lambda}$이다.

ㄱ. $h\dfrac{c}{\lambda_a}=h\dfrac{c}{\lambda_b}+h\dfrac{c}{\lambda_d}$이므로 $\dfrac{1}{\lambda_a}=\dfrac{1}{\lambda_b}+\dfrac{1}{\lambda_d}$이다.

ㄴ. f_c인 양자수 $n=3$인 궤도에서 $n=2$인 궤도로 전이할 때 방출하는 빛의 진동수이다. 이때 방출되는 광자의 에너지는 두 궤도의 에너지 준위 차와 같으므로 $E_3-E_2=hf_c$이다. 따라서 $f_c=\dfrac{E_3-E_2}{h}$이다.

ㄷ. $h(f_a-f_d)$는 양자수 $n=3$인 궤도의 에너지 준위와 바닥상태의 에너지 준위 차이다. 따라서 전자가 $h(f_a-f_d)$를 흡수하면 바닥상태에서 $n=3$인 궤도로 전이한다.

543 수소 원자의 전자는 두 궤도의 에너지 준위 차이에 해당하는 빛을 흡수하거나 방출하고, 원자가 띠의 전자가 띠 간격 이상의 에너지를 흡수하면 전도띠로 전이한다.

ㄱ. $f_0>f_1+f_2$이므로 $f_0-f_1>f_2$이다.

 ㄴ. 수소 원자의 전자는 두 궤도의 에너지 준위 차이에 해당하는 빛을 흡수하거나 방출한다. 따라서 수소 원자의 에너지 준위 차이에 $h(f_0-f_0)$에 해당하는 에너지가 없다. 따라서 바닥상태에 있는 전자는 진동수가 f_0-f_2인 빛을 흡수할 수 없다.

ㄷ. 진동수가 f_1인 빛의 에너지는 $-0.85\text{eV}-(-1.51\text{eV})=0.66\text{eV}$이다. 따라서 진동수가 f_1인 빛의 에너지는 실리콘의 띠 간격보다 작으므로 진동수가 f_1인 빛을 실리콘에 비추면 원자가 띠의 전자가 전도띠로 전이할 수 없다.

544 순수한 실리콘에 불순물을 첨가하여 원자가 띠에 있는 양공보다 전도띠의 전자의 수가 더 많게 하여 전기 전도성을 좋게 하는 반도체는 n형 반도체이다.

ㄱ. 원자가 띠에 있는 양공보다 전도띠의 전자의 수가 많은 반도체는 n형 반도체이다.

ㄴ. n형 반도체는 순순 반도체보다 원자가 전자가 1개 많은 원소를 불순물로 첨가하므로 a의 원자가 전자는 5개이다.

 ㄷ. 순순 반도체에 불순물을 첨가하여 전기 전도성을 좋게 만든다. 따라서 전기 전도성은 Y가 X보다 좋다.

545 순수 반도체에 불순물을 첨가하여 전자가 부족하여 전자가 비어 있는 자리인 양공이 생기는 반도체는 p형 반도체이다. 이 때 불순물은 순수 반도체보다 원자가 전자가 1개 적은 원소를 첨가한다.

ㄱ. p형 반도체는 순순 반도체에 원자가 전자가 3개인 원소를 첨가한다. 따라서 알루미늄의 원자가 전자는 3개이다.

 ㄴ. 원자가 전자가 4개인 실리콘에 원자가 전자가 3개인 원소를 불순물로 첨가하여 양공이 생기지만 불순물 반도체가 양(+)전하로 대전되는 것은 아니며, 불순물 반도체는 전하를 띠지 않는다.

ㄷ. 전자가 부족하여 전자가 비어 있는 자리인 양공은 원자가 띠에 만들어진다.

546 반도체의 띠 간격은 절연체의 띠 간격보다 작고, p형 반도체는 원자가 띠에 양공을 많게 하여 전기 전도성을 좋게 만드는 반도체이다.

ㄴ. 반도체의 띠 간격은 절연체보다 작다.

 ㄱ. X는 p형 반도체로 원자가 띠에 양공이 많아지도록 도핑한 반도체이다.

ㄷ. p형 반도체에 전류를 흐르게 하였을 때 양공은 양(+)전하의 성질을 가지므로 전류의 방향으로 이동한다.

547 여분의 전자가 있는 A는 n형 반도체이고, 양공이 있는 B는 p형 반도체이다. p형 반도체와 n형 반도체를 접합하여 만든 p-n 접합 다이오드는 순방향 전압이 걸릴 때 전류가 흐르고, 역방향 전압이 걸리면 전류가 흐르지 않는다.

ㄱ. A는 n형 반도체이므로 순수 반도체에 불순물로 첨가한 비소(As)의 원자가 전자는 5개이다.

ㄴ. B는 양공이 있는 p형 반도체이다.

ㄷ. 스위치를 a에 연결하면 다이오드에 순방향 전압이 걸려 저항에 전류가 흐르고, 스위치를 b에 연결하면 다이오드에 역방향 전압이 걸려 저항에 전류가 흐르지 않는다.

548 (가)에서 LED에서 빛이 방출되므로 다이오드와 LED에는 순방향 전압이 걸려 있고, LED에서는 띠 간격이 클수록 방출되는 빛의 파장은 짧다.

ㄱ. 다이오드에 순방향 전압이 걸려 있으므로 p형 반도체인 X의 양공은 p-n 접합면의 방향으로 이동한다.

오답 피하기 ㄴ. (나)에서 전도띠의 전자가 원자가 띠의 양공으로 이동하므로 전이하는 전자의 에너지는 감소한다.

ㄷ. LED에서 띠 간격이 클수록 전이하는 전자의 에너지의 감소량이 크므로 방출하는 빛의 파장은 짧다.

549 다이오드에서 A와 B가 접합면의 방향으로 이동하므로 p형 반도체에는 전원의 (＋)극이, n형 반도체에는 전원의 (－)극이 연결되어 있다.

ㄱ. 다이오드에 순방향 전압이 걸려 있으므로 X는 n형 반도체이고, Y는 p형 반도체이다. 따라서 p-n 접합면으로 이동하는 X는 전자이고, Y는 양공이다.

ㄴ. Y에 전원의 (＋)극이 연결되어 있으므로 Y는 p형 반도체이다.

오답 피하기 ㄷ. 접합면에서 전자가 전도띠에서 원자가 띠로 이동한다.

550 LED에서 빛이 방출되므로 순방향 전압이 걸려 있고, 다이오드에는 역방향 전압이 걸려 있다.

ㄱ. 다이오드에는 역방향 전압이 걸린다. 따라서 다이오드 내의 전자는 p-n 접합면에서 멀어지는 방향으로 이동한다.

오답 피하기 ㄴ. X는 n형 반도체이므로 순수 반도체에 원자가 전자가 5개인 원소로 도핑이 되어 있다.

ㄷ. LED에서 방출하는 빛의 파장은 띠 간격에 의해서 결정이된다. 따라서 전원 장치의 전압을 증가시켜도 방출되는 빛의 파장에는 변화가 없다.

551 스위치를 a에 연결하면 B → LED → C의 방향으로 전류가 흐르고, 스위치를 b에 연결하면 D → LED → A의 방향으로 전류가 흐른다.

ㄱ. 스위치를 a에 연결하면 B → LED → C의 방향으로 전류가 흐르다. 따라서 B와 C에는 순방향 전압이 걸린다.

오답 피하기 ㄴ. 스위치를 a에 연결하면 빛이 방출되는 LED에 순방향 전압이 걸린다. 따라서 X는 p형 반도체이므로 주로 양공이 전류를 흐르게 한다.

ㄷ. 스위치를 b에 연결하면 D → LED → A의 방향으로 전류가 흐른다. 따라서 LED에서 빛이 방출된다.

552 A는 전도띠에 전자가 많아지도록 도핑한 n형 반도체이고, B는 원자가 띠에 양공이 많아지도록 도핑한 p형 반도체이다.

ㄱ. A는 전도띠에 전자가 많아지도록 도핑한 n형 반도체이다.

오답 피하기 ㄴ. (나)에서 빛이 방출되므로 LED에는 순방향 전압이 걸려 있다. 따라서 n형 반도체인 A에는 전원의 (－)극이, p형 반도체인 B에는 전원의 (＋)극이 연결되어 있다.

ㄷ. 방출되는 빛의 파장은 LED의 띠 간격에 의해서 결정이 된다. 따라서 전원의 전압을 증가시켜도 방출되는 빛의 파장에는 변화가 없다.

<table>
<tr><td colspan="2">II-2. 자기</td><td>24 ～ 27쪽</td></tr>
</table>

553 ②	554 ③	555 ②	556 ①	557 ②	558 ⑤	559 ④
560 ①	561 ⑤	562 ①	563 ②	564 ③	565 ①	566 ④
567 ④						

553 원점 O에서 A, B, C에 흐르는 전류에 의한 자기장의 방향이 $+x$ 방향이므로 O에서 A와 C에 의한 자기장은 크기가 같고 방향은 반대이다. 따라서 O에서 A, B, C에 흐르는 전류에 의한 자기장의 세기는 B에 의한 자기장의 세기와 같은 B_0이다.

ㄴ. 원점 O에서 A, B, C에 흐르는 전류에 의한 자기장의 방향인 $+x$ 방향은 B에 의한 자기장의 방향과 같다. 따라서 B에는 xy평면에서 수직으로 나오는 방향으로 전류가 흐른다.

오답 피하기 ㄱ. O에서 A와 C에 의한 자기장은 크기가 같고 방향은 반대이다. 전류가 흐르는 직선 도선에 의한 자기장의 세기는 전류의 세기에 비례하고, 거리에 반비례한다. 따라서 C에 흐르는 전류의 세기는 A에 흐르는 전류의 세기의 2배이다.

ㄷ. O에서 A, B, C에 흐르는 전류에 의한 자기장의 세기는 B에 의한 자기장의 세기와 같다. 따라서 원점 O에서 A, B, C에 의한 자기장의 세기는 B_0이다.

554 q에서 자기장이 0이므로 A와 B에는 같은 방향으로 전류가 흐르고, 전류의 세기는 A가 B의 2배이다. p에서 자기장의 방향이 $+y$방향이므로 A와 B에는 xy평면에서 수직으로 나오는 방향으로 전류가 흐른다.

• r에서 자기장의 방향: A와 B에는 xy평면에서 수직으로 나오는 방향으로 전류가 흐른다. 따라서 r에서 자기장의 방향은 $+y$방향이다.

• r에서 자기장의 세기: B에 흐르는 전류의 세기를 I라고 하면 A에 흐르는 전류의 세기는 $2I$이다. p에서 자기장의 세기는 $k\dfrac{2I}{d} - k\dfrac{I}{2d}$ $= k\dfrac{3I}{2d} = B_0$이다. r에서 자기장의 세기는 $k\dfrac{2I}{4d} + k\dfrac{I}{d} = k\dfrac{3I}{2d}$ 이므로 B_0이다.

555 원점 O에서 자기장이 0이므로 O에서 A와 C에 의한 자기장은 세기는 같고 방향은 반대이며, B와 D에 의한 자기장도 세기는 같고 방향은 반대이다.

ㄴ. O에서 B와 D에 의한 자기장도 세기는 같으므로 D에 흐르는 전류의 세기는 B에 흐르는 전류의 세기의 2배이다.

 ㄱ. O에서 A와 C에 의한 자기장의 방향은 반대이므로 A와 C에 흐르는 전류의 방향은 같다.

ㄷ. P에서 A와 C에 의한 자기장의 방향과 B와 D에 의한 자기장의 방향은 각각 y축에 나란한 방향이므로 P에서 자기장의 방향은 y축과 나란한 방향이거나 자기장의 세기가 0이 되어 $+x$방향이 아니다.

556 P에서 A와 B의 시간에 따른 자기장의 세기의 변화는 그림과 같다.

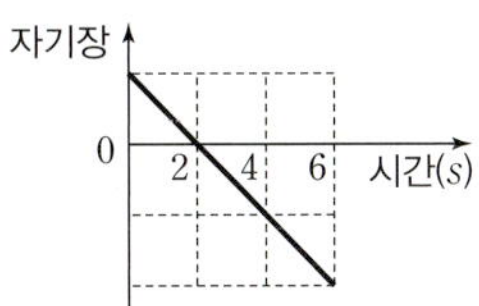

ㄱ. 1초일 때 P에서 B에 의한 자기장의 세기는 A에 의한 자기장의 세기보다 크다. 따라서 1초일 때 자기장의 방향은 xy평면에서 수직으로 나오는 방향이다.

 ㄴ. 0에서 2초까지는 자기장의 세기가 감소하고, 2초에서 6초까지는 자기장의 세기가 증가한다.

ㄷ. 자기장의 세기는 1초일 때가 5초일 때보다 작다.

557 0에서 t_2까지 a에서 자기장은 0이므로 P와 Q에 흐르는 전류의 방향은 같다. t_3일 때 자기장의 세기가 B_0이므로 a에서 B에 의한 자기장의 세기는 $2B_0$이다.

ㄴ. t_1일 때 a에서 자기장이 0이므로 a에서 Q에 의한 자기장의 세기는 B_0이고, t_3일 때 a에서 자기장의 세기가 B_0이므로 a에서 Q에 의한 자기장의 세기는 $2B_0$이다. 직선 도선에 흐르는 전류에 의한 자기상의 세기는 도선에 흐르는 전류의 세기에 비례하므로 Q에 흐르는 전류의 세기는 t_3일 때가 t_1일 때의 2배이다.

 ㄱ. 0에서 t_2까지 a에서 자기장은 0이므로 P와 Q에 흐르는 전류의 방향은 같다. 따라서 Q에는 $+y$방향으로 전류가 흐른다.

ㄷ. t_3일 때 a에서 Q에 의한 자기장의 세기가 $2B_0$이고 P에 의한 자기장의 세기가 B_0이다. P에 흐르는 전류의 방향을 $-y$방향으로 하면 a에서 A와 B에 의한 자기장의 방향이 같다. 따라서 P에 흐르는 전류의 방향을 $-y$방향으로 하면 t_3일 때 a에서 자기장의 세기는 $3B_0$이다.

558 도선 A, B에 흐르는 전류를 I_A, I_B라고 하면

a점에서의 자기장: $k\dfrac{I_A}{d} - k\dfrac{I_B}{2d} = +B_0$

b점에서의 자기장: $-k\dfrac{I_A}{d} + k\dfrac{I_B}{d} = +B_0$이다.

두 식을 연립하면 $k\dfrac{I_A}{d} = +3B_0$, $k\dfrac{I_B}{2d} = +2B_0$이다. 따라서 c에서 A에 의한 자기장은 $-3B_0$이고 B에 의한 자기장은 $-4B_0$이므로 C에서 자기장의 세기는 $7B_0$이다.

559 전류가 흐르는 직선 도선에 의한 자기장의 세기는 전류의 세기에 비례하고 거리에 반비례한다.

ㄴ. p에서 A와 B에 의한 자기장의 방향은 xy평면에 수직으로 들어가는 방향이므로 O와 p에서 자기장의 방향은 서로 반대이다.

ㄷ. 모눈 한 칸의 간격을 d라고 하면 p에서 자기장의 세기는 $k\dfrac{I_0}{d} + k\dfrac{2I_0}{d} = k\dfrac{3I_0}{d}$이고, q에서 자기장의 세기는 $k\dfrac{2I_0}{d} - k\dfrac{I_0}{3d} = k\dfrac{5I_0}{3d}$이다. 따라서 자기장의 세기는 p에서가 q에서의 $\dfrac{9}{5}$ 배이다.

 ㄱ. O에서 자기장의 세기는 A에 의한 자기장의 세기가 B에 의한 자기장의 세기보다 크다. 따라서 O에서 자기장의 방향은 xy평면에서 수직으로 나오는 방향이다.

560 (가)에서 솔레노이드와 A 사이에 서로 당기는 자기력이 작용하므로 A는 외부 자기장의 방향으로 자기화되는 강자성체 또는 상자성체이고, 솔레노이드와 B 사이에는 서로 밀어내는 자기력이 작용하므로 B는 반자성체이다.

ㄱ. (가)에서 솔레노이드의 왼쪽이 N극으로 자기화되므로 A의 오른쪽은 S극으로 자기화된다.

 ㄴ. 솔레노이드와 B 사이에는 서로 밀어내는 자기력이 작용하므로 B는 반자성체이다.

ㄷ. 반자성체는 외부 자기장의 방향과 반대 방향으로 자기화되므로 (나)에서도 솔레노이드와 B 사이에는 서로 밀어내는 자기력이 작용한다.

561 A는 반자성체, B는 상자성체, C는 강자성체이다.

ㄱ. 초전도체인 P는 반자성체이다. 따라서 P는 (가)의 분류 기준으로 A에 해당한다.

ㄴ. B는 상자성체이므로 외부 자기장의 방향으로 자기화된다.

ㄷ. C는 강자성체이므로 하드디스크에 정보를 저장하는 물질로 사용된다.

562 (나)에서 자기화된 강자성체와 B 사이에 서로 밀어내는 방향의 자기력이 작용하므로 B는 반자성체이다.

ㄱ. A의 점 p쪽을 가까이 하는 순간 코일에 a → R → b 방향으로 전류가 흐르므로 코일의 왼쪽은 S극, 오른쪽은 N극으로 자기화된다. 따라서 강자성체의 p는 S극이다.

 ㄴ. 강자성체의 p쪽은 S극, 코일의 왼쪽도 S극이므로 강자성체인 A와 코일 사이에는 서로 밀어내는 자기력이 작용한다.

ㄷ. A와 B 사이에는 서로 밀어내는 자기력이 작용하므로 B는 A에 의한 자기장과 반대 방향으로 자기화되는 반자성체이다.

563 (나)에서 A와 B 내부의 양공과 전자가 접합면으로 이동하므로 (가)의 다이오드에는 순방향 전압이 걸려 있다. A에서 B 방향으로 전류가 흐르므로 A는 p형 반도체, B는 n형 반도체이다.

ㄱ. A는 p형 반도체이므로 양공이 접합면의 방향으로 이동한다.

ㄴ. A는 p형 반도체, B는 n형 반도체이다.

ㄷ. 자석이 a를 지날 때는 코일로부터 힘을 받지 않고 b를 지날 때는 코일로부터 인력이 작용하므로 자석이 a와 b를 지날 때 코일로부터 받는 자기력의 방향은 같지 않다.

564 (가)에서 자석에 의한 자기장의 방향과 유도 전류에 의한 자기장의 방향이 반대이므로 (가)에서는 자석이 코일에 접근하는 순간이고, (나)에서 자석에 의한 자기장의 방향과 유도 전류에 의한 자기장의 방향이 같다. 따라서 (나)에서는 자석이 코일에 멀어지는 순간이다.

ㄱ. (가)에서는 자석이 코일에 접근하는 순간이므로 자석에 의해서 코일을 통과하는 자기 선속은 증가한다.

ㄴ. (나)에서는 자석이 코일에 멀어지는 순간이다. 코일의 아래쪽이 N극이 되도록 b → 저항 → a 방향으로 유도 전류가 흐른다.

ㄷ. (가)에서는 코일과 자석 사이에 서로 밀어내는 자기력이, (나)에서는 코일과 자석 사이에 서로 당기는 자기력이 작용하므로 (가)와 (나)에서 자석이 코일로부터 받는 자기력의 방향은 같다.

565 자석이 b를 지날 때 솔레노이드의 오른쪽은 N극, 왼쪽은 S극이 되도록 유도 전류가 흐른다. 따라서 LED에는 왼쪽에서 오른쪽 방향으로 전류가 흐르므로 X는 p형 반도체이다.

ㄱ. LED에는 왼쪽에서 오른쪽 방향으로 전류가 흐르므로 X는 p형 반도체이다.

ㄴ. 자석이 a를 지날 때에는 LED에서 역방향 전압이 걸린다. 따라서 LED 내의 전자는 접합면에서 멀어지는 방향으로 이동한다.

ㄷ. 자석은 코일로부터 운동을 방해하는 방향으로 자기력을 받는다. 따라서 자석의 속력은 a를 통과할 때가 b를 통과할 때보다 크므로 저항에 흐르는 전류의 세기는 a를 지날 때가 b를 지날 때보다 크다.

566 b에 시계 방향으로 유도 전류가 흐르므로 Ⅱ에서 자기장의 방향은 xy평면에 수직으로 나오는 방향이고 a와 b에서 세기가 같은 전류가 흐르므로 a와 b에서 자기 선속의 변화는 같다. 따라서 Ⅰ에서 자기장의 방향은 xy평면에 수직으로 들어가는 방향이고 세기가 $2B_0$이면, Ⅱ에서 자기장의 방향은 xy평면에서 수직으로 나오는 방향이고 세기가 B_0이다.

- 전류의 방향: c에는 xy평면에 수직으로 들어가는 방향의 자기 선속이 증가하므로 반시계 방향으로 유도 전류가 흐른다.

- 전류의 세기: c의 자기 선속의 변화는 a의 자기 선속 변화의 $\frac{1}{3}$ 배이다. 따라서 c에 흐르는 전류의 세기는 a에 흐르는 전류의 세기의 $\frac{1}{3}$ 배인 $\frac{1}{3}I_0$이다.

567 (나)에서 저항에 전류가 흐르므로 A는 (가)에서 자기화된다. 따라서 (가)의 코일에 연결된 다이오드에 순방향 전압이 걸린다.

ㄱ. (가)의 다이오드에 순방향 전압이 걸리므로 n형 반도체와 연결된 전원 장치의 ⓟ는 (−)극이다.

ㄷ. (가)에서 실이 A를 당기는 힘은 A의 무게와 코일과 A 사이에 작용하는 자기력의 합력과 같다. (나)에서는 코일과 A 사이에 서로 밀어내는 자기력이 작용하므로 A에 작용하는 알짜힘은 A의 무게에서 코일과 A 사이에 작용하는 자기력을 뺀 값과 같다. 따라서 (가)에서 실이 A를 당기는 힘의 크기는 (나)에서 A에 작용하는 알짜힘의 크기보다 크다.

ㄴ. (나)에서 전원을 제거해도 자성이 남아있으므로 A는 강자성체이고, (가)에서 A의 아랫면은 N극으로 자기화된다. 따라서 (나)에서는 A와 가까운 쪽의 코일의 N극이 되도록 유도 전류가 흐르므로 ㉠은 ⓐ이다.

III - 1. 파동

28 ~ 33쪽

568 ⑤	569 ②	570 ②	571 ③	572 ①	573 ①	574 ④
575 ⑤	576 ①	577 ①	578 ⑤	579 ⑤	580 ③	581 ③
582 ③	583 ③	584 ①	585 ⑤	586 ③	587 ⑤	588 ②
589 ③	590 ③	591 ②				

568 파동이 발생한 곳을 파원, 파동을 전달하는 물질을 매질이라고 한다. 또한, 매질의 진동 방향과 파동의 진행 방향이 수직인 파동을 횡파라고 하며 횡파의 종류에는 물결파, 전자기파, 지진파의 S파 등이 있다.

ㄱ. 물결파는 매질의 진동 방향과 파동의 진행 방향이 서로 수직인 횡파이다.

ㄴ. 파동이 발생한 곳은 파원이다.

ㄷ. 파동을 전달하는 물질은 매질이다.

569 매질의 진동 방향과 파동의 진행 방향이 나란한 파동을 종파라고 하고, 매질의 가장 밀(소)한 지점에서 이웃한 밀(소)한 지점까지의 거리는 파장에 해당한다. 종파의 종류로는 음파, 지신파의 P파가 있다.

ㄴ. p와 q는 용수철의 가장 밀한 두 지점이므로 p와 q 사이의 거리는 A의 파장에 해당한다.

오답 피하기 ㄱ. 매질인 용수철의 진동 방향과 파동의 진행 방향이 나란하므로 A는 종파이다.

ㄷ. 지진파의 S파는 매질의 진동 방향과 파동의 진행 방향이 서로 수직한 횡파이다.

570 진동 중심에서 마루 또는 골 까지의 거리를 진폭이라고 하며, 진동수와 주기는 역수 관계이다. 또한, 파동의 진행 속력 $v=f\lambda=\dfrac{\lambda}{T}$ 이다.

ㄴ. A, B의 진폭은 각각 a, $2a$이므로 진폭은 B가 A의 2배이다.

오답 피하기 ㄱ. A와 B의 주기는 같으므로 진동수도 A와 B가 같다.

ㄷ. A, B는 주기가 같고, 파장은 A가 B의 2배이므로 파동 속력은 A가 B의 2배이다.

571 마루(골)에서 이웃한 마루(골)까지의 거리를 파장이라 하고, 파동의 진행 속력 $v=f\lambda=\dfrac{\lambda}{T}$ 이다.

ㄱ. 마루에서 이웃한 마루까지의 거리가 8 m이므로 파장은 8 m이다.

ㄷ. 파동 속력은 $\dfrac{8\,\mathrm{m}}{4\,\mathrm{s}}=2\,\mathrm{m/s}$이다.

오답 피하기 ㄴ. 파동의 진행 방향은 오른쪽으로 주기는 4초이므로 이 순간부터 3초가 지났을 때 P의 변위는 $-3\,\mathrm{m}$이나.

572 단색광이 반사할 때 입사각과 반사각은 같고, 굴절률이 큰 물질에서 굴절률이 작은 물질로 단색광이 입사할 때 입사각은 굴절각보다 작다. 또한, 굴절률이 클수록 단색광의 속력은 작다.

ㄱ. 단색광이 반사할 때 입사각과 반사각은 같으므로 $i=i'$이다.

오답 피하기 ㄴ. 단색광이 두 물질의 경계에 입사할 때 입사각이 커지면 굴절각도 커진다. 따라서 i를 크게 하면 r는 커진다.

ㄷ. $i<r$이므로 유리의 굴절률이 공기의 굴절률보다 크다. 굴절률이 클수록 단색광의 속력은 작으므로 단색광의 속력은 유리에서가 공기에서보다 작다.

573 굴절은 파동의 진행 속력이 변할 때 일어나며 굴절이 일어나도 파동의 진동수는 변하시 않는다. 또한 물실의 굴설률이 클수록 빛의 속력은 작다.

ㄱ. 빛이 찬 공기 쪽인 위쪽으로 굴절하는 것은 빛의 속력이 찬 공기 쪽인 위쪽에서 느리기 때문이다. 따라서 빛의 속력은 뜨거운 공기에서가 찬 공기에서보다 빠르다.

오답 피하기 ㄴ. 빛이 굴절해도 진동수는 변하지 않는다.

ㄷ. 물질의 굴절률이 클수록 빛의 속력은 작으므로 굴절률은 뜨거운 공기가 찬 공기보다 작다.

574 파동이 굴절할 때 진동수는 변하지 않고 스넬의 법칙은 $\dfrac{\sin i}{\sin r}=\dfrac{v_1}{v_2}=\dfrac{\lambda_1}{\lambda_2}$이다. 또한, 물질의 굴절률이 클수록 빛의 속력은 작고, 빛의 파장은 짧다.

ㄴ. 파장이 A에서가 B에서보다 크므로 단색광의 속력은 A에서가 B에서보다 크다.

ㄷ. $\dfrac{\sin i_0}{\sin 30°}=\dfrac{\sqrt{2}\,\lambda_0}{\lambda_0}=\sqrt{2}$이므로 $i_0=45°$이다.

오답 피하기 ㄱ. 단색광이 굴절해도 진동수는 변하지 않는다.

575 파동이 굴절할 때 진동수는 변하지 않고 파동의 진행 속력은 $v=\dfrac{\lambda}{T}=f\lambda$이다. 또한 스넬의 법칙은 $\dfrac{\sin i}{\sin r}=\dfrac{v_1}{v_2}=\dfrac{\lambda_1}{\lambda_2}$이다.

ㄱ. $v=\dfrac{\lambda}{T}=f\lambda$에서 $4\,\mathrm{cm/s}=f\times2\,\mathrm{cm}$이므로 진동수는 $2\,\mathrm{Hz}$이다.

ㄴ. $\dfrac{\sin 45°}{\sin 30°}=\sqrt{2}=\dfrac{2\,\mathrm{cm}}{\lambda_2}$이므로 II에서 물결파의 파장은 $\sqrt{2}\,\mathrm{cm}$이다.

ㄷ. $\dfrac{\sin 45°}{\sin 30°}=\sqrt{2}=\dfrac{4\,\mathrm{cm}}{v_2}$이므로 $v=2\sqrt{2}\,\mathrm{cm/s}$이다.

576 파동이 굴절할 때 진동수는 변하지 않고 스넬의 법칙은 $\dfrac{\sin i}{\sin r}=\dfrac{v_1}{v_2}=\dfrac{\lambda_1}{\lambda_2}$이다. 또한, 물질의 굴절률이 클수록 빛의 속력은 작다.

ㄱ. $\overline{AB}$의 길이는 $\overline{CD}$의 길이보다 크므로 입사각은 굴절각보다 크다.

오답 피하기 ㄴ. 입사각이 굴절각보다 크므로 굴절률은 물이 공기보다 크나. 따라서 빛의 속력은 물에서가 공기에서보다 삭다.

ㄷ. 반원통의 반지름이 같으므로 $\dfrac{\sin i}{\sin r}=\dfrac{\lambda_1}{\lambda_2}=\dfrac{\overline{AB}}{\overline{CD}}$이다.

577 B가 한번 진동하는 데 걸린 시간은 주기이고 파동의 진행 속력 $v=\dfrac{\lambda}{T}=f\lambda$이다. 그래프에서 B가 한번 진동하는 데 걸린 시간은 0.4초이므로 물결파의 주기는 0.4초이다. 0.1초 동안 물결파는 2 cm를 이동하므로 파장은 8 cm이다. 따라서 물결파의 속력은 $\dfrac{8\,\text{cm}}{0.4\,\text{s}}=0.2\,\text{m/s}$이고, 0.3초일 때, A의 변위는 0이다.

578 물결파는 물의 깊이가 깊을수록 파동의 진행 속력이 크다. 또한, 파동의 진행 속력이 변해도 진동수는 변하지 않으므로 진행 속력이 작아지면 파장도 짧아진다.

ㄱ. 파동의 진행 속력이 변해도 진동수는 변하지 않는다. 따라서 물결파의 진동수는 Ⅰ과 Ⅱ에서 같다.

ㄴ. 진동수가 변하지 않을 때, 물결파의 속력은 파장에 비례한다. 따라서 Ⅰ에서 파장이 Ⅱ에서 파장의 2배이므로 물결파의 속력은 Ⅰ에서가 Ⅱ에서의 2배이다.

ㄷ. 물결파의 속력은 물의 깊이가 깊을수록 크므로 물의 깊이는 Ⅰ에서가 Ⅱ에서보다 크다.

579 파동이 굴절할 때 진동수는 변하지 않고 스넬의 법칙은 $\dfrac{\sin i}{\sin r}$ $=\dfrac{v_1}{v_2}=\dfrac{\lambda_1}{\lambda_2}$이다. 전반사는 굴절률이 큰 매질에서 굴절률이 작은 매질로 임계각 이상의 입사각으로 빛이 입사할 때 일어난다. 또한, 매질의 굴절률이 클수록 빛의 파장은 짧다.

ㄱ. 단색광이 A에서 B로 입사할 때 입사각은 굴절각보다 작으므로 굴절률은 A가 B보다 크다. 따라서 단색광의 파장은 A에서가 B에서보다 작다.

ㄷ. A에서 단색광의 입사각을 i_0보다 작게 하면 B와 C의 경계면에서 단색광의 입사각이 더 커지므로 여전히 전반사가 일어난다.

오답 피하기 ㄴ. 단색광이 B에서 C로 입사할 때 전반사가 일어나므로 굴절률은 B가 C보다 크다. 따라서 굴절률은 A가 C보다 크다.

580 전반사는 굴절률이 큰 매질에서 굴절률이 작은 매질로 임계각 이상의 입사각으로 빛이 입사할 때 일어난다. 또한, 매질의 굴절률이 클수록 빛의 속력은 작다.

ㄱ. A가 Ⅰ과 Ⅱ의 경계면에서 전반사하므로 굴절률은 Ⅰ이 Ⅱ보다 크다. 따라서 $n_1>2n$이다.

ㄷ. 두 매질의 굴절률 차이가 클수록 임계각은 작다. Ⅰ과 Ⅱ의 굴절률 차이보다 Ⅰ과 Ⅲ의 굴절률 차이가 더 크므로 Ⅰ과 Ⅲ의 경계면에서 A가 전반사할 때 임계각은 더 작다. 따라서 A는 Ⅰ과 Ⅲ의 경계면에서 전반사한다.

오답 피하기 ㄴ. 굴절률은 Ⅱ가 Ⅲ보다 크므로 A의 속력은 Ⅱ에서가 Ⅲ

에서보다 작다.

581 물질의 굴절률이 클수록 물질에서 빛은 속력은 작고, 빛을 굴절률이 큰 물질에서 굴절률이 작은 물질로 임계각보다 큰 각으로 입사시키면 두 물질의 경계면에서 전반사가 일어난다. 또한 두 물질의 굴절률 차이가 클수록 임계각은 작다. 따라서 A의 굴절률이 가장 작고 B의 굴절률이 가장 크므로 빛을 B에서 A로 입사시킬 때 임계각은 가장 작다. 따라서 X는 B, Y는 A에 해당한다.

582 발신기는 전기 신호를 빛 신호로 전환하고, 광섬유에서는 전반사를 이용하여 정보를 전달한다. 전반사는 굴절률이 큰 물질에서 굴절률이 작은 매질로 임계각 이상의 입사각으로 빛이 입사할 때 일어나고, 물질의 굴절률이 클수록 빛의 속력은 작다.

ㄱ. 발신기에서는 전기 신호가 빛 신호로 전환되어 정보를 전달한다.

ㄴ. 전반사는 굴절률이 큰 물질에서 굴절률이 작은 매질로 임계각 이상의 입사각으로 빛이 입사할 때 일어나므로 코어의 굴절률이 클래딩의 굴절률보다 크다.

오답 피하기 ㄷ. 코어의 굴절률이 클래딩의 굴절률보다 크므로 빛의 속력은 코어에서가 클래딩에서보다 작다.

583 전자기파는 전기장과 자기장이 서로 수직한 방향으로 서로를 유도하며 전파되는 횡파이고 음파는 공기의 진동에 의해 전파되는 종파이다.

ㄱ. A는 시간에 따라 변하는 전기장과 자기장이 서로를 유도하며 전파되므로 전자기파이다.

ㄷ. 공기 중에서의 속력은 전자기파인 A가 음파인 B보다 크다.

오답 피하기 ㄴ. 음파는 매질인 공기의 진동 방향과 파동의 진행 방향이 나란한 종파이다.

584 자외선은 소독 및 살균 기능이 있어 식기 소독기에 이용되고, 마이크로파는 음식을 데우는 전자레인지에 이용된다. 또한, 전자기파의 속력은 일정하므로 전자기파의 파장과 진동수는 반비례한다.

ㄱ. 소독 및 살균 기능이 있어 식기 소독기에 이용되는 A는 자외선이다.

오답 피하기 ㄴ. 진동수는 자외선이 마이크로파보다 크므로 파장은 자외선이 마이크로파 보다 짧다.

ㄷ. 자외선과 마이크로파는 모두 전자기파의 한 종류로 진공에서의 속력은 같다.

585 전자기파는 전기장과 자기장의 진동으로 전달되며 횡파의 한 종류이다.

ㄱ. 전자기파는 횡파의 한 종류이다.

ㄴ. 전자기파는 전기장과 자기장의 진동으로 전달되므로 P는 자기장이다.

ㄷ. 전기장의 진동 방향과 자기장의 진동 방향은 항상 수직이다.

586 전자기파의 속력은 일정하므로 전자기파의 파장과 진동수는 반비례한다. 전자기파의 종류로는 파장이 길어지는 순으로 γ선, X선, 자외선, 가시광선, 적외선, 마이크로파, 전파로 나뉜다.

ㄱ. 가시광선보다 파장이 짧고 TV 리모컨으로 사용되는 전자기파인 적외선은 A 영역에 속한다.

ㄷ. 전자기파의 파장과 진동수는 반비례하므로 진동수는 A 영역이 B 영역보다 작다.

 ㄴ. X선은 B 영역에 속하는 전자기파로 뼈의 영상을 얻는 의료용으로 사용된다. 몸의 온도를 측정하는 열화상 카메라에 이용되는 전자기파는 적외선이다.

587 종파는 매질의 진동 방향과 파동의 진행 방향이 나란한 파동이고, 음파가 중첩될 때 보강 간섭이 일어나는 지점에서는 진폭이 커져 소리의 세기가 커지고 상쇄 간섭이 일어나는 지점에서는 진폭이 작아져 소리의 세기가 작아진다.

ㄱ. 소리는 종파이므로 공기의 진동 방향은 소리의 진행 방향과 나란하다.

ㄴ. 보강 간섭이 일어나는 지점은 진폭이 커지므로 소리의 세기가 커진다.

ㄷ. 소리의 세기가 작아지는 지점은 상쇄 간섭이 일어나 진폭이 작아지는 지점이므로 스피커에서 발생하는 소리의 진폭보다 작다.

588 합성파의 진폭은 두 파동의 진폭의 합과 같고, 파동의 진행 속력 $v = \dfrac{\lambda}{T} = f\lambda$이다.

ㄴ. Y의 파장은 $4L$이고, 주기는 $2t$이므로 Y의 속력은 $\dfrac{4L}{2t} = \dfrac{2L}{t}$이다.

 ㄱ. t이후 P점의 변위가 $+3A$가 되었으므로 X, Y의 주기는 $2t$이다.

ㄷ. t이후 P의 변위가 $+3A$이고 주기가 $2t$이므로 이 순간부터 $3t$가 지났을 때 P의 변위는 $+3A$이다.

589 파동이 간섭을 일으킬 때, 보강 간섭이 일어나면 진폭이 커지고 상쇄 간섭이 일어나면 진폭이 작아진다.

ㄱ. 소음은 음파이므로 파동의 진행 방향과 매질의 진동 방향이 나란한 종파에 해당된다.

ㄷ. 상쇄 간섭이 일어나려면 소음 신호와 반대의 진폭을 가진 제거 신호와 중첩되어야 하므로 소음 제거 신호로 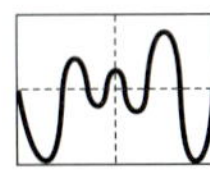 는 이 적당하다.

 ㄴ. 헤드폰은 상쇄 간섭을 이용하여 소음을 없앤다.

590 두 파원에서 발생한 수면파의 마루와 마루 또는 골과 골이 만나는 지점에서는 보강 간섭이 일어나 주기적으로 변위가 변하고 마루와 골이 만나는 지점에서는 상쇄 간섭이 일어나 시간이 지나도 수면의 높이는 변하지 않는다.

ㄱ. A는 마루와 마루가 만나는 지점이므로 보강 간섭이 일어난다.

ㄴ. B는 마루와 골이 만나는 마디인 지점이므로 상쇄 간섭이 일어난다. 따라서 시간이 지나도 수면의 높이는 변하지 않는다.

 ㄷ. A는 마루와 마루가 만나 보강 간섭이 일어나는 지점이고, C는 골과 골이 만나 보강 간섭이 일어나는 지점이므로 A의 변위의 크기가 최대일 때 C의 변위의 크기도 최대이다.

591 단색광과 전자가 단일 슬릿과 이중 슬릿을 통과하여 스크린에 밝고 어두운 무늬를 만드는 것은 간섭으로 설명할 수 있다. 따라서 전자도 파동성을 가짐을 알 수 있다.

ㄴ. 전자가 간섭무늬를 만드는 것은 전자의 파동성을 설명할 수 있다.

 ㄱ. 밝은 무늬가 나타나는 지점은 빛이 같은 위상으로 중첩되어 보강 간섭이 일어나는 지점이다.

ㄷ. 형광판에 도달하는 전자의 수가 많은 곳에 밝은 무늬가 나타나므로 형광판에 도달하는 전자의 수는 밝은 무늬인 곳이 어두운 무늬인 곳보다 많다.

III - 2. 빛과 물질의 이중성						34 ~ 37쪽
592 ②	593 ④	594 ③	595 ⑤	596 ⑤	597 ②	598 ⑤
599 ⑤	600 ①	601 ③	602 ⑤	603 ①	604 ③	605 ④
606 ②	607 ③					

592 빛의 진동수가 금속판의 문턱 진동수보다 클 때 광전자가 방출되며 빛의 진동수가 클수록 방출되는 광전자의 최대 운동 에너지도 크다. 또한, 광전자가 방출될 때 빛의 세기가 클수록 방출되는 광전자의 수도 크다.

ㄷ. (다)에서는 B에 의해 광전자가 방출된다. 따라서 광전자의 최대 운동 에너지는 (나)에서와 (다)에서가 같다.

 ㄱ. P에 A를 비추었을 때 광전자가 방출되지 않았으므로 A의 진동수는 P의 문턱 진동수보다 작고, P에 B를 비추었을 때 광전자가 방출되었으므로 B의 진동수는 P의 문턱 진동수보다 크다. 따라서 진동수는 A가 B보다 작다.

ㄴ. (가)에서는 광전자가 방출되지 않았으므로 A의 세기를 증가시켜도 광전자는 방출되지 않는다.

593 빛의 진동수가 금속판의 문턱 진동수보다 클 때 광전자가 방출되며 빛의 진동수가 클수록 방출되는 광전자의 최대 운동 에너지도 크다. 또한 광전자의 물질파 파장의 최솟값은 광전자의 최대 운동 에너지가 작을수록 크다.

ㄴ. 빛의 진동수가 클수록 방출되는 광전자의 최대 운동 에너지가 크므로 빛의 진동수는 t_3일 때가 t_5일 때보다 작다.

ㄷ. 광전자의 물질파 파장의 최솟값은 광전자의 최대 운동 에너지와 반비례하므로 t_3일 때가 t_4일 때보다 길다.

[오답 피하기] ㄱ. t_1일 때 광전자의 최대 운동 에너지가 0이므로 광전자가 방출되지 않는다. 따라서 빛의 진동수는 금속판의 문턱 진동수보다 작다.

594 빛의 진동수가 금속판의 문턱 진동수보다 클 때 광전자가 방출되며 빛의 세기가 클수록 방출되는 광전자의 수도 크다.

ㄱ. P에서 광전자가 방출되는 현상은 빛의 진동수가 P의 문턱 진동수보다 크므로 광전 효과가 일어나기 때문이다. 따라서 빛의 입자성으로 설명할 수 있다.

ㄷ. 빛의 세기가 클수록 방출되는 광전자의 수도 크므로 빛의 세기는 t_2일 때가 t_3일 때보다 작다.

[오답 피하기] ㄴ. t_1일 때 방출되는 광전자가 없으므로 빛의 진동수는 P의 문턱 진동수보다 작다.

595 빛의 진동수가 금속판의 문턱 진동수보다 클 때 광전자가 방출되며 빛의 세기가 클수록 방출되는 광전자의 수도 크다.

ㄱ. 광센서에서 빛이 비춰지면 광전자가 방출되므로 (가)는 광전자이다.

ㄴ. 광센서는 광전 효과를 이용하므로 빛 신호가 전기 신호로 변환된다.

ㄷ. 광센서에서는 빛의 세기가 클수록 방출되는 광전자의 수도 크다.

596 빛의 진동수가 금속판의 문턱 진동수보다 클 때 광전자가 방출되며 단색광의 세기가 클수록 방출되는 광전자의 수도 크다. 또한, 방출되는 광전자의 수가 많을수록 검전기는 양(+)으로 더 크게 대전되므로 금속박이 벌어진 각은 커진다.

ㄱ. X를 비추었을 때 금속박이 벌어지므로 광전자가 방출되었음을 알 수 있다. 따라서 금속박은 양(+)전하로 대전된다.

ㄴ. X를 비추었을 때는 금속박이 벌어졌고, Y를 비추었을 때는 금속박이 벌어지지 않았으므로 X의 진동수는 A의 문턱 진동수보다 크고, Y의 진동수는 A의 문턱 진동수보다 작다. 따라서 진동수는 X가 Y보다 크다.

ㄷ. 금속박이 벌어진 각이 Z를 비추었을 때가 X를 비추었을 때보다 크므로 방출된 광전자의 수는 Z를 비추었을 때가 X를 비추었을 때보다 크다. 따라서 빛의 세기는 X가 Z보다 작다.

597 전하 결합 소자(CCD)는 광전 효과를 이용한다. 따라서 빛의 세기가 클수록 발생하는 전류가 크다. 또한, 색 필터에서는 색 필터와 같은 색의 빛만 통과시킨다.

ㄴ. 초록색 빛은 초록 필터만 통과하므로 파란색 필터를 통과하지 못한다.

[오답 피하기] ㄱ. 전하 결합 소자(CCD)는 광전 효과를 이용하므로 빛의 입자성을 이용한다.

ㄷ. 빛의 세기는 파란색 빛이 초록색 빛보다 작으므로 광센서에 흐르는 전류의 세기는 A가 B보다 작다.

598 전하 결합 소자(CCD)는 광전 효과를 이용한다. 따라서 빛의 세기가 클수록 발생하는 전류가 크다.

ㄱ. 전하 결합 소자(CCD)에서는 빛에 의해 광전자가 방출되는 광전 효과에 의해 전류가 발생한다.

ㄴ. 광전자가 방출될 때, 빛의 세기가 클수록 방출되는 광전자의 수도 크다. 따라서 빛의 세기가 클수록 전하 결합 소자(CCD)에서 발생하는 전류의 세기는 크다.

ㄷ. 디지털 변환기를 거쳐 메모리 카드에 저장되므로 메모리 카드에 저장되는 신호는 디지털 신호이다.

599 전하 결합 소자(CCD)는 광전 효과를 이용하며, 전하 결합 소자(CCD)에 도달한 빛의 세기가 클수록 방출되는 광전자의 수가 크다. p형 반도체는 원자가 전자가 3개인 불순물을, n형 반도체는 원자가 전자가 5개인 불순물을 첨가하여 만든다.

ㄱ. p형 반도체는 원자가 전자가 3개인 붕소(B), 알루미늄(Al) 등을 첨가하여 양공이 많아지도록 만들어진 반도체이다.

ㄴ. 전하 결합 소자(CCD)에서는 빛에 의해 광전 효과가 일어나므로 빛이 전기 신호로 전환된다.

ㄷ. 발생한 광전자의 수는 (가)에서가 (나)에서보다 크므로 P는 파란색의 세기가 빨간색의 세기보다 크다.

600 $\theta = 50°$일 때 니켈 결정에서 산란된 전자가 가장 많은 것은 $\theta = 50°$인 곳에서 산란된 전자들의 파동적 성질로 인해 보강 간섭을 일으키기 때문이다. 따라서 결과로부터 알 수 있는 전자의 성질은 파동성이고 $\theta = 50°$에서 일어나는 간섭은 보강 간섭이다.

601 전압이 클수록 가속된 전자의 속력은 크고, 속력이 클수록 물질파 파장은 짧다. 또한 간섭무늬는 전자의 파동성으로 설명할 수 있다.

ㄱ. 양극판을 통과하는 전자의 속력이 빠를수록 전자의 물질파 파장은 짧다.

ㄷ. 밝은 무늬가 나타나는 지점에서는 보강 간섭이 일어나고, 어두운 무늬가 나타나는 지점에서는 상쇄 간섭이 일어난다.

[오답 피하기] ㄴ. 간섭무늬는 전자가 파동성을 가지는 대표적인 증거이다.

602 입자의 질량을 m, 운동량을 p, 플랑크 상수를 h라 할 때 입자의 운동 에너지 $E_k = \frac{1}{2}mv^2$이고, 물질파 파장 $\lambda = \frac{h}{p}$이다.

ㄱ. A와 B의 질량은 같고, 1초일 때 속도의 크기는 A가 B보다 크므로 운동량의 크기도 A가 B보다 크다.

ㄴ. A와 B의 질량은 같고, 2초일 때 A와 B는 속도의 크기가 같으므로

운동 에너지도 같다.

ㄷ. 3초일 때 속도의 크기가 B가 A의 $\frac{3}{2}$배이므로 물질파 파장은 A가 B의 $\frac{3}{2}$배이다.

603 입자의 질량을 m, 운동량을 p, 플랑크 상수를 h라 할 때 입자의 운동 에너지 $E_k=\frac{1}{2}mv^2$이고, 물질파 파장 $\lambda=\frac{h}{p}=\frac{h}{\sqrt{2mE_k}}$이다.

ㄱ. 질량은 A가 B의 2배이고 운동량의 크기는 B가 A의 2배이므로 속력은 A가 B의 $\frac{1}{4}$배이다.

오답 피하기 ㄴ. 질량은 A가 B의 2배이고, 속력은 B가 A의 4배이므로 운동 에너지는 B가 A의 8배이다.

ㄷ. 운동량의 크기가 B가 A의 2배이므로 물질파 파장은 A가 B의 2배이다.

604 입자의 질량을 m, 운동량을 p, 플랑크 상수를 h라 할 때 입자의 운동 에너지 $E_k=\frac{1}{2}mv^2$이고, 물질파 파장 $\lambda=\frac{h}{p}=\frac{h}{mv}=\frac{h}{\sqrt{2mE_k}}$이므로, 질량이 가장 큰 입자는 b이고, 운동 에너지가 가장 큰 입자는 c이다.

605 전자 현미경은 가속된 전자의 파동성을 이용하며, 가속 전압이 클수록 전자의 속력은 크고, 전자의 속력이 클수록 전자의 물질파 파장은 짧으므로 전자 현미경의 분해능이 커진다.

ㄴ. 가속 전압 V가 클수록 전자의 속력 v가 크므로 전자의 운동 에너지는 크다.

ㄷ. v가 클수록 전자의 물질파 파장은 짧다. 물질파 파장이 짧을수록 전자 현미경은 분해능이 커지므로 확대된 상을 더욱 선명하게 관찰할 수 있다.

오답 피하기 ㄱ. 전자 현미경은 가속된 전자가 가지는 파동성을 이용하여 물체의 상을 얻는다.

606 광학 현미경은 유리로 된 렌즈에 굴절된 가시광선을 이용하고, 전자 현미경은 자기 렌즈에 의해 굴절된 가속된 전자의 파동성을 이용한다. 또한, 주사 전자 현미경은 시료의 입체적 영상을 얻을 수 있고, 투과 전자 현미경은 시료의 2차원적 영상을 얻을 수 있다. 따라서 (가)는 광학 현미경이고 (나)는 주사 전자 현미경(SEM)이며, (다)는 투과 전자 현미경(TEM)이다.

607 투과 전자 현미경(TEM)은 광학 현미경보다 분해능이 높고 시료의 2차원적 영상을 얻을 수 있다. 또한, 전자 현미경에서 가속된 전자의 속력이 클수록 전자의 물질파 파장은 짧다.

ㄱ. 투과 전자 현미경(TEM)은 전자의 파동성을 이용하므로 광학 현미경보다 높은 분해능을 가진다.

ㄴ. 전자의 속력이 클수록 전자의 물질파 파장은 짧다.

오답 피하기 ㄷ. 투과 전자 현미경(TEM)은 가속된 전자가 시료를 통과하므로 시료의 2차원적 영상을 얻을 수 있다.